公共治理前沿理论及其应用研究

韩兆柱◎著

燕山大学出版社
·秦皇岛·

图书在版编目（CIP）数据

公共治理前沿理论及其应用研究 / 韩兆柱著.—秦皇岛：燕山大学出版社，2021.9
ISBN 978-7-81142-981-7

Ⅰ.①西… Ⅱ.①韩… Ⅲ.①公共管理—西方国家—文集 Ⅳ.①D523-53

中国版本图书馆 CIP 数据核字（2020）第 010516 号

公共治理前沿理论及其应用研究
韩兆柱　著

出 版 人：陈　玉
责任编辑：王　宁
封面设计：刘韦希
出版发行：燕山大学出版社 YANSHAN UNIVERSITY PRESS
地　　址：河北省秦皇岛市河北大街西段 438 号
邮政编码：066004
电　　话：0335-8387555
印　　刷：英格拉姆印刷(固安)有限公司
经　　销：全国新华书店

开　　本：787mm×1092mm　1/16	印　　张：36	字　　数：706 千字
版　　次：2021 年 9 月第 1 版	印　　次：2021 年 9 月第 1 次印刷	

书　　号：ISBN 978-7-81142-981-7
定　　价：144.00 元

版权所有　侵权必究
如发生印刷、装订质量问题，读者可与出版社联系调换
联系电话：0335-8387718

序　一

马克思、恩格斯在研究落后国家如何进行社会主义革命时有一个基本思想，即这些国家要走一条新的不同于欧洲先进国家可能走的道路，这条道路的基本保证是：既取得资本主义制度所达到的全部成果，而又可以不经受资本主义制度的苦难。这些成果包括：机器、轮船、铁路等硬件设施，以及他们实行的一整套管理与交换机构——银行、股份公司等。这就是所谓跨越"卡夫丁峡谷"问题。解决这个问题，对落后国家，包括殖民地半殖民地国家革命后如何走向社会主义显然有非常重大的意义。

新中国成立后70多年所走过的道路，就是在这方面不断探索、不断前进并取得巨大成就的道路。特别是改革开放，我们实现了两方面的完美结合，在保证坚持四项基本原则、防止政权变质方面，在获得资本主义国家所取得的发展成果方面，都达到了预期目的。特别是经济的发展，我们取得了举世瞩目的成就，成为世界第二大经济强国，这一点已毋庸置疑。

之所以取得如此的成就，是我们改革开放后在坚持社会主义本质的前提下，又坚持了发展是硬道理，把发展作为国家工作的中心来抓。为此，我们创建了社会主义市场经济体制，实行对外开放，引进外资，同时发展民营经济，改革国有企业的管理方式，消化和吸收了资本主义国家有关的管理理论和管理思想。公共行政管理理论就是在这样的背景下，为适应我国改革开放事业的需要，在我国重新生根并发展起来的。之所以说"重新"生根，是因为我国在20世纪30年代就发展了行政管理理论，但后来在50年代初取消了，1982年后又在改革开放的背景下重新恢复起来。

这一过程离不开邓小平同志的强力推动。1979年3月，在我党召开的理论务虚会上，邓小平同志深思熟虑地指出："政治学、法学、社会学以及世界政治的研究，我们过去多年忽视了，现在也需要赶快补课。"接着，1980年8月，在邓小平同志的倡导下，我党决定开始党和国家领导制度的改革，以适应整个改革开放工作。这对政治学、行政学的恢复无疑更是一种直接的呼唤。于是，中国政治学会在1980年12月正式成立，并开始酝酿举办政治学讲习班，以培养接班学者。接着，中国政治学会成立了讲习班筹备组，夏书章教授于1982年1月在《人民日报》发表《把行政学的研究提上日程是时候了》一文，对中国行政学的恢复起到了舆论推动作用。后来则是，中国政治学会委托复旦大学承办的全国第一期政治学讲习班于1982年3月正式开班，6月结业。其中培养的一些人，就成了我国研究和普及政治学和行政学的骨干力量。此后，行政学作为一门学科，在我国学科体系中确立了起来。

行政学在我国恢复后，一度成为"显学"，很受广大机关干部和高校师生欢迎。在发展中，由最初的"行政学""行政管理学"逐步演化出"公共行政学""公共管理学"等称谓，到现在，则有更多人使用了公共治理理论的名称。而随着每一次名称的变化，研究的内容、侧重点和路径也在不断调整和深化，并更适应我国事业发展和国家管理的需要。党的十八届三中全会提出了全面深化改革的总目标是"完善和发展中国特色社会主义制度，推进国家治理体系和治理能力现代化"，进一步推动了治理研究，特别是公共治理研究。

韩兆柱教授是改革开放后我国行政管理学科招收的第四届博士研究生，当时只有三所院校有行政管理学科博士点（后称"公共管理学科博士点"），招生规模非常小，每个博士点招生10人左右。韩兆柱具有政治学本科和硕士的专业背景，加上个人努力，2002年如愿以偿地考取了中国人民大学行政管理专业，攻读博士学位，开始了公共管理研究。

之后，韩兆柱教授一直在公共管理学科领域勤奋耕耘，笔耕不辍，取得了可观的研究成果，学术影响力不断提升。中国知网显示，截至2021年6月底，他发表的公共管理学科学术论文已达110多篇，高被引指数（H-index）为26；据壹学者网等查询，他的学术论文有21篇被《中国人民大学报刊复印资料》《中国社会科学文摘》等全文转载或转摘；另据中国知网论文引文标准化指数（Paper Citation Standardized Index）查询系统，韩兆柱教授学术论文被中国知网PCSI《学术精要数据库》（2016—2019）查询到31篇，其中25篇PCSI值大于1（1为同行平均数），单篇最高值为17.848。作为他的博士生导师，我感到由衷的高兴。

韩兆柱教授在研究中注意夯实基础，发挥专长，找准方向，聚焦新时代，解决新问题。他长期关注公共管理理论前沿，关注公共管理实践热点，在公共治理前沿理论及其应用方面倾注大量的时间和精力，取得了可喜的研究成果。他承担的河北省社会科学基金项目"公共治理前沿理论比较研究"，获得审定专家的一致好评，并以"优秀"等级结项，《公共治理前沿理论及其应用研究》这本著作就是其成果的集中体现。本书具有系统性、理论性、前沿性、应用性、本土化等突出特点。在内容上，本书集中而系统地研究了新公共服务、整体性治理、网络化治理、数字治理、公共价值管理和新公共治理等公共管理理论前沿，并将六大前沿理论作系统对比，无论是研究内容还是研究方法，都很有新意，在国内属于比较少见的。

这里，我们还必须讨论一下理论创新问题。由于我国的改革开放事业是前无古人的开创性事业，我们的目的之一又是在生产力发展水平上逐步赶上西方先进的资本主义国家，因此，引进西方的管理理论与管理方式，肯定是非常必要的。但不能忘记，我们建设的是社会主义国家，我们要达到的现代化是中国特色社会主义的现代化，因此，我们从这个实践中所产生的理论本质上必定不同于西方的管理理论。列宁1918年4月曾在《真理报》上发表《苏维埃政权的当前任务》一文，文中提到在美国大行其道的管理理论"泰罗制"："泰罗制——也同资本主义其他一切进步的东西一样，有两个方面：一方面是资产阶级剥削的最巧妙的残酷手段，另一方面是一系列的最丰富的科学成就，即按科学来分析人在劳动操作中的机械动作，省去多余的笨拙的动作，制定最精确的工作方法，实行最完善的统计和监督制等等。"为了克服当时革命政权面临的巨大困难，他要求全俄无论如何都要采用一切先进的科学和技术上的宝贵成就，包括西方的"泰罗制"，但同时在研究和传授这一制度时，他要求"使它适应于我国的条件"。列宁的这个态度，无疑对我们的理论创新有重要的启发作用。

当前我们面临"百年未有之大变局"的国际形势时，中央提出了"四个自信"，因此，理论的创新迫切地被提上了日程。恩格斯曾指出："一个民族要想站在科学的最高峰，就一刻也不能没有理论思维。"在社会科学中，理论的创造、假设的检验都是非常重要的。如果忽视了理论，就会导致方向的不明，或行动的盲目性。习近平总书记2016年5月17日在哲学社会科学工作座谈会上的讲话中指出："这是一个需要理论而且一定能够产生理论的时代，这是一个需要思想而且一定能够产生思想的时代。我们不能辜负了这个时代。""要善于提炼标识性概念，打造易于为国际社会所理解和接受的新概念、新范畴、新表述，引导国际学术界展开研究和讨论。这项工作要从学科建设做起，每个学科都要构建成体系的学科理论和概念。"这一讲话精神，为公共管理研究和学科发展指明了方向，提供了动力。

关注现实，研究问题，是哲学社会科学的历史使命。马克思曾指出："主要的困难不是答案，而是问题。""问题就是公开的、无畏的、左右一切个人的时代声音。问题就是时代的口号，是它表现自己精神状态的最实际的呼声。"习近平在前述哲学社会科学工作座谈会上还说："理论思维的起点决定着理论创新的结果。理论创新只能从问题开始。从某种意义上说，理论创新的过程就是发现问题、筛选问题、研究问题、解决问题的过程。"在2018年8月的全国宣传思想工作会议上，习近平又强调："我们必须把人民对美好生活的向往作为我们的奋斗目标，既解决实际问题又解决思想问题，更好强信心、聚民心、暖人心、筑同心。要坚持马克思主义在我国哲学社会科学领域的指导地位，建设具有中国特色、中国风格、中国气派的哲学社会科学。"从以上领袖论述和总书记讲话，我们可知，任何理论都必须关注本国革命和建设中的重大问题，这是理论的产生之根，是理论的发展之源。也只有这样，才能在世界各种理论体系互相借鉴的过程中，使其最终成长壮大，而引进的理论也才能完成本土化的使命。这一点，在我国公共管理学界已经形成共识。大家普遍认为，鉴于公共管理理论最初是一种"引进"学科，其本土化也是它必须完成的使命，我们最终要建设的，必须是中国特色社会主义的公共管理理论体系。对治理理论的研究也必须走这样的道路。难能可贵的是，韩兆柱教授较早地意识到了这一点，他曾提出"作为西方公共管理的前沿理论，本土化研究将是未来学术研究的热点"的观点。比如，他承担的"公共治理前沿理论比较研究"这一项目，就有很大部分的内容是研究我国改革开放中所产生的实际问题。我真诚地希望他在今后的理论研究工作中，继续发扬这种做法，倾听时代声音，树立问题意识，善于发现问题，敢于直面问题，勇于求解问题，在创建中国特色社会主义治理理论道路上作出更大贡献，不负我国哲学社会科学工作者的初心和使命。

《公共治理前沿理论及其应用研究》一书即将出版，邀我写几句话，我欣然应允。以上所言，勉为其序吧！

刘熙瑞
2021年夏于北京

序 二

好友韩兆柱的新著《公共治理前沿理论及其应用研究》一书出版，我希望写上几句话表示推荐之意。与韩兆柱相识相交20多年了，他读博士的时候，我是老师，虽然不是他的导师，却是导师组成员，所以有一份师生缘。不过，韩兆柱是学生中的教授，他工作后再度回到学校读书，在工作单位已经被评聘为教授。因此，我一直是把他作为同事对待的，与他的交往和交流是比较多的。20多年互动频繁，他博士毕业后去燕山大学工作，经常邀我到秦皇岛，吃住在他家，他也经常来北京看我；我的学生聚会，他听到消息了会赶过来参加，非常看重师生情谊并珍惜学习机会。也许在他心里，我是老师，但在我心里，他是朋友。当然，在一起讨论较多的还是学术问题。在他的这部著作出版之际，我必须写几句话。如果该书能留传后世的话，后人也将知晓我们是好朋友。

韩兆柱著述甚丰，是中国公共管理学界的知名学者，至少也可以说是小有名气吧。对于中国公共管理学科而言，是可以列入第一批研究者和建构者行列的。作为师生，是因为学校的关系，如果我们所在的学校颠倒一下的话，也许他就是我的老师，而我就是他的学生了，但在公共管理学科的建构过程中，我们是与这个学科一道成长起来的，属于同一代人。所以，人们不难发现，我们这一代人的研究和所发表的成果是有着某种相似性的，或者说有着一代人的印记，在问题关注、研究取向和叙事方式上，都有着一代人的特征。如果后人研究中国公共管理学科的成长史的话，是能够轻而易举地把握这些特征，甚至能够准确地作出断代划分。一代人有一代人的使命。我发现，随着公共管理学科建构工作取得了阶段性成果后，我们这一代人中的一些学者也开始谋求转型，但基本上可以说是不成功的，而坚持在学科建构方面进一步深耕的学者，往往不断地取得新的收获。这是因为，一个学科的建构并不因为基本框架的确立而告终，还有许多工作要做，如果因为这个学科的发展而在问题关注、研究取向等方面追求新潮的话，放弃了作为一代人的使命，那是不负责任的。也就是说，第一，这门学科建构的任务没有最终完成，而是仅仅有了一个基本框架，即便研究转型了，也会出现各种各样的问题，甚至会在若干年后发现学科基础没有夯实而从头再来。第二，随着社会的发展，原先在学科建构阶段中没有出现的问题显露了出来，对学科建构提出了新的要求，需要从学科建构的角度去认识这些新的问题，从而进一步在学科建构方面作出调整和修补。所以，对于公共管理学科建构的一代人来说，坚守初心，继续在学科建构方面将自己的工作进行到底，才是对新一代人负责的表现。当然，在一个年轻人总是瞧不起老年人的社会中，老年人为了刷存在感，迎合和讨好年轻人是免不了的，但大都会沦为某种滑稽的表演。反之，坚守本分，做好自己应做的事，才是发挥余热的最好方式。

《公共治理前沿理论及其应用研究》一书应当列入公共管理学科建构的范畴，代表了一个视角中的建构追求。在一门学科的知识及其理论的应用中，重点关注的是现实，即面对现实中的问题并运用该学科的知识和理论加以解决。其中，所使用的方法决定了能否忠实地运用了这一学科的知识和理论。而对于学科的建构来说，既要关注现实，去感知现实中的各种各样要求，又要关注学科建构的知识基础，需要对来自各个方面的知识加以撷取和重铸，还会反映出学科建构者的个人立场、观点和观察视角。学科建构者个人的主观方面在最为表层的意义上会反映在使用的概念不同，尽管这门学科的建构者所面对的研究对象和所要达成的研究目标等是一致的，但在概念的使用以及文本的生产方面，都会表现出个人的主观偏好。因此，我们看到公共管理学科中存在着意义相近的多样性概念，韩兆柱这部著作的书名已经反映出他的偏好，即使用"公共治理"这个概念。这既反映了他个人的主观偏好，也代表了一种视角和学科建构立场。

我曾经指出，公共管理这门学科的建构是中国学者对社会科学发展的一项贡献。根据我的观察，在西方世界，根源于18世纪启蒙的民族国家体制设计及其逻辑，也反映了近代以来的社会结构，特别是政治-行政二分原则被提出之后，所构造的是公共行政学这门学科。在20世纪后期，大致是在80年代起，随着社会构成出现了多元化的趋势，也将公共管理的问题推展了出来，因而，在西方世界也兴起了公共管理研究。但是，西方世界的公共管理研究是在公共行政学这门学科的框架中展开的，并未提出建构公共管理学这门学科的要求。在中国，情况有所不同，因为学者们并未受到公共行政学的严格训练和规训，不具有对公共行政学这门学科的忠诚，所以走上了公共管理学科建构的方向。其中，我们甚至可以认为，对"新公共管理运动"这个名称的望文生义也许发挥了某种隐蔽的推动作用。对于这个问题，我还从学术生态的角度提出了某些推测，认为在学术研究上的中国学者的学科导向与西方学者的问题导向的不同也是公共管理学科得以建构的前提。不管是什么原因，在20世纪末和21世纪初，在中国出现了公共管理这门学科，而在西方，存在着公共管理问题的研究，却没有这门学科。当然，有人在词语翻译方面去狡辩，那是一种不讲道理的表现。

公共行政这门学科是建立在政治-行政二分原则之上的，而政治-行政二分的前提又是国家与社会的分离。只有在这种分离的前提下，市场的自由与社会的独立性才不需要国家去加以干预。随着凯恩斯主义的出现，公共行政赖以成立的前提性条件就已经受到了冲击，但是，政府作用于社会的过程仍然是在公共行政的理解框架中进行的，尽管这一时期也有很多学者感受到了公共行政的危机。直到20世纪80年代，由于非政府组织等社会力量参与到了社会治理过程中来后，人们才意识到了公共管理的问题，但西方学者由于受到公共行政学科的理解框架的限制，也仅仅是意识到了公共管理的问题并作出了研究，而缺乏建构公共管理学科的自觉性。中国学者不同，由于研究上的学科导向，表现出了一种自然而然地从学科的角度去认识和研究公共管理问题的思维进路。这就是为什么我们说中国学者建构起了公共管理学科。不过，我们必须指出，作为一门学科的公共管理尚不成熟，还有许多基础性的工作需要去做。《公共治理前沿理论及其应用研究》一书就试图在这方面进行研究，是值得肯定的。

总的说来，公共管理学科的建构反映了现实要求，具有时代特征，但一门新学科的建构是需要在多维度上展开的，比如，需要反映时代精神和回应现实要求；需要考虑从其他学科中获得知识上的支持；需要确立属于这个学科的基本理念，等等。显而易见，20世纪80年代开始，人类社会进入了一场大变革的时代，社会结构处在变化之中，新的社会构成要素也不断呈现涌现之势。从《公共治理前沿理论及其应用研究》一书来看，更多地关注了因新的社会构成要素的出现而对社会治理构成的挑战以及如何加以回应的问题。不仅对普遍性的问题进行了研究和探讨，而且有着中国视野，对中国问题甚至区域性的问题都给予了特别关注。所以我认为，对于《公共治理前沿理论及其应用研究》一书，应当从这样几个方面来阅读：第一，这是一部公共管理学科建构性的作品，需要在公共管理而不是公共行政的意义上来理解它；第二，这是一部致力于回答和解决现实问题的著作，有着明显的时代色彩；第三，它立足于中国实际，是一部努力把握中国社会变动所提出的社会治理要求的著作，并试图给出自己的解决方案和意见；第四，在全球化的背景下，这部著作对中国问题的回应也是有着全球意义的，可以作为中国学者的一种关于社会治理的意见来看待。

简单地写下以上几段文字，作为我对《公共治理前沿理论及其应用研究》一书的推荐。

张康之

2021年夏于钱塘隐世窟

前　言

　　1887年，一个公共行政研究者都铭记于心的年份，学者们大多将其视为现代行政学的诞生之年，而将发表《行政学之研究》的伍德罗·威尔逊尊为现代行政学鼻祖。至今，公共行政学已经走过了130多年，这130多年在人类发展史上连弹指一挥间可能都算不上，但是对于公共行政学而言，却是浩浩荡荡、苦乐参半的130多年。在这一段弥足珍贵的历史阶段，有对抗（工具理性与价值理性的对抗），有融合（工具理性与价值理性的融合趋势）；有争论（达尔－西蒙之争、西蒙－沃尔多之争），有共鸣（新公共行政运动）；有兴盛（新公共管理运动），也有危机（学科的身份危机）。公共行政学可谓一名勇敢无畏的战士，过五关斩六将，一路披荆斩棘地冲杀过来，呈现出如今之模样。公共行政学的这一路艰辛历程复杂多样，很难全面系统地再现它的全观。单从理论的维度来看，130多年的历史又如理论积淀史，各大理论层出不穷、前仆后继，从传统公共行政理论到新公共管理理论再到公共治理理论，既是一脉相承、积土成山的过程，又是关注现实、开拓创新的过程。西方公共治理前沿理论正是如此，它既是对先前理论批判性地借鉴基础上结合时代背景进行创新，又是在工具理性与价值理性融合的导向下脱颖而出的。从"过去"的视角看，公共治理前沿理论有着坚实的理论基础。公共行政学理论大多是"站在前人的肩膀上"建构的，具有继承性，理论的合理性、深厚性来源于对既有理论合理成分的继承，公共治理前沿理论是对传统公共行政和新公共管理理论中不合理成分的批判摒弃，是在对其优越之处借鉴继承上而形成的，具有历史性与厚重感。例如，新公共服务理论是针对新公共管理理论偏重于经济、效率而呼吁人们更加关注民主、公民权和公共服务，但也吸收了新公共管理中注重效率倾向，做到提高效率的同时更加注重公平。从"现在"的视角看，公共治理前沿理论又是问题导向的产物。公共行政学理论的产生都有其特定的历史背景与时代烙印，理论的发展体现在相较于既有理论的创新，其中就是关注现实问题、吸收特定时代元素，在继承的基础上加以批判性创新。公共治理前沿理论以21世纪新时代、新问题为焦点而重新构建理论，注重解决现实问题。例如，网络（化）治理理论是为适应网络化社会而作出的变革。产生于英国的整体性治理理论，植根于英国政府的改革，自撒切尔夫人改革以来，经历了梅杰政府、布莱尔政府，政府改革的脉络呈现出竞争性政府向合作政府，再向整体政府的变革，整体性治理正是对英国竞争性政府改革的反思而构建的一种治理理论或模式。数字治理理论是应对数字时代的来临而作出的变革。

从"未来"的视角看，公共治理前沿理论秉承着工具理性与价值理性融合的价值取向。在公共行政学理论漫长的发展史中，有的已经被淘汰，有的依然值得借鉴。公共行政学理论的发展是工具理性与价值理性的冲突与交融史，像一个钟摆一样左右摇摆，但这种摇摆幅度越来越小，工具理性与价值理性的融合成为公共行政理论未来发展的必然趋势。总之，公共治理前沿理论是公共行政学130多年发展史理论积淀的结果，公共行政的理论与实践的发展为其作了充分的准备，它是公共行政学在新世纪、新时代的理论结晶，值得我们关注。

反观现实，社会转型运动与治理时代的到来迫切需要前沿的、创新的、先进的理论加以吸收借鉴。全球化、后工业化是人类历史发展在我们这个时代所进行的社会转型运动，在全球化、后工业化背景下，社会日益呈现出复杂化和不确定性，社会元素在变迁，是从单一到多元、简单到复杂、稳定到不确定、秩序到无序、可预测性到不可预测性的变化，这种转变催生着新的社会治理方案的建构，社会治理的变革已经成为一个不可回避的时代主题。传统公共行政理论与新公共管理理论孕育并适应于工业社会的环境中，而我们正处于后工业化进程中，这种环境的变迁，就需要我们进行方案的另寻与重构，所以在谋求社会治理变革的方案时，我们应当顺应全球化的要求，放眼世界，从西方国家寻找到先进的经验。这种经验并非照搬，对其经验的研究也不是最终目的，仅作为手段，启发我国志向远大的学者去探索走向后工业社会的光明大道。同时，本书即将付梓的时机也是很合时宜的，契合了我国治理时代的来临，党的十八届三中全会提出"推进国家治理体系和治理能力现代化"，首次将"治理"写入了党的报告中，纳入了官方的话语体系，这不仅是对西方公共治理理论的反思与借鉴，更是对我国现实的认真考量。党的十九届四中全会专题研究坚持和完善中国特色社会主义制度、推进国家治理体系和治理能力现代化问题，通过了《中共中央关于坚持和完善中国特色社会主义制度，推进国家治理体系和治理能力现代化若干重大问题的决定》，并提出了坚持和完善中国特色社会主义制度、推进国家治理体系和治理能力现代化的总体目标，到我们党成立100年时，在各方面制度更加成熟更加定型上取得明显成效；到2035年，各方面制度更加完善，基本实现国家治理体系和治理能力的现代化；到新中国成立100年时，全面实现国家治理体系和治理能力的现代化，使中国特色社会主义制度更加巩固，优越性充分展现。那么，如何在新的时代背景下实现良好的治理是我国政府未来的任务，作为公共行政研究者，我们有责任为国家实现治理现代化贡献自己的力量。将复杂的治理体系梳理清晰，将多样的公共治理理论整合明白，为我国政府治理提供理论借鉴与参考，而对公共治理前沿理论的研究是不可或缺的途径。

笔者从历史与现实的维度解读了公共治理前沿理论的价值与地位，纵观历史，公共治理前沿理论是公共行政学130多年发展中的沙里淘金，反观现实，时代的要求、中国的特色、治理的现代化更加需要我们在公共治理领域耕耘出成果。那么，笔者很有必要在此解释为什么将新公共服务理论、网络（化）治理理论、整体性治理理论、数字治理理论、公共价值管理理论和新公共治理理论纳入前沿理论中，成为本书研究的重点：一是从内容来看，新公共服务注重民主、公民权利和公共服务，充分肯定人的价值特别是公民道德的宣扬，并努力促进公民参与治理，使其具有鲜明的公共治理理论的特点，使公共行政逐渐向公共治理转变；网络（化）治理作为一种有别于等级制和市场化的新型公共治理模式，强调政府、私营部门、市民社会和个人作为社会多元治理主体在制度化的治理结构中为实现一定的公共价值而采取联合行动。网络化治理理论之所以属于公共治理前沿理论之一，是因为它既具有公共治理理论的特征，而且还具有理论上的前沿性、创新性。整体性治理理论与数字治理理论是属于姊妹关系的理论，数字治理理论是在整体性治理理论的基础上结合数字时代而建构的一种理论，顺应了时代发展、合作、数字的主旋律，是两种新型的公共治理前沿理论。公共价值管理理论兴起于20世纪90年代末，重塑了公共管理者的使命，即创造公共价值，为公共治理的目标作出了理论贡献。新公共治理是应对21世纪公共服务提供主体日益多元和政策制定过程日益复杂的现实应运而生的。新公共治理观点可以凝结为"服务主导逻辑"，这一逻辑根植于公共服务供给的复杂化背景，将公共服务视为服务而非产品，在理论基础、国家背景特点、关注焦点、强调重点、资源分配机制、服务系统、价值基础等方面实现了革新，使得新公共治理焕然一新，具有较强的理论和现实价值。二是从形式来看，这些理论或思想表现出"丛林"（jungle）或"霰弹"（shotgun）状。也就是说，多种公共治理理论或思想存在。三是从时间来看，上述理论或思想基本上是世纪之交及其之后产生的，也就是说，这些理论或思想都是近20年内产生和发展的，因此，不但可以称为"公共管理理论前沿"，也可以称为"公共治理前沿理论"。本书将以这六大理论为重点来讨论公共治理前沿理论。

本书选取了作者及其科研团队近年来在公共治理领域研究、发表的39篇论文，汇集成册。它是作者近年来对公共治理理论的研究心得与些许思考，正文内容主要分为如下两个部分。

第一部分主要研究公共治理前沿理论，主要包括以下几个小部分。

1."理论介绍"。主要探讨治理与公共治理的关系。治理作为一个体系，公共治理是其一部分，是一个分支。笔者将治理作为逻辑出发点，从治理走向公共治理，深入探讨它的分支——公共治理的相关问题，由此进入公共治理领域中，重点讨论具有前沿性的公共治理理论、存在的纷争与反思，并走向了理论体系的建构，厘清六大前沿理论的关系、地位，在全书形成提纲挈领的作用，既为了快速向读者展示治理与公共治理前沿理论的基本面貌，又为后面的深入研究奠定基础。

2."理论综述"。理论综述是系统研究公共行政学理论必不可少的一部分。该部分主要探讨了新公共服务理论、网络（化）治理理论、整体性治理理论、数字治理理论、公共价值管理理论以及新公共治理理论的发展脉络和研究现状。如果说第一部分只是将公共治理前沿理论的基本面貌展现出来，那么这一部分向读者展现的是全貌。通过这一部分的阅读，读者可以详细、系统地了解公共治理六大前沿理论的发展过程、主要思想、研究现状与未来趋势，这是后续研究深厚的理论基础，是本书中的重要部分。

3."比较研究"。该部分对服务型政府、公共服务型政府、新公共服务进行了比较，对新公共管理、无缝隙政府和整体性治理进行了比较，对数字化治理、网络化治理与网格化管理理论进行了比较，对网络化治理、整体性治理和数字治理理论进行了比较，对整体性治理、合作治理和合同制治理理论进行了比较，并在最后对公共治理前沿理论进行了综合性的比较研究。通过比较，我们可以突出展现公共治理前沿理论的优越之处，重点再现它的特色所在，通过比较，我们也可以发现中西差异，特别是为理论的本土化打下基础。

第二部分主要研究公共治理前沿理论应用，主要包括以下几个小部分。

1."理论应用"。该部分探讨了理论应用实践的问题，整体性治理的应用，与大数据时代背景结合，与京津冀协同发展相联系；网络（化）治理理论的应用，既借鉴国外经验，又针对本国实际；数字治理的应用与智慧城市及其发展模式结合，探索出一条中国智慧城市发展之路；公共价值管理理论的应用，笔者将其置身于中国语境下，对公共管理价值重构、公共价值创造的流程设计、政府管理工具创新、公共服务递送机制进行构建。

2."治理理论与京津冀协同发展"。该部分是对"理论应用"的延伸，"理论应用"主要讲了公共治理理论的一般化应用，该部分重点以治理理论在京津冀协同发展应用为例，讲述理论应用于实践并指导实践的故事，助力京津冀协同发展。该部分从府际关系的角度探索出推动京津冀协同发展的模式，研究出京津冀府际关系协调模式和府际合作路径，实现京津冀养老服务、公共服务均等化、雾霾治理、河流治理和交通一体化发展等。

本书运用文献研究、比较研究和案例分析等方法，探讨了公共治理前沿理论的理论基础、理论发展、理论比较和理论应用等问题，既具有学术价值又具有现实意义，很适合我国公共管理领域的研究者或学生参读，并对我国有选择地借鉴公共治理理论并加以本土化的研究是大有裨益的。纵观本书，具有以下特色：（1）本书专注于学科理论前沿。我们在做学术研究时，需要具有敏锐的学术嗅觉，这是研究者必备的关键技能。笔者一直关注着公共行政学理论前沿，西方行政学理论的产生和发展大致可以划分为：传统公共行政时期、新公共行政时期、新公共管理时期和公共管理理论的 21 世纪发展时期。前三个时期的思想译介和研究成果较多，人们了解得也较多，而 21 世纪之后西方公共行政学理论发展迅速，而且出现"小丛林"现象。这些理论在西方备受重视，而且得到广泛应用。但由于受诸多因素影响，很多西方公共治理的前沿理论著作还没有翻译成中文，如 Perri 6、Diana Leat、Kimberly Seltzer 和 Gerry Stoker 2002 年出版的 *Towards Holistic Governance*，Patrick Dunleavy、Helen Margetts、Simon Bastow、Jane Tinkler 2006 年出版的 *Digital Era Governance*，Anne Mette Kjaer 2012 年出版的 *Governance* 和 Mark Moore 2013 年出版的 *Recognizing Public Value* 等著作尚未翻译成中文，对于全面了解和深入把握公共管理学科理论前沿是十分不利的。近年来，笔者更加关注公共管理理论前沿，并在尚未有译著可供参考的情况下尽可能多地占有和消化英文原著，如将 *Governmance* 一书自主翻译，取得了关于新公共服务、网络（化）治理、整体性治理、数字治理和公共价值管理等理论和思想的阶段性研究成果，并汇集成本书。（2）本书直接来源于学术研究。笔者为本科生与研究生开设了"公共行政学原著选读"（双语）、"公共管理学名著研究"（双语）和"公共管理理论前沿"等课程，在长期的教学实践中，笔者一直研究着公共行政学理论，并着力于向学生们讲授最崭新、最前沿的理论。为学生"传道""授业""解惑"的为师之道一直激励着笔者持续地潜心研究，将学术研究成果转化为教学内容，更加有利于学生们的成长。基于这种理念，笔者才得以坚持近二十年时间进行学术研究，并将继续。笔者对于这方面的持续关注与长达二十年的学术研究才得以形成今日之成果，这是笔者辛勤耕耘、潜心研究的结果。（3）本书更是科研团队倾力合作之成果。本书的完成采取了团队协助的方式，是集体努力的结果。团队成员要么是本科生，要么是硕士，都经历了燕山大学公共管理学院的学习；大多数都选择了继续深造，要么选择在厦门大学攻读硕士或博士学位，要么选择在中国人民大学、北京师范大学、兰州大学、中国矿业大学（京）等知名高校攻读博士学位。无论在哪里深造，他们都继续关注公共治理前沿理论，继续深化对此研究。虽然既有本科生，又有硕士生，但指导教师是同一人。虽说学生是"流水的兵"，但在笔者这里永远是"铁打的营盘"，并始终坚信"聚是一团火，散是满天星"。笔者具有比较丰富的指导经验，对本书的写作与整合进行了"顶层设计"、周密安排，充分发挥每个成员的优势。（4）本书是作者研究成果的集结，既有已发表的学术成果，也有未发表的学术成果，并对已发表的学术成果进行了修改和完善。（5）本书既是理论性著作，也涉及理论应用。尽管理论与实践难以截然分开，笔者还是将本书大致分为"理论"篇和"应用"篇。（6）本书采用了论文集的体例，看似是论文集，实非论文集。笔者采用论文集的体例，既是根据实际研究成果的需要，更是为了便于读者阅读此书。本书内容的结构设计是建立在从理论概述、理论发展、理论比较到理论应用的逻辑基础上而进行焦点式的安排，这是本书的一大特色与优点，便于读者能够聚焦于某一问题并有更加深入的了解与思考。

本书的出版并非意味着我们研究的结束，相反是刚刚开始。我们应当明确，对公共治理前沿理论的研究不是目的，而是一个阶段或一个过程。作为公共管理领域的研究者，我们应当关注现实，服务于国家治理现代化，这是我们作为研究者的使命与荣耀。本书的完成仅是作了一个理论基础或理论借鉴，我们还应当灵活对待公共治理前沿理论，让它们服务于我国的公共管理实践，这就需要我们今后更加关注我国的现实。最后，本书只是作者近年来对公共治理前沿理论关注与思考的点滴成果，仅仅是一孔之见，不当之处，敬请指教！

韩兆柱
2021 年 5 月 23 日
于燕山大学公共治理研究所

目　录

第一部分　公共治理前沿理论

治理与公共治理的界说 …………………………………………………………… 003
西方公共治理前沿理论的争论 …………………………………………………… 020
西方公共治理前沿理论的反思 …………………………………………………… 023
西方公共治理理论体系的构建 …………………………………………………… 034
新公共服务理论及其研究进展 …………………………………………………… 049
网络化治理理论及其研究进展 …………………………………………………… 066
整体性治理理论及其研究进展 …………………………………………………… 078
数字治理理论及其研究进展 ……………………………………………………… 093
公共价值管理理论及其研究进展 ………………………………………………… 116
新公共治理理论的多维视角 ……………………………………………………… 130
服务型政府、公共服务型政府、新公共服务的比较 …………………………… 141
新公共管理、无缝隙政府、整体性治理范式的比较 …………………………… 154
数字化治理、网络化治理、网格化管理理论的比较 …………………………… 163
网络化治理、整体性治理、数字治理理论的比较 ……………………………… 176
整体性治理、合作治理与合同制治理理论的比较 ……………………………… 192
西方公共治理前沿理论的比较 …………………………………………………… 202

第二部分　公共治理前沿理论的应用

整体性治理理论的应用 …………………………………………………………… 233
大数据时代背景下整体性治理理论的应用 ……………………………………… 242
网络化治理理论的应用 …………………………………………………………… 259
数字治理理论的应用 ……………………………………………………………… 271
整体性治理视角下政务微信应用问题的治理机制 ……………………………… 288
整体性治理视角下共享单车治理的路径 ………………………………………… 302
中国语境下的网络化治理 ………………………………………………………… 315
新冠肺炎疫情应对中慈善组织公信力缺失的网络化治理 ……………………… 327
政府购买社会救助服务的网络治理模式 ………………………………………… 342

"互联网+"背景下智慧城市建设的路径 ································· 356
智慧扬州发展模式研究——基于数字治理理论的分析 ················ 366
国外智慧城市建设经验：管理、政策和环境的协同发展 ············· 378
中国城市社区治理云服务的发展与运用 ······························· 389
公共价值管理理论及其在中国语境下的应用 ··························· 400
中国语境下的西方公共治理前沿理论的本土化 ······················· 415
整体性治理视域下京津冀基本公共服务的均等化 ··················· 439
基于整体性治理的京津冀交通一体化 ··································· 453
京津冀雾霾治理中的府际合作机制——以整体性治理为视角 ······ 469
京津冀跨界河流污染治理的府际合作模式——以整体性治理为视角 ···· 484
基于整体性治理的京津冀养老服务协同发展路径 ··················· 494
京津冀生态治理的府际合作路径——以网络化治理为视角 ········ 505
基于整体性治理的京津冀府际关系协调模式 ··························· 519
新时代合同治理的创新——基于新公共治理的观点 ················ 531

参考文献 ·· 544

后记 ·· 555

第一部分
公共治理前沿理论

治理与公共治理的界说*

党的十八届三中全会提出,"完善和发展中国特色社会主义制度,推进国家治理体系和治理能力现代化",开启了我国治理现代化的建设,意义重大。改革开放以来,我国经济发展迅速,政府改革深化、能力提高,政治的民主化、法治化程度提高。然而,在取得一定成绩的同时,我国的发展也面临着一些挑战。根据世界银行 WGI 提供的数据表明,我国的"政府效能""腐败控制"和"全球治理指标"得分不高,治理水平提升缓慢,社会矛盾凸显。目前,我国经济也进入了新常态,在此背景下,亟须提高我国的国家、政府和社会的治理能力,完善国家治理体系。在寻求推进我国治理能力现代化手段的过程中,需要借鉴西方国家先进的治理经验,参考西方公共治理前沿理论,以指导我国的实践。

对于西方公共管理学理论发展史的研究,国内外学者投入了大量的时间和精力,取得了丰硕的成果。对于西方公共管理学理论发展的划分和研究视角也呈现出百家争鸣、百花齐放的盛况,例如以丹尼尔·雷恩[1](Daniel A.Wren)、萨布鲁[2](R. K. Sapru)、张金鉴[3]、张润书[4]、王沪宁[5]、唐兴霖[6]、张国庆[7]、丁煌[8]、彭和平[9]、竺乾威[10]为代表的阶段论;以麦克迪[11](H.E.McCurdy)、夏书章[12]、谭功荣[13]为代表的学

---

* 与翟文康合作完成。
[1] 丹尼尔 A 雷恩,阿瑟 G 贝德安. 管理思想史 [M].6 版. 孙健敏,黄小勇,李原,译. 北京:中国人民大学出版社,2014:1-5.
[2] R K SAPRU.Administrative Theories and Management Thought[M].Second Edition. New Deihi:PHI Learning Private Limited,2011:4-10.
[3] 张金鉴. 行政学新论 [M]. 台北:台北三民书局,1974.
[4] 张润书. 行政学 [M]. 台北:三民书局,1979:18-19.
[5] 王沪宁. 行政生态分析 [M]. 上海:复旦大学出版社,1989:6.
[6] 唐兴霖. 公共行政学:历史与思想 [M]. 广州:中山大学出版社,2000:6-7.
[7] 张国庆. 公共行政学 [M]. 北京:北京大学出版社,2007:22.
[8] 丁煌. 西方公共行政管理理论精要 [M]. 北京:中国人民大学出版社,2007:1-2.
[9] 彭和平. 公共行政管理 [M]. 北京:中国人民大学出版社,2008:30.
[10] 竺乾威. 公共行政理论 [M]. 上海:复旦大学出版社,2008:1-4.
[11] H E MCCURDY.Public Administration:A Bibliographic Guide to the Literature[M].New York:Marcel Dekker,1986:17-21.
[12] 夏书章. 哈佛行政管理全集(上册)[M]. 北京:红旗出版社,1998:257-299.
[13] 谭功荣. 西方公共行政学思想与流派 [M]. 北京:北京大学出版社,2008:15-16.

派论；以欧文·休斯[1]（Owen E.Hughes）、文森特·奥斯特罗姆[2]（Vincent Ostrom）、简·莱恩[3]（Jane Lane）、陈振明[4]、毛寿龙[5]为代表的范式论；以巴里·波兹曼[6]（Barry Bozeman）、戴维·罗森布鲁姆[7]（David Rosenbloom）为代表的途径论；以西尾胜[8]为代表的谱系论。笔者通过对相关文献的研究发现，阶段论的观点影响较大，得到较多学者的认同，也侧重于按照历史脉络对公共管理学理论进行系统划分。笔者认为，西方公共管理学理论的发展大致可以划分为：传统公共行政时期、新公共行政时期、新公共管理时期和公共管理理论的21世纪发展时期。前三个时期的思想译介和研究成果较多，人们了解也较多，而21世纪后西方公共管理理论发展迅速，特别是西方公共治理理论更是席卷全球，对我国的影响也较大，而且出现"小丛林"（Small Jungle）现象。但是很多西方公共治理前沿理论著作还没有被翻译成中文，对于全面了解和深入把握公共管理学科理论前沿是十分不利的。近年来，笔者更加关注西方公共管理理论，特别是西方公共治理的前沿理论，并在尚未有译著可供参考的情况下尽可能地占有和消化英文原著，取得了关注西方公共治理五大前沿理论，即新公共服务理论、网络（化）治理理论、整体性治理理论、数字治理理论和公共价值管理理论的阶段性研究成果。笔者对西方公共治理五大前沿理论进行系统的概述与评析，以期引起学者们的广泛关注与思考。

一、治理的概念

"概念是学术研究由以展开的工具，要促进学术研究水平的不断提高，任何学科都必须对它的基本概念有着共识性理解。"[9] 在"治理""公共治理"等概念的界定上，

---

[1] OWEN E HUGHES.Public Management and Administration：An Introduction[M]. Third Edition. Beijing：Renmin University of China Press，2004：259-262.

[2] 文森特·奥斯特罗姆. 美国公共行政的思想危机[M]. 毛寿龙，译. 上海：上海三联书店，1999：170.

[3] 简·莱恩. 新公共管理[M]. 赵成根，王洛忠，崔跃嵩，等译. 北京：中国青年出版社，2004：41.

[4] 陈振明. 从公共行政学、新公共行政学到公共管理学——西方政府管理研究领域的"范式"变化[J]. 政治学研究，1999（1）：79-88.

[5] 毛寿龙. 西方公共行政学名著提要[M]. 南昌：江西人民出版社，2006：13.

[6] BARRY BOZEMAN.Public Management：The State of the Art[M]. San Francisco：Jossey-bass Publisher，1993：1-5.

[7] 戴维 H 罗森布鲁姆，罗伯特 S 克拉夫丘克. 公共行政学：管理、政治和法律的途径[M]. 张成福，等校译. 北京：中国人民大学出版社，2007：40-41.

[8] 西尾胜. 行政学[M]. 毛桂荣，等译. 北京：中国人民大学出版社，2006：25.

[9] 张康之，张乾友. 公共行政的概念[M]. 北京：中国社会科学出版社，2013：1.

中外学者们众说纷纭，莫衷一是，因此，笔者在研究西方公共治理前沿理论之前有必要对相关概念进行界定。

英语中的"治理"一词愿意为控制、引导和操纵，与"统治"交叉使用，含义相似，主要用于国家管理的政治学领域。20世纪90年代以来的国际援助机构的发展研究和福利国家危机引发的政府改革运动赋予了"Governance"新的含义，跨越了政治学、经济学、社会学、公共行政学等多领域，成为一种新的治理机制。一般认为，1989年世界银行首次使用"治理危机"（Crisis in Governance）一词标志着"新治理"开始流行，1992年世界银行提出治理就是"为了发展而在一个国家的经济与社会资源的管理中运用权力的方式"。[1]1998年，研究治理问题的专家鲍勃·杰索普讲到"过去15年来，它在许多语境中大行其道，以致成为一个可以指涉任何事物或毫无意义的'时髦词语'"。[2]"治理可以指很多事情，它可以是一个流行词汇、一种时尚、一种框架设计，一个联结各学科的、伞状的、描述性的并且模糊的概念，一个空洞的符号……"[3]

（一）关于治理定义的争论

詹姆斯 N.罗西瑙（James N.Rosenau）认为治理与政府统治存在差别，他将治理定义为"一系列活动领域里的管理机制，它们虽未得到正式授权，却能有效发挥作用。与统治不同，治理指的是一种由共同的目标支持的活动，这些管理活动的主体未必是政府，也无须依靠国家的强制力量来实现。换句话说，与政府统治相比，治理的内涵更加丰富。它既包括政府机制，同时也包括非正式的、非政府的机制"。[4]

罗伯特·罗茨（R.A.W.Rhodes）认为"治理至少有六种不同的用法：作为最小国家（The Minimal State）的治理；作为公司的治理（Corporate Governance）；作为新公共管理（The New Public Management）的治理；作为善治（Good Governance）的治理；作为社会—控制体系（Social-cybernetic System）的治理；作为自组织网络（Self-organization Networks）的治理"。[5]其中，作为最小国家管理活动的治理是指国家削减公共开支，以最小的成本取得最大的效益；作为公司管理的治理是指导、控

---

[1] World Bank.Governance and Development[R].Washington，D.C：World Bank Publications，1992：3.

[2] BOB JESSOP. The Rise of Governance and it's Risk of Failure：the Case of Economic Development[J]. International Social Science Journal，1998，50（155）：29-45.

[3] DAVID LEVI-FAUR.From Big Government To Big Governance[A].Oxford Handbook of Governance. New York：Oxford University Press，2012：3.

[4] 詹姆斯 N 罗西瑙.没有政府的治理——世界政治中的秩序与变革 [M].张胜军，译.南昌：江西人民出版社，2001：5.

[5] RHODES R.The New Governance：Governing without Government？ [J].Political Sciences，1996，44（4）：652-667.

制和监督企业运行的组织体制；作为新公共管理的治理是将市场激励机制与私人部门的管理手段结合帮助政府提供公共服务，充当政府的治理工具；作为善治的治理强调效率、法治、责任、民主等价值；作为社会－控制体系的治理是指政府与社会、公共部门与私人部门之间的合作互动；作为自组织网络的治理指的是建立在信任与互利基础上的社会协调网络。在2000年，罗茨又提出了七种治理的含义："公司治理、新公共管理、善治、国际间的相互依赖、社会控制论的治理、作为新政治经济学的治理、网络治理。"[1]

联合国全球治理委员会对治理下了一个定义："治理是个人和公共或私人机构管理其公共事务的诸多方式的综合。它是使相互冲突的或不同的利益得以协调并采取联合行动的持续的过程。"[2] 它既包括有权迫使人们服从的正式制度和规则，也包括人民和机构同意的或以为符合其利益的各种非正式的制度安排。它有四个特征：治理不是一整套规则，也不是一种活动，而是一个过程；治理过程的基础不是控制，而是协调；治理既涉及公共部门，也包括私人部门；治理不是一种正式的制度，而是持续的互动。

格里·斯托克（Gerry Stoker）将治理理论概括为五种观点："（1）治理意味着一系列来自政府但又不限于政府的社会公共机构和行为者；（2）治理意味着在为社会和经济问题寻求解决方案的过程中存在着界限和责任方面的模糊性；（3）治理明确肯定了在涉及集体行为的各个社会公共机构之间存在着权力依赖；（4）治理意味着参与者最终将形成一个自主的网络；（5）治理意味着办好事情的能力并不仅限于政府的权力，不限于政府的发号施令或运用权威。"[3]

国内学者俞可平认为："治理一词的基本含义是指官方的或民间的公共管理组织在一个既定的范围内运用公共权威维持秩序，满足公众的需要。治理的目的是在各种不同的制度关系中运用权力去引导、控制和规范公民的各种活动，以最大限度地增进公共利益。所以，治理是一种公共管理活动和公共管理过程，它包括必要的公共权威、管理规则、治理机制和治理方式。"[4]

毛寿龙等认为："治道（治理）是在市场经济条件下政府如何界定自己的角色，如何运用市场方法管理公共事务的道理。治道变革指的是西方政府在适应市场经济

---

[1] RHODES R.Governance and Public Administration[C]//in Pierre，J.（eds.），Debating Governance. New York：Oxford University Press，2000：54-90.

[2] Commission on Global Governance.Our Global Neighbourhood[M]. Oxford：Oxford University Press，1995：2.

[3] GERRY STOKER.Governance as Theory：Five Propositions[J].International Social Science Journal，1998，50（155）：17-28.

[4] 俞可平. 全球治理引论 [J]. 马克思主义与现实，2002（1）：20-29.

有效运行条件下,进行市场化改革,并把市场制度的基本观念引进公共领域,建设开放而有效的公共领域。"[1]

徐勇认为:"治理是对公共事务的处理,以支配、影响和调控社会。而要达到治理的目的,必须借助于公共权力。因此,在治理的逻辑结构中,公共权力是最为核心的概念。"[2]

(二)关于治理阶段划分的争论

表1 关于治理阶段划分的多元观点

	观点	代表人物	具体表述
观点一	治理二阶段论	皮埃尔·卡蓝默	第一阶段为治理概念引入阶段,1989年世界银行首提"治理危机",将治理引入国际政治经济生活;第二阶段为治理变革阶段,要求"重新定义思想的框架、新的指导原则,构建一种新的治理形式"[3]
观点二	新旧治理论	罗伯特·罗茨	治理与统治同义,旧治理即政府主导统治,新治理指不依靠于政府权威和管制而是依靠多元行动者互动来获得社会秩序
观点三	管理与治理阶段论	唐纳德·卡特尔	政府改革实践分为公共管理与公共治理两个阶段,前一个阶段是以政治-行政二分为基础,后一阶段等同于新公共管理,包括:"(1)生产率;(2)市场化;(3)服务导向;(4)分权化;(5)政策;(6)问责制"[4]
观点四	行政、管理与治理阶段论	盖伊·彼得斯、约翰·皮埃尔	在唐纳德·卡特尔的基础上,彼得斯与皮埃尔比较了新公共管理与治理在对待公共部门态度、哲学基础、政府功能、意识形态等四方面的不同
观点五	公共行政、新公共行政和行政联合	乔治·弗雷德里克森	乔治·弗雷德里克森认为:"治理指的是在集权逐渐弱化、区域界线的重要性逐渐下降及普遍存在制度分散化的情况下,行政管理中横向及制度内部纵向的联系。"[5]将治理定位于行政联合

从表1可知,对治理的理解上,很多学者在治理阶段划分上有各种不同的观点,这体现出"治理"一词并不能轻易地被界定,它是一个复杂的体系,从不同角度都有不同的理解,不能将其概念简单化。

---

[1] 毛寿龙,李梅,陈幽泓.西方政府的治道变革[M].北京:中国人民大学出版社,1998:7.

[2] 徐勇.GOVERNANCE:治理的阐释[J].政治学研究,1997(1):63-67.

[3] 皮埃尔·卡蓝默.破碎的民主:试论治理的革命[M].高凌瀚,译.北京:生活·读书·新知三联书店,2005:4.

[4] 唐纳德·卡特尔.有效政府——全球公共管理革命[M].张怡,译.上海:上海交通大学出版社,2005:1-3.

[5] 乔治·弗雷德里克森,凯文 B 史密斯.公共管理概论[M].于洪,译.上海:上海财经大学出版社,2008:208.

（三）关于治理研究途径的争论

表2　关于治理研究途径的多元观点

	观点	代表人物	具体表述
观点一	以"关系"为中心	皮埃尔·卡蓝默	任何问题都不能脱离其他问题而被单独处理，他指出："明天的治理再也不能忽视了关系，而是应将关系放到制度设计的中心位置。"[1]
观点二	六种不同用法	罗伯特·罗茨	作为最小国家的治理、作为公司治理的治理、作为新公共管理的治理、作为善治的治理、作为社会-控制系统的治理、作为自组织网络的治理[2]
观点三	三种主要研究途径	陈振明	政府管理途径、公民社会途径、合作网络途径[3]
观点四	学科视角	麻宝斌	公共行政与公共政策视角、国际关系视角、比较政治学视角[4]

笔者认为，治理的研究途径应该有以下几种：（1）公司（市场）治理途径，这一途径侧重从市场、企业部门的角度来理解治理，强调私人领域的治理，市场根据资源配置情况完全发挥作用，形成私人治理理论或模式；（2）新公共管理或政府管理途径，该途径强调政府在提供公共产品和公共服务的管理过程中的核心地位，以政府为主导的新公共管理模式，形成政府治理理论或模式；（3）公民社会途径，该途径强调在治理过程中积极发挥公民的作用，公民在管理公共事务中构建出自己的网络，"把自己组织起来，进行自主治理，从而能够在所有人都面对搭便车、规避责任或其他机会主义行为诱惑的情况下，取得持久的共同利益"[5]，形成公民治理理论或模式；（4）公共行政途径，该途径是从公共行政学的角度研究对公共事务领域的治理，它是政府与非政府部门（私人部门、第三部门和公民）的合作治理过程，政府起着元治理作用，形成公共治理理论或模式；（5）合作网络途径，这种途径认为"治理是政府与社会力量通过面对面的合作方式组成的网状管理系统"[6]，政府与非政府组织是相互依存的网络关系，形成网络（化）治理理论或模式；（6）整体性途径，该途径提倡治理过程中各主体间的协调、整合与整体化，是为克服"碎片化"问题而进行的全观型治理，形成整体性治理理论或模式；（7）数字化途径，该途径

---

[1] 皮埃尔·卡蓝默.破碎的民主：试论治理的革命[M].高凌瀚，译.北京：生活·读书·新知三联书店，2005：11.

[2] R A W RHODES.The New Governance：Governing Without Government[J].Political Studies，XLIV，1996，44（4）：653.

[3] 陈振明.公共管理学[M].北京：中国人民大学出版社，2005：77-81.

[4] 麻宝斌.公共治理理论与实践[M].北京：社会科学文献出版社，2013：26-27.

[5] 埃莉诺·奥斯特罗姆.公共事物的治理之道——集体行动制度的演进[M].余逊达，陈旭东，译.上海：上海三联书店，2000：51.

[6] D.KETTLE.Sharing Power：Public Governance and Private Markets[M].Washington，D.C.：Brooking Institution，1993：22.

主张在数字时代背景下治理应当利用数字工具，形成数字治理理论或模式；（8）价值途径，治理应当注重价值因素，形成公共价值管理理论或模式；（9）主体关系途径，"治理的关键是如何在各行动者之间寻求利益与激励的平衡，并将包容性、透明性、平等、责任、效率与效益等价值和规范，整合到公私伙伴关系中来"[1]，在高度复杂行动社会中，并非只有政府这一个主体，私营部门、第三部门、社区、公民等多主体正蓬勃发展，某一个单一主体由于资源和知识有限，并不能独自解决问题，需要依靠其他主体力量，多主体协同合作，实现多中心的治理，形成多中心治理理论或模式；（10）善治途径，主要代表人物是莱福特维奇，从系统、政治和行政三个维度解读善治，治理在行政上的用法是"一种有效率的、开放的、负责的并且被审计监督的公共服务体系"[2]，形成善治治理理论或模式。

综上所述，对于治理的概念界定、阶段划分、研究途径，国内外学者仁者见仁，智者见智，莫衷一是。因此，笔者得出结论，治理并不能用某一个确定的概念来界定，它既是一个体系又是一个理论丛林，内容庞杂，正如胡德考察欧美各国不同的政府改革运动，寻找其共性而取名"新公共管理"一样，笔者认为作为一个体系的治理理论，有各种类型，但都具备以下特征：（1）治理目标追求善治；（2）主体多元且地位平等；（3）环境是高度复杂化、高度不确定的；（4）治理结构网络化；（5）治理机制是靠制度安排；（6）治理过程是上下互动；（7）治理方式是互动性的协商合作；（8）治理工具多样化，包括数字化技术、市场化工具、工商管理技术和社会化手段。治理在目标、主体、环境、结构、机制、过程、方式、工具上构成独立的理论体系，凡是具备以上特征的理论都属于治理理论体系。除此之外，治理理论还是一个理论丛林。正如孔茨考察管理理论学派林立状况，而称其为"管理理论丛林"一样，治理理论也是一个理论丛林，治理理论丛林包含了众多理论，如多中心治理、善治、全球治理、自组织治理、公司治理、公民治理、公共治理、整体性治理、网络（化）治理、数字治理、公共价值管理理论等。

二、公共治理的概念

"公共治理"（Public Governance）一词是我国学者引进"治理"概念过程中经常交叉使用的一个概念，但是它并不等同于"治理"，公共治理是治理体系中的一部分，是公共部门对公共事务的管理过程，是治理理论丛林中关于公共行政方面的一种代表性理论。要深入地理解"公共治理"的概念，需要对治理与公共治理，公

---

[1] 田凯，黄金. 国外治理理论研究：进程与争鸣 [J]. 政治学研究，2015（6）：47-58.
[2] 俞可平. 治理与善治 [M]. 北京：社会科学文献出版社，2000：91.

共治理与政府治理、私人治理之间的关系进行辨析。它们之间的共同点就是都具有"治理"的特征，它们之间的区别需要进一步探讨。

（一）公共治理与治理的区别

在理论范畴方面，治理与公共治理是整体与部分的关系，治理理论不仅包括公共部门的治理，还包括私人部门的治理，公共治理是治理在公共事务管理领域中的应用，研究的是公共部门如何治理好公共事务，提供更好的公共产品和公共服务，是治理理论丛林中的一支。

在研究层次方面，对治理理论的研究，可以从宏观、中观和微观三个层次上进行分析，即形成"国家—社会—个人"三个研究层次。也就是说，治理理论在实践中的应用可以分为不同的范围和层次，所具体形成的治理理论也不同。笔者依据治理理论应用的空间范围不同，将其分为全球治理、区域治理、国家治理、地方治理、社区治理、组织治理、公民治理。而公共治理在研究层次上侧重于对国内公共事务的管理，政府、社会组织、社区及公民都参与到治理过程中，体现治理过程的公共性，并不涉及国外事务的管理。

在学科定位方面，"在世纪之交，科学技术以及社会科学在经历了长期的分化和专门化及初步的融合之后，开始了大跨步向整体化、综合化、杂交化的趋势发展，传统的学科界限逐步淡化乃至最终消失，社会科学杂交化的分支学科的比重越来越大"[1]。交叉学科、跨学科的现象在社会科学领域日益显著，治理理论也是一个跨学科的产物或现象，有学者将"治理"比作是各学科之间的桥梁。治理理论涉及政治学、公共行政学、经济学、管理学等各个学科，它综合地运用各学科知识实现良好的治理效果。在政治学方面，治理的目标是实现民主、法治；在公共行政学方面，实现公共利益最大化；在经济学方面，实现3E（经济、效率和效益）；在管理学方面，实现有效的管理。总之，治理的目标是善治，正如俞可平总结道："善治的基本要素有以下10个，合法性、法治、透明性、责任性、回应、有效、参与、稳定、廉洁和公正。"[2] 公共治理的学科定位于公共行政学，"我们可以把公共行政领域中的治理界定为公共治理"[3]。公共治理是治理在公共事务或公共行政领域的应用，其公共性体现在：（1）治理领域为公共事务领域；（2）治理主体为公共部门（政府部门、第三部门和公民）；（3）治理过程为相互依赖的多元主体的参与和协作，通过公共政策实现共赢；（4）治理目标是公平有效地提供公共产品和公共服

---

[1] 陈振明.科学化、现实性与跨学科研究——走向21世纪的中国政治学必须着重解决的三大问题[J].政治学研究，1998（1）：20-22.

[2] 俞可平.论国家治理现代化（修订本）[M].北京：社会科学文献出版社，2014：29-32.

[3] 曾正滋.公共行政中的治理——公共治理的概念厘析[J].重庆社会科学，2006（8）：81-86.

务，实现公共利益最大化。因此，公共治理是公共行政学研究的问题，是治理在公共行政学科的具体体现。

在我国语境下，"国家治理，就是在理性政府建设和现代国家构建的基础上，通过政府、市场、社会之间的分工协作，实现公共事务有效治理、公共利益全面增进的活动与过程"[1]。笔者认为，治理对应的是国家治理，公共治理对应的是政府与社会治理。党的十八届三中全会提出，"完善和发展中国特色社会主义制度，推进国家治理体系和治理能力现代化"[2]。国家治理是使用一切力量与手段实现良好的治理状态，国家治理体系包括政府治理、社会治理和市场治理，公共治理在我国的体现则是政府与社会的合作治理，对应的是政府治理和社会治理。

（二）公共治理与政府治理、私人治理的区别

公共治理与政府治理是一对容易混淆的概念，但是二者却是不同的。公共治理的主体是公共部门，除了政府外，还有社会组织和公民，政府与非政府的公共组织同为公共治理主体，地位平等，主体多元，政府发挥"元治理"作用。政府治理的主体也是多元的，但是突出政府的主导性作用，它沿袭了新公共管理的相关理念，政府掌舵，政府与非政府公共组织的关系是委托与代理关系，是政府发挥非政府公共组织的工具性作用，利用其长处实现治理目的，这是二者最大的区别。公共治理、政府治理同属公（公共事务）领域，而私人治理属于私领域，是不同领域中的治理形态的体系。公共治理与政府、私人治理是不同的（见表3），在国家治理体系中公共治理涉及政府与社会治理，私人治理涉及市场治理。

表3 公共治理与政府治理、私人治理的比较

	公共治理	政府治理	私人治理
研究途径	公共行政	新公共管理	市场治理
治理形态	政府与非政府公共组织、公民平等参与治理	政府主导下的与非政府组织、公民的契约治理	公司治理
主体地位	多元平等	斜向多元	单一
政府角色	元治理	掌舵	服务
关系基础	资源交换	雇佣关系	利益
依赖程度	相互依赖	单向依赖	独立
治理媒介	信任	权威	价格或供求
治理方式	协商对话	合同	市场机制
治理文化	共赢互惠	分权	竞争

荷兰学者凯克特（W.J.M.Kickert）以"公共治理"来界定治理的本质。新公共管

---

[1] 薛澜，张帆，武沐瑶. 国家治理体系与治理能力研究：回顾与前瞻 [J]. 公共管理学报，2015，12（3）：3.

[2] 中国共产党第十八届中央委员会第三次全体会议公报 [EB/OL].（2013-11-14）[2016-04-03]. http：//news.xinhuanet.com/house/tj/2013-11-14/c_118121513.htm.

理主张政府发挥掌舵作用,认为"政府进行治理,即'引导'社会前进,说服各个利益集团接手共同目标和策略"[1]。而公共治理理论否认政府导航社会,相信社会的自我导航和自我组织能力,政府治理机制中的参与者,与社会组织地位平等。凯克特认为:"公共治理是复杂网络的管理,政府已经无法成为唯一的统治者,它必须与民众、私人部门,共同治理(Cogovernance)、共同管理(Comanagement)、共同生产(Coproduction)和共同配置(Coallocation)。"[2]

综上所述,通过比较分析,我们可以总结出,公共治理的学科定位在公共行政学,活动领域为公共事务领域,政府发挥元治理作用,治理目标为公共利益最大化。

三、西方公共治理前沿理论

(一)西方公共治理理论的前沿性特征

《辞海》中对"前沿"的解释是:(1)防御阵地最前面的靠边沿的部分;(2)泛指斗争的第一线。与公共管理学科相结合,"前沿"即公共治理研究的第一线——西方公共治理理论。笔者认为,在公共治理的理论体系中,前沿理论具有时效性、创新性、抽象与操作理论的融合性、适用性、代表性、可持续发展性和可借鉴性等特征。

时效性。理论的前沿性之一特征在于它的时效性,是时间上的"新"。对于我国而言,所谓的西方理论前沿性体现在时间上就是近十余年的理论。在学术界层面,前沿理论应当是近十余年来研究的热点问题,从我国学者引介到我国行政改革借鉴都是近些年具有时效性的理论,并且国外学者也在不断地进行再审视研究,国内学者进行本土化研究,成为学术界近些年的学术研究热点。在实践层面上,理论的前沿性应该体现在近十余年来在国内外实践层面有较大影响力和借鉴意义的理论,对于实践的指导也是具有时效性的。

创新性。理论的前沿性之二特征在于它的创新性,是理论观点上的"新",理论层面相对于之前盛行理论的创新与超越,在实践层面能够有效地指导实践并解决问题。就西方公共治理前沿理论来说,它们必须是对传统公共行政和新公共管理理论的超越,这种超越体现在继承与批判上,既有对前两者先进理论的保留,也有反思批判,与时代结合的创新。西方公共治理前沿理论还需要能够有效地指导政府治理改革,改善政府治理的现状,通过理论研究系统分析政府治理问题并预测未来。

---

[1] 戴维·奥斯本,特德·盖布勒.改革政府:企业家精神如何改革着公共部门[M].周敦仁,等译.上海:上海译文出版社,2006:8-9.

[2] JAN KOOIMAN.Modern Governance:New Government-Society Interactions[M]. London:Sage,1993:35-48.

融合性。对于公共管理学科而言,实践性是一大特点,因此公共治理的前沿理论也应体现出实践特点,而非纯理论,要具有一定的可操作性。融合性体现在理论与实践的融合,前沿性是对理论与实践结合点的寻找,既避免象牙塔中的抽象理论,也非纯操作性理论,是抽象理论与可操作理论的融合。

适用性与先进性。就我国而言,研究西方公共治理理论,一是为了在学术上借鉴西方学术研究水平,提高我国公共管理学科整体学术能力,二是为了利用先进的理论指导我国政府改革。因此,相对于我国而言的西方公共治理理论的前沿性必须包含适用性和先进性两大要素。中国正处于改革和现代化转型阶段,市场化、工业化、信息化、城乡一体化正在我国如火如荼地进行,这些因素曾促进了西方公共管理大发展,如今也成了我国改革发展的大环境,环境的适用表明借鉴西方先进的治理理论是可行的。在我国经济快速发展的同时,社会矛盾也在不断增加,新旧问题层出不穷,需要西方国家政府改革总结出来的前沿理论指导我国公共管理和政府治理,所以适用性、先进性和我国需求的迫切性构成前沿性。

除此之外,西方公共治理的前沿性还应具有持久影响性、代表性、时代性、可持续发展性等特征。

(二)西方公共治理若干前沿理论述要

20世纪70年代,新公共管理运动兴起,在公共管理理论领域形成了新公共管理理论,但是20世纪末,新公共管理的市场化、分权化和民营化改革在重塑政府的同时,也使得政府治理陷入困境,新公共管理理论日渐式微。为规避新公共管理改革带来的弊端,西方各国的政府官员和公共管理学者们另辟蹊径,寻找第三条道路,开始探索对公共治理理论的研究,形成了西方公共治理六大前沿理论:一是美国学者赖特、登哈特夫妇等提出的新公共服务理论,提倡民主、公民权和公共利益,从管理理念层面批判新公共管理理论缺乏对民主价值的关注;二是英国学者佩里·希克斯等提出的整体性治理理论,主张协调、整合与紧密化,从组织结构的层面批判新公共管理理论的分权化和分散化导致机构裂化和公共服务的碎片化;三是美国学者伊娃·索伦森提出的网络(化)治理理论,从政府与其他公共管理主体关系的角度,批判新公共管理在面对多元、异质的管理主体时失效;四是英国学者帕特里克·邓利维等提出的数字治理理论,以重新整合、需求为基础的整体主义和数字化变革为主题,批判新公共管理理论主张分权与效率的过度运用导致的政府治理碎片化、职责同构的管理乱象;五是美国学者马克·摩尔提出的公共价值管理理论,认为公共管理者的目的是创造公共价值,整合效率与民主的关系,而非对立,实现效率为基础的民主,批判新公共管理理论对规范性价值的忽视,是价值理想与工具理性的融合;六是英国学者史蒂芬·奥斯本提出的新公共治理理论,将公共服务视为服务而非产品,着眼于公共服务系统而非单个的组织,强调组织间互动关系和外部效益，运用战略取向、公共服务市场化、运作管理和共同生产四种方法来提升公共服务水平。

为什么说这六大理论属于西方公共治理前沿理论？"新公共服务通过对公民权的强调和对公民教育的重视，对人的价值特别是公民道德的宣扬，使其具有鲜明的公共治理理论的特点，是政府行政向公共行政尤其是公共治理转变的重要指导理论。"[1] 陈剩勇认为："网络化治理作为一种有别于等级制和市场化的新型公共治理模式，强调政府、私营部门、市民社会和个人作为社会多元治理主体，在制度化的治理结构中为实现一定的公共价值而采取联合行动。"[2] 网络化治理理论之所以属于西方公共治理前沿理论之一，是因为它既具有公共治理理论的特征，而且还具有理论上的前沿性、创新性。整体性治理理论与数字治理理论是属于姊妹关系的理论，数字治理理论是在整体性治理理论基础上结合数字时代而建构的一种理论，顺应了时代发展、合作、数字的主旋律，是新型的两种公共治理前沿理论。公共价值管理理论兴起于20世纪90年代末，重塑了公共管理者的使命，即创造公共价值，为公共治理的目标作出了理论贡献。

1. 新公共服务理论

1989 年，新公共服务（New Public Service）的概念由美国学者帕特里夏·英格拉姆（Patricia Ingraham）和戴维·罗森布鲁姆（David Bosenbloom）提出，但是在当时影响较小，直到 2000 年登哈特夫妇的 *The New Public Service: Serving Rather than Steering* 一文的发表，在学术理论界及实践中掀起了一场新公共服务浪潮。国内学者对于新公共服务理论的研究始于 2002 年，刘俊生在《中国行政管理》杂志上发表的译文《新公共服务：服务，而不是掌舵》，正式将新公共服务理论引入中国。新公共服务理论主张民主、公民权和公共利益，并提出了七大原则："（1）服务于公民，而不是顾客；（2）追求公共利益；（3）重视公民权胜过重视企业家精神；（4）思考要有战略性，行动要有民主性；（5）承认责任并不简单；（6）服务，而不是掌舵；（7）重视人，而不只是重视生产率。"[3] 2015 年，登哈特夫妇又发文再审视新公共服务理论发展现状，着力探讨如下四大问题："（1）公民参与起作用吗？（2）公共利益和协作性领导的价值在实践中是如何体现的？（3）企业化和私人化的市场模式联盟是否减弱了？（4）我们的政府是划桨、掌舵还是服务？"[4]

---

[1] 王曦阳，胡去非. 新公共服务理论述评 [J]. 科教文汇，2006（4）：149-150.

[2] 陈剩勇，于兰兰. 网络化治理：一种新的公共治理模式 [J]. 政治学研究，2012（2）：108-119.

[3] ROBERT B.DENHARDT，JANET V.DENHARDT.The New Public Service：Serving Rather than Steering[J].Public Administration Review，2000，60（6）：553-556.

[4] JANET V. DENHARDT，ROBERT B. DENHARDT.The New Public Service Revisited[J].Public Administration Review，2015，75（5）：665.

他们指出，新公共服务理论在过去15年的发展中日益显著，在学术界与实践领域中的作用越来越明显，新公共服务理论所提出的民主、公民权、公共利益、公民参与治理、共同领导等理念也日益显著。

2. 网络（化）治理理论

网络（化）治理（Network Governance）的概念最早是在2002年由伊娃·索伦森在《民主理论与网络化治理》一文中提出，集大成者是史蒂芬·戈德史密斯和威廉·艾格斯。网络（化）治理理论是针对科层治理导致效率低下和市场治理忽视民主价值等弊端而提出的适应高度复杂化和高度不确定性环境的一种治理理论，目前有私人网络、政策网络和治理理论三种语境下的网络（化）治理理论，笔者重点探讨后两者语境下的网络（化）治理理论，这种网络是指："（1）由各种各样的行动者构成的，每个行动者都有自己的目标，且在地位上是平等的；（2）网络之所以存在是因为行动者之间的相互依赖；（3）网络行动者采取合作的策略活动来实现自己的目标。"[1] 在网络中每个行动者为一个节点，利益相关的行动者就构成了治理的网络，打破了层级节制的科层体系，行动者之间相互作用，平等交流，信息沟通有效，能够迅速地作出反应。网络（化）治理为公共治理提供了一个结构性基础，正是在这种网状结构中，政府可以综合自身、社会组织、社区、公民等众多主体的力量实现良好的治理。

3. 整体性治理理论

整体性治理（Holistic Governance）的概念最早是在1990年由英国约克大学的安德鲁·邓西尔提出，但是当时对整体性治理的认识并不系统，随后由英国学者佩里·希克斯（Perri 6）于1997年出版的 *Holistic Government* 一书进行了系统论证。我国台湾学者彭锦鹏于2005年出版《全观型治理：理论与制度化策略》，首先将整体性治理理论介绍到我国，他讲道："不论从理论层面或实务层面来加以衡量，全观型治理（Holistic Governance）的理论可望成为21世纪有关政府治理的大型理论，值得行政学者广泛加以研究。"[2] 我国大陆学者竺乾威于2008年发表《从新公共管理到整体性治理》一文，将整体性治理理论介绍到国内。希克斯指出："政府机构之间的合作、协调和整合，不管它被叫作'协同性的、整体性的还是整合的或协调的，所有这些一直都是被政府组织看作是要追求的目标。"[3] 因此，整体性治理理论的核心主张就是协调、整合、紧密化与整体主义，强调机构间的协调、政府功能的整合、行

---

[1] DR WALTER J M KICKERT, ERIK-HANS KLIJN, Dr JOOP F M KOPPENJAN.Managing Complex Networks: Strategies for the Public Sector[M].Sage Publications, 1997: 30-31.

[2] 彭锦鹏. 全观型治理：理论与制度化策略 [J]. 政治科学论丛（台湾），2005（23）：62-63.

[3] Perri6, D Leat, Seltzer, et al. Towards Holistic Governance: The New Reform Agenda[M]. New York: Palgrave, 2002: 9.

动的紧密化和提供整体性的公共服务。希克斯还论述到了整体性治理理论的基本要素包括信任、信息系统、责任感和预算等几个功能性因素。整体主义的对立面是碎片化，而不是专业主义，整体性治理理论正是为了解决公共服务的"碎片化"问题而提出的，如：（1）部门之间转嫁问题和成本；（2）相互冲突的项目；（3）重复建设；（4）相互冲突的目标；（5）缺乏沟通；（6）回应需求时各自为政；（7）公众无法获得或不知道怎样恰当的服务。"整体性治理的关键在于结合公民的回应性、层级和公私部门整合、网络简化、程序统一以及组织协调，这也正是碎片化问题的解决之道。"[1] 整体性治理理论为公共治理提供了一种策略性活动，即合作，它所主张的协调、整合、紧密化和整体主义，就是提倡多主体以合作的方式联合起来，组成紧密化的共同体，集体行动。理论应用层面，"整体性治理的理念在一些西方发达国家的政府改革中得以成功实践。英国的协同型政府很好地解决了英国政府'空心化'的局面"。[2] 对于我国来说，"它所提倡的协调、整合和网络化的治理理念对我国行政区内横向政府组织跨界治理、区域经济一体化尤其是京津冀区域经济一体化问题也有着重要的启发和应用价值"。[3]

4. 数字治理理论

数字治理（Digital Governance）的理念最早是由美国南加州大学传播学院的曼纽尔·卡斯特（Manuel Castell）于1996年出版的《网络社会的崛起》一书中提出，1997年英国伦敦国王学院的佩里·希克斯（Perri 6）在《整体性治理：新的改革议程》一书中探讨了数字治理产生的必要性，并在其1999年和2002年的专著中具体阐释了其思想。而帕特里克·邓利维（Patrick Dunleavy）于2006年在其 *Digital Era Governance: IT Corporations, the State, and E-Government* 一书中系统地阐述了数字治理理论，奠定了其理论主要倡导者的地位。数字治理理论是在整体性治理理论的基础上结合数字时代而提出的一种治理理论，邓利维认为："数字时代治理的核心在于强调服务的重新整合，整体的、协同的决策方式以及电子行政运作广泛的数字化。"[4] "数字时代的到来使得信息技术成为重要的治理工具，数据库和信息系统的应用打破了公私部门之间以及私人部门之间纵向和横向的信息壁垒，促进了治理主体

---

[1] 韩兆柱，杨洋.整体性治理理论研究及应用 [J].教学与研究，2013（6）：80-86.

[2] 韩兆柱，杨洋.新公共管理、无缝隙政府和整体性治理的范式比较 [J].学习论坛，2012，28（12）：57-60.

[3] 韩兆柱，单婷婷.基于整体性治理的京津冀府际关系协调模式研究 [J].行政论坛，2014（4）：32-37.

[4] PATRICK DUNLEAVY.Big Era Governance：IT Corporations，the State，and E-Governance[M]. London：Oxford University Press，2006：233.

之间信息和知识共享。"[1] 数字治理理论为公共治理提供了数字化的治理工具，它较前几种治理理论相比，更加结合时代性背景，利用互联网或大数据技术助力治理理论。

5. 公共价值管理理论

2012 年，美国《公共行政评论》第 1 期杂志刊发了关于公共价值研究的专刊征稿启事——《Call for Papers for a Conference and Special Issue of Public Administration Review on Creating Public Value in a Multi-Sector，Shared-Power World》。征稿主题涉及两个领域："一是关于强调公共价值如何被创造或不被创造的研究；二是关于识别、测量和评估公共价值的路径及公共价值的创造方式的研究。"[2] 这是国际学术杂志首次刊发以"公共价值"为主题的征稿，标志着"公共价值"正式进入国际公共行政研究的学术领域。其实早在 1995 年，公共价值管理理论就已经开始受到学术界的关注。1995 年，哈佛大学马克·穆尔出版了 *Creating Public Value: Strategic Management in Government* 一书，率先提出了"公共价值"这一概念，"公共部门管理工作的目的是创造公共价值，就像私人部门管理工作的目标是创造私人价值一样。"[3] 这本书的出版标志着公共价值管理理论的诞生。公共价值管理理论认为公共管理者的使命就是创造公共价值，而"认知公共价值是创造公共价值的关键一步"[4]。"在认知政府和其他组织何时并创造了多大的公共价值方面，我们很有必要做大量的工作来形成公共价值产出的概念和展开绩效测量。"[5] 公共价值管理理论重新论述了政治与行政的关系，重新定位了民主与效率的关系，更具重视政治的作用。同时，公共价值管理理论认为民主与效率不是独立的关系，而是伙伴关系，在公共价值管理过程中，民主与效率应当兼备，是在民主的环境与过程中追求效率，以民主为基础的效率，从而实现公共价值。公共价值管理理论为公共治理理论体系贡献了"使命"，即追求和创造公共价值，并在网络结构中以合作、协商的方式寻求公众的集体偏好，通过经常性的互动沟通实现共同利益和价值。

综上所述，新公共服务理论提倡民主、公民权、公共利益、共同领导和公民参与治理，在治理理念上，为公共治理理论提供了"服务"理念；网络（化）治理

---

[1] 韩兆柱，单婷婷. 网络化治理、整体性治理和数字治理理论的比较研究 [J]. 学习论坛，2015，31（7）：44-49.

[2] PAR. Creating Public Value in a Multi-Sector，Shared-Power World，PAR Special Issue 2014[J]. Public Administration Review，2012，72（1）：166-167.

[3] MARK H.MOORE.Creating Public Value：Strategic Management in Government[M]. Cambridge，Massachusetts：Harvard University Press，1995：28.

[4] MARK H.MOORE.Recognizing Public Value[M].Cambridge，Massachusetts：Harvard University Press，2013：8.

[5] JOHN BENINGTON，MARK H.MOORE.Public Value Theory and Practice[M].New York：Palgrave Macmillan，2011：265.

理论提倡在网络结构中多元主体共同参与治理，在治理结构上，为公共治理理论提供了治理性的"网络"状结构；整体性治理理论提倡协调、整合、紧密化和整体主义，体现出合作的策略活动，在治理方式上，为公共治理理论提供了"合作"的策略；数字治理理论提倡重新整合、数字化过程，与时代背景相结合，因此，在治理工具上，为公共治理理论提供了"大数据技术"；公共价值管理理论提倡公共管理者的使命和目标是再造公共价值，在治理目标上，为公共治理理论提供了"公共价值"的使命。新公共治理理论在治理理念上，倡导"服务主导逻辑"，在治理目标上，强调公共价值的实现，在治理方式上，提出共同生产，在治理结构上，以系统视角审视公共服务生产过程，在价值取向上追求合作生产。以上六大前沿理论相辅相成，优劣互补，在治理理念、结构、方式、工具和目标上提供了"服务""网络""合作""大数据技术""公共价值"等主张，共同构成了公共治理理论体系（见表4）。

表4　西方公共治理理论体系

公共治理理论体系	公共治理前沿理论	理论主张	理论贡献
公共治理理念	新公共服务理论	民主、公民权、公共利益	服务
公共治理结构	网络（化）治理理论	网络状治理结构	网络
公共治理方式	整体性治理理论	协调、整合、紧密化、整体主义	合作
公共治理工具	数字治理理论	信息技术、互联网、大数据	大数据技术
公共治理目标	公共价值管理理论	民主与效率融合、公共价值	公共价值
公共治理价值	新公共治理理论	服务主导逻辑	合作生产

四、结论

笔者对治理、公共治理的概念进行了系统的梳理与研究，重点研究了西方公共治理前沿理论。治理体系中的这六大前沿理论的缘起和理论贡献不尽相同，但是它们在21世纪对公共管理的学术界和实践产生了较大影响，我国的理论与实践层面也都应当关注到这些理论，对我国现阶段公共管理的发展和现代化建设将有重要的借鉴意义。通过研究，可以得出以下结论：

（1）治理既是一个理论体系又是一个理论丛林。治理是一个复杂的体系，我们难以用一个单一的标准或话语来定义它。治理的目标是追求善治；它的主体多元且地位平等；治理的环境是高度复杂化、高度不确定的；治理结构是网络化的；治理机制是靠制度安排；治理过程是上下互动；治理方式是互动性的协商合作；治理的工具多样化，包括数字化技术、市场化工具、工商管理技术和社会化手段。治理在目标、主体、环境、结构、机制、过程、方式、工具上构成独立的理论体系。治理理论还是一个"理论丛林"，但是它并非像孔茨笔下的"管理理论丛林"那样的"茂盛"与"成熟"，治理理论丛林是正在发展中的、茁壮成长的"丛林"。治理理论丛林包含了众多理论，如多中心治理、善治、全球治理、自组织治理、公司治理、公民治理、公共治理、整体性治理、网络（化）治理、数字治理、公共价值管理理论、新公共治理理论等。

（2）公共治理是治理的一个分支。治理涉及多个领域与学科，是各大学科之间的桥梁。公共治理是治理在公共事务领域与公共行政学科的具体体现，它是治理的一个分支或一个部分。公共治理与政府治理在政府角色方面存在较大的差异，公共治理中政府扮演着调解者或仲裁者的角色，起着元治理的作用，防止治理失灵。公共治理与私人治理在治理领域方面存在较大的不同，公共治理涉及的是公共事务领域，解决的是公共问题，为公民提供满意的公共产品和公共服务，实现公共利益并创造公共价值。

（3）西方公共治理六大前沿理论构成了公共治理理论体系。公共治理包含较多的理论，但是在实践中应用并总结理论层面的分析中呈现六种较为创新与前沿的理论，即新公共服务理论、网络（化）治理理论、整体性治理理论、数字治理理论、公共价值管理理论和新公共治理理论。这六大前沿理论分别在治理的理念、结构、方式、工具、使命或目标方面为公共治理理论体系的形成作出了理论贡献。新公共服务理论为公共治理贡献了治理理念，即服务；网络（化）治理理论为公共治理贡献了治理的结构，即网络化结构；整体性治理理论为公共治理贡献了治理的方式，即合作治理或整体行动；数字治理为公共治理贡献了治理的工具，即大数据技术；公共价值管理理论为公共治理贡献了治理的使命或目标，即公共治理是为了创造公共价值；新公共治理理论为公共治理贡献了理论价值取向，即合作生产。

西方公共治理前沿理论的争论*

作为继新公共管理理论之后的一大理论体系，公共治理理论受到国内外学者的广泛关注，关于西方公共治理前沿理论的争论也是丰富多彩的。笔者选取了每个理论中争议性较大的问题进行论述。

（一）新公共服务理论对新公共管理理论是替代还是整合

关于新公共服务的理论地位，学者们众说纷纭（见表1），有学者认为新公共服务理论是新公共管理理论的一种替代模式，成为一种全新的理论范式；也有学者认为，"尽管新公共服务理论是在对新公共管理理论进行反思和批判的基础上提出和建立的，但是，这并不意味着它是对新公共管理理论的全盘否定。从理论视角来看，它本质上是对新公共管理理论的一种扬弃"[1]。笔者认为，新公共服务理论与新公共管理理论是相生而非相克的，新公共服务理论是对新公共管理理论价值层面的一种补充，是一种价值转向，从忽视规范性价值因素到实现价值层面与工具层面的平衡。新公共服务理论并不否定新公共管理理论中积极有效的一些主张，是在批判中继承，是对新公共管理理论的一种整合，"我们对新公共管理的成果是批判继承而不是抛弃……新公共管理的许多措施诸如市场化、顾客选择、战略管理、政策分析等，在加入公民精神、公共利益的考虑后，就能在原有效率的基础上实现更多的公平公正的价值目标"[2]用整合或互补的思维看新公共服务与新公共管理的关系则更为合适。

表1 新公共服务与新公共管理关系研究的国内文献比较

替代		整合			
		相生而非相克		扬弃	
作者	文章题目	作者	文章题目	作者	文章题目
蔡晶晶	新公共服务：新公共管理的一种替代模式	柯湘	新公共服务与新公共管理：相生还是相克	丁煌	当代西方公共行政理论的新发展——从新公共管理到新公共服务
黄彩霞 孙海英	新公共服务：替代新公共管理的一种选择？	张素敏	新公共服务与新公共管理：相生还是相克	于伟	新公共管理与新公共服务理论的比较研究——整合的视角
王丽莉	"新公共服务"评析——一种对新公共管理的替代	张彩彩	新公共管理理论与新公共服务理论的比较	李彦娅	论新公共服务理论对新公共管理理论的传承与超越

---

* 与翟文康合作完成。

[1] 丁煌.当代西方公共行政理论的新发展——从新公共管理到新公共服务 [J].广东行政学院学报，2005，17（6）：5-10.

[2] 李彦娅.论新公共服务理论对新公共管理理论的传承与超越 [J].四川行政学院学报，2006（4）：5-8.

(二) 网络（化）治理是否等同于治理

陈振明指出："网络化治理理论强调的合作网络途径既考虑了政府层面也考虑了非政府层面关于治理的用法，对当代公共管理的环境变迁及其发展趋势具有很强的解释能力，大有成为主导范式的趋势……治理就是对合作网络的管理，又可称为网络管理或网络治理，指的是为了实现与增进公共利益，政府部门和非政府部门（私营部门、第三部门或公民个人）等众多公共行动主体彼此合作，在相互依存的环境中分享公共权力，共同管理公共事务的过程。"[1] 但是也有学者指出，网络（化）治理是一种新型的治理模式，如鄞益奋指出"网络治理无论在理论主张、治理结构和机制方面都与传统的市场（自愿）和科层（强制）的治理模式不同，因此网络治理是公共管理的一种新框架"。[2] 孙柏英、李卓青认为，"20世纪90年代以来，政策网络的研究重点已经转至公共治理，就是与治理理论研究结合起来，形成了政策网络治理流派，成为一种公共治理的新框架和新模式"。[3] 笔者认为治理理论是一个庞大的理论体系，它在治理结构上的体现就是网络（化）治理，它们之间的关系是包含与被包含，治理理论的范畴更广。网络（化）治理是随着社会环境、组织结构的变迁而产生的一种新型的公共治理分析框架，是治理理论的新发展、新形态。

(三) 整体性治理和数字治理是否形成一种新范式

朱玉知的《整体性治理与分散性治理：公共治理的两种范式》和胡象明、唐波勇的《整体性治理：公共管理的新范式》都将整体性治理当作公共管理中的新范式。陈水生的《新公共管理的终结与数字时代治理的兴起》也将数字治理看作是对新公共管理的替代。但是"Patrick Dunleavy 认为范式理论在社科领域中并不完全适用，因为它似乎没有那么'科学'，所以数字治理理论只能算作一种准范式（Quasi-paradigm）"[4]，"数字治理理论不能被称为一种理论范式，应称为一种具有互补关系的社会治理模式"。[5] 竺乾威认为，"在相当程度上，整体性治理是对新公共管理的一种修正。尽管在一些治理的方式上两者有所不同（事实上我们也完全可以设想整体性治理的一些方法也会随着情况的变化而发生变化），但两者在终极目标上是一致的，即都是追求更快、更好、成本更低地为公众提供公共服务。整体性治理恰恰顺应的

---

[1] 陈振明. 公共管理学 [M]. 北京：中国人民大学出版社，2005：82.

[2] 鄞益奋. 网络治理：公共管理的新框架 [J]. 公共管理学报，2007，4（1）：89-96.

[3] 孙柏英，李卓青. 政策网络治理：公共治理的新途径 [J]. 中国行政管理，2008（5）：106-109.

[4] MARGETTS H.DUNLEAVY.The Second Wave of Digital-era Governance：a Quasi-Paradigm for Government on the Web[J].Philosophical Transations of the Royal Society A，2013，371（1987）：1-3.

[5] 韩兆柱，马文娟. 数字治理理论研究综述 [J]. 甘肃行政学院学报，2016（1）：23-35.

是新公共管理的逻辑"。[1] 因此，整体性治理与数字治理并非构成一种不同于新公共管理的新范式，而是对新公共管理的修正或补充，是在继承基础上的创新发展。

（四）公共价值是目标还是规范

"现有文献中公共价值的定义主要包括：（1）公共价值是公民对政府期望的集合；（2）公共价值是政府通过服务、法律规范和其他行为创造的价值；（3）公共价值是公民集体偏好的政治协调表达；（4）公共价值是由公民决定的价值；（5）公共价值是关于权利、义务和规范形成的共识。"[2] 前四种定义认为公共价值应该是公共行政的使命或追求的目标，比如生态良好、社会公平、公民幸福等都属于公共价值。第五种定义认为公共价值是一种规范性的共识，例如合法、责任、民主、公民权等都属于公共价值。对于这两种公共价值概念的解读，笔者认为不是冲突而应并存，是不同学派的不同研究视角，都是对公共价值的正确解读。"公共价值研究根据路径不同可以分为生成路径和制度路径，生成路径认为公共价值主要来源于公共过程，而制度路径则试图通过对核心和衍生价值的分类来勾勒价值地图。"[3] 生成路径和制度路径是并存的，公共价值既是目标（使命）也是规范性共识。

西方公共治理前沿理论中存在较多的争论，这是因为它是正在发展中的理论，需要概念界定、反思比较、实践检验等才能走向成熟。这种争论并非坏事，反而会促进西方公共治理前沿理论的发展，正如希克斯所言："学术界围绕着治理产生的争论，提高了该理论的分析性与解释力。"[4]

---

[1] 竺乾威. 从新公共管理到整体性治理 [J]. 中国行政管理，2008（10）：52-58.

[2] 王学军，张弘. 公共价值的研究路径与前沿问题 [J]. 公共管理学报，2013，10（2）：126-136.

[3] DAVIS P，WEST K.What do Public Values Mean for Public Action？[J].The American Review of Public Administration，2009，39（6）：602-618.

[4] PERRI 6.Governance：If Governance is Everything, Maybe it's Nothing[C]//in Andrew Massey and Karen Johnston（Eds.），The International Handbook of Public Administration and Governance. Massachusetts：Edward Elgar Publishing Limited，2015：57.

西方公共治理前沿理论的反思[*]

"每一种理论的提出，都是针对先前理论自身难以解决的问题或本身不能很好地解释社会现实，它会有自身的价值基点，并声明能够提供更好的解决方案或更具解释力的认识路径，以彰显其运用的普适性。"[1] 西方公共治理前沿理论缘起于对传统公共行政和新公共管理理论的反思与批判，它在前两大理论体系的基础上既有批判的继承，也有发展和创新，实现了公共治理理论的一种超越。但是公共治理理论毕竟是处于发展中的理论，也面临着许多的理论和现实困境。笔者将就西方公共治理前沿理论的超越与限度、现存的理论争论进行评析，以期引起大家重视对西方公共治理前沿理论的研究。

一、西方公共治理前沿理论的超越

（一）西方公共治理前沿理论的缘起

西方公共治理前沿理论缘起于两方面，一是新公共管理理论陷入困境，日渐式微。新公共管理理论提倡市场化、民营化和分权化改革，不仅忽视了规范性价值，而且造成机构裂化、公共服务的碎片化等一系列问题，政府改革需要新的理论作为指导，突破困境；二是社会环境的变化发展，社会的复杂化与不确定性和信息技术的发展。后新公共管理或公共治理时代的社会是高度复杂化和高度不确定性社会，组织或个人由于资源有限，无法独立解决问题，需要借助其他力量解决复杂性的问题。随着互联网技术的发展，人们的生产、生活方式日益发生变化，社会治理同样也在这种信息技术中日渐革新。

1. 新公共管理理论的困境

公共性的丧失。新公共管理的理论与实践改革导致公共性的丧失，主要体现在价值追求、顾客关系和工具层面上。在价值追求层面，新公共管理理论倡导 3E（Economy、Efficiency、Effectiveness）目标，而忽视了公平正义等规范性价值，造成公共价值的缺失。乔治·弗雷德里克森认为，"广义的公共行政，除了重视管理的价值之外，还强调公民精神、公正、公平、正义、伦理、回应性和爱国主义等的

---

[*] 与翟文康合作完成。
[1] 韦深涉. 西方治理理论的价值取向与理论困境 [J]. 广西大学学报（哲学社会科学版），2007，29（4）：80-88.

价值"。[1]不能顾此失彼，而应两者兼顾。登哈特夫妇在批判新公共管理理论忽视民主价值、公民权等因素时讲道："在被新公共管理理论家奉为圣经的奥斯本和盖布勒的《重塑政府》那本书中，如果你去查阅它的索引，你将不会找到诸如'公民'和'公民资格'这样的概念。"[2]因此在价值追求上，新公共管理理论所倡导的主张严重倾向于工具理性层面，而非价值理性层面。在顾客关系层面上，德利昂和登哈特认为，"无论从一般人对政府和公共服务的看法，还是从民主的公民权利理论来讲，顾客关系的局限性都是显而易见的"。[3]新公共管理理论主张顾客导向，政府为顾客的消费需求提供服务，这种顾客关系弱化了公民精神和权利。公共领域中的公民变为顾客，公私性质模糊，公共性明显弱化。在工具层面上，新公共管理理论倡导借鉴私营部门管理经验，将市场化手段和工商管理技术作为政府工具。这种在行政执行阶段引入市场化手段的行为模糊了公共领域与私人领域边界，容易导致政府的公共行为私利化。

公共服务的碎片化。西方新公共管理运动中的分权化改革导致政府机构裂化，公共服务碎片化。碎片化问题体现在："（1）转嫁问题；（2）互相冲突的项目；（3）重复；（4）互相冲突的目标；（5）由于缺乏沟通，不同机构或专业缺乏恰当的干预或干预结果不理想；（6）在对需求作出反应时各自为战；（7）无法得到服务，对得到的服务感到困惑；（8）服务提供或干预中的遗漏或差距。"[4]关于导致"碎片化"的因素，希克斯从体制性和功能性两个方面找到了答案。费利耶探讨了四种新公共管理模式，其中小型化与分权模式，笔者认为是公共服务"碎片化"的直接原因。新公共管理理论指导下的政府改革倡导分权化改革，权力下放，大量的执行机构或代理机构建立，部门日益小型化的同时数量日益增多，导致政府无法为公民提供整体性的服务，而且政府部门自利性的倾向和组织结构分散化导致了公共服务碎片化。

因此，新公共管理理论所面临的公共性丧失问题，需要在理念和目标追求上重视规范性价值，正如新公共服务理论所倡导的"服务"理念，公共价值管理理论倡导的"创造公共价值"的目标，正是对新公共管理理论在公共性丧失问题上的反思与超越。新公共管理理论所面临的公共服务碎片化困境，需要在方式上用

---

[1] 乔治·弗雷德里克森.公共行政的精神[M]张成福，译.北京：中国人民大学出版社，2003：20.

[2] ROBERT B.DENHARDT，JANET V.DENHARDT."The New Public Service：Putting Democracy First"[J].National Civil Review，2001，90（4）：391.

[3] LINDA DELEON，ROBERT B.DENHARDT.The Political Theory of Reinvention[J].Public Administration Review，2000，60（2）：89-97.

[4] PERRI 6，DIANA LEAT，KIMBERL SELTZER，et al.Towards Holistic Governance：The New Reform Agenda[M].New York：Palgrave，2002：37-38.

协调、整合的手段予以整体化，在这一方面，整体性治理理论正是对碎片化问题的回应。

2. 社会环境的变迁

风险社会的来临。"进入 21 世纪后，人类突然发现自己陷入危机事件频发的泥淖之中了，时时处处受到危机事件的困扰。其实，大致从 20 世纪 70 年代开始，人类就进入了一个高度风险的社会。"[1] 德国学者贝克将这种高度复杂化、高度不确定性的时代称为"风险社会"。风险社会来临的典型特征是公共事务日益复杂化，在公共领域中单一的组织或个人由于资源的限制无法依靠自身力量去解决复杂化、动态化、不确定性的问题。吉登斯说，"风险是一个致力于变化的社会的推动力"[2]，因此，在风险社会的推动下，主体的单一性逐步转为多中心的特征，单一主体难以解决的复杂问题需要多元主体合作解决。这样，在治理主体中就构成了网络状的治理结构，多元主体在网络结构中通过相互交换资源、共享信息、共同学习，不断提升自身能力，共同解决复杂性的问题。在风险社会的推动下，去中心化的多元主体网络结构日益发展，成为应对风险的优选策略。

数字时代的来临。"从 20 世纪 60 年代微电子技术开始在生产制造业中得到广泛应用，80 年代初个人计算机出现并迅速普及，90 年代电信技术因为数字化而出现革命性变化，到互联网的出现和爆炸式增长模式，这些彻底改变了人类信息交流的手段和环境，把人类社会带入了信息时代。"[3] 在 21 世纪的今天，信息化、市场化和全球化所引起的组织变迁和社会变革方兴未艾，开始重塑个人、企业和政府之间的依存、互动关系，正将人类带入一个需要多方探索、全面创新的时代。邓利维认为，"信息系统几十年来一直是形成公共行政变革的重要因素，政府信息技术成了当代公共服务系统理性和现代化变革的中心。这不仅是因为信息技术在这些变革中发挥了重要的作用，还因为它占据了许多公共管理的中心位置"。[4]

因此，社会环境的变化也引起了新公共管理理论的革新，这种革新是在反思的基础上适应风险社会和互联网技术发展起来的，就是公共治理理论的兴起。面对风险社会，需要多元主体共同参与的网络（化）治理；面对信息技术的发展，"公共治理及其变革要吸收互联网、物联网等信息技术和其他科技成果，以信息化治理作为

---

[1] 张康之. 论风险社会中的治理变革 [J]. 天津行政学院学报，2010，12（1）：49-56.

[2] 安东尼·吉登斯. 失控的世界 [M]. 南昌：江西人民出版社，2001：481.

[3] 阿尔弗雷德 D 钱德勒. 信息改变了美国：驱动国家转型的力量 [M]. 万岩，译. 上海：上海远东出版社，2008：19-38.

[4] PATRICK DUNLEAVY.New Public Management is Dead——Long Live the Digital Era Governance[J].Journal of Public Administration Research and Theory，2006（3）：467.

重要治理手段，提高基于信息资源和信息能力的治理能力"。[1] 在公共治理中需要利用大数据技术，促进治理能力提升，实现数字化治理。

（二）西方公共治理前沿理论对先前理论的超越

西方公共治理前沿理论的前沿性之一就体现在它的创新性，这种创新性是对先前主流理论批判与反思的基础上的超越，笔者通过比较研究，发现公共治理前沿理论在价值层面、工具层面、治理主体方面实现了对传统公共行政理论和新公共管理理论的超越（见表1）。

表1 公共治理前沿理论较传统公共行政理论和新公共管理理论的超越

		传统公共行政理论	新公共管理理论	公共治理前沿理论
价值层面	治理理念	经济	顾客满意	让公民满意的服务
	治理目标	效率	绩效结果	公共价值
工具层面	外部结构	科层结构	市场结构	网络结构
	内部机构	等级严密	碎片化	整体性
	治理方式	控制	竞争	合作
	治理流程	自上而下	自下而上	上下互动
	治理工具	行政手段	市场手段	多元工具的结合
治理主体	主体关系	命令—控制	雇佣	平等
	政府角色	执行人	掌舵人	元治理
	政府作用	划桨	掌舵	服务

1. 价值层面

新公共管理理论所倡导的"顾客导向""企业家精神"等主张使得公共性丧失，价值因素被忽视，并在"逐步腐蚀和破坏诸如公平、正义、代表制和参与等民主和宪政价值"[2]。因此，公共治理前沿理论反思价值理性和公共性弱化现象，实现在治理理念和治理目标上的超越。在治理理念上，新公共服务理论主张民主、公民权和公共利益，倡导政府的职能是服务而不是掌舵，公共管理者是为公民服务，而不是顾客，治理主体应具有服务的理念，提供让公民满意的服务。正如登哈特夫妇所言："在一个民主社会里，对民主价值观的关注在我们思考治理系统方面应该居于首要位置。尽管诸如效率和生产积极性这样的价值观不应该被抛弃，但是它们却应该被置于民主、社区和公共利益这一更广泛的框架体系之中。"[3] 在治理目标上，公共价值管理理论认为公共管理者的目标是创造公共价值，不仅关注经济、效率和效益，更加关注公平，并整合效率与民主的关系，在民主的基础上提高效率。"公共行政在本质

---

[1] 刘家明. 公共治理变革：几个基本维度的思考 [J]. 四川行政学院学报，2016（1）：32-35.

[2] 丁煌. 西方行政学说史 [M]. 武汉：武汉大学出版社，2004：394.

[3] 罗伯特·登哈特，珍妮特·登哈特. 新公共服务：服务，而不是掌舵 [M]. 北京：中国人民大学出版社，2004：168.

上是以民主宪政为基石，强调追求人民主权、公民权利、人性尊严、社会公正、公共利益、社会责任等多元价值的。"[4] 因此，公共治理前沿理论针对新公共管理理论忽视价值因素的状况在治理理念与目标两方面实现了价值因素与工具因素的平衡、超越，在这两方面，新公共服务理论与公共价值管理理论作出了突出的贡献，更加注重服务与公共价值。

2. 工具层面

西方公共治理前沿理论在工具理性层面上的超越主要体现在治理结构、方式、流程和治理工具方面的创新上。在治理的外部结构上，是网络结构超越市场结构；在组织内部结构上，是组织的整体性超越组织机构的碎片化；在治理方式上，是合作性治理超越竞争性治理；在治理流程上，是上下互动模式超越了单一的自上而下或自下而上模式；在治理工具上，是多元工具结合超越单一的市场化手段。

为什么西方公共治理前沿理论在工具理性层面实现了对先前理论的超越？笔者认为，一是因为新公共管理理论指导下的政府改革导致公共服务碎片化，政府改革陷入困境；二是因为风险社会的来临和信息技术的发展改变了组织结构，网络化社会或组织形成，使得社会治理需要更契合的工具实现良好的治理。

如前所述，在高度复杂性、高度不确定性的环境中，公共治理在工具理性层面所作出的革新必须能够解决复杂性的问题。在治理的外部结构方面，各大治理主体呈现网络状形态分布，形成"政策网络"和"治理网络"。"我们的生活正在被全球化和认同的对立趋势所塑造，信息技术革命和资本主义的重构，已经诱发了一种新的社会形式——网络社会，它的典型特征是战略决策性经济活动的全球化、组织形式的网络化、工作的弹性与不稳定性、劳动的个体化。"[5] 传统单一主体统治或管理的方式已经落后，需要适应网络社会，进行多元主体共同参与的网络（化）治理；在治理的内部组织机构方面，新公共管理的分权化改革造成机构裂化和公共服务"碎片化"，英国政府率先进行了"整体政府"改革，提出整体性治理理论，用整体性策略去解决"碎片化"问题；在治理方式与流程方面，公共治理所面临的是网络平台，因此在这一平台上，治理主体往往采取合作的策略活动，上下互动、彼此沟通，进行信息等资源的交换，实现有效的治理。在治理工具方面，面对信息化时代，随着互联网、大数据技术的发展，数字治理理论提出在整体性治理的基础上借助大数据技术实现数字化治理。

3. 治理主体

在公共治理中，治理主体发挥着至关重要的作用，西方公共治理前沿理论在治

---

[4] 张成福. 公共行政的管理主义：反思与批判 [J]. 中国人民大学学报，2001，15（1）：15-21.
[5] 曼纽尔·卡斯特. 认同的力量 [M]. 夏铸九，等译. 北京：社会科学文献出版社，2006：1.

理主体方面的革新也是具有创新性的，因此笔者将从主体关系、政府角色、政府作用三个层面对治理主体的创新进行单独论述。传统公共行政理论认为社会治理的主体只有政府，政府与非政府组织是命令—控制的关系，政府是国家意志的执行者，承担着"划桨"的作用。但是随着公共事务日益繁杂，政府难以面面俱到，财政赤字日益严重，需要分散部门权力给非政府组织。在这种背景下，新公共管理理论主张政府应当利用非政府部门承担部门职能，它们之间的关系就构成了合约型的雇佣关系，政府发挥着"掌舵"的作用，不用事必躬亲。但是随着新公共管理陷入困境和社会环境的变化，在高度复杂性和高度不确定性社会中，政府只是众多治理主体中的一员，政府与非政府部门的关系是平等的，政府扮演者协调、仲裁的元治理的角色，防止治理失灵，提供令公民满意的公共服务。在治理主体层面实现的超越将影响公共治理的结构和运行机制。

二、西方公共治理前沿理论的限度

（一）西方公共治理前沿理论面临的共同困境

正如市场失灵和政府失败一样，公共治理也会失灵，关于公共治理面临的困境或挑战我国学者进行了深入研究。陈振明提出四重困境："（1）合法性；（2）可治理性；（3）责任性；（4）有效性。"[1] 韦深涉提出五种困境："（1）直接民主与间接民主的困境；（2）官僚制与后官僚制的困境；（3）合法性与责任性的困境；（4）可行性与有效性的困境；（5）'全球治理'的困境。"[2] 钱海梅提出六种挑战："（1）公共治理主体的多元化对责任心问题构成的挑战；（2）'国家空心化'对于政府调控能力以及行为方式的挑战；（3）公共治理对于非政府组织自身能力的挑战；（4）对政府理念的挑战；（5）有关治理理论的意识形态背景问题的挑战；（6）关于治理机制（自组织式的管理）取代市场、政府机制的理论依据的挑战。"[3] 笔者在此基础上分析了公共治理理论，认为公共治理还面临阿罗悖论和集体行动的困境两大挑战。

1. 公共治理中的阿罗悖论

阿罗悖论是在方案决策时，按照过半数规则进行投票出现了悖论现象，又称阿罗不可能性定理。该定理是由1972年美国经济学家肯尼斯 J. 阿罗提出的，他认为，如果众多的社会成员具有不同的偏好，而社会又有多种备选方案，那么在民主的制度下不可能得到令所有人都满意的结果。阿罗对多数票规则往往导致投票悖论进行

---

[1] 陈振明. 公共管理学 [M]. 北京：中国人民大学出版社，2005：95-99.

[2] 韦深涉. 西方治理理论的价值取向与理论困境 [J]. 广西大学学报（哲学社会科学版），2007，29（4）：80-88.

[3] 钱海梅. 审视与反思：公共"治理"的风险及其挑战 [J]. 学术界，2006（2）：265-271.

了研究，意在证明是否存在一种政治机制或社会决策规则，能够消除这种投票悖论现象，他得出结论："如果我们排除了人际效用的可比性，而且在一个相当广的范围内对任何个人偏好排序集合都有定义，那么把个人偏好总和为社会偏好的最理想的方法，要么是强加的，要么是独裁的。"[1] 即不可能存在一种社会选择机制，能够使个人偏好通过多数票规则转换成社会偏好。这一定理在公共治理中也是成立的，构成公共治理理论所面临的一种困境。公共治理的主体是多元的，多中心的主体通过对话、协商、讨价还价的方式实现公共价值和公共利益。那么在公共价值和公共利益的协商过程中，如何将多主体的个人利益整合成为公共利益或者如何选择出令所有人满意的公共价值或利益，成为公共治理应当解决的一大问题。"公共价值关注的是集体的偏好，集体偏好的达成并不是通过个人偏好的加总，而需要在基于主体间的审慎协商与复杂互动的过程中达成。"[2] 根据阿罗悖论，"不存在一种可能把个人偏好总和为理想的社会偏好的政治机制或集体决策体制"[3]，那么一般性的个人偏好形成集体偏好的过程就具有被操纵的可能性。

2. 公共治理中存在集体行动的困境

关于集体行动的困境的研究，奥尔森和帕特南是两位关键的代表人物。奥尔森认为："除非一个集团中人数很少，或者除非存在强制或其他某些特殊手段以使个人按照他们的共同利益行事，（否则）有理性的、寻求自我利益的个人不会采取行动以实现他们共同的或集团的利益。"[4] 帕特南认为："如果行动者无法相互作出可信的承诺，他们只好放弃众多可以共同获利的机会，很可悲，但很合理。"[5] 集体行动的困境描述的是现实生活中即使人们知道某种合作或集体行动对个人利益有利，但个人仍会选择背叛、投机等不为获得集体利益的行动，最终导致了个人和集体利益都丧失的情况。奥尔森从经济人的角度论述了个人利益与集体利益的关系；帕特南指出构建信任对一致性的集体行动的重要性。同样，在公共治理中也存在集体行动的困境。多元化的主体参与到治理过程中，每个主体都有自己的利益，同时多元主体还要通过合作实现集体或公共利益，那么在这个协商过程中如

---

[1] K J ARROW.Social Choice and Individual Values[M].New Haven，CT：Yale University Press，1963：59.

[2] 杨博，谢光远.论"公共价值管理"：一种后新公共管理理论的超越与限度[J].政治学研究，2014（6）：110-102.

[3] 陈振明.公共政策学——政策分析的理论、方法和技术[M].北京：中国人民大学出版社，2004：233.

[4] 曼瑟尔·奥尔森.集体行动的逻辑[M].陈郁，等译.上海：格致出版社，上海三联书店，上海人民出版社，1995：2.

[5] 罗伯特 D 帕特南.使民主运转起来[M].王列，赖海榕，译.南昌：江西人民出版社，2001：192.

何实现每个参与主体意见一致，集体行动，如何建立彼此之间的信任机制，是公共治理所面临的一大挑战。

（二）西方公共治理六大前沿理论自身局限性

新公共服务理论的可操作性差。从"钟摆"的视角看西方公共行政学理论的发展脉络，新公共服务理论仅是一种价值转向，从工具理性一侧摆向了价值理性一侧。新公共服务理论并未提出明确的治理结构和运作方式，没有具体的策略活动用来实现新公共服务的理想。正如登哈特夫妇所言："本书有两个基本目的，其一是要对公共行政领域的种种想法和呼声进行综合，这些想法和呼声要求将公共利益的民主价值观、公民权和服务重新肯定为公共行政领域的规范性基础；其二是要为围绕着一些原则而组织这些想法提供一个框架，进而为它们提供一个我们认为一直都缺少的名称、外壳和表达方式。"[1] 新公共服务理论是一种口号、名称和表达方式，它的现实指导意义十分有限，对于公民以何种途径参与，建立何种组织机构保证参与，建立何种权力共享机制等问题并没给出明确的指导意见。

网络（化）治理理论问责机制的复杂性。网络（化）治理理论主张治理主体的多元化，多元主体在政策网络中，通过协商交流信息，共享资源，增进合作。相对于传统公共行政理论主张政府单一主体进行管理相比，网络（化）治理理论所提出的治理主体除了政府之外还有社会组织、私营部门、社区公民，这就意味着政府要让渡一部分权力给其他治理主体，有权就有责，非政府组织在行使权力过程中也必须受到监督和问责，特别是以营利为目的的私营部门更要制定健全的问责机制，防止其在与政府协同增进公共利益的同时寻租或获取自身利益。因此，网络（化）治理理论在实现多元主体共同治理过程中也客观地面临问责困难等问题。

整体性治理理论的制度化未完成。希克斯认为，整体性治理制度化需要的条件有"（1）社会经济背景；（2）认知或想法；（3）利益；（4）组织；（5）情感依附；（6）实践"[2]，用这六个条件衡量英国状况。希克斯认为，"从原则上讲，没有理由说利益不能塑造，新工党在这方面并不成功；整体责任结构有显著的差距，组织间关系在这方面是个例外，它反映了一种传统的整合；对情感和礼仪或习惯问题几乎没有关注，这反映了英国整体性治理的制度化的激励基础还很薄弱。总体而言，英国的整体性治理还没有完全制度化"[3]。竺乾威认为，"整体性治理还是一种成长中的理

---

[1] ROBERT B. DENHARDT，JANET V. DENHARDT.The New Public Service：Serving，Not Steering[M].New York：M.E. Sharpe，2007：6.

[2] PERRI 6，DIANA LEAT，KIMBERL SELTZER，et al. Towards Holistic Governance：The New Reform Agenda[M].New York：Palgrave，2002：219.

[3] PERRI 6，DIANA LEAT，KIMBERL SELTZER，et al. Towards Holistic Governance：The New Reform Agenda[M].New York：Palgrave，2002：239.

论，因为整体性治理所需要的制度化正如希克斯自己所说的还没有完成。"[1] 整体性治理的基本要素有信任和责任感，"这一理论的实行需要建立在二者之上，但是我国目前社会诚信危机严重，社会不信任感较强，我们必须认清这一现实，否则直接借鉴不加以本土化会适得其反"。[2] 它所需要的特殊组织结构、良好的信用体系、公务员良好的素质和高度的责任感等都是进行时，而不是完成时，整体性治理理论的确还是一个正在发展的理论。

数字治理理论工具选择的局限性。这种局限性体现在两个方面：一是关注焦点的局限，二是应用工具的局限。帕特里克·邓利维在 2005 年发表一篇名为《新公共管理已寿终正寝——数字时代的治理万岁》的文章，从文章题目就可以看出，邓利维过分关注这个时代的数字化特征，似乎可以替代新公共管理。数字时代的治理打造的是电子化或数字化政府，展示的是"一个政府巨大的信息功能及其与全球服务提供商和其他信息技术公司关系的新世界"[3]，但是政府改革或公共管理的领域是全方位的，信息技术只是其中的一部分，并不能概括公共管理的全部，所以就容易造成数字治理理论关注焦点的局限。治理主体进行公共治理可供选择的工具很多，包括市场化手段、工商管理技术、社会化手段和大数据技术，而数字治理理论仅将信息技术作为可供利用的工具，忽视了对其他有效工具的关注。

公共价值管理理论在技术上的困惑。亚当·达尔（Adam Dahl）和乔·索斯（Joe Soss）指出："公共价值管理没有能够成功面对在最近几十年削弱了美国民主的那些力量。目前的研究几乎没有涉及这些事实，即权力和政治不平等的存在；也没涉及如何来克服这些民主化的障碍。"[4] 公共价值管理理论在实践中的应用还存在一定的障碍，真正的公共价值难以达成。雅各布斯（Lawrence R.Jacobs）指出："穆尔将'价值'看作是政府生产的……远离了这一事实，即存在不平等的（政治）资源分配，使得相对少数的人能够对公共信念、公共政策和政府选择施加不均衡的影响。"[5] 公共价值管理理论在现实中遇到的障碍是公共价值管理理论的主张与民主政治现实不相适应。

---

[1] 竺乾威.公共行政理论[M].上海：复旦大学出版社，2008：472.

[2] 韩兆柱，翟文康.大数据时代背景下整体性治理理论应用研究[J].行政论坛，2015（6）：24-29.

[3] PATRICK DUNLEAVY.New Public Management is Dead——Long Live the Digital Era Governance[J].Journal of Public Administration Research and Theory，2006（3）：467-494.

[4] ADAM DAHL，JOE SOSS.Neoliberalim for the Common Good？ Public Value Governance and the Downsizing of Democracy[J].Public Administration Review，2014，74（4）：496-504.

[5] LAWRENCE R.JACOBS.The Contested Politics of Public Value[J].Public Administration Review，2014，74（4）：480-494.

新公共治理理论优质公共服务提供的可持续性。要保证公共服务系统能够一直提供优质公共服务，可持续性问题的研究应当提上日程。如对于公共服务供给系统来说，可持续性的关键维度是什么？如何确保公共服务系统的可持续性？"合作生产"，既然是合作，就会面临合作的困难。

三、结论

反思与变革是西方公共治理六大前沿理论缘起的特征。西方公共治理前沿理论的形成都是在对传统公共行政理论和新公共管理理论困境的反思基础上结合时代特点、社会环境变迁而作出的理论创新式的变革。新公共服务理论是对新公共管理理论强调工具理性而造成价值理性欠缺的一种理论回应，并结合了美国公务员"救火队员"精神而提出的一种平衡性理论，是对价值因素与工具因素的平衡，与新公共管理理论是互为补充的关系。网络（化）治理理论是对科层制、市场制失灵的一种治理结构的反思，并结合了高度复杂化、高度不确定性社会环境而提出的一种多元性结构的治理理论，有效地应对复杂的环境。整体性治理理论是英国针对民营化、分权化政府改革造成公共服务"碎片化"问题与竞争性政府进行反思，并结合了实践中"整体政府"和时代发展、合作、协同等主题的新型治理理论。数字治理理论与整体性治理理论可谓是姊妹关系，数字治理理论是在整体性治理理论基础上结合了数字时代的背景与大数据技术而提出的一种应用数字工具的治理理论。公共价值管理理论是对传统公共行政、新公共管理对价值因素忽视的反思，以及对公共行政使命的重塑而提出的一种旨在创造公共价值的治理理论。新公共治理理论是在21世纪公共服务提供主体日益多元和政策制定过程日益复杂的背景下产生的，目的是通过合作生产，提供优质公共服务。总之，西方公共治理前沿理论是对先前理论困境的反思与回应，结合时代特点进行的创新变革。但这种变革并非替代，而是一种补充。

补充而非替代是公共管理理论发展的基本特征。西方公共治理前沿理论的产生并非对先前理论的否定，是针对先前理论困境而提出的一种完善或补充性的理论主张。例如，新公共服务理论是对新公共管理理论中对价值因素的忽视而作出的回应，主张公共管理者应当重视价值因素，正是对新公共管理理论的补充。网络治理结构的产生，也不意味着科层制的消失，科层制仍有必要存在，网络制只是一种完善性结构。在争论中发展，一种理论或一个学科的发展，都是在争论中前进的，对一个理论争论的判定，正是对这一理论的发展与革新。"公共管理理论在理论内涵及实践主张上既有创新和超越，也有回归和反复，但归结到一点，各种理论争论的焦点在于思想传统上的宪政主义和管理主义之争。"[1] 公共行政学的百年争论也促进了它的百年发展，"钟摆"没有停止，宪政主义与管理主义的争论仍将继续。但是公共行政学中的这些理论都并未完全退出历史舞台，前沿理论都是"站在巨人的肩膀上"并对先前理论的反思、回应、补充、完善与融合。

---

[1] 罗伯特 B 登哈特，珍妮特 V 登哈特. 公共组织理论[M]. 扶松茂，译. 北京：中国人民大学出版社，2003：5.

西方公共治理理论体系的构建 *

西方公共治理的六大前沿理论有共性也有差异，这种差异性并非对立之存在，而是互补之存在。新公共服务理论在理念层面上突出服务理念；网络（化）治理理论在治理结构方面强调网络结构；整体性治理理论在治理方式方面提倡整合或合作的治理方式；数字治理理论在治理工具方面主张大数据技术或智能化治理；公共价值管理理论在治理目标或使命方面认为创造公共价值将是未来的方向；新公共治理理论在治理方式和使命方面，主要通过合作生产提供优质公共服务。因此，我们应将治理的理念、结构、方式、工具、使命等层面的优势整合起来，构建西方公共治理理论体系，发挥出整体优势、理论群优势。这一理论体系的构建既能反观我国当前的治理背景，设计出合理的治理方案，又能在理念、结构、机制、工具、目标层面启发我国国家治理体系构建。

一、西方公共治理前沿理论的产生与变革

历史是按照时间脉络发展的，具有继承性，公共行政学理论也是如此，它的演进就是一部承上启下的变革史。就西方公共治理五大前沿理论而言，它们的产生有其特殊的背景，每个理论也有一个变革过程。

（一）西方公共治理理论产生的背景

1. 社会转型背景：全球化、后工业化

社会的转型意味着社会结构的变迁和治理方案的转变，新型社会形态的到来需要一种新型的治理方案，西方公共治理前沿理论的产生正是在这种社会转型的背景下应运而生的。关于社会形态及其变迁，丹尼尔·贝尔提出了前工业社会、工业社会、后工业社会三种形态，而笔者认为，目前我们正处于工业社会向后工业社会变迁的时代，即处于一种后工业化进程中。从管理方式上来看，是从统治向管理再向治理的转变过程，"导致人类政治生活从统治走向治理的因素无疑是多种多样的，经济全球化是其中最重要的因素之一"[1]，因此，从社会转型的角度观察，构成西方公共治理前沿理论兴起的背景正是全球化与后工业化。全球化、后工业化导致了我们的

---

* 与翟文康合作完成，并发表于《河北大学学报（哲学社会科学版）》2016年第6期，第96～104页，题目有变动，内容有扩充，中国人民大学复印报刊资料《管理科学》2017年第3期全文转载。

[1] 俞可平. 全球治理引论 [J]. 马克思主义与现实，2002（1）：20-32.

社会多种元素的变化，对社会治理方案的创新带来了挑战，提出了新要求。风险社会的来临是一种挑战，它是指人与自然、人与人的关系都处于风险之中，生态问题、自然灾害频发的原因中人为因素增多，给人类所生活的自然带来了风险；传统的控制、管制模式压抑人性，人与人的关系复杂化、利益多元化、联系紧密化导致人类之间的关系敏感化，风险因子增加。这种挑战告诉我们，一种新型的治理理念必然呼之欲出，即服务的理念。服务导向的社会治理方案能够重建人与自然、人与人之间的关系，降低这种风险。从理论形态上看，标志着开放、复杂理论的到来，正如埃德加·莫兰讲到，"对人类的一个封闭的、片段的和简化的理论的丧钟敲响了，而一个开放的、多方面的和复杂的理论时代开始了"[1]，由此可见，单一、封闭的理论已经不适应这个社会，传统公共行政理论、新公共行政理论、新公共管理理论只能在过去属于它们的那个时代起作用，社会转型呼吁多元的、复杂的理论，即社会治理理论体系的构建是趋势。总之，在全球化、后工业化进程中，社会在转型，社会元素在变迁，是从单一到多元、简单到复杂、稳定到不确定性、秩序到无序、可预测性到不可预测性的变化，这种转变催生着新的社会治理方案的建构，所激荡出来的是服务理念和公共治理理论体系的构建。

2. 时代背景：治理时代

20世纪90年代以来，西方政治学家、经济学家赋予了"Governance"新的内涵，超越了"统治"的含义，意味着一种新的统治方式产生。在西方，以詹姆斯·罗西瑙、罗伯特·罗茨、格里·斯托克为代表的学者掀起了一场新治理运动，这场浩浩荡荡的运动席卷了全球，我国以俞可平、毛寿龙、陈振明为代表。从公共管理学科角度看，这场不同于"统治""管理"的新治理运动标志着治理时代的到来。这种新颖的治理思路为公共管理输入了新鲜的血液。治理不同于新公共管理，不是分权而是授权。新公共管理所倡导的分权，更多的是把官僚机构内的权力下放，而不是赋予公民以权利。在这种背景下，治理不会再让行政官僚从事和把持每一件事情，它倡导更多的组织参与公共事务管理，而不是强制推行。这种新理念的基础在于社会结构网络状、组织结构的非官僚化。因此，治理时代的典型特征就是网络化，网络状结构不同于传统的官僚制，在新的社会中，"官僚制变成一个巨大的机器，缓慢且笨重地在最初确定的方向上蹒跚前行。它仍然提供服务，或许数量与质量都不错，但其动作的速度与灵活性却在逐步下降"。[2] 官僚制变得僵化、呆板与低效，它不再适应新型的社会，一种更加灵活的组织结构呼之欲出，即网络化组织。网络化社会

---

[1] 埃德加·莫兰. 迷失的范式：人性研究 [M]. 陈一壮，译. 北京：北京大学出版社，1999：173.
[2] 安东尼·唐斯. 官僚制内幕 [M]. 北京：中国人民大学出版社，2006：171.

的来临是基于治理主体的多元化，政府不再具有唯一性，第三部门、公民逐步参与到政治生活中，政府与社会关系合作化；私营企业也承担着政府无法单独履行的职能，政府与市场关系合同化。治理主体的多元性为社会治理吹来了新风，使得治理理念多样化，服务、网络、合作、大数据、公共价值成为治理时代的主题；治理目标多元化，3E、公共服务、公共利益、公共价值成为治理追求的目标；治理方式非竞争性，信任、协调、整合、合作成为趋势。因此，治理时代的到来为公共治理输入了多样元素，其中基于网络化社会构建新治理方案意义最大。

3. 现实背景：政府改革的需要

西方公共治理前沿理论是在问题导向的思路下产生的，因此西方的公共管理关注现实，特别是针对政府改革的需要而作出变革。笔者回顾英国政府从20世纪80年代至今的政府改革，大致经历了从竞争政府走向合作政府，再走向整体政府的过程。撒切尔夫人改革以引进市场机制和竞争为手段，来提高政府效率，包括绩效评估、合同出租、雷纳评审等措施，但是"撒切尔时期的行政改革在引入竞争机制的同时却忽视了部门之间的合作与协调，带来了碎片化的制度结构"。[1] 布莱尔政府上台后首要问题就是处理撒切尔夫人改革留下的这种碎片化问题"遗产"，为此，新工党政府在1999年《现代化政府白皮书》中提出，要在10年内打造一个更加侧重结果导向、顾客导向、合作与有效的信息时代政府，即取代竞争政府的新型合作政府。合作政府在政策制定、高质量高回应的公共服务输出、具有伦理精神的公务员体系、信息技术应用等方面取得进步，但是由于英国传统的政治体制的原因，合作常常流于形式，因此，英国政府提出了更理想化的整体政府建设目标。在整体政府建设中，更加深化合作、整合的理念，构建新型责任机制，广泛地应用信息技术。因此，为了达成整体政府建成的目标，作为长期关注英国政府改革的研究者希克斯，提出了整体性治理理论，用以指导英国政府下一步的改革。笔者回顾了20世纪80年代以来美国政府的改革，大致经历了里根政府的公共服务市场化、放松规制改革，克林顿政府的重塑政府运动和政府间的分权改革。总体而言，20世纪80年代的美国政府改革是一种趋向于市场化、私有化、分权化的改革，这种改革虽有助于政府管理效率的提高、财政压力的减轻，但也导致了许多问题，如掌舵型政府忘记了谁拥有这艘船，私有化政府忘却了作为公共部门的政府的公共责任，竞争型政府造成了碎片化问题，放松规制的政府破坏了基本规范和法定程序，结果型政府忽略了公共服务的尊严与价值，顾客导向的政府损害了公民权利，企业型政府放弃了公共价值的创造而去营利，分权化政府导致职能的分散化、地方主义，加重财政负担，市场化政府

---

[1] Sylvia Horton，David Farnham.Public Administration in Britain[M].Great Britain：Macmillan Press LTD，1999：251.

忽视了价值理性。因此，为克服美国 20 世纪 80 年代以来市场化、管理主义的政府改革运动带来的弊端，一种提倡公民权、参与治理、公共责任，促进公共服务尊严与价值，创造公共价值的理论呼之欲出，这类理论在工具理性的基础上，更加重视价值理论。

4. 技术背景：信息技术的发展

信息技术的发展、新技术革命引起了政府在运行机制、组织结构、政府制度、行为模式上发生了变革，作为社会治理的主导性力量，政府各方面的变革也将带动整个社会治理体系与治理方式的变革，信息技术逐渐融入新治理中，信息技术与治理的结合是一个新的趋势。在运行机制方面，信息技术的出现使得传统纸质自上而下的运行方式落伍，信息技术使得政府、组织和公民之间的沟通变得畅快、密切，运行机制多样化；在组织结构方面，信息技术的发展打破了传统的官僚制，横纵结合、斜向沟通、跨部门联系成为可能，整个治理主体构成一个网络状结构；在政府制度方面，"因特网引发的制度重组标志着……政府制度转型的开始"[1]；在行为模式方面，美国学者哈拉尔认为，信息技术带来了组织行为模式的变革，"各种机构将不再是在一个固定地点工作的人员的分散的集合体，而是联系从事大量经济和社会交往的人的不稳定的通信网络……信息是把一个社会结合在一起的看不见的纽带，所以这种新技术具有明显地改变我们的现实感和加速所有其他形式社会变革的力量"。[2]信息技术成了一场新的社会革命的"引信"。另外，信息技术与政府管理结合密切，邓利维认为，信息技术对政府组织结构、政府任务和公共管理改革、政策变革产生了较大影响[3]，使得政府的管理走向了数字化变革之路。

5. 学术背景：新公共管理理论的式微

西方公共治理前沿理论的产生也有其特定的学术背景，新公共管理理论作为 20 世纪 70 年代兴起的主导性理论，在指导政府改革、公共管理实践方面的确起到了中流砥柱的作用，但是经过实践的发展，该理论也出现了这样或那样的问题，新公共管理理论不足之处显现出来，遭到了许多学者的批评，新公共管理理论逐渐式微。新公共管理理论是倡导市场化、私有化的，在这一方面，英国格林沃德等学者从公共责任、公平、合法性和多样性四个方面论证公共部门与私人部门之间的差别，指

---

[1] 简·芳汀. 构建虚拟政府——信息技术与制度创新 [M]. 邵国松，译. 北京：中国人民大学出版社，2004：6.

[2] W E 哈拉尔. 新资本主义 [M]. 冯韵文，等译. 北京：社会科学文献出版社，1999：128-129.

[3] Patrick Dunleavy, Helen Margetts, Simon Bastow, et al. Digital Era Governance: IT Corporations, the State, and E-Government[M]. London: Oxford University Press, 2006: 17-57.

出不能照搬私人部门的管理方式[1]。公共部门与私人部门是有区别的，市场化与应用私人部门管理经验可能导致公共部门忘掉自己的使命，丧失公共性。在管理主义倾向的治理目标方面，美国学者英格拉姆批判新公共管理理论片面追求效率目标并指出，"最重要的一条是，对许多公共组织来说，效率不是追求的唯一目的，还存在其他目标"[2]，公平、公共责任、公共利益、优质的公共服务、公共价值应当是公共组织所追求的目标。由此可见，新公共管理理论在价值取向、管理主义倾向的各种措施等方面已经出现问题，邓利维甚至指出，新公共管理已"寿终正寝"[3]。在学术研究上，需要新的公共管理理论来纠正新公共管理理论的弊端，正在此时，以登哈特夫妇、斯蒂芬·戈德史密斯、威廉 D. 埃格斯、佩里·希克斯、帕特里克·邓利维、马克·穆尔为代表的一批关注现实、富有创新力的学者提出了新的公共治理理论。

（二）西方公共治理前沿理论的变革过程

由于社会的日益复杂化，公共管理的理论与实践并不能简单统一化，一方治百病的模式早已失效。为了应对社会的高度复杂性与不确定性，公共管理理论必须具有针对性、多样化。西方公共治理五大前沿理论中的每一个理论都是针对公共治理中的某一方面而作出的变革，我们考察其变革过程有助于融合五大理论，构建公共治理理论体系。

新公共服务理论是针对新公共管理理论偏重于工具理性而作出的变革。新公共服务理论的目的是"促进公共服务的尊严和价值，将民主、公民权和公共利益的价值观重新肯定为公共行政的卓越价值观"。[4] 新公共管理理论使得掌舵、市场、竞争、顾客、分权、绩效、私有化等词汇或理念在公共部门流行开来，这也表明了公共部门在公共管理过程中的价值取向，严重损害了民主、公平、公民权。针对新公共管理过分强调工具理性的情况，新公共服务理论应当作出变革，呼吁偏向于价值理性的价值观，并要促进民主、公民权、公共利益、公共服务等价值观流行开来。正如登哈特夫妇所言："我们希望像'民主''公民'和'自豪'这样的语词不仅在我们的言语中而且在我们的行为中都要比像'市场''竞争'和'顾客'这样的语词更加

---

[1] J.Greenwood，D.Wilson.Public Administration in Britain Today[M].London：Unwin Hyman，1989：7-10.

[2] 国家行政学院国际合作交流部. 西方国家行政改革述评 [M]. 北京：国家行政学院出版社，1998：62.

[3] Patrick Dunleavy.New Public Management is Dead——Long Live the Digital Era Governance[J]. Journal of Public Administration Research and Theory，2006（3）：467-494.

[4] 珍妮特 V 登哈特，罗伯特 B 登哈特. 新公共服务：服务，而不是掌舵 [M].丁煌，译. 北京：中国人民大学出版社，2004：17-18.

流行。"[1] 网络（化）治理理论是为适应网络化社会而作出的变革。网络（化）治理是基于官僚制组织向网络组织的转变，"靠命令与控制程序、刻板的工作限制以及内向的组织文化和经营模式维系起来的官僚制度，尤其不适宜处理那些常常要超越组织界限的复杂问题"。[2] 因此，一种灵活的、反应迅速的网络组织诞生。"网络组织是指一群地位平等的'节点'依靠共同目标或兴趣而自发地聚合起来的组织。这种组织以平等、开放、分权为特征。"[3] 网络社会、网络组织的出现也迫切需要一种相适应的社会治理方案的构建，网络（化）治理理论正是为适应网络社会、网络组织而进行的变革。整体性治理理论是为应对竞争性政府的问题而作出的变革。产生于英国的整体性治理理论植根于英国政府的改革，自撒切尔夫人改革以来，经历了梅杰政府、布莱尔政府，政府改革的脉络呈现竞争性政府向合作政府，再向整体政府的变革，整体性治理理论正是对英国竞争性政府改革的反思而构建的一种治理理论或模式。数字治理理论是应对数字时代的来临而作出的变革。"在信息技术的影响下，公共部门的技术变革和组织变革相继进行，最终导致政府部门和市民社会关系的重新建构。技术、组织、关系和行为的再造呼唤全新的管理模式的出现，这种新的管理模式就是数字时代的治理。"[4] 数字治理相对于其他公共治理前沿理论而言，其特殊性在于信息技术在政府管理中的应用。公共价值管理理论是传统墨守成规的管理所进行的变革。"传统公共管理的特点，是上级对公共组织的职能和运行方式等已作出明确的规定，所以管理者的职责主要是遵守这些规定，维持并改善组织的运转，而不是进行足以改变组织的角色和价值的创新。"[5] 为此，公共价值管理主张公共管理者应当像战略家一样关注组织的内外部环境变化，寻求并创造公共价值，而不仅仅是维持组织运转。新公共治理理论是在 21 世纪公共服务提供主体日益多元和政策制定过程日益复杂的现实情况下产生的。将公共服务视为服务而非产品，着眼于公共服务系统而非单个的组织，强调组织间互动关系和外部效益，运用战略取向、公共服务市场化、运作管理和共同生产四种方法来提升公共服务水平。试图在理论基础、国家背景特点、关注焦点、强调重点、资源分配机制、服务系统、价值基础等方面实现革新，具有较强的理论和现实价值。

综上所述，笔者梳理了西方公共治理六大前沿理论的变革历程，每一理论的变

---

[1] 珍妮特 V 登哈特，罗伯特 B 登哈特. 新公共服务：服务，而不是掌舵 [M]. 丁煌，译. 北京：中国人民大学出版社，2004：18.

[2] 斯蒂芬·戈德史密斯，威廉 D 埃格斯. 网络化治理：公共部门的新形态 [M]. 孙迎春，译. 北京：北京大学出版社，2008：6.

[3] 张康之，程倩. 网络治理理论及其实践 [J]. 新视野，2010（6）：36-39.

[4] 陈水生. 新公共管理的终结与数字时代治理的兴起 [J]. 理论导刊，2009（4）：98-101.

[5] 马克·穆尔. 创造公共价值：政府战略管理 [M]. 北京：清华大学出版社，2003：7.

革都侧重于不同的方面，有其特性。新公共服务理论的变革侧重于在治理理念上，由管理走向服务；网络（化）治理理论的变革侧重于治理结构上，网络社会、网络组织的出现改变了传统的治理结构，在此基础上，需要一种新颖的治理理论，基于网络化结构（网络社会、组织）的治理理论；整体性治理理论的变革侧重于治理方式上，英国竞争性政府的改革是借鉴市场机制，采取竞争的方式，后来转向合作政府、整体政府的改革是基于合作的方式；数字治理理论的变革侧重于治理工具上，数字时代的治理强调政府的治理要结合信息技术、应用大数据进行有效的治理；公共价值管理理论的变革侧重于治理使命上，公共组织由按照规章制度按部就班地维持好组织运转，变革为根据内外部环境变化创造公共价值，即公共组织或公共管理者的使命就是创造公共价值。新公共治理理论在治理方式和使命方面，主张通过合作生产提供优质公共服务。因此，西方公共治理六大前沿理论在治理理念、结构、方式、工具、使命上的不同倾向的变革表明六大理论是互补的，是能够融合在一起构建公共治理理论体系的。

二、西方公共治理理论体系的构建

为什么要构建西方公共治理理论体系？其一是西方公共治理五大前沿理论之间的互补性、整合性，我们要发挥理论群优势。西方公共治理的五大前沿理论有共性也有差异，这种差异性并非对立之存在，而是互补之存在。五大理论都有其自身的优越之处，比如，新公共服务理论在优化公共服务方面，网络（化）治理理论在网络状治理结构方面，整体性治理理论在整合或合作的治理方式方面，数字治理理论在大数据的治理工具方面，公共价值管理理论在公共价值的创造方面，都具有一定的前沿性。因此，我们在研究西方公共治理前沿理论的时候，应当具有整合思维，构建西方公共治理理论体系，发挥出整体优势、理论群优势。其二是社会的高度复杂性。莫兰认为，社会的"高度复杂性表现在它们同时是无中心的（也就是说以无政府的方式通过自发的相互作用运转）、多中心的（即拥有几个控制和组织的中心）和一中心的（即同时还有一个最高的决策中心）"。[6]社会的高度复杂性表现为多中心、多样性、多元性，社会背景的高度复杂与高度不确定性使得在此基础上构建的社会治理方案也必然是一个复杂的体系。单一化的理论难以解决所有的问题，某一理论职能解决一个方面的问题，主导性力量将会消失，随之产生的将是相互依存、相互合作的理论，应对高度复杂性的环境与问题。我们需要将西方公共治理五大前沿理论结合起来，构建理论体系，以应对多样性的问题。

---

[6] 莫兰.复杂思想：自觉的科学[M].陈一壮，译.北京：北京大学出版社，2001：235.

（一）服务导向的治理理念

新公共服务理论使得公共服务一词流行开来，为公共治理理论体系输送了"服务"的治理理念。"新公共服务是关于公共行政在将公共服务、民主治理和公民参与置于中心地位的治理系统中所扮演角色的一系列思想和理论。"[1]新公共服务理论在公共服务理性、优质公共服务、公共利益、共同领导、公务员角色、执行、公共责任等方面的治理理念值得借鉴。在服务动机方面，传统公共行政利用控制来实现效率，新公共管理利用激励来实现生产率，而新公共服务尊重公共服务理想。新公共服务关于人的假定和服务动机不同于传统公共行政和新公共管理，公务员是以民主的理想和对他人的服务为动机。在服务对象方面，传统公共行政是为当事人服务的，新公共管理是令顾客满意的，而新公共服务为公民提供优质的公共服务。"公民被描述为在一个更广大社区环境中权利的享有者和责任的承担者。顾客则不同，因为顾客并没有共同的目的，相反，他们试图使其自己的个人利益尽可能地充分实现。"[2]。在对公共利益的认知方面，传统公共行政认为公共利益是从政治上加以界定并且由法律来表述的，新公共管理认为公共利益代表着个人利益的聚合，新公共服务认为公共利益是就共同价值观进行对话的结果。在领导方式方面，传统公共行政主张通过一个层级节制的官僚体系进行领导，新公共管理主张利用企业家精神改革公共部门，而新公共服务主张共同领导，新公共服务尊重公民权并以给公民授权的方式共享权力、共同领导提供服务。在公务员角色方面，传统公共行政主张公务员只负责执行政策，保持价值中立；新公共管理主张公务员应当发挥催化剂作用，释放市场力量；新公共服务认为公务员应当表达公民需求，鼓励公民参与治理。在执行与责任的问题上，新公共服务认为，"为了实现集体意识，下一步就是要规定角色和责任并且要为实现预期目标而确立具体的行动步骤。而且，这一计划不仅仅是要确立一种远见，然后再把它交给政府官员去执行，而是使所有相关各方都共同参与到执行过程"。[3]这样能够激发公民的自豪感与责任感。

（二）网络导向的治理结构

作为基于网络化结构而建构治理方案的理论，网络（化）治理理论实现了灵活、有效的治理，为公共治理理论体系输送了"网络"的治理结构。网络包括三个最基本的内容："（1）网络是由各种各样的行动者构成的，每个行动者都有自己的目标，且在地位上是平等的；（2）网络之所以存在是因为行动者之间的相互依赖；（3）网络行动

---

[1] Robert B.Denhardt，Janet V.Denhardt.The New Public Service：Serving，Not Steering[M].New York：M.E. Sharpe，2003：24.

[2] 罗伯特·登哈特，珍妮特·登哈特.新公共服务：服务，而不是掌舵 [M].丁煌，译.北京：中国人民大学出版社，2004：58.

[3] 丁煌.西方公共行政管理理论精要 [M].北京：中国人民大学出版社，2005：429.

者采取合作的策略活动来实现自己的目标。"[1] 在网络状的治理结构中，治理主体由单中心走向多中心，网络（化）治理"通过多国之间、多种行为体之间的协调、沟通与达成共识，进而通过集体行为的方式促成多领域合作，已成为当今世界政治的主流"。[2] 政府不再是唯一的治理主体。在组织机构方面，科层制问题百出，难以适应时代发展，奥斯本、盖布勒认为，"这种在工业时代发展起来的政府机构，具有迟缓、集权的官僚体制，专注于各种规章制度，并且具有层级节制的指挥链，因而它们已经不能再有效地运转了"[3]，因此，一种适应多元主体的、灵活的、关注外部环境的网络结构由此诞生。在科层结构转向网络结构过程中，伴随着治理主体的多元化，中心—边缘结构逐渐弱化，代之而起的是实力均衡的主体，等级关系逐步转为平等关系，各大治理主体都可参与治理并发挥作用。在网络治理的结构中，传统的自上而下科层制所形成的下级对上级的依赖逐步转变为多元主体之间的相互依赖。因此，网络（化）治理理论为公共治理理论体系输送了网络状结构，使得治理主体由单中心转向多中心，组织机构由科层制转向网络制，主体关系由等级关系转向平等关系、单向依赖转向相互依赖。

（三）合作导向的治理方式

英国政府于1999年出版的《现代化政府白皮书》提出以"合作政府"为核心理念推行行政改革，"这种合作特征的取向在政策制定、公共服务输出、公务员系统改革以及信息技术方面都有所体现"。[4] 基于英国政府改革现状，即合作政府而构建的社会治理理论——整体性治理理论为公共治理理论体系输送了"合作"的治理方式，在公共治理理论体系中，网络化结构为合作治理提供了支撑。首先，网络化结构使得合作成为可能，网络技术改变了社会的空间结构，不再受到空间地域的限制，可以随时联络与联合；其次，网络化结构消融了组织边界，沟通加强，主体间的相互依赖派生出合作的需求。社会的高度复杂性使得合作成为主导的社会治理方式，问题的棘手化、治理主体的资源有限性迫使通过合作共享资源，实现治理最优化。合作导向的治理方式逐步实现了统治、管理向服务的转变，碎片治理向协作治理的转变，分散治理向整合治理的转变，竞争治理向合作治理的转变。

（四）数字导向的治理工具

数字化变革是这个时代的典型特征之一，结合时代背景而构建的数字治理理论

---

[1] Walter J.M.Kickert，Erik-Hans Klijn，Joop F.M.Koppenjan.Managing Complex Networks：Strategies for the Public Sector[M].Sage Publications Ltd.，1997：30-31.

[2] 詹姆斯 N 罗西瑙.没有政府的治理[M].张胜军，译.南昌：江西人民出版社，2001：2-3.

[3] David Osborne，Ted Gaebler.Reinventing Government：How the Entrepreneurial Spirit Is Transforming the Public Sector[M].Reading，MA：Addison-Wesley，1992：11-12.

[4] 陈振明.政府再造——西方"新公共管理运动"述评[M].北京：中国人民大学出版社，2003：61.

为社会治理提供了新的治理思路，特别是在信息技术、大数据、云计算等治理工具的应用上值得借鉴，它为公共治理理论体系输送了"数字化"的治理工具。信息技术的发展对我们的生产与生活产生了巨大影响，它在经济中的应用极大地方便了我们的消费，如网上购物、电子消费等；它在文化中的应用极大地促进了文化的传播与交流，如网上阅读、网络文化等。政府作为社会治理的主要主体，无处不在，信息技术或数字化工具与政府的结合将带来社会治理的革命，如电子政府、智慧城市。邓利维从九个方面论述了使政府机构"成为一个网站"的数字化过程："（1）电子服务提供；（2）以网络为基础的公用事业估算；（3）集中的、国家指导的信息技术采购；（4）自动化过程的新形式；（5）减少中间层，使以网络为基础的过程让公民、企业以及社会的其他部分直接继承国家系统；（6）积极引导和顾客分层；（7）减少受控制的渠道或在法律上要求人们或企业改变他们与政府机构打交道的方式；（8）加速自我管理；（9）走向敞开的管理。"[1]

（五）公共价值导向的治理使命

公共价值管理理论的提出吹响了创造公共价值的号角，马克·穆尔创新性地提出，"公共部门管理工作的目的是创造公共价值，就像私人部门管理工作的目标是创造私人价值一样"。[2] 它为公共治理理论体系输送了"公共价值"的治理使命或目标。公共价值管理理论从宏观上讲分为三个层次：一是认知或界定公共价值，二是创造公共价值，三是评估公共价值。认知公共价值是创造公共价值的关键一步，公共价值是一个抽象的概念，它并非一成不变，公共管理者应像战略家一样着眼未来、关注外部、顶层设计，根据内外部情况界定公共价值，特别是根据公众的集体偏好来理解公共价值，然后调整公共部门的功能，得以创造公共价值。公共管理者的"责任不是确保组织的延续，而是作为创造者，根据情况的变化和他们对于公共价值的理解，改变组织的职能和行为"。[3] 另外，穆尔还指出，"在认知政府和其他组织何时并创造了多大的公共价值方面，我们很有必要做大量的工作来形成公共价值产出的概念和展开绩效测量"。[4] 公共价值管理中的绩效评估分为过程评估和结果评估，"除了创造期望结果方面的工具性价值，某些过程的特性在公共部门中是有价值的，而

---

[1] Patrick Dunleavy，Helen Margetts，Simon Bastow，et al. Digital Era Governance：IT Corporations，the State，and E-Government[M].London：Oxford University Press，2006：237-241.

[2] Mark H.Moore.Creating Public Value：Strategic Management in Government[M].Cambridge，Massachusetts：Harvard University Press，1995：28.

[3] [美] 马克·穆尔. 创造公共价值：政府战略管理 [M]. 北京：清华大学出版社，2003：7.

[4] John Benington，Mark H.Moore.Public Value Theory and Practice[M].New York：Palgrave Macmillan，2011：265.

且，如果目标是随着时间的推移对绩效加以改进，那么，需要获取那些关于机构做了什么及其产出的结果的信息"。[1] 总之，公共价值管理理论为公共治理理论体系确立了治理的使命或目标，即公共价值，公共价值的认知、创造和评估是公共治理所追求的，也将贯穿公共治理的全过程。

（六）公共服务供给的服务主导逻辑

面对公共服务的复杂化、供给主体的多样化，新公共治理理论提出"公共服务是服务而非产品"的主张，并在此背景和理念下提出了公共服务供给的服务主导逻辑他认为这种逻辑有三个特征[2]：（1）服务主导逻辑是不同于产品主导逻辑的，产品是具体的，服务是无形的。产品主导逻辑是将原材料生产出有价值的商品，包含了所有权的转换，而服务主导逻辑是无形利益生产、交易的活动或过程，但不涉及所有权的转让。正如住在旅馆里，不只是房间的质量问题，还包括住在那里经历的一个过程。服务的使用者尽管希望服务"满足其目标"，但他们将其对服务表现的评价建立在他们的期望以及服务过程的经历上而不只是结果，这种经历或过程极大地影响了服务的有效性。这表明理解使用者对服务的期望是服务满意度的基础，我们需要知道服务的使用者是谁，他们的期望、需求、价值期望是什么，并且加以评估。（2）生产的产品和服务背后的逻辑是不同的，前者的生产、销售和消费是各自发生的，而就服务来说，生产和消费是同时发生的。在产品主导逻辑下，生产商为了提高效率会减少投入、工人工资等，但不会影响产品价格。在服务主导逻辑下，生产和消费同时发生，所以改变职工层次就会影响消费。为了满足使用者满意度就需要同时保证服务的质量，服务主导逻辑能够有效地保证服务质量的提高。（3）不同逻辑下，产品的使用者与服务使用者的性质是不同的：产品主导逻辑下，主体是分开，分别为生产者、消费者；服务主导逻辑下，都是共同生产者，体现了一种参与性。这意味着公共服务的运作不仅仅只是一种与其目标相关的有效设计，它至少也是一种服务使用者的主管体验。"成功的公共服务管理不只是有效地设计公共服务，它还需要对使用者进行治理并作出回应，并且训练和激励工作人员以便与使用者积极互动。"[3]

综上所述，西方公共治理理论体系的形成是基于对新公共服务理论、网络（化）治理理论、整体性治理理论、数字治理理论、公共价值管理理论的整合。新公共服

---

[1] Mark H.Moore.Recognizing Public Value[M].Cambridge，Massachusetts：Harvard University Press，2013：14.

[2] Stephen P Osborne，Zoe Radnor，Greta Nasi.A New Theory for Public Service Management？Toward a (Public) Service-Dominant Approach[J].American Review of Public Administration，2013，43（2）：135-158.

[3] 竺乾威. 新公共治理：新的治理模式？ [J]. 中国行政管理，2016，（7）：132-139.

务理论为其输送了"服务"的治理理念，公共服务的价值在治理中充分体现；网络（化）治理理论为其输送了"网络"的治理结构，网络化的社会结构成为一切治理活动的基础；整体性治理理论为其输送了"合作"的治理方式，合作治理将是公共治理中的主导性方式；数字治理理论为其输送了"数字"的治理工具，信息技术、大数据在公共治理中的应用将带来一场治理工具的革新运动；公共价值管理理论为其输送了"公共价值"的治理使命，创造公共价值将成为每位公共管理者或治理主体的理想或使命。新公共治理理论为其输送了"公共服务供给的服务主导逻辑"。另外，西方公共治理六大前沿理论的融合构成了西方公共治理理论体系，是集六大前沿理论的优势于一体，当然也具备六大前沿理论的共性所在。在价值取向方面，西方公共治理理论体系是工具理性与价值理性的融合；在人性假设方面，将以复杂人假设为逻辑基础采取相应治理模式；在政府角色方面，将充分发挥政府的元治理作用，在政府引导下构建治理联盟体；在组织结构方面，构建网络化组织结构，实现灵活、动态的治理。总之，这一理论体系或理论群整体性功能的发挥将超越其中的某一单个理论，这也正是理论体系构建的意义所在。

三、西方公共治理理论体系对我国的启示

西方公共治理前沿理论的缘起背景、变革过程及理论体系的构建对于我国国家治理体系的现代化建设具有重要的借鉴意义，基于此，我们应当反观我国治理现代化的背景，在适应背景的基础上完善国家治理体系。

（一）反思：我国公共治理的背景

我国目前的改革已经进入一个新的阶段，除了"四个全面"大背景之外，我国正经历着全球化、新型工业化、后工业化、信息化、市场化、新型城镇化，这"六化"不仅为我国公共治理提供了基础，也提出了挑战。我们只有认清"六化"，在此基础上完善国家治理体系方能克服挑战，达到良好的治理。

（1）全球化。随着世界各国的交往甚密，全球化进程加快、程度加深，已从经济领域扩展到其他领域。全球化运动使得人口、资本、信息、物质在全球流动，也使得很多问题国际化，如信息泄露、环境污染、疾病传染、跨国事故，等等。全球化增加了社会的不稳定性和复杂性，这些挑战的存在使得现有的社会治理方案难以应对。就我国而言，全球化也带来了社会的多元化，社会组织在全球化浪潮中茁壮成长，公民意识逐渐增强，国外先进的治理经验不断输入，为我国的新治理提供了有利条件。（2）新型工业化。我国工业化发展到中期阶段，正在转向后期，打造新型工业化。新型工业化是建立在信息技术和科学技术基础之上的，体现在重化工业向高新技术产业的转变。服务业也随之兴起，产业的转型也必然产生新的管理理念，

传统的管制思想被淘汰，换之以服务理念。但是，我国此前的工业化也留下来一些问题，传统工业导致的环境污染、区域经济发展失调、低水平重复建设问题对社会治理提出了挑战。（3）后工业化。我国是一个特殊的国家，其特殊体现在工业化与后工业化同时进行。我国自20世纪80年代开始走向工业化，之后随着全球化浪潮，信息技术发展，我国也开始了后工业化进程，主要体现在农业经济、工业经济向知识经济时代的转变，自然资源、能源向信息化社会的转变，统治、管理向治理时代的转变，强制、竞争向合作社会的转变。后工业化为我国社会治理带来了新的转变，治理理念、合作方式流行开来。（4）信息化。信息化是工业化的产物，它是一场新的革命。信息技术的广泛应用提高了效率，便利了人们的生产、生活。信息技术在经济领域的应用让我们看到了其巨大威力，公共治理也需要信息技术，实现有效的治理离不开作为工具的信息技术的辅助，特别是大数据技术的数据猎取、数据分析、信息共享。政府管理的数字化能够有效地改善政府与公民关系，电子政府、电子政务实现了服务的数字化，提高了服务质量。因此，信息化将助力我国公共治理。（5）市场化。改革开放以来，我国市场化程度不断加深，用市场力量解决政府难以处理的问题取得了较好的效果。（6）新型城镇化。农村人口向城市转移将增加城市治理的难度，常见的"城市问题"将会突出，这将要求新的治理去改善这种状况。"六化"带来的挑战表明我们需要构建新的治理方案，因此，国家治理体系的构建需要解决改革带来的新问题，适应改革进程，

（二）启示：我国公共治理的变革，完善我国国家治理体系

党的十八届三中全会提出，"全面深化改革的总目标是完善和发展中国特色社会主义制度，推进国家治理体系和治理能力现代化"。[1] 国家治理体系与治理能力的现代化成为我国当下的一个重要课题，2014年也成为我国进入治理时代的元年。我国原有的管理理念、方式已难以适应现代化建设进程，我们需要新的治理理论指导我国公共管理实践，完善我国治理体系与治理能力现代化，特别是在理念层、结构层、机制层、工具层、目标层加以完善。在这方面，西方公共治理理论体系值得我们研究与借鉴，以解决谁治理、如何治理、实现什么样的治理的问题。

1. 理念层：治理理念的变革

进入治理的时代，环境更加开放、主体更加多元、联系更加频繁、价值更加多样，这些元素的变化也催生着新的治理方案的构建，特别是理念需要先行，理念的变革。我国十多年的服务型政府的构建使得政府的管理导向理念逐步转向服务导向的治理理念，从管理向服务的转型真正落实了为人民服务的宗旨。网络化社会的形

---

[1] 中国共产党第十八届中央委员会第三次全体会议公报 [EB/OL].（2013-11-14）. http：// news.xinhuanet.com/house/tj/2013-11-14/c_118121513.htm.

成使得社会的结构复杂化，作为治理者应当具有网络化的理念，摒弃传统的科层治理理念，充分认识并肯定多元性，避免自上而下的单一治理，而是多元主体的共同、共享治理。在治理过程中也应将分散治理理念转化为整合治理的理念，祛除掉"踢皮球""碎片化"的现象，在整合治理的理念指导下迎来的是大部门制的治理环境，行动更加统一、紧密，服务更加系统。随着互联网、大数据技术的发展，这种技术变革也催生着政府治理理念的更新，我们应当重视政府治理的技术基础，"数字化"理念应当深入人心，"互联网+"也应当应用到政府治理领域。

2. 结构层：治理结构的变革

在治理的时代，社会的多元化成为典型特征，价值理念也是多元的，没有唯一的价值能够衡量现今的社会，单纯的GDP追求的弊端日显，公共价值理念将成为未来治理追求的主导理念。治理时代，信息技术和网络的发展促进了多元主体的崛起，社会更加动态、复杂，治理时代的公共组织趋向于无缝隙组织，组织结构和社会结构网络化、扁平化。西方公共治理理论体系给予我国治理体系的启示正是网络化社会结构基础上的政府治理变革。其中，科层结构正在发生变化，走向网络与扁平，我国的治理结构也应当顺势而变。就政府间关系而言，自上而下的中央政府、地方政府的单一关系应当多元，地方政府可以区域发展、区域联合，中央政府与地方政府之间可以发展为斜向关系、网络关系。上下级政府更多的是协商、沟通，是协同发展，而非孤立发展。就政府与市场、社会关系而言，政府与市场、社会的地位越来越平等，合作增多、冲突减少。

3. 机制层：治理方式的变革

治理方式是适应治理结构的，结构的改变也需要新的治理方式。西方公共治理前沿理论启示我们要创新领导方式、决策体制、管理策略。我们应当构建共享型领导模式，它是一种开放的、共同的、分享型的领导模式，鼓励社会多元主体共同参与治理，由协商、沟通来替代命令、控制式的领导。这要求领导者具备长远眼光，做好顶层设计，依靠群众路线，为民服务。在决策方式上，共享型领导鼓励分享权力，决策方式更加开放，吸收社会力量，倾听多元声音。决策可以说是利益的协调器，在高度复杂化、高度不确定性的社会中，决策应当考虑到更复杂的因素，必须具有开放性，关注外部环境变化。这就需要在管理上具备战略管理的思维与技巧，关注长远与外部动态的环境，依据环境变化调整公共组织的目标。共享型领导是契合于治理的时代，信任、整合、合作、责任是其基本要素，这种治理方式的变革将有利于我国治理效果的改善。

4. 工具层：治理工具的变革

数字治理理论将我们的注意力引向了国家治理、政府治理的技术基础研究，大数据、智能化、云计算等都将成为国家治理的新工具，治理工具的变革将成为最显著的变化。"互联网＋政务"、云服务、开放政府、数字政府、智慧城市、数字治理、大数据技术等将成为治理工具的热词、是未来治理的发展趋向，并且这些新工具也会带来公共服务领域的巨大变革，"大数据与智能化技术在公共服务领域中所引发的革命性变化随处可见——在公共安全、公共交通、社会保障、科技教育、医疗卫生、环境保护和文化建设等都有着广泛的应用"。[1]

5. 目标层：治理目标的变革

在高度复杂性、高度不确定性的背景下，公共治理不能再唯官僚化、内部化、规则化，应当关注外部环境、组织生态等。创造公共价值正是公共管理者结合公共组织内外部环境而设定的目标或使命，公共价值也并非一成不变的，它是根据组织外部环境与内部生态而定的。公共价值是公众的期望、偏好、需求、意愿的表达与整合，不是公众偏好的简单相加，而是一种社会公众效用，是协商得出的结果。治理主体不能再像传统公共管理者那样遵守既有规定、维持组织运作，而是要进行组织的角色和价值的创新。治理主体应当是战略管理者，能够发现、定义和创造公共价值，其责任不是确保组织的延续，而是作为创造者追求公共价值。

四、结语

西方公共治理的六大前沿理论有共性也有差异，这种差异性并非对立之存在，而是互补之存在。新公共服务理论在理念层面上突出"服务"理念；网络（化）治理理论在治理结构方面，强调网络结构；整体性治理理论在治理方式方面，提倡整合或合作的治理方式；数字治理理论在治理工具方面，主张大数据技术或智能化治理；公共价值管理理论在治理目标或使命方面，认为创造公共价值将是未来的方向。新公共治理理论通过合作生产提供优质公共服务。因此，我们在研究西方公共治理前沿理论的时候，应当具有整合思维，构建西方公共治理理论体系，将治理的理念、结构、方式、工具、使命等层面的优势整合起来，发挥出整体优势、理论群优势。我们对西方公共治理理论体系的探讨目的是促进我国治理的发展，一是反思我国治理的新背景，在全球化、新型工业化、后工业化、信息化、市场化、新型城镇化等"六化"背景下我国需要构建新的治理方案，这种新治理可以从西方公共治理理论体系中借鉴经验；二是用西方公共治理理论体系在理念层、结构层、机制层、工具层、目标层启发我国公共治理理论体系的构建。

---

[1] 陈振明. 政府治理变革的技术基础——大数据与智能化时代的政府改革述评 [J]. 行政论坛，2015，22（6）：1-8.

新公共服务理论及其研究进展[*]

新公共服务是西方公共管理前沿理论之一，兴起于21世纪初，它的出现是对新公共管理主张市场化和竞争化而导致公共利益与公民权利缺失进行的反思与批判。新公共服务主张民主、公民权和公共利益，坚持七大基本原则，为政府改革提供了一种新的视角。国外学者对新公共服务的研究经历了实践反思与总结、比较研究、体系构建、实践应用的过程；我国学者对于新公共服务的关注过程则是从理论引进、反思批判并逐步进入适用性分析与实践结合研究。

2015年10月，珍妮特 V. 登哈特（Janet V. Denhardt）和罗伯特 B. 登哈特（Robert B. Denhardt）在美国的《公共行政评论》杂志上发表了一篇15周年纪文[1]——The New Public Service Revisited，用以反思并再审视新公共服务的理论与实践在过去15年间的发展情况。他们在文中讲道："'新公共服务'在《公共行政评论》杂志出现之后的15年既是不平凡的又是激昂的15年，这为公共服务创造了新的挑战和机遇。根据这些剧烈的变化，我们现在问，如何让新公共服务的价值在过去15年的理论与实践中得到反思？"[2]作为新公共服务的主要代表人物，登哈特夫妇尚且反思美国新公共服务的发展，而作为学习者的中国，更要认真审视，研究新公共服务的发展情况。美国行政学家伦纳德·怀特（Leonard White）曾说过："公共行政学者必须关注该学科的历史。因为只有熟悉了历史背景，才能真正地评估当前的环境和问题。"[3]熟悉和审视新公共服务发展情况的最好办法就是对其进行综述研究，因此，笔者着手对新公共服务国内外的研究情况进行综述。

新公共服务是21世纪初兴起的关注政府治理的理论与模式，作为一种理论的新公共服务，以民主、公民权和公共利益为核心，强调政府的职能是服务而不是掌舵，服务的对象是公民而不是顾客，重视公民权和公共服务而不是企业家精神，新公共服

---

* 与翟文康合作完成，并发表于《燕山大学学报（哲学社会科学版）》2017年第2期，第24～34页，题目有变动。

[1] 2000年登哈特夫妇在美国《Public Administration Review》第6期发表《The New Public Service：Serving Rather than Steering》一文，自此"新公共服务"这一理念引起学术界的广泛关注，距《The New Public Service Revisited》（2015）一文发表已有15周年，因此称为"15周年纪文"。

[2] Janet V. Denhardt，Robert B. Denhardt.The New Public Service Revisited[J].Public Administration Review，2015，75（5）：664.

[3] Leonard D.White.Introduction to the Study of Public Administration[M]. New York：Macmillan，1926：463.

务批判政府不应只掌舵，而应把顾客当作服务对象，将企业家精神作为指导政府改革的理念，因此，它是一种批判新公共管理的理论。它还是一种超越新公共管理的政府治理模式：新公共管理强调政府以顾客和结果为导向，追求效率，主张政府治理应市场化、竞争化，从而导致公共利益与公民权利的缺失；而新公共服务主张公共行政官员关注公民权利与公共利益，不仅追求效率，而且更加注重公平，寻找到了管理主义与宪政主义的平衡点，是一种以合作组织为基础的治理模式对以企业型组织为基础的治理模式的超越。登哈特指出："公民和公共官员正在以一种互利合作的方式齐心协力地界定和处理一些共同的问题。我们认为，这种新的态度和新的参与表明公共行政领域正在出现一场运动，我们将这场运动称为'新公共服务'。"[1] 新公共服务还是一场政府改革运动，在西方公共行政领域正在出现，正如当初新公共管理运动一样，它由美国兴起并扩展到其他国家特别是发展中国家，如火如荼地进行着。2002年，由刘俊生翻译并发表在《中国行政管理》第10期的《新公共服务：服务，而不是掌舵》一文正式将"新公共服务"理念引入我国，对我国服务型政府的建设产生了重要影响，我国也开展了一场关于"服务"的政府改革运动。因此，对新公共服务的国内外研究现状进行综述，不仅有助于反思十多年来新公共服务的发展情况，更加有助于新公共服务本土化发展和我国服务型政府理论与实践方面的发展。

一、新公共服务研究的国内外发展脉络

"早在1989年，美国著名行政学者帕特里夏·英格拉姆（Patricia Ingraham）和戴维·罗森布鲁姆（David Bosenbloom）就提出了'新公共服务'的概念，在他们看来，新公共服务指的是一场新型的公共行政运动"[2]，他们指出新公共服务是未来公共行政的发展方向，"对于未来重大的挑战是巩固和整合权利、代表性、参与和分权，使行政国家的支柱——公共服务真正变得合宪与合法"。[3] 但是在学术界影响较小，在当时并未流行开来。直到2000年登哈特夫妇的《新公共服务：服务，而不是掌舵》一文的发表，新公共服务开启了理论研究与实际践行的航程，正式扬帆起航。而我国则是在2002年，刘俊生将登哈特夫妇的这篇文章翻译成中文才正式引进新公共服务，随后十多年，国内学者纷纷研究，呈现出百花齐放的局面。

---

[1] Janet V. Denhardt, Robert B. Denhardt.The New Public Service: Serving, Not Steering[M]. New York: M.E. Sharpe, 2003: 3.

[2] 谭功荣. 西方公共行政学思想与流派[M]. 北京：北京大学出版社，2008：262.

[3] Patricia Wallace Ingraham, David H.Rosenbloom.The New Public Personnel and the New Public Service[J].Public Administration Review, 1989, 49（2）: 123.

(一)新公共服务研究的国外发展脉络

1999年,美国纽约大学保罗 C.莱特(Paul C.Light)在其《新公共服务》(《The New Public Service》)一书中,概括了新公共服务的特征,并将新公共服务描述为新世纪政府公务员应具备的典型特征。但是这一时期的新公共服务概念并没有引起学术界及政府部门的关注,还未形成较强的影响力。

2000年,罗伯特 B.登哈特(Robert B. Denhardt)和珍妮特·V.登哈特(Janet V. Denhardt)在《公共行政评论》上发表了《新公共服务:服务,而不是掌舵》(*The New Public Service: Serving Rather than Steering*)一文,他们在文中写道:"在民主社会里,当我们思考治理制度时,对民主价值观的关注应该是极为重要的。效率和生产力等价值观不应丧失,但应当被置于民主、社区和公共利益这一更广泛的框架体系之中……未来的公共服务将以公民对话协商和公共利益为基础。"[1]他们比较了传统公共行政、新公共管理和新公共服务,简要概括了新公共服务的四大理论来源和七项基本原则,正式提出了"新公共服务"。这是在新公共管理成为政府治理的主导模式背景下,登哈特夫妇提醒人们不要忽视了民主、公民权和公共利益,在公共管理领域中,他们引入了另一种新型的以公民协商和公共利益为基础的模式。在随后的几年中,他们加快步伐,完善新公共服务的体系。同年,罗伯特 B.登哈特(Robert B. Denhardt)还出版了《公共组织理论》(*Theories of Public Organization*)一书,该书对传统公共行政、新公共行政、新公共管理的组织理论进行了梳理,对很多该领域知名作者的经典著作进行了评述。作者在这种梳理的基础之上,着眼于当前美国学界对于公共行政的争论,提出了自己的观点——新公共服务,以将新公共服务与已有理论进行对比的方式对这一观点进行全面的阐述。他在书中指出:"政府中的人也必须愿意去倾听,以及愿意把公民的需要和价值放在决策和行动的首要位置上。他们必须以新的和革新的方式主动出击,去理解公民正在关心什么。他们必须对市民的需要和利益作出回应。"[2]登哈特是从公共组织角度论述以公民为导向的新公共服务。

2001年,登哈特夫妇在《National Civil Review》上发表了《新公共服务:把民主放在第一位》(*The New Public Service: Putting Democracy First*)一文,这篇文章对当时美国风行的新公共管理运动进行批判,新公共管理吸引了政府官员和公共行政研究人员的注意力,人们集中在私人事务、绩效测评和顾客服务上,但是忽视了另一种途径,即这一植根于民主、公民权和公共利益的新公共服务。他们提醒人们,

---

[1] Robert B. Denhardt, Janet V. Denhardt.The New Public Service:Serving Rather than Steering[J].Public Administration Review,2000,60(6):557.

[2] Robert B. Denhardt.Theories of Public Organization[M].Belmont,CA:Wadsworth Publishing Company,Inc,2000:187.

特别是政府和研究人员，新公共服务更值得关注。

2003年，登哈特夫妇出版了《新公共服务：服务，而不是掌舵》（*The New Public Service: Serving, Not Steering*）一书，对新公共服务理论进行了全面、系统的论述，它的出版标志着新公共服务在理论层面成为一个独立的体系，是一部里程碑式的著作。登哈特夫妇在书中介绍："本书有两个基本目的，其一是要对公共行政领域的种种想法和呼声进行综合，这些想法和呼声要求将公共利益的民主价值观、公民权和服务重新肯定为公共行政领域的规范性基础。其二是要为围绕着一些原则而组织这些想法提供一个框架，进而为它们提供一个我们认为一直都缺少的名称、外壳和表达方式。构成本书理论核心和实质的有两个主题：（1）促进公共服务的尊严和价值；（2）将民主、公民权和公共利益的价值观重新肯定为公共行政的卓越价值观。"[1] 这本书在之前发表的文章基础上对新公共服务的理论来源及七大原则进行了详细的论述。同年，登哈特夫妇发表了文章《新公共服务：一种改革的途径》（*The New Public Service: An Approach to Reform*），文章提出了不同于传统公共行政、新公共管理的以民主和社会标准为核心的第三种改革途径，即新公共服务。文章扼要概括了新公共服务的特征，以及新公共服务将如何指导未来的公共行政人员。2007年，美国印第安纳大学詹姆斯 L.派瑞（James L.Perry）在其文章《民主与新公共服务》（*Democracy and the New Public Service*）中对弗雷德里克·莫舍（Frederick Mosher）在 *Democracy and the Public Service*（1982，2nd ed.）一书中关于民主与公共服务的关系重新加以审视，并且认为新公共服务已不同于以前的公共服务。2015年，登哈特夫妇发表的文章 *The New Public Service Revisited* 再次审视了新公共服务的相关核心观点、基本原则和15年间新公共服务学术研究、政府改革实践的情况，并总结出新公共服务在公共行政理论与实践层面日益显著。

综上所述，新公共服务在国外发展的15年间，逐渐形成自己独立的体系，并呈现出超越新公共管理的趋势，在公共行政领域日益成为一种主导范式。新公共服务在理论层面的研究由世纪初界定概念、区分与传统公共服务的不同，逐步转向完善新公共服务体系，突出核心价值取向；在实践层面，外国学者注重其在政府改革中的应用，并不断提醒政府不要忽视民主、公民权、公共利益等价值，宪政主义日益发展，逐步与管理主义达到平衡状态，钟摆正在摆向"公平"一方。

（二）新公共服务研究的国内发展脉络

我国公共行政学界对新公共服务的关注起始于2002年刘俊生对登哈特夫妇 *The New Public Service: Serving Rather than Steering* 一文的翻译，并发表在《中国行政管

---

[1] Janet V. Denhardt, Robert B. Denhardt.The New Public Service：Serving，Not Steering[M]. New York：M.E. Sharpe，2003：6.

理》第 10 期，该篇文章正式将"新公共服务"理念介绍到中国，从此新公共服务的研究在中国走向了理论译介、比较研究、反思批判、指导实践之路。

1. 理论译介

2004 年，丁煌翻译并出版了登哈特夫妇的《新公共服务：服务，而不是掌舵》一书，该书详细地介绍了新公共服务的基本理论内涵、理论来源、基本原则，成为介绍新公共服务的鼎力之作。2005 年，丁煌发表论文《当代西方公共行政理论的新发展——从新公共管理到新公共服务》，他认为新公共管理理论缺陷日益明显，而在种种新理论模式中，新公共服务理论是最具有替代意义的新理论模式。2006 年，王曦阳、胡去非在《新公共服务理论述评》一文中不仅介绍了新公共服务内容、学术价值及实践意义，而且展望了新公共服务的未来发展前景。2007 年，唐兴霖在《公共服务：公务员精神的实质》一文中，"结合新公共服务理论，对公务员精神的实质作了分析，对我国公务员在公共服务中存在的问题进行了阐述，并对培养公务员公共服务精神的途径加以探索，这些理应成为题中之义"。[1] 2010 年，江晓曦的硕士学位论文《探析登哈特的新公共服务理论》系统地介绍了新公共服务理论，并指出了其面临的挑战以及对我国建设服务型政府的启示。同年，曾保根在《新公共服务理论的"四位一体"解构》一文中从价值取向、理论基础、制度安排和研究方法四个维度对新公共服务理论进行解构。2013 年，李德国在《走向实践的新公共服务：行动指南与前沿探索》一文中指出，作为来自实践的理论，新公共服务可以为政府改革提供操作性的行动指南，并在改革实践中具有广阔的前景和希望。

2. 比较研究

2004 年，王丽莉在《"新公共服务"评析——一种对新公共管理的替代》一文中，认为政府在注重经济与效率的同时，不应忽视公共利益与公民权利，并说明了新公共服务对新公共管理的超越之处。2006 年，李彦娅在其论文《论新公共服务理论对新公共管理理论的传承与超越》中比较了新公共服务与新公共管理两者的关系，前者并非替代后者，而是一种扬弃，不仅注重效率，也关注公平和公共利益等价值因素。2006 年，柳云飞、周晓丽在《传统公共行政、新公共管理和新公共服务理论之比较研究》一文中对三者的理论基础、价值取向和产生背景的差异进行了比较，并指出新公共服务是代表公共管理理论发展方向的一种理论创新。2006 年，柯湘在《新公共服务与新公共管理：相生还是相克》一文中提出新公共服务与新公共管理本质上并非相克，不存在根本矛盾，二者是相辅相成的。2007 年，于伟在《新公共管理与新公共服务理论的比较研究——整合的视角》一文中也提出了类似的思想，他通过对两种理论的辨析，认为二者的争论不会有结果，而只有以整合的视角将二者结

---

[1] 唐兴霖. 公共服务：公务员精神的实质 [J]. 江苏行政学院学报，2007（2）：102-106.

合起来，才会形成一种良好的社会治理模式。2010年，张彩彩在《新公共管理理论与新公共服务理论的比较》一文中也认为我们要走出二者相矛盾的误区，将二者统一起来，提供优质的公共服务，两种理论不是替代的关系。2008年，曾维和在《新公共服务与新公共管理：比较与借鉴》一文中比较了新公共服务与新公共管理的不同点与相同点，根据两者比较，他认为对我国来说，这两种理论都具有借鉴意义，不能否定其中任何一个。2014年，张丽在《新公共行政与新公共服务比较分析》一文中从产生背景、理论基础、研究领域三方面对新公共行政与新公共服务进行比较，并指出了未来公共行政理论发展方向是效率与公平并重。

3. 反思批判

2006年，周义程在《新公共服务理论的贫困》一文中从研究对象、理论内容、理论形式三维度反思新公共服务理论的缺陷。2007年，赵一飞在《公共行政的新公共服务：反思与困惑》一文中指出，"新公共服务在理论上能否成为一个独立的理论，政府真的是为民服务而非掌舵，是否服务于公民而不是顾客，企业家精神是否重要，是值得我们反思的；在现实中公民的需求是否是公共利益，政府能否提供满意的服务，政府与公民能否达成共同的价值取向，这些困惑是需要解决的"。[1] 2008年，邱荷在《新公共服务的理论反思》一文中认为，"至少在目前，新公共服务理论更多的是一种政府改革的政治口号，还没有提出很多具体可行的举措；而且作为一种理论本身，似乎还有一些问题需要我们进一步澄清"。[2] 2009年，顾丽梅在《美国新公共服务理论之反思》一文中介绍了以登哈特为主的新公共服务理论，并反思其内容，为我国服务型政府建设提供启示。2013年，熊烨和褚艳在《新公共服务理论：反思与批判》一文中对新公共服务在理论与实践上的困境进行了反思与批判，认为它仍然是一门不成熟的理论。

4. 指导实践

我国学者在对新公共服务进行研究的过程中，较多的研究是将新公共服务与我国实际相结合，用新公共服务的理念指导我国改革，并且呈现出多样化的图景，形成了"新公共服务+"的模式，涉及服务型政府建设、政府绩效评估、行政审批制度改革、行政伦理构建、和谐社会构建、政府角色定位、公务员角色及激励机制、医疗改革、公共卫生危机管理、图书馆事业改革、公共教育改革、基础教育改革、基层社会治理等方面。如：2005年吴秋兰的《新公共服务的价值揭示对中国行政伦理建设的启示》，2005年王萱、廖敏的《新公共服务理论对重构我国公共卫生危机管理的启示》，2005年顾丽梅的《新公共服务理论及其对我国公共服务改革之启示》，2006年杨安华的《新公共服务理论视角下和谐社会的构建》，2006年胡术鄂、冯清华的

---

[1] 赵一飞. 公共行政的新公共服务：反思与困惑 [J]. 法制与经济，2007（7）：112-118.

[2] 邱荷. 新公共服务的理论反思 [J]. 边疆经济与文化，2008（5）：43-45.

《新公共服务视角下的医疗改革困境》，2006 年王颖的《新公共服务理论视野下公务员角色重塑》，2006 年王艳的《新公共服务视野下我国公务员激励机制创新》，2007 年，彭未名、王乐夫的《新公共服务理论对构建和谐社会的启示》，2007 年江易华的《新公共服务理论对建立政府绩效评估体系的启示》，2010 年李松林的《论新公共服务理论对我国建设服务型政府的启示》，2015 年贾蕙桥的《新公共服务理论视角下的行政审批服务问题研究——以沈阳市为例》，2015 年王敏的《新公共服务理论对推进税收征管现代化的启示》。

综上所述，我国学者对新公共服务的研究经历了理论译介、比较研究、反思批判和指导实践的过程，目的是用先进的理论指导我国改革。正如美国学者莫·托达罗所说："公共行政是发展中国家最稀缺的资源。"[1] 对于我国来说，具有优越性的新公共服务理论正是一种稀缺的资源。

二、新公共服务的国内外研究现状分析

（一）新公共服务的国外研究现状分析

国外学者对新公共服务的研究是一个渐进完善的过程。最初，学者们赋予了公共服务新的内涵，使其有别于旧的公共服务，突出公共服务的新特征以及应对新环境的新形态。作为一种指导政府改革的理论与模式，新公共服务必须超越传统公共行政和新公共管理，才能改善政府的服务质量，因此学者对三者的比较研究也较多。经过多年发展，新公共服务也逐渐形成独立体系并指导着实践，特别是作为新公共服务"旗手"的登哈特夫妇对于新公共服务自身体系的构建作了系统的研究。

1. 区别于旧公共服务的新公共服务

什么是新公共服务？笔者认为解答这个问题的前提就是理解"新"的内涵。众所周知，概念是成对出现的，"列宁阅读《逻辑学》的时候，深切地感受到，概念是成对出现的，这是非常深刻的。除了日常用语外，一切概念都有着与之相对应的另一概念存在"。[2] "新"是相对的，它的对立面是"旧"，新公共服务的出现是相对于（旧）公共服务，法国波尔多大学莱昂·狄骥将"公共服务"作为现代公法制度的基础，他认为"公共服务是指任何因其与社会团结的实现与促进不可分割，而必须由政府来加以规范和控制的活动"。[3] 那么，对新旧公共服务的区分，保罗 C. 莱特和詹

---

[1] M P 托达罗. 第三世界的经济发展（下册）[M]. 北京：中国人民大学出版社，1988：221.

[2] 倪邦文. 当代中国廉政建设的新观察与新思考——廉政建设的宏观考察 [J]. 中共四川省委省级机关党校学报，2012（3）：5-11.

[3] 莱昂·狄骥. 公法的变迁：法律与国家 [M]. 郑戈，冷静，译. 沈阳：春风文艺出版社，1999：446.

姆斯 L. 派瑞等学者进行了研究。

美国纽约大学保罗 C. 莱特（Paul C. Light，1999）提出了新公共服务不同于旧公共服务的三个特征："1. 新公共服务比旧式的以政府为中心的公共服务更加多元化；2. 政府被视为最能代表公共利益的部门，但是在节约支出和服务公民方面，落后于私人部门和非营利部门；3. 部门之间的变换和对调；4. 它深刻地承诺对世界产生影响，这是新公共服务于旧公共服务不易察觉的区别。"[1] 他认为，新公共服务的这种多元化扩展到了种族、性别、知识和职业经历等方面，而且也强调提供公共服务的主体多元化，非营利部门可以比政府更有效地提供公共服务，增加公共利益，这就使得提供公共服务的政府部门、非营利部门和私人部门间的相互变换与对调，更加有助于服务质量的改善与公共福祉的增加。

美国印第安纳大学詹姆斯 L. 派瑞（James L.Perry，2007）认为，相对于旧公共服务，新公共服务具备了以下特征："1. 新公共服务在与公共服务的传统联系更加多样化的同时也更加松散；2. 在新公共服务中，嵌入到政府公共管理机构之中的与市场因素相联系的规则对公共行政人员的行为产生最强烈的影响；3. 新公共服务的灵活性和适应性营造了这样一个工作环境，在其中我们的感情或归属是暂时性的，而这种暂时性可能会破坏公民与公务员之间的联系。"[2]

如果提出一个新的理念，我们就要赋予它独一无二的位置，澄清与它相混淆的概念，只有将新公共服务从旧公共服务的传统框架中摆脱出来，明确二者的区别，才能突出新公共服务的重点和价值新导向，而赖特和派瑞二位学者对新旧公共服务的区分为新公共服务在公共行政领域的独特位置提供了一个前提，但是还需要另一个前提，对传统公共行政、新公共管理和新公共服务进行区分，而登哈特夫妇在这方面取得了卓有成效的研究成果。

2. 区别于传统公共行政、新公共管理的新公共服务

登哈特夫妇在多个文献中对传统公共行政、新公共管理和新公共服务进行了区分，突出新公共服务对前两者的超越。登哈特夫妇是在传统公共行政，特别是当时主流范式的新公共管理失灵的背景下以批判性的视角提出的新公共服务，试图超越前两种途径，以一种新的途径实现对政府的成功改革。

登哈特夫妇（2003）从政府作用评价标准的角度区分传统公共行政、新公共管理和新公共服务，他们认为，"随着统治形式的进化，政府在社会转型过程中起着不同的作用。然而政府仍将由法律与政治标准、经济与市场标准以及民主与社会标准

---

[1] Paul C.Light.The New Public Service[M].Washington D.C.：The Brookings Institution，1999：127-128.

[2] James L，Perry.Democracy and the New Public Service[J].The American Review of Public Administration，2007，37（1）：8-9.

方面来评价。其中法律与政治标准是传统公共行政的核心，经济与市场标准是新公共管理的核心，而民主与社会标准是新公共服务的核心"。[1] 新公共服务是政府改革的第三种途径，注重民主与社会标准，追求公共利益，区别于前两者。

登哈特夫妇（2003）认为，"与这些根植于理性选择思想的主流公共行政或公共管理模型相对照，我们提出一种可供选择的替代模式，即新公共服务。像新公共管理和老公共行政一样，新公共服务也是由许多不同的要素构成的"。[2] 他们从传统公共行政、新公共管理和新公共服务的构成要素角度对三者进行了全面的区分。三者在"主要理论基础和认识论基础""普遍理性与相关的人类行为模式""公共利益的概念""公务员的回应对象""政府的角色""实现政策目标的机制""负责任的方法""行政裁量权""采取的组织结构""行政官员和公务员的假定动机基础"九个方面存在不同。新公共服务在完成了身份辨别之后逐渐走向了自身独立体系的构建。

3. 独立体系的构建

新公共服务独立体系的构建主要体现在登哈特夫妇的著作中，在公共组织、核心观点、理论来源和理念原则四个方面构建完整体系。

公共组织。正如沃尔多所言："我们的福利、幸福以及个人生活很大程度上都依赖于围绕和支持我们的行政机制工作的好坏。在当代社会中，从食物和住房的重要问题到我们的思想活动的氛围，行政的质量与我们的日常生活息息相关。不管愿不愿意，行政是每个人应该关心的事情，如果我们希望生存下去，我们最好能理解它。"[3] 由此可见，公共组织对于我们生活质量的重要性，我们必须充分理解它。登哈特夫妇认为，"公共行政是指为谋求实现公众的社会价值而对社会变革进程的管理"。[4] 这一定义表明，公共组织作为主体应当注重社会价值、公共利益。罗伯特·登哈特在《公共组织理论》（2003）中文版序言中这样写道："过去十多年，公共行政主要关注企业化的运作方法，包括私营化、利用市场刺激和严格的组织效率标准等。但公共组织不应该也不必像企业那样来管理，它应像民主政府那样来管理。"[5] "现在有可能在公共组织的研究中确立这样的一致性，其途径是强调公共组织成员对追求

---

[1] Robert B. Denhardt, Janet V. Denhardt.The New Public Service: An Approach to Reform[J]. International Review of Public Administration, 2003, 8（1）: 3.

[2] Janet V. Denhardt, Robert B. Denhardt.The New Public Service: Serving, Not Steering[M]. New York: M.E. Sharpe, 2003: 26-27.

[3] Dwight Waldo.The Study of Public Administration[M].New York: Doubleday, 1955: 70.

[4] Robert B. Denhardt.Theories of Public Organization[M].Belmont, CA: Wadsworth Publishing Company, Inc, 2000: 17.

[5] 罗伯特 B 登哈特.公共组织理论[M].扶松劲, 丁力, 译.北京: 中国人民大学出版社, 2003: 6.

公开界定的社会价值中出现的变化进行管理。"[1]

核心观点。新公共服务的核心观点是民主、公民权和公共利益。登哈特夫妇（2001）发表文章 The New Public Service: Putting Democracy First，他们在文中写道："我们最近集中关注于新公共管理，已经使得我们的注意力转向市场和测量问题，然而最终评估管理绩效的最重要标准将是要求我们如何有效地使我们的工作增进公共利益。重要的是保持对法律和政治标准以及经济条件的关注，但是我们必须把以公民对话协商和公共利益为基础的公共服务的概念置于我们工作的中心，并充分结合公民对话协商和公众利益。我们应该把民主放在第一位。"[2] 公共政策的制定不能只以市场和经济标准为导向，更要考虑民主价值，并且要放在第一位。詹姆斯 L.派瑞（James L.Perry，2007）认为，新公共服务所具有的新特征将挑战美国的民主，因此他主张民主与新公共服务应当进行调和，化解矛盾，他提出了四点建议："重新激发和复兴公共行政中的公民意识和公益目的；改革机构以加强和扩大公民参与；改变公共服务的薪资结构；回归和加强公民教育。"[3] 关于公民权思想，登哈特夫妇（2003）认为，"一方面，作为公民，人们必须承担他们的居民区和社区发生的事情的个人责任。另一方面，政府工作人员必须乐意倾听公民的心声，并且把公民的需要和价值放在第一位。'公民第一！'的思想开始于顾客与公民的区别"。[4] 关于公共利益的观点，登哈特夫妇（2000）认为，公共利益是目标而非副产品。新公共服务的核心观点主张民主第一、公民首位和以公共利益为目标。

理论来源和基本原则。登哈特夫妇（2000）认为，新公共服务的理论来源和原则分别是："民主社会的公民权理论、社区与市民社会模型、组织人本主义和组织对话理论"和"服务于公民、而不是服务于顾客；追求公共利益；重视公民权胜过重视企业家精神；思考要具有战略性，行动要具有民主性；承认责任并不简单；服务，而不是掌舵；重视人，而不只是重视生产率"。[5]

（二）新公共服务的国内研究现状分析

我国学者对新公共服务的研究集中在理论介绍、比较研究、反思批判和实践应

---

[1] Robert B. Denhardt.Theories of Public Organization[M].Belmont，CA：Wadsworth Publishing Company，Inc，2000：201.

[2] Robert B. Denhardt，Janet V. Denhardt.The New Public Service：Putting Democracy First[J]. National Civil Review，2001，90（4）：399.

[3] James L，Perry. Democracy and the New Public Service[J]. The American Review of Public Administration，2007，37（1）：10-13.

[4] Robert B Denhardt，Janet V Denhardt.The New Public Service：An Approach to Reform[J]. International Review of Public Administration，2003，8（1）：8.

[5] Robert B. Denhardt，Janet V. Denhardt.The New Public Service：Serving Rather than Steering[J].Public Administration Review，2000，60（6）：549-557.

用四个方面,其中理论介绍主要是以翻译国外文献为主,集中表现在翻译登哈特夫妇的著作;比较研究集中在传统公共行政、新公共管理和新公共服务的比较或新公共管理与新公共服务的比较;反思批判表现为对新公共服务理论缺陷及现实困境方面;实践应用则是对我国改革实际的借鉴作用。

1. 他山之石:以登哈特为主的新公共服务

我国学者在借鉴西方新公共服务时,集中研究以登哈特为代表的新公共服务。正如丁煌(2004)在其译作《新公共服务:服务,而不是掌舵》中讲道:"新公共服务理论正是以美国著名公共行政学家罗伯特·登哈特为代表的一批公共行政学者基于对新公共管理理论的反思,特别是针对新公共管理理论之精髓的企业家政府理论缺陷的批判而建立的一种新的公共行政理论。'新公共服务'指的是关于公共行政在以公民为中心的治理系统中所扮演的角色的一套理念。"[1]江晓曦(2010)在其硕士学位论文《探析登哈特的新公共服务理论》中直接讲道:"新公共服务理论是美国行政学家登哈特在对新公共管理理论进行反思和批判的基础上建立的一种新的公共行政理论和范式。"[2]曾保根(2010)指出,"在各种批判的理论浪潮中,以罗伯特·登哈特为代表的一批公共行政学者针对新公共管理理论进行了理性批判,进而建立了一种崭新的公共行政理论——即新公共服务理论"。[3]他是在登哈特的新公共服务理论基础上进行"四位一体"的解构。李德国(2013)指出,"21世纪初,针对新公共管理运动的反思,美国学者登哈特夫妇提出一套'政府不仅输送顾客服务,还输送民主'的新公共服务理论,旨在唤醒公共服务的灵魂,重现那些被轰轰烈烈的新公共管理运动所遮掩的精神"。[4]

2. 比较研究:整合扬弃而非替代

我国学者在比较新公共管理与新公共服务时,认为新公共服务是对新公共管理的继承与超越,即扬弃,采取的是一种整合思维,结合两者,相辅相成,共同实现改善公共服务目标。李彦娅(2006)认为,"我们对新公共管理的成果是批判继承而不是抛弃……新公共管理的许多措施诸如市场化、顾客选择、战略管理、政策分析等,在加入公民精神、公共利益的考虑后,就能在原有效率的基础上实现更多的公平公正的价值目标"。[5]柯湘(2006)分析到:"总体来说,新公共服务与新公共管

---

[1] 珍妮特 V 登哈特,罗伯特 B 登哈特.新公共服务:服务,而不是掌舵[M].丁煌,译.北京:中国人民大学出版社,2010:8.

[2] 江晓曦.探析登哈特的新公共服务理论[D].长沙:湖南师范大学,2010:42.

[3] 曾保根.新公共服务理论的"四位一体"解构[J].学术论坛,2010,33(4):42-46.

[4] 李德国.走向实践的新公共服务:行动指南与前沿探索[J].国家行政学院学报,2013(3):103-108.

[5] 李彦娅.论新公共服务理论对新公共管理理论的传承与超越[J].四川行政学院学报,2006(4):5-8.

理是相生并存、相辅相成而非相克、非此即彼的关系。"[1]于伟（2007）认为，"如果能够从整合的角度出发，既注重新公共管理具体操作的工具效用和其所强调的效率和生产力等，又能够注重新公共服务理论倡导的民主、社区和公共利益等价值，那么一种良好的公共治理模式也许会在不久的将来出现在公共管理领域"。[2]张彩彩（2010）得出结论："通过以上对新公共管理理论和新公共服务理论关于政府的职能、政府回应的对象、理论的价值取向三个维度的比较，可以看出，两种理论各有其突出的贡献和合理性，又存在着各自的局限性和片面性，但我们更应该关注二者的互补性和融合性，而非独立性和替代性。"[3]她提出要将二者统一于尽可能为公民提供优质服务的最终目标。

3. 辩证思维：反思批判而不盲目

丁煌在翻译《新公共服务：服务，而不是掌舵》一书时告诫道："由于作者生长在一个社会制度、文化背景以及政治价值都与我国有很大差异的国度里，所以书中肯定有一些与我们的国情不太相符的内容，相信明智而耐心的读者能够以正确的态度加以鉴别、批判。"[4]的确，我国学者对待"舶来品"新公共服务是以反思、批判的眼光加以审视，并没有盲目推崇。

周义程（2006）指出，"通过搭建评价理论的标准，从研究对象、理论内容和理论形式三个方面对新公共服务理论进行了批判性学术解构，发现其存在以下不足：（1）研究选题所引发的研究目标的低层次性，即更多地停留在行动研究层次；（2）该理论对企业家政府理论存在诸多偏见或误解，在观点上与后者存在不少重复之处，其基本理念大多已被企业家政府理论推进到了操作层面；（3）从严格意义上说，新公共服务是一种假说而非理论；（4）新公共服务在理论形式上存在论证的不充分性、逻辑的不严密性和美学意义上的简洁性不够等缺陷"。[5]顾丽梅（2009）指出了新公共服务理论的五种迷失："（1）'服务'而不是'掌舵'的迷失——'服务与掌舵并重'；（2）公共利益与私利的迷失；（3）公共参与的迷失；（4）公民责任的迷失；（5）民主与效率的迷失。"[6]熊烨和褚艳（2013）从理论与实践两方面对新公共服务进

---

[1] 柯湘. 新公共服务与新公共管理：相生还是相克 [J]. 行政论坛，2006（4）：5-8.

[2] 于伟. 新公共管理与新公共服务理论的比较研究——整合的视角 [J]. 社科纵横，2007，22（11）：49-50.

[3] 张彩彩. 新公共管理理论与新公共服务理论的比较 [J]. 西安邮电学院学报，2010，15（4）：135-138.

[4] 珍妮特 V 登哈特，罗伯特 B 登哈特. 新公共服务：服务，而不是掌舵 [M]. 丁煌，译. 北京：中国人民大学出版社，2010：5，8.

[5] 周义程. 新公共服务理论的贫困 [J]. 中国行政管理，2006（12）：79-82.

[6] 顾丽梅. 美国新公共服务理论之反思 [J]. 中共浙江省委党校学报，2009，29（5）：42-48.

行反思，他们指出，"新公共服务理论的理论贫困是：（1）新公共服务理论只是一种价值转向，没有实现政治价值与效率价值的统一；（2）自然人与组织人的角色冲突挑战新公共服务理论的人性假设；（3）有意忽略政府政务官和公务员的区别，导致一种责任的悖论，新公共服务理论并不能成为一个独立完整严密创新的理论体系。新公共服务理论的现实困境是：（1）程序性的最小政府只是一种想象，政府不可能退出实体性事务；（2）公民社会内部的博弈缺乏有效的规约，会出现'丛林状态'，陷入自私的泥沼；（3）缺乏一个可以操作的组织结构和运作方式，新公共服务理论的现实指导意义十分有限"。[1]

4. 理论借鉴：指导实践多样化

我国学者借鉴新公共服务优越性指导我国改革实践可以分为以下几方面：服务型政府建设、社会改革、公务员改革等。在服务型政府建设方面，李松林（2010）认为，"登哈特的新公共服务理论有着丰富的内涵。该理论可以在政府价值取向、政府角色、政府核心力、治理过程等方面对我国服务型政府以有益启迪"。[2] 一般学者大都从政府价值取向、政府职能、政府与公众关系、政府职能转变、机构转型、绩效管理、审批制度、政府与社会组织和市场关系等方面借鉴新公共服务理论提供的理论参考。在创建和谐社会方面，彭未名、王乐夫（2007）认为，"新公共服务理论强调服务于公民、追求公共利益、重视公民权和人的价值，注重以公民为中心，这样一套公共行政理念为我们探讨和谐社会的构建提供了新的视角。依此，我们可以通过以下几种途径来构建和谐社会：强化政府社会管理和公共服务职能；创新民意表达机制；培育和发展社区及公民社会组织；增加公民参与政治和社会事务的机会；为社会的公平正义提供制度保障；强调公民精神和公民美德；注重促进人的心理和谐"。[3] 在公务员激励机制方面，王艳（2006）认为，"新公共服务在理论和实践上为公务员激励机制创新提供了新思路，并通过对观念和制度的改变，突破现有约束，促进公务员激励机制的创新"。[4] 她从观念、模式和制度方面论述了新公共服务理论对公务员激励机制创新提供的思路。

综上所述，我国学者以研究登哈特夫妇的新公共服务理论为主，在译著和评述方面都是基于登哈特夫妇的新公共服务，对于这一理论，我国学者采取的是一种理

---

[1] 熊烨，褚艳. 新公共服务理论：反思与批判 [J]. 河北科技大学学报（社会科学版），2013（1）：42-46.

[2] 李松林. 论新公共服务理论对我国建设服务型政府的启示 [J]. 理论月刊，2010（2）：88-90.

[3] 彭未名，王乐夫. 新公共服务理论对构建和谐社会的启示 [J]. 中国行政管理，2007（3）：42-44.

[4] 王艳. 新公共服务视野下我国公务员激励机制创新 [J]. 江西行政学院学报，2006，8（3）：17-19.

性的批判态度,一是进行比较研究,认为新公共服务是对新公共管理的超越,二是适用性研究,取其精华、去其糟粕,用新公共服务的优越性指导我国各方面改革,形成"新公共服务+"模式。

三、新公共服务的研究特点和发展趋势

(一)新公共服务的研究特点

新公共服务自从 2000 年引起广泛关注以来,国内外学者进行了大量深入的研究,笔者通过对新公共服务的研究现状进行系统梳理,总结如下研究特点。

第一,国内外研究过程的渐进性。从国外学者研究角度可以发现,新公共服务来自对现实困境的思考。新公共管理指导下的政府改革虽取得一定效果,但是对民主、公平等价值因素的忽视带来不少负面问题,我们应该重视公平与公正,正如罗尔斯所说:"正义是社会制度的首要价值,正像真理是思想体系的首要价值一样。一种理论,无论它多么精致和简洁,只要它不真实,就必须加以拒绝或修正;同样,某些法律和制度,不管它们如何有效率和有条理,只要它们不正义,就必须加以改造或废除。每个人都拥有一种基于正义的不可侵犯性,这种不可侵犯性即使以社会整体利益之名也不能逾越。"[1] 新公共服务正是带着呼吁人们关注价值因素的使命脱茧而出,因此,学者们最初对新公共服务的研究则是着力于研究它与新公共管理、旧公共服务的区别,使其摆脱传统的束缚,具有新的身份。之后,学者们开始致力于对新公共服务独立体系的构建,并用新公共服务的视角去关注实践,利用新公共服务的理念指导改革,并取得较好成果。正因如此,引起世界其他国家的关注,中国急需先进的理论指导中国改革,中国学者将这一新的理念引入国内,开始著作译介、理论介绍与比较研究,中国学者还结合本国国情对其进行反思批判和适用性分析,如杨政昌(2008)的《新公共服务理论及其在当代中国的适用性分析》一文。不仅如此,更多的学者致力于借鉴新公共服务的优越性去指导我国服务型政府构建,注重其实践价值。国内外学者的研究,经历了从实践中来、明确理论身份、完善理论体系、指导实践的渐进过程。

第二,国内研究人员的分散性。根据笔者检索关于"新公共服务"的文献发现,国内研究新公共服务的人员多半是在校研究生,他们大多是为了完成学校规定的科研任务而进行应景式的研究,并没有潜心长时间地研究与考察,也没有大量的成果。而且学者们关于这方面的成果量较少,每人独立发表的论文或著作很少,不超过五

---

[1] 约翰·罗尔斯.正义论[M].何怀宏,何包钢,廖申白,译.北京:中国社会科学出版社,1988:1.

篇，难以成为新公共服务国内研究的"专家"，进行新公共服务研究的人员较分散，不集中，难以理论创新。

第三，国内研究方法的单一性。在研究方法方面，国内学者大多运用定性研究的方法，文献或比较研究较多，理论介绍和诠释较多。定量分析法在新公共服务的研究中不常见，与实际案例相结合的情况近一年才出现，数量较少。同时，在比较研究方面，国内学者忽视了服务型政府、公共服务型政府和新公共服务的比较研究，三者界限的模糊性需要澄清。

总而言之，"存在着研究人员参差不齐，过多初步性、浅表性和应景性研究，理论创新不足及研究方法单一等不足。这些现象表明，我国新公共服务研究在理论创新、主题设定和方法运用等方面均有待突破"。[1]

（二）新公共服务研究的未来图景

事物的发展变化受到多种因素的影响，这就决定了在预测事物未来状态时要用综合分析的眼光去考察。新公共服务的发展与它所在的时代、社会、技术及其他相关领域是紧密相连并受之影响，一事物的发展是在与其他事物相互碰撞中前进的，因此，新公共服务研究的未来图景也是在与这些因素相互影响下形成的，而这种形成路径将是一种新公共服务的融合路径或模式。

第一，新公共服务研究取向：理论融合，相互促进。在前文的综述中笔者已经介绍到，我国学者认为新公共服务理论并非替代新公共管理理论，而是一种整合或扬弃。那么，随着社会发展，新公共服务理论还将与我国服务型政府理论相融合，服务型政府理论既借鉴西方先进理念又结合本国实践丰富发展。新公共服务理论还会与其他理论融合，如多元主义。新公共服务强调民主，但未来的社会主体是多元的，人们所追求的民主并非固定不变的，民主也是多元的民主，是针对不同主体而具有不同的民主，民主的内容与形式也是多元的。

第二，新公共服务的研究将与网络化社会相融合，以合作的方式提供服务。张康之认为，"从现实来看，后工业化已经造就了新的社会形态，在社会治理的意义上，已经呈现给我们多元治理主体并存的局面。从这一现实出发，我们需要建构的是一种合作治理模式"。[2] 在网络化社会中，主体的多元化需要我们以合作的方式来解决社会问题，同样，新公共服务的未来走向也将是以政府为主导的多元主体通过合作的方式提供公共服务。多元主体之所以合作是因为各主体资源及能力的局限性，无法利用自己单一的资源提供公共服务，必须借助其他主体资源，各个主体之间相

---

[1] 张丽. 我国新公共服务理论研究文献的统计分析 [J]. 辽宁行政学院学报，2011，13（6）：32-38，38.

[2] 张康之. 合作治理是社会治理变革的归宿 [J]. 社会科学研究，2012（3）：35-42.

互依赖。从作用方式方面看,未来的社会必将是合作的社会,而未来的公共服务也将是合作的服务。

第三,新公共服务的研究将与大数据相融合,为社会、公民提供公共云服务。"公共云服务利用信息技术打破行政层级束缚和避免本位主义,整合中央、省市县等地方政府资源和中央部委职能,通过中枢系统搜集、整饬和处理信息,促进地方公营机构与私营部门深入合作,及时为民众提供方便快捷的个性化服务,是新公共服务的战略发展方向。"[1] 随着互联网和大数据技术的发展,未来的信息化社会中,公共服务的供给主体必将利用大数据技术打造信息共享平台,整合各个部门的资源,为公民提供公共云服务,这将是个性化的、便捷式的公共服务。

第四,新公共服务的研究将与社会其他领域紧密结合,呈现出"新公共服务+"趋势,将突破公共行政领域,广泛应用于社会其他领域。"新公共服务+"就是利用新公共服务的理念,将新公共服务与传统领域或亟待改革的领域结合起来,注入传统领域新的思维,在新的领域创造一种新的生态。笔者在前文综述中论述到十多年来,我国学者将新公共服务与我国政治、社会改革相结合,在这些领域发挥着导向性作用,那么在未来,这种融合更加具体与细化,而且大有扩展到其他领域、深入社会各个角落之趋势。

总之,新公共服务研究的未来图景我们可以预见,这将是植根于特定时代背景下新公共服务的发展,这是一种融合的、多元的、合作的、广泛应用的新公共服务。

四、结语

新公共服务缘起于对新公共管理运动负面后果的反思,作为一种理论,它是对新公共管理理论的批判与扬弃并指导政府改革;作为一种治理模式,它为政府提供了一个新的治理结构或框架,综合了公共行政领域新兴的种种呼声与想法;作为一场公共行政领域的运动,它由美国扩展到世界其他国家,由公共行政领域延伸至政治及社会领域。国外学者对新公共服务的研究经历了实践反思与总结、比较研究、体系构建、实践应用的过程,新公共服务并不具有颠覆性、革命性的作用,只起到一种改良作用,国外学者正是利用新公共服务的理念为人们解决问题提供了一个新的视角。"马塞尔·普鲁斯特曾写道:'发现航程的真正之道,不在于去寻找新的土地,而在于用新的眼光去看待事物。'"[2] 国内学者对新公共服务的研究经历了理论引进与

---

[1] 蔡英辉. 公共云服务:新公共服务的未来图景[J]. 理论导刊,2013(1):47-49.
[2] 戴维·奥斯本,特德·盖布勒. 改革政府:企业家精神如何改革着公共部门[M]. 周敦仁,等译. 上海:上海译文出版社,2006:7.

阐释、比较研究、反思批判和指导实践过程，但是国内学者专门从事新公共服务研究的人员较少，而且研究方法较为单一，这就导致了对新公共服务缺乏理论创新。党的十八届五中全会提出："不断推进理论创新、制度创新、科技创新、文化创新等各方面创新，让创新贯穿党和国家一切工作，让创新在全社会蔚然成风。"[1] 要不断推进我国治理体系与治理能力现代化，就必须加大理论的创新，因此对新公共服务理论的研究，我国学者还应结合我国基本国情，把握时代特点，利用信息技术，坚持未来眼光，将其与我国多元化的社会、合作性的趋势、大数据技术、服务型政府理论相融合进行理论创新。

---

[1] 中国共产党第十八届中央委员会第五次全体会议公报 [EB/OL].（2015-10-29）. http：//news.xinhuanet.com/fortune/2015-10/29/c_1116983078.htm.

网络化治理理论及其研究进展[*]

网络化治理是西方公共治理理论兴起至今的重要理论分支，其产生和发展是为了解决新公共管理运动过分强调分权与效率的滥觞带来的公共部门碎片化和职责同构等乱象。网络化治理理论强调治理结构网络化、治理工具市场化和价值取向民主化，这些观点为公共部门、私营部门、第三部门和社会力量之间网络关系的构建、权力的平稳运行和还权于社会的实践提供了切实可行的参考途径。西方国家的公共服务体系已具备了显著的网络化特征，因此网络化治理的实践推动着网络化治理理论的迅猛发展。我国的公共服务供给也已初步体现出网络化特征，国内学者对于网络化治理理论的研究正逐步从译介阶段向本土化应用研究迈进。

网络化治理理论作为治理理论的重要组成部分，产生于20世纪末，是与"网络""网络组织"和"网络社会"等概念联系在一起的，最初运用于企业管理中，是指企业间利益相关者通过正式契约和隐含契约所构成的组织模式中的关系安排或企业内部股东、经理与员工之间的关系安排。随着公共管理内外部环境的复杂化和多样化，各种非政府组织和社会自治组织的涌现，网络化治理理论逐渐被公共管理学家引入公共管理领域。公共管理意义上的"网络化治理"产生于20世纪90年代，与新公共管理运动有很深的渊源，建立在对科层治理和新公共管理运动的批判和借鉴的基础上，网络化治理理论作为正在形成中的公共管理新范式的特征日益显著。

一、网络化治理理论的研究历史

（一）网络化治理理论的国外发展脉络

进入21世纪后，国外公共管理理论的最新发展都是围绕公共治理的相关理论展开的，由于处在初期发展阶段，众多欧美学者在研究初期并未提出明确的网络化治理理论框架，只是把公私部门间日益凸显的网络化关系这一特征作为研究重点加以关注，并对网络化治理的概念和基本特征等方面提出了不同维度的认识。

詹姆斯 N. 罗西瑙（James N. Rosenau）在《没有政府的治理》（2001）一书中首先对网络化治理下了一个较为明确的定义，即"这种治理为一系列活动领域里的管理机制，它是一种由共同目标支持的活动，活动的主体未必是政府，也无须完全依

---

[*] 与李亚鹏合作完成，并发表于《上海行政学院学报》2016年第4期，第103～111页，题目有变动。

靠国家的强制力来实现"。[1]

B. 盖伊·彼得斯（B. Guy Peters）在《政府未来的治理模式》（2001）一书中对传统行政模式进行了较为详细的研究，分析了各国政府探索全新的治理模式的必要性，把网络治理看作是与科层体制、市场及社群并存的一种治理结构或过程（政策网络），并且在各国的改革实践中总结出四种政府未来的治理模式：市场式政府、参与式政府、弹性化政府、解制型政府。[2]对每一种政府治理模式，作者都从问题、结构、管理、政策制定和公共利益五个方面进行了深入分析。

加里·斯托克（Gary Stoke）在2006年10月应邀访问浙江大学时作了《地方治理研究：范式、理论与启示》的报告，在文中他指出了治理理论兴起的背景，并指出网络理论、授权理论和社会解释理论作为当今主要治理理论的重要地位，提出了"网络是治理实践的主要形式"的论断。[3]

斯蒂芬·戈德史密斯（Stephen Goldsmith）和威廉 D. 埃格斯（William D.Eggers）在《网络化治理——公共部门的新形态》（2008）一书中，首先对网络化治理理论体系给出了较为完备系统的介绍，从网络化治理的定义到优劣势、网络设计框架和未来发展方向都给予了详细的阐释。

莱斯特 M. 萨拉蒙（Lester M. Salamon）和王浦劬合著的《政府向社会组织购买公共服务研究（中国与全球经验分析）》（2010）一书，对各国政府尤其是中国政府向社会购买公共服务的案例和经验进行深入透彻的剖析，在分析政府机制、社会机制和市场机制有机结合的同时指出了社会组织在承接力方面不足的原因以及政府方面的内部阻碍，[4]对于我国乃至世界范围内构建新型公共服务供给体系和城乡公共服务均等化均有重要的理论与实践意义。

（二）网络化治理理论的国内发展脉络

国内学者对治理理论的关注始于俞可平的《治理与善治》（2000）一书，该书通过对斯托克、杰索普和罗茨等国外学者以及自己关于治理理论最新成果的详细介绍，为我国公共管理领域学者研究治理理论提供了一定的理论基础。而作为治理理论重要分支的网络化治理理论，由于其契合了世界范围内提供公共服务过程中公私部门

---

[1] 詹姆斯 N 罗西瑙. 没有政府的治理 [M]. 张胜军，刘小林，等译. 南昌：江西人民出版社，2001：45.

[2] B 盖伊·彼得斯. 政府未来的治理模式 [M]. 吴爱国，夏宏图，译. 北京：中国人民大学出版社，2001：23.

[3] 引述自斯托克教授2006年10月21日在浙江大学所作"Local Governance Research：Paradigms, Theories and Implications"的演讲内容。

[4] 莱斯特·萨拉蒙，王浦劬. 政府向社会组织购买公共服务研究（中国与全球经验分析）[M]. 北京：北京大学出版社，2010：27-31.

界限日益模糊的大趋势，成为我国公共管理学者以及实践者关注的焦点。

张康之发表的《网络治理理论及其实践》（2010）对网络治理一词的由来进行了溯源，介绍了工商管理中的网络组织理论，并通过阐述科层治理的局限性分析了网络治理应用的必要性，紧接着他在全文的第二部分重点介绍了网络治理理论的内容（概念、特征、目的、定位和功能），在最后他引入英国和欧盟实行网络治理的实例，并提出了一些对于网络治理理论的批判性观点。[1]

朱立言发表的《网络化治理及其政府治理工具创新》（2010）介绍了网络化治理的理论基础（美国的多元主义和欧洲的统合主义）以及网络化治理的实践背景，并对网络化治理这一制度性工具作了详细分析，进而指明在我国政府治理中增加政策工具、重新定位政府管制并增加社会性管制、培育合作观念与建立信任机制、建立沟通机制和充分发挥行政指导作用的必然趋势。[2]

余志伟发表的《网络治理的理论基础研究综述》（2010）一文从经济学和工商管理的角度对网络治理理论产生的理论基础（交易成本理论、社会网络视角和资源基础观）进行了透彻的分析，对于公共管理视角下的网络化治理研究很有借鉴意义。[3]

龙献忠在《基于网络治理视角的社会管理创新》（2013）中对网络化治理与社会管理创新的内在联系、价值诉求和困境进行分析，并提出了在我国运用网络化治理理论进行社会管理创新的五方面要求。[4]

此外，陈振明、俞可平、王诗宗以及郑志龙等多位学者在其治理理论的研究过程中都对网络治理理论有所提及，主要是作为前沿理论进行介绍和分析。[5]在我国对公共管理理论重视程度日益加深的背景下，众多高等院校对公共管理学科的研究也不断跟进，已不仅限于对国内外公共管理基础理论进行梳理，而更多的是跟进公共管理理论在新时期的最新发展，并结合我国政府在社会治理中已经出现的网络化趋势加以研究。

（三）网络化治理理论的国内外发展脉络评价

总的看来，国内外对于网络化治理的研究已经初具规模，并在美国、英国、加拿大和澳大利亚等国家和欧盟、世界贸易组织、世界银行、国际货币基金组织等众多跨国组织的实践中得到很好的运用。但是作为正在形成中的理论，网络化治理在理论层面尚未形成一个统一的较为公认的规范性定义和研究框架。因此，对于已经

---

[1] 张康之，程倩. 网络治理理论及其实践 [J]. 新视野，2010（6）：36-39.

[2] 朱立言，刘兰华. 网络化治理及其政府治理工具创新 [J]. 江西社会科学，2010（5）：7-13.

[3] 余志伟，张保胜. 网络化治理的理论基础研究综述 [J]. 统计与决策，2010（23）：174-176.

[4] 龙献忠，蒲文芳. 基于网络治理视角的社会管理创新 [J]. 湖南社会科学，2013（6）：97-100.

[5] 陈振明. 公共管理学原理 [M]. 北京：中国人民大学出版社，2017：75.

出现或正在出现网络化治理趋势的社会治理模式变革进行研究和总结，尤其是对中国的地方行政体制改革中公共服务供给机制改革的相关研究就显得十分迫切，对于网络化治理理论自身的理论建构和实践经验的丰富也很有必要。

二、网络化治理理论的研究现状

（一）网络化治理理论的国外研究现状

国外学者对网络化治理理论的研究最早始于卡特（Kettle）在 *Sharing Power: Public Government and Private Markets*（1993）一书中对治理的定义，他认为，"治理就是政府与社会力量通过面对面的合作方式组成的网状管理系统"，[1] 某种意义上承认治理的结构应当是网络化的。瓦尔特（Walter）在 *Managing Complex Networks: Strategies for the Public Sector*（1997）中更加明确地指出，"作为治理的公共管理，遇到的主要挑战是处理网络状，即相互依存的环境，公共管理因而是一种网络管理"。[2] 进入21世纪后，随着新公共服务、整体性治理和数字化治理等理论的产生和发展，国外学者进一步解释并发展了网络化治理理论，并逐步形成了三类代表性的观点。

1. 网络化治理是取代官僚式治理的社会治理新模式

随着官僚式社会治理模式弊端的日益凸显，传统的权力线和层级制已不适应现代社会的治理模式，部分学者率先主张将网络化治理模式作为官僚式治理模式的替代模式来实现社会治理。

伊娃·索仑森（Eva Sorensen）在 *Democratic Theory and Network Governance*（2002）中指出，已经存在的社会治理模式和技术在过去30年间显著改变，我们已从官僚式治理时代转向网络化治理时代。她创造性地界定了四种网络管理的方式，即自我构建式的不介入方式、故事叙述式的不介入方式、支持与促进式的介入方式和参与式的介入方式，[3] 其中前两种不同于国家干预或者指令式的不介入方式的提出是对网络化治理理论的重要突破。伊娃·索仑森和雅各布·托风（Jacob Torfing）在 *Network Governance and Post-Liberal Democracy*（2005）中将治理网络定义为：在水平方向上的联结是相关的、稳定的并且相互依赖的，但是在运作中是相互自治的行动者们；

---

[1] D.Kettle.Sharing Power：Public Government and Private Markets[M].Washington：Brookings Institution，1993：22.

[2] Dr Walter J M Kickert，Erik Hans Klijn，Dr Joop F M Koppenjan. Managing Complex Networks：Strategies for the Public Sector[M].London：Sage Publications ltd，1997：3.

[3] Eva Sorensen.Democratic Theory and Network Governance[J].Administrative Theory & Praxis，2002，24（4）：693-720.

通过谈判相互作用；发生在一个管制的、规范的、认知的、理想的框架中；在某种意义上是自律的；在某些特殊的政策领域致力于公共目的的产出。他们还总结出四种不同类型的网络治理理论及其代表人物（见表1）。

表1　Four basic theories of network governance[1]

	Calculation	Culture
Conflict	Interdependence theory [Rhodes，1997a;Kichert，1993; Jessop，1995;1998]	Governmentality theory [Foucault，1991;Dean，1999; Rose&Miller，1992]
Coordination	Governability theory [Mayntz，1993;Scharpf，1994; Kooiman，1993]	Integration theory [March&Olsen，1995;Powell&Dihaggio， 1983;Scott，195]

其中，依赖性理论（Interdependence Theory）认为，治理网络是一种相互依赖者之间利益调节的内部组织机构；统治性理论（Governmentality Theory）把治理网络看作是越来越灵活的国家重塑自我管理行动者间自由行动的一种尝试；治理性理论（Governability Theory）认为治理网络是自治行动者之间通过不同谈判活动相互作用的一种水平协调；集成性理论（Integration Theory）认为治理网络是被普通规范和观念定义的聚集在社区中的相关行动者的制度化互动。

斯蒂芬·戈德史密斯和威廉 D.埃格斯合著的《网络化治理：公共部门的新形态》（2008）一书堪称网络化治理理论正式成为一门成体系的治理理论的代表作。"网络化治理象征着世界上改变公共部门形态的有影响的发展趋势正在合流，即非营利组织、营利组织等广泛参与到公共服务的供给中；改变传统的官僚制结构，采取横向协调，纵向减少层级的做法使行政管理序列变得更为扁平化，提供更为整体化的公共服务；利用网络化技术减少合作伙伴间的合作成本，促使网络化组织模式的发展并有效地管理公私合作网络，从而在多元服务需求和多用户服务管理的基础上建立互动和倾向于网络化运行的服务模式。"[2]此外，该著作还介绍了网络化治理的优势（专门性、创新性、迅捷性、灵活性和扩大的影响力）和面临的挑战（目标分歧、变形的监督管理、沟通灾难、分割式协调、数据不足和劣质标杆能力不足、管理竞争与合作之间的紧张关系），并在如何设计合作网络、提升网络化治理的能力以及对网络化治理未来发展方向作了展望。这本著作的独特之处在于它的系统性和全面性，为网络化治理理论的研究提出了一个科学的研究框架，对全球一体化背景下各国公共管理理论和实践的发展具有十分重要的启示和借鉴意义。

---

[1] Eva Sorensen，Jacob Torfing.Network Governance and Post-Liberal Democracy[J]. Administrative Theory & Praxis，2005，27（2）：197-237.

[2] 斯蒂芬·戈德史密斯，威廉 D 埃格斯.网络化治理——公共部门的新形态[M].孙迎春，译.北京：北京大学出版社，2008：5.

2. 网络化治理存在理念和目标上的危机

关于网络化治理强调的主体间的实质平等关系和较高层次的公私合作，不可避免地面临着治理失败的风险，即重新部门化和碎片化带来公共性缺失和权责划分困境等问题。

彼得·伯加松（Peter Bogason）和朱丽特·米索（Juliet A.Musso）在 *The Democratic Prospect of Network Governance*（2006）中通过对网络的政策制定和实施的转变带来的民主化含义进行研究，从治理网络的承诺和危险、延伸的自由民主中的网络治理、未来研究的总结和方向三部分进行阐释。"网络治理因为将社会参与考虑在治理网络内，开阔了治理网络的研究视野，将会产生更加民主的治理网络。而尽管网络治理有倡导自由、提升公共服务提供的灵活性和回应性的潜力，但它同样导致了如公平、责任性、权力的滥用、民主合法性之类的严重问题。未来的网络治理应更多考虑民主理论的核心观念，如平等、责任性和公民权等。"[1]

英格·温克勒（Ingo Winkler）在 *Network Governance Between Individual and Collective Goals: Qualitative Evidence from Six Networks*（2006）中认为，在网络领导能力中明确目标的缺失是一个很重要的方面，常规或非常规的网络治理机制都会被用来解释不同的冲突类型。这篇文章辨明了目标冲突的主要类型（见表2），并从网络协调者、联结的决策制定、共享的观念和个人间的关系几个方面提供了在一个内部稳定的合作中如何处理这种冲突的建议。[2]

表2 Governance Mechanisms and Types of Conflicts

	Network Coordinator	Formal and Informal rules of joint decision making	Shared understanding	Personal relations
Conflicts between common and individual goals	Formulate and promote joint goals	Commit to Joint goals	Integrate and direct toward joint goals	integrate
Conflicts between individual goal of different network members	Coordinate day to day		reduce	Eliminate reservation
Conflicts because of changing goals	(re-) integrate and (re-) orientate	Obligate to joint goals	Reduce or enforce	Help to understand and to sort out

---

[1] Peter Bogason, Juliet A.Musso.The Democratic Prospect of Network Governance[J].American Review of Public Administration，2006，36（1）：3-18.

[2] Ingo Winkler.Network Governance Between Individual and Collective Goals：Qualitative Evidence from Six Networks[J].Journal of Leadership and Organization Studies，2006，12（3）：119-134.

（二）网络化治理理论的国内研究现状

国内对网络化治理理论的研究主要集中在理论引进和介绍阶段，由于专业背景和研究视角的不同，学者们对网络化治理理论的理解和阐释也不尽相同，主要可以分为以下几个方向。

1. 治理就是网络化治理

国内一些学者认为当代治理理论的核心就是网络化治理，与当代社会治理结构的网络化发展趋势相符合。

鄞益奋在《网络治理：公共管理的新框架》（2007）中指出，网络治理无论在理论主张、治理结构和机制方面都与传统的市场（自愿）和科层（强制）的治理模式不同，因此网络治理是公共管理的一种新框架。"网络治理的核心思想在于没有任何国家或者社会一方的行动者能够单方面地决定公共政策过程和治理过程，这些行动者需要形成合作关系，实现资源组合的优化，最终达成社会善治。"在他看来，在对网络的阐释明晰后，如何形成有效的合作机制，促进结点间的协调、互动，形成结点间的信任，促成非市场非科层制的有效合作关系，是网络治理的主要研究内容。

陈振明在《公共管理学原理》（2013）一书中明确提出，治理理论有三种研究途径，即政府管理的途径、公民社会的途径和合作网络的途径。治理就是对合作网络的管理，又可称为网络管理或网络治理，指的是为了实现与增进公共利益，政府部门和非政府部门（私营部门、第三部门或公民个人）等众多公共行动主体彼此合作，在相互依存的环境中分享公共权力，共同管理公共事务的过程。他认为，之所以将现代意义上的治理等同于网络化治理，是因为网络化治理理论强调的合作网络途径既考虑了政府层面也考虑了非政府层面关于治理的用法，对当代公共管理的环境变迁及其发展趋势具有很强的解释能力，大有成为主导范式的趋势。

2. 网络化治理催生出新的政府治理工具

部分学者认为应当放下对网络化治理理论"地位"的争论，而将研究重心转向关注网络化治理带来的全新政府治理工具，如市场化机制、基层服务中心和网格化管理。

朱立言在《网络化治理及其政府治理工具创新》（2010）中指出，在网络治理模式下，网络作为现代治理的模式，其本身属于治理的制度性工具，本身即为治理工具的选择对象；另一方面，网络作为政府在内的治理行动者之间的制度化关系，其特性决定着治理工具的特性。在公共服务型政府的建设过程中，政策性治理工具的增加成为必然趋势，政府管制工具也应从经济管制为主向社会管制为主发展，而为了保证这些目标的实现必须在治理主体间培养合作观念并建立信任、沟通机制。

龙献忠和蒲文芳在《基于网络治理视角的社会管理创新》（2013）中提出，"（政府主导的）社会管理是一个网络化系统，这个系统由多元的主体构成，每个主体都是社会管理体系的一个节点,都分别发挥着不同的功能和作用。在以多维度和相互依赖为特征的社会管理网络中,每个主体独自完成某项任务是几乎不可能的,都需要其他主体的支持。因此,在多元化主体互动中达成网络化的合作机制,以实现各方共赢是社会管理网络体系的最终目标"。

因此,网络化治理强调的多元主体之间的合作和协调对于推进政府主导的社会管理的民主化和质量的提高效果明显,社会治理工具也会逐渐体现出网络化和民主化特征。

刘波、王彬和姚引良在《网络治理与地方政府的社会管理创新》(2013)中以延安市为例,对地方政府社会管理创新提出了新的方向。延安市以提升社会服务管理整体水平为目标,构建以政府为主导、社会力量广泛参与的治理网络。在实践中,延安市创新出市区(县)联动的社会服务管理体系,并且建立了街道(乡镇)社会服务管理中心、社区社会服务管理站和网格三级平台,形成一个政府主导、多主体参与的治理网络和覆盖城乡的网格化管理体系,将工作延伸到网格,聚集整合资源,实现了管理力量的全面覆盖和下沉。此外,综治委负责在全市所有乡镇和社区建立"440"服务中心,以网格化管理为基础,利用综合信息平台,为居民提供多元化、全方位服务。

总的来看,网格化管理旨在"通过对治理理念和价值目标的重新界定,对公民参与和社会自治元素的介入,对功能定位和运行机制的转变,构建一个以社会自治为基础,以公民及其需求为核心,以网格化综合服务管理系统为平台,以信息技术为手段的基层协同型社会治理系统,以加快实现社区治理能力的现代化"。

3. 网络化治理更多存在于企业管理领域

与公共部门相比,私营企业在体制和制度方面更具有灵活性和创新性,因此国内有些学者认为网络化治理更多存在于企业管理领域。

彭正银在《网络治理理论探析》(2002)中指出,网络治理是以企业间制度安排为核心的参与者间的关系安排,是环境变化和组织结构变迁的制度性反映,并根据琼斯的四重维度理念提出了网络治理的理论架构(见图1)。"需求不确定性、任务复杂性、人力资产专用性和交易频率构成了网络治理的四维交易环境,而社会关系的结构性嵌入则构成了网络治理机制的基础。互动与整合机制是网络治理两个重要的机制,它们在信息、资源、文化、信任、利益与风险等多个层面上发挥作用。网络治理的基本目标是协调,即参与者在战略、决策与行动上进行沟通,保持合作的有效性。而网络治理的另一个重要目标是维护参与者作为竞争者的交易与利益以及网络的整体功效与运作机能。"

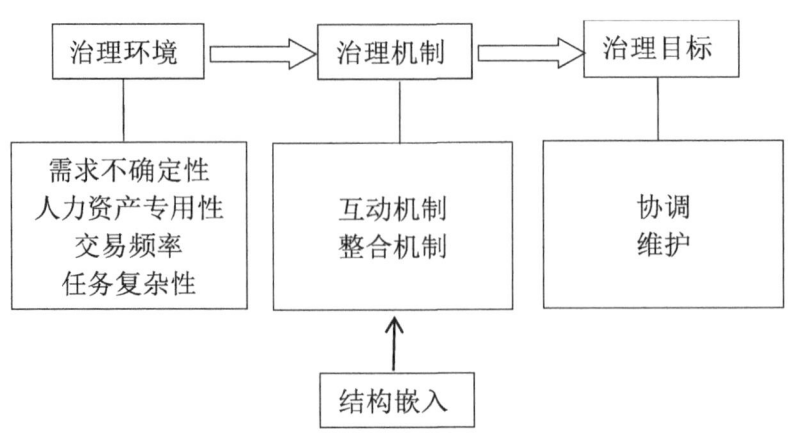

图 1　网络治理的理论架构[1]

余志伟和和张保胜在《网络治理的理论基础研究综述》(2010)中指出，网络治理的理论基础可以归结为交易成本理论、社会网络理论和资源基础观三个方面的研究。交易成本理论主要研究介于层级组织和市场之间的企业间网络交易成本的降低问题，社会网络理论研究的是任务复杂性引起的社会机制的多元结构性嵌入，资源基础观则寻求网络中资源的互补和共享以及网络整体竞争能力的提升。网络治理的理论基础说明，网络治理有两个主要的目的：第一是实现交易成本的最小化并增进整体利益，实现方式是各主体间协调和社会机制结构性嵌入；第二是增进网络的整体竞争实力，主要方式是网络中资源的互补与共享。[2]

（三）网络化治理理论与相关理论的比较

作为后新公共管理主要理论之一，有必要将网络化治理与整体性治理和数字化治理等理论进行横向的比较。这样不仅能明确三大理论之间的联系和区别，便于理论研究者和实践应用者的选择性研究和应用，进而对网络化治理理论进行更深层次研究；而且理论之间的比较研究代表了学科发展的趋势和现状，能较为准确地反映出当代政治、经济和文化发展的一般状况，具有很强的时代意义，对于相关学科的研究也有很重要的参考价值。

刘波、王力立和姚引良在《整体性治理和网络治理的比较研究》(2011)中对整体性治理理论和网络化治理理论进行了比较研究，他们认为两大理论都是基于网络化的组织基础，通过下放权力和各种契约形式高效回应公民需求，共同改变着公共服务提供的形式。两者间的主要区别存在于理论溯源、侧重点和研究层次方面，即整体性治理理论的理论基础是整体主义和新公共服务理论，网络化治理理论则是基

---

[1] 彭正银. 网络治理理论探析 [J]. 中国软科学，2002（3）：50-54.

[2] 余志伟，张保胜. 网络治理的理论基础研究综述 [J]. 统计与决策，2010（23）：174-176.

于制度经济学、管理学的系统和自组织理论以及企业网络治理理论等相关理论发展起来的;整体性治理侧重于政府部门的"内修",即针对政府部门间的协调与整合问题提出了对策,而网络化治理主要关注政府和外部环境的"外联",但前提是政府部门内部发展已经能够适应市场化的公共服务提供机制;在研究层次上,整体性治理依然停留在理论分析和价值讨论阶段,而网络化治理不对价值判断作过多投入,专注于实践方案的设计和完善。因此,他们认为在我国提供公共服务的理论和实践研究中应提倡公共部门的"内外兼修",在强调技术重要性的同时更多关心价值判断。[1]

关于网络化治理、整体性治理和数字化治理三大治理理论之间的对比,韩兆柱和单婷婷的《网络化治理、整体性治理和数字治理理论的比较研究》(2015)一文作出了较为详细的介绍。他们认为,"三大治理理论都是源于相同的时代背景,尽管对于新公共管理理论的态度、根植的理论基础和对待治理中权力结构重塑的侧重点有所不同,但是这三大理论在面向回应公民需求和结果导向等方面又实现了目标的高度一致"。[2] 因此三大理论之间是相互补充、借鉴和升华的关系,最终都是为实现社会善治目标服务的。

(四)网络化治理理论国内外研究现状的评价

公共管理理论自产生发展至今,终究是在公平和效率两大价值取向之间试图取得平衡,而这一取向偏向何处取决于公共管理活动所处的环境状况。作为后新公共管理理论的代表之一,网络化治理理论在对新公共管理理论和公共选择理论进行批判的基础上试图与其他治理理论相区别,并建构起自身的理论框架。国内外学者从不同的专业视角和国情出发,对网络化治理理论加以解释和完善。既指出了网络化治理理论与其他治理理论的不同之处和现实适用性,同时也明确指出了网络化治理理论进一步发展面临的危机和挑战,并提出了相应的解决措施,有力地推动了网络化治理理论的发展。

三、网络化治理理论研究的特点和发展趋势

(一)网络化治理理论的研究特点

1. 国内外对网络化治理理论的重视程度不同

网络化治理是在西方新公共管理运动之后出现的,目的是解决西方国家在政府再造过程中出现的部门化和碎片化现象,具有很强的针对性。因此,西方学者和改革实

---

[1] 刘波,王力立,姚引良. 整体性治理与网络治理的比较研究 [J]. 经济社会体制比较,2011(5):134-140.

[2] 韩兆柱,单婷婷. 网络化治理、整体性治理和数字治理理论的比较研究 [J]. 学习论坛,2015,31(7):44-49.

践家对网络化治理理论的研究颇为重视。而我国国内由于政府主导的社会治理模式仍未出现彻底的变革，只是处于社会力量的逐步有限介入阶段，因此对于网络化治理理论的引入和重视程度远远不够，在实践中公私合作的网络化程度也是有限的。

2. 研究方法偏实证研究而非规范研究

不同于新公共管理运动后出现的整体性治理理论和新公共服务理论等公共管理理论，网络化治理理论源于实践中公共服务的多元供给模式，而不仅仅是在理论层面的探讨研究中得出的，因此具有很强的实践性。[1] 公共管理理论体系发展至今，无论是在体系构建还是理论流派发展方面，一直在公平和效率之间摇摆。而网络化治理理论侧重于实证研究发展出的观点不单单强调两者中的任意一方，而是针对现有治理模式中的困境提出措施，突破了纯粹的形而上的理论建构方式，具有很强的实证性和可行性。

3. 网络化治理理论与相关治理理论的比较研究不足

进入 21 世纪以来，公共管理理论发展呈现出统一而又分散的趋势。由于信息技术和公民社会的发展，私营部门和第三部门以及公民等社会力量参与到社会治理中的趋势已不可忽视，因此众多公共管理理论都将跨界治理或者说协同治理作为当代治理理论的重要特征之一，这就体现出当代公共管理理论在治理主体方面的认识上具有高度的统一性。但是由于理论基础和研究视角的不同，同为应对新公共管理运动"后遗症"的整体性治理、网络化治理、数字化治理和公共价值理论等在研究对象、理论基础和基本主张等方面都存在很多不同之处。比较研究作为社会科学研究的主要研究方法之一，无论在研究过程还是研究目的方面都能够对公共管理理论的发展作出建设性的贡献。但是由于这些新兴理论的内涵和外延尚未在学界达成普遍的共识，对于这些理论之间的比较研究就显得十分缺乏。

（二）网络化治理理论的未来之路

关于网络化治理理论的未来之路，斯蒂芬·戈德史密斯和威廉 D. 埃格斯（2008）认为，未来的网络化治理原则应包括："较少关注项目，较多关注公共价值；不要在难懂的条文中迷失方向；金钱是组建网络的一种工具，但不是唯一的工具；完美是良好的敌人；开发一系列核心的能力；在减员的同时增员。"[2] 这些原则看似简单，但却从公共价值和治理工具等层面对网络化治理的未来发展指明了方向，有类似于"改革政府十项原则"般的前瞻性。

工业化过程推动了官僚制度的发展，官僚制度适用的管理或统治模式对应的是

---

[1] 孙健，张智瀛.网络化治理：研究视角及进路 [J]. 中国行政管理，2014（8）：72-75.

[2] 斯蒂芬·戈德史密斯，威廉 D 埃格斯.网络化治理：公共部门的新形态[M].孙迎春，译.北京：北京大学出版社，2008：155.

工业化国家或工业化进程中的政府模式；而在后工业化国家或信息化国家官僚制度必然有其不适应之处，灵活、机动、去除管制的治理理论等后现代主义理论便大行其道。[1] 笔者认为，尽管国情不同，理论根植的经济基础和政治环境不同，但世界范围内公私领域界限的模糊和公私合作的蓬勃发展代表着一种网络化趋势，即政府将不再是管制型或者无所作为的公共部门，而是公私合作网络的主要参与者和引导者，这样一种网络化的关系必将成为公私部门合作的重要形式。"大政府，小社会"和"小政府，大社会"都不足以描述这种社会治理形态，现代化治理的最终目标是"推动社会组织和公民社会的发展，提高全社会参与社会管理的主人公意识，形成强政府、大社会的新型政府与社会关系"。[2]

四、结论

网络化治理作为治理理论的最新发展，与整体性治理、数字化治理等治理理论源于相同的时代背景，尽管在治理结构和权力结构等方面的研究侧重点存在差异，但网络化治理的实现必须以政府部门间整体性治理的实现为前提，并将数字化治理提倡的数字化工具贯穿其中。这三大理论在互相借鉴和批判中发展，逐渐明晰自身的理论界限，在推动公共服务供给机制多元化的同时不断促进公共治理范式的形成与完善。

---

[1] 翁士洪. 整体性治理模式的兴起——整体性治理在英国政府治理中的理论与实践 [J]. 上海行政学院学报, 2010（2）: 51-58.

[2] 刘波, 王彬, 姚引良. 网络治理与地方政府社会管理创新 [J]. 中国行政管理, 2013（12）: 89-93.

整体性治理理论及其研究进展 *

整体性治理是基于对新公共管理模式下的功能碎片化和服务裂解性进行反思和修正的基础上逐渐形成的一种全新的治理模式,主张以满足公民需求为治理导向,以信息技术为治理工具,将协调、整合和责任作为治理策略,促进各种治理主体的协调一致,以实现整体性政府组织运作模式。尽管整体性治理在各国的发展程度不一,但国内外学者对理论和实践的不断完善和探索,为世界各国的政府改革实践带来了新的转机和新的希望。

整体性治理(Holistic Governance)理论是在反思和弥补新公共管理导致的部门化、碎片化和裂解性问题的基础上逐渐形成的一种全新治理理论,其代表人物是英国学者佩里·希克斯(Perri 6)和帕特里克·邓利维(Patrick Dunleavy)。整体性治理理论主张通过有效的协调和整合,以实现各种治理主体之间政策目标和手段的一致性和政策执行的连贯性,减少执行资源的浪费,满足公民的需求,达到透明化、整合化的无缝隙治理行动。整体性治理理论发展至今仅有十余年,但该理论已深刻影响到英国、加拿大、澳大利亚等国家的公共管理实践,而其在国内的研究亦由理论译介阶段正逐步转向实践应用的探索性研究,并得到诸多专家学者的认可。对整体性治理理论的国内外研究现状进行系统梳理,一方面有利于推动整体性治理理论的本土化发展,另一方面也有利于摆脱政府组织治理过程中服务裂解性和功能碎片化的困境,促进包容性和整合性公共部门运行模式的构建。

一、整体性治理理论的研究历程

整体性治理理论是 20 世纪末发展而来的一种新兴的治理理论,作为西方公共治理的前沿理论之一,它的提出是为了解决新公共管理治理过程中的机构化和功能化行为所导致的部门碎片化,以及由此所造成的分散化、政策制定与执行的复杂化和部门协调困难等难题,以期达到政府内部的整体性运作和治理成效,最终实现善治的目的。整体性治理理论发展至今,国内外学者已对整体性治理的理论阐释与框架构建进行了全面深入的分析探讨,近年来则逐步转向对整体性治理应用层面的研究。

(一)整体性治理理论的国外发展

整体性治理理论的形成和发展并非一蹴而就,而是有其演进过程的。按其研究

---

* 与张丹丹合作完成,并发表于《燕山大学学报(哲学社会科学版)》2017 年第 1 期,第 39~48 页,题目有变动。

历程，整体性治理可以划分为理念的倡导、策略的提出和理论的进一步深化三个阶段，这三个阶段体现了其治理模式的各个组成部分和发展状况。整体性治理 Holistic Government 的概念最早是 1990 年由英国约克大学的安德鲁·邓西尔（Andrew Dunsire）提出，随后由英国学者佩里·希克斯在 Holistic Government（1997）一书中进行了系统论证，这一阶段主要是对整体性这一革命性理念的提出和倡导。在这本著作中，希克斯分析了整体性政府产生的历史背景及其目标，指出了大量社会问题的出现和日益严重化的根源在于政府组织内部的过度分化隔离与协调性缺失，并针对这一问题指明了全新的组织再造方向。1999 年，希克斯与其他学者合著出版了 Governing in the Round Strategies for Holistic Government，这本著作提出了整体性政府的实践策略，是理论演进的第二个阶段。在此书中，希克斯等人认为贫乏的协调是造成新公共管理的政策执行的浪费和政策不连贯的主因，指出整体性政府的提出与困扰公民的联合性的问题以及过度的功能分工而导致的碎片化治理有关，并借此提出整合的途径和方法，剖析了潜在障碍、执行资源和发动的策略等。第三个阶段是整体性治理理论的深化阶段，此阶段以希克斯等人出版的 Towards Holistic Governance: the New Reform Agenda（2002）一书为标志，该著作内容可分为对整体性治理相关理论层面和实践层面的研究，对整体性治理的运行阶段、组织间信任关系、电子化政府、制度化以及协调等方面进行了更深层次的探讨。

其后，国外众多学者展开了对整体性治理理论的研究，关于整体性治理的研究著作和理论探讨如雨后春笋般大量问世。澳大利亚的学者彼得·威尔金斯（Peter Wilkins）在 2002 年探讨了整体性治理的必要性与可行性。荷兰鹿特丹伊拉斯谟大学的克里斯多夫·波利特（Christopher Pollit）在 Joined-up Government a Survey（2003）一文中提出了 Joined-up Government（JUG）的治理范式，并将其定义为通过横向和纵向协调的思想与行动以实现预期利益的公共部门治理模式，具体包括："消除不同政策之间的矛盾，以增加政策的效力；整合稀缺资源；增进某一政策领域中不同利益主体的协作；为顾客提供无缝隙而非分离的服务。"[1] 根据波利特的观点，整体性治理既涵盖决策和执行两个层面的整体性范畴，也包括横向和纵向两个维度的合作与协调，其改革的实施对象可以是一级地方政府，也可以是某一具体的政府部门，甚至可以是一个特定的项目小组。作为整体性治理的另一权威人物，英国学者帕特里克·邓利维在其 Digital Era Governance: IT Corporations, the State, and E-Government（2006）一书中断言新公共管理已寿终正寝，并为整体性治理所取代。文章分析了新公共管理的风险，指出了数字时代的到来，着重强调整体性治理中重新整合的重

---

[1] Christopher Pollitt.Joined-up Government：A Survey[J]. Political Studies Review，2003（1）：34-39.

要性,并将其作为对新公共管理的对立回答。邓利维倡导重新整合涉及的内容包括逆部门化和碎片化、大部门式治理、重新政府化、恢复和加强中央过程、极大地压缩行政成本、集中采购、专业化和网络简化等。澳大利亚拉筹伯大学学者苏珊·杨(Suzanne Young)和 Vijaya Thyil 出版的 *A Holistic Model of Corporate Governance: A New Research Framework*(2008)一书中建立了合作政府的新模式,强调内部合并和治理的整体性。

综上所述,整体性治理理论在国外学者的不断研究和更新中,正逐步得以完善,不仅在研究广度上有所突破,在研究深度上也日渐深厚,使该理论作为治理工具的巨大价值得到发挥,巩固了其作为当代治理理论的重要地位。值得一提的是,近年来,国外学者对整体性治理理论的研究倾向开始转向应用实践方面,这在相当程度上为国家公共管理的改革实践提供了潜在价值的理论指导和现实借鉴意义,也为我国学者科学深入地开展整体性治理的理论研究和实践探索工作指明了方向。

(二)整体性治理理论的国内发展

我国行政学界对整体性治理理论的研究起步较晚,理论研究初期,国内学者更多的是对这一全新理论的诠释和解析,研究工作停留在译介阶段。国内对整体性治理理论的研究最早可追溯到台湾学者彭锦鹏的《全观型治理:理论与制度化策略》(2005)一文。该文重点介绍了整体性治理理论,并且基于佩里·希克斯的基本主张提出了制度化建设的三个策略:基础设施建设、整合组织的建立以及新型文官体系。周志忍在《公共管理经典与前沿译丛》(2008)首发系列的序言中指出,整体性治理是一个大概念,关联词汇包括"网络化治理"(Government by Network)、"协同政府"(Joined-up Government)、"水平化管理"(Horizontal Management)、"跨部门协作"(Cross-agency Collaboration),等等,并且分析了其共同点都是强调制度化和有效的跨界合作,但也明确指出每个词汇的内涵和着眼点是有所区别的。同年,复旦大学的竺乾威在《从新公共管理到整体性治理》一文中分析了整体性治理产生的背景,并对整体性治理理论的主要观点进行了较为详细的介绍和客观的评价。曾凡军在《由竞争治理到整体性治理》(2009)一文中对从竞争治理到整体性治理的治理模式的变迁进行了分析总结,指出这一理论的跨越不仅是理论工具的理性变迁,也是政府治理理念的重塑,极大地深化和提升了治理理论的理论内涵和实践意指。随后,曾凡军和韦彬在《后公共治理理论:作为一种新趋向的整体性治理》(2010)一文中对整体性治理理论进行了定位,分析了其产生动因、内在要义、主要内容和基本目标,并指出整体性治理是未来公共治理发展的新趋势。

韩兆柱和杨洋在《新公共管理、无缝隙政府和整体性治理的范式比较》(2012)一文中对三种管理范式进行了系统的对比分析,清晰地呈现出整体性治理的理论优势。随后,他们在《整体性治理理论及应用研究》(2013)一文中对整体性治理的概念和研究现状进行了梳理，并对理论的应用价值和未来发展进行了创造性的描述分析。此外，韩兆柱和单婷婷在《基于整体性治理构建京津冀府际关系协调模式》（2014）一文中详细分析了整体性治理理论对于构建京津冀府际关系的现实指导意义，基于整体性治理分别从组织机构协调、制度协调和技术协调三方面对协调京津冀府际关系进行了论述。之后，二人又在《网络化治理、整体性治理和数字化治理理论的比较研究》（2015）一文中对当代三大治理理论的异同之处进行了对比研究，并针对三种治理理论的未来发展作了简要评析。

综上所述，我国学者对整体性治理理论的研究从最初的理论译介阶段逐步转向将这一理论作为分析工具来解析实际问题的应用性研究阶段，这反映了我国对整体性治理理论的研究工作正在趋于成熟并朝向本土化发展，为我国公共部门改革的实践活动提供了理论依据。

二、整体性治理理论的研究现状

（一）整体性治理理论的国外研究现状

整体性治理作为西方公共治理的前沿理论之一，与网络治理、数字治理并称为后新公共管理时期三大主流治理理论。"整体性治理是相对于传统官僚型行政而言的一种行政典范的转移，是行政学的第三个典范，是21世纪行政典范的首次转移。"[1] 整体性治理理论的出现与发展对西方国家公共部门的改革产生了深远影响，英、美等国在政府改革中都不同程度地采用了整体性治理理论的理念和模式，并取得了可喜成效。笔者将对整体性治理理论的国外研究现状从理论诠释和实践应用两个层面进行梳理，从而更加清晰地展现该理论的研究现状。

1. 整体性治理理论诠释

安德鲁·邓西尔（1990）首次提出整体性治理（Holistic Governance）的概念，在其发表的 Holistic Governance 一文中，主要围绕控制理论和撒切尔主义展开论述，分别阐述了执行与控制的关系、合作的概念和现代公共管理的范式转移，而对于整体性治理的相关内容涉及较少，理论尚未成型。

佩里·希克斯（1997，1999，2002）是整体性治理理论的代表人物，对整体性治理理论进行了详细论证，奠定了整体性治理的理论基础。希克斯（2002）将整体性治理定义为："整体性治理就是政府机构组织间通过充分沟通与合作，形成有效的整合与协调，彼此政策目标一致且连续，政策执行手段相互强化，达到合作无间的

---

[1] 彭锦鹏. 全观型治理：理论与制度化策略[J]. 政治科学论丛（台湾），2005（23）：61-100.

目标的治理行动。"[1] 希克斯将协调与整合作为整体性治理的重要主题和实现整体性治理的主要手段，并从组织架构与形态上，将整体性治理所涉及的整合内容分为治理层级的整合、治理功能的整合以及公私部门的整合三个方面。希克斯运用新涂尔干理论来诠释协调、整合与监督体制，"并佐以英国新工党改革作为研究实证成果，在对新公共管理的'分权''市场化''碎片化''部门主义'等议题的反思和批判基础上提出的一种解决各种棘手问题的新的理论体系"[2]。希克斯对整体性治理理论的诠释和完善以其著作为依据可分为三个阶段，整体性治理理论的发展也经历了由理念的倡导、策略的提出和理论的进一步深化三个阶段。随着时间的推移，希克斯对整体性治理理论的诠释与框架的建构也逐渐成熟和深入，不管是对问题层次的关注，对问题焦点的解析还是研究问题的广深程度都日渐拓展和深化，使理论的完整性和精确度都达到了较高的水准。帕特里克·邓利维是整体性治理理论的另一代表性人物，他（2006）认为整体性治理理论需要重视重新整合，其主张是在希克斯的整体性治理和重新整合的基础上增加数字化变革。在邓利维看来，整体性治理必须加强信息技术的整合，实现网络简化和"一站式"服务，并将这一主张作为对新公共管理的对立的回应。在邓利维的诠释中，数字时代治理的核心在于强调服务的重新整合，整体的、协同的决策方式以及电子行政运作广泛的数字化。[3] 邓利维主张将信息技术和网络技术作为治理手段并将其整合，从而建立一整套统一的中央数据库，实行在线治理模式以及政府部门行政工作的高度整合、透明的无缝隙服务。邓利维基于希克斯对整体性治理理论的拓展性研究完整了整体性治理的理论框架，其主张与希克斯的理论研究共同将公共治理引入新境界，从而大范围更新了行政学理论的立论基础。

2. 整体性治理理论的应用

英国布莱尔政府为应对公共服务的裂解化、政府机构人员膨胀以及经济低迷等多重挑战，以《现代化政府白皮书》（1997）的颁布为标志正式启动了协同政府改革。《现代化政府白皮书》为英国建设以协同政府为主题的现代化政府勾勒了战略框架，其反映出政府改革的基本目标就是整合公共管理的流程、重塑政府职能、实现政府跨部门合作以及为公民提供便捷的公共服务，同时将统一公共决策作为改革的首要目标，并为此着重开展"重组组织机构、成立综合性决策机构、为各部门设立绩效目标体系"[4] 的改革活动。布莱尔政府的协同政府改革扭转了英国政府"空心化"

---

[1] 叶璇. 整体性治理国内外研究综述 [J]. 当代经济，2012（6）：110-112.

[2] 曾凡军. 基于整体性治理的政府组织协调机制研究 [M]. 武汉：武汉大学出版社，2013：11.

[3] Patrick Dunleavy.Digital Era Governance：IT Corporations，the State，and E-Government[M]. Oxford University Press，2006：223.

[4] 马丽. 走向决策统一：英国的协同政府改革 [EB/OL].（2015-09-07）.http：//theory.people.com.cn/n/2015/0907/c40531-27551260.

的局面，如今整体性治理的协调、整合理念在英国的国家健康服务、社会服务以及其他公共服务中被广泛应用，克服了公共服务碎片化的弊端。Tom Ling（2002）在比较了加拿大、澳大利亚、荷兰、新西兰、瑞士、美国等国家的实践经验后指出了英国的协同型政府与新公共管理倡导的第三条道路之间的区别。基于此，Tom Ling 将整体政府运作划分为"内、外、上、下"四个维度，"内"是指组织内部合作，涉及组织文化和价值观、信息管理和培训；"外"是指组织外部联合，包括共有领导和预算、融合性结构以及联合的团队，服务提供涉及共同顾客需求和关注焦点，提供"一站式服务"[1]；"上"指对上承担责任，组织目标自上而下设定，即新的责任和激励机制；"下"指新的服务供给流程。[2]

费丽帕·拉塞尔（Philippa Russel，2003）对英国残疾儿童及其家庭进行了调查，指出残疾儿童及其家庭如果得不到跨部门的适当支持，将面临高度的被社会排斥的风险，为残疾儿童提供跨部门事务的、战略性的、协同的方法给其带来了鼓励性信息。[3] 帕特里克·伊森（Patrick Easen，2003）也对类似问题即英国儿童及其家庭与专业化运作的协同政府实践活动进行了探讨。[4]

马丁·洛奇（Martin Roche，2004）通过对无家可归者调查指出，服务分配与有着多元化需求的社会供给领域中其他公共服务之间存在相似性，即都需要协同运作。[5]

佩里·希克斯最早就是从协同运作对个人权利的收紧和个人隐私之间的冲突关系来阐述整体性治理的，并形成了一系列论文，比如在《英国的协同政府与隐私》（2005）系列文章中就进行了有关欧洲人权保护法强调个人隐私和英国协同政府方案中的新资料保护法要求公民与政府合作之间的冲突的研究分析，并借此得出结论：在协同政府形成的关系中，垂直维度比水平维度变得更为重要，但这种垂直维度的选择是潜在的不稳定的战略，实际中也正成为不稳定的战略。[6]

斯蒂芬·戈德史密斯（Stephen Goldsmith）和威廉 D. 埃格斯（William D.Eggers）

---

[1] Tom Ling. Delivering Joined-up Government in the UK：Dimensions，Issues and Problems[J]. Public Administration，2002，80（4）：615-642.

[2] 胡佳. 迈向整体性治理：政府改革的整体性策略及在中国的适用性[J]. 南京社会科学，2010（5）：46-51.

[3] Philippa Russel.Access and Achievement or Social Exclusion？ Are the Government' Polices Working for Disabled Children and Their Families？ [J].Children & Society，2003，27：215-225.

[4] Patrick Eason.Inter-Professional Collaboration and Conceptualisation of Practice[J].Children & Society，2003，14：355-367.

[5] Martin Roche.Complicated Problems. Complicated Solutions？ Homeless and Joined Up Policy Responses[J].Social Policy & Public Administration，2004，38（7）：758-774.

[6] Perri 6.Joined-up Government and Privacy in the United Kingdom Managing Tension Between Data Protection and Social Policy[J].Public Administration，2005，83（1）：111-133.

在《网络化治理：公共部门的新形态》（2008）一书中分析了澳大利亚政府的协同改革模式，其建立的"中央链接（Centrelink）将来自八个联邦政府部门和各个州与地区政府的各种社会服务集结在同一个屋檐下，目的是向公民提供跨越各种服务的一站式服务"[1]。美国在联邦和州级安全防御领域展开的联合行动、信息共享和机构合作能够避免恐怖分子的袭击和威胁。[2]

（二）整体性治理理论的国内研究现状

我国行政学界对整体性治理理论的研究起步于2005年，初期主要侧重理论的翻译和简评，其研究广度和认识深度都较为浅层化，对整体性治理理论的研究停留在译介阶段。近几年，随着对整体性治理理论的深入探索，国内学者对该理论的探讨和认知逐步开始转向实践应用领域，大胆地将整体性治理理论运用于我国社会多领域问题的分析，大大促进了整体性治理在我国的发展。

1. 整体性治理理论诠释

台湾学者彭锦鹏较早地对整体性治理理论进行了引介介绍，其曾在《全观型治理：理论与制度化策略》（2005）一文中对整体性治理理论给予了高度评价，认为该理论将会成为"21世纪有关政府治理的大型理论（grand theory），值得行政学者广泛加以研究"[3]。他对整体性治理理论进行了诠释和简评，同时指出在信息技术的发展和辅助下，整体性政府在技术上的可行性程度在提升，并针对公共部门的协调与整合涉及领域和内容的多元性，提出了三种实现整体性治理的改革策略："（1）运用资讯科技而形成的线上治理的模式；（2）整合型政府组织；（3）主动型文官体系。"[4]此外，他也预见性地指出这一理论的真正实行要以政治、经济和社会的一定发展为基础。

竺乾威在《从新公共管理到整体性治理》（2008）一文中对整体性治理理论的思想理念进行了简单介绍，引发了人们对此理论的关注。他分析了整体性治理理论产生的背景是新公共管理的衰微和信息技术的发展，即数字时代的来临。同时，他也系统概述了希克斯和邓利维关于整体性治理的主要思想主张并对其进行了客观评价。他指出，"在相当程度上，整体性治理是对新公共管理的一种修正，不同的治理方式来自对社会背景状况的理解，而整体性治理及其强调的信息技术在一定程度上是从技术的角度来理解的"。[5]此外，他对整体性治理的目标也有深刻理解，认为整体性

---

[1] 斯蒂芬·戈德史密斯，威廉 D 埃格斯.网络化治理：公共部门的新形态[M].孙迎春，译.北京：北京大学出版社，2008：15.

[2] 韩兆柱，杨洋.整体性治理理论研究及应用[J].教学与研究，2013（6）：80-86.

[3] 彭锦鹏.全观型治理：理论与制度化策略[J].政治科学论丛（台湾），2005（23）：61-100.

[4] 曾凡军.基于整体性治理的政府组织协调机制研究[M].武汉：武汉大学出版社，2013：12.

[5] 竺乾威.从新公共管理到整体性治理[J].中国行政管理，2008（10）：52-58.

运作的目标是实现政府部门功能的整合，以便能够高效率地处理公众最关心的诸多问题，而不是在各个机构和部门之间疲于奔命。

曾凡军在《由竞争治理迈向整体性治理》（2009）、《整体性治理：服务型政府的治理逻辑》（2010）以及《后公共治理理论：作为一种新趋向的整体性治理》（2010）等多篇文章中从不同维度对整体性治理的理念进行了引介和简评。他对整体性治理的动因系统与分析模型、理论内容和基本目标进行了详细阐释，将整体性治理的理论来源和内在要义进行了梳理，并结合我国的实际情况清晰论述了该理论对我国的借鉴意义和指导价值。他对整体性治理的发展前景给予了充分肯定，指出整体性治理是未来政府治理的新趋向，但同时也对该理论作出了理性评价："整体性治理理论是处于成长中的理论，还将面临来自多方面的巨大挑战，需要学术界进行广泛深入的理论研究和实践探索，其过程将具有长期性和争议性。"[1]

胡象明和唐波勇在《整体性治理：公共管理的新范式》（2010）一文中对整体性治理这一公共管理的前沿课题进行了研究和分析。他们通过对整体性治理理论的兴起背景、治理结构和治理机制的论述，清晰地向读者呈现出整体性治理的发展脉络和理论框架。他们认为，整体性治理理论的兴起不仅是对传统公共行政的衰落和新公共管理改革的"碎片化"的回应，还与当时西方国家的意识形态密不可分，是传统的合作理论和整体主义思维方式的一种复兴。他们通过对公共行政三种典范的多视角比较，对整体性治理理论的存在价值给予了高度评价，认为整体性治理是实现跨界合作的最高境界，并从治理机制的层面指出整体性治理的实现需要协调机制、整合机制和信任机制的培养和落实。除此之外，他们在文章中也指出了整体性治理推广实践的困境："技术提供了整体性治理的可能，问题是，无论在什么时候，科技本身只是一种工具，科技深受政治的影响而且由政治赋予其意义，信息技术的应用是在既定的价值体系和制度安排下达成目标的手段。因此，整体性治理最大的障碍可能还是来自政治系统自身的反对。"[2] 鉴于此，他们也理性地说明了整体性治理并不是灵丹妙药，它只是一种选择，而且它的建立和实现是需要很长时间的，"毕竟，新的整合技能、组织文化的变革和建立相互信任的关系都是需要耐心的，成功的改革机构应该更像园丁而非工程师或建筑师"[3]。

郭雪松、朱正威二人对跨域危机中整体性治理的组织协调问题进行了较为系统的研究，在其发表的《跨域危机整体性治理中的组织协调问题研究——基于组织间

---

[1] 曾凡军，韦彬. 后公共治理理论：作为一种新趋向的整体性治理[J]. 天津行政学院学报，2010，12（2）：59-64.

[2] Bogdanor.Joined-up Government[M].Oxford：Oxford University Press，2005：1-17.

[3] March J G，J P Olsen.Organizing Political Life[J].American Political Science Review，1983（2）：281-296.

网络视角》（2011）一文中，二人总结归纳了当前社会跨域危机的内涵及特点，并着重强调了跨域危机治理中所存在的"碎片化"问题，在此基础上，结合具体的案例对当前我国跨域危机的整体性治理的困境进行了分析，并得出不同组织在信息、资源整合存在的问题是造成上述问题的主因这一结论，并着重解析了二者的成因过程以及导致"中国式碎片化"的瓶颈所在。"在跨域危机应对过程中，决策所需信息、实施应对措施所需资源不是集中于某个主体内部，而是分散于多个隶属关系不同的主体，因此，如果组织协调问题未能有效解决，则治理过程中的'碎片化'问题就会凸显，进而影响治理的整体效果。"[1]文章不仅构建了跨域危机治理网络分析模型，而且针对识别和消除跨域危机治理的"碎片化"问题的实现对策及其可行性进行了探讨。"在危机处置过程中，剥离职能部门受理功能组成新业务受理中心，剥离职能部门任务派遣功能组成新业务指挥协调中心，进而形成统一的受理中心、综合指挥中心、监督中心和专业部门。"[2]这些部门可针对新的危机网络组织结构完成组织协调的相关工作。

韩兆柱和杨洋在《新公共管理、无缝隙政府和整体性治理的范式比较》（2012）一文中对三种治理模式进行了系统的对比分析，肯定了整体性治理理论在现实应用的可行性。随后，他们在《整体性治理理论研究及应用述评》（2013）一文中又着重对整体性治理的理念产生和发展过程进行了详细阐述，总结了理论的国内外研究现状，归纳出整体性治理是公共管理的新范式，并对其应用前景进行了前瞻性的探讨。他们指出，整体性治理理论是顺应公共改革的路径选择的革新性理论，符合"钟摆理论"的演进规律，"这种范式上的回归正说明了公共管理改革在摆动中螺旋式前进，不断探索实现更好、更快、更低成本的公共服务的方法"[3]。

谭学良（2014）基于整体性治理的视角对我国政府协调治理机制进行了研究，认为棘手难题与"碎片化"已然成为政府协同治理的对象。文章首先对政府协同的前提假设，即内耗冲突和分散隔离的现状进行了说明："整体性治理的前提假设在于存有大量整合性问题，即期望政府解决的问题不仅仅是如同政府组成方式那样是按照功能组织起来的；它们跨越部门边界，绝非单一部门机构所能解决。"[4]作者把关于此类内耗冲突和分散隔离问题的表述归为"棘手难题"，并认为这些难题普遍存在

---

[1] 郭雪松，朱正威.跨域危机整体性治理中的组织协调问题研究——基于组织间网络视角[J].公共管理学报，2011（4）：50-60.

[2] 郭雪松，朱正威.跨域危机整体性治理中的组织协调问题研究——基于组织间网络视角[J].公共管理学报，2011（4）：50-60.

[3] 韩兆柱，杨洋.整体性治理理论研究及应用[J].教学与研究，2013（6）：80-86.

[4] Perri 6，Diana Leat，Kinbery Selter，et al. Towards Holistic Governance：The New Reform Agenda[M].New York：Palgrave，2002：35.

于政府行政运作过程中。文章谈论了政府协同的总体改革思路和组织架构经验，他认为政府协同改革的"关键主题以及解决问题的策略在于更加整合的政府，即不同领域与功能间的水平化整合和衔接"[1]。作者将政府协同的运作模式分为政府内部不同组织机构间的协同模式和公私部门协同模式，并为两种不同的协同模式赋予了整合与限制横纵轴系坐标象限和政府服务引导＋社会多元合作治理的应对策略。为了达到协同目标，作者还对政府协同系数进行了阐述，程度、效度与限度的变量是最主要的影响因素，此外，他还提出要通过成本效益的权衡对政府协同的限度进行约束："基于不同事务特殊性的考虑，政府协同并不一定非要出现于任何时间任何地点的任何情境，只有存在难以处理的牵涉范围广的复杂事项以及具备协同优势的情境条件与场合，在协同收益大于成本的时候，才有必要实施协同策略。"[2]

张理霖（2015）从整体性治理的视角出发对我国智慧城市政府治理的相关内容进行了探究。他摒弃学术界集中研究的智慧城市运行的技术层面，另辟蹊径，通过思考构建专门化和深层次的智慧城市政府治理领域理论为切入点，并以整体性治理理论为指导，对智慧城市政府治理的相关课题展开系统研究。作者通过介绍理论上的智慧城市政府治理的作用机理和运行机制，并概括归纳了研究对象的现存桎梏，从而将整体性治理理论与智慧城市政府治理进行对接，并分别从理论语境、价值导向和运转机制三个层面对两者进行了耦合性分析，进而得出，整体性治理理论可以从政府治理结构、政府治理过程以及政府治理能力对智慧城市产生积极性指导。最后，作者以整体性治理为理论依据，提出了以分级数据平台为基础打造整体性治理结构，以泛整合机制为手段构建无缝隙政府治理过程，以转变观念为先导培养回应性政府治理能力。"各地政府在培养智慧城市技术之'智'的同时，也应该重视治理之'慧'建设，积极主动地在政府治理上进行创新，以更好地满足智慧城市的发展要求。"[3]

2. 整体性治理理论的应用

曾凡军和欧阳昌永（2010）将整体性治理作为理论研究工具探讨了我国政府整体性预算治理模式的构建路径。他们认为，"目前我国政府预算体系尚处于由凯顿所说的'前预算时代'向'预算时代'过渡的阶段，政府预算改革面临诸多深层次棘手性问题，如政府预算体制碎片化、预算过程行政化、预算程序碎片化和制度碎片化等"。他们通过对建立我国政府整体性预算机制的指导性分析，进而提出了整体性预算机制的构建路径，即最大化满足公民的整体性需求；建构整体性政府预算治理

---

[1] Perri 6.Holistic Government[M].London：Demos，1997：26-37.

[2] 谭学良. 整体性治理视角下的政府协同治理机制 [J]. 学习与实践，2014（4）：76-83.

[3] 张理霖. 智慧城市政府治理研究——基于整体性治理理论 [D]. 中共中央党校，2015.

体制；强调输入管理，实现整体性政府预算治理；建构整体性责任机制；完善制度化建设；打造整体性预算信息系统。[1]同年，曾凡军与定明捷基于整体性治理对我国公共服务型财政进行了研究，他们指出，"通过运用碎片化问题的解决之道——建构一套容忍性制度，分立与权变、互换与互赖、和解或混合——对碎片化的公共财政政策进行协调和整合，确保公共财政政策的连续性和整体性"。[2]

方堃和杨毅（2011）基于整体性治理理论以"服务三角"模型为分析框架对我国新型农村公共服务问题进行了研究。他们把"服务三角"模型作为一种分析框架的尝试，将整体性治理视为新型农村公共服务体系构建的宏观旨趣，试图在整体性治理理论的关照下，以"服务三角"模型的系统服务管理框架，重新诠释我国新型农村公共服务体系。他们从理论上构建起当代中国新型农村公共服务体系的总体架构，包括三个层次，即"服务行政的基本关系结构、服务运行的体制机制结构和服务体系的具体构成形态"[3]。此外，他们认为，破除我国城乡基本公共服务非均等化难题的关键步骤在于使农村与城市无缝隙接轨，"加快推进经济建设型政府向公共服务型政府转变，构建层级和部门整体性运作，使农村公共服务从分散走向集中，从部分走向整体，从破碎走向整合"。[4]这一基于整体性治理理论的应用领域的探索性研究，有助于推动我国城乡及区域间公共服务均等化的发展。

熊易寒（2012）以整体性治理为理论基础对农民工子女的社会融入问题进行了深入探讨。他详细地阐述了当前农民工子女融入城市社会的现状与障碍，分析了我国相关现行制度和运行机制的薄弱环节，并从整体性治理的视角分析如何促进农民工子女的社会融入。他指出，"城市社会对于农民工子女及其家庭的排斥是制度化的，单纯的教育吸纳对于促进农民工子女融入城市社会的作用甚微，现行的教育体制无法为农民工子女提供足够的生活机遇和上升空间"。[5]因此，他认为，实现公共服务的均等化是破除这一社会难题的根本之道。

祝天智在《农村征地冲突的整体性治理研究》（2013）一文中对当前我国农村地区频频发生的征地冲突问题进行了深入的关切和研究。他认为农村征地冲突诱发

---

[1] 曾凡军，欧阳昌永.基于整体性治理的我国政府预算研究[J].经济研究参考，2010（53）：37-39.

[2] 曾凡军，定明捷.迈向整体性治理的我国公共服务型财政研究[J].经济研究参考，2010（65）：43-46，50.

[3] 方堃，杨毅.基于整体性治理的新型农村公共服务体系研究——以"服务三角"模型为分析框架[J].四川行政学院学报，2011（4）：10-13.

[4] 方堃，杨毅.基于整体性治理的新型农村公共服务体系研究——以"服务三角"模型为分析框架[J].四川行政学院学报，2011（4）：10-13.

[5] 熊易寒.整体性治理与农民工子女的社会融入[J].中国行政管理，2012（5）：79-83.

原因和治理过程具有明显的跨界性特征，并且治理主体、法律政策和治理机制存在"碎片化"问题，需要进行整体性治理。在此基础上，他给出了农村征地冲突整体性治理的路径选择，"通过行政体制、经济体制和社会管理体制的整体性改革，消除诱发冲突的深层次张力，构架整体性治理的宏观环境"[1]，强调要加强纵向和横向治理主体的整合，同时还主张深化征地制度改革，对《土地管理法》和《土地征地法》进行修改，消除土地法律政策之间的矛盾，构建完整而衔接的征地冲突治理机制，"征地冲突的整体性治理是一个包括预警、预防、处置和善后等机制，前后相续、有机衔接的完整过程"[2]。作者以整体性治理理论为理论工具，从多个视角系统地对农村征地冲突的"碎片化"问题提出了解决对策，对构建健康和谐而对冲突具有免疫力的农村社区具有非常积极的探索和指导价值。

范逢春（2014）基于整体性治理对特大城市社会治理机制的创新进行了分析研究。他认为，整体性治理基于公民需求的目标与特大城市社会治理的核心诉求深度契合，因此，针对当前特大城市社会治理中所面临的困难，作者要求协调整合治理主体，重塑整体性治理的理念，创新特大城市社会治理的表达机制、决策机制、融资机制、生产机制、评估机制以及问责机制的功能设计。作者对当前特大城市的社会治理的困局和溯源进行了剖析，认为结构突变的影响和怠于应变的掣肘是造成问题的根源，并在此基础上提出了改变这种困境的逻辑进路和体制创新。"特大城市社会管理机制创新在本质上是一项复杂的流程再造，"[3] 在作者看来，这一过程中必须以公民需要为目标并且清楚区分行动者角色并具备明确的行动纲领，否则改革终将"流产"。

韩兆柱和单婷婷（2015）对构建京津冀府际关系的协调模式进行了深入解析。他们以整体性治理的理论范式为理论基础，从组织架构、制度建设、技术支撑三个视角分析构建京津冀整体性府际关系协调模式。他们从横向和纵向两个维度分析了政府组织关系，并明确指出了协调性组织机构互动关系结构；在制度协调层面，他们着重强调了预算制度和采购制度在实现政府间协调和整合的路径中的运作方式；在技术协调方面，他们指出，实现京津冀府际关系的协调发展需要完成信息技术的整合，建立整合性的数据库系统，实现资源和信息共享，推崇整体性电子化政府的建立，"简化京津冀整体性政府的政务工作流程，打造京津冀三地整体性电子化'政务超市'"[4]。

---

[1] 祝天智. 农村征地冲突的整体性治理研究 [J]. 中国行政管理，2013（10）：52-56.

[2] 祝天智. 农村征地冲突的整体性治理研究 [J]. 中国行政管理，2013（10）：52-56.

[3] 范逢春. 特大城市社会治理机制创新研究——基于整体性治理的维度 [J]. 云南社会科学，2014（6）：146-151.

[4] 韩兆柱，单婷婷. 基于整体性治理的京津冀府际关系协调模式研究 [J]. 行政论坛，2014（4）：32-37.

韩兆柱和翟文康（2015）立足于我国当前进入信息化、大数据时代的背景，基于治理主体、治理结构、技术手段以及我国现状及自身特性四个维度对整体性治理理论在我国应用的可行性进行了深入分析。他们将大数据技术与整体性治理结合起来，从数据分析、信息服务、数据共享三个视角探索现实可行的治理路径。他们分析了大数据时代与整体性治理的关联性，认为整体性治理可以借助大数据技术的优势，发挥自身治理的功能，实现治理目标。他们还结合中国的实际情况论证了大数据时代背景下整体性治理理论应用的必要性和可行性，为其倡导利用大数据与整体性治理的结合以解决中国实际问题，实现整体性治理理论的本土化发展注入了理论内驱力。"整体性治理理论与大数据的结合应用是一个系统化、本土化的过程，不仅要有理论来源与指导，还要有理论应用，形成整体性治理的中国化模式。"[1]

三、整体性治理理论研究的特点和发展趋势

（一）整体性治理理论研究的特点

经过国内外学者对整体性治理理论不断地深入探索，极大丰富了理论的研究内涵和外延，整体性治理理论的思想理念和内容也日渐清晰化和大众化，其对各国公共部门改革实践的价值正在被越来越多的人所认可。笔者通过对整体性治理理论的分析研究，归纳出如下研究特点：

第一，国外学者侧重对理论的开发完善，理论研究已进入实验领域。希克斯和邓利维对整体性治理的理论界定、动因分析、理论框架和治理路径等内容的创造性研究，构建出整体性治理的基本理论模型。理论研究在经过不断完善之后，后续学者从不同维度对整体性治理理论进行应用探索，试图发挥该理论解决实际问题的功能。整体性治理理论经过考验和探索发展，已逐步在多国公共部门改革以及社会治理中的诸多领域取得实效，使其日渐被运用于多国公共部门治理和社会互动的方方面面。

第二，国内学者侧重对理论的引介解读，研究重点仍以理论框架为主，理论研究尚处于实践应用的探索阶段。尽管经过多年的理论研究和解读，我国学者对整体性治理理论有了越来越深刻的认知，但是通过分析我国行政学界对于该理论的科研成果可知，国内学者对于整体性治理的研究重点仍停留在理论框架的解析阶段，缺乏对理论的创新性解读。虽然部分学者以整体性治理理论为理论研究工具，对当前我国公共部门和社会出现的一系列亟待解决的问题进行了探索性的结合探讨，但由

---

[1] 韩兆柱，翟文康. 大数据时代背景下整体性治理理论应用研究 [J]. 行政论坛，2015，22（6）：24-29.

于整体性治理尚未在公共部门改革中得到重用，在某种程度上显示出我国对整体性治理的实践应用的探索仍处于起步阶段。

综上所述，尽管整体性治理在国内外研究特点各异，问题或多或少，但整体性治理理论作为一种前景明朗的全新治理范式正在被越来越多的主体所认可，其理论优势和发展前景及其对当今各国公共管理实践中的指导价值是不可小觑的。

（二）展望整体性治理理论

整体性治理理论是以为公众提供更快、更好、更低成本的公共服务为目标，因此，可以说，整体性治理的最终目标是实现善治，这与公共治理的终极目标相契合。不过，整体性治理在实现善治的过程中尚有缺憾之处，对此笔者进行了以下几点思考：

第一，实现制度化。理论的可行性和价值的大小需要在实践中进行检验，而科学系统的理论是否能够指导实践，取决于该理论是否实现了制度化。希克斯等人在其著作 *Towards Holistic Governance: the New Reform Agenda* 的最后一章重点强调了"制度化"问题，并将其作为实现整体性治理的策略。他们将制度化看成是有趣的东西，并且认为它必须是不同的，在他们看来，这意味着，描述它的名词短语必须要捕获其独特的特点，这将成为人们讨论制度化的条件。但是，希克斯等人在这一章中能够举出整体性治理的成功案例并不多，对于整体性的论述虽然详细，但在众多利弊得失与治理类型的讨论中，事实上很难看出，究竟要用何种策略构建才能使碎片化政府朝整体性治理迈进。[1] 因此，正如希克斯自己所说，制度化的行动或范式不能立即实现，通常情况下，至少需要若干年时间才能建立，例如诺斯科特－杜维廉报告模型，人们花了几十年时间才实现。因此可以说，整体性治理所需的制度化任务尚未完成。

第二，普及技术化。整体性治理的实现情况在某种程度上是取决于信息技术的发展，彭锦鹏认为，公共部门的电子化改革要基于网络技术实现不同层级的整合、不同机构的整合以及不同政府网站的整合，最后将这三种不同类型的整合融合为一个单一的政府入口网站。"美国、新加坡等国已经设置了单一的政府入口网站，差别在于这一入口网站能够提供的政府服务达到的整合程度。显然，要达成完全整合的单一的政府入口网站是相当有难度的，因为它所涉及的方面是多元而复杂的。"[2] "没有高度发展的电子化政府，就无法跨越政府的层级鸿沟，也无法将数量庞大的行政机构和单位用电脑连接起来，以便向民众提供整合性的服务。"[3] 不过，随着科学技术的逐渐成熟和不断普及，使得公共部门改革在技术上突破传统治理模式桎梏的可能

---

[1] 彭锦鹏.全观型治理：理论与制度化策略 [J].政治科学论丛（台湾），2005（23）：61-100.

[2] 竺乾威.从新公共管理到整体性治理 [J].中国行政管理，2008（10）：52-58.

[3] 彭锦鹏.全观型治理：理论与制度化策略 [J].政治科学论丛（台湾），2005（23）：61-100.

性大大提高，提升了整体性治理的可行性。

第三，明确策略化。整体性治理被认为是未来政府治理的新趋向，其发展前景被广泛认可，希克斯将整体性治理的运行划分为三个阶段，即协调、整合与逐渐的紧密及相互的涉入（Increasing Closeness and Mutual Involvement）。其中协调阶段是指政策的规划与形成；整合阶段是指联合性工作与明确分配权利义务；逐渐紧密与相互涉入阶段则是指整体性治理正式发挥作用，主体间是一种策略联盟的关系形态，各政府组织尝试考虑更为密切、更为深入和长期的合作，逐渐走向同盟（Union）或合作（Merger）。协调和整合阶段属于一种暂时性的合作，而第三运行阶段属于一种具有高度一致性，比整合更为紧密的互动和合作形式。由此可知，"整体性治理的理论建构不仅仅是一个对政府组织形态差异进行有机整合的大型工程（A Great Engineering），更是一个怎样进行组织策略规划与精密调控的点滴工程（The Piecemeal of Engineering）。"[1] 事实上，整体性治理虽然在理论体系建构层面和技术层面越来越具备完善性和可行性，但对于实现整体性治理的路径探索仍然缺少明确具体的策略。

四、结语

整体性治理是在顺应新公共管理的逻辑基础上产生的一种具有革新性的大型公共治理范式，有助于有效克服新公共管理运动所导致的部门化、碎片化和分散化的难题，以便公共部门为公众提供高效率、高品质、低成本的公共服务。国外学者对整体性治理的研究已从理论框架的建构逐步转向实践应用领域的探索，拓展了理论的研究和适用范畴，对整体性治理在国内外的发展和应用具有巨大的指导意义。而我国行政学界对整体性治理的研究起步于对已形成的理论框架的引介和解读，其理论研究缺乏创新性和先进性，但近年来，不少学者将整体性治理的研究重点转向应用层面，使得这一"舶来品"逐渐鲜活和本土化。笔者认为，整体性治理的理论框架和辅助技术正逐步走向完善和成熟，但该理论尚处于成长阶段，在实际操作层面不免存在诸多挑战，有待国内外学者的进一步探索。

---

[1] 曾凡军．基于整体性治理的政府组织协调机制研究[M]．武汉：武汉大学出版社，2013：30.

数字治理理论及其研究进展 *

　　数字治理理论（Digital Governance Theory）发轫于新公共管理运动的衰微与数字时代治理的兴起之际，强调信息技术和信息系统对公共管理的影响。国外对于数字治理理论的研究以英国学者帕特里克·邓利维为主，系统地概括了公共管理在信息时代的各种变化以及数字治理理论的优势。国内学者对数字治理理论的研究重点在译介以帕特里克·邓利维为代表的学者的文献，介绍数字治理理论的主要内容。我们在文献调查的基础上对国内外学者关于数字治理理论研究的基本情况作出统计分析，按照时间脉络维度，每五年为一阶段，纵向归纳各阶段的核心概念及主要问题；按照空间维度横向梳理东西方关于数字治理理论的相关文献，反映出社会情景对数字治理理论的影响；介绍学者对数字治理理论的五种争论：新公共管理理论与数字治理理论背后的逻辑是否一致？数字治理理论是否会造成政府角色冲突？数字治理理论对治理责任的归属是否明确？数字治理理论是否会加速部门间的冲突？数字治理理论是否算作一种新的理论范式等争论，这些争论推动着数字治理理论的发展。

　　数字治理理论是治理理论与互联网数字技术结合催生的新的公共管理理论准范式，它的代表人物是英国学者帕特里克·邓利维（Patrick Dunleavy），该理论主张信息技术和信息系统在公共部门改革中的重要作用，从而构建公共部门扁平化的管理机制，促进权力运行的共享，逐步实现还权于社会、还权于民的善治过程。2013年11月12日，中国共产党第十八届中央委员会第三次全体会议审议通过的《中共中央关于全面深化改革若干重大问题的决定》指出："全面深化改革的总目标是完善和发展中国特色社会主义制度，推进国家治理体系和治理能力的现代化。"[1]这要求我国政府在原有行政改革基础上进一步加快转变政府职能，探索对政府治理行之有效的治理理论。2015年3月，国务院总理李克强在《政府工作报告》中首次正式提出"互联网+"的战略构想，[2]通过将传统产业与互联网、物联网、大数据等先进的信息技术结合，实现各行业协同发展的新业态。2015年7月，国务院印发《关于积极推进

---

* 与马文娟合作完成，并发表于《甘肃行政学院学报》2016年第1期，第23～35页，题目有变动。

[1] 新华网授权发布：中共中央关于全面深化改革若干重大问题的决定 [EB/OL].（2013-11-15）. http://news.xinhuanet.com/2013-11/15/c_118164235.htm.

[2] 李克强. 政府工作报告 [EB/OL].（2015-03-17）. http://www.guancha.cn/politics/2015_03_17_312511.shtml.

"互联网+"行动的指导意见》,[1]制定"互联网+"行动计划的顶层设计,积极推进传统产业与互联网的深度融合。其中,发展政府基于线上线下的网络化公共服务成为"互联网+"的热点话题,线上(数字治理)的公共服务提供方式具有便利和花费少的优点,对政府和公众都是一种不错的服务提供方式。上述三个政策文件传递出下述要点:(1)政府需要一种有效、能够改善自身弊病的一种管理体制;(2)政府需要一种能够与信息技术结合的治理理论指导自身改革;(3)公众需要一种能够有效与政府进行良好的沟通与互动的数字治理方式。

这种数字治理方式的指导理论是数字治理理论。数字治理理论不同于一般意义(电子政务)的数字治理,但一定程度上说,一般意义的数字治理的发展从实践领域丰富了数字治理理论的核心内容,因为治理理论本身就存在多元主体、政府与社会之间边界与责任的模糊性等命题(谭功荣,2008)。[2] 数字治理理论发展至今只有20余年历史,但其学说已经影响英国、美国、加拿大、新西兰、荷兰等国家。随着国内外学者对数字治理理论的研究由理论研究的成果颇丰到逐渐涉猎应用领域研究,目前数字治理理论越来越多地受到国内外学者的广泛关注与认同。笔者基于上述政策背景与国际背景,对数字治理理论的国内外研究现状进行理论体系与实践领域的文献梳理,重点在于剖析理论部分,找出国内外学者对数字治理理论研究的不足,填补理论研究的空白,促进数字治理理论的本土化发展;对实践领域的探索则有助于克服公共部门改革法理与法律层面和管理思想和技术方法上的问题,应用理论指导实践,促进机构改革扁平化管理机制的构建,提升政府管理绩效,实现善治。

一、数字治理理论的研究现状

(一)数字治理理论的研究概况

1. 英文文献概况

数字治理理论植根于西方国家,国外学者对数字治理理论进行了大量的研究工作,对西方国家政府改革产生了深远的影响。自20世纪90年代以来,数字治理理论日益成为西方公共管理领域研究的重要议题之一,并且近10年来又涌现出许多新的研究成果。文章基于 Web of Science 数据库、Springer LINK 数据库和 EBSCO 数据库,利用 "Digital governance" "Digital governance theory" "Digital Era Governance" "E-governance" "Digital Government" 为主题词进行检索,研究领域限定为 "Social

---

[1] 国务院. 关于积极推进"互联网+"行动的指导意见[EB/OL].(2015-07-04). http://www.gov.cn/xinwen/2015-07/04/content_2890205.htm.

[2] 谭功荣. 西方公共行政学思想与流派[M]. 北京:北京大学出版社,2008:281.

Sciences",研究方向为"Public Administration",检索时间始于 1990 年,截至 2016 年 1 月 23 日,过滤掉与数字治理理论不相关的文章,仅选取与数字治理理论高度相关的文献进行分析,检索结果如表 1 所示(检索结果包含中国作者以英文在国际期刊上发表的关于中国数字治理的文章)。

表 1 数字治理理论及其应用研究在外文数据库发文数量的比较

数据库名称	不同主题的检索结果				
	Digital governance	Digital governance theory	Digital Era Governance	E-governance	Digital Government
Web of Science	66	3	11	114	258
Springer LINK	2622	1735	998	149	7651
EBSCO	134	254	4	174	1372

从表 1 可见,学者对数字治理理论及其应用领域的研究自研究伊始发文数量保持稳定,Springer LINK 数据库检索结果最丰富,Web of Science 数据库检索结果数量较少。三个数据库中有关数字治理理论应用情况的探索成果颇丰,这表明学者不断从实践领域丰富数字治理理论的理论体系。数字治理理论是一个具有包容性的概念,尽管数字政府、电子治理、电子政务称谓各不相同,但三者核心脉络是一致的,通过信息技术重塑政府管理流程,实现办事效率以及服务品质的提升,最终实现善治。此外,笔者通过 Google 学术搜索引擎以及查阅图书馆外文文献,查阅到与数字治理理论的相关著作共 8 部,这些著作从产生背景、核心观点、制度构建、产生影响等方面阐述数字治理理论,对于推动数字治理理论的发展以及促进我国数字治理理论的本土化过程奠定了基础。

2. 中文文献概况

国内行政学界对数字治理理论的研究始于 2006 年以后,以复旦大学竺乾威教授为代表。对一般意义的数字治理进行研究则始于 2000 年,最初主要集中在探讨数字治理理论的应用部分,较多涉猎电子治理、数字政府、电子政府和电子政务的研究。尽管其研究明显带有一定的技术导向性且对数字治理理论的治理范围界定过于狭隘,但这为数字治理理论引入国内奠定了实践基础。2005 年以后逐步转入理论译介以及理论与应用同步研究的阶段,丰富了数字治理理论的内涵与治理范围。同时,国内学者对于数字治理理论研究的理性回归则推动了其进一步发展,大有追本溯源并厚积薄发之意。数字治理理论产生于新公共管理运动之后,是治理理论的分支理论,与网络化治理理论、整体性治理理论合称为后新公共管理时期的主要理论。笔者以整体性治理、网络化治理和数字治理为关键词精确检索三者在中国知网的发文数量,检索结果如图 1 所示。此外,在数字治理理论的实践领域,以数字治理、电子治理、数字政府、电子政务以及电子政府为主题词精确检索各个主题的发文数量,显示检索结果如图 2 所示。

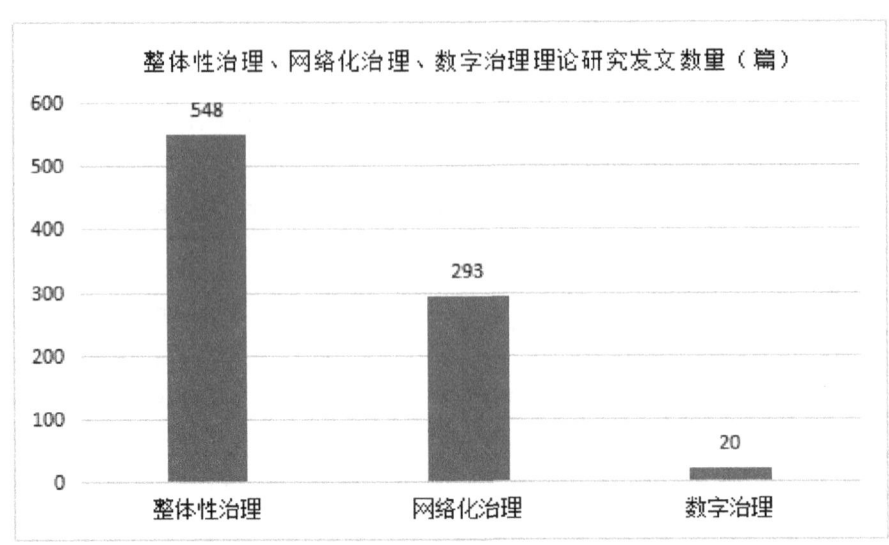

图 1　整体性治理、网络化治理、数字治理理论研究发文数量统计

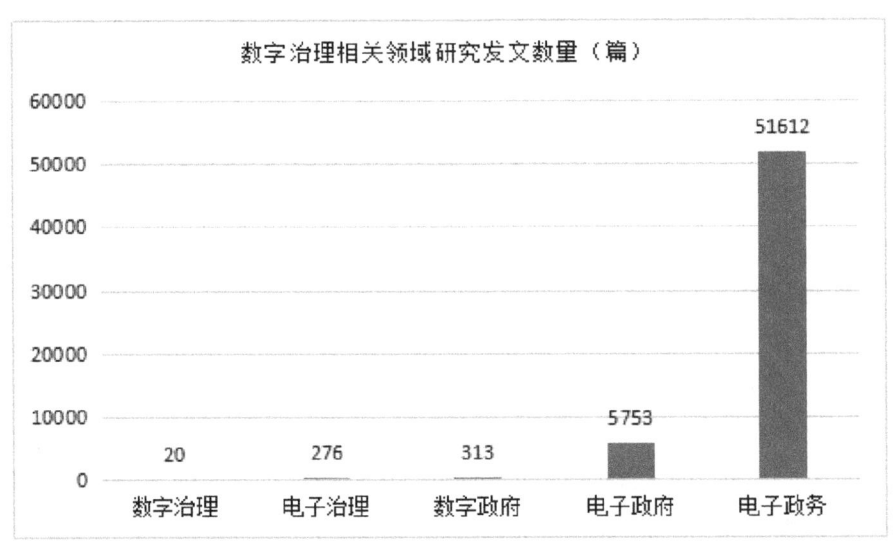

图 2　数字治理相关领域研究发文数量统计

从图 1 和图 2 可以看出，国内学者关于数字治理理论的研究普遍存在"轻理论、重应用"的现象，学者对后新公共管理时期管理理论的研究多是进行整体性治理以及网络化治理理论的研究，对数字治理理论进行的研究仍然是凤毛麟角。究其原因有两点：其一，数字治理理论是治理理论与互联网数字技术结合催生的新理论，它与整体性治理强调的整合与协调以及网络化治理理论强调的复合中心的治理形式和自我组织的特征有着一定的理论与实践上的重合（曾凡军、韦彬，2010；张康之、

程倩，2010），[1][2] 因此，数字治理理论的地位易被弱化；其二，尽管其理念先进，但受到"信息技术决定论"的影响，学者更倾向于应用信息化设施的构建问题，轻视对数字治理理论体系的研究。概而言之，数字治理理论强调的信息化、制度化的观点依然有很广泛的研究空间，学者和研究机构近10年来的研究成果充分佐证了这一事实。

（二）数字治理理论的内涵解读

笔者以数字治理理论产生及发展的时间为脉络，每5年为一个阶段，因文献数量众多，仅选取核心文献核心概念进行解读，以此形成时间维度的脉络分析。另从空间维度出发，横向比较东西方关于数字治理理论脉络核心的异同，从而揭示出社会情景对数字治理理论及其应用的影响。

1. 国外纵向维度分析

治理理论产生于20世纪80年代末期，它的提出主要是为解决20世纪70年代西方国家新公共管理运动带来的负面后果。治理理论一经兴起就掀起了世界范围内的改革热潮，并逐渐演变为一种重要的理论与价值追求。治理理论与互联网信息技术的结合催生出数字治理理论——一种运用信息技术重塑公共部门管理流程的新型理论。数字治理理论与整体性治理理论主张的整合与协调的观点有着较强的理论联系，这在回顾数字治理理论的产生以及理论渊源中有所体现。根据相关文献搜索以及各大外文数据库的检索，取得较早有关数字治理理论的文献记载是1996年Manuel Castell的著作《网络社会的崛起》，该书以信息时代的到来对公共管理的治理体系提出的更高要求与挑战进行分析，形成数字治理理论的雏形（Manuel Castell，1996）。[3] 笔者以5年为一个时间段，选取数字治理理论的核心文献进行分析，选取结果如表2所示。

表2 国外数字治理理论及其应用研究纵向维度分析

时间	核心概念	问题
1995—2000年	网络社会	数字治理理论与整体性治理理论的理论渊源
2001—2005年	民主与网络；组织制度与信息技术	网络社会的民主问题；组织制度对技术应用与实施的影响
2006—2010年	以需求为基础的整体主义和数字化变革	数字治理理论与整体性治理理论的区别
2011—2016年	公民参与	创新公民参与方式

---

[1] 曾凡军，韦彬. 后公共治理理论：作为一种新趋向的整体性治理 [J]. 天津行政学院学报，2010，12（2）：59-64.

[2] 张康之，程倩. 网络治理理论及其实践 [J]. 新视野，2010，（6）：36-39.

[3] 曼纽尔·卡斯特. 网络社会的崛起 [M]. 夏铸九，译. 北京：社会科学文献出版社，2006：153.

（1）数字治理理论与整体性治理理论的理论渊源

Manuel Castell（1996）较早地阐述了网络社会的崛起对社会发展提供的机遇与挑战。信息技术革命的出现是人类发展史上的一个重大事件，基于信息技术的治理范式与传统治理范式相比具有一些新的特征：其一，信息本身是一种社会发展的资源和动力；其二，新技术效果无处不在；其三，网络化逻辑（Networking Logic）问题；其四，网络化；其五，特定技术凝聚为高度整合的系统（杨雁斌，2001）。[1] 尽管数字治理理论产生时间较晚，但相关理论（整体性治理理论）的出现为数字治理理论的发展奠定了深厚的理论基础。整体性治理理论是新公共管理运动在20世纪90年代末期的修正路线（曾凡军，韦彬，2010），由英国学者佩里·希克斯（Perri 6）首先提出，Perri 6（2002）对整体性治理所作定义如下：整体性治理就是政府机构组织间通过充分的沟通与合作，形成有效的整合与协调，彼此政策目标一致且连续，政策执行手段相互强化，达到合作无间的目标的治理行动（叶璇，2012）。[2] Perri 6提出的整体性治理理论是为解决新公共管理遗留下来的碎片化症结提供一种"整合方案"（Christopher Pollit，2003），[3] 通过运用重新整合以及整体性治理实现碎片化管理体制的重构。整体性治理理论包含两大主题：重新整合和整体性治理（Perri 6，2002）。[4] 其中，重新整合包括：逆部门化和逆碎片化、大部门式治理、重新政府化、恢复或重新加强中央过程、压缩行政成本、重塑公务支撑功能、采购的集中和专业化、以混合经济为基础的共享服务和网络简化；整体性治理包括：互动的信息搜索和提供、以顾客为基础的组织重建、一站式服务、数据库、重塑结果取向的服务、灵活政府流程以及可持续性（Perri 6，2002）。

基于Manuel Castell阐述的网络社会崛起的时代背景和Perri 6指出的整体性治理理论的理论基础，数字治理理论在20世纪90年代末期开始崭露头角，并以其独特的技术导向成为学者逐渐关注的重要议题，一定程度上说，数字治理理论的出现正当其时，它为信息时代政府乃至其他公共部门的治理机制提供了新的治理思路与治理框架。

（2）网络社会民主问题的研究

信息时代的到来拓宽了公民参与公共事务管理的渠道，互联网平台具有的匿名性使网民能够真正行使自己的言论自由权利，但是网络中的民主就一定是正确的、

---

[1] 杨雁斌.千年之交的社会形态——《网络社会的崛起》一书评介[J].国外社会科学，2001(6)：62-66.

[2] 叶璇.整体性治理国内外研究综述[J].当代经济，2012（6）：110-112.

[3] Christopher Pollit.Joined-up Government：a Survey[J]. Political Studies Review. Jan，2003（11）：1.

[4] Perri 6.Towards Holistic Government：The New Reform Agenda[M]. New York：Palgrave，2002：237.

代表民意的吗？答案是否定的。美国著名宪法学家凯斯·桑斯坦（C.Sunstein）对网络中的民主问题给予了独到的解析。网络中的民主具有群体极化的特征（C.Sunstein，2003；张敏，2015），[1][2] 此特征下的政治传播受到个人利益的驱使很容易形成民粹主义（Paul Taggart，2005），[3] 阻滞网络社会民主制度的发展。C.Sunstein 认为，克服这种困境的有效方式是"协商民主"，强调协商民主的审慎作用，它如一种冷却剂，不管对于间接民主的选择，还是直接参与的讨论，协商民主都能够促使人们作出理性的决策，从而实现有效、有序的网络民主制度（毕竞悦，2009）。[4] 充分的信息对民主社会十分重要，C.Sunstein 指出两点理由[5]：第一，未经计划的、无法预期的信息接触，对民主而言十分重要，民主的价值所在就是人总是无意间在未经筛选的信息中找到观点和话题；第二，假若无法分享彼此的经验，一个异质的社会将会很难处理复杂的社会问题，而民主制度又能够促进信息的共享，因此形成良好的网络参与回路。这一做法同样适用于发展中国家数字治理的进程，运用广泛的民众通过网络参与优化治理结构（Vikas Nath，2003）。[6] 数字网络的迅速发展以及日益数字化的经济活动为国家治理能力带来了一定的挑战。为了避免网络能力膨胀威胁国家治理能力，国家应当采取指令控制数字网络的运行，设计确定的技术硬件与软件标准，克服各种不可控因素。为了保证数字治理理论指导下的网络民主传播途径的顺畅，加强多主体间的合作与数字立法活动尤为必要（Saskia Sassen，2000；Zhiyuan Fang，2002）。[7, 8]

上述这些文献呈现出一种共同的观点：尽管互联网数字技术具有开放性、汇聚性等优点，但是其隐匿性却对网络社会中的民主构成了一定程度的威胁。缓解这种威胁可以通过立法、制度、思想教育等路径予以支持和保障。

---

[1] 凯斯·桑斯坦. 网络共和国：网络社会中的民主问题 [M]. 黄维明，译. 上海：上海人民出版社，2003：47.

[2] 张敏. 网络传播的困境与协商民主的规制——桑斯坦《网络共和国：网络社会中的民主问题》的评述与思考 [J]. 领导科学，2015（29）：11-13.

[3] 保罗·塔格特. 民粹主义 [M]. 袁明旭，译. 长春：吉林人民出版社，2005：22.

[4] 毕竞悦. 通过网络的协商民主——评桑斯坦的《网络共和国》与《信息乌托邦》[J]. 清华法治论衡，2009（2）：423-442.

[5] 凯斯·桑斯坦. 网络共和国：网络社会中的民主问题 [M]. 黄维明，译. 上海：上海人民出版社，2003：5.

[6] Vikas Nath.Digital Governance Models：Moving Towards Good Governance in Developing Countries[J]. The Public Sector Innovation Journal，2003，8（1）：2.

[7] Saskia Sassen.Digital Networks and the State Some Governance Questions[J].Theory，Culture&Society，2000，17（4）：19-33.

[8] Zhiyuan Fang.E-Government in Digital Era：Concept，Practice，and Development[J]. International Journal of The Computer，The Internet and Management，2002，10（2）：1-22.

（3）组织制度与信息技术变革的关系

Jeffrey Roy 在探讨加拿大的电子治理和数字政府时曾指出两组因素对二者的影响，第一个是跨部门的治理，第二个是组织文化和人员的作用（Jeffrey Roy，2001），[1] 这一思想在美国著名学者简·芳汀（Jane E.Fountain）的著作《构建虚拟政府：信息技术与制度创新》中得到了升华。信息时代的政府治理需要改变的不仅仅是信息技术与政府传统管理体制的结合，更多的是政府组织体制、内部组织文化等非信息技术的因素的介入（Jane E.Fountain，2001）。[2]Jane E.Fountain 提出一个全新的概念——技术的执行，与之相配套的理论分析框架为：技术不能决定它自己的发展历程，在某个环境中表现极佳的信息系统，在其他情境下也会遭遇失败。原因在于信息系统受到政治、组织、社会安排的中介性影响，信息技术在这些安排中被理解与使用（于春永，2012）。[3]Patrick Dunleavy 也对数字治理理论主张的数字化变革的实施条件进行了分析，数字化过程的影响通过政府部门的组织机构、组织内部文化、公民对政府运用信息技术应用态度的转变，而真正的技术变化相对较小（Patrick Dunleavy，2006）。[4]

上述文献关注的焦点在于强调组织环境对互联网时代政府治理的影响，这是公共部门成功发展数字治理的重要思想转变。同样，公共部门数字化改革进行电子商务模式的探索结果取决于公共部门对这种模式的适应程度、机构的整合程度、技术人员以及技术设备的完备程度等诸多因素的共同作用（Alexei Pavlichev、G.David Garson，2004；Mehdi Asgarkhani，2005）。[5, 6] "信息技术决定论"的观点正逐步被管理逻辑、技术逻辑、政策逻辑并举的观点所取代（孙志建，2011）。[7]

---

[1] Jeffrey·Roy.E-Governance & Digital Government in Canada：The Necessity of Both Structural and Cultural Transformations[J].Towards the E-Society，2001（74）：845-856.

[2] Jane E.Fountain.Building the Virtual State：Information Technology and Institutional Change[M].Washington，D.C.：Brookings Instttution Press，2001：3-14.

[3] 于春永.跨越的碰撞，飞跃的构想——《构建虚拟政府：信息技术与制度创新》评析[J].电子政务，2012（5）：58-61.

[4] Patrick Dunleavy.Digital Era Governance：IT Corporations，the State，and E-Government[M].Oxford：Oxford University Press，2006：237.

[5] Alexei Pavlichev，G.David Garson.Digital Government：Principles and Best Practices[M].Hershey.London.Melbourne.Singapore：Idea Group Publishing，2004：1.

[6] Mehdi Asgarkhani.Digital Government and Its Effectiveness in Public Management Reform——A local government perspective[J].Public Management Review，2005，7（3）：465-487.

[7] 孙志建.数字政府发展的国际新趋势：理论预判和评估引领的综合[J].甘肃行政学院学报，2011（3）：32-42.

（4）数字治理理论与整体性治理理论的区别

数字治理理论的代表人物是英国学者帕特里克·邓利维（Patrick Dunleavy），他从新公共管理运动的衰微以及数字时代治理兴起的时代背景阐述数字治理理论。数字治理理论指的是各种变化的复杂性，在这其中，信息技术以及信息处理是各种变化的核心，这一变化与以前任何时候的变化相比，它的波及面更广并且在更广泛的层面上发挥着作用（竺乾威，2008）。[1] Patrick Dunleavy 的主张是基于 Perri 6 的整体性治理理论，主张在公共部门管理系统引入信息技术和信息系统，从而促进公共管理学科对公共政策的感知由边缘化向中心化发展，这一点是数字治理理论区别于整体性治理理论的主要观点。数字化变革具体包括九个要素：电子服务交付、基于网络的效用处理、国家指导的集中信息技术采购、自动化流程新形式、彻底的非中介化、渠道分流和顾客细分、减少受控渠道、促进权力均等主义的行政事务管理和走向开放的管理（Patrick Dunleavy，2006）。[2]Patrick Dunleavy 在其后续研究中主张不断引用逐渐出现的大数据、云计算等先进的数据处理技术，加强数字时代的协同公共服务发展，并不断丰富公共部门公共管理系统的"工具箱"（Patrick Dunleavy，2010）。[3-5]

上述这些文献揭示出数字治理理论的演变与整体性治理理论紧密联系的同时又具有自身鲜明特色，Perri 6 提出的整体性治理理论强调的整合与协调尚停留在理论层面，未提出具体的制度化途径，而 Patrick Dunleavy 提出的数字化变革则为整体性治理理论提出了具体的路径选择，是对整体性治理理论的补充与完善。

（5）数字治理理论与公民参与

数字治理理论十分关注公民参与问题，借助信息科技创新公民参与形式，公民参与对公共政策的制定发挥了重要作用，一定程度上说，有效的公民参与成为检验公共政策成功与否的重要研判准则。近五年来，公民对"邻避冲突"的社会抗争日益增多（郭小平，2013），[6]并通过知晓、解释、评估、解码以及行动的有效参与框

---

[1] 竺乾威.公共行政理论[M].上海：复旦大学出版社，2015：481.

[2] Patrick Dunleavy.Digital Era Governance：IT Corporations，the State，and E-Government[M]. Oxford：Oxford University Press，2006：227-229.

[3] Patrick Dunleavy，Helen Margetts.The Second Wave of Digital Era Governance[C].APSA 2010 Annual Meeting Paper，Washington，America，2010：1.

[4] Dunleavy P.The Future of Joined-up Public Services[R].2020 Public Services Trust and ESRC，London，2010：23.

[5] Dunleavy P，Tinkler J，Gilson C，et al.Understanding and Preventing Delivery Disasters in Public Services[C].Political Studies Association Conference，Edinburgh，2010：29.

[6] 郭小平."邻避冲突"中的新媒体、公民记者与环境公民社会的"善治"[J].国际新闻界，2013（5）：52-61.

架实现自身利益的诉求（魏娜、韩芳，2015）。[1] 信息技术使传统的公民参与向电子参与转变，实现政府和公民自主选择与互动的新形式。有学者从政治、行政与全球化的角度看待数字治理。从政治角度看，信息和通信技术通过增强民主来改变政治体制；从行政角度看，公共机构需要和公民、利益相关者和政府官员一起建立均衡的绩效标准来满足不同人群的偏好；从全球化角度看，数字治理正在成为渗透到各个国家各个行政分支的一个全球化趋势，利用互联网改善教育、医疗和社会保障等领域亦为削弱全球化的负面影响的方法之一（Milakovich，2012）。[2]

应用数字治理理论指导智慧城市实践是治理理论向城市治理领域迈出的重要一步，数字治理理论从理论指导、民主活动、决策过程和公民参与等方面帮助着城市管理者作出更好的决策，从而进一步提升城市的竞争力（Krassimira Antonova Paskaleva，2009）。[3] 有学者指出，数字治理理论指导智慧城市实践有助于促进社区的整合能力以及创新公民参与的形式（Roberto Garcia Alonso、Sebastian Lippez-De Castro，2016），[4] 信息和通信技术在整合性的知识框架中发挥着重要的调节作用。随着大数据技术、云计算处理的进一步发展，数字治理理论借助先进的信息科技在智慧城市的建设中发挥着越来越重要的作用，而智慧城市建设引入整体性治理和数字治理理论也可以从理论视角完善智慧城市的建设（董礼胜、崔群，2015）。[5]

上述这些文献呈现出两种观点：第一，数字治理理论的出现较好地解决了公民参与的困境以及促进参与方式的创新，并且有助于政策制定者及时发布政策信息；第二，Patrick Dunleavy 强调的数字治理理论是社会上整体的运动，但是数字时代的治理是治理，而不完全或主要是数字化过程（竺乾威，2015）。[6] 因此，在电子化政府乃至智慧城市的建设过程中，不能盲目追求数字化变革，要以治理为核心。

---

[1] 魏娜，韩芳. 邻避冲突中的新公民参与：基于框架建构的过程 [J]. 浙江大学学报（人文社会科学版），2015（4）：157-173.

[2] Milakovich，Michael E.Digital Governance：New Technologies for Improving Public Service and Participation[M].London：Routledge，2012：115-191.

[3] Krassimira Antonova Paskaleva.Enabling the Smart City：the Progress of City E-governance in Europe[J].International Journal of Innovation and Regional Development，2009，1（4）：405-422.

[4] Roberto Garcia Alonso，Sebastian Lippez-De Castro.Technology Helps，People Make：A Smart City Governance Framework Grounded in Deliberative Democracy[J].Public Administration and Information Technology，2016（11）：333-347.

[5] 董礼胜，崔群. 整体性治理：一种研究智慧城市的新视角 [J]. 福建行政学院学报，2015（3）：1-8，48.

[6] 竺乾威. 公共行政理论 [M]. 上海：复旦大学出版社，2015：482.

2. 国内纵向维度分析

国内学界对数字治理理论的研究以复旦大学竺乾威教授为代表，他于2008年出版著作《公共行政理论》，书中最后一章系统译介 Patrick Dunleavy 关于数字治理理论的观点，推动了后续学者对数字治理理论的关注。根据数字治理理论的发展脉络，笔者以5年为一个时间段，选取数字治理理论的核心文献进行分析，选取结果如表3所示。

表3　国内数字治理理论及其应用研究纵向维度分析

时间	核心概念	问题
2001—2005年	一般意义的"数字治理"	一般意义的"数字治理"与数字治理理论的异同
2006—2010年	后新公共管理；数字治理理论	数字治理理论的地位被弱化
2011—2015年	相近理论的比较研究	数字治理理论是否已成为公共管理理论的新范式

（1）一般意义的数字治理

电子政务、电子政府、电子治理是一般意义的数字治理，信息技术是一种最重要的政府管理工具，它是引起当代公共管理变革的重要动力，而电子政务或电子化政府建设成为当代公共管理发展的基本趋势（陈振明、薛澜，2007）。[1] 从公共管理、政府发展的角度看，电子治理能够赋予公共管理和政府更多、更高层面的价值，实现规范、廉洁、责任化的政府管理（王浦劬、杨凤春，2005）。[2] 没有高度发展的电子化政府，就无法跨越政府的层级鸿沟，也就无法将数量庞大的行政机构和单位用计算机连接起来，以便向民主提供整合性的服务（彭锦鹏，2005）。[3] 电子治理的称谓随着技术进步对公共管理的逐渐调整可能会淡出人们的视野，但它对公民、公民社会、私有部门以及与国家之间的关系等不断出现的新问题紧密结合在一起，仍然产生着持续的影响（Sharon S.Dawes、郑磊、纪昌秀，2009），[4] 并与数字治理理论结合，不断重塑着政府管理体制、公民参与途径（孟庆国、关欣，2015）[5]、政策制定与执行的有效性问题以及检验政策效果等方面，促进善治的实现。一般意义的数字治理的概念可以界定为：从广义上讲，数字治理不是信息通信技术（ICT）在公共事务领域的简单应用，而是一种与政治权力和社会权力的组织与利用方式相关联的社会—政治组织及其活动的形式，它包括对经济和社会资源的综合治理，涉及如

---

[1] 陈振明，薛澜．中国公共管理理论研究的重点领域和主题 [J]．中国社会科学，2007（3）：140-152．

[2] 王浦劬，杨凤春．电子治理：电子政务发展的新趋向 [J]．中国行政管理，2005（1）：75-77．

[3] 彭锦鹏．全观型治理：理论与制度化策略 [J]．政治科学论丛（台湾），2005（3）：23．

[4] Sharon S.Dawes．电子治理的演进及持续挑战 [J]．郑磊，纪昌秀，译．电子政务，2009（10）：108-126．

[5] 孟庆国，关欣．论电子治理的内涵、价值与绩效实现 [J]．行政论坛，2015（4）：33-38．

何影响政府、立法机关以及公共管理过程的一系列活动；从狭义上讲，数字治理是指在政府与市民社会、政府与以企业为代表的经济社会的互动和政府内部的运行中运用信息技术，简化政府行政，简化公共事务的处理程序，并提高民主化程度的治理模式（徐晓林、周立新，2004；徐晓林、刘勇，2006）。[1][2]

上述文献反映出一般意义的数字治理与数字治理理论的联系与区别。从二者的概念来看，数字治理理论范围更加广泛，一般意义的数字治理更多地强调单纯的技术变革对组织的影响。此外，一般意义的数字治理缺乏专门的理论视角予以指导，而多元主体治理的局面并未真正形成（徐顽强、庄杰，2012），[3] 因此，这种治理是不完善的。二者的联系在于共同强调运用数字化变革，一定程度上说，一般意义的数字治理丰富了数字治理理论的内涵。

（2）后新公共管理体制的形成对数字治理理论的影响

20 世纪 90 年代正值西方行政学界对新公共管理运动负面后果的反思期，作为对新公共管理理论的修正与继承，后新公共管理初步具备较为完整的理论框架与理论创新。但是，后新公共管理并未超越新公共管理运动，因为它在理论预设、理论主张以及实践环节仍有一定的局限性（尹文嘉，2011，2012，2013）。[4-6] 也正因此，数字治理理论的产生与发展必然会受到一定理论阻力的影响。但后新公共管理作为一个复合式的概念，使得后新公共管理时代的理论模式呈现出多元化、分散化的特点，并没有一个主导性的理论形态，多种模式间的边界并不十分清晰（孙珠峰、胡伟，2013，2015），[7-9] 兼容性和互补性为数字治理理论的发展提供了理论基础与发展空间。

上述文献呈现出一种观点，由于数字治理理论的基本观点和整体性治理理论有着很多相似之处，网络化治理理论的出现是为应对网络时代和信息技术革命而提出

---

[1] 徐晓林，周立新. 数字治理在城市政府善治中的体系构建 [J]. 管理世界，2004（11）：140-141.

[2] 徐晓林，刘勇. 数字治理对城市政府善治的影响研究 [J]. 公共管理学报，2006，3（1）：13-20.

[3] 徐顽强，庄杰，李华君. 数字政府治理中非政府组织参与机制研究 [J]. 电子政务，2012（9）：9-13.

[4] 唐兴霖，尹文嘉. 从新公共管理到后新公共管理——20 世纪 70 年代以来西方公共管理前沿理论述评 [J]. 社会科学战线，2011（2）：178-183.

[5] 尹文嘉. 论后新公共管理的局限性 [J]. 甘肃行政学院学报，2012（3）：4-16.

[6] 尹文嘉. 论后新公共管理的缘起 [J]. 广西大学学报（哲学社会科学版），2013，35（1）：97-103.

[7] 孙珠峰，胡伟. 后新公共管理时代钟摆现象 [J]. 南京社会科学，2013（9）：68-75.

[8] 孙珠峰，胡伟. 后新公共管理改革的起因研究 [J]. 学术探索，2015（1）：7-17.

[9] 孙珠峰，胡伟. 后新公共管理主要特征研究 [J]. 理论月刊，2015（6）：140-145.

的，是对数字治理理论的一种扩展，是以跨界服务为基本内容的政府治理模式（曾维和，2010）。[1] 基于整体性治理以及网络化治理理论各自的鲜明特色，数字治理理论的地位很容易被弱化。

（3）数字治理理论的深化发展

以竺乾威教授为代表的一批学者，从不同视角探讨了数字治理理论的基本观点。数字治理理论在深化发展的过程中，其实践领域的探索不可避免地存在一些不足：其一，管理和政治精英能否利用好数字治理的潜力；其二，新公共管理理论与数字治理理论并存易导致混乱的管理局面；其三，数字治理模式实施缓慢造成政府机构落后于现代理性方法的进程；其四，容易泄露公众隐私；其五，数字治理模式遭到机构化和整合化回换的质疑（王文凯、肖伟，2007）。[2] 整体性治理作为一种解决问题的方式，它不仅是对传统公共行政的衰落的回应，也是对新公共管理改革过程中的严重"碎片化"问题的战略性回应（胡象明、唐波勇，2010）。[3] 有学者指出，整体性治理理论有望成为21世纪有关政府治理的大型理论（Grand Theory）。随着资讯科技技术的不断发展，数字治理理论有效回应了整体性治理理论的制度化途径：建立线上治理基础建设、建立整合型的组织机构和主动型的文官体系（彭锦鹏，2005）。[4]

信息技术的发展使新公共管理主张的一些治理方式或是被终止，或是被放弃，究其根本就在于信息技术的重要作用。信息技术使得政府治理由部分走向整体，从破碎走向整合（竺乾威，2008）。[5] 数字治理理论传承整体性治理理论的精髓，借助于信息技术的帮衬，采取适当集权能够对公共管理系统产生一定的促进作用。在数字时代的全新环境下，公共管理面临诸多现实挑战，而传统的等级制政府模式无法满足复杂多变的时代需求。新公共管理之后，当公共管理面临现实挑战之际，数字治理理论的出现正当其时（陈水生，2009），[6] 数字治理理论契合了时代发展的大趋势，可以说，数字治理理论产生的影响是持续而深远的。有学者认为，整体性治理理论在数字时代的发展是数字治理理论形成的重要条件。信息时代的到来使得政府公共管理出现很多新的治理思路与治理工具，逐渐出现的利用私人公司和非营利机构从事政府工作的模式，使政府能够从公民的角度考虑，进而实现一种横向的沟通机制。

---

[1] 曾维和. 当代西方政府治理的理论化系谱——整体政府改革时代政府治理模式创新解析及启示[J]. 湖北经济学院学报，2010，8（1）：72-78.

[2] 王文凯，肖伟. 论数字治理模式及在我国的运用[J]. 成都行政学院学报，2007（6）：26-28.

[3] 胡象明，唐波勇. 整体性治理：公共管理的新范式[J]. 华中师范大学学报（人文社会科学版），2010，49（1）：11-15.

[4] 彭锦鹏. 全观型治理：理论与制度化策略[J]. 政治科学论丛（台湾），2005（3）：61-62.

[5] 竺乾威. 从新公共管理到整体性治理[J]. 中国行政管理，2008（10）：52-58.

[6] 陈水生. 新公共管理的终结与数字时代治理的兴起[J]. 理论导刊，2009（4）：98-101.

此外，技术的突破降低了合作伙伴间的成本，提高了公民的参与程度（韩兆柱、杨洋，2013）。[1]

上述这些文献反映出如下观点：第一，数字治理理论的产生和深化与信息化背景密切联系，这一联系随着政府网络化管理体制的构建越发紧密；第二，数字治理理论是整体性治理理论在信息时代的扩展，体现出工具理性的价值观念。

（4）相近理论的比较研究

在对公共管理理论的比较研究中，学者大多是将新公共管理与整体性治理、无缝隙政府进行比较研究（韩兆柱、杨洋，2012），[2] 对传统官僚体制、新公共管理体制与整体性政府进行比较（彭锦鹏，2005），对整体性治理理论与网络化治理理论进行比较研究（刘波、王力立、姚引良，2011），[3] 对传统官僚制、新公共管理、新公共服务和整体性治理进行比较研究（曾凡军、韦斌，2010），对科层治理、竞争性治理、网络治理和整体性治理的差异比较（曾凡军、王宝成，2010），[4] 对新公共管理、无缝隙政府和整体性治理三种范式下整合功能的异同分析（王甲，2011），[5] 专门针对数字治理理论的比较研究少之又少。笔者通过中国知网检索入口，以数字治理理论比较研究为关键词，相关检索结果仅为一条，即韩兆柱、单婷婷于2015年7月发表在《学习论坛》上的《网络化治理、整体性治理和数字治理理论的比较研究》一文。

他们认为，三种治理模式源于相同的时代背景、同样的治理目标，相互补充与完善。但是，三种治理模式在重塑权力结构方面和理论承袭及批判程度上差异明显。其一，网络化治理理论主张分权，而整体性治理理论和数字治理理论则分别主张集权和权力的协调与重新整合；其二，网络化治理理论是对新公共管理理论批判性的继承，整体性治理理论是对新公共管理理论的质疑与超越，而数字治理理论则是全新的数字时代下对整体性治理理论提出的新要求，它从技术层面解释了数字时代对于整体性治理理论模式的实践要求，是整体性治理理论在工具理性层面的归宿（韩兆柱、单婷婷，2015）。[6]

从上述文献中可以看到，这一时期学者已经开始关注多种理论间的比较，在比

---

[1] 韩兆柱，杨洋. 整体性治理理论研究及应用 [J]. 教学与研究，2013（6）：80-86.

[2] 韩兆柱，杨洋. 新公共管理、无缝隙政府和整体性治理的范式比较 [J]. 学习论坛，2012（12）：57-60.

[3] 刘波，王力立，姚引良. 整体性治理与网络治理的比较研究 [J]. 经济社会体制比较，2011（5）：134-140.

[4] 曾凡军，王宝成. 西方政府治理图式差异较析 [J]. 湖北社会科学，2010（10）：48-51.

[5] 王甲. 新公共管理、无缝隙政府和整体性治理三种范式下整合功能的异同分析 [J]. 理论界，2011（1）：164-165.

[6] 韩兆柱，单婷婷. 网络化治理、整体性治理和数字治理理论的比较研究 [J]. 学习论坛，2015（7）：44-49.

较研究中发现区别与不足，力求相互促进。但是，学界对于数字治理理论是否算作后新公共管理的一种理论范式持有争议，加之数字治理理论的地位易被弱化，对数字治理理论的研究仍然有很长的路要走。

3. 东西方比较

纵观数字治理理论的国内外纵向维度的研究现状，国外对数字治理理论的研究始于20世纪90年代末，严格来算，国内对数字治理理论的研究始于2008年竺乾威教授的著作《公共行政理论》一书。笔者认为，国内外学者对数字治理理论的研究目标是一致的，是殊途同归与理论升华的结合。通过梳理国内外学者研究数字治理理论的差异，能够做到优势互补，扬长避短，促进我国学者对数字治理理论的持续关注以及本土化发展。笔者按照发展脉络、组织制度的重视程度、实证研究、比较研究等区别梳理东西方研究数字治理理论的研究现状并揭示产生差异的原因。

（1）发展脉络差异

国外学者对数字治理理论的研究伊始于时代背景的推动以及相关理论的发展，逐步推演出应用研究，属于社会研究中的演绎逻辑。Perri 6 和 Patrick Dunleavy 对数字治理理论的理念产生、理论框架等知识建构出数字治理理论的"骨骼"。在积累大量理论文献基础上，后续学者进而转向应用领域研究，即"血肉"部分，最终构建出体系完整的数字治理理论。国内学者对数字治理理论的研究从一般性的数字治理角度出发，在实践研究的基础上进而转向理论领域的研究，属于归纳逻辑。尽管国内外学者对数字治理理论开展的研究工作运用了不同的逻辑思维，但最终的目标是一致的，均是通过运用先进的理论指导各国的公共管理实践，实现良善治理。产生这种差异的原因在于社会大环境的不同以及学者对数字治理理论的感知程度不一致。数字治理理论属于西方公共治理的前沿理论，译介到我国尚不足10年，因此，国外学者从理论视角研究数字治理理论是合乎情理的研究路径。20世纪90年代末正是信息科技以及我国实行改革开放政策的迅速发展期，电子政务、电子政府等一般意义的数字治理在我国发展得如火如荼，但依旧未有学者探讨这一现象背后的理论。学者对数字治理理论的感知程度不一致直接影响了数字治理理论在我国的呈现方式是经过多年的一般意义的数字治理逐渐演变为数字治理理论。直到2008年，以竺乾威教授为代表的学者正式译介 Patrick Dunleavy 的数字治理理论的基本内容，真正触碰到数字治理理论的内核，才算开了国内学者研究数字治理理论的先河。

（2）组织制度对技术应用与实施的影响重视程度不同

Jeffrey Roy、Jane E.Fountain 以及 Patrick Dunleavy 等学者十分重视组织制度、组织人员和组织文化对数字治理理论的影响，因为他们深谙单纯的信息技术是"无情"的，它虽然重要，但制度、组织人员才是数字治理理论得以成型的最主要条件和保障。国内学者对一般意义的数字治理研究较多，这种研究最主要的特点就在于它是单纯强调技术变革的促进作用，对于思想层面的探索较少涉及或虽有涉及但不符合严格的治理范畴。这种"唯技术论"的现实导向阻碍了学者对制度等人文层面的关注。从译介到国内的书籍来看，大众熟知的就是 Jane E.Fountain 的《构建虚拟政府：信息技术与制度创新》以及 Patrick Dunleavy《数字时代的治理》两本著作。因此，相关著作译介的缺乏从思想上影响了国内学者对组织制度在信息应用中的重视程度的差异。

（3）实证研究

国外学者对数字治理理论及其应用的研究十分重视实证研究，通过具体的案例分析以及真实获取的实验数据，佐证数字治理理论指导实践的能力。同时，在实证研究的基础上开展比较研究，从横向的案例分析中找出每个案例在实践中的不足，进而相互学习，共同进步（Claudio Ciborra、Diego D.Navarra，2005；Yu-Che Chen、Jun-Yi Hsieh，2009）。[1, 2] Tony Carrizales 对全球范围内一些大城市的城市网站进行纵向评估，焦点是评估政府现行治理实践，对应用数字治理的每一个网站进行评估，从而实现检验政府电子治理的治理能力以及建立完善的电子治理评价体系的目标（Tony Carrizales et al，2006；Jesper Schlager，2010）。[3, 4] 有学者研究显示，中国的公共管理研究缺乏规范性，经验研究严重不足，很难为公共管理实践提供知识和建议（何艳玲，2007；Wu X，2013），[5, 6] 这是国内学者对数字治理理论研究缺乏规范的实证分析的重要原因之一。互联网技术的发展使得我们有了更多的发展空间去实施实验研究，因为公共管理的工具箱十分丰富，包括调查研究、文档分析、观察和

---

[1] Claudio Ciborra，Diego D.Navarra.GoodGovernance，Development Theory，and Aid Policy：Risks and Challenges of E-government in Jordan[J].Information Technology for Development，2005，11（2）：141-159.

[2] Yu-Che Chen，Jun-Yi Hsieh.Advancing E-Governance：Comparing Taiwan and the United States[J].Public Administration Review，2009，69（S1）：151-158.

[3] Tony Carrizales，Marc Holzer，Seang-Tae Kim，Chan-Gon Kim.Digital Governance Worldwide：A Longitudinal Assessment of Municipal Web Sites[J].International Journal of Electronic Government Research，2006，2（4）：1-23.

[4] Jesper Schlager.Digital Governance and Institutional Change：Examining the Role of E-Government in China's Coal Sector[J].Policy&Internet，2010，2（1）：37-61.

[5] 何艳玲.问题与方法：近十年来中国行政学研究评估（1995—2005）[J].政治学研究，2007（1）：93-104.

[6] Wu X，He Y-L，Sun MT-W.Public Administration Research in Mainland China and Taiwan：An Assessment of Journal Publications，1998-2008[J]. Public Administration，2013，91（2）：261-280.

[7] 马亮.公共管理实验研究何以可能：一项方法学回顾[J].甘肃行政学院学报，2015（4）：13-23.

[8] 马亮.大数据技术何以创新公共治理？——新加坡智慧国案例研究[J].电子政务，2015（5）：2-9.

参与式观察等（马亮，2015）。[7, 8]

（4）比较研究

近五年来国外学者对数字治理理论的研究大多是进行规范性的实证研究，从一般意义的数字治理研究出发不断丰富着数字治理理论的治理范围，譬如数字教育问题（Ben Williamson，2015，2016）、[1, 2] 重视数字治理理论与政府公共价值创造的联系等问题（Luna et al.，2015）。[3] 而数字治理理论与其他理论进行的比较研究的空白是研究数字治理理论的一个不完善之处。尽管国内学者对相关理论的比较研究经验丰富，却对数字治理理论的比较研究甚少。究其原因有两点：第一，数字治理理论是治理理论与互联网信息技术催生的新的准范式，理论框架与应用实践均带有明显数字时代全新的属性，其产生时间甚短亦是学者对其进行比较研究不足的原因；第二，后新公共管理有众多理论，数字治理理论与网络化治理理论和整体性治理理论有诸多相似之处，理论地位的弱化导致学者对其比较研究关注度不够。

（三）学界对数字治理理论的争论

数字治理理论的出发点不仅在于应用信息技术重构公共部门数字化的管理体制，还在于推动社会上整体的数字化进程。但是在理论和实践中，数字治理理论仍然暴露出不少问题引起学者的争论与反思：新公共管理理论与数字治理理论背后的逻辑是否一致？数字治理理论是否会造成政府角色冲突？数字治理理论对治理责任的归属是否明确？数字治理理论是否会加速部门间的冲突？数字治理理论是一种新的理论范式吗？数字治理理论应坚持合作、公平的价值取向，突破"3E"的限制（黄健荣、杨占营，2004；欧文 E. 休斯，2001）。[4, 5] 从某一个国家的行政环境归纳出来的概念，不能够立刻予以普遍化，或被应用到另一个不同环境的行政管理上去。一个理论是否适用于另一个不同的场合，必须先把那个特殊场合加以研究之后才可以判定。因此要将数字治理理论与我国公共管理实践相结合，探索适用于我国的数字治

---

[1] Ben Williamson.Governing Methods：Policy Innovation Labs，Design and Data Science in the Digital Governance of Education[J].Journal of Educational Administration and History，2015，47（3）：251-271.

[2] Ben Williamson.Digital Education Governance：An Introduction[J].European Educational Research Journal，2016，15（1）：3-13.

[3] Luna，Dolores E，Duarte-Valle，et al. Digital Governance and Public Value Creation at the State Level[J].Information Polity，2015，20（2，3）：167-182.

[4] 黄健荣，杨占营.新公共管理批判及公共管理的价值根源 [J]. 中国行政管理，2004（2）：64-70.

[5] 欧文 E 休斯.公共管理导论 [M]. 北京：中国人民大学出版社，2001：2.

[6] Robert A.Dahl.The Science of Public Administration：Three Problem[J].Public Administration Review，1947，（7）：1-11.

理理论（Robert A.Dahl，1947）。[6]

1. 新公共管理理论与数字治理理论背后的逻辑是否一致

新公共管理理论的理论基础主要来自经济学和私人部门的管理理论，数字治理理论的理论基础要从后新公共管理时期的理论渊源说起，主要包括公共价值管理理论、协同理论、网络化治理理论、整体政府理论、无缝隙政府理论（周晓丽，2005；尹文嘉，2012）。[1, 2] 新公共管理理论主要是将企业部门运用的管理方法引入到公共部门内部，实行企业化的管理方式。新公共管理理论的主要内容包括：（1）借鉴私人部门的管理方法；（2）公共部门产品和服务的市场化；（3）公共服务的顾客取向；（4）实行绩效评估；（5）政府的政策职能与管理职能分离（Osborne D、Gaebler T，1992）。[3] 数字治理理论的核心在于服务的重新整合，整体的、大家参与的决策方式以及电子行政运作广泛的数字化（Patrick Dunleavy，2006）。[4] 从二者的理论渊源与基本内容看，二者背后的逻辑并不一致。竺乾威认为，新公共管理理论和数字治理理论两者背后的逻辑是一致的。理由如下：尽管新公共管理理论和数字治理理论在治理方式上有所不同，或者说数字治理理论的一些具体实现方式会随着情况的改变而发生变化，但两者在终极目标上是一致的，在于推崇更加便捷、服务更优质、成本更低廉地为公众提供公共物品和服务。从这一意义上说，治理方式即使有变，精神却是一致的。因此，数字治理理论顺应的是新公共管理理论的逻辑，而不是新公共服务理论的逻辑（竺乾威，2008）。[5]

2. 数字治理理论是否会造成政府角色冲突

西方国家一方面宣称他们已经进入"没有政府的治理"，另一方面却在强调"元治理"问题，即作为治理的治理，这种矛盾的主张会使政府陷入角色困境（史云贵、周荃，2014）。[6] 从这一角度理解，数字治理理论的确会造成政府的角色冲突。但是Patrick Dunleavy 认为，官僚组织形态仍然是数字治理理论的组织载体，信息技术深刻影响着政府的组织形态和运作方式。从这一观点看，数字治理理论不仅不会带来

---

[1] 周晓丽. 新公共管理：反思、批判与超越——兼评新公共服务理论 [J]. 公共管理学报，2005，2（1）：43-48，90-93.

[2] 尹文嘉. 后新公共管理的超越与限度 [D]. 上海交通大学，2012：44-52.

[3] Osborne D，Gaebler T.Reinventing Government：How the Entrepreneurial Spirit is Transforming the Public Sector[M].Reading：Addison-Wesley Publishing Inc，1992：35.

[4] Patrick Dunleavy.New Public Management is Dead-Long Live the Digital Era Governance[J]. Public Administration Research and Theory，2006，16（3）：467-494.

[5] 竺乾威. 公共行政理论 [M]. 上海：复旦大学出版社，2015：496.

[6] 史云贵，周荃. 整体性治理：梳理、反思与趋势 [J]. 天津行政学院学报，2014（5）：3-8.

政府角色错位现象，反而能够明确定位政府角色与分配政府职能。

3. 数字治理理论对治理责任的归属是否明确

有学者认为，西方发达国家的行政体制改革是建立在缜密的资讯体系、组织体系和人事行政体系之上，并且还要依赖一个持续有力地进行政治参与监督和行政参与监督的主动积极的公民社会。但是，我国公共服务提供中涉及的利益整合问题是多元和复杂的，致使合作项目貌合神离（胡佳，2010）。[1]此外，数字治理理论提倡的一站式窗口、一站式服务的设计理念在根本上也会造成利益均沾所带来的负面影响，治理责任与界限模糊。从这一宏观角度看，包括整体性治理理论、网络化治理理论和数字治理理论对治理责任的归属是不明确的。但是，数字治理理论强调的一站式无缝隙的服务是指公民只需一次性提交必要信息与服务请求，并交由政务网络在较短时间内对政府内部进行相关的咨询处理工作，最后提供明确的令人满意的服务结果。这种一站式无缝隙服务的建立是克服电子政务碎片化和实现电子化政府的核心所在（韦斌，2013）。[2]数字治理理论强调的是通过信息化整合服务实现善治，电子化的行政业务处理流程是需要明确的计算机编程，具体分配各部门的职能与权限，办公人员才可以进行行政业务的处理。从这一微观角度看，数字治理理论对治理责任的归属是明确的。

4. 数字治理理论是否会加速部门间的冲突

与数字治理理论一脉相承的整体性治理理论假定"提供公共服务的各种组织机构，不管是属于政府的还是非政府的，都可以按照它设想的途径进行整合，不会被意识形态和阶级利益分开"（Bogdanor，2005）。[3]诚然，在治理实践中，各部门的利益纠缠依然给机构整合带来了负面影响。自改革开放以来，国务院共经历了七次规模较大的政府机构改革，大部制改革逐步迈出重要步伐。但是，现行行政体制内部仍然存在诸多问题，譬如机构重叠、职能缺位、越位现象、权力的制约监督机制不健全等。从这一角度看，数字治理理论会加速部门间的冲突。数字治理理论强调在组织结构上实行整合与协调，在实现机制上运用信息化手段进行政府治理工具的创新，它所构建的是一种协调的部门关系，在改革目标上注重公共性的回归，这些价值追求对促进政府行政体制改革仍然具有重要的理论指导与现实意义。从这一角度理解，数字治理理论会缓解部门间的冲突。

---

[1] 胡佳. 迈向整体性治理：政府改革的整体性策略及在中国的适用性[J]. 南京社会科学，2010（5）：46-51.

[2] 韦彬. 电子政务碎片化与整体性治理研究[J]. 理论月刊，2013（5）：163-167.

[3] Bogdanor.Joined up Government[M].Oxford：Oxford University Press，2005：103.

5. 数字治理理论是一种新的理论范式吗

什么是"范式"？托马斯·库恩认为，"范式是，也仅仅是一个科学共同体成员共有的东西"（托马斯·库恩，1981）。[1]范式与共同体的概念就如同一个硬币的两个面，它能够在描述科学发展中同时或是交替使用，两者的有机结合较为成功地解决了科学发展的规律问题。更为重要的是，科学共同体接受某一范式后，便在这种范式的指导下开展科学研究活动（王诗宗，2010）。[2]Patrick Dunleavy 认为范式理论在社科领域中并不完全适用，因为它似乎没有那么"科学"，所以数字治理理论只能算作一种准范式（Quasi-paradigm）（Patrick Dunleavy，2013）。[3]后新公共管理时期具有众多理论体系，它们之间是互补而不是替代的关系，并且这些理论正在接受着实践的检验。从这一角度理解，数字治理理论不能称之为一种理论范式，应称为一种具有互补关系的社会治理模式。

此外，Patrick Dunleavy 的数字治理理论关于以需求为基础的整体主义的一项措施是数据库的运用。数据库技术不仅是电子化政府的重要支撑，还是政府部门实现信息资源共享和无缝隙服务的重要手段（韩兆柱、单婷婷，2014）。[4]Patrick Dunleavy 认为，数据正常的管理情况是把不同的信息放置在不同并且互不相容的系统，这导致数据的匹配性很差，必须有特定的搜索请求。相反，数据存储让具体个例的数据可以横跨多种利益，有利于政府机构预测公民的需求以及分析政策风险（Patrick Dunleavy，2006）。[5]但是，尽管数据库有诸多优点，仍然要面对潜在的数据丢失以及公民隐私的泄露风险。

事物的发展规律本就是批判性的继承，问题也好，争论也罢，都是为了促进数字治理理论的更好发展。数字治理理论的发展不可能一帆风顺，因为当今社会具有高度复杂和高度不确定性的特征，未来发展的不可知因素会持续存在。因此，学者保持一颗时刻进取的心十分必要，坚持以批判的态度审视数字治理理论，并积极对各种批评作出回应，是保持数字治理理论"活力"的关键。

---

[1] 托马斯·库恩. 必要的张力 [M]. 纪树立，等译. 福建：福建人民出版社，1981：291.

[2] 王诗宗. 治理理论与公共行政学范式进步 [J]. 中国社会科学，2010（4）：87-100.

[3] Margetts H，Dunleavy P.The Second Wave of Digital-era Governance：a Quasi-Paradigm for Government on the Web[J].Philosophical Transations of the Royal Society A，2013，371（1987）：1-3.

[4] 韩兆柱，单婷婷. 基于整体性治理的京津冀府际关系协调模式研究 [J]. 行政论坛，2014（4）：32-37.

[5] Patrick Dunleavy.Digital Era Governance：IT Corporations，the State，and E-Government[M]. Oxford：Oxford University Press，2006：234.

二、数字治理理论研究的评价及趋势展望

（一）研究评价

总结国内外学者对数字治理理论及其应用的研究工作，不难发现，由于国内外学者对数字治理理论的研究出发点不同，国外学者近 10 年来对数字治理的应用进行广泛的探讨，多篇文献均为实证性研究，研究数据真实可信，更加佐证了数字治理理论指导公共管理实践的治理能力。但是不可否认的一点是，尽管数字治理理论的体系框架不断延伸，国外学者对数字治理理论的研究仍然出现类似本末倒置的现象，即过于注重数字治理理论内涵外延的研究，反而忽视其本质特征。数字治理理论是官僚组织形态在现代信息社会的全新表现形式，它从本质上讲是不否定官僚制的，而国外学者的部分文献却忽视了这个问题。

国内学者近五年来对数字治理理论的理论框架与制度化途径多有关注，已经由最初的电子治理领域逐步扩展至初探智慧城市研究领域，并与大数据、云计算等信息科学技术结合，开发出更加适合公共部门管理自身、管理社会的工具。国内学者对数字治理理论西方经典原著的重新审视也纠正了早期学者对数字治理理论译介的准确性问题。纵观国内学者对数字治理理论的研究，缺乏实证研究依然是其研究工作的不足之处。此外，国内学者对数字治理理论的比较研究关注度依然不足，真正做到与数字治理理论相比较的文章仅 1 篇，数字治理理论的比较研究是一个亟待填补的理论空白。

尽管国内外学者对数字治理理论的关注时间与研究时间较晚，并存在一些研究问题，但数字治理理论发展至今已取得了显著的成果，相关研究成果已经为英国、美国、荷兰、加拿大、日本、新西兰等国的公共管理实践带来深远的影响。数字治理理论是数字时代全新的治理取向，作为治理理论的分支，坚持民主与公平的取向以及重视信息技术作用于公共部门是数字治理理论区别于其他理论的显著特征，实现了工具理性与价值理性的归一。

（二）趋势展望

通过对数字治理理论进行纵向的时间维度分析以及横向的空间维度分析，笔者系统了解到国内外学者对数字治理理论的研究现状，并发现其中一些研究的不足和下一步研究的方向：

1. 国内学者应注重开展数字治理理论的实证研究

实践检验真知，数字治理理论是否可行还需经受实践的检验。当前公共管理研究的趋势是逐渐运用数据与模型说话，定量分析是得出研究结论的重要基础与方法。工欲善其事，必先利其器。国内学者应充分借鉴西方学者对数字治理理论进行应用研究的研究方法，提升实验的规范性，以精确的结果证明研究目标的可行。此外，

国外学者在对数字治理理论进行应用研究时也应区分一般意义的数字治理与数字治理理论的区别，避免出现本末倒置的研究现象。

2. 注重理论间的横向比较

在上述的纵向横向结合的研究过程中，笔者发现，无论是国外，还是国内学者都缺乏对数字治理理论的横向比较研究。国内学者对后新公共管理的主要思想（整体性治理、网络化治理、无缝隙政府）多有比较，横向研究的理论空白亟待填补。笔者认为，数字治理理论与网络化治理理论有诸多相似之处，应单独予以比较，明晰二者不同，改变学界对于二者概念及基本内容模糊的观点。此外，一般意义的数字治理与数字治理理论应进行比较，二者不只在治理内涵有所区别，在实现手段、价值属性、组织制度等方面都存在显著的区别。

3. 注重拓展数字治理理论的应用研究范围

反思我国学者对数字治理理论应用的研究，不难发现，学者大多是将数字治理理论作为一种技术应用于政府部门以及非政府部门之间构建扁平化的管理体制方面发挥作用，并没有深入拓展数字治理理论的应用领域，这对于全面研究数字治理理论及其应用而言是不完善的。随着信息时代的持续发展，对数字治理理论应用的研究理应深入扩展研究领域，如发展得如火如荼的智慧城市战略、大数据与数字治理理论的紧密结合等均为数字治理理论进一步发展的趋势，学者应予以充足的重视。

4. 注重协同创新研究

2015年10月29日，党的十八届五中全会提出："坚持创新发展，必须把创新摆在国家发展全局的核心位置，不断推进理论创新、制度创新、科技创新、文化创新等各方面创新，让创新贯穿党和国家一切工作，让创新在全社会蔚然成风。"[1] 理论创新对于提升国家治理体系和治理能力的现代化十分重要。数字治理理论是公共管理理论中较为年轻的成员，学者对其研究要坚持联系其他相关理论，譬如整体性治理、网络化治理理论等，彼此间相互促进，共同学习，并在此基础上形成具有数字治理理论自身特点的创新发展。

三、结语

数字治理理论缘起于新公共管理运动负面后果的反思，作为一种新型的治理理论准范式，它既有效地应对了新公共管理运动带来的碎片化问题，又为数字时代的政府公共管理实践提供了新的治理思路与治理框架。国外学者从数字治理理论的理

---

[1] 中国共产党第十八届中央委员会第五次全体会议公报 [EB/OL]．（2015-10-29）. http：//news.xinhuanet.com/fortune/2015-10/29/c_1116983078.htm.

论框架着手进行研究，逐步发展至应用领域，并拓宽了数字治理理论的治理范围，这对国内的研究学者具有一定的启示意义。而我国学者则从实践领域着手研究，缺乏理论指导，其研究带有明显的技术导向并且缺乏实证研究。近五年来，国内学者开始进行理论框架研究的回归，并逐渐丰富其治理范围。笔者认为，学界尚缺乏对数字治理理论进行理论间的横向比较。因此，数字治理理论的发展应注重开展多种理论的横向比较，坚持理论研究、应用研究、比较研究三者并举，从多个维度出发共同促进数字治理理论的发展，并努力使数字治理理论更加本土化，进一步推动我国国家治理体系和治理能力的现代化发展。

公共价值管理理论及其研究进展 *

马克·穆尔（Mark Moore）在 20 世纪 90 年代首次提出"创造公共价值"，对公共部门管理者是谁，他们应该生产什么，如何进行测量三个问题提出了创新性的观点。进入 21 世纪，随着公共服务提供和公共政策执行日益复杂化，"公共价值"概念引起公共管理学者的重视，形成了以马克·穆尔为代表的创造公共价值以波兹曼（Barry Bozeman）为代表的公共价值失灵，以斯托克（Gerry Stoker）为代表的网络化治理新途径的公共价值管理等观点。国内学者对于公共价值管理的相关研究起步晚、发展慢。本文对公共价值管理理论的国内外发展状况进行梳理，目的是找出我国研究的不足，将公共价值管理理论运用到我国公共管理的实践中去，进一步推进公共价值管理理论的本土化研究，提升我国政府治理能力。

一、公共价值管理理论的国外研究现状

（一）公共价值管理理论的发展

2012 年，美国《公共行政评论》第 1 期杂志刊发了关于"公共价值"的专刊征稿启事，征稿主题有两个："一是关于强调公共价值如何被创造或不被创造的研究；二是关于识别、测量和评估公共价值的路径及公共价值的创造方式的研究。"[1]2009 年《国际公共行政评论》与 2014 年美国《公共行政评论》分别对公共价值进行了专刊讨论，标志着"公共价值管理理论逐渐成为近年来西方公共学界探讨的热点"[2]。

1. 公共价值的概念界定

"公共价值是一个新兴时髦的事物，挑战了公共选择理论，是公共利益理念的复兴，是公共行政走向平衡健全的标志，能融合民主价值和管理主义，能融合传统公共行政和新公共管理。"[3]公共价值的概念众说纷纭，在争议中不断发展与完善，但对

---

* 与郭红霞合作完成，并发表于《河北大学学报》2017 年第 6 期，第 118～127 页，中国人民大学书报资料中心《管理学文摘》2018 年第 2 期转载，题目有变动。

[1] JOHN M BRYSON.Creating Public Value in a Multi-Sector, Shared-Power World, PAR Special Issue 2014[J].Public Administration Review, 2012, 72（1）：166-167.

[2] IESTYN WILLIAMS, HEATHER SHEARER.Appraising Public Value：Past Present and Futures [J].Public Administration, 2011, 89（4）：1367-1384.

[3] 孙珠峰, 胡伟. 公共行政的发展趋势：西方的预测与中国的逻辑 [J]. 上海交通大学学报（哲学社会科学版），2014，22（6）：74-83.

它的定义并未形成统一的概念和话语体系。

马克·穆尔（Mark Moore）认为："公共价值是公民对政府期望的集合，是公众通过切实的公共政策与服务所获得的一种效用，公共管理者的重要使命就是探寻和回应公众真实的期望。价值来源于人的期望与感知……所以公共管理者应最关注公民通过代议制政府所表达的期望。"[1]公民的期望有两种类型，一种是关注集体的，不能由市场机制提供的需要和消费；另一种是强调整合社会条件的政治期望，例如适当地分配公共和私人部门的权力与责任。凯利（Kelly）等人认为，"公共价值是政府通过服务、法律规制和其他行为创造的价值，价值由公民们的偏好决定"，公共价值有三个关键成分：一是服务的价值；二是产出的价值；三是信任与合法性[2]。霍纳和黑兹尔（Horner、Hazel）认为，公共价值是由公民决定的价值。"公共价值可以通过经济繁荣、社会凝聚和文化发展等途径来创造，公共价值——如更好地服务，增强信任或社会资本，减少或避免社会问题——由公众决定，公众通过参与和协商等民主过程——而不仅仅是通过投票箱——来决定。"[3]斯托克（Stoker）认为，公共价值是公民集体偏好的总和。"公共价值并不是公共服务的生产者或使用者的个体偏好的简单叠加，它是政府官员和相关利益者商议的结果。"[4]斯托克主张通过政治协商网络来定义公共价值，在网络中利益相关者相互协商、彼此沟通，在差异中寻求共同的价值。欧弗林（O'Flynn）认为，"公共价值是一种集体表达的、政治协调公民偏好的反映，公共价值的创造能够有效地提升公民信任"[5]。波兹曼（Bozeman）认为，公共价值不是一个一元概念，有很强的多样性、复杂性和冲突性[6]。迈恩哈特（Timo Meynhardt）开发了一个非规范的公共价值的理论基石。从需求理论出发提出了公共价值管理理论的新维度，重新被概念化的公共价值在公共部门得到了特别的重视[7]。

---

[1] MARK H MOORE.Creating Public Value：Strategic Management In Government [M]. Cambridge，Massachusetts：Harvard University Press，1995：30-52.

[2] KELLY，MUERS，MULGAN. Creating Public Value：An Analytical Framework for Public Service Reform[M]. London：Cabinet Office，UK Government，2002：4.

[3] HORNER，HAZEL.Adding Public Value[M].London：The Work Foundation，2005：34.

[4] GERRY STOKER.Public Value Management: A New Narrative for Networked Governance？[J]. American Review of Public Administration，2006，36（1）：41-57.

[5] O'FLYNN.From From New Public Management to Public Value：Paradigmatic Change and Managerial Implications[J].Public Administration Review，2007，66（3）：353-366.

[6] JΦRGENSEN，BOZEMAN.Public Values：An Inventory[J]. Administration & Society，2007，39（3）：354-381.

[7] TIMO MEYNHARDT.Public Value Inside：What is Public Value Creation？[J]. International Journal of Public Administration，2009，32（3-4）：192-219.

贝宁顿（John Benington）认为，公共价值是一个有争议的概念[1]，公共价值自产生以来其概念是仁者见仁、智者见智，但是学者们一致认同公共价值是公众的期望、偏好、需求、意愿的反映，不是公众偏好的简单相加，而是一种社会公众效用，是协商得出的结果。因此，为实现公共价值，我们必须将公共价值理念与公共管理相结合，创新公共管理理论或工具。

2. 从公共价值到公共价值管理

塔尔博特（Colin Talbot）指出，公共价值的出现是公共管理界的大事件，是顺应时代发展的产物[2]。在对公共价值管理理论研究过程中形成了三大主流研究途径，一是以穆尔为代表的创造公共价值；二是以波兹曼为代表的公共价值失灵；三是以斯托克为代表的作为网络化治理新途径的公共价值管理，这三大研究途径分别从不同角度剖析了公共价值管理理论。

以马克·穆尔为代表的创造公共价值。马克·穆尔的创造公共价值思想大致包括三部分：（1）创造公共价值的提出。他发表的《作为战略中心的公共价值》（1994）第一次提出创造公共价值的概念。从三方面对公共价值作了具体的阐述：一是公共管理的目标是创造公共价值；二是公共价值测量的不同概念和方法；三是公共管理者必须是集体的代理，而不是个人的代表。在文章的结尾，穆尔指出了政治的重要性，政治不能也不应该被排除在公共价值的定义之外[3]。穆尔对政府在社会中的角色、政府管理者的角色、公共管理者所需的技能这三个问题提出了挑战，认为"公共部门管理工作的目的是创造公共价值，就像私人部门管理工作的目标是创造私人价值一样"[4]。公共管理者的首要问题与任务是研究公共组织如何创造公共价值，并整合内外部资源进行组织创新，实现组织的公共价值。（2）授权环境与国家权威在公共价值创造中的运用。（3）战略三角模型。战略三角是一个用于调整三个截然不同但相互依存过程的框架，被认为是创造公共价值的必要条件，它分为定义公共价值、运作能力、支持与合法性三部分。战略三角模型可以促进公共管理者审视授权环境潜在的集体的变化、政治期望并指导他们的行动，寻找持久的任务环境、评估组织的运作。

---

[1] JOHN BENINGTON .Creating the Public In Order To Create Public Value[J]. International Journal of Public Administration，2009，32（3-4）：232-249.

[2] COLIN TALBOT. Public Value——The Next "Big Thing" in Public Management[J]. International Journal of Public Administration，2009，32（3-4）：167-170.

[3] MARK H MOORE.Public Value As the Focus of Strategy [J]. Australian Journal of Public Administration. 1994，53（3）：296-303.

[4] MARK H MOORE.Creating Public Value：Strategic Management In Government [M]. Cambridge，Massachusetts：Harvard University Press，1995：28.

以波兹曼为代表的公共价值失灵。波兹曼强调从公共价值的视角研究公共政策与公共服务，单纯地用"市场失灵""政府失败"作为公共政策或公共服务是否有效的标准已经落伍，应当以"公共价值失灵"来衡量公共政策与公共服务的质量与效果。波兹曼提出，一个社会公共价值失灵的指标有："（1）各种社会价值的表述和集合的机制失灵；（2）公共领域的垄断失灵（个人财团搞外交违反国家利益）；（3）少数利益集团囊括和侵夺大众利益；（4）公共价值的稀缺供给；（5）短期行为威胁到公共价值；（6）关注到资产的可替代性威胁公共资源的保护；（7）市场交易威胁到基本的人性价值。"[5]随后，波兹曼又逐一分析了公共价值失灵在不同情况下的解决方法。波兹曼侧重于公共价值类型学的研究，将公共价值影响公共行政或公共组织的哪一个方面作为研究的基础，提出了公共价值的7种类型，并分别确定了每一种公共价值类型下的价值集[6]。

　　以斯托克为代表的作为网络化治理新途径的公共价值管理。创造公共的领域需要各部门多层次的合作，就传播公共价值而言，是任何一个部门独自产生的影响都不能企及的[7]。斯托克指出，公共价值管理是与网络化治理最相适应的管理模式[8]，二者的结合能使民主和效率以合作伙伴的关系同时存在[9]。他通过与传统公共行政和新公共管理的比较来揭示公共价值管理的特质，认为公共价值管理使得公共管理者不仅要重视个人间、组织间的关系，要具备通过网络进行管理的能力，多途径学习的能力以及广泛获取资源的能力，更重要的是要能够有效解决效率、责任和平等之间的矛盾关系。斯托克认为，公共治理包括网络审议与递送以追求公共价值，它们包括四点："（1）公共行政的目的是在于追求公共价值，需要公共干预去寻找公共价值；（2）需要给公众更多的合法性认可；（3）需要建立开放的、关系稳定的、具有公共服务文化的公共服务获取机制，有效的获取需要一个思想开阔的途径去识别出最好的供给者，他们是公共部门、私人部门还是志愿组织；（4）需要建立灵活的、

---

[5] BARRY BOZEMAN.Public Value Failure：When Efficient Markets May Not Do[J].Public Administration Review，2002，62（2）：145-161.

[6] JφRGNSEN，BOZEMAN.Public Values：An Inventory[J].Administration & Society，2007，39（3）：354-381.

[7] THOMAS FISHER.Public Value and the Integrative Mind：How Multiple Sectors Can Collaborate in City Building[J].Public Administration Review，2014，74（4）：457–464.

[8] GERRY STOKER.Public Value Management: A New Narrative for Networked Governance？[J]. American Review of Public Administration，2006，36（1）：41-57.

[9] GERRY STOKER. Public Value Management（PVM）：A New Resolution of Democracy/Efficiency Trade-off[Z]. Institution for Political and Economic Governance University of Manchester UK，2005.

学习型的公共服务供给机制。"[1]

总之，从公共价值到公共价值管理的发展是质的飞跃，在公共管理活动中注入公共价值的因素，实现公共价值管理理论与公共管理实践的结合。

3. 公共价值管理与相关理论的比较研究

西方对公共价值管理理论的比较研究主要是从范式转换的角度，将公共价值管理理论与传统公共行政理论、新公共管理理论相比较。布莱森等学者系统地比较了传统公共行政、新公共管理和公共价值管理，他们认为公共价值管理是超越传统公共行政、新公共管理的一场新的公共行政运动，公共价值管理在产生背景、主要的理论与方法基础、人性假设、公共物品、公共价值和公共利益的定义、政治角色、公民角色、政府机构角色、关键目标、关键价值、实现政策目标的机制、公共管理者角色、责任途径、对民主过程的贡献等方面超越了传统公共行政和新公共管理[2]。凯利从管理主体、管理的主要目标、偏好的递送机制、责任模式、公众参与的水平、治理方法，对传统公共行政、新公共行政与公共价值管理作了具体的比较[3]。斯托克从关键目标、管理者角色、公共利益的界定、关键的推动力、偏好的服务传递体系等方面对传统公共行政、新公共行政与公共价值管理作了具体的比较[4]。欧弗林从特征、主要的关注、管理目标、对公共利益的定义、绩效目标、责任实现模式、偏好的攻击系统七个方面总结了新公共管理范式和公共价值范式的主要区别[5]。笔者在前人研究的基础上对传统公共行政、新公共管理和公共价值管理的主要区别进行了系统的梳理（见表1）。

表1 传统公共行政、新公共管理与公共价值管理的比较

	传统公共行政	新公共管理	公共价值管理
产生背景	工业化、城市化、专业化、现代公司的兴起；对科学的信任；过度担心"大市场"的失败	对"大政府"不信任，关注政府失灵；相信市场机制的有效性；相信理性行为，权力不断下放	关注市场、政府、第三部门以及公民社会的失灵；不平等状况加剧；网络治理和协作治理的加强；不断发展的信息技术

[1] GERRY STOKER.Public Value Management: A New Narrative for Networked Governance？[J]. American Review of Public Administration，2006，36（1）：41-57.

[2] JOHN M BRYSON，BARBARA C CROSBY，LAURA BLOOMBERG. Public Value Governance：Moving Beyond Traditional Public Administration and the New Public Management[J].Public Administration Review，2014，74（4）：445-456.

[3] KELLY G，MUERS S.Creating public value：An analytical framework for public service reform[M]. Discussion paper prepared by the Cabinet Office Strategy Unit Kingdom.2002.

[4] GERRY STOKER.Public Value Management: A New Narrative for Networked Governance？[J]. American Review of Public Administration，2006，36（1）：41-57.

[5] O'FLYNN.From From New Public Management to Public Value：Paradigmatic Change and Managerial Implications[J].The Australian Journal of Public Administration Review，2007，66（3）：353-366.

（续表）

	传统公共行政	新公共管理	公共价值管理
权力运作	集中权力	单位分权	扩大授权
理论背景与方法论	政治理论；科学管理；实证主义	经济理论；复杂的社会科学；经验观察与实证分析	民主理论、公共管理与非营利组织管理理论；实证、诠释、批判等多样化的研究方法
管理者角色	确保规则和合理的程序能够运行	帮助确定和完成既定的绩效目标	以积极的姿态有意识地传递和维护整体的网络治理能力
公众参与角色	仅限于选举中的投票，并对所选代表施压	顾客	公共问题的解决者；发现和创造公共价值的合作者
关键目标	维护官僚制统治	管理投入和产出，确保经济及顾客需求回应	关注公民关心的问题，及时作出回应；服务传递系统的建设
管理目标	政治输入，在官僚组织下实现有效的监督、指挥、提供服务	达成一致的绩效目标	多元目标；对公民偏好的回应、获得公民信任；网络机制建设维护；满意度、服务产出
人性假设	理性人	理性经济人	反思理性的复杂人
运作原则	功能性分工	政府功能部分整合	政府整合性运作
责任实现模式	通过组织机构向政治官员负责，并通过政治官员向议会负责	通过绩效合同向上负责；通过市场机制向外部消费者负责	多元责任模式，包括作为政治监督者的公民、作为使用者的顾客、作为基金投入者的纳税人
对公共利益、公共价值的界定	由政治官员、专家来界定，很少征求民众意见	个人偏好的加总	个人和公众通过政治协商的结果，在对要求和机会成本进行审慎思考后提出
关注的价值	效率	效率、效益	关系、效率、效益、民主
关键的推动力	具有权威的规范	个人及组织目标的激励	创建公共价值的使命感和相互学习的承诺
对公共服务精神的认知	公共服务由政府决定，以及公共实体共同肩负公共服务	对公共服务精神持怀疑态度，倾向于顾客服务	没有哪个部门或环节垄断公共服务；通过分享共同的价值导向来维持关系是最重要的
公共服务提供体系	公共部门垄断供给	私人部门或者严格限定的公共部门	弹性选择，没有任何组织可以垄断公共价值的创造
对民主进程的贡献	传递责任意识，通过选举的领导之间的竞争来提供重要的责任	提供目标，通过设定目标和考察绩效，让管理者来决定所采取的方式	提供对话机制，通过整合所有要做的事情，使互动持续的民主交流成为核心

综上所述，公共价值管理理论超越了传统公共行政和新公共管理理论，近年来，它之所以能够大行其道是因为公共价值管理在对传统公共行政与新公共管理反思批判的基础上既有继承也有创新。通过比较，我们能够发现公共价值管理是具有问题导向、面向实践的，但是在近几年的发展中，研究者们逐渐关注到它的局限性，对其陷入的困境进行了大量的研究。

（二）公共价值管理理论研究困境

亚当·达尔（Adam Dahl）认为："公共价值管理在两个维度上存在局限，首先是它无法对抗近些年削弱美国民主的力量，已有的研究也没有谈到美国根深蒂固的权力和政治偏见的事实，没有克服这些民主化的障碍；其次，即使这些障碍被克服了，我们也不清楚公共价值管理如何来深化民主，公民包容的机制通常被纳入对那些对权力分享的民主化没有什么作用的模型的补充，而且一些管理理念很难与民主原则相协调。"[1] 所以公共价值管理可能存在造成民主缩水的风险或困境。刘易斯（Bertha Lewis）认为，对公共价值管理理论的过度分析造成问题的解决更加困难，主张将重点转移到公共价值管理理论的实践方面[2]。在公民参与管理过程的实践中，公共价值管理理论也有一定的挑战，"公共管理者必须决定在多大程度上与公众分享影响力，必须决定由公众中的谁去参与公共决策过程，必须选择特定的公民参与形式"[3]，在公民参与公共管理或公共决策过程中，公共管理者有很大的自由裁量权，怎样选择权力实施的程度以保证最大限度地实现公共价值是很大的挑战。公共价值是公民偏好的集合，但是在公共价值如何真正体现公民的意愿上依然困难重重。公共价值是抽象的，公众的偏好有可能会被特殊利益集团的诉求替换掉，因为"利益相关者之间能否持有对于政策均衡的影响力，是达成公共价值的关键"[4]，公共价值在资源占有非均衡的条件下，政策更多反映的是优势利益集团的需求和偏好。要想让公共价值的理念真正贯彻到实践中去，还需进一步加强公共行政民主化的建设。叶斯廷·威廉姆斯（Iestyn Williams）和希瑟·希勒（Heather Shearer）指出："由谁来引导和实现公共价值，其合法来源是什么？谁来解释公共价值的回应？在很大程度上，对公共价值的引导掩盖了官僚权力的操纵过程……管理者能代表公共价值吗？这显然是个值得深思的话题。"[5] Laura Kalambokidis 认为，政府可以通过一系列公共经济分析工具，例如税收和财政支出政策实现公共价值最大化[6]，但是 Abraham Lackman 对公共财政工具箱实践运用的适应性与可行性提出疑问[7]。Lawrence R. Jacobs 指出，新兴的公共价值领域有助于使规范和政策倾向于公共利益，但其分析却忽略了在当

---

[1] ADAM DAHL，JOE SOSS. Neoliberalim for the Common Good？ Public Value Govermence and the Downsizing of Democracy[J].Public Administration Review，2014，74（4）：496-504.

[2] BERTHA LEWIS.The Paralysis of Analysis[J].Public Administration Review，2014，74（4）：517-518.

[3] 约翰·克莱顿.托马斯：公共政策中的公民参与[M]. 中国人民大学出版社，2012：8.

[4] 杨博，谢光远. 论"公共价值管理"：一种后新公共管理理论的超越与限度[J]. 政治学研究，2014（6）：110-122.

[5] ESTYN WILLIAMS，HEATHER SHEARER. Appraising Public Value：Past，Present，and Futures[J]. Public Ad ministration，2011，89（4）：1367-1385.

[6] LAURA KALAMBOKIDIS.Creating Public Value with Tax and Spending Policies：The View from Public Economics[J].Public Administration Review，2014，74（4）：519-526.

[7] ABRAHAM LACKMAN.Is the Public Economics Toolbox Applicable to Budget Analysis？ [J]. Public Administration Review，2014，74（4）：527-528.

代美国实际所面临的公共信仰和舆论压力的障碍[1]。所以创造公共价值需要公共勇气，当我们有价值观取向的政治人物时（认为个人的职业生涯相对于公共利益来讲时是次要的），我们将会有价值观取向的公共政策[2]。穆尔指出几个世纪以来，如何去界定目标、决定方式方法、衡量政府的业绩，一直是经济学家们专注的问题。最近，公共价值的概念已被提议作为一种替代方法[3]。布罗德斯基（Richard L. Brodsky）指出，测量政府服务的工具方法应该由客观转变为主观，即以公共价值为核心[4]。对于公共价值的评估技术已经有相当完善的发展，但是譬如诚信、程序公正等主观的价值，很难制定出具体的标准对其进行测量。

上述分析反映出公共价值管理在理论的辨析、民主化的实现、利益的均衡、实践应用等方面依旧存在困境，公共价值管理理论还是一个尚未成熟的公共管理理论，公共价值管理评估技术的突破、理论的建构、实践的发展等有待进一步的改善，对于公共价值的评估研究任重而道远。

二、公共价值管理理论的国内研究现状

（一）对公共价值管理理论内涵的理解

国内对公共价值管理理论的研究起步于 2006 年，目前有关公共价值管理或公共价值的研究较少，主要是理论的引进和介绍，由于研究的背景、出发点、方法不同，对公共价值管理理论的阐述也各有差别，本文从四个方面进行梳理。

1. 从公共价值理论诠释与解析角度来理解公共价值

蓝志勇认为，公共价值等同于公共利益，他认为公共管理研究的目的是甄别、定义公共利益或公共价值，并利用有效的组织、人事、财政、政治策略、现代科技等手段处理好政府、企业、社会之间的互动关系，高效率地实现公共利益或公共价值。[5]-[6] 尹文嘉认为，"公共价值应该寻找并创造公共价值，拓展公众参与，建立开放型的、灵活的公共服务获取和递送机制。与传统公共行政理论与新公共管理理论

---

[1] LAWRENCE R JACOBS.The Contested Politics of Public Value[J].Public Administration Review，2014，74（4）：480-494.

[2] HANK SHEINKOPF. Value-Driven Public Policy Likely Requires Value-Driven Public Servants[J].Public Administration Review，2014，74（4）：494-495.

[3] MARK H MOORE. Public Value Accounting：Establishing the Philosophical Basis[J].Public Administration Review，2014，74（4）：465-477.

[4] RICHARD L BRODSKY. "Public Value" and the Measurement of Government Performance：The Shift to Subjective[J]. Public Administration Review，2014，74（4）：478-479.

[5] 蓝志勇，陈国权. 当代西方公共管理前沿理论述评[J]. 公共管理学报，2007（3）：1-13.

[6] 蓝志勇. 公共利益意识是建设和谐社会的文化核心[J]. 中国行政管理，2006（6）：21-22.

相比，公共价值管理理论更具战略思维，政治的合法性更有保障，民主和效率的矛盾得到解决。"[1] 王学军将公共价值的定义分为结果主导与共识主导两种类型[2]。孙珠峰、胡伟认为，公共行政由效率到公共价值的转变是后新公共管理时代的政府改革呈现的钟摆现象，是政府改革中对各平衡关系的不断调整的反应[3]。唐兴霖、马亭亭认为，可以通过政治协商网络定义公共价值，通过合作递送网络生产公共价值，通过有效的责任与评估体系实现公共价值[4]。韩兆柱、翟文康则将公共价值当作公共管理的目标，将公共价值内嵌到公共管理活动中，公共管理者是价值创造者，追求公共价值[5]。

2. 从政府战略管理的视角来理解公共价值

陈振明首先从战略管理的角度来探讨公共价值[6]。赵景华和李代民对政府战略管理的经典理论"三角模型"进行了系统介绍与评析，并结合我国公共管理实践进行了理论创新，展望了新的发展方向[7]。赵景华和李宇环依据布莱森（John M. Bryson）《公共与非营利组织战略规划：增强并保持组织成就的行动指南》一书总结出了公共战略的"布莱森模式"，在追求公共价值的过程中实现效率的最大化[8]。包国宪、保海旭等学者提出了以公共价值为基础的政府战略管理（PV-GPG），将政府的战略管理定位为执行系统与政治系统的缓冲器，能够厘清其功能定位；用 PV-GPG 视角剖析政府战略管理的价值追求变迁能够更好地认识政府战略计划的设置；结合战略三角模型分析政府战略管理，从外部关注向内部操作的过渡，并从战略管理阶段与 PV-GPG 组织管理环节有机结合，对其实现路径进行了操作化的支持[9]。综上可知，公共价值的实现、公共服务的绩效测量与政府战略管理有密切的关系，战略管理的全局性、系统性、创造性、前瞻性的特点符合政府现代化的治理需求。战略管理思想对于我国政府管理职能方式的转变，公共管理的知识体系以及课程体系的更新，都具有

---

[1] 尹文嘉. 公共价值管理：西方公共管理发展的新动向 [J]. 天府新论，2009（6）：91-95.

[2] 王学军，张弘. 公共价值的研究路径与前沿问题 [J]. 公共管理学学报，2013（2）：126-144.

[3] 孙珠峰，胡伟. 后新公共管理时代钟摆现象 [J]. 南京社会科学，2013（9）：68-75.

[4] 马婷婷，唐兴霖. 公共价值管理：西方公共行政学理论的新发展 [J]. 行政论坛，2014（6）：100-106.

[5] 韩兆柱，翟文康. 西方公共治理理论体系的构建及对我国的启示 [J]. 河北大学学报（哲学社会科学版），2016（6）：96-104.

[6] 陈振明. 战略管理的实施与公共价值的创造——评穆尔《创造公共价值：政府中的战略管理》[J] 东南学术，2006（2）：27-34.

[7] 赵景华，李代民. 政府战略管理三角模型评析与创新 [J]. 中国行政管理，2009（6）：47-49.

[8] 赵景华，李宇环. 公共战略管理的价值取向与分析模型 [J]. 中国行政管理，2011（12）：32-37.

[9] 包国宪，保海旭. 以公共价值为基础的政府战略管理 [J]. 兰州大学学报，2015（4）：24-30.

重要的参考价值。

3. 从公共行政范式转换的角度来理解新范式的理论背景

何艳玲认为,"作为一种学科范式和后新公共管理时代的思维方式,公共价值管理范式的基本主张包括:关注集体偏好;重视政治的作用;推行网络化治理;重新定位民主与效率的关系;全面应对效率、责任与公平"。[1] 马晓霞指出,中国公共行政范式选择的价值层面包括公共性、公正性、追求民主与服务;理论架构包括工具理性与价值理性的融合、多元化权力中心的引入……基本的制度设计包括弹性化的组织设计、社会治理网络的建构……这些都与公共价值管理的理论主张不谋而合,公共价值管理理论符合中国公共行政范式的新的阐释,是公共行政未来发展的一种新范式[2]。娄成武、谭羚雁认为,公共价值管理理论范式是治理理论的新视角,治理本身面临失灵的危机,引入公共价值管理有助于巩固治理的优势地位,甚至将公共价值管理看作是与治理视角最为匹配的范式[3]。董礼胜、王少泉认为,西方行政伦理学的变迁共经历了萌芽时期、奠基时期、发展时期和融合时期四个时期,"工具理性(IR)与价值理性(VR)两种取向在争论、更替过程中慢慢接近中间,逐渐形成公共价值管理范式,IR 模式与 VR 模式的最佳融合途径是公共价值管理范式"[4]。

4. 从网络化发展的角度来理解公共价值管理的实现

推行网络化治理是公共价值管理理论的主要内容之一,是时代发展、科技进步和政府治理理论发展的必然结果。网络化治理是对组织碎片化和过度市场化的回应,是对公民参与和公私伙伴关系不断发展的回应,通过协调实现科层、市场与网络化组织的系统融合。"在这种新的模式下,政府的工作不再完全依靠传统意义上的公共雇员,而是更多地依赖各种关系、协议和同盟所组成的网络来从事并完成公共事务。"[5] 它主要是通过与利益多元主体的合作、协商、谈判实现组织的目标,它不同于以往的官僚制的组织形式,各利益相关主体之间是由平等的关系构成的协商网络。公共管理者在公共服务的网络中是元治理的角色,主要的任务是维持整个网络体系的整体功能的发挥。公共价值管理正是在回应网络化治理理论中产生的,是对网络化治理理论的继承和发展,"公共价值管理理论将实践建立在对话和交流之

---

[1] 何艳玲."公共价值管理":一种新的公共行政学范式[J].政治学研究,2009(5):62.

[2] 马晓霞.中国公共行政范式的全新阐释——从价值理论和制度层面构建行政范式[J].鸡西大学学报,2009(1):30-32.

[3] 娄成武,谭羚雁.西方公共治理理论研究综述[J].甘肃理论学刊,2012(2):114-119.

[4] 董礼胜,王少泉.工具——价值理性分野下西方行政理论学变迁[J].中国行政管理,2014(1):114-118.

[5] 斯蒂芬·戈德斯密斯,威廉 D 埃格斯.网络化治理:公共部门的新形态[M].孙迎春,译.北京:北京大学出版社,2008:6.

上，正是体现了网络化治理的特点"[1]。公共价值管理理论倡导推行网络化治理，这种治理在某种程度上展现了工具理性的核心观念[2]。

（二）对公共价值管理理论应用的探讨

1. 公共价值与绩效管理

李俊生、王斌通过对公共价值管理范式的特点及基本内涵的分析得出，公共价值思维模式是21世纪财政理论革命的导火索。这场公共价值革命有可能动摇现行的主流财政理论基础和理论思维方式对现行财政体制提出挑战[3]。包国宪、文宏和王学军从学科属性与总体框架、核心议题与理论模型、基础内容与研究层次、理论基础与研究方法以及与相近学科的关系等方面，研究"以公共价值为基础的政府绩效管理的学科体系的构建"[4]。"以公共价值为基础的政府绩效管理理论，被誉为超越新公共治理的理论框架"[5]。包国宪、王学军认为："公共价值对政府的绩效合法性具有本质的规定性，通过论证以公共价值为基础的政府绩效治理的两个命题，以价值管理和管理科学理论为基础，构建了以公共价值为基础的政府绩效治理模型。"[6]此外，樊胜岳认为，基于公共价值的生态建设政策绩效评价研究是政府项目层面绩效评价的一个重要内容。以基于公共价值绩效评估的宁夏盐池县草地禁牧政策为例进行研究，证明基于公共价值的生态建设政策绩效评价指标和模型都是可行的，为生态建设政策的绩效评价提供一个崭新的角度[7]。聂莹基于公共价值管理范式分析生态建设项目的公共价值是一个价值体系，还结合生态项目实践，深层分析其公共价值确定、创造、传递的过程，构建由"过程+结果"构成的生态建设项目的绩效评价体系，更全面、更准确地评价生态建设项目[8]。卢梅花、卓越认为，作为公共部门管理新范式，

---

[1] 尹文嘉. 公共价值管理：西方公共管理理论发展的新动向[J]. 领导与科学，2009（10）：17-19.

[2] 董礼胜，李玉耘. 工具——价值理性分野下西方公共行政理论的变迁[J]. 政治学研究，2010（1）：65-71.

[3] 李俊生，王斌. 试论公共价值革命——关于公共管理范式对21世纪财政理论发展影响的若干思考[J]. 中央财经大大学学报，2010（6）：1-6.

[4] 包国宪，文宏，王学军. 基于公共价值的政府绩效管理学科体系构建[J]. 中国行政管理，2012（5）：98-104.

[5] BAO G，WANG X，G Larser，et al.Beyond New Public Governance：A Value-Based Global Framework for Performance Management，Governance and Leadership[J]. Administration and Society，2013（4）：443-467.

[6] 包国宪，王学军. 以公共价值为基础的政府绩效治理——源起、架构与研究问题[J]. 公共管理学报，2012（2）：89-127.

[7] 樊胜岳. 基于公共价值的生态建设政策绩效评价研究[J]. 行政论坛，2013（4）：34-39.

[8] 聂莹. 生态建设项目的公共价值分析与绩效评价体系构建[J]. 河北大学学报（哲学社会科学版），2016（2）：135-140.

以网络化治理形态为实践基础的公共价值管理范式，赋予政府绩效审计活动新的特征，通过以构建政府数据审计通用指标的战略意义为分析的起点，借鉴"公共价值计分卡"为指标体系构建提供了逻辑起点和理论支撑。[1]

2. 公共价值与政府职能创新

董丽指出，"未来中国电子政府服务质量测评与公共价值结合，以此推进中国电子政府服务质量水平的有效提升"[2]。王学军、张弘指出，公共价值研究对革新政府治理模式具有启发意义，在中国语境下具有一定的应用价值，并提出了公共价值在中国语境下运用的三个方面。[3] 以吴春梅、翟军亮为代表的学者将公共价值管理理论与政府的职能创新相结合，强调公共价值追求过程中政府职能标准和态势必须加以转变。首先，在政府职能界定中，政府与市场（社会）关系由二元对立向有机统一转变；其次，政府职能调整的出发点由功利取向向更加注重人文关怀转变；再次，政府职能履行中在注重价值理性与工具理性相结合的基础上进一步加强民主与效率的统一；最后，政府职能由静态到动态的转变[4]。赵强、单炜将大数据下政府创新与创造公共价值相结合，通过分析大数据的构成与特点，构建了基于大数据流的创造公共价值的分析框架，认为如何利用大数据创造公共价值是公共治理的基本目的[5]。韩兆柱、翟文康对公共价值管理理论在中国语境下应用的可行性进行了具体的分析，指出公共价值管理理论的优越之处与我国公共管理实践是相契合的。我们可以将公共价值管理理论核心思想应用到我国改革实践中，进行价值重构、价值创造的流程设计、政府管理工具创新、公共服务递送机制的构建[6]。

总之，国内外学者的研究取得了较大的成果，短短十余年，该理论日渐成熟，对我国政府管理与改革具有重要的借鉴意义，很有必要进行跟踪研究。在进行理论综述时，笔者也发现了国内外研究中存在着些许不足之处：（1）理论的反思比较不系统。国内学者在引进公共价值管理理论时有少数的反思、比较研究的成果，但是并未进行彻底的、系统的研究，公共价值管理理论是否适用我国、如何应用等问题都未得到清晰的解答。"虽然人们可能已经获得了关于其他国家的知识，但是往往

---

[1] 卢梅花，卓越. 基于公共价值计分卡的政府绩效审计通用指标框架 [J]. 行政论坛, 2013（6）：14-19.

[2] 董丽. 基于公共价值的电子政府服务质量测评研究 [J]. 电子政务, 2012（11）：30-36.

[3] 王学军，张弘. 公共价值的研究路径与前沿问题 [J]. 公共管理学学报, 2013（2）：126-144.

[4] 吴春梅，翟军亮. 公共价值管理理论中的政府职能创新启示 [J]. 行政论坛, 2014（1）：13-17.

[5] 赵强，单炜. 大数据政府创新：基于大数据流的公共价值创造 [J]. 中国社会科学论坛, 2014（12）：23-27.

[6] 韩兆柱，翟文康. 公共价值管理理论在中国语境下的应用研究 [J]. 公共管理与政策评论, 2016（4）：22-29.

缺乏对这些国家更深入的理解"[1]。(2)理论评估研究较少,理论研究滞后,例如马克·穆尔的《Creating Public Value》一书 1995 年出版,2016 年才被翻译成中文在中国出版。任何理论的应用都需要得到实践的检验,但是在理论层面,国内学者的理论评估研究较少,尚不成熟,有待进一步研究。(3)西方公共治理前沿理论的本土化研究较少,公共价值管理理论如何一直保持前沿性,需要学者进行研究,需要对五大理论的未来发展方向进行展望,以期关注新问题、新情况,保持公共价值管理理论的前沿性。

三、公共价值管理理论研究的发展趋势

笔者通过对公共价值管理理论的国内外研究现状的分析、比较发现,我国学者对公共价值的研究还处于起步阶段,译介解读多,反思比较少,理论指导实践多,理论本土化少。我国学者对公共价值管理的借鉴多是将其理论核心思想与我国公共管理实践结合,直接借鉴,缺少本土化的思考,借鉴的可行性、必要性、如何借鉴的研究较少。因此,笔者认为以下四个方向可能成为未来公共价值管理研究的趋势。

1. 公共价值管理理论的本土化趋势是未来研究方向之一

按照理论研究的基本路线或规律,公共价值管理理论的国内研究正在并即将历经理论引介、理论反思、理论比较、理论应用或本土化的研究。公共管理领域中,我国学者对国外前沿的公共管理理论研究大致经历以上几个方面,那么对于公共价值管理理论而言,公共价值管理理论的本土化将是它的未来研究方向之一。我国学者应当将公共价值管理与我国政府改革实践相结合,如公共价值管理理论与服务型政府建设、政府绩效评估、公共服务供给、公共部门人力资源管理等方面相结合,用公共价值的思想指导并革新我国固有的管理理念,实现治理时代下的公共管理理念,即创造公共价值。

2. 公共价值与政府工具结合是未来研究方向之二

"以公共价值为基础,发展政府管理理论和工具,将公共价值置于政府决策和管理的中心位置,作为判断政府绩效是否达成的关键依据,并解释公共行政中的制度安排和具体组织管理问题。"[2]公共价值与绩效管理、战略管理等政府工具结合,建构以"公共价值"为理念指导的政府工具体系,即规避管理主义背景下的旧政府工具,以公共价值理念为指导,实现创造公共价值的目标。

---

[1] 丹尼尔 A 雷恩(Daniel A. Wren),阿瑟 G 贝德安(Arthur G. Bedeian). 管理思想史 [M]. 孙健敏,黄小勇,李原,译. 北京:中国人民大学出版社,2015:583.

[2] 王学军,张弘. 公共价值的研究路径与前沿问题 [J]. 公共管理学报,2013(2):126-144.

3. 公共价值管理理论与大数据技术的结合是未来研究方向之三

随着大数据时代的来临，技术的发展也变革着政府治理，作为公共管理理论的新发展，公共价值管理理论也会与大数据技术相结合，通过大数据技术更精确地挖掘公民的价值需求，递送便捷的服务，灵活地为公众创造公共价值。公共管理理论与实践也影响着数字化、智能化发展，数字时代的公共管理会更多地体现互联网技术、大数据技术的特征，公共价值管理理论的应用也将解决大数据技术面临的困境。

4. 公共价值的共同创造或共同生产是未来研究方向之四

在公共管理领域，公民参与运动影响深远，而公民参与公共决策或公共服务递送的更高级形式则是服务的共同生产或价值的共同创造。在未来，创造公共价值不只是公共管理者的使命，服务使用者也会参与到公共价值的生产过程中，公共部门的专业人员和服务对象将相互作用、联合行动，共同生产或共同创造公共价值。

公共价值管理理论弥补了新公共管理的纯粹技术的缺陷，达到了技术与价值同时兼顾。作为公共管理的新理论，公共价值管理理论成功地实现了公平与效率、民主与责任的协调、工具理性与价值理性的融合，为公共管理理论的实践提供了新的理论框架。国外学者大多已经从实践领域出发，用公共价值管理理论来指导实践的发展，而我国对公共价值管理理论的研究尚处于引介阶段，理论体系、理论创新和制度建设有待改善。笔者认为，公共价值在我国政府管理的实践中，如制度设计、行政行为、价值追求中还未充分体现公共价值的理念，因此针对未来公共价值管理理论的发展，更多的关注点应该是理论研究与实践发展相结合，注重与治理理论间的相关性比较研究，横纵比较相结合，多维度、多视角出发，探索理论发展的新趋势，推动公共价值管理理论系统化和科学化建设，促进公共价值管理理论范式的形成和巩固，助力于政府治理能力的提高。

新公共治理理论的多维视角 *

2016年第4期《公共行政评论》(Public Administration Review)杂志刊发了关于新公共治理研究的专刊征稿启事，征稿主题为"新公共治理需要新的公共伦理精神吗？"[1]。这是国际公共行政权威杂志首次以新公共治理为主题刊发的征稿启事，标志着新公共治理的研究进入了或正在进入公共行政研究的主流领域。这也从侧面反映了新公共治理还很年轻，需要学者们的讨论与争辩。笔者根据国外研究新公共治理的文献分析发现，新公共治理正走向一种全球化的研究趋势，英国、美国、丹麦、瑞典和中国等国家的学者都从理论与实践的角度论述过新公共治理，有的学者认为新公共治理是继传统公共行政、新公共管理的第三次公共行政研究的全球化浪潮，我们正在进入新公共治理时代。笔者从国内外学者的研究文献中，梳理出新公共治理的五大研究视角或途径，即"服务主导逻辑"视角、"制度中心"视角、"政治-行政"系统分析视角、"共同生产"视角和范式变迁视角，笔者通过研究旨在尽可能地展现新公共治理的全貌，以便其更好地发展。

一、"服务主导逻辑"视角下的新公共治理

英国爱丁堡大学史蒂芬·奥斯本（Stephen P. Osborne）于2006年《公共管理评论》(Public Management Review)的一次编辑会上正式提出了"新公共治理"的概念，[2] 并于2006年公开发表 The New Public Governance? 一文，他将（传统）公共行政、新公共管理和新公共治理视为公共政策实施与公共服务提供的三种不同"体制"（Regimes）"。进入21世纪后，面对公共政策执行日益复杂、公共服务供给主体日益多元化的现状，传统公共行政与新公共管理难以适应并逐渐失效，在这种日益复杂的背景下，作为公共管理者的我们需要寻找一种更新的体制，即面向21世纪的新公共治理。[3] 新公共治理抓住了21世纪国家在一个多组织和多元的复杂性中公共政策

---

* 与翟文康合作完成，并发表于《学习论坛》2017年第7期，第52~58页，题目有变动。

[1] Gjalt de Graaf, Michael Macaulay.Symposium on Does a New Public Governance Demand New Public Ethics？[J].Public Administration Review, 2016, 76（4）：689.

[2] 敬乂嘉，李丹瑶.访爱丁堡大学史蒂芬·奥斯本（Stephen P Osborne）教授[J].复旦公共行政评论，2014（1）：236-245.

[3] Stephen P Osborne.The New Public Governance？[J].Public Management Review, 2006, 8（3）：377-387.

执行和公共服务提供的现实[1]，它既是应对21世纪公共政策实施与公共服务提供日益复杂、多元和碎片化特征的一个产物，也是对这种特征的一种回应。奥斯本的主要思想是实现公共服务组织的"产品主导逻辑"向"服务主导逻辑"、内部效率向外部效益关注的两大转变。奥斯本创新性地提出公共服务是整合的系统，而非孤立的产品，它不仅包括公共部门、私人部门、第三部门等公共服务组织，还包括服务的使用者及其家庭、地方社区、软硬技术条件以及资本基础。在对公共服务新的解读下，他提出了公共服务供给的服务主导逻辑，认为这种逻辑有三个特征[2]：（1）服务主导逻辑是不同于产品主导逻辑的，产品是具体的，服务是无形的。产品主导逻辑是关于将原材料生产出有价值的商品，包含了所有权的转换，而服务主导逻辑是关于无形利益生产、交易的活动或过程，但不涉及所有权的转让。（2）生产的产品和服务背后的逻辑是不同的，前者的生产、销售和消费是各自发生的，而就服务来说，生产和消费是同时发生的。（3）不同逻辑下，产品的使用者与服务使用者的性质是不同的，产品主导逻辑下，主体是分开的，分别为生产者、消费者，服务主导逻辑下，都是共同生产者，体现了一种参与性。这意味着公共服务的运作不仅仅是一种与其目标相关的有效设计，它至少也是一种服务使用者的主观体验。"成功的公共服务管理不只是有效地设计公共服务，它还需要对使用者进行治理并作出回应，并且训练和激励工作人员以便与使用者积极互动。"[3]为了实现服务主导的逻辑，奥斯本探索出了公共服务供给的四个方法，即战略取向、公共服务市场化、共同生产、运作管理。

以"服务主导逻辑"为核心的新公共治理的提出，是史蒂芬·奥斯本将其任职经历与学术研究相结合的结果，他用学者的视角去关注英国公共服务供给的现状与问题，并通过认真的思考、严密的论证提出了"服务主导逻辑"的公共服务供给理念。他认为公共服务是一个系统，是服务主导而非产品主导。

二、"制度中心"视角下的新公共治理

2014年，道格拉斯·摩根（Douglas F. Morgan）和布莱恩·库克（Brian J. Cook）出版了《新公共治理：以制度为中心的视角》一书，该书分为三部分，第一部分分析了理论建构的任务与框架背景，讨论了公共行政学中宪法、价值、制度和历史的

---

[1] Stephen P.Osborne. The New Public Governance？：Emerging Perspectives on the Theory and Practice of Public Governance[M].London：Routledge，2010：6-7.

[2] Stephen P. Osborne, Zoe Radnor, Greta Nasi.A New Theory for Public Service Management？Toward a（Public）Service-Dominant Approach[J].American Review of Public Administration，2012，43（2）：135-158.

[3] 竺乾威. 新公共治理：新的治理模式？[J]. 中国行政管理，2016（7）：132-139.

影响，这一部分的作者被称为"宪政学派"。第二部分关注地方政府中递送民主及其实现的问题。宪法基础、公民能力、社区参与、整合管理、领导、环境治理等问题被探讨，这部分的焦点在跨组织、跨辖区、跨部门边界的合作不只是政策执行与服务提供的问题，还涉及地方政治过程与政策形成。第三部分强调培训现在和未来公共行政领导者的需要，以促进民主治理。该书主要目的是探讨碎片化、不确定性时代的公共行政新模式——新公共治理——的问题。该书深入地分析了新公共治理的理论问题和图景，它的主要贡献就是将新公共治理概念化、理论化。[1]

摩根认为"'制度为中心'是一种将那些维护政治系统多元价值的法治原则、程序、权威结构考虑在内的途径"。[2] 新公共治理强调在公共部门、非营利部门和私人部门共同参与的公共服务供给中引入合作途径的重要性，他们在讨论新公共治理兴起时认为它不同于工具理性的新公共管理，强调信任、合法性基础，具有三个特征[3]：（1）以价值为中心，它认为政府的目标是促进更广泛意义的公共利益。新公共治理旨在提升政府创造的公共价值，而不只在于提升效率、效益和回应性。（2）新公共治理强调政府流程的建立，以促进广泛的利益相关者之间可实现协议的产生。"因为新公共治理将政治视为间接的政治性表达，是公民认为有价值的集体决定偏好的一种表达。"[4]（3）新公共治理将公共利益的创造当作公共部门、私人部门和非营利部门共同生产的过程。政府的角色并不只是简单地规制、分配或再分配公共利益，而且作为催化剂促进与私人和非营利部门再创造和最大化公共利益。在对公共行政人员的要求方面，新公共治理需要那些能够熟练地参与到价值仲裁中的行政人员；价值的仲裁使得政治性工作成为新公共治理的核心；公共行政人员从事新公共治理工作应该将既定的政治制度基础视为指导他们的政治原则和价值的主要来源，而非科学管理的一般原则；在这个权力分享的世界，新公共治理需要培养有领导能力的公共领导者，这样能够成功地运转传统的权威结构，以帮助确保民主责任和尊重由美国宪政系统创造的法治边界。

Stephanie P. Newbold 将治理定义为"能够使政府在美国宪法设立的界限内存在

---

[1] Yijia Jing.New Public Governance：A Regime-Centered Perspective[J].International Review of Public Administration，2015，20（3）：325-327.

[2] Douglas F.Morgan，Brian J.Cook.New Public Governance：A Regime-Centered Perspective[M].New York：Routledge，2015：315.

[3] Douglas F Morgan，Brian J.Cook.New Public Governance：A Regime-Centered Perspective[M].New York：Routledge，2015：5-6.

[4] O'Flynn，Janine.From New Public Management to Public Value：Paradigm Change and Managerial Implications[J].Australian Journal of Public Administration，2007，66（3）：175-205.

和运作的历史、政治、制度、法律、宪法基础"[1],他认为之前对新公共治理的研究忽视了法治和民主-宪政的规范价值在帮助指导公共治理过程方面的重要性。在公共行政的研究和实践中,他指出宪法途径在四个方面有助于新公共治理[2]:(1)通过提高公民素养,对公民素养的关注对新公共治理来说非常有意义,因为新公共治理运动预先假设了更多有教养的公民参与。(2)通过保持部门界限和问责制,自从新公共治理的施行依靠政府、非营利部门和私人部门的合作,宪法层面的视角对于维持组织边界的划分和责任就相当重要了。首先,关键的民主价值成为公共部门管理的重要组成部分,这些价值也成为形成新公共治理的治理过程和产出的重要因素;其次,法治是如何影响公共组织执行政策、法规或规章的性质对于保持民主治理过程是至关重要的。(3)通过保持宪法价值并在管理实践中贯彻它们,包括"公务员在公共项目管理中角色的重要性,公共服务与项目管理如何推动民主治理进程,具体的国家可以依靠其公共机构来促进自由、平等、正当程序、公平、正义等方面"[3]。(4)通过提出和阐明新公共治理的规范议程,如果民主-宪法的标准、价值和法治是新公共治理争论的焦点,那么它将使参与者考虑如何把法律框架与美国宪法体系的指导原则应用到塑造新公共治理旨在改善公共管理过程、公共部门组织和公共物品与服务的递送等行动上来。制度中心途径要求我们将管理框架下的效率、效益观扩展到囊括政治效率和政治效益的政治内涵。

总之,制度中心视角的新公共治理强调治理结构、过程的创新是在政治价值的指导下进行的,这些政治价值能够维持合法性和权利的实现。同时,新公共治理的使命也应当是创造公共价值。这表明,在价值取向上,新公共治理是工具理性与价值理性的融合。

三、"政治-行政"系统模型分析视角下的新公共治理

(一)新公共治理的分析框架

雅各布·托弗林(Jacob Torfing)、彼得·特里安塔菲尤(Peter Triantafillou)提出了一个帮助我们理解当下治理变迁的范围和对政治与行政系统影响的概念分析框

---

[1] Newbold, Stephanie P, Larry D Terry. "From New Public Management to New Democratic Governance: Leadership Opportunities and Challenges." In Innovations in Public Leadership Development, Ricardo S Morse and Terry F Buss[M]. NewYork: M E Sharpe, 2008: 34.

[2] Douglas F Morgan, Brian J Cook. New Public Governance: A Regime-Centered Perspective[M]. New York: Routledge, 2015: 14.

[3] Morgan, Douglas F, Richard T. Green, Craig W Shinn, et al. Foundations of Public Service [M]. Second Edition. NewYork: M E Sharpe, 2013: 16.

架,即用政治-行政系统模型来分析新公共治理的关键要素。托弗林指出,随着新公共治理改革的推进,我们并没有找到一个支持新公共治理的相适应的理论框架。为了更深入地发展新公共治理的概念,托弗林吸收了奥斯本的观点并采用修正后的戴维·伊斯顿的政治系统分析模型[1]作为分析工具来描述公共治理的变迁、新公共治理的关键要素及其与传统公共行政、新公共管理的不同。

托弗林并没有将政治系统视为接收输入并生产输出的黑箱,而是利用伊斯顿的"内输入(Withinput)"概念来打开黑箱[2]。这就使得政治-行政系统的构成要素变成了四个:输入(Input)、内输入(Withinput)、输出(Output)和反馈(Feedback),构建了新的分析框架(见图1)。

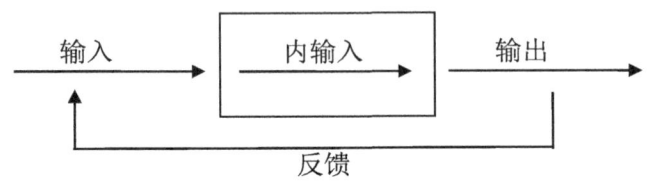

图1 政治-行政系统模型[3]

在这个分析框架中,输入、内输入、输出和反馈都有不同的要素:(1)输入的是需求、支持和动员资源;(2)内输入的产生涉及决策过程的制度塑造,它来源于公共决策过程中的角色、价值、规范和程序;(3)输出是以政策、管制和公共服务等形式来实现;(4)反馈是在规范标准基础上的结果评估。我们将这四个要素视为政治-行政系统模型的一般意义要素,但在传统公共行政、新公共管理和新公共治理理论指导下的四个要素是不一样的。在新公共治理理念下,输入被理解为在公共与私人行动者持续对话中扩大授权参与的场所或范围,虽然传统公共行政和新公共管理中重要的要素有所保留下来(如定期的立法议会投票和系统性用户调查),但新公共治理提供了更直接形式的公民参与,超越了由利益集团推动的狭隘利益,"公民参与更重要的是在公共治理的合作生产中动员私人资源、能力和思想为了提高它输入和输出的合法性"[4]。在新公共治理理念下,为了解决复杂的政策问题和克服政策僵局,治理过程(内输入)是合作而非竞争。新公共治理是为了增进多层级的公共

---

[1] David Easton.A Systems Analysis of Political Life[M].New York:Wiley,1965:32.

[2] David Easton.A Framework for Political Analysis[M].NJ:Prentice Hall,1965:114-115.

[3] Jacob Torfing,Peter Triantafillou.What's In A Name? Grasping New Public Governance As A Political-Administrative System[J].International Review of Public Administration,2013,18(2):9-25.

[4] Chris Skelcher,Jacob Torfing.Improving Democratic Governance Through Institutional Design:Civic Participation and Democratic Ownership In Europe[J].Regulation & Governance,2010,4(1):71-91.

部门之间的协调，并通过网络结构、伙伴关系来促进公共与私人利益相关者的互动。这样的合作能够交换公共和私人部门的资源与思想，从而提高效益和改善民主治理，而进一步的目标是促进相互学习，建立共同所有的新的和创新的解决方案。在新公共治理理念下，输出不仅包括公共服务的供给、禁令、许可和权威裁决，还涉及治理新工具的配置。目的是提高私人部门利益相关者问题解决的能力，他们要么参与了调节自律，要么参与了公共解决方案的合作生产。新公共治理下的反馈机制不仅包括宪法和政治责任，还包括各种各样考虑到多种标准和纵向、横向的问责程序。

详尽的政治-行政系统模型能够让我们识别和描述新公共治理的构成要素，即授权参与、多主体合作、政府新工具和多种形式的责任。新公共治理的关键要素并非孤立，而是相辅相成，构成了一个或多或少连贯的治理模式。因此，公民的授权参与和私人部门利益相关者为以合作互动为基础的公共治理提供了可能性条件，问题的解决和服务的提供都是由公共、私人部门的参与者通过合作治理实现的。

（二）新公共治理带来的挑战

托弗林改进了伊斯顿的政治系统分析模型而构建了政治-行政系统模型来分析新公共治理的构成要素以及展现在问题解决、服务供给方面发挥作用的过程。托弗林非常理性、辩证地看待新公共治理，他承认新公共治理在改善政策制定和服务供给方面具有一定的潜力，但它并非灵丹妙药，它很可能会对公共管理带来一些挑战，所以，托弗林以政治-行政系统模型来分析这些挑战：（1）在输入环节，第一个挑战是如何解决公民或组织利益相关者不能或不愿意进入参与、合作的过程的情况；第二个挑战是如何处理不平等的参与。新公共治理实质上是建立在公共行政官员、公民和私人利益相关者积极主动地参与政策制定和服务递送的假设基础上的。在这种情况下，如果这些主体不愿意或没有能力参与到治理过程中，那么整个合作活动或服务供给就无法开展，新公共治理从开始就失败了。（2）在内输入环节，第一个挑战是合作过程并没有被更有策略的、更强有力的公共机构所主导和决定；第二个挑战是特殊政策领域的不同行政层级的合作面临着行政责任依赖层级命令的挑战。（3）在输出环节，第一个挑战是问题和令人满意的行为是由谁来决定的，他们应该怎么做；第二个挑战是一旦这个问题和令人满意的行为形式被决定了，我们怎样来提高问题解决的能力和影响行为改变？（4）在反馈环节，政策制定者和公共管理者需要同意一些给定账目的指标和标准，它们必须由参与组织学习的人们来满足，这个挑战就是需要找到一个合适水平的特异性标准；第二个挑战是多种形式的标准可能导致政府负担过重。

总之，托弗林不仅重视新公共治理的积极作用，还注意到它所带来的风险，创造性地提出要认真审视新公共治理的作用，"批判性地评估新公共治理是否有助于有效生产和用民主、创新的方法来解决问题。他们也敏锐地发觉到新公共治理改革所带来的挑战与问题，针对如何解决新公共治理在未来所带来的问题，利用不同的元治理工具是值得我们深入研究的"[1]。更重要的是，面对这些新公共治理所带来的挑战，托弗林还在新公共治理中引入了"元治理"的概念以应对新公共治理的内在缺陷或带来的挑战。我们要检验新公共治理的社会、政治和行为支持及其驱动力量，新公共治理的跨国差异性图景应当被描绘出来，并试图去解释这种差异性存在的制度和结构的路径依赖，要评估传统公共行政、新公共管理和新公共治理的冲突和协同效应，并探讨政治权利策略和实用性在不同治理模型的选择所带来的影响。

四、"共同生产"视角下的新公共治理

"共同生产"的概念已经存在了几十年，近些年它又复兴了，公共管理的研究日益关注公共服务提供中的公民和第三部门的作用，而共同生产的概念为这一研究提供了非常重要的视角。关于共同生产研究再次兴起的背景，维克托·佩斯托夫（Victor Pestoff）指出，当下许多欧洲政府正在寻找促使公民参与社会服务供给和治理的新方式，这是因为欧洲面临着人口压力、各级政府民主赤字越来越大、公共财政的紧缩特别是全球金融危机使其更严重[2]，以及信息技术的发展对传统供给方式带来了挑战，为了回应这些挑战，公共服务的供给方式需要创新，特别是需要摆脱新公共管理的理念，而在新公共治理理念下来创新服务。

关于共同生产，佩斯托夫认为"共同生产（Co-production）是新公共治理中最核心的观点，它是指公共服务中更好的公民参与和第三部门供给"[3]。他采用了罗杰·帕克（Roger B. Parks）关于"共同生产"的定义，即"社会中为了交换而生产的个人或团体是……那些他们所提供的物品和服务的正式生产者（Regular Producers）……然而，活跃在正式生产者角色外围的个体消费者或消费团体可能有助于他们所消费的物品和服务的生产。在这种情况下，他们是作为消费的生产者（Consumer Producers）……共同生产是公共服务代理人和公民为推进公共服务供给而相结合的生产活动"[4]。也就是说，共同生产是由公共服务机构和作为服务对象的个人、组织为提高服务的质量而进行的联合行动。那么参与共同生产的那些个体或组织是谁？

---

[1] Jacob Torfing, Peter Triantafillou.What's In A Name？ Grasping New Public Governance As A Political-Administrative System[J]. International Review of Public Administration, 2013, 18（2）: 9-25.

[2] Victor Pestoff, Taco Brandsen, Bram Verschuere.New Public Governance, the Third Sector and Co-Production[M]. New York: Routledge, 2012: 13.

[3] Victor Pestoff, Taco Brandsen, Bram Verschuere.New Public Governance, the Third Sector and Co-Production[M].New York: Routledge, 2012: 376.

[4] Parks R B, Baker P C, Kiser L, et al. Consumers as Co-producers of Public Services: Some Economic and Institutional Considerations[J].Policy Studies Journal, 1981, 9（7）: 1001-1011.

早期一般将那些参与共同生产的非正式生产者称为消费者、公民、志愿者或非政府伙伴，共同生产者（Co-producer）除了公共服务组织中正式的生产者外，还包括公共服务组织外的个人，即被服务对象或消费者。实际上，共同生产者不只是消费者，还包括其他各种各样类型的角色，我们需要按照一定的方式，如他们的规模和影响、法律地位等来对他们进行分类，约翰·阿尔福德（John Alford）根据其在生产过程中所承担的角色，将共同生产者分为消费者、供给者、合作伙伴[1]三种类型。沃伦（Warren）和佩斯托夫指出，共同生产能够为公民的参与减少费用、提供更高的服务质量和更多的机会。[2] 共同生产是能够提高公共服务数量和质量的重要工具，共同生产也影响了服务递送的性质，它有利于使用者对服务更加满意。在服务递送中，使用者的更充分参与可以达到更高水平的满意度，是因为更好的"道德所有权"（Moral Ownership）和为个人需求量身定做的服务。更广泛地说，它允许市场进入公共服务领域。瓦姆斯塔德（Vamstad）通过研究瑞士的儿童照料案例发现："在顾客和职员眼中，相对于专业化市政服务，共同生产能够提供'更好的质量'（Better Quality），他还认为，共同生产是一个能够达到公共管理目标的有前途的方法。"[3] 共同生产被认为是一个替代性方案：在公共服务的生产和供给中，我们为公民开发的一个新方法是一种存在于公民与国家间的基于信任、真正道德标准和责任的新关系。总之，共同生产为公共服务供给带来了新的面貌，有助于服务提供的效率提高和质量改善，有助于公共服务领域的民主与责任的落实。

共同生产是新公共治理的关键要素，是区别于新公共管理职业化生产公共服务的一种创新。共同生产视角下的新公共治理是强调一种治理的方式，将公共服务递送民主转化为行动，这是公共服务专业生产者与使用者在服务提供环节的互动过程。这一过程中如何实现具体的共同生产，如何处理好共同生产者之间的关系将是未来需要研究的课题。

五、范式变迁视角下的新公共治理

范式（Paradigm）一词由库恩（Kuhn）提出，他认为："范式代表着一个特定共

---

[1] John Alford.The Multiple Facets of Co-Production：Building on the Work of Elinor Ostrom[J]. Public Management Review，2014，16（3）：299-316.

[2] Warren R Harlow K，Rosentraub M S. Citizen Participation in Services：Methodological and Policy Issues in Co-production Research[J].Southwestern Review of Management and Economics，1982（2）：41-55.

[3] Victor Pestoff，Taco Brandsen，Bram Verschuere.New Public Governance，the Third Sector and Co-Production[M].New York：Routledge，2012：384.

同体成员所共有的信念、价值、技术等构成的整体，与此同时，范式可以被当作模型和范例，以取代明确的规则作为常规科学中其他谜题解答的基础。"[1] 聚焦于公共行政学科领域，有学者从范式变迁的视角论述新公共治理出现的合理性。史蒂芬·奥斯本认为新公共管理是传统公共行政向新公共治理转型的一个短暂阶段。[2] 徐润雅等（2015）从公共行政学理论范式转型的角度探讨了新公共治理的概念、特征、贡献及对我国的启示，他们认为新公共治理是公共行政学的第三次浪潮。进入 21 世纪，公共行政学者更加关注新公共治理理论范式，它超越了传统公共行政与新公共管理。他们认为新公共治理具有六个特征：（1）强调权力的分散；（2）强调政府的合作，政府是治理主体中的一个合作者；（3）形成一个复杂的网络；（4）治理网络是基于资源的交换；（5）治理网络依赖于契约的信任和稳定；（6）重视社会公共组织的作用。新公共治理的产生也对公共行政领域作出了贡献，改变了公共行政传统的研究视角，建立了开放的公共服务网络，提供了一个新的政府管理实践模型，为公共行政领域的研究和实践输入了多元的治理理论。[3] 包国宪（2013、2015）从绩效管理的角度提出公共行政学的五种范式，即前古典国家建构、传统公共行政、新公共管理、新公共治理和以公共价值为基础的绩效治理，他认为新公共治理从开放的系统理论吸取了大量知识，特别关注制度及外部环境的压力，这种压力既能给处在多元系统中的公共政策实施和公共服务提供动力，又能施以限制。新公共治理的核心资源分配机制是组织间网络，其责任需要通过组织间或人际层面的协商来共同承担。[4] 他认为，在新公共治理范式下的绩效管理中，公民参与被突出强调。政府绩效需要从一个政治系统的有机整体视角来看待，在这个有机整体中，公共部门、私人部门和非营利部门共同工作来创造公共利益。[5]

范式变迁视角下的新公共治理是超越了传统公共行政、新公共管理的一种治理变革，笔者认为他们将新公共治理称为一种新范式，是强调新公共治理的创新性，并非指科学或学科范式转型，而是一种在理论层面上创新的小范式，以此从公共行

---

[1] 托马斯·库恩. 科学革命的结构 [M]. 金吾伦，胡新和，译. 北京：北京大学出版社，2003：157.

[2] Stephen P Osborne.Debate：Delivering Public Services：Are We Asking The Right Questions？[J].Public Money & Management，2009，29（1）：5-7.

[3] Xu Runya，Sun Qigui，Si Wei.The Third Wave of Public Administration：The New Public Governance[J].Canadian Social Science，2015，11（7）：11-21.

[4] 包国宪，道格拉斯·摩根. 政府绩效管理学——以公共价值为基础的政府绩效治理理论与方法 [M]. 北京：高等教育出版社，2015：7.

[5] Guoxian Bao，Xuejun Wang，Gary L Larsen，et al. Beyond New Public Governance：A Value-Based Global Framework for Performance Management，Governance，and Leadership[J]. Administration & Society，2013，45（4）：443-467.

政学演进的历史视角来审视新公共治理的起源背景和理论优越性，给其以合法性地位。如表1所示，新公共治理在理论基础、国家特点、关注焦点、强调重点、组织结构、治理机制、服务系统、价值基础、公民角色等方面是超越传统公共行政与新公共管理的。公共行政学的理论范式实现转型是对现实世界的思考与反思，也是对先前理论的批判与重建，从而诞生了新公共治理，一个更加能够合理解释和适应现实新情况、更加具有前沿性的理论。

表1 传统公共行政、新公共管理与新公共治理的比较

	传统公共行政	新公共管理	新公共治理
理论基础	政治科学与公共政策	公共选择理论与管理科学	制度与网络理论
国家特点	单一集权型	管理型	治理主体多元化、政策制定复杂化
关注焦点	政治系统	组织内管理	组织及其所处环境
强调重点	政策制定、执行	服务输入、输出	服务过程和结果
组织结构	官僚制	市场制	合作网络
治理机制	等级制	市场、古典和新古典	网络、信任和关系契约
服务系统	封闭	开放理性	开放自然
价值基础	公共部门精神	竞争和市场	价值是分散和相互竞争的
公民角色	纳税人	顾客	共同生产者

六、评价与启示

新公共治理已经发展了十年，在这十年中，它的发展趋势是全球化的，在公共行政学领域掀起了全球范围中的第三次浪潮，这是因为在全球范围内的公共事务领域都出现了一些新情况，而新公共治理"是治理理论在不断适应当代社会环境和公共价值的基础上产生的治理理念、方式各异的新型治理模式"[1]。随着公民社会的发展，非营利组织、社区力量变得强大，有能力有意愿参与到公共服务管理中，正如新公共管理在面临财政危机、信任危机、管理危机和工商管理技术更优的情况下引入市场力量，新公共治理是将社会力量引入了公共管理中，政府与非营利组织、公民进行协同治理，共同生产公共服务。在这种情况下，西方学者提出新公共治理，它呈现出一些新的特征：（1）治理主体的多元化、环境的复杂化；（2）新公共治理追求的是公共价值的创造，而不仅仅是经济、效率、效益；（3）产品主导逻辑转向服务主导逻辑；（4）注重引入社会组织力量，改竞争为合作，进行共同生产；（5）公共服务是一个整合的系统，包括公共服务组织、服务使用者、软硬技术条件及资

---

[1] 韩兆柱，单婷婷.网络化治理、整体性治理和数字治理理论的比较研究[J].学习论坛，2015，31（7）：44-49.

本基础。新公共治理的出现是一种理念创新与治理方式的创新,"服务主导"逻辑、"制度中心"、"共同生产"等理念将深入人心,改变了传统的公共管理思维。在公共服务递送中,供给的不是产品,而是服务。在实践中,新公共治理也得到了一定程度的理论检验,特别是在社会采购[1]、服务创新[2]、高等教育[3]等方面。但是,新公共治理正是因为其"新",学界对于新公共治理的理论体系尚未达成统一的共识,存在多维视角、众说纷纭的情况,这说明新公共治理还不够成熟,需要学者们在理论上继续争鸣和探索,因此构建新公共治理系统的理论体系、统一新公共治理未来的研究议程、形成新公共治理共同的话语体系成为学界需要解决的迫在眉睫的问题,以改变碎片化的研究现状。将分散的一家之言整合为学界话语,需要学者们的充分讨论。

新公共治理的提出席卷的是全球公共管理领域,笔者认为这将是继新公共管理运动之后的又一全球化浪潮。在本文中,笔者从五个角度论述了新公共治理的全貌,对于我国公共管理,特别是政府治理而言,我们应当借鉴新公共治理的这几个主要思想。在理念上,我们应当倡导"服务主导逻辑",以服务主导为逻辑点,去构建我国的公共服务系统,服务主导更加体现使用者的满意度主导,这将更新我国公共服务理论与实务界对公共服务供给的认识,在服务主导逻辑下,更加注重服务递送的质量与满意度。在目标上,以制度为中心的新公共治理强调公共价值的实现。新公共治理并非摆向效率,而是兼顾效率与公平,是工具理性与价值理性的融合体现。我国的公共管理实践中,公共管理者不再是依照规程办事、维持组织运转,而是战略家,他们的目标是创造公共价值,这将革新我国公共管理人员的使命与职能,由关注效率转向创造公共价值。在治理方式上,新公共治理的共同生产实质上是职业化生产者与使用者共同参与生产的过程,这是公共服务供给过程的一种创新,有助于我国公共服务质量的提升。在结构上,我们可以用系统的视角审视公共服务生产过程,公共资源输入、产出公共服务、满意度反馈给公共服务生产者,这是一个系统循环的过程,值得我国公共服务供给过程借鉴。

---

[1] Jo Barraket,Robyn Keast,Craig Furneaux.Social Procurement and New Public Governance[M]. New York:Routledge,2016:1.

[2] Carrubbo L,Sarno S. Service Innovation within New Public Governance Theories E-Platforms as Smart Service Systems for Public Utilities[J]. Social Science Electronic Publishing,2011:1-21.

[3] Dorothea Jansen,Insa Pruisken.The Changing Governance of Higher Education and Research[M].New York:Springer,2016:59-83.

服务型政府、公共服务型政府、新公共服务的比较 *

服务型政府在我国的建设已有十余年，我们可以从理论、模式、实践三个维度理解它，它不仅是指一种强调服务理念的理论，还是一种以服务行政为主导的政府治理模式，并在实践中建设的满足公民服务需求的政府。它并不等同于公共服务型政府，公共服务型政府强调政府职能由经济建设转向公共服务，而服务型政府是对管理型政府的替代。服务型政府与新公共服务两个概念也是不同的，新公共服务不是服务型政府的理论来源，二者是在不同国别产生的理论。走向服务型政府需要整合与"为我所用"的思想，妥善处理三者关系，借鉴其他两者的优势。

2004年2月21日，温家宝同志在省部级主要领导干部"树立和落实科学发展观"专题研究班结业式上正式提出"建设服务型政府"，并在2005年3月5日的《政府工作报告》中明确提出"努力建设服务型政府，创新政府管理方式，寓管理于服务之中，更好地为基层、企业和社会公众服务"。服务型政府的建设已有十多年之久，理论层面，有一大批的学者进行研究，并产生了大量可观的学术研究成果；实践层面，各地方政府也相继进行服务型政府的建设。但是，在服务型政府建设不断发展的同时，也出现了一些"小插曲"。在服务型政府建设的十余年中，很多学者将"服务型政府"与"公共服务型政府"混合使用，认为公共服务型政府与服务型政府是"平行关系""等同关系"，甚至前者优于后者，这种混合使用的情况目前还存在，这种概念的混淆也将成为新时期服务型政府研究和建设的一个障碍。另外，中国学者在研究问题时形成了一种惯性思维，倾向于到西方那里找出处。所以在学术界，也有很多人认为服务型政府理论的产生是借鉴西方新公共服务理论的，后者是前者的理论来源。这种认识明显是存在偏差的，这种对服务型政府概念的模糊性不利于新时期服务型政府的构建。因此，笔者认为，有必要对学术界中存在已久的服务型政府、公共服务型政府概念混淆情况进行辨析，有必要对"新公共服务理论是服务型政府的理论来源"这一误解给予明确的解答。

一、服务型政府、公共服务型政府和新公共服务的概述

"概念是学术研究由以展开的工具，要促进学术研究水平的不断提高，任何学科

---

* 与翟文康合作完成，并发表于《天津行政学院学报》2016年第6期，第81～89页，题目有变化。

都必须对它的基本概念有着共识性的理解。"[1] 对服务型政府、公共服务型政府和新公共服务概念的理解也应如此。在学术研究中，我们必须对三个概念进行明确界定，避免出现概念混淆及理论来源不明确的情况，这样才能在实践中构建明确的服务型政府而非模糊的服务型政府。

（一）服务型政府

笔者从三个维度来阐释服务型政府这一概念，即作为一种社会治理模式的服务型政府，作为一种理论的服务型政府和实践中建设的服务型政府。张康之在《公共管理伦理学》中阐述："在公共管理中，控制关系日渐式微，代之而起的是一种日益生成的服务关系，管理主体是服务者，而管理客体是服务的接受者。所以，这是一种完全新型的管理关系，在这种管理关系的基础上，必然造就出一种新型的社会治理模式，是一种服务型的社会治理模式。"[2] 作为一种社会治理模式，服务型政府"通过制定公共政策、提供公共服务、改善公共管理、解决公共问题而促进经济社会全面、协调、可持续发展"[3]。服务型政府还是一种理论，刘熙瑞指出，"何谓服务型政府？它是在公民本位、社会本位理念指导下，在整个社会民主秩序的框架下，通过法定程序，按照公民意志组建起来的以为公民服务为宗旨并承担着服务责任的政府。"[4] 刘熙瑞还在2004年探讨了服务型政府的本质及其理论基础，因此，作为一种理论的服务型政府，是以服务为宗旨、以公民和社会为本位、以法律为制度保障的政府。"'服务型政府'是我国地方政府和学术界首先提出并在某些地方实行，而后被中央采纳的一个概念。"[5] 服务型政府在我国地方政府早有实践：2000年，成都市政府进行行政审批制度改革；2002年，重庆市、南京市政府提出服务型政府的目标，这些十多年前地方政府的政府转型、服务型政府的建设目前取得了良好的效果。实践表明，作为一种实践的服务型政府在中国的建设是成功的。笔者根据服务型政府的这三个维度归纳出服务型政府的如下特点。

作为一种社会治理模式的服务型政府形成的历史必然性。人类社会由农业社会向工业社会，目前正在向后工业社会演变，相应的政府类型也由统治向管理再向服务演进，政府类型演进趋势如表1所示。恩格斯指出："一切社会变迁和政治变革的终极原因，不应当在人们的头脑中，到人们对永恒的真理和正义的日益增进的认识中去寻找，而应当到生产方式和交换方式的变革中去寻找；不应当到有关时代

---

[1] 张康之，张乾友. 公共行政的概念 [M]. 北京：中国社会科学出版社，2013：1.

[2] 张康之. 公共管理伦理学 [M]. 北京：中国人民大学出版社，2003：7.

[3] 郁建兴，徐越倩. 服务型政府 [M]. 北京：中国人民大学出版社，2012：2.

[4] 刘熙瑞. 服务型政府——经济全球化背景下中国政府改革的目标选择 [J]. 中国行政管理，2002（7）：5-7.

[5] 井敏. 构建服务型政府：理论与实践 [M]. 北京：北京大学出版社，2006：1.

表 1 政府类型演进趋势

社会历史基础	农业社会	工业社会	后工业社会
社会治理模式	统治型社会治理	管理型社会治理	服务型社会治理
政府行政模式	统治行政	管理行政	服务行政
政府相应类型	统治型政府	管理型政府	服务型政府

的哲学中去寻找,而应当到有关时代的经济中去寻找。"[1] 后工业社会中,知识经济取代了工业经济,由商品经济转向了服务经济,知识经济时代对政府的治理模式也提出了相应的要求,服务型政府的演进是一种历史的必然。(2) 从宪政角度来看,服务型政府明确界定了政府与社会、与公民之间的关系。一是政府部门以公民为本位,根据公民需求提供服务;二是政府官员要树立服务的理念。(3) 在政府职能上,明确了政府"经济调节、市场监管、社会管理、公共服务"的职能。(4) 在价值理念上,以服务为宗旨,达到公民满意,实现公共利益最大化。"政府是'公共服务的机关',公共行政最重要的性质也在于服务,服务的精神意味着政府施政与公民的意愿与需要相一致;政府及其公职人员提供尽可能多的产品与服务,同时又是高品质的服务。"[2] (5) 在服务方式上,服务主体的多元化,服务形式的整体性,服务提供的公平性。(6) 服务含管制,管制为服务。服务型政府提供服务,并不代表完全排斥管制,"管制作为服务型政府更好提供服务的一种补充手段还是必不可少的。服务型政府并不是只讲服务而不要管制的政府,服务型政府也会利用公共权力的强制性,对那些可能或已经破坏社会和市场秩序的少数人实行管制"。[3] (7) 服务型政府提倡法治并讲究政府问责。

(二)公共服务型政府

"公共服务型政府的概念是 2003 年'非典'过后才出现的一个新概念,问题主要集中到了政府在公共管理中如何定位?如政府全部工作的重点,政府应该承担的责任,以及提供公共物品等。"[4] 迟福林认为,公共服务型政府是指"为全社会提供基本而有保障的公共产品和有效的公共服务,以不断满足广大社会成员日益增长的公共需求和公共利益诉求,在此基础上形成政府治理的制度安排"。[5] 公共服务型政府着重提供私人、企业无法提供或投入大、收益周期长的公共产品和服务,其对政府的要求重点在职能上,是在经济建设的基础上,强调提供充足的公共服务。从历史

---

[1] 马克思,恩格斯.马克思恩格斯选集(第 3 卷)[M].人民出版社,1995:741.

[2] 张成福.论公共行政的"公共精神"——兼对主流公共行政理论及其实践的反思[J].中国行政管理,1995(5):15-17,20.

[3] 井敏.试析我国服务型政府认识中的几个误区[J].社会主义研究,2006(4):42-44.

[4] 张珊,朱建芳.关于服务型政府和公共服务型政府的思考[J].管理观察,2009(34):86.

[5] 迟福林.全面理解"公共服务型政府"的基本涵义[J].人民论坛,2006(5):14-15.

维度上分析，公共服务型政府是我国政府职能转变的具体体现，是我国行政体制改革的必然性结果。公共服务型政府可以理解为以公共服务为导向的政府，强调政府的中心职能从经济建设转移到提供公共服务上来。李军鹏总结出公共服务型政府的五大特征："第一，政府的作用集中于公共领域。政府的职能主要是提供公共产品和公共服务。第二，政府管理的基本哲学是实现社会正义。第三，政府是公共利益的鲜明代表。第四，政府权力是有限权力。第五，现代政府是法治政府。"[1]

（三）新公共服务

在宽泛意义上，新公共服务既是指一种批判并超越传统公共行政理论和新公共管理理论的政府治理理论，又是指一种区别于传统官僚制、企业型政府的新公共服务模式，还指当代西方公共行政领域正在出现的一种运动，这场运动被称为"新公共服务"运动。"所谓'新公共服务'，指的是关于公共行政在以公民为中心的治理系统中所扮演的角色的一套理念。作为一种全新的现代公共行政理论，新公共服务理论认为，公共行政已经经历了一场革命。"[2]

作为一种理论的新公共服务，以公共利益、公民精神和民主治理为核心，为了实现有效的民主治理，在公共行政活动中，需要公共行政官员承担行政责任，追求公共利益，转变领导观；重视公民精神，鼓励公民参与，主张与公民的合作治理。不同于官僚制与企业型政府，新公共服务更加强调公平、责任与公共利益，是对管理主义的扬弃，对宪政主义的回归。不同于传统的集权、分权的组织结构，新公共服务提供的是一种合作型组织，公共行政官员致力于为公民的利益表达与政治参与提供一个平台。作为一场运动的新公共服务，在西方公共行政领域正在出现，对公共利益、民主价值观和公民权的呼声越来越高。登哈特指出："公民和公共官员正在以一种互利合作的方式齐心协力地界定和处理一些共同的问题。我们认为，这种新的态度和新的参与表明公共行政领域正在出现一场运动，我们将这场运动称为'新公共服务'。"[3]笔者根据新公共服务的这三个维度归纳出新公共服务如下特征：（1）在政府职能方面，新公共服务提倡政府提供服务，而不是掌舵；（2）在公共利益方面，新公共服务强调政府的目标是公共利益，不能将公共利益当作副产品；（3）在政府战略和行动方面，新公共服务提倡将其分为思考与行动，政府应战略地思考，民主地行动；（4）在服务对象方面，新公共服务主张政府为公民服务，而不是为顾客服务；（5）在政府责任方面，新公共服务强调政府的责任并不简单；（6）在政府关注点方面，新公共服

---

[1] 李军鹏. 公共服务型政府建设指南[M]. 北京：中共党史出版社，2005：30.

[2] 丁煌. 西方行政学说史[M]. 武汉：武汉大学出版社，2004：409.

[3] 珍妮特 V 登哈特，罗伯特 B 登哈特. 新公共服务：服务，而不是掌舵[M]. 丁煌，译. 北京：中国人民大学出版社，2010：1.

务提倡政府要重视人，而不能只是重视生产率，在追求生产率的同时更加重视人的需求；（7）在政府服务理念方面，新公共服务强调公民权和公民服务比企业家精神更重要。

通过以上分析我们发现，服务型政府是在中国本土诞生的一种政府治理模式和理论，并在我国本土有十余年之久的实践应用。公共服务型政府是我国2003年之后出现的概念，是我国政府职能转变的一种内在要求和具体体现。新公共服务是在美国产生，并针对传统公共行政和新公共管理提出的一种政府治理理论，在美国公共行政领域对新公共服务中公共利益、民主价值观、公民权的呼吁逐渐演化为一场运动。

二、服务型政府、公共服务型政府和新公共服务的比较分析

三者之间在概念上有着本质的区别，那么为何在学术界研究中，三者的关系出现混淆？除了外在因素外，应该是其本身的原因，三者有着某些相似性。因此，需要对三者的相关特征进行比较分析，首先对其相同点进行比较，探讨这种混淆出现的原因，然后再对其不同点进行比较，区分三者的差异。

（一）相同点比较

1. 核心主张——公共服务

服务型政府、公共服务型政府、新公共服务三者概念上都有一个共同的词，就是"服务"。三者都主张为公民提供优质的公共服务，在共同性上，三者都离不开公共服务。事物最突出的外在表象是某事物区别于其他事物的关键所在，而服务就是服务型政府最突出的外在表象。服务型政府区别于法治政府、责任政府的关键特征就是其核心主张是为公民提供优质的公共服务，服务性是服务型政府最突出的特征。公共服务型政府的本质就是以公共服务为导向的服务型政府。党的十一届三中全会确立了党和国家的工作重心由"以阶级斗争为纲"转移到"以经济建设为中心"，作出了"改革开放"的决策。改革开放30年以来，我国经济发展迅速，取得了许多重大的经济成果。但是多年来，我国对公共服务和社会管理投入较少，特别是2003年的"非典"后，政府逐步开始重视公共服务的职能，从而提出公共服务型政府的概念。公共服务型政府是政府职能转变的结果，不仅以经济建设为中心，还要重视为公民提供公共服务的职能。新公共服务主张政府的职能是"服务"而不是"掌舵"，为公民服务，而不是为顾客服务，公民权和公共服务比企业家精神更重要。新公共服务理论明确提出这艘"船"的主人是公民，认为政府是为公民提供公共服务的，政府与公民的关系不是商家与顾客的关系，而是鼓励公民参与到公共服务中。

2. 价值追求——公共利益、责任与正义

服务型政府追求公共利益最大化，为公民提供服务，力求公民满意。在一些

"政务服务大厅",公民享受完服务后,都会对服务人员进行满意度评价,旨在完善服务,提高满意度。服务型政府还是责任政府,有权力就要承担相应的责任,责任政府要求政府在提供服务的过程中做到公正、高效、负责任。公共服务型政府认为政府所集中的领域是公共领域,是公共利益的代表,为企业和公民提供所需要的服务。新公共服务主张公共利益是目标而非副产品,认为责任并不简单。登哈特指出:"公共行政官员必须促进建立一种集体的、共同的公共利益观念。这个目标不是要找到由个人选择驱动的快速解决问题的方案,确切地说,它是要创立共同利益和共同的责任。新公共服务的核心原则之一就是重新肯定公共利益在政府服务中的中心地位。"[1]并总结出公共利益的四种模式,即规范模式、公共利益的废止论观点、政治过程理论、共同的利益。政府行政官员有责任帮助公民表达利益,同时,政府行政官员根据公共利益进行决策与执行。新公共服务还承认责任并不简单,认识到了责任是复杂的,将公众视为政府负责任的对象,突出强调公民权和公共利益的中心地位。罗尔斯在《正义论》里讲道:"正义是社会制度的首要价值。正像真理是思想体系的首要价值一样。一种理论,无论它多么精致和简洁,只要它不真实,就必须加以拒绝或修正;同样,某些法律和制度,不管它们如何有效率和有条理,只要它们不正义,就必须加以改造或废除。每个人都拥有一种基于正义的不可侵犯性,这种不可侵犯性即使以社会整体利益之名也不能逾越。"公共服务的提供及其对象是公众,所在的领域是公共领域,都会涉及公平、正义等价值,服务型政府、公共服务型政府、新公共服务都强调服务提供及其分配过程中的公平与正义。

3. 研究对象——政府与公民

服务型政府、公共服务型政府和新公共服务所研究的对象都是政府与公民,三者的主张都是基于公民需求与权利出发,对政府的角色及其行为作出的要求。从政府角度来看,服务型政府和公共服务型政府将政府的角色定位于服务的提供者,政府应当较少地干预市场,只为市场和企业提供必要的服务,加强市场监管,提供良好的市场环境。同时也对政府的代表人——公务员进行了角色定位,服务型政府和公共服务型政府认为公务员应当扮演好组织者、引导者、仲裁者的角色。新公共服务认为公务员日益重要的角色是帮助公民表达并满足他们共同的利益需求,公共利益不是公民个人利益的简单相加,而是在公民对话、协商基础上形成的聚合利益,而公务员是要为公民的协商及其利益聚合提供一个平台。新公共服务认为政府的职能不是"掌舵"而是服务,政府要鼓励公民参与到政治中来。从公民的角度来看,

---

[1] 珍妮特 V 登哈特,罗伯特 B 登哈特. 新公共服务:服务,而不是掌舵[M]. 丁煌,译. 北京:中国人民大学出版社,2010:47.

服务型政府与公共服务型政府的出发点都是根据公民的需求作出某种回应，新公共服务也非常重视人的作用，而不是效率，明确公民是这艘"船"的主人，政府是为其服务的。三者不约而同地将公民视为其核心研究对象，并对政府及其工作人员提出了相应的要求，是为了在政府与公民之间建立良性的互动关系，取得良好的治理效果。

综上所述，服务型政府、公共服务型政府和新公共服务三者之间在核心主张、价值追求、研究对象等方面存在相似或相同之处，这些相同之处使得三者看起来很相似，关系变得模糊起来，但是这些相同之处并不能决定三者的性质，不能完全说明三者有直接的关系。世界上不会存在两片相同的树叶，同理，服务型政府、公共服务型政府与新公共服务三者之间也是有区别的，弄清楚三者关系混淆的原因之后，就需要考究它们之间的区别，界定清楚它们之间的关系。

（二）**不同点比较**

1. 对应概念

"列宁阅读《逻辑学》的时候，深切地感受到，概念是成对出现的，这是非常深刻的。除了日常用语外，一切概念都有着与之相对应的另一概念存在。"服务型政府相对应的概念是管理型政府，公共服务型政府相对应的概念是经济建设型政府，新公共服务相对应的概念是新公共管理。笔者在前文已经论述，根据社会治理模式演进历程，服务型政府是经由统治型政府、管理型政府演进而来的，是政府治理模式的渐进发展，服务型政府是一种更好的、更高形态的政府。回顾新中国成立以来，我国经历了计划经济时代向社会主义市场经济时代的转变，政府也相应地由全能控制型向经济建设型政府转变。经济基础决定上层建筑，上层建筑的存在也依靠相应的经济基础。计划经济时代，我国政府形态是全能的控制型政府，社会主义市场经济时代，我国政府形态是经济建设型政府，而公共服务型政府是没有相应的经济基础的（见图1），因此"公共服务型政府"不能作为一种政府形态而存在，只能是政府职能转变的具体体现。党的十一届三中全会作出了改革开放的决策，停止了"以阶级斗争为纲"，将政府工作重心转移到经济建设上来。在2003年"非典"事件后，政府开始重视公共服务，出现了公共服务型政府的提法。很明显，这种提法是政府职能转变的体现。因此，公共服务型政府的这种提法是政府职能转变的体现，而非政府形态升级，而且我国目前经济条件还未达到发达水平，政府职能重心完全从经济建设转移到公共服务的可行性较小。所以，在对应概念及其演进历程上，服务型政府与公共服务型政府是不同的。新公共服务是在对传统公共行政、新公共管理批判的基础上提出并演进而来的，与另外两者并无联系。

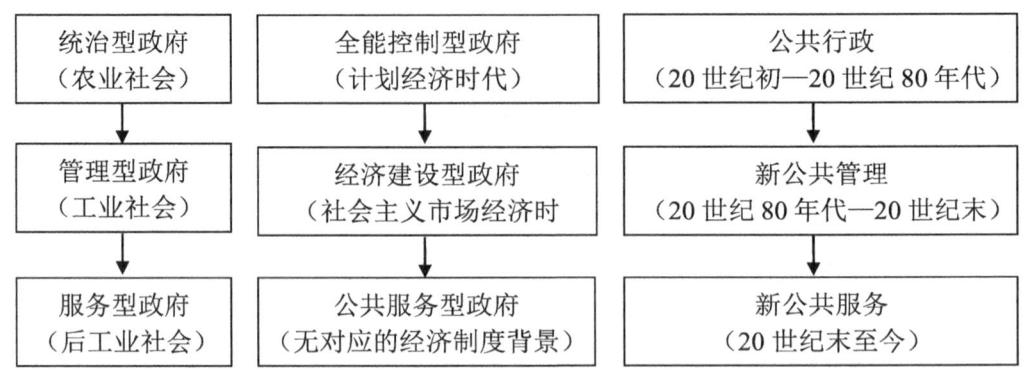

图 1　服务型政府、公共服务型政府、新公共服务演进历程比较

2. 产生时间及背景

产生时间及背景的差别是区分事物最直接的根据。"服务型政府"这一概念是 2001 年由张康之在《限制政府规模的理念》一文中最早明确提出的，他在文中指出："要从根本上限制政府规模，就必须对政府存在的哲学理念作以重新整理。我们的看法是，需要建立起一种全新、完全不同于传统的统治型政府和近代的管理型政府的新型政府，我们把这种新型政府称作服务型政府。"[1] 很明显，这是作为一种社会治理模式的服务型政府。2002 年，刘熙瑞在《服务型政府——经济全球化背景下中国政府改革的目标选择》一文中，对"服务型政府"作出了明确的定义，他认为中国加入 WTO 是中国融入经济全球化的第一步，而在全球化的背景下，中国政府的改革目标就是服务型政府。2001 年加入 WTO 是服务型政府产生的直接推动因素，是其重要的背景。而公共服务型政府是在 2003 年"非典"事件之后出现的，并在学术界受到一批学者的关注。2003 年的"非典"事件暴露出政府在提供公共服务方面的不足之处，政府多年来忽视了公共服务的建设，经过这次事件，政府及学术界认识到政府需要强化公共服务职能，进而公共服务型政府的概念逐渐进入学者研究的视野。从公共服务型政府产生的过程可以看出，公共服务型政府提出时间滞后于服务型政府，公共服务型政府只是政府职能转移，而服务型政府就政府的行政理念、运作机制、组织机构、公务员角色等多方面作出了相应要求。在职能方面，不仅强调政府提供必要的公共服务，还加强在经济、社会及自身多方面的服务性建设，二者对比可以看出，公共服务型政府只是服务型政府建设的一部分。服务型政府认为政府与公民的关系是"仆人"与"主人"的关系，而公共服务型政府并未作出相应要求，也就是说，公民仍旧是公共服务的被接受者，没有享受支配权，体现不出服务性质。在这方面，公共服务型政府相对于服务型政府来说是有局限的。服务型政府与公共服务型政府产生于 21 世纪初的中国，二者与新公共服务的差异性不仅体现在时间上，

---

[1] 张康之. 限制政府规模的理念 [J]. 行政论坛，2000（4）：7-13.

更体现在"土壤"上。"新公共服务"的代表性著作是登哈特夫妇于 2003 年在美国出版的《The New Public Service : Serving, not Steering》一书,此书在我国大陆最早是 2004 年由丁煌翻译、中国人民大学出版社出版的《新公共服务:服务,而不是掌舵》。相对于服务型政府来说,在时间上,新公共服务产生得较晚。新公共服务产生在美国,它是在对新公共管理批判的基础上提出来的。因此,从时间及产生背景上比较,在美国产生的新公共服务不足以成为我国服务型政府的理论来源。

3. 理论来源

服务型政府所蕴含的公共性、服务、法治等先进理念都有一定的理论来源。马克思主义代表制界定了政府与公民的关系是"仆人"与"主人"的关系,"三个代表"思想是马克思主义代表制与我国实际相结合的产物,二者为服务型政府界定了政民关系。政府公共性理念为服务型政府输送了公共性的行政理念,在公共领域制定公共政策,解决公共问题,实现公共利益。我国产生的"为人民服务"思想为服务型政府注入了"服务"的新鲜血液。法治理论为服务型政府提供了制度保障的理论支持。公共服务型政府理论来源是与之不同的,"学者普遍认为,20 世纪 80 年代以后,英国的公共服务宪章运动、美国的政府创新运动、韩国的亲切服务运动、新加坡的'好政府'建设运动以及西方其他国家的顾客导向型政府建设等,尽管其称谓和具体做法不尽相同,但最终目标都是构建公共服务型政府"。[1] 西方国家的新公共管理、福利国家理论及其实践为我国公共服务型政府建设提供了理论指导和具体参考。我国目前的公共服务相关举措逐渐呈现市场化、社会化趋势,政府不直接提供服务,通过外包、公私合作、竞标等形式转移给了社会,这些举措是借鉴西方国家的相关改革措施,可以说,公共服务型政府理论来源于西方国家新公共管理和福利国家理论。登哈特夫妇认为,新公共服务理论来源于民主公民权理论、社区与公民社会理论、组织人本主义与新公共行政、后现代公共行政。通过理论来源的对比,我们可以辨析出,三者在自身理论构建上也会有不同的取向,在具体的实践操作中也会呈现出不同的形态。因此,因为理论来源的不同,三者在自身理论构建和具体实践指导、组织建构、运行机制等方面也会存在区别。

综上所述,服务型政府、公共服务型政府、新公共服务在对应概念、产生时间及背景、理论来源等方面存在着显著的区别,我们可以清晰而非模糊地把握三者关系。三者的区分不仅局限于以上三个方面,概念上的区别才是最根本的区别。笔者上文已经论述过,服务型政府是一种治理模式,是一种政府治理理论,是一种具体实践形态;公共服务型政府是我国政府职能转变的现实具体体现,是政府工作重心的转移;新公共服务是一种批判并试图取代传统公共行政理论和新公共管理理论的

---

[1] 杨国鹏. 我国公共服务型政府建设问题研究综述 [J]. 中州学刊,2006(2):9-14,18.

政府治理理论，是一种区别于传统官僚制、企业型政府的新型公共服务模式，是当代西方公共行政领域正在出现的一种运动。三者是不同的，服务型政府区别于公共服务型政府，公共服务型政府只是服务型政府职能方面的一种具体体现；服务型政府是中国学者集体智慧的结晶，是中国本土产生的理论，其理论来源并非新公共服务理论。

三、走向服务型政府

张康之指出，"在服务型政府研究方面存在着三类问题：第一，理论的误植；第二，历史的'混搭'；第三，方向的误导。理论研究中存在着的这些问题对实践造成了消极影响，甚至有可能让政治家们对服务型政府产生怀疑"。[1] 为了更好地走向服务型政府，笔者将继续论述如何妥善地处理服务型政府与公共服务型政府、新公共服务之间的关系。

在产生时间上，服务型政府早于公共服务型政府；在产生背景上，服务型政府是在经济全球化、中国加入WTO背景下由学术界和地方政府率先提出、实践而后得到中央认可，公共服务型政府是在"非典"事件之后出现的概念；在理论来源上，服务型政府也是不同于公共服务型政府。在其概念上，公共服务型政府只是政府职能转变的具体体现，表明政府开始重视公共服务。面对服务型政府与公共服务型政府的种种不同之处，同时服务型政府又得到中央的认可并在全国广泛的实践事实，我们是不是就要全面肯定服务型政府，彻底否定公共服务型政府？答案是否定的。做到更好地走向服务型政府并不是采取"敌亡我存"的方式，不是将公共服务型政府"消灭"掉，而是要"为我所用"。笔者在前文中已经分析到，公共服务型政府其实就是以公共服务为导向的政府，表明政府应当以公共服务为重点、导向去履行自己的职责，达到善治。到目前为止，公共服务型政府的研究已经取得较大的成果，对于政府如何更好地提供公共服务有了一个系统的研究，那么，服务型政府的构建就可以将其研究成果借鉴过来，因为服务型政府职能不仅有公共服务，还包括经济治理、社会管理、文化建设和自身建设等领域，所以，公共服务型政府的研究对于服务型政府完善其公共服务职能来说是"如虎添翼"。因此，走向服务型政府，并非完全否定公共服务型政府的建设，而是要利用公共服务型政府的研究成果，来完善服务型政府的建设。

新公共服务并非服务型政府的理论来源，二者产生的时间和国度都是不同的，它们的理论来源也不同。面对二者的种种不同，走向服务型政府同样不能抛弃新公共服务。新公共服务中许多先进的思想都值得我们借鉴，公共行政官员的领导观和执行

---

[1] 张康之. 我们为什么要建设服务型政府 [J]. 行政论坛，2012，19（1）：1-7.

观、重视社区的力量、关注公民精神等思想对于我国服务型政府建设都是很有指导意义的。"他山之石，可以攻玉。"面对新公共服务，我们在明晰其与服务型政府之间的根本区别的基础上，在避免理论误植的情况下，应当借鉴其先进的关于公共服务的思想。服务型政府建设需要借鉴一些西方先进的服务理论。走向服务型政府需要正视与新公共服务的关系，不能将其看作理论来源，只是与其进行理论对照，服务型政府理论作为我国本土产生的理论有一定的中国特色，它的发展需要与其他先进的服务理论作对照。因此，走向服务型政府，建设服务型政府理论，中国学者应当有一种理论自信，将新公共服务当作一种对照物而非理论来源，构建属于中国的大理论。

作为一种社会治理模式的服务型政府，要整合其治理方式，应构建多种治理方式齐头并进的模式。在处理服务型政府与公共服务型政府的关系中，服务型政府是采取"为我所用"的态度，将以公共服务为导向的政府建设纳入服务型政府的公共服务建设中来。同理，服务型政府还要打造以经济治理为导向的政府、以社会管理为导向的政府、以文化建设为导向的政府和以政府自身建设为导向的政府。多种治理方式齐头并进，互相协调完善社会治理模式（见图2）。作为一种理论的服务型政府，要完善其理论构建，并与其他理论或思想进行对比借鉴，丰富服务型政府的理论内容。党的十八届五中全会提出："不断推进理论创新、制度创新、科技创新、文化创新等各方面创新，让创新贯穿党和国家一切工作，让创新在全社会蔚然成风。"[1]理论创新是最高层次的创新，体现一个国家的创新水平，因此，对于服务型政府理论的创新将是我们的目标。1881年，马克思在《给维·伊·查苏利奇的复信草稿——初稿》中的一段话："俄国是在全国范围内把农业公社保存到今天的欧洲唯一的国家……另一方面，和控制着世界市场的西方生产同时存在，俄国可以不通过资本主义制度的卡夫丁峡谷，而把资本主义制度的一切肯定的成就用到公社中来。"[2] 马克

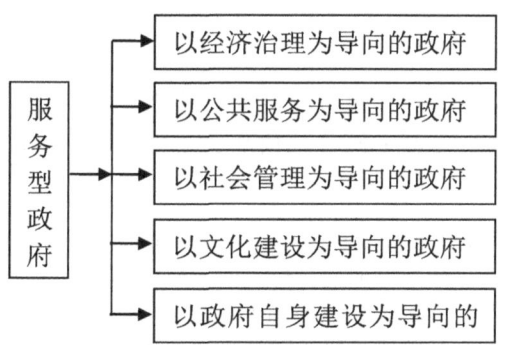

图2　以职能为基础的服务型政府治理模式

---

[1] 中国共产党第十八届中央委员会第五次全体会议公报 [EB/OL].（2015-10-29）. http://news.xinhuanet.com/fortune/2015/10/29/c_1116983078.htm.

[2] 马克思，恩格斯. 马克思恩格斯全集（第19卷）[M]. 人民出版社，1965：435-436.

思在这封回信中提出了著名的"卡夫丁峡谷"理论，即俄国社会可以走不同于欧美国家的资本主义道路而进入比资本主义社会更高一层次的社会主义社会。那么，在我国公共管理学科领域同样也存在着"卡夫丁峡谷"[1]理论，我国所构建的服务型政府理论同样可以不走西方国家公共管理理论之路进而实现对于西方公共管理理论的超越。自从我国公共行政和公共管理发展以来，一直蕴藏着一股力量，一直为着产生属于中国的公共管理理论而铺垫着。进入新世纪，中国到了产生大理论的时候了，如果说这个大理论是什么，如果说公共管理学科可以"输出"国外的理论是什么，那必将是服务型政府理论。作为一种在实践中建设发展的服务型政府，要从实践中总结经验，就要有一批学者关注实践，并从实践中提炼出理论性的思想。正如马克思、恩格斯在《共产党宣言》1872年德文版序言中讲道："不管最近25年来的情况发生了多大的变化，这个《宣言》中所阐述的一般原理整个说来直到现在还是完全正确的……这些原理的实际运用，正如《宣言》中所说的，随时随地都要以当时的历史条件为转移。"[2]我国的服务型政府理论也要以实践中的建设为转移。十年前，服务型政府的建设是以省会、地级市或直辖市为主体构建，如南京市、成都市、重庆市，等等。而新时期的服务型政府建设应当与我国的城镇化进程相契合，应当以部分地级市、多数县级市为主体，实现服务型政府构建地区重心的转移。

综上所述，服务型政府应当将公共服务型政府的相关研究成果为我所用，构建以职能为基础的政府治理模式；服务型政府应当将新公共服务作为理论对比的对象，在理论上实现中国大理论构建的超越；在实践中构建的服务型政府还应当注意以具体的历史条件为转移，与新型城镇化建设进程相契合，实现服务型政府构建的地区意义上的重心转移，达到全国服务型政府自上而下的全面推行。

四、结语

笔者通过服务型政府、公共服务型政府、新公共服务三者相同与相异的比较辨析三者的关系，认为三者具有本质性的区别，并无直接联系。服务型政府和公共服

---

[1] 关于马克思所引用的"卡夫丁峡谷"一词的含义，理论界主要有两种认识：一种认为"卡夫丁峡谷"是指资本主义生产发展的过程。所谓可以不通过资本主义制度的卡夫丁峡谷，就是可以超越资本主义生产发展的整个阶段，由前资本主义的生产方式直接进入以公有制为基础的社会主义生产方式阶段。另一种认为"卡夫丁峡谷"意指资本主义的社会形态。前资本主义国家在特殊的历史条件下，可以直接进入社会主义社会，不仅实现生产方式的变更，同时也实现社会制度的更新。笔者在此将其延伸至公共管理学科领域，存在着某种理论不必学习西方理论、走西方道路，而直接建设超越西方的中国公共管理理论。

[2] 马克思，恩格斯.共产党宣言[M].中共中央马克思、列宁、恩格斯、斯大林著作编译局，译.人民出版社，1997：3.

务型政府并不是同一个概念，二者不是等同的。笔者认为，公共服务型政府是政府职能转变的具体体现，是一种以公共服务为导向的政府，它是服务型政府以职能为基础的政府治理模式中的一部分，服务型政府应当包含公共服务型政府。服务型政府不仅是一种政府治理模式，还是一种理论，并在实践中有所建构的政府。服务型政府与新公共服务也是不同的，作为一种理论的服务型政府与新公共服务理论的地位是平等的，新公共服务并非服务型政府的理论来源。三者在概念上的混淆模糊了服务型政府构建的方向，因此，辨析三者关系对于服务型政府的未来之路有着重要意义。笔者在张康之三个问题的基础上提出走向服务型政府之路应当处理好服务型政府与公共服务型政府、新公共服务的关系，服务型政府应当将公共服务型政府的相关成果"为我所用"，完善服务型政府在供给公共服务方面的研究。同时，服务型政府理论的发展还应与西方新公共服务相对照，从中丰富服务型政府理论的发展，在新时期构建属于中国的大理论。

新公共管理、无缝隙政府、整体性治理范式的比较*

新公共管理、无缝隙政府以及整体性治理是20世纪末兴起的三大公共治理范式,它们三者相互衔接而又各有主张。新公共管理理论的市场化、效率优先、竞争机制等主张在提高政府效率的同时导致了政府部门的无序化、碎片化和分散化,而无缝隙政府主张用整合和协调的方式对政府部门进行重构,整体性治理也主张建立整体性、全观型的政府。我们采用了比较和归纳的研究方法对三种范式进行了深入剖析,分别从理论批判、组织结构和核心观念上对三者的相同点进行了归纳,又分别揭示了三者在理论依托和所受到的批判上的不同点。笔者阐述的三种公共管理范式的异同点对新时期的社会治理和政府改革有一定的现实意义。

政府行政体系和市场经济体系是影响社会现状及其发展进程的最重要的两股力量,政府组织在其自身演化和发展过程中不断尝试着改进创新以实现其高效、民主、责任的目标,政府的运行理念也发生了从"管理"向"服务"的转变,因此更有效的政府组织形式是政府治理探索的新内容。

一、三种范式的理论概述

(一)新公共管理理论

从20世纪70年代开始,随着自然科学的迅速发展以及人文科学的逐步完善,以西方发达国家为首的世界各国纷纷开始了政府改革运动,这是一场伴随着发达国家从工业社会转型为后工业社会的改革。在科学技术领域,科学管理的水平随着信息化发展而越来越高,公民对政府在组织效率提升和社会公平分配方面的要求也越来越强,于是在政府管理领域,行政改革的呼声应运而生。

从英国的"撒切尔革命"开始,美国、日本和新加坡等发达国家掀起了一股向着民营化、市场化、社会化的政府改革的浪潮,目的在于在平衡效率与公平的基础上实现社会资源和社会价值的合理分配,在信息化时代满足经济增长的同时合理地避免公共危机,在现代化与理性化相结合的理念下促进政府更好地发展。这次政府改革也促使了近代相关的改革理论和政策的推广和更新,如以埃德温·坎南和罗

---

* 与杨洋合作完成,并发表于《学习论坛》2012年第12期,第57~60页,中国人民大学报刊复印资料《管理科学》2013年第3期全文转载,题目有变动。

纳德·科斯为代表的新自由主义，以詹姆斯·布坎南为代表的公共选择理论，以道格拉斯·诺斯和奥利弗·威廉姆森为代表的新制度经济学，以欧文·休斯和简·莱恩为代表的新公共管理，美国前总统比尔·克林顿的新政治经济策略即"第三条道路"，以詹姆斯·罗西瑙和鲍勃·杰索普为代表的治理理论等。同时拉丁美洲、亚洲、东欧以及非洲的很多发展中国家也受此理论的影响，纷纷结合本国的实际发展程度进行了类似的改革。另外，20世纪80年代的西方发达国家经受了三大危机——财政危机、管理危机和信任危机的考验，这直接促使了各国政府进行政府改革，福利国家的不断扩张造成了公共财政危机，从社会保障制度入手进行大刀阔斧的改革，诊疗市场滞涨现象从而提高市场效率，同时改革公共行政部门的机构设置以及整合公务员队伍是各国改革的首要选择。

新公共管理改革主张的是市场化、自由化、民营化，用市场和企业的管理方法改造公共部门，引入竞争与合作机制，转变政府职能；其价值选择和路径选择主张从经济上放松管制，削减庞大的福利开支，从政治上强化国家干预，改造公共部门，引入企业管理模式，建立顾客驱动制度，引入竞争机制，重视行政结果，推行社会合作等。

（二）无缝隙政府理论

无缝隙政府（Seamless Government）是由美国拉塞尔 M. 林登在通用电气执行总裁杰克·韦尔奇的"无界限组织"（Boundary-less Organization）的基础上提出来的。无界限组织是对组织内部各部门之间原有界限的弱化，而非完全取消，它的优点是基于计算机网络化以更有效的形式使信息和资源在模糊的边界之间能够扩散，强调组织的速度、弹性、整合与创新。林登认为"无缝隙"要比"无界限"更能揭示新型组织的本质。无缝隙组织是指可以用流动的、灵活的、弹性的、完整的、透明的、连贯的等词语来形容的组织形态；无缝隙组织是行动快速并能够提供品种繁多、用户化和个性化产品和服务的组织，并以一种整体的而不是各自为政的方式提供服务；无缝隙组织的形式和界限是流动和变化的，具有渗透性，有时是无形的；无缝隙组织的顾客与服务提供者直接接触，两者之间是一种直接的、人性化的关系，不存在繁文缛节、踢皮球等诸多遁词。曾经存在于组织内部和组织之间的壁垒变成了网络，无缝隙组织以跨职能团队代替目前公务员仅在一个职能领域内服务的孤立组织，强调以通才取代专才。[1]

无缝隙组织正在以一种新的思维方式和组织形式向传统的官僚制进行着改革，政府流程再造（Government Process Reengineering）以满足顾客的无缝隙需要为中心设计组织的形式和原则，以业绩、预算、信息资源、奖励等手段进行制度创新，目

---

[1] 拉塞尔·林登.无缝隙政府[M].汪大海、吴群芳，等译.北京：中国人民大学出版社，2002.

的是创建面向顾客、服务公众的创新型组织，在满足顾客的无缝隙需要中，提升政府的绩效和服务质量，将政府部门的流程再造的结果表现为以顾客导向、竞争导向、结果导向为特征的无缝隙政府。

"顾客导向"中的顾客是相对于政府组织而言的，指的是公共产品与公共服务的最终使用者，也包括公共产品和公共服务供给过程中的参与者。政府工作的重心围绕着顾客的需要，做到顾客至上、民众优先，为顾客提供及时的、个性化的公共产品和服务。"竞争导向"是营利组织的经营理念被引入到政府部门的具体体现，尤其是针对政府部门官僚主义盛行、政府成本过高、效率低下和缺乏活力的低迷现象。在市场经济的大背景下，引入竞争机制来改变政府对公共产品和公共服务供给的垄断地位，鼓励民间资本与人力的参与，使公共部门与民营机构之间展开竞争，更加关注公共产品和公共服务的质量、效率、创造力与活力。"结果导向"的无缝隙政府通过顾客和过程，强调积极的目标、具体的结果与有效的产出，强调将工作的实际结果、预算和绩效合二为一。在政府改革实践过程中，绩效管理制度、全面质量管理、自我管理团队等都是结果导向的具体做法。

（三）整体性治理理论

整体性治理理论产生于20世纪90年代的西方国家，政府管理问题的复杂性和政府管理的危机意识的觉醒预示着现代社会已经进入了风险时期，而占主导地位的新公共管理改革使公共治理的结果更加碎片化、分散化。整体性治理的产生是为了摆脱碎片化的困境，解决碎片化带来的社会问题复杂化的难题，从而提供更加完善、更低成本、更高效率的公共服务和公共产品，以期达到善治的效果。

整体性治理在不同国家被本土化地阐释为不同名称，在英国被称为"协同型政府"（Joined-up Government）或跨部门议题（Cross-cutting Issues），在北美、欧洲被表达为"服务整合"（Service Integration），在美国被表述为"合作政府"（Collaboration Government），在澳大利亚被叫作"整体政府"（Whole of Government），在加拿大被称为"水平政府"（Horizontal Government）等。[1] 整体性治理针对的是碎片化治理带来的问题，整体主义的对立面是碎片化而不是专业化。整体性治理的主要思想是重新整合，包括逆部门化和碎片化、大部门式治理、重新政府化、恢复或重新加强中央过程、极力压缩行政成本、重塑服务提供链、集中采购和专业化、以"混合经济模式"为基础共享服务以及网络简化。信任和责任感是整体性治理过程中最关键的因素，组织间信任的基础是委托和代理的关系，而责任感则表现为诚实、效率和有效性。

---

[1] Christopher Pollitt. Joined-up Government：A Survey[J]. Political Studies Review，2003（1）：34-39.

整体性治理的理念在一些西方发达国家的政府改革中得以成功实践。Tom Ling 比较了加拿大、澳大利亚、荷兰、新西兰、瑞士、美国等国家的实践经验后指出了英国的协同型政府与新公共管理倡导的第三条道路之间的区别。[1] 英国的协同政府改革得到布莱尔政府改革的青睐，与保守党倡导的权力下放的政策形成对立，而协同型政府很好地解决了英国政府"空心化"的局面。如今在英国的国家健康服务等公共服务中，协同、协调、整合的方法得到了普遍适用，克服了公共服务碎片化的弊端。澳大利亚政府的中央链接（Centrelink）将来自8个联邦政府部门和各个州与地区政府的社会服务集结在同一个屋檐下，目的是向公民提供跨越各种服务的一站式服务。[2] 美国在联邦和州级安全防御领域展开联合行动，信息共享和机构合作能够避免恐怖分子的袭击和威胁。

二、三种范式的相同点比较

（一）对于理论的批判

新公共管理理论和无缝隙政府理论的出发点都是对传统官僚制弊端的批判和扬弃，整体性治理理论是对新公共管理理论造成的政府碎片化、部门分割、空心化的批判。

官僚制以合理的分工、权力集中的控制和专业的训练标榜着其组织形式的高效，但是随着工业时代向后工业时代过渡，它却走向了其反面。"进步可能会转化为自我毁灭，一种现代化削弱并改变另一种现代化，这便是我所说的自反性现代化阶段。"[3] 官僚体制专注于各种规章制度及其层叠的指挥系统已经不能有效地运转，变得机构臃肿、浪费严重、效率低下，它在变化迅速、信息丰富、知识密集的20世纪90年代已不能有效地运转了。[4] 新公共管理理论主张用企业的精神改造公共部门，它对官僚制的补充体现在四个方面：（1）集权与授权。新公共管理主张权力下放，减少公共组织的层级，提倡组织结构的扁平化。（2）责任与效率。新公共管理注重责任意识，组织中各个机构都要为自己确定的目标负责任。（3）顾客与回应。将公民视为"顾客"，并注重回应性，根据"顾客"对公共物品的需求和消费的反馈情况改进公共服

---

[1] Tom Ling. Delivering Joined-up Government in the UK: Dimension, Issues and Problems[J]. Public Administration, 2002, 80（4）: 615-642.

[2] 斯蒂芬·戈德史密斯，威廉 D 埃格斯. 网络化治理：公共部门的新形态[M]. 孙迎春，译. 北京：北京大学出版社，2008：15

[3] 乌尔里希·贝克. 自反性现代化[M]. 商务印书馆，2001：6.

[4] 戴维·奥斯本，特德·盖布勒. 改革政府：企业精神如何改造着公共部门[M]. 上海：上海译文出版社，1996：12.

务质量和效率。（4）竞争与合作。新公共管理要求引入竞争机制，对公共物品的供给进行市场化管理，借鉴企业管理办法，实行政府的合同外包等，以期在竞争模式中提高公共物品的质量和效率。

无缝隙政府是以满足顾客的无缝隙需要为目标的组织变革，是政府整合所有的部门、人员和其他资源，以单一的界面为公众提供优质高效的信息和服务，使政府的每一项资源投入、人员活动、公共产品或服务的提供等，都能够有效地符合顾客的需求。市场竞争机制的引入、顾客至上理念的深化、结果导向等原则的采用改变了公民纯粹被动的服从地位，公民变成了顾客，要求公共管理有更明确的责任心，听取公民的意见，满足公民的要求，提供回应性的服务。[1] 无缝隙政府的目的是要突破传统的部门界线和功能分割的局面，为政府再造提供一种面向未来的公共机构自我改革模式，并且提出了为顾客提供无缝隙产品和服务的方式。

整体性治理是后新公共管理时期管理挑战的回应和治理思路的创新。新公共管理面临分权、竞争和激励的挑战，它们带来的负面非直接的作用增加了制度和政策的复杂性，影响了公民解决社会问题的能力，形成了后新公共管理体制。因此后新公共管理时期的关注焦点集中在三个方面：重新整合、需求基础的整体治理、数字化变革。整体性政府即将向数字化时代政府转变，涉及政府范围的重新整合、整体性和需求导向结构的采用及数字化的行政处理过程。这一转变使政府能够在科技、组织、文化和社会效果方面实现自我维持。[2] 整体性治理是强调将信息技术和数字化手段运用到科层制组织中，按照传统的自上而下的层级结构建立纵向的权力线，并根据新兴的各种网络建立横向的行动线。[3]

（二）关于组织结构的整合和协调

整合是指一个机构内部文化的整合和连贯程度，三种范式的核心理念都是要求整合和协调。随着现代信息技术的发展，整合的手段也是从点到面、从平面到空间。新公共管理的核心是引入竞争机制，因此它是对传统公共行政理念的市场化整合。新公共管理获取了公共经济学的核心理念，认为只有整合个人利益才能实现公共利益的帕累托最优。绩效评估以结果为导向，主张服务和顾客至上，是新公共管理整合的途径之一。

无缝隙政府的整合不是简单地将政府进行部门和功能上的合并，也不是在原有的分割式部门之上建立更多的大型协调组织，而是建议用"大脑式组织模式"进行

---

[1] 陈振明. 评西方的"新公共管理"范式 [J]. 中国社会科学，2000（6）：73-82.

[2] Patrick Dunleavy. New Public Management Is Dead-Long Live Digital-Era Governance[J]. Journal of Public Administration Research and Theory，2006（16）：467-494.

[3] 斯蒂芬·戈德史密斯，威廉 D 埃格斯. 网络化治理：公共部门的新形态 [M]. 孙迎春，译. 北京：北京大学出版社，2008：17.

整合。林登借用麦金西的"7-S"构架来阐述无缝隙政府的再造之路,即 3 个硬 S(结构、策略、制度)和 4 个软 S(员工、象征性的行为、共有的价值观、技能),还建议将策略和结构置于优先的地位。[1]

整体性治理的重新整合包括逆碎片化和大部门式治理、重新政府化和加强中央过程、压缩行政成本、利用新的信息技术重塑公务服务支撑链、集中采购和专业化、网络简化。整体性治理认为整合要面向三种环境:治理层级的整合、治理功能的整合以及公私部门的整合。治理层级的整合,如全球与国家层级的整合、中央与地方机关的整合、全球层级内环保与资讯保护组织的整合。治理功能的整合,如机关内功能的整合或功能性机关间的整合。公私部门之间的整合,如公共部门业务采取委托、民营化、去任务化、行政法人化等做法,运用更多非营利组织与私营部门接轨。[2]

(三)关于顾客至上和公民地位的核心理念

新公共管理理论最早提出了公民的"顾客"地位,认为公共部门在向公民提供公共产品和公共服务时,要向对待市场中的"顾客"一样,将顾客的需求视为组织运行的基本动力,整个组织的运行以满足顾客的需求为最根本的目标。新公共管理借鉴公共经济学的要义,认为政府与公民之间是"契约"关系,政府是公共产品的生产和提供者,而公民是这些产品和服务的消费者,即"顾客",因此新公共管理认为民主的政府应该以公民为中心,为公民服务,满足顾客的要求,要站在顾客的立场上思考,视顾客为主要的资产,并且与顾客建立长期的互动关系。

无缝隙政府的三大导向之一就是以顾客为中心。林登认为政府活动已由最早的公共产品和服务的生产导向(供应顾客),经由第二阶段的公共产品或服务的市场导向(争夺顾客),进入公共产品和服务的顾客导向(创造顾客)。顾客导向的政府要围绕顾客满意指标对顾客的需求进行高度负责,对顾客进行直接接触和面对面的服务,并且在为顾客提供服务的过程中提倡顾客参与,注重顾客对服务质量的反馈。因此,顾客导向的无缝隙政府提倡政府与企业、非营利组织以及个人的合作,改革了一元社会治理模式,满足了公众的个性化需求。

整体性治理理论批判了新公共管理形成的效率至上的"管理主义"倾向,它以公众需求和公众服务为中心,把民主价值和公共利益置于首位,通过协调、整合的方法促使公共服务的各个主体紧密合作,强调政府的社会管理和公共服务职能。

---

[1] 王甲. 新公共管理、无缝隙政府和整体性治理三种范式下整合功能的异同分析 [J]. 理论界,2011(1):164-165.

[2] 彭锦鹏. 全观型治理:理论与制度化策略 [J]. 政治科学论丛(台湾),2005(3):69.

三、三种范式的不同点比较

（一）三种范式的理论依托不同

新公共管理是基于工业革命的社会背景的改革，而整体性治理和无缝隙政府更多的是从技术层面进行的，主张采用网络技术手段。无缝隙政府是新公共管理理论的子概念，而整体性治理理论是对新公共管理理论的超越。

（二）三种范式受到的批判不同

新公共管理理论所依赖的经济学基础遭到了批判，经济学的很多理论都是以假定为前提的，因此被认为是一门有缺陷的社会科学。新公共管理滥用西方自由主义经济学的假设和理论，而理性经济人的假设又如何在公共领域找到合法、合理的对象？另一方面，经济学作为经济体系和私营部门运作的理论基础是有效的，但运用到公共部门，消费者的公民身份使交易复杂化，同时有些公民一方面要求政府提供更多的服务，另一方面又埋怨税收太高，一直以来这都是悖论。[1]将私营部门的管理方法完全引入公共部门，可能会带来一些负面问题，如政府合同与外包可能导致政府寻租和官僚腐败等。因此在考虑公共管理的伦理和责任问题上，新公共管理显现出了它的劣势，其引进新的管理模式的转化成本难以克服，企业管理模式在与公共组织兼容过程中产生摩擦，企业文化改造政府的同时带来了伦理上的争议。更大的缺陷在于引入竞争机制的同时忽视了部门之间的合作与协调，造成了碎片化的制度结构。[2] 表1是对新公共管理的支持和批评的两种声音。

表1 支持和批评"新公共管理"模式的观点

支持"新公共管理"模式的观点	批评"新公共管理"模式的观点
市场已经证明"新公共管理"是比失去作用的传统国家模式更有效的选择； 通过"新公共管理"模式的应用，已经获得了明显的收效； 目前公共管理者有了更大的自主权和动力来进行良好的管理； 公共服务的用户现在有了更多选择，他们可以促使管理者直接对所提供的服务负责； 全面收效有助于控制公共服务开支，造就低税收体制； 事实表明公共管理体系可以从"官僚"文化被转化为"企业"文化	对国家来说，市场已经暴露出了其缺点； 是否真正获得了收效，其证据是模糊不清的，因为所节约的成本常常被相对难以估算的业务费用抵销了； 管理自主权的提高混淆了职责的界限，增加了决策错误和服务失误的风险； 引入竞争原则使公共机构变成了以冲突而不是合作为特征的组织； 劳动者士气显著下降； 在某些情况下，公共服务变得更糟而不是更好

资料来源：英国文化协会中国办公室：《法治与管理》2003—2004系列第1期，第5页。

---

[1] 欧文 E 休斯. 公共管理导论[M]. 彭和平，周明德，等译. 北京：中国人民大学出版社，2001：85.

[2] Sylvia Horton，David Farnham. Public Administration in Britain[M]. Great Britain Macmillan LTD，1999：251.

对无缝隙政府的批判首先表现为政府公共责任承担的角色缺失。在政府组织中，公共责任是指政府组织在解决社会公共事务中，因其实施公共管理行为引起的必然结果而对社会公共利益所负有的责任。政府组织的无缝隙化改革是顺着公共产品市场化的趋势进行的，它的角色缺失主要有顾客导向的内在要求与政府部门的价值指向的冲突、竞争导向的改革方向与政府管制力度之间的冲突以及结果导向的绩效标准与组织管理责任之间的冲突。而政府流程再造的无序与混乱也使无缝隙政府受到了批判，政府流程再造是基于BPR提出的对政府部门的优化重组，而实现无缝隙政府在组织结构及其运行过程中的"无缝隙"，就必须寻求一种新的思维方式和一套不同的组织原则。[1] 无缝隙的组织形式是政府流程再造的目标之一，而非全部目标，流程再造涉及流程各环节行政资源的重新调配，一个流程的变化可能会引起另一个流程的变化而影响部门中利益相关者的权利与资源配置，部门利益导致了再造障碍，政府部门较多的规制与不充分的权力下放制约了政府流程再造的空间。

对整体性治理的批判主要是对整体性思路下的组织结构合并与边界划定的复杂性提出的质疑，而且组织职能在整合和分化之间存在冲突，如权力与责任的分化和制衡。整体性治理对组织协调的要求也使组织存在一定的复杂性和高成本性。如在大部制改革中，大部门在边界扩展之后仍然会面临部际之间的共同任务或者彼此之间的冲突，这还需要建立部际协调机制，以协调矛盾、解决部际冲突，通过部际之间的协作来共同应对环境提出的挑战与危机。[2]

综合来讲，新公共管理、无缝隙政府和整体性治理的范式比较如表2所示。

表2 三种公共管理范式的比较

	新公共管理	整体性治理	无缝隙政府
时代背景	20世纪70、80年代	20世纪90年代	20世纪90年代
其他名称	重塑政府、企业型政府、市场化政府	协同型政府、整体政府、合作政府	无界限政府
理论提出者	[美]奥斯本、盖布勒等	[英]佩里·希克斯	[美]拉塞尔·林登
理论挑战	对政府失灵、传统官僚制的批判	对新公共管理碎片化和分散化的批判	对新公共管理的无序和低效的批判
政策主张	用企业家精神改造公营部门	公私合作、中央地方结合	政府流程再造和重组的手段
组织形式	直接管理	网络服务	无缝隙组织
范式特色	市场化、竞争 强调公民的"顾客"身份	科技、资源的重新整合 强调公共部门的公共性	部门协调 强调公民的"顾客"身份
技术手段	3E标准、绩效评估、全面质量管理等	大部门制度改革、整体性预算改革	一站式办证大厅、银行排号制度等
受到的批判	竞争与公共价值观的冲突	整合和协调的复杂性与高成本	政府流程再造的无序和混乱、公共责任缺失
启示及应用	政府职能转变	公共财政、人事管理	电子政务的建设

[1] 拉塞尔·林登. 无缝隙政府[M]. 汪大海, 吴群芳, 等译. 北京: 中国人民大学出版社, 2002: 3.
[2] 范广垠. 大部制的理论基础与实践风险[J]. 同济大学学报（社会科学版）, 2009, 20 (1): 110-116.

四、结语

新公共管理、无缝隙政府和整体性治理三种范式既批判又互补，是公共管理范式上的否定、补充和升华，体现了公共管理方式的多元化思路。三者在组织结构上的观点呈现出从集权—分权—集权的权力回归和整体—分散—整体的形式回归，在技术手段和政策主张上的差异掩盖不了三者的目标的相通性。三种公共管理范式都旨在向公众和社会提供更好、更有效、更完善的公共产品和公共服务，选择最合意的方式实现善治的效果。

数字化治理、网络化治理、网格化管理理论的比较*

数字化治理、网络化治理和网格化管理理论是公共治理理论的重要发展成果，也从不同的方面体现了当代公共治理理论的发展趋势。它们在治理主体、价值追求和治理工具方面具有一定的契合性，但是在政府角色、研究对象、评价标准和应用领域等方面存在一定的差异性。我们力图通过对三者的比较研究明晰其共性与个性，推动我国公共治理理论与实践的发展。

数字化治理理论和网络化治理理论是西方发达国家在应对"碎片化政府"的改革中提出的两种现代化治理理论，它们同整体性治理理论一同构成了西方"整体政府"和"无缝隙政府"改革运动的理论基础。而在我国政府改革的实践中，网格化管理理论的兴起为公共管理者提供了一种全新的社会管理视角，对国内外"无缝隙政府"的构建提供了宝贵的实践经验。从三种治理理论的起源、分析视角、基本观点和现实应用等方面出发对三者进行比较研究，对于治理理论相关概念的厘清和我国政府改革实践的指导具有很强的现实意义。

一、数字化治理、网络化治理和网格化管理理论的产生和发展

（一）数字化治理理论

数字化治理（Digital Governance），也叫电子治理（Electronic Governance），是产生于电子商务和电子政务之后的概念，是数字时代全新、先进的治理模式。数字化治理理论的产生受佩里·希克斯（Perri 6）整体性治理理论的影响颇深，在某种程度上，整体性治理理论提出的互动信息搜索和提供、数据库、灵活的政府流程以及一站式服务等观点已经使数字化治理理论具备了初步的框架。在此基础上，曼纽尔·卡斯特（Manuel Castell）在《网络社会的崛起》（1993）一书中最先明确指出，"随着网络社会的崛起，公共管理需要更为开阔的治理体系，而信息时代的到来为开阔的治理体系奠定了基础"，因此信息社会的崛起使公共管理的数字化迫在眉睫，也对公共管理治理体系提出了更高的要求和挑战。[1] 直至20世纪90年代末，以邓利维（Patrick Dunleavy）为代表的国外学者围绕电子政府、网络治理、数字化治理进行了

---

* 与李亚鹏合作完成，并发表于《学习论坛》2017年第3期，第41～46页，题目有变动。
[1] 曼纽尔·卡斯特. 网络社会的崛起 [M]. 夏铸九，译. 北京：社会科学文献出版社，2006：153.

较为深入的研究。

对数字化治理理论首先进行系统描述的著作当属邓利维的 *Digital Era Governance: IT Corporations, the State and E-Government*（2006）一书，在该著作中作者指出数字化变革的九个要素（数字化政府的标志）：电子服务交付、基于网络的效用处理、国家指导的集中信息技术采购、自动化流程新形式、彻底的非中介化、渠道分流和顾客细分、减少受控渠道、促进权力均等主义的行政事务管理、走向开放的管理。[1]这九个要素初步构成了数字化治理对技术、流程和系统的要求，随后邓利维（2010）将"云计算""大数据"等工具融合进数字化治理理论，进一步完善了数字化治理理论的理论体系，丰富了其内涵和可操作性。[2-4]

我国公共管理学界对数字化治理理论的关注始于徐晓林的《数字治理在城市政府善治中的体系构建》（2004）一文，他认为公共管理意义上的数字治理是指狭义上的数字治理，应该通过三个主体、两个层次来理解。即政府（Government）、市民社会（Civil Society）和以企业为代表的经济社会（Business）三个主体；政府与公民G2C、政府与企业G2B/政府与政府G2G之间的互动和政府内部运作 IEE（Inter-government Efficiency and Effect）两个层次。互动是指政府产品和服务的提供、信息交换、交流、审批和系统整合等活动；政府运行是指所有后台办公过程和整个政府内部行动系统之间的互动。[5]尽管数字治理模式是未来公共管理领域的发展趋势这一观点毋庸置疑，但有学者指出数字化治理理论的本土化应用存在五方面的风险：第一，管理和政治精英能否利用好数字治理的潜力；第二，新公共管理与数字治理并存易导致混乱；第三，数字治理模式实施缓慢造成政府机构落后于现代理性方法的进程；第四，容易泄露公众隐私；第五，数字治理模式遭到机构化和整合化回换的质疑。因此，在数字治理模式的本土化过程中，应进行主导逻辑的转变、客观对待新公共管理运动以及开创性地发挥数字治理模式的潜力。同时，利用这一治理工具时还需注意避免技术狭隘观的误区，合理利用数字治理技术。[6]

在实践层面，我国对数字化治理（或者称作电子化治理）的重视程度在近年来

---

[1] Patrick Dunleavy.Digital Era Governance：IT Corporations，the State and E-Government [M]. Oxford：Oxford University Press，2006：227-237.

[2] Patrick Dunleavy，Helen Margetts.The Second Wave of Digital Era Governance[C].APSA 2010 Annual Meeting Paper，Washington，America，2010：1.

[3] Dunleavy P. The Future of Joined-up Public Services[R].2020 Public Service Trust and ESRC，London，2010：23.

[4] Dunleavy P，Thinkler J，Gilson C etal.Understanding and Preventing Delivery Disasters in Public Services[C].Political Studies Association Conference，Edinburgh，2010：29.

[5] 徐晓林，周立新.数字治理在城市政府善治中的体系构建 [J]. 管理世界，2004（11）：140-141.

[6] 王文凯，肖伟. 论数字治理模式及在我国的运用 [J]. 成都行政学院学报，2007（6）：26-28.

急剧提升。自 2013 年党的十八届三中全会提出提升国家治理能力和促进治理体系现代化的总目标以来，行政体制改革十分注重对现代信息技术的运用。2015 年 3 月，李克强总理在政府工作报告中首次提出"互联网+"的概念，随后在 7 月份国务院办公厅出台了《关于积极推进"互联网+"行动的指导意见》，指出要在公共服务领域充分挖掘互联网、物联网、云计算等现代信息工具的潜力，这在实践层面对提升以政府为代表的公共治理活动的数字化程度起到了重要的推进作用。[1] 近年来，各地政府门户网站和政务服务中心的建设、全国公共部门信息联网数据库的建设以及网络微博问政等政社互动方式的创新无不体现着数字时代政府治理模式的深刻变革。

总体来看，数字时代的治理模式包括三大理论主张：重新整合、数字化变革和基于需求的整体主义。"重新整合"是针对新公共管理的弊端和缺陷提出的措施，是对政府网络化管理体制的深刻变革；"数字化变革"是信息技术在政府管理中数字化治理理论运用的技术基础，体现出工具理性的价值观念；"基于需求的整体主义"是其最终落脚点，即更好地为公民服务，通过更好地了解公众需求来实现有针对性的、全面的公共服务提供。[2][3]

（二）网络化治理理论

网络化治理（Network Governance）是 20 世纪末欧美国家为应对新公共管理改革带来的公共部门"碎片化"现象而逐步发展起来的，"网络化治理（的产生）象征着世界上改变公共部门形态的四种有影响的发展趋势正在合流：第三方政府、协同政府、数字化革命和消费者需求"[4]。国外学者对网络化治理理论的研究最早始于卡特（Kettle）在 *Sharing Power: Public Government and Private Markets*（1993）一书中对治理的定义，他认为"治理就是政府与社会力量通过面对面的合作方式组成的网状管理系统"，实质上提出了治理结构应当是网络化的论断。[5] 紧接着，瓦尔特（Walter）在 *Managing Complex Networks: Strategies for the Public Sector*（1997）中指出，"作为治理的公共管理，遇到的主要挑战是处理网络状，即相互依存的环境，公共管理因而是一种网络管理"。[6] 随后在詹姆斯 N. 罗西瑙（James N.Rosenau）、伊娃·索

---

[1] 刘艳丹. 国务院关于积极推进"互联网+"行动的指导意见 [EB/OL].（2015-07-05）. http：//www.xinhuanet.com/politics/2015-07/04/c_1115815942.htm.

[2] 陈水生. 新公共管理的终结与数字时代治理的兴起 [J]. 理论导刊，2009（4）：98-101.

[3] 韩兆柱，马文娟. 数字治理理论研究综述 [J]. 甘肃行政学院学报，2016（1）：23-35.

[4] 斯蒂芬·戈德史密斯，威廉 D 埃格斯. 网络化治理：公共部门的新形态 [M]. 孙迎春，译. 北京：北京大学出版社，2008：8-9.

[5] D.Kettle.Sharing Power：Public Government and Private Markets[M].Washington：BrookIngs Institution，1993：22.

[6] Dr Walter J M Kickert，Erik-Hans Klijn，Dr Joop F M Koppenjan.Managing Complex Networks：Strategies for the Public Sector[M].London：Sage Publications ltd，1997：3.

仑森（Eva Sorensen）、斯蒂芬·戈德史密斯（Stephen Goldsmith）和威廉 D. 埃格斯（William D.Eggers）等国外学者的系统研究下，网络化治理已经初步形成了自身的理论框架并与其他治理理论区别开来。

关于网络化治理的定义，尽管仍未出现被学界普遍认同的权威定义，但是进入21世纪以来不少国外学者都尝试对网络化治理进行界定。詹姆斯 N.罗西瑙（2001）认为，"这种治理（网络化治理）为一系列活动领域里的管理机制，它是一种由共同目标支持的活动，活动的主体未必是政府，也无须完全依靠国家的强制力来实现"。[1] 伊娃·索仑森（2005）指出，在复杂、碎片化和多层次的社会中，治理网络已经成为有效率的公共治理产出中必不可少的组成部分，并将治理网络定义为：在水平方向上的联结是相关的、稳定的并且相互依赖的，但是在运作中是相互自治的行动者们；通过谈判相互作用；发生在一个管制的、规范的、认知的、理想的框架中；在某种意义上是自律的；在某些特殊的政策领域致力于公共目的的产出。[2] 斯蒂芬·戈德史密斯和威廉 D. 埃格斯所著的《网络化治理：公共部门的新形态》（2008）一书堪称网络化治理理论的扛鼎之作，在该著作中，作者将网络化治理定义为"深深依赖伙伴关系，能够平衡各种非政府组织以提高公共价值的哲学理念，以及种类繁多的、创新的商业关系"的一种治理模式，"在这种新的模式下，政府的工作不太依赖传统意义上的公共雇员，而是更多地依赖各种伙伴关系、协议和同盟所组成的网络来从事并完成公共事业"。[3] 而关于网络化治理的具体方式，伊娃·索仑森（2002）创造性地界定了四种网络管理的方式以明确公共部门的地位和介入方式，即自我构建式的不介入方式、故事叙述式的不介入方式、支持与促进式的介入方式和参与式的介入方式，[4] 其中前两种不同于国家干预或者指令式的不介入方式的提出是对网络化治理理论的重要突破，也是对现代治理活动中行政部门角色的重新审视和定位。

我国学者陈振明（2013）将治理等同于网络化治理，认为只有网络化治理的结构才符合现代意义上的治理模式，并且明确指出治理理论的三种研究途径，即政府管理、公民社会和合作网络的途径。"治理就是对合作网络的管理，又可称为网络管理或网络治理，指的是为了实现与增进公共利益，政府部门和非政府部门（私营部

---

[1] 詹姆斯 N 罗西瑙.没有政府的治理[M].张胜军，译.南昌：江西人民出版社，2006：45.

[2] Eva Sorensen，Jacob Torfing.Network Governance and Post-Liberal Democracy[J]. Administrative Theory & Praxis，2005，27（2）：197-237.

[3] 斯蒂芬·戈德史密斯，威廉 D 埃格斯.网络化治理：公共部门的新形态[M].孙迎春，译.北京：北京大学出版社，2008：6.

[4] Eva Sorensen.Democratic Theory and Network Governance[J].Administrative Theory & Praxis，2002，24（4）：693-720.

门、第三部门或公民个人)等众多公共行动主体彼此合作,在相互依存的环境中分享公共权力,共同管理公共事务的过程。"[1]朱立言(2010)则指出,网络化治理催生出了新的政府治理工具,他认为在网络治理模式下,网络作为现代治理的模式,其本身属于治理的制度性工具,为治理工具的选择对象;另一方面,网络作为政府在内的治理行动者之间的制度化关系,其特性决定着治理工具的特性。在公共服务型政府的建设过程中,政策性治理工具的增加成为必然趋势,政府管制工具也应从经济管制为主向社会管制为主发展,而为了保证这些目标的实现,必须在治理主体间培养合作观念并建立信任、沟通机制。[2]此外,彭正银、余志伟和张保胜等人从经济学和工商管理的角度分析了网络化治理产生的理论基础,对于公共管理领域网络化治理理论的研究具有一定的借鉴意义。[3,4]

在国外,澳大利亚哈萨法克斯生态城的建设[5]、法国格勒诺布尔市邻里社区和环保领域的公私合作[6]、美国军队中私人承包商的广泛介入[7]和20世纪90年代华盛顿卫生医疗卫生体系的改革无一不体现出网络化治理的巨大优势;在我国,深圳市安监局在企业安全生产监管领域推行的企业"安全管家"模式[8],山东省环保部门在空气质量监测领域推行的"TO"模式[9],宝鸡市环保局对渭河公园的治理等公共领域网络化治理的实践不胜枚举。理论和实践层面的发展都使我们看到,网络化治理理论作为公共管理领域的重要分支,正在深刻影响着各国整体政府构建、公私合作网络的构建和政府社会共治等领域。

综合国内外学者和各国公私合作的实践经验可以看出,网络化治理无论在理论主张、治理结构和机制方面都与传统的市场(自愿)和科层(强制)的治理模式不同,是公共管理的一种新框架。其核心思想在于没有任何国家或者社会一方的行动者能够单方面地决定公共政策过程和治理过程,这些行动者需要形成合作关系,实

---

[1] 陈振明.公共管理学原理[M].北京:中国人民大学出版社,2013:75.

[2] 朱立言,刘兰华.网络化治理及其政府治理工具创新[J].江西社会科学,2010(5):7-13.

[3] 彭正银.网络治理理论探析[J].中国软科学,2002(3):50-54.

[4] 余志伟,张保胜.网络治理的理论基础研究综述[J].统计与决策,2010(23):174-176.

[5] Ryan.哈利法克斯生态城[EB/OL].(2013-09-11).http://www.archcy.com/focus/centralasia/a2 99291354be4e66.

[6] 卓越.比较公共行政[M].福建:福建人民出版社,2009:271.

[7] Nelson D.Schwartz.The Pentagon's Private Army[J].Fortune,2003,5(147):100-108.

[8] 郑向鹏.深圳推行企业安全生产托管[EB/OL].(2008-01-18).https://max.book118.com/html/2018/0509/165675118.shtm.

[9] 周雁凌,季英德,董若义.新模式带来哪些变化——"一上一下"推动山东环境监测质变飞跃 TO模式让空气站运营"破茧成蝶"[N].中国环境报,2013-03-01(08).

现资源组合的优化，最终达成社会善治。[1] 可以这样理解，网络化治理理论主张治理的主体不仅在形式上是多元的，而且在实质上是居于平等的地位，这就要求从治理结构、治理工具和治理理念层面进行创新。在治理结构上，网络化治理摒弃了传统的金字塔式治理结构，在强调公共部门结构扁平化的同时引入了公私合作的网络化组织结构；在治理工具方面，网络化治理理论不同于新公共管理理论，它对公共政策、法律法规等强制性行政手段并不排斥，而是在公共服务日益市场化的视角下通过在公私合作网络中引入市场交易机制来实现社会"善治"的目标；在治理理念层面，网络化治理以公共服务接受者的满意程度为评价标准，即"在服务运行方案中给予公民更多的选择权"，[2] 以合作网络中公共利益的维护和增进为目标，是公共部门从过程（规章制度）导向向结果（公民利益）导向转变的重要体现。

（三）网格化管理理论

"网格"一词最早由计算机领域的网格技术而来，网格技术是近年来国际上兴起的一种重要信息技术，其目标是实现网络虚拟环境下的高性能资源共享和协同工作，消除信息孤岛和资源孤岛。福斯特（Foster）对网格的定义为在动态多机构虚拟组织中的资源共享和问题的协同解决。[3] 不仅在计算机领域，网格技术在能源、交通、气象、教育等对高性能计算需求巨大的公共管理领域中应用也十分广泛，因此逐渐在公共管理领域产生网格化管理（Grid Governance）理论和模式。

关于网格化管理的定义，我国学者郑士源（2005）认为，"网格化管理指的是借用计算机网格管理的思想，将管理对象按照一定的标准划分为若干网格单元，利用现代信息技术和各网格单元间的协调机制，使各个网格单元之间能够有效地进行信息交流，透明地共享组织的资源，以最终达到整合组织资源、提高管理效率的现代化管理思想。而这种建立在网格划分标准化、网格间联系的信息化、网格资源的协调调度机制、网格管理系统的兼容性和开放性基础之上的网格化管理理论适用于城区管理、市场监管、劳动保障监察、巡逻防控管理等城市管理领域"。[4] 到目前为止，网格化管理的原则和具体结构形式尚无明确的定义，但是可以肯定的是，网格化管理通过借鉴网格技术统一服务界面和高效服务质量，试图向用户提供一种"透在"服务，即对用户来说并不需要了解内在的服务流程和机制，只需提出需求即可真实获得服务。而这种"透在"服务要想得到实现，必须做到资源的完全共享、协

---

[1] 鄞益奋.网络治理：公共管理的新框架 [J].公共管理学报，2007（1）：89-96.

[2] 斯蒂芬·戈德史密斯，威廉 D 埃格斯.网络化治理：公共部门的新形态[M].孙迎春，译.北京：北京大学出版社，2008：17.

[3] Foster I, Kesselman C.The grid：blueprint for a new computing infrastructure[M].Morgan Kaufmann Publishers，1998：5.

[4] 郑士源，徐辉，王浣尘.网格及网格化管理综述 [J].系统工程，2005，23（3）：1-7.

调调度和管理，以及服务端口的统一。[1] 在治理理论大行其道的今天，网格化管理尽管实现了精细化、动态性、全方位的社会管理功能，但由网格化管理向网格化治理转变也成为必然趋势。关于如何实现治理理论与网格化管理理论的契合，姜晓萍（2015）提出，网格化治理是未来城市治理发展的主导方向，网格化治理在治理理念、治理目标、权力逻辑、功能定位和运行机制方面是对网格化管理的提升，因此要通过把握社会需求构建新型的网格化治理模式，即"通过对治理理念和价值目标的重新界定，对公民参与和社会自治元素的介入，对功能定位和运行机制的转变，构建一个以社会自治为基础，以公民及其需求为核心，以网格化综合服务管理系统为平台，以信息技术为手段的基层协同型社会治理系统，以加快实现社区治理能力的现代化"。[2]

我国是较早在城市管理实践中较大范围普及网格化管理的国家之一。我国的"网格化管理"模式最早由北京市东城区于2004年提出，并作为一种全新的数字化城市管理模式迅速推广到上海、舟山等地，成为我国提供"无缝隙政府"的重要尝试。之所以称其为"网格化管理"，是因为在实施社会管理的过程中，该模式将城市（包括县镇和农村）划分为若干区域，完全以区域为单位提供公共服务并实施管理。北京市东城区政府是最早实行网格化管理的部门，2004年8月以来，该区政府已将下属的17个街道、205个社区划分成589个"网格"，并建立了以"人、地、物、事、情、组织和房"为核心的7大类、32小类、170项信息、2043项指标的基础信息数据库，真正实现了"人入户，户入楼，楼入网格，网格入图"的目标。截至2015年7月，北京全市92%以上的街道和社区均已建立起网格化体系，并制定了未来三年"三步走"的目标：第一步，到2015年年底，基本实现全市区县、街道、社区三级网格化体系建设全面覆盖；第二步，到2016年年底，基本实现社会服务管理网、城市管理网、社会治安网"三网"融合；第三步，到2017年年底，基本实现全市网格化体系建设一体化运行。[3,4] 舟山市在2008年提出"网格化定位、组团式联系、多元化服务、信息化管理、全方位覆盖、常态化保障"的管理理念，将全市43个乡镇（街道）划分为2428个网格，通过1.69万名党员联系了19.1万户，共计52万名普通群

---

[1] 宛天巍, 王浣尘, 马德秀. 网格化管理原则及网格结构模型研究 [J]. 情报科学, 2007, 25（3）: 456-461.

[2] 姜晓萍, 焦艳. 从"网格化管理"到"网格化治理"的内涵式提升 [J]. 理论探讨, 2015（6）: 139-143.

[3] 刘兰, 鲍聪颖. 北京社区网格化管理今年年底全覆盖 [EB/OL].（2015-07-10）. http://www.people.com.cn/.

[4] 刘宗琦, 李俊杰. 各地创新社会管理新模式——北京市东城区: 网格化精细管理 [J]. 时事报告, 2011（7）: 28-32.

众。并且在每个网格至少配备 6～8 人的专业团队（包括乡镇干部、社工、民警、教师、医生等）提供服务，保证每个团队每年对所管辖区至少 4 次的实地走访。通过网格化管理的实践，舟山市的渔业生产安全和居民满意度得到显著的提升。[1] 上海市金山区 11 个街道（工业区）在 2015 年将建立统一命名的城市网格化综合管理中心。这个网格中心将成为辖区内城市相关问题统一处理、统一派单、统一协调、统一监督、统一考核的平台。同时将清晰、科学地划分管理网格，实现全区统一编号、统一标识。截至 6 月底，金山区各街镇（工业区）已完成硬件设施投入、信息平台建设、管理网格划分和队伍组建工作，并计划在 2015 年下半年不断规范流程，使金山区的网格化管理步入常态化。[2]

总结网格化管理的相关理论探讨和实践经验，可以从四个方面来认识网格化管理理论：首先，网格化管理建立在庞大的信息数据库之上，以一定的地域面积作为标准，利用计算机技术将城市划分为若干个"网格"，并在每个"网格"配备固定的管理人员进行管理；其次，"网格"管理人员的人员构成充分考虑到年龄、专业技能等因素，最大限度地保证了"网格"管理的有效性；再次，网格化管理实质上是对"两级政府、三级管理、四级网络"管理模式缺陷的弥补，动态监测的特征促进了公共服务行动由任务导向到公民导向的转变，有效地缓解了管理重心下移带来的负面效应；最后，网格化管理由于管理区域的精细化，真正做到了公共部门和居民的无缝隙对接，一定程度上回应了现代公共服务领域对"重管理轻服务"的传统做法提出的挑战，为"无缝隙政府"的构建提供了极具价值的中国经验。[3]

二、数字化治理、网络化治理与网格化管理理论的比较分析

（一）三者的共同点

1. 治理主体趋于多元

在公共管理理论的新世纪发展过程中，治理主体多元化的趋势已日趋明显。从政府失灵、市场失灵到志愿失灵，充分证明了一个结论：单一主体治理的困难和不可行性，即单一公共管理范式的失灵。[4] 龙献忠和蒲文芳（2013）认为，（政府主导的）社会管理是一个网络化系统，这个系统由多元的主体构成，每个主体都是社会

---

[1] 胡重明.再组织化与中国社会管理创新——以浙江舟山"网格化管理，组团式服务"为例[J].公共管理学报，2013，10（1）：63-70.

[2] 张侃理.金山区今年全面推进网格化管理建设[EB/OL].（2015-04-28）.http：//www.eastday.com/.

[3] 井西晓.挑战与变革：从网格化管理到网格化治理——基于城市基层社会管理的变革[J].理论探索，2013（1）：102-105.

[4] 刘伟忠.协同治理的价值及其挑战[J].江苏行政学院学报，2012（5）：113-117.

管理体系的一个节点，都分别发挥着不同的功能和作用。在以多维度和相互依赖为特征的社会管理网络中，每个主体独自完成某项任务几乎是不可能的，都需要其他主体的支持。因此，在多元化主体互动中达成网络化的合作机制，以实现各方共赢是社会管理网络体系的最终目标。[1] 尽管在社会力量的参与程度上存在差异，但数字化治理、网络化治理和网格化管理理论都或多或少地把社会自治力量或私人部门作为一种独立于公共部门外的主体参与到社会治理中来，这也符合社会网络理论中"任务的复杂性导致了社会关系的结构性嵌入"这一基本观点。[2]

此外，多中心治理理论、契约治理理论和协同治理理论等都在强调治理主体不应仅限于公共部门，而是实现政府和社会的共治。[3-5]

但治理主体多元化必定带来某种程度上公共性的缺失、权力与责任划分的困境，尤其是网络化治理试图在更高层次实现公私领域合作，"尽管网络治理有倡导自由、提升公共服务提供的灵活性和回应性的潜力，但它同样导致了如公平、责任性、权力的滥用、民主合法性之类的严重问题"，这样必然伴随着重新部门化和碎片化的风险，"未来的网络化治理应更多考虑民主理论的核心观念，如平等、责任性和公民权等"。[6]

2. 以信息技术为重要支撑

针对公共部门数字化程度较低的情况，数字化治理理论强调在整体政府建设的过程中运用大数据、云计算等互联网技术实现政府部门内部的高度信息化，通过契合政府体系的网络化变革在信息资源共享、回应性提高等方面提高政府的社会治理能力。而网络化治理理论试图在复杂的公共服务体系中构建一个长效的公私合作网络，网络成员间信息平台和沟通协调机制的建设对以互联网为代表的信息技术提出了极高的要求，需要在公私部门现有的信息系统基础上进行整合。网格化管理以网格为单位的管理模式不仅需要将区域内的人、物等统一进行登记和备案，还需要在网格管理员与公共部门之间建立起以信息技术为基础的快速反应机制，以及时满足公民的需求。也就是说，现代治理理论和模式无论强调的是何种形式的治理，都必定是建立在互联网、物联网、大数据和云计算等技术基础之上的，这也是高度重视

---

[1] 龙献忠，蒲文芳. 基于网络治理视角的社会管理创新 [J]. 湖南社会科学，2013（6）：97-100.

[2] 余志伟，张保胜. 网络治理的理论基础研究综述 [J]. 统计与决策，2010（23）：174-176.

[3] 费月."多中心"治理模式在公共服务型政府中的运用 [J]. 理论探讨，2008（5）：25-30.

[4] 沈海军. 政府治理模式演变的新趋势：契约治理 [J]. 汕头大学学报（人文社会科学版），2011，27（4）：84-87.

[5] 项绍禹，项邵娟. 整体性治理的对比研究 [J]. 学理论，2013（32）：27-28.

[6] Peter Bogason, Juliet A.Musso.The Democratic Prospect of Network Governance[J].American Review of Public Administration，2006，36（1）：3-18.

公共部门和私人部门间数据库信息共享的体现。[1]

3. 提供"无缝隙"的公共服务

无论是数字化治理、网络化治理还是网格化管理理论，都是在公共部门改革日益"碎片化"的世情下发展起来的，相应地也是为了解决公共部门部门化和碎片化的问题。如何使政府作为一个高效协同的整体来应对日益复杂的跨界公共事务？数字时代的到来和电子政府的成熟使政府管理对部门整合、功能协调的需求与日俱增，[2]而数字化治理理论提供了信息技术方面的支撑，为政府实现信息化并与市场和社会的同步运营提供了平台建设上的支持。网络化治理理论明确了政府和社会的定位，将之前一直被排斥在社会治理体系之外的私人部门、第三部门和公民都纳入社会治理体系中，最大限度地保证了公共利益的维护和增进，并努力形成"强政府、大社会"的新型政社关系。[3]网格化管理理论提出的"网格"化管理模式，通过划片管理与专业化管理，为公共服务的全方位覆盖提供了实现的可能性。竺乾威（2012）曾明确指出，网格化管理与"无缝隙政府"在管理理念上是一脉相承的，即以顾客和结果为导向，改变现有官僚结构部门分割、职能重叠或缺位的状况，以无缝隙的运作方式向公众提供快捷和高质量的服务。但是在跨层级职能和部门的全方位打通、流程再造的基层化、网格划分方式和对信息技术的运用等方面，网格化管理又实现了对"无缝隙政府"的超越。[4]可以看出，三大治理理论从不同的角度诠释并支持了"无缝隙"公共服务的实现。

（二）三者的区别

1. 理论基础不同

数字化治理理论和网络化治理理论是在对新公共管理运动批判和反思的基础上发展而来的，相应地是以新公共管理理论、企业家政府理论、交易成本理论、社会网络理论、资源基础观和新自由主义等为理论基础的；而网格化管理是在借鉴了西方网格技术的基础上通过国内的实践发展起来的，其理论基础可以溯源到西方的多中心治理理论和无缝隙政府理论。尽管在对待无缝隙公共服务提供的态度上是一致的，但是理论基础的差异使数字化治理理论和网络化治理理论更多地强调参与、民主、协作与效率等观念，而网格化管理理论则更加强调系统、全面、整合和稳定等

---

[1] 韩兆柱，翟文康. 大数据时代背景下整体性治理理论应用研究 [J]. 行政论坛，2015，22（6）：24-29.

[2] 韩兆柱，杨洋. 整体性治理理论研究及应用 [J]. 教学与研究，2013（6）：80-86.

[3] 刘波，王彬，姚引良. 网络治理与地方政府社会管理创新 [J]. 中国行政管理，2013（12）：89-93.

[4] 竺乾威. 公共服务的流程再造：从"无缝隙政府"到"网格化管理" [J]. 公共行政评论，2012（2）：1-21.

观念，长期看来三种治理理论带来的社会治理效果必定会产生极大差异。

2. 对政府的角色定位不同

关于政府部门在社会治理中扮演角色的探讨，数字化治理和网格化管理与整体政府的理念更为趋同，两种理论都是在政府占据社会治理主导地位的基础上提出的，契合了世界范围内各国行政权力日益扩大的趋势，相应地政府在社会治理过程中应该是领导者或者至少是引导者的地位，更易被各国公共管理领域改革所采纳。而网络化治理理论则尤其强调企业、第三部门和公民在社会治理中的重要地位，认为政府与其他治理主体是处于平等的地位，将政府的角色限定在参与者和监督者，相比合作网络的管理者，政府更应该成为市场秩序的维护者、外部效应的消除者和公共服务的间接提供者。[1, 2]虽然这样的定位可能导致政府权威和公信力受到质疑，但是政府在公共管理领域已逐渐向协调者和监督者的角色转变这一趋势已逐步得到公众的认可。

3. 研究的侧重点不同

虽然同为治理理论的当代发展，但由于理论产生的背景不同，其研究的侧重点和解决的问题也存在差异。数字化治理主要研究数字技术（"互联网+"、云计算、大数据等）在整体性政府构建中的应用，即如何在政府后台运行中形成一个负责任、透明化和高效率的程序来履行政府行政管理职能，并能节约大量的行政成本，[3]最终构建一个整体性的数字化政府。网络化治理则侧重于研究在公私合作网络中各方的角色定位和权责分配，通过对公私部门角色的重新定位和合作机制的创新，以实现更高水平的公私合作伙伴关系。网格化管理研究在对区域实施管理的过程中如何把具体的区域划分为若干个可实际测量的"网格"，通过对"网格"内部的人、事和物进行分配和管理，实现动态的无缝隙公共服务的提供。

4. 评价标准不同

"善治"作为社会治理的一种高级形态和目标，已经成为评价一个国家公共管理水平高低的重要标志。关于社会治理是否实现了"善治"这个问题，三种治理理论存在不同的评价标准。按照数字化治理的观点，社会治理在什么程度上实现了善治在于政府在何种程度上实现了数字化和信息化，即电子政府的建设处于什么阶段，政府与社会信息互动达到何种程度，政府在何种程度上实现了数据库建设的数字化。网络化治理对于善治的追求体现在公私合作程度是否已实现较高水准，网络任务是

---

[1] 韩兆柱，单婷婷. 网络化治理、整体性治理和数字治理理论的比较研究[J]. 学习论坛，2015, 31（7）: 44-49.

[2] 陈振明. 公共管理学原理[M]. 北京：中国人民大学出版社，2013: 162-165.

[3] 徐晓林，刘勇. 数字治理对城市政府善治的影响研究[J]. 公共管理学报，2006, 3（1）: 13-20.

否在成员中得到认可和分配，网络中权力和责任流动是否合理有序以及网络中的公共利益（或称公共价值）是否合理分配并得到了增进。[1]对于网格化管理来说，网格划分的标准是否合理（是依据经济发展水平、地理位置还是民众认同等标准），网格管理成员结构是否能胜任网格中的管理任务，网格的划分在何种程度上弥补了公共服务的缺失等问题的解决是否是实现善治的重要评判标准。

5. 适用性存在差异

对于三种治理理论哪个更为适用，笔者认为应以世情、国情和地情而定，不同的理论适用不同国家、不同地区的不同发展阶段。数字化治理理论适用于政府信息化程度较低的国家，这些国家在社会治理中面临的最大问题就是政府部门间以及与私人部门、公民的信息获取、传递和解码等方面存在较大差异，因此必须实现政府内部的信息化并与社会信息网络联系起来，保证政府公共管理活动开展的畅通性、科学性和有序性。网络化治理理论建立在政府已经处于数字化阶段的基础上，适用于中国这样具有一定数字化程度的国家，主要是为了解决公私合作的积极性不够以及合作网络难以很好维系和运行的问题，同时也需要对社会力量参与社会治理的能力进行培育，要求社会主体具备一定的决策、参与和执行能力。网格化管理的划片治理模式适用于经济发展迅速、公共事务急剧增多但政府治理能力发展迟缓的国家，通过对社会事务进行网格化的细分，在再造公共管理流程的同时提高了公务人员的服务意识和素质，能够在成功应对复杂社会事务的同时实现公共服务的全方位覆盖。

三、启示与思考

工业化过程推动了官僚制度的发展，官僚制度适用的管理或统治模式对应的是工业化国家或工业化进程中的政府模式；而在后工业化国家或信息化国家，官僚制度必然有其不适应之处，灵活、机动、去除管制的治理理论等后现代主义理论便大行其道。[2]新公共管理运动以来，公共管理理论在国外的发展经历了新公共服务、整体性治理、网络化治理、数字化治理、公共价值管理等理论的交替发展与更迭，在实践上则表现为"整体性政府运动"以及在数字化政府和网络化政府构建方面的尝试。考虑到国情存在较大差异，我国在政府改革领域对国外的公共管理理论和经验应用仍处于较浅层次，尽管在理论引入和比较研究方面存在不足，但我国已经进行

---

[1] 张康之，程倩. 网络治理理论及其实践 [J]. 新视野，2010（6）：36-39.

[2] 翁士洪. 整体性治理模式的兴起——整体性治理在英国政府治理中的理论与实践 [J]. 上海行政学院学报，2010（2）：51-58.

过"服务型政府""网格化管理"等实践层面的尝试并取得了一定的成绩，目前国内各地政务服务中心建设、基层网格化管理的兴起以及智慧城市的探索正是我国治理能力和治理体系现代化的重要标志。这也意味着我国正处于后工业化社会这一阶段，政府建设要想与经济发展、公民需求、市场竞争和社会稳定等领域同步发展，对于西方发达国家的理论和经验借鉴是不可或缺的。

数字化治理和网格化管理偏向于治理工具领域的创新，因此在我国的行政体制改革和治理工具变革中更易得到应用和普及。而如何在治理工具现代化的基础上实现我国治理体系、治理能力和治理理念的现代化，即通过建立起欧美国家那种符合市场经济规律的高程度公私合作网络来实现"无缝隙"和高质量公共服务的提供，实现政府"内修"与"外联"的长效结合，[1]则需要国内学者和实践者的不懈探索。

---

[1] 刘波，王力立，姚引良. 整体性治理与网络治理的比较研究[J]. 经济社会体制比较，2011（5）：134-140.

网络化治理、整体性治理、数字治理理论的比较 *

网络化治理、整体性治理和数字治理理论是当代治理理论的三种主流治理模式，三种模式源自相同的时代背景并走向相同的治理目标，既在理论承袭和政府角色重塑以及权力结构层面表现出自身的特殊性，同时又相互补充、相互升华，殊途同归。三种治理模式都主张政府构建更为扁平化的组织结构，以公民需求和结果导向为本，且都将公共价值奉为自身的核心价值追求。随着全球化的发展和科学技术的进步，利用好数字时代带来的巨大机遇是三种治理模式适应现代社会治理实践的重要检验期，从而为公民提供更多的选择，提供简便、更快捷的服务，实现善治。

治理理论产生于20世纪80年代，它的提出主要是源于对20世纪70年代世界范围内市场失灵和政府失败的现实的反思与替代。随着治理理论的兴起和发展，逐步产生了更多公共管理新的范式，正如当今方兴未艾的治理范式如网络化治理、整体性治理和数字治理等。其中，网络化治理理论和后两者虽然有着共同的时代背景和价值追求以及共同的发展目标，但在理论承袭和政府对于权力结构重塑的观点等方面仍然有着很大的差异，因此笔者对三大理论的时代背景、价值追求和理论框架进行了深入的介绍，并对其相同点和不同点进行了具体的比较和分析，一方面有助于厘清治理理论的发展脉络、理论延伸、运行机制、运行模式，推动治理理论的发展；另一方面也有助于推动我国对于治理理论的研究，批判地吸收三种治理模式的精华，并结合当代我国治理现状和政府改革趋势，基于价值研判作出适应我国当前改革和政府管理体制创新的价值选择。

一、网络化治理、整体性治理和数字治理理论的产生

治理（Governance），英语中的"治理"可以追溯到古典拉丁语和古希腊语的"操舵"一词，原意主要指控制、指导或操纵，长期以来与"统治"（Government）一词交叉使用，并且主要用于描述与国家公共事务相关的管理活动和政治活动。[1] 治理理论的主要创始人之一罗西瑙主要探讨了国际政治领域中的治理。他将治理定

---

* 与单婷婷合作完成，并发表于《学习论坛》2015年第7期，第44～49页，题目有变动。
[1] 鲍勃·杰索普，漆芜. 治理的兴起及其失败的风险：以经济发展为例的论述 [J]. 国际社会科学杂志（中文版），1999（1）：31-48.

义为一系列活动领域里的管理机制，既包括政府机制，也包含非正式、非政府的机制，特别是那些非正式、非政府的规章机制，虽然没有被赋予正式的权力，但在其活动领域内也能够有效地发挥功能。[1] 陈振明认为，治理是指"为了实现与增进公共利益、政府部门与非政府部门（私营部门、第三部门或公民个人）等众多公共行动主体彼此合作，在相互依存的环境中分享公共权力，共同管理公共事务的过程。对于政府部门而言，治理就是从统治到掌舵的变化；对于非政府部门而言，治理就是从被动排斥到主动参与的变化"。[2]

治理理论兴起于新公共管理理论的衰微之后，20 世纪 70 年代，新公共管理理论盛极一时，在管理主义和市场经济的两大导向下，政府过分追求经济、效率和效益，将企业管理方法全面地应用于政府管理当中，强调公共部门私有化，从而以企业管理对经济效率的追求替代了政府管理中对民主、公平、自由和平等的基本价值追求，因此，新公共管理导致了 20 世纪 70 年代世界范围内的市场失灵和政府失败，对新公共管理理论的批判性观点顺势而生。20 世纪 80 年代，治理理论取代新公共管理理论成为当代社会公共管理学界的主流理论，随着全球化的发展和科学技术的进步，治理理论在不断适应当代社会环境和公共价值的基础上又产生了更多治理理念、方式各异的新型治理模式，如作为当今治理理论典型模式的网络化治理、整体性治理和数字治理等，尽管理念不同，观点各异，但三种治理模式的产生均是治理理论在适应当前社会治理现状的前提下作出的价值选择。

网络化治理（Governing by Network）和整体性治理（Holistic Governance）是治理理论在当代的两个主要分支理论，代表着治理理论核心价值观的进一步演化和发展，并伴随着数字时代的到来，引用了数字治理的相关理念，形成了自己完整的理论框架。数字时代的到来也使得学者更加关注对数字治理理论（Digital Governance）进行更为系统化的研究。

（一）网络化治理

网络化治理（Governing by Network）理论最初由美国印第安纳波利斯前市长斯蒂芬·戈德史密斯和德勤研究所的威廉 D. 埃格斯联合提出，是基于 20 世纪 80 年代新公共管理理论关于政府改革分权化、市场化、民营化带来的市场失灵和政府失败的社会现实。与此同时，伴随着市民社会的兴起，公民要求参与社会治理、改变现有的社会治理模式的愿望逐渐强烈，这顺应了政府失败下重塑政府权力结构、整合社会资源的改革趋势。因此，他们在《网络化治理：公共部门的新形态》一书中指

---

[1] 詹姆斯 N 罗西瑙. 没有政府的治理——世界政治中的秩序与变革 [M]. 张胜军，译. 南昌：江西人民出版社，2001：5.

[2] 陈振明. 公共管理学——一种不同于传统行政学的研究途径 [M]. 中国人民大学出版社，2009：62-63.

出，网络化治理主要是指"深深地依赖伙伴关系，能够平衡各种非政府组织以提高公共价值的哲学理念，以及种类繁多的、创新的商业关系。在这种新的模式下，政府的工作不太依赖传统意义上的公共雇员，而是更多地依赖各种伙伴关系、协议和同盟所组成的网络来从事并完成公共事业。我们将这种发展称为'网络化治理'"。[1]

网络化治理象征着世界上正在影响甚至改变公共部门形态的四种发展趋势正在合流：第三方政府、协同政府、数字化革命和公民需求。第一，网络化治理要求政府依靠私人公司和非营利组织的伙伴关系的构建，改变原有的服务模式，从公共服务的供应者变为公共服务的催化者。在这里，政府和其他治理主体不是统治和管理关系，而是基于资源依赖下信任、沟通、承诺等关系质量因素的合作伙伴关系。合作伙伴间在利益共享和风险共担的责任机制下共同选择网络类型，提供公共服务。而公共服务质量的优劣不再是网络化政府唯一的绩效指标，公私部门的合作程度及对网络的管理能力则成为网络化政府绩效管理的标杆。第二，网络化治理不断倾向于政府机构、部门之间的联合，试图构造扁平化的组织结构，纵向减少层级和程序，横向协同加强信息分享与知识共享。第三，网络化治理依托数字化时代下信息技术的进步构建一个多中心治理主体间信息自由流动的电子门户，实现治理主体的沟通和互动，打破政府部门和机构之间横向和纵向的信息障碍和壁垒。第四，在公共服务过程中给予公民更多的选择权，顾客——公民需求是网络化治理的价值导向，多元化和用户化则是网络化治理的核心价值追求。这四种发展趋势的合流表明网络化治理理论是对新公共管理理论批判地继承，是公共管理工具和价值双重理性的回归。"总而言之，网络化治理的核心理念就是要实现多元主体的合作共治，其终极目标是增进公共价值。具体而言，政府是公共价值的促动者；企业是公共价值的创造者；非政府组织是公共价值的提供者；公民是公共价值的实践者。"[2]

随着对网络化治理理论的研究逐步走向深入，我国学者又提出了更为本土化的网络化治理的概念，即"网络化治理是指参与公共事务的各种政府机构、社会团体、利益组织及公民个人之间，通过协调和信任机制维系的组织间的相互依赖和持续互动，在共同协定的制度框架内，凝聚自我管理和共同行动以实现公共价值之目标的公共管理新治理范式和运作系统"。在治理网络中有两个核心概念：一是政策网络的结构，牵涉成员的组成、网络的界限及任务等；二是网络成员的互动，牵涉资源与权力的交换。[3] 由此可见，网络化治理具有以下基本特征：第一，治理主体层面。多

---

[1] 斯蒂芬·格德史密斯，威廉·艾格斯.网络化治理：公共部门的新形态[M].孙迎春，译.北京：北京大学出版社，2008：6.

[2] 孙健.网络化治理：公共事务管理的新模式[J].学术界，2011（2）：55-60，257-259.

[3] 李志强.网络化治理：意涵、回应性与公共价值建构[J].内蒙古大学学报（哲学社会科学版），2013，45（6）：70-77.

元主体以平等、互信为基础构建的合作伙伴关系。新公共管理视角下市场失灵以及市民社会的兴起催生了多元主体共治的治理环境，传统科层制结构下政府对于其他组织的统治关系已经不能解决日益复杂化的社会问题，政府急需社会团体、利益组织及公民个人参与到社会治理当中，公民参与社会治理的意愿以及主动性也在不断提高。此外，多元主体在社会治理体系中是以平等、互信为基础构建的合作伙伴关系，其中信任是治理网络运行的基础。第二，价值层面。合作伙伴以公共价值作为价值追求，并形成一种权力共享、风险共担的关系形态。网络化治理追求的核心价值即公共价值和公共利益的实现，这一核心价值对于政府和私人部门具有同构性。而分权理念则是网络化治理中政府需要树立和逐渐适应的又一重要价值。在网络化治理中，资源交换和权力依赖是平衡多元治理主体的重要支点，也是重塑政府权力结构和整合社会资源行动理性的回归，而分权理念必然带来责任和风险的分担，权力分享、责任和风险分担是政府和私人部门对于组织界限模糊和权责不清现象的良好回应。第三，治理机制层面。政府以对网络的管理为基本职能，力图构建良好的信息共享机制及沟通协商机制。斯蒂芬和埃格斯认为，"网络化治理代表了四种发展趋势的集合，它将第三方政府高水平的公私合作特性与协同政府充沛的网络管理能力结合起来，然后再利用技术将网络连接到一起（见图1），并在服务运行中给予公民更多的选择权"。[1] 在网络化治理中，政府创新并不再体现为是否讨论与私人部门的合作以及怎样合作，而是通过对于多元化合作网络的管理而创造新的价值。此外，被集成进治理网络的私人部门之间是合作与竞争关系之间的博弈，而良好的信息共享机制和沟通协商机制能够在相互竞争的私人组织间建立信任和合作，从而将私人组织构成一个网络化政府可以依赖的治理团队。第四，治理工具层面。网络治理主体之间周期性的合约、协助政府管理的不同的网络类型、数据库和信息系统等为网络化治理的各个环节提供了更为便捷的治理工具。网络化治理不仅为治理网络提供了理论指导，还提供了具体的治理工具。网络治理主体之间基于互信订立的周期性的契约条款也是治理网络的组成部分。协助政府管理的不同类型的网络包括"服务外包、供应链、应急服务、信息分发、'市民总机'"[2]等，这些网络类型则是根据网络治理中政府参与的多寡划分，适用于治理网络解决不同情况的社会问题。数字时代的到来使得信息技术成为重要的治理工具，数据库和信息系统的应用打破了公私部门之间以及私人部门之间纵向和横向的信息壁垒，促进了治理主体之间信息和知识共享。

---

[1] 斯蒂芬·格德史密斯，威廉·艾格斯. 网络化治理：公共部门的新形态 [M]. 孙迎春，译. 北京：北京大学出版社，2008：17.

[2] 刘波，王少军，王华光. 地方政府网络治理稳定性影响因素研究 [J]. 公共管理学报，2011，8（1）：26-34.

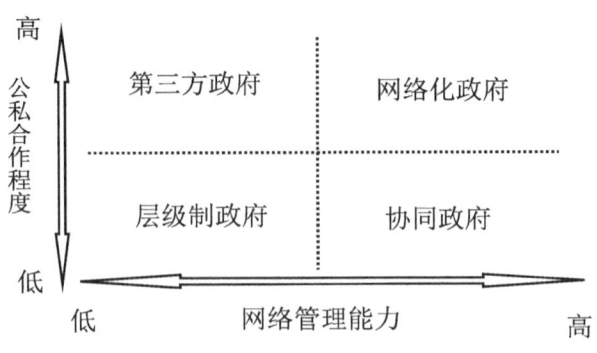

图 1　网络化治理中政府能力维度[1]

（二）整体性治理

整体性治理（Holistic Governance）理论产生于 20 世纪 90 年代，它的提出主要源于新公共管理理论的衰微和数字时代到来对于利用信息技术提升治理效率的迫切需求的基础之上，并用以解决 20 世纪 80 年代世界范围内新公共管理运动带来的政府治理碎片化、条块分割、信息不对称、目标冲突、效率低下等问题。其理论溯源为组织社会学中的新涂尔干主义理论的主张和假设。新涂尔干主义认为，涂尔干主义所提出的有机团结其实并不稳定，目标相互冲突的组织在组织运行过程当中并不会基于某种自发的集体意识而走向相互团结，而是会选择使组织走向自我强化的强制力下的团结以保持自身组织和制度的特殊性。也因此，整体性治理理论应运而生，在组织和部门明确分工的前提下，将整合与协调相结合，既满足了组织强制力下的团结，同时相互协调和妥协各自的目标，解决组织间目标的冲突，从而形成一种持久的有机团结。

整体性治理针对的是碎片化治理带来的一系列问题，整体主义的对立面是碎片化而不是专业化。[2] 整体性治理理论的代表人物为英国学者佩里·希克斯，"整体性治理理论是对整体政府改革的基本内容进行理论提升的结果。希克斯在 1977 年出版的《整体政府》一书中首次阐述了整体政府的改革理念。1999 年，希克斯等学者又合作出版了《圆桌中的治理》一书，从行为分析的层面和技术角度提出了构建整体政府的一些具体策略。2002 年，他们通过《迈向整体性治理：新改革议程》一书批判了传统公共行政领域存在的诸多弊病，并首次提出了'整体性治理'一词，认为'21 世纪的政府不应该再放任政府各不同功能与专业部门间的单打独斗，而应推动整

---

[1] 斯蒂芬·格德史密斯，威廉·艾格斯. 网络化治理：公共部门的新形态 [M]. 孙迎春，译. 北京：北京大学出版社，2008：18.

[2] Perri 6. Towards Holistic Government：The New Reform Agenda[M]. New York：Palgrave，2002：37.

体性治理，通过制度化以落实政府各机关间的沟通协调'"。[1] 希克斯从整体性改革的角度指出了改革过程中涉及的如政策、管理、服务提供、监督等核心因素，并提出对于这些核心活动，政府应在三个层面上实现政府组织的整合和升级，纵向治理层级的整合、横向治理功能的整合以及公私部门的整合。同时，希克斯从政府改革的目标和手段的关系层面将政府划分为不同的种类，并说明整体性政府是目标和手段均相互增强的互动式政府。在整体性政府运行过程当中，以公民需求为基础，目标一致，结果导向，重新整合，追求以诚实、效率和有效性为基础的责任感，适应数字时代到来改革趋势都促使政府的目标和手段相互增强，提高了行政效率。

希克斯在关于整体性治理理论的三本著作中提出了整体性治理理论的概念、理论框架和具体的构建策略倍受各国政府改革的关注，进而产生了整体性治理理论在各个国家的不同解释，相关解释有"整体性治理（Holistic Governance）、英国的协同政府（Joined up Government）、澳大利亚的整体政府（Whole of Government）、加拿大的水平政府（Horizontal Government）、美国的合作政府（Collaboration Government）等",[2] 尽管其表达方式不同，但这均为整体性治理理论在适应当地政府治理实际后的本土化阐释。

整体性治理的理论框架为："第一，整体性治理强调预防和结果导向。第二，整体性治理理论强调整体性协调和整合，在整合过程中主要包含三个层面，其一，在组织架构和形态上的整合包括治理层级、治理功能和公私部门之间的整合；其二，整体性治理提倡逆部门化和碎片化，实行大部门式治理；其三，整体性整合也包括对采购过程进行整合。其整合概念则是对新公共管理理论强调市场化、分权化、竞争意识所造成的政府治理分散化、碎片化现象的回应。第三，整体性治理注重协调目标和手段的关系，即整体性政府即协同性政府的治理应为目标和手段相互增强型，这有望使政府通过整体性整合上升到整体性政府的高度。第四，整体性治理还十分重视信任、责任感与制度化。信任和责任感是整体性治理过程中最关键的因素，组织间信任的基础是委托和代理关系，而责任感一般表现为诚实、效率和有效性。"[3]

"全观型治理的核心关键是有鉴于全球政经形势已大幅、快速变动，全球化、区域化的风潮日益渗入政府的治理机制，快速变迁已成为常态，政府的治理理念也必须采用全新的观点以求适应。全观型政府是使政府能观照全体，变成预防性、整合性、改变文化、结果取向的政府，而能跨越政府层级、部门功能分裂的差距，提供

---

[1] 赵石强. 数字时代的整体性治理理论及其启示 [J]. 重庆科技学院学报（社会科学版），2011，（15）：39-41.

[2] Christopher Pollitt.Joined——up Government: A Survey[J].Political Studies Review，2003（1）：34-39.

[3] 曾凡军. 基于整体性治理的政府组织协调机制研究 [M]. 武汉：武汉大学出版社，2013：24-27.

人民更好的服务。"而在关于如何实现整体性治理理论制度化的道路上,彭锦鹏提出其主要策略有三:运用资讯科技而达成线上治理模式,建立整合型政府组织,主动型的文官体系,这三种策略分别要达到全观型治理所需要的科技基础、组织基础和人员基础。[1]

(三)数字治理

"数字时代的治理(Digital Era Governance),亦称数字治理(Digital Governance),也叫电子治理,是产生于电子商务和电子政务之后的概念,是数字时代全新的、先进的治理模式",[2] 产生于20世纪90年代末,其产生主要来源于20世纪60年代第二次世界大战后世界范围内信息技术革命兴起后信息技术的蓬勃发展、经济全球化的加速以及信息技术发展带来的网络社会网际网路的崛起。数字治理从诞生开始,人们就把它与民主、治理与善治等紧密联系在一起。"对数字治理的理解,有广义和狭义之分。从广义上讲,数字治理不是信息通信技术(ICT)在公共事务领域的简单应用,而是一种与政治权力和社会权力的组织与利用方式相关联的社会——政治组织及其活动的形式,它包括对经济和社会资源的综合治理,涉及如何影响政府、立法机关以及公共管理的一系列活动;从狭义上讲,数字治理是指在政府与市民社会、政府与以企业为代表的经济社会的互动和政府内部的运行中运用信息技术,简化政府行政,简化公共事务的处理程序,并提高民主化程度的治理模式。"[3]

数字治理的代表人物是帕特里克·邓利维,他在 *Digital Era Governance: IT Corporations, the State, and E-Government* 一书中具体阐述了数字时代治理的相关理论框架。他认为,21世纪初的政府治理是"数字时代的治理",并展示了"数字时代的治理"是如何越来越多地取代了20世纪90年代初衰微的"新公共管理"的正统地位。邓利维试图从韦伯的官僚制的理论框架中寻找一些蛛丝马迹,认为政府治理过程中政府内部办公文件的书面存档、系统整理文件是集体记忆的形成方式,但数字时代的到来、信息技术和网络技术的发展催生了记录集体记忆方式的工具性变革,即电子化和数字化的政府对于政府办公流程的再造和简化以及对于政府行政效率的提高。而这一变革有两种驱动力量,第一种驱动力量是私营部门的IT实践,第二种驱动力量是公共部门的发展趋势。在这两种驱动力量中,私营部门的IT实践又在变革中起着决定性作用(见图2),信息技术的根本性变革将所有变革联系在一起,企业盈利性和竞争性的特性促使私营部门的商业行为必须适应变革着的社会和技术的发展,以节约成本、提高生产效率从而促使自身盈利最大化。随着消费者和私人企

---

[1] 彭锦鹏. 全观型治理:理论与制度化策略[J]. 政治科学论丛(台湾),2005,(3):69.

[2] 徐晓林,刘勇. 数字治理对城市政府善治的影响研究[J]. 公共管理学报,2006(1):13-20.

[3] 徐晓林,刘勇. 数字治理对城市政府善治的影响研究[J]. 公共管理学报,2006(1):13-20.

业行为的变化,就产生了对政府信息的直接要求和交易行为转移并行的方式,政府信息技术和组织变革塑造了政府信息系统和公民行为的变化,反之公民社会的行为变化,也在促进政府改变公共管理模式。在信息技术的不断变革中,政府、私营部门、公民社会三者相互适应、互相促进,共同促使着公共管理模式的变迁以及范式的转移,也由此产生了数字时代的治理。

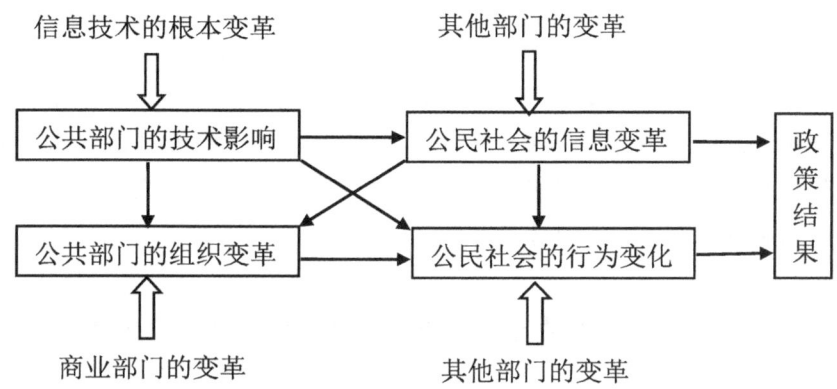

图2 信息技术变革在现代公共管理改革中的核心地位[1]

从多个不同维度看数字时代的治理,包含三大主题:重新整合、以需求为基础的整体主义和数字化变革。第一个主题主要是对新公共管理理论出现问题的回应以及数字时代的机遇;但另外两个主题的核心与新公共管理理论相离,虽有相似之处却观点各异。

重新整合(Reintegration)。重新整合关键在于将新公共管理主张分离到不同层级、企业,卸载到公民和其他公民社会政府职能重新收回,并且将公共服务的职能重新整合到政府行为主体中。这种重新整合不是旧式的中央集权式的管理的简单重播,不是不改变行政责任清单实质的简单变化,而是对新公共管理的综合性回应。重新整合包括九大要素:逆部门化和碎片化、协同政府、重新政府化、恢复或重新加强中央过程、极力压缩行政成本、重塑功能为支撑的服务提供链、集中和专业化的采购、以"混合经济"为基础的服务共享、网络简化和"小组织"。[1]

以需求为基础的整体主义(Needs-based Holism)。邓利维认为,与在重新整合主题下狭隘的协同治理相比,整体性改革试图简化和改变政府机构和他们的顾客之间的整体关系。"创造一个更庞大更具包容性的管理机构:与端对端的再造过程相连接,卸载不必要的流程,控制成本,加强监督,强化规则,从而构建一个更具便捷

---

[1] Patrick Dunleavy.Digital Era Governance:IT Corporations,the State and E-Government[M]. Oxford University Press,2006:223.

性的政府，能够对外部社会环境变化作出迅速而灵活的反应。"[1] 以需求为基础的整体主义包括七大要素：互动的信息搜寻和提供、以顾客和功能为基础的组织重建、一站式服务、数据库、从终端到终端的服务重塑、敏捷的政府过程、可持续性。

数字化变革（Digitization Changes）。"当代生产力的进步越来越依赖信息技术和相关的组织变革，因此需要紧紧抓住向完全数字化运作的转型所带来的巨大机遇。电子化渠道并非传统行政管理和商业流程的补充，它们已经完成了真正的转变，政府部门'网络化'成为常态，电子化政府和网络化服务成为公共管理的重要形式，这也是政府与公民和其他社会组织联系的主要渠道和方式。"[2] 数字化变革包括九大要素：电子服务递送、以网络为基础的公共事业估算、集中的国家指导的信息技术采购、自动化流程的新形式、根本性的非居间化、积极的渠道分流和分割、受控制渠道的减少、加速自我管理、走向敞开书卷式的政府。

二、网络化治理、整体性治理和数字治理理论的比较分析

（一）相同点

网络化治理、整体性治理和数字治理理论的产生具有相同的时代背景，均是建立在信息技术的蓬勃发展、经济全球化的加速以及数字时代到来对于公共管理模式和公共管理工具的革新要求的基础之上，相同的运行机制和组织结构、价值追求和最终发展目标也使得三种理论形成一种相互促进、相互依赖的良性互动的逻辑关系。

1. 运行机制以及组织结构相同

网络化治理理论是一种全新的治理模式，它通过公私部门合作，非营利公司和营利公司等多主体广泛参与，提供公共服务。在网络化治理模式下，政府角色发生重大的转变，从传统的管理和控制社会向协调资源转变，行政管理序列变得更为扁平，参与的部门也更为广泛。在网络化治理模式中，政府、市场和社会多元主体形成一种新的互动关系以达到共治，并在一个政策网络框架中相互依存，这种互动关系既包括横向的联系和沟通，也包括构建、运行和管理一个网络。网络化治理源于公司治理，因此在治理网络中，公私合作程度和网络管理能力则成为政府绩效两大主要的衡量标准。扁平化的组织结构能使多元治理主体在治理网络中构建信任、沟通协商和信息及知识共享机制，形成一种非居间化组织，减少组织沟通的层级，打破组织内部纵向和横向的信息壁垒。政府组织通过权力分享、责任共担、与其他治理主体签订周期性的契约，实现多元治理主体对公共事务的合作共治，对公共服务

---

[1] 陈水生. 新公共管理的终结与数字时代治理的兴起[J]. 理论导刊，2009（4）：98-101.
[2] 陈水生. 新公共管理的终结与数字时代治理的兴起[J]. 理论导刊，2009（4）：98-101.

的共同提供，达到帕累托最优以及最佳的治理效果。

整体性治理理论主张协调、整合，整合的过程亦是组织结构的优化和重组。而整体性政府则力图使政府变成预防性、整合性能跨越政府层级、功能分裂的差距，从而能为公民提供更好的服务。整合性则涉及政府活动的三个层面，治理层级的整合，如中央和地方组织层级的整合；治理功能的整合，如部门与部门之间在不打破职能分工的情况下进行功能上的协调和整合；公私部门的整合，如公共部门与私人部门委托代理、公共服务合同等契约关系的构建，以共同提供公共服务。整体性组织的整合结果则是形成一种新的组织结构即组织结构的扁平化。治理层级的整合打破了科层体制之下森严等级体系，减少了组织的层级，加强了纵向组织内部上下的互动，改变了组织内部协调低效率的现状。治理功能的整合解决了部门之间职责同构、信息孤岛的现象，加强了组织部门之间的协调和沟通。当然，这种整合并不意味着职能分工的弱化，而是在组织内部部门间整合分工明确的前提下对各职能部门分工的进一步明晰、强化。公私部门的整合更多的是对于PPP（Public-Private Partnership）模式的构建，这一模式的构建，也从根本上改变了公共部门和私人部门的管理和被管理的关系，走向合作共治。政府组织涉及的三个方面的整合使得政府组织结构更为扁平化，组织层级更加简化，组织内外沟通更加顺畅，组织行为更加便捷，更有效率。

数字治理理论强调重新整合，将原来新公共管理改革下放到不同层级、企业，公民的权力回收到政府部门，重新整合政府部门的公共服务职能。重新整合强调逆部门化和碎片化、协同正反应、重新政府化、恢复或加强中央过程、"混合经济"为基础的服务共享、网络简化等，意为重新合并、重组一些功能相近或相似的部门；实行协同治理，这是基于政府部门信息技术革新的具体成果，并在英国的具体改革中得到相应的实践，如将就业和福利归入养老金部门等措施；重新政府化即将原来外包给私人部门的活动和服务项目重新收回到公共部门之中；恢复或加强中央过程、以"混合经济"为基础的服务共享、网络简化等都意在简化组织结构，改变新公共管理带来的碎片化下导致的无序竞争和多头主义，精简官僚制组织基础下新公共管理改革带来的复杂的管制层级，以构建扁平化的组织结构为基础，形成一种政府主导下管制层级简化、信息和服务共享链条完整、以合作和公民需求为价值追求的新秩序。

数字治理理论与整体性治理理论在价值追求和理论框架都有着相似之处，因此，当前我国学者大多将数字治理理论重新整合、以需求为基础的整体主义和数字化变革表述为整体性治理理论的三大主题，但笔者单独将数字治理理论与整体性治理理论区分开来，意在探讨理论逻辑和行动逻辑、价值理性和工具理性在当前公共管理改革当中起到的具体作用。

2. 公民需求与结果导向

网络化治理是第三方政府、协同政府、数字化革命和公民需求四种理论趋势的合流，其中网络化治理的核心价值追求是公共价值，在公共活动中更多地回应公民需求，使公民有更多的选择权，从而为公民提供更优质的公共服务，以顾客需求为本。结果导向表现为政府及其合作伙伴绩效的测量，由于网络化治理涉及的治理主体较多，政府和其他治理主体不再是统治关系，而是基于信任、沟通协商和信息共享基础下的合作伙伴关系，因此，政府的核心职能则是管理好私人部门作为治理主体构建的公共服务提供网络。公私部门合作程度和网络管理能力则是政府部门的能力标准，而政府部门绩效也不再基于实时监控的过程导向，而是基于顾客满意度调查、网络协调程度监控的结果导向。

整体性治理理论强调预防性、公民需求和结果导向。整体性治理理论强调以公民需求为主，政府应把公民的生活需求作为一切工作的重心，一站式的服务提供简化了政府工作流程，能够将部门集中起来更加方便地解决公民诉求，这也需要电子化政府坚实的信息技术支持。以公民需求为本，以公共利益为价值追求，积极兑现政府对于公众的承诺，及时关注公共利益，能够建立政府与公众间的信任，提高政府效能。整体性治理还关注责任感和结果导向。整体性治理主张责任高于一切，结果导向是责任感的重要属性。结果导向将整体性治理同公共管理中仅仅是政府间的联合区分开来，这是一种独特的管理模式并且关注责任感。结果导向使得整体性责任感关注诚实、效率和有效性。诚实、效率和有效性则主要表现在以下几个方面：在管理层面通过审计、支出控制、预算规划、性能测量和政治审查；在政治层面通过选民问责；在法律层面，主要通过行政法监督的可用性、司法审查等或者其他形式的法律争端解决方法，如特别法庭和准司法监管机构等。总而言之，传统的官僚制和新公共管理都是一种"管理主义"的研究途径，遵循功能性模型逻辑，即围绕特定功能对组织进行设计和管理，而整体性治理除了要求部门、机构和准自治机构负责公共服务提供外，更强调它们对结果的实现进行负责和管理。[1]

数字治理理论强调以需求为基础的整体主义、数字化变革，其核心是通过对组织优化重组，将电子化政府与网络化服务相结合，再造政府服务流程，为公民提供更为便捷的服务。数字治理理论更多地关注技术层面的政府流程再造，以顾客和功能需求为基础的机构重组，利用一站式商店、一站式窗口、网络集成技术等进行一站式的服务提供。终端对终端的服务流程再造促使政府部门在改革过程中更加关注公民需求而不是被人为分割的机构界限设定所带来的服务提供障碍。根本性的非居间化即以公民需求为基础，利用网络技术及其自动化使得公民、企业和其他公民社

---

[1] 张金钱. 整体性治理研究 [D]. 沈阳：东北大学，2011.

会等角色直接进行联系，跳过了政府机构作为中间层级所提供的看门人式的民事服务和代理人员。当然，根本性非居间化的实现需要自动化办公和政府上网的技术支撑，也需要政府和公民共同改变自身的行为方式。敞开书卷式的政府则更加重视公民需求，强调在信息公开、数据和隐私保护的前提下公民的自我监督和自我管理，方便公民和企业自我监控自身应用程序或情况的处理，使满足公民诉求的实现途径更加多样和灵活。数字治理更加注重服务提供的方式、速度、质量、公民需求以及与公民之间的互动，能够增强政府回应性，提升政府公信力。

（二）不同点

1. 对于重塑权力结构的观点不同

网络化治理理论在强调政府角色的过程中被提出，政府在政策网络中的主要职能是提升公私合作程度并且管理好公私合作网络，政府角色的转变意味着权力结构的重塑，网络化治理将多主体参与以及协商对话的精神融入公共服务的提供当中，因此网络化治理理论认为，重塑权力结构落脚于分权。因为网络化治理承袭于新公共管理理论，虽然是对新公共管理理论批判地继承，但在权力结构的重塑方面也主张政府权力下放。权力下放的基础在于谈判协商以及信任和责任机制的构建，网络化治理是通过自下而上的渐进形式来达成，并依靠协商、谈判来分享彼此的资源，进而实现各自的最大利益。因此，网络化治理理论中分权理念有以下具体表现：第一，破除旧式权力体制。用政府分权克服官僚制下体制僵化带来的等级森严、回应性差和效率低下等问题，并以顾客需求和结果导向为核心构建一个公共服务供给机制，更加便捷和灵活地回应公民的诉求。第二，政府要勇于授权。分权理念要求政府在治理网络中不再是权力独占者，应勇于向公民和私人部门授权，网络的运行依靠协商和谈判，在互惠互利的基础上形成的自下而上的非强迫性的共识。政府承认并支持私人部门在某些领域的经营权和决策权，给予其充分的授权，以提高行政效率，重塑政府权力结构。

整体性治理理论是在对新公共管理理论滥觞的批判和反思的基础上形成的，是对新公共管理将企业管理分权和竞争带来的无序竞争、各自为政和条块分割等问题的纠偏。作为一种新的治理范式，整体性治理理论在重塑政府角色和权力结构方面主张集权。如果说网络化治理理论是网络治理主体之间在协商谈判和互惠互利基础之上形成的自上而下的非强迫性共识，其政府角色在于私人部门的合作伙伴，权力结构划分在于分权，那么整体性治理理论对于权力结构的划分在于集权于政府。整体性治理理论提出集权并非旧式官僚体制的中央集权，而是职能明确分工基础上权力的集中和整合，包括纵向政府层级的整合、横向政府功能的整合和公私部门的整合。在希克斯看来，整体性治理理论权力的集中和整合的程度越高，凝聚力就越大，各自为政就越少，链接就越紧密。[1]整体性治理是一种自上而下的相对集权的变化，无论是从英国工党的改革整体性治理的实践基础来看，还是从澳大利亚协同政府改革来看，其所解决的主要问题还包括政府"空心化"，整体性治理在组织逻辑上，更多的是偏向于强调公私合作的基础上对于等级制的强调，促使政府在治理上的主体的回归。[2]

网络化治理理论在重塑政府权力结构层面主张分权，则整体性治理和数字治理理论则分别主张集权和权力的协调和整合。数字治理理论提出重新整合，重新恢复和加强中央过程，这是对整体性治理集权和整合的进一步深化。重新整合的关键在于将新公共管理理论分离出去的政府职能重新收回，合并一些准政府机构，实行大部门式治理，逐步化解新公共管理由分权导致的碎片化和职能分割、政出多门、各自为政和孤岛现象。同时，数字治理为权力和职能的重新整合、组织和机构的重组以及跨界治理缩小了难度。

2. 对理论承袭和批判程度不同

网络化治理是对新公共管理理论的延续，是对新公共管理理论批判地继承。

新公共管理强调注重效率和管理主义，其改革运动一方面强调政府部门要注重"3E"，即经济、效率和效益，另一方面主张用企业内部严格的竞争性的绩效评估标准来管理政府部门的运作。竞争性、市场化、民营化的新公共管理理念使得政府组织结构成为一种分散型和小型的组织，在一定时期内确实提高了政府的行政效率，但却忽视了私人部门与公共部门融合时文化上的根本差异。用企业文化改造政府带来了伦理上的争议，更重要的是，企业竞争机制的引入，政府机构和部门忽视了合作和协调，造成了碎片化和服务的裂解性。而网络化治理恰恰注意到了这一点，它从根本上承认公私部门的合作在政府治理和公共服务提供方面的重要作用，主张构建一个由私人部门提供服务的整个服务网络，而管理好这个网络是政府的主要职能。从这一点看，网络化治理的理论根源在于新公共管理理论。但网络化治理在主张公司部门合作的同时，处理好了几个新公共管理改革当中忽视的重要问题：第一，多元、异质的管理主体之间的关系，政府部门与私人部门不再是管理关系，而是基于合作、信息和知识共享的伙伴关系。网络化治理更加注重政府部门与私人部门建立沟通协商和协调各种活动的机制，从而建立双方的互信互利关系。第二，政府部门的价值追求问题，政府部门的价值追求由新公共管理改革期间只注重经济、效率和效益变为更加注重公共价值的实现，公民需求和结果导向成为政府部门的核心价值追求。第三，政府部门与私人部门在融合过程中，网络化治理更加注重处理公共部

---

[1] 竺乾威. 从新公共管理到整体性治理 [J]. 中国行政管理，2008（10）：52-58.
[2] 项绍禹，项绍娟. 整体性治理的对比研究 [J]. 学理论，2013（32）：27-28.

门人文主义导向和私人部门结果、利润导向之间的文化差异，如通过不断的沟通、调整价值目标、共享式的决策制定等弥合文化鸿沟，形成统一的目标和价值体系。从这一点看，网络化治理则是对新公共管理去粗取精、去伪存真的哲学动态的内化过程。

整体性治理理论是对新公共管理理论在发展过程中出现的问题的批判、反思和超越，借鉴新涂尔干理论力图实现组织中的"有机团结"的思想，结合新公共服务理论与英国工党的政府改革实践发展起来的理论。新公共管理理论强调分权、竞争和市场化的三大要素导致了碎片化、孤岛现象、协调低效率、职责同构、信息不对称等现象，而整体性治理理论的提出是对新公共管理理论的批判和超越。整体性治理提倡协调、整合和网络化都较好地解决了新公共管理理论带来的问题。"整体性治理是对后新公共管理时期管理挑战的回应和治理思路的创新。新公共管理面临分权、竞争和激励的挑战，它们带来的负面非直接的作用增加了制度和政策的复杂性，影响了公民解决社会问题的能力，形成了后新公共管理体制。因此，后新公共管理时期的关注焦点集中在三个方面：重新整合、需求基础的整体主义、数字化变革。整体性政府即将向数字化时代政府转变，涉及政府范围的重新整合、整体性和需求导向结构的采用及数字化的行政处理过程。"[1] 与此同时，整体性治理理论肯定了新公共服务理论对于民主、公民权利和公共利益的价值追求，注重公平、正义、回应性和效率的民主价值，形成了自己固有的理论框架。"整体性治理从新涂尔干主义途径来寻求公共治理的协调和整合，并运用现代信息技术来提升治理效率。当然，在寻求公共治理工具理性的同时，整体性治理通过恢复公民身份和发挥公民社会的作用来获得价值理性。"[2]

如果说网络化治理是对新公共管理理论的延续，是对新公共管理理论批判地继承，那么整体性治理就是对新公共管理理论的质疑和超越，而数字治理则是数字时代下对整体性治理理论的新要求。整体性治理理论虽然提出协调和整合，提倡整体性治理，但仍然只停留在理论层面，对于实际实现整体性治理的制度和策略尚未涉及。数字治理理论从价值追求角度与整体性治理一脉相承，提倡重新整合，以需求为基础的整体主义，是对希克斯整体性治理理论的继承，而数字化变革是对整体性治理理论的补充和完善，从技术层面解释了数字时代对于整体性治理理论模式的新要求，是整体性治理理论在工具理性层面的归宿。

---

[1] 韩兆柱，杨洋. 新公共管理、无缝隙政府和整体性治理的范式比较 [J]. 学习论坛，2012，28（12）：57-60.
[2] 曾令发. 整体型治理的行动逻辑 [J]. 中国行政管理，2010（1）：110-114.

三、三种治理模式的未来之路

在众多治理模式中，大多围绕民主、自由和平等的公共价值理念，公共价值的追求也成为各种治理模式的核心价值追求，而对于网络化治理、整体性治理和数字治理理论进行比较分析，笔者认为有两点思考：其一，网络化治理、整体性治理和数字治理尽管理念不同，观点各异，但在某种程度上呈现出共同的发展趋势：第一，民主治理越来越成为三种治理模式及其实践的发展趋势；第二，治理主体朝着越来越多中心方向发展；第三，治理模式越来越强调整合化；第四，信息通信技术对于数字化政府改革的要求越来越紧迫，倒逼新型政府治理模式的改革。其二，网络化治理、整体性治理以及数字治理三种治理模式相互补充、相互促进，共同致力于当代社会的治理实践中，并不存在某一种万能的治理模式，且在当今复杂的国际环境及国内治理现状下，也并非单一治理模式就能应对所有治理问题，应将多种治理模式相结合，在适应本国治理实践的基础上作出价值选择，并形成一种复合型治理模式。三种治理模式的共同发展趋势以及应对当代社会复杂治理现状对于新型政府治理模式的迫切需求也推动了三种治理模式的未来发展之路：

第一，民主化之路。政府在治理过程中处理好政府组织结构整合下集权和网络化治理下分权的关系，避免权力的过分集中，同时做好政府公共价值和企业效率和效益至上之间的文化融合，避免竞争和信息不对称下的权力碎片化和服务的裂解性。加强公私部门的合作，鼓励公民社会参与社会治理。同时，重塑政府的权力结构，还权于民、还权于市场，在权责清晰的基础上构建多中心治理主体的合作伙伴关系，实现多元、异质治理主体间信息和知识的共享，建立多中心治理主体的对话与协商机制，兼顾公平与效率、竞争与合作，实现社会治理善治。

第二，制度化之路。当前对于网络化治理、整体性治理和数字治理的研究多停留在理论性探讨层面，对于三种治理模式的制度化研究涉猎甚少，而当前社会治理实践以及对于理论应用的探讨倒逼三种治理模式走向制度化之路。如在跨界治理问题中，区域府际关系的协调和整合过程中对于整体性治理和网络化治理理论的应用，要求其构建区域统一的府际协调关系机制、制度，区域统一的治理机构、治理体系、区域资源的配置、区域公私部门的协调与合作，构建什么样的区域治理机制，怎样构建，以及如何面对可能出现的问题等都需要三种治理模式在治理理念之下走向制度化的规范和统筹。

第三，技术化之路。网络化治理、整体性治理以及数字治理都旨在以网络技术为依托，以信息技术为支撑简化行政程序，实现一站式服务，再造政府流程。"在商业世界中得益于非常个性化服务的公民越来越不能容忍坚持提供统一服务的政府"，这种公民需求逐渐复杂化、多样化的形势也促使三种治理模式朝着服务流程更加简化的趋势发展，同时也促进三种治理模式走向技术化之路。数字治理平台的构建，政府门户网站实现信息、数据公开的同时对于公民隐私权的保护，以及以大数据分析技术和云计算数据积累技术为基础的有效信息形成的科学决策模式都在考验着政府的治理能力和治理水平，而这也是三种治理模式走向技术化之路的最终归宿。

四、结语

网络化治理、整体性治理和数字治理理论是当代治理理论的三种主流治理模式，三种模式源自相同的时代背景并走向相同的治理目标，既在理论承袭和政府角色重塑以及权力结构层面表现出自身的特殊性，同时又相互补充、相互升华，殊途同归。三种治理模式都主张政府构建更为扁平化的组织结构，以公民需求和结果导向为本，且都将公共价值奉为自身的核心价值追求。随着全球化的发展和科学技术的进步，利用好数字时代到来带来的巨大机遇是三种治理模式适应现代社会治理实践的重要检验期，从而为公民提供更多的选择，提供简便、更快捷的服务，实现善治。

整体性治理、合作治理与合同制治理理论的比较 *

治理理论是20世纪90年代兴起的公共管理理论，为公共管理者解决复杂的社会问题提供理论指导，整体性治理理论、合作治理理论与合同制治理理论是治理理论的重要内容。整体性治理是英国学者为应对新公共管理运动造成的包括管理碎片化、政府分部化和公共服务裂解性在内的弊病而提出的新理论，它作为西方公共治理前沿理论之一，在各国的公共管理实践中扮演重要角色。世界正在步入后工业化时代，张康之认为，"我们倾向于把后工业社会看作合作的社会，与这个合作的社会相适应的和能够满足社会治理要求的将是一种合作治理"。[1] 合同制治理理论是民主社会发展、公共需求多样化的产物。本文对整体性治理、合作治理与合同制治理理论进行比较分析，可以系统研究指导服务型政府建设的三大理论。"所谓比较研究，则是将比较方法系统地运用于科学研究而形成的一种特定的研究活动和研究方式。"[2] 本文通过对三大理论的甄别：（1）可以辨析三种理论彼此之间的关系，是由此及彼还是彼此共生、层层递进？（2）可以发现理论的优劣，分析三种理论之间的异同；（3）可以为理论的本土化研究提供助力，通过理论的比较研究可以找出其产生和发展环境与我国国情的契合点，更好地实现理论的中国化，指导我国服务型政府建设。因此，无论是从理论研究角度还是从实践需要角度出发，对三种理论进行比较研究是当前我国公共管理学界需完成的一项任务。

一、整体性治理、合作治理与合同制治理理论分述

（一）整体性治理理论

整体性治理理论兴起于20世纪末，佩里·希克斯（Perri 6）是其代表人物。1997年，他出版《整体性政府》（*Holistic Government*）一书提出整体政府的概念，2002年，他在与同事合作出版的《迈向整体性治理》（*Towards Holistic Governance*）一书中正

---

* 与于均环合作完成，并发表于《天津行政学院学报》2018年第5期，第45～52页，题目有变动。

[1] 张康之. 在后工业化进程中构想合作治理 [J]. 哈尔滨工业大学学报（社会科学版），2013，15（1）：51-60.

[2] 张小劲，景跃进. 比较政治学导论 [M]. 北京：中国人民大学出版社，2001：3.

式提出整体性治理。这一理论的提出为政府处理部门间关系及政策执行了提供全新的治理方式，以指导公共管理改革与实践。我国学者将整体性治理理论引介到国内后积极探索其在公共管理领域的应用，如胡佳在《整体性治理：地方公共服务改革的新趋向》（2009）一文中以整体性治理来指导地方公共服务改革[1]；曾凡军、韦彬在《整体性治理：服务型政府的治理逻辑》（2010）一文中将整体性治理作为服务型政府建设的指导思想[2]；韩兆柱、单婷婷在《基于整体性治理的京津冀府际关系协调模式研究》（2014）一文中以整体性治理为视角来构建京津冀府际关系[3]。希克斯强调，21世纪的政府应该更加注重部门间的协调与整合，实现政策执行的连续性及部门间的合作性，克服各部门间的分散状态和各自为政的现象。

（二）合作治理理论

合作治理理论是21世纪我国公共管理学界对社会治理理论的一大贡献，其与兴起于20世纪90年代的治理理论有一定的相通之处。"但'合作治理'更强调合作机制，强调行为达成的可操作性，故而社会治理行动的策略、技术、关系、模式、价值等因素成为合作治理探讨的重点。"[4]我国自20世纪末就开始从事合作治理的研究，只是研究的焦点在于将实践中出现的行为模式以合作治理来概括。21世纪初，严格意义上的合作治理理论开始进入研究者的视野，成为政治学、法学、工商管理、公共管理等各个学科的研究内容，尤以公共管理学科为甚。张康之一直致力于合作治理的研究，发表了大量有关合作治理的著作，如《通过合作和信任把握历史的脉动》（2005）一文强调合作和信任在社会发展中的作用[5]；《合作治理是社会治理变革的归宿》（2012）一文指出合作治理是解决后工业化进程中出现的问题，调动多元治理主体积极性的社会治理模式[6]；《论合作治理中行动者的非主体化》（2017）一文主张在合作治理及合作实践中将人定义为"行动者"以解决主体观念产生的困境[7]。敬乂嘉在《合作治理：再造公共服务的逻辑》（2009）一书中分析和总结了西方国家相关实践及理论问题，指出合作治理的总特征并从实证角度对中国和美国的合作治理实践

---

[1] 胡佳.整体性治理：地方公共服务改革的新趋向[J].国家行政学院学报，2009（3）：106-109.

[2] 曾凡军，韦彬.整体性治理.服务型政府的治理逻辑[J].广东行政学院学报，2010（1）：22-25.

[3] 韩兆柱，单婷婷.基于整体性治理的京津冀府际关系协调模式研究[J].行政论坛，2014（4）：32-37.

[4] 苟欢.合作治理：社会治理变革的新探索——中国"合作治理"研究（2000-2016）文献综述[J].公共管理与政策评论，2017（1）：72-84.

[5] 张康之.通过合作和信任把握历史的脉动[J].齐鲁学刊，2005（2）：111-115.

[6] 张康之.合作治理是社会治理变革的归宿[J].社会科学研究，2012（3）：35-42.

[7] 张康之.论合作治理中行动者的非主体化[J].学术研究，2017（7）：40-49.

进行对比分析以进一步指导中国合作治理的实践[1],这是中国第一部有关合作治理理论的专著。

(三) 合同制治理理论

美国学者菲利普·库珀(Phillip Cooper)在《合同制治理——公共管理者面临的挑战与机遇》(*Governing by Contract: Challenges and Opportunities for Public Managers*, 2002) 一书中将契约关系引入政府提供服务的过程中,通过剖析公共组织与社会团体、非营利机构和私人公司之间的合同关系以及对合同的形成、实施、终止或转换进行管理来提高服务的质量[2],对合同制治理理论在世界各国政府部门中的应用具有一定的借鉴意义。2007年,我国公共管理学者竺乾威、卢毅、陈卓霞译介的中文版本在国内出版,合同制治理理论进入我国公共管理学界的研究范畴,学者们对合同制治理理论在政府治理中的作用进行探讨,如吕志奎的《政府合同治理的风险分析:委托—代理理论视角》(2008) 一文强调政府公共合同在履行公共服务职能中的作用,并将其视为政府部门实现公共服务的工具[3];张丽娜在《合同制治理:城市治理面临的机遇与挑战》(2010) 中强调合同制治理为城市治理带来的机遇和挑战,通过发展市场经济、规范行政程序和完善法律制度来更好地发挥合同制治理理论在城市治理中的作用[4];李珠在《政府公共服务购买的合同制治理机制探讨》(2016) 中指出,"合同制治理能够使得原本不甚清晰的公共需求得以通过合同文本的形式明确地表达出来"。[5]学界对合同制治理理论的探讨与研究为其在服务型政府建设中的应用奠定了基础。

二、整体性治理、合作治理与合同制治理理论的比较

"极为相似的事情,但在不同的历史环境中出现就引起完全不同的结果。如果把这些发展过程中的每一个都分别加以研究,然后再把它们加以比较,我们就会很容易地找到理解这种现象的钥匙。"[6]我们对指导服务型政府建设的三大理论进行比较分析,在差异中发现相同点,在对比分析中加深对理论的理解。

---

[1] 敬乂嘉. 合作治理:再造公共服务的逻辑 [M]. 天津:天津人民出版社,2009.

[2] 菲利普·库珀. 合同制治理——公共管理者面临的挑战与机遇 [M]. 竺乾威,卢毅,陈卓霞,译. 上海:复旦大学出版社,2007.

[3] 吕志奎. 政府合同治理的风险分析:委托—代理理论视角 [J]. 武汉大学学报(哲学社会科学版),2008(5):676-680.

[4] 张丽娜. 合同制治理:城市治理面临的机遇与挑战 [J]. 行政论坛,2010(6):84-88.

[5] 李珠. 政府公共服务购买的合同制治理机制探讨 [J]. 中国行政管理,2016(2):45-50.

[6] 中共中央马克思恩格斯列宁斯大林著作编译局. 马克思恩格斯全集(第19卷)[M]. 北京:人民出版社,1963:131.

（一）同中存异的产生背景

整体性治理理论诞生在两个背景之上：一是适应英国政府改革的需要，新公共管理运动使利益至上观念在政府中占据主导地位，竞争造成政府内部、政府与市场间关系的"碎片化"。二是20世纪末期信息技术开始发展，人类社会步入数字时代。合作治理理论除治理理论发展为其诞生提供助力外，更重要的是全球化、后工业化时代的来临。"不可否认，我们正在或者在某种程度上已经处于后工业社会当中，而后工业社会最大的特点就在于高度不确定性与高度复杂性。"[1]这使得我们的社会治理承受了极大压力，原有的工业社会治理模式已不适应现代社会发展的需要，应促使多元主体共同发挥作用，形成合作治理模式。合同制治理理论产生的背景分为现实需要和时代要求两个方面：一是官僚制组织导致政府内部等级森严、沟通较少，政府部门与外部环境之间沟通不畅，政府对公众的需求无法及时作出回应。二是20世纪70年代以来，部分西方主资本主义国家为化解政府面临的社会治理能力弱化、公众信任度下降和财政赤字增加等危机，打造竞争力强、能够应对经济全球化和社会信息化挑战的政府组织，先后将市场化改革引入公共服务供给过程中，而合同承包是市场化改革的主要方式之一，因此，合同制治理逐渐步入政府管理中以适应资本主义国家向后工业社会转型的需要。

通过对产生背景的比较分析，我们发现，整体性治理理论、合作治理理论以及合同制治理理论产生的背景有一些相同之处：（1）现实背景，社会发展要求政府部门进行管理改革；（2）时代背景，治理时代的来临以及全球化、后工业化时代的到来；（3）技术背景，互联网的发展和计算机的普及。这些共同的背景使得整体性治理、合作治理以及合同制治理理论之间存在共性，三者均是治理理论，但是三个理论在产生背景方面仍旧存在差异，如整体性治理与合作治理都是在新公共管理式微的背景下诞生的，而合同制治理则是以新公共管理理论为基础并对其进行批判和修正后形成的，各个理论产生背景的重点不同导致理论之间各有侧重。

（二）各有侧重的核心理念

整体性治理理论的核心理念是公众需求、结果导向、整合。这一理论以满足公民需求为理论内核，以结果来指导下一步的行动。整体性治理中的整合是指治理层级、治理功能和公私部门的整合，以解决不同主体间关系的"碎片化"为目标，通过为公众提供满足其需要的、无缝隙的公共服务，从而达到整体性治理的最高水平[2]。合作治理理论的核心理念是开放性、多主体、平等性、信任、共同参与。合作

---

[1] 王锋. 合作治理中的道德能力 [J]. 学海，2017（1）：93-101.

[2] Perri 6，Diana Leat，Kimberly Seltzer，et al. Towards Holistic Governance：the New Reform Agenda[M].New York：Palgrave，2002：47.

治理强调社会治理的开放性和参与性，张康之指出，"不仅需要社会自治力量来协助政府进行社会治理，而且应当是政府与社会力量一道进行治理"。[1] 合作治理要求政府在社会治理的过程中要合理界定政府与社会力量的职能范围，在相互信任的基础上引导各个治理主体参与社会治理过程，真正实现多中心治理。合同制治理理论的核心理念是平等、协商、互惠合作、契约性。合同制治理强调：一是作为合同双方的政府与非营利组织、企业等的地位是平等的，各个主体都有参与竞争的机会；二是政府的行为不再是单向性的、强制性的，而是需要与合同的另一方进行沟通、协商、谈判，双方在自愿的基础上签订合同；三是合同制治理改变了以往基于公共利益与私人利益冲突上的个人利益服从公共利益的观念，在行政中寻找两者的共同性[2]；四是合同制治理重视合同双方间的契约关系，主张双方在平等、自愿的基础上订立契约并忠实地履行。

在核心理念方面，三大理论都具有治理的特征：（1）多元主体参与治理且不同主体在治理实践中的地位逐渐平等；（2）治理过程具有互动性和协调性；（3）治理目的是实现公共利益的最大化；（4）治理方式是沟通和协调；（5）治理基础是相互信任。但是三个理论也各具特色，整体性治理理论强调以公民需求为出发点，将公众利益放在首位；合作治理理论侧重于主体多元，充分调动社会治理主体的积极性；合同制治理强调治理主体间地位的平等性，主张契约双方在自愿的基础上签订合同。三大理论的侧重点不同也恰好展现了三个理论在建设服务型政府方面的递进性，即政府部门为满足公众需求充分调动社会治理主体的积极性，与非营利组织、私人公司等在平等、自愿的基础上签订合同、开展合作，以便其能够更好地满足公众需求。

（三）风格迥异的政府角色

整体性治理理论将政府定义为整合者，希克斯认为，"整合是指通过建立共同的组织结构和共同的专业实践与行动来将以上想法付诸实际行动"。[3] 整体性治理是在政府间关系"碎片化"、公共服务竞争性和政府与社会治理主体联系断裂的背景下产生的，为解决"碎片化"问题，整体性治理主张发挥协调与整合的作用，打破治理主体间的壁垒，化解分歧，实现行动的统一性[4]。合作治理理论主张政府扮演引导者的角色，郑家昊（2014）认为，合作治理主张多元治理主体共同参与社会治理，在合作治理中，政府职能将由"管理"转变为"服务"，并且服务型政府在社会治理过程中不再沿用管理主义的控制导向，而是建立引导型政府职能模式，逐步引导社会

---

[1] 张康之.走向合作治理的历史进程[J].湖南社会科学，2006（4）：31-36.

[2] 王伟昌.政府合同治理的风险分析[D].厦门：厦门大学，2006.

[3] Perri 6，Diana Leat，Kimberly Seltzer，et al. Towards Holistic Governance：the New Reform Agenda[M].New York：Palgrave，2002：33.

[4] 韩兆柱，翟文康.西方公共治理前沿理论的比较研究[J].教学与研究，2018（2）：86-96.

中的多元主体参与社会治理。合作治理是全球化、后工业化造成社会高度复杂性和高度不确定性并伴随着多元治理主体民主意识觉醒的情况下诞生的，为应对社会的多变性和公共服务需求的多样性，政府需引导多元主体有组织地参与社会治理过程，以更好地适应社会变迁和公众需求变化。合同制治理理论指出政府是评估者或合伙人。政府承担着公共服务职能，但是由于公众需求多样化加之政府自身在运行过程中存在行政效率低、浪费严重等弊病，很多公共服务需要向社会组织"购买"。政府作为合同外包中的购买者需要对参与竞标的各个组织进行综合评估以确定合同承包者，所以政府在合同签订过程中承担着重要作用，即衡量投标商服务质量的评估者。政府虽然将公共服务或其他职能外包给非营利性组织或私人公司等，但是并没有将责任完全转移出去，政府仍然要承担部分责任，加之合同的签订使政府与社会组织之间建立了契约关系，合同双方具有一荣俱荣、一损俱损的关联性，因此，政府也是非营利组织或私人公司的合伙人。

本文通过对三大理论在政府角色方面的比较得出以下结论，无论是在整体性治理、合作治理还是合同制治理中政府均不再是唯一的掌权者，在公共管理活动中占据统治地位，也不再是强有力的"掌舵者"，而是整合者、引导者、评估者或合伙人这些与社会治理主体趋于平等的角色。政府是公民利益的代表者和发言人，应将满足公民需求、解决社会问题作为政府工作的重点。故而，在治理时代到来的今天，政府应对社会问题保持敏感性，及时了解公众需求，引导社会治理主体参与到治理过程中来，政府要发挥整合、引导、评估作用，为多元治理主体确定目标，与治理主体共担风险。

（四）多元趋同的治理目标

整体性治理理论的目标是及时关注公众需求、重塑服务提供链、整合治理主体间关系、合理利用行政资金和提高行政效率。整体性治理主张整合政府机构，密切政府与社会组织之间的联系，将公众看作"顾客"并以顾客为导向来制定满足公众需求的公共政策。合作治理理论的目标是引导社会主体在平等、自愿的基础上共同参与社会治理，打造政府与社会主体精诚合作的治理格局，实现那些仅靠单一主体无法完成的预期目标。合作治理主张多元主体在彼此信任的基础上，为实现某一目标聚集起来，通过协商达成共识来更好地实现社会治理。合同制治理的目标是增强政府的合同管理能力，在合同外包过程中处理好政府与其他组织、团体、非营利组织和私人公司间的关系，将不甚清楚的公众需求以合同文本的形式明确呈现，维护公众利益。菲利普·库珀将合同制治理的重心放在管理者进行合同管理时，处理好合同的形成、实施、终止或转换间的关系，在公共服务外包过程中使公众获益最大化，其最终落脚在公共利益上。

在治理目标方面，三大理论均打破了传统公共管理中治理目标单一、缺乏变通的固有模式，而且其最终的目标都是满足公众需求，实现公共利益最大化。传统公共行政理论以效率作为政府目标，新公共行政注重公平，新公共管理理论则主张实现利益的最大化，而整体性治理理论、合作治理理论与合同制治理理论则在注重公平、满足公众需求的同时也注重发挥多元主体的积极性，提高公共行政的效率，实现效率与公平的兼顾与平衡。

（五）左右"摆动"的价值取向

整体性治理理论以价值理性与工具理性的结合为其价值取向。整体性治理理论的内核是协调与整合，它是公共管理学界为解决新公共管理运动造成的公共服务裂解性而提出的新观点，从这一角度来看，整体性治理理论的价值取向更偏向于工具理性范畴。合作治理理论以信任、平等为基础，注重公众需求，提倡多元主体共同参与社会治理，并将少数利益相关的偏好纳入公共决策过程中，实现决策信息的多元化，避免"一家独大"，使决策更加公正合理，"公众的主人翁意志得到真正落实到位"[1]。很明显，合作治理理论更加注重治理的公平性，所以合作治理理论属于价值理性谱系。合同制治理理论以契约关系作为其核心理念，主张合同双方在平等的基础上订立契约关系，并对合同的形成、实施、终止或转换进行规定，便于政府对合同过程进行监督和管理。合同外包是政府提供公共服务的一种手段或工具，加之合同制治理是建立在强调绩效的新公共管理理论的基础之上，所以合同制治理更强调效率，具有一定的工具理性。然而，合同制治理是以平等、协商、互惠合作为核心理念，社会组织和私人公司等在追求利益的同时也注重提高公共服务的质量，满足社会公众的需求，维护与政府之间的合作伙伴关系。合同制治理虽属于工具理性谱系，但是没有将价值理性摒弃在外，反而通过合同文本将价值理性与工具理性创造性地结合在一起。

通过对整体性治理、合作治理与合同制治理理论的比较分析，笔者既发现了三大理论间的差别，也找到了共性，同时还发现了彼此之间的联系。它们在产生背景、核心理念、政府角色、治理目标和价值取向等方面存在差异，这成为本理论区别于其他理论的标志；它们之间的相似之处是具有治理的典型特征（见表1）。笔者通过对三大理论的比较研究得出，一种具有"生命力"和适应性的理论应具有以下特点：（1）关注现实需求是理论产生的前提。这三大理论的产生都是出于解决现实问题的需要，并指导政府部门的改革和创新，可见，确保理论具有适应性的基础就是从现实需求出发来构建理论。（2）适应时代背景、社会变迁是理论具有"生命力"的关键。要保证某一理论具有可持续性或具有"生命力"就要对外部环境保持敏感性，时刻关注时代变迁和社会变化，及时调整和革新理论内容。（3）继承和借鉴、批判

---

[1] 何翔舟，吴俊杰. 国家治理的现代理念及体系构建 [J]. 天津行政学院学报，2017（4）：3-10.

和修正是理论发展的保证。公共行政学的理论是不断传承的，而不是中断的，我们在创造公共行政理论时需要借鉴旧理论的合理成分，对于其中的不合理之处加以批判和修正，并以此为出发点适当进行创新。

表1 整体性治理、合作治理与合同制治理的比较

	整体性治理理论	合作治理理论	合同制治理理论
学术概况（时间、代表人物、著作）	2002年，佩里·希克斯：《迈向整体性治理》	2009年，敬乂嘉：《合作治理：再造公共服务的逻辑》	2002年，菲利普·库珀：《合同制治理：公共管理者面临的挑战与机遇》
产生背景	公共服务的"碎片化"、竞争性政府的回应以及信息技术的发展	全球化、后工业化时代的来临以及治理理论的发展	官僚制组织的弊端以及公共服务的市场化改革
核心理念	公民需求、结果导向、整合	平等、信任、共同参与	协商、互惠、契约关系
政府角色	整合者	引导者	评估者或合伙人
治理目标	公众需求、整体效率	共同期望、公共利益	公共利益、行政效率
价值取向	工具理性	价值理性	工具理性与价值理性

三、整体性治理、合作治理与合同制治理理论比较研究的启示

笔者通过比较分析发现，整体性治理、合作治理与合同制治理理论虽然在产生背景、核心理念等方面存在差异，但是三大理论均具有治理理论的部分特征：其一是治理主体多元化，政府、非营利组织、私人公司等共同参与社会治理；其二是政府角色丰富化，政府既是整合者、引导者又是评估者或合伙人；其三是治理目标多样化，3E、公众需求、公共利益成为治理要实现的目标；其四是治理方式和谐化，信任、协商、合作成为治理的主要手段。面对三大理论的这些新特征，我们应该学会吸收、借鉴并结合我国的实际情况，实现整体性治理、合作治理与合同制治理理论的本土化，用这些理论来指导我国的政府改革实践。

（一）治理主体：调动多元主体的积极性，参与社会治理

经济发展必然引起社会结构的变化，对于我国而言，全球化、工业化和改革开放同步推进，特别是在2001年加入世界贸易组织后，我国经济结构和发展速度迈上新的台阶，现今已成为仅次于美国的世界第二大经济体。我国社会结构也发生变化，中间阶层的力量日益壮大，建立社会组织并在社会治理过程中发挥重要作用，因此必须调整社会治理模式以应对经济发展的挑战。同时随着经济的发展，世界范围交流的加强，使得公民意识不断强化，社会需求不断增多，仅靠政府自身无法满足公众日益多样化的需要。笔者通过比较研究整体性治理、合作治理与合同制治理理论发现，多元主体参与社会治理成为必然趋势，社会组织及私人公司等是新时代社会治理的"主人"。托克维尔说过："一个中央政府，不管它如何精明强干，也不能明

察秋毫，不能依靠自己去了解一个大国生活的一切细节。它办不到这一点，因为这样的工作超过了人力之所及。当它要独立创造那么多发条并使它们发动的时候，其结果不是很不完美，就是徒劳无益地消耗自己的精力。"[1]政府要实现提供高质量的公共服务、满足公众需求、适应社会变化的目标，需依法有序健康发展非政府组织，允许国家治理主体的多元存在[2]，并调动多元社会主体（既包括非政府组织也包括私人公司等）的积极性，通过承包公共服务等形式参与社会治理，并逐步在社会治理中占据重要地位，发挥关键作用。

（二）政府角色：建设引导型政府，发挥政府的整合作用

通过对整体性治理、合作治理与合同制治理理论在政府角色方面的比较分析，笔者认为，政府在公共管理实践中扮演着整合者、引导者、评估者或合伙人的角色，简而言之，就是发挥着元治理的作用。对于政府由传统的统治者角色转变为现在的引导者等角色，公共管理者应该予以关注。我国政府在公共管理中长期占据主导地位，对于政府角色的转变政府部门肯定不能立即适应并使元治理马上发挥作用。因此，在公共管理实践中政府应该扮演好引导者的角色，引导除政府部门外的其他治理主体积极参与到公共管理活动中来，关注公众需求和社会变化，整合政府内部以及政府与社会组织之间的优势资源来更好地应对社会变化和提供公共服务，为实现国家治理体系与治理能力现代化提供助力，达到善治。

（三）治理方式：灵活运用合同文本，平等协商、合作治理

合作治理与合同制治理理论强调政府在公共管理实践中发挥引导作用，扮演着引导者、评估者或合伙人的角色，政府部门的这一角色定位为我国政府治理模式的现代化变革提供了新思路。首先，应该加强政府的顶层设计，坚持问题导向，这就需要加强多元主体间的沟通来了解不同主体的利益诉求和外部环境的变化，并加强不同主体间的协商，求同存异，最终形成具有长远意义的战略设计，以发挥政府对公共管理的引导作用。"其次，政府在与其他治理主体的互动中，应当采取合作的治理方式，从协调、整合到合并，发挥各自的长处，实现效用最大化。"[3]最后，合同文本的引入为公众模糊不清的服务需求提供一个清晰的载体，既使政府、公众以及社会组织和私人公司清楚地了解公共服务的具体形式，又能为政府和公众监督与评价公共服务质量提供规范，有助于政府部门提供高质量的公共服务，打造服务型政府。

（四）治理目标：实现价值理性与工具理性的整合

经过对整体性治理、合作治理与合同制治理理论的甄别，笔者认为，"有生命

---

[1] 托克维尔. 论美国的民主 [M]. 上海：商务印书馆，1995：100-101.

[2] 卢元芬. 国家治理现代化的法团主义路径探析 [J]. 治理研究，2018（2）：58-65.

[3] 韩兆柱，翟文康. 西方公共治理前沿理论的比较研究 [J]. 教学与研究，2018（2）：86-96.

力"、适应性强的公共治理理论应实现价值理性与工具理性的融合,即使新生理论侧重某一种理性(价值理性或工具理性)也只是在某一方面稍有侧重而已,"钟摆定律"在运动过程中不再有较大的摆幅。这就要求我国公共管理学者在建构中国特色治理理论时要处理好效率与公平的关系,将公平作为理论的内核,将效率作为实际操作所追求的目标,以价值理性作为创造可操作化治理方案的指导思想,在方案的具体实施中注重效率因素,采用多种治理工具力求实现公共利益最大化,创造公共价值。因此,我们应该正确对待效率与公平的关系,在实现公共利益的过程中以公平为导向,实现效率最大化,最终实现价值理性和工具理性的融合。

四、结语

整体性治理、合作治理与合同制治理三大理论之间既有联系又有区别。三大理论的区别主要表现在两个方面:其一,核心理念各异。整体性治理主张公众需求、结果导向和整合,合作治理主张信任、平等,合同制治理则以契约关系作为其核心理念。其二,价值理念不同。整体性治理侧重于工具理性,合作治理偏重于价值理性,而合同制治理则价值理性与工具理性兼顾。整体性治理、合作治理与合同制治理理论的联系主要表现为:三大理论均是治理理论的主要内容,在一定程度上互相补充与借鉴,共同指导我国的服务型政府建设。

西方公共治理前沿理论的比较 *

  西方公共治理前沿理论包括新公共服务理论、网络化治理理论、整体性治理理论、数字治理理论、公共价值管理理论和新公共治理理论，六大理论之间相生而非相克、互补而非对立。笔者运用比较研究的方法对西方公共治理六大前沿理论相互之间及与相关理论进行比较，六大前沿理论之间在产生背景、理论基础、核心理念、人性假设、政府角色、治理目标、组织结构、价值取向等方面既有相同也有相异之处，六大前沿理论与相关理论之间的比较表明一种前沿性、可持续发展的理论必须具备价值理性与工具理性融合、问题导向、适应时代背景三大要素。基于此，笔者根据它们之间的共性概括了治理时代的特征，根据它们之间的互补性认为有必要构建西方公共治理前沿理论体系，以发挥理论群优势，根据它们与相关理论的比较，发现其理论长处，有必要在中国语境下加以本土化，并在组织结构、政府角色、治理方式、治理目标、价值取向方面启示我国公共治理作出变革。

一、研究设计

（一）比较和比较研究

  "比较和比较研究，是确定事物间同异关系的思维过程和认识方法。更确切地说，所谓比较，就是根据一定的标准把彼此之间有着某种联系的多个事物加以对照，从而确定其间的相同与相异之处，由此对事物作出初步的分类；在分类的基础上，人们可以认知和把握不同事物的共同或相异的表象特征和本质特征，进而达到对特定事物的理解和解释。"[1] "所谓比较研究，则是将比较方法系统地运用于科学研究而形成的一种特定的研究活动和研究方式。"[2] 就本文而言，我们对西方公共治理前沿理论进行比较研究，一是在西方公共治理六大前沿理论之间进行相互比较，二是对与西方公共治理六大前沿理论关联度较大的理论进行比较，这种比较分析是系统地研究西方公共治理前沿理论的关键一步，正如美国人类学家斯旺森指出："没有比较的思维是不可思议的。如果不进行对比，一切科学思想和所有的科学研究，也都是不可思议的。明显的

---

* 与翟文康合作完成，并发表于《教学与研究》2018 年第 2 期，第 86～96 页，题目有变动，内容有扩充。

[1] 刘蔚华. 方法论辞典 [M]. 南宁：广西人民出版社，1988：195-196.

[2] 张小劲，景跃进. 比较政治学导论 [M]. 北京：中国人民大学出版社，2001：3.

和隐含的比较充斥着社会科学界的著作。"[1] 比较研究是很有价值的，笔者通过对西方公共治理前沿理论的相互比较和与相关联理论的比较：（1）可以辨析彼此之间的关系，是相生还是相克？是互补还是替代？是对立还是统一？（2）可以发现理论的优劣势，有比较就有差异，通过比较分析，我们可以发现不同理论的优越之处，也可以看到它的短板所在。（3）可以对理论进行合理定位，促进其发展。有比较就有借鉴，扬长避短也是比较的意义所在，通过比较分析，我们可以吸收其他理论的先进之处。（4）可以助力理论的本土化研究。笔者认为，西方公共治理前沿理论的本土化可以分为理论中国化和理论应用化，通过理论的相互比较，我们可以找到其与我国本土的契合点，克服排斥点。比较研究的方法在学术活动中已经成为重要的研究方法，意义重大，马克思和恩格斯在他们科学研究中一向注重使用比较研究的方法，并将其看作是"理性方法的主要条件"[2] 之一。费勒尔·海迪（Ferrel Heady）坦言："我们已经进入了在行政研究中强调比较分析的新时代。"[3] 因此，不论是学术研究，还是实践需要，我们研究西方公共治理前沿理论，都必须进行比较研究。

（二）国内关于西方公共治理前沿理论比较的研究现状

美国行政学家伦纳德·怀特（Leonard White）曾说过："公共行政学者必须关注该学科的历史。因为只有熟悉了历史背景，才能真正地评估当前的环境和问题。"[4] 同理，在做学术研究时也应如此，只有熟悉前人成果，才能更好地进行开拓性研究。因此，笔者在此对国内西方公共治理前沿理论比较研究的文献进行综述，了解前人研究成果，发现不足之处，并以此为切入点进行深入研究。

表 1　我国学者关于西方公共治理前沿理论比较研究的文献分析

	新公共服务理论	网络（化）治理理论	整体性治理理论	数字治理理论
文章数量	19	4	6	1
涉及理论	传统公共行政理论、新公共行政理论、新公共管理理论	整体性治理理论、科层治理、数字治理理论	新公共服务理论、网络（化）治理理论、数字治理理论、无缝隙政府理论	网络（化）治理理论、整体性治理理论
比较内容	产生背景、理论基础、研究领域、价值取向	治理目标、治理模式、治理层次、研究途径	组织结构、理论批判、政府角色、公民地位	运行机制、组织结构、理论承袭和批判程度
比较体例	相同点与不同点比较、对立与统一比较、具体内容比较、争论比较			

资料来源：笔者根据中国知网自制；时间：2016 年 5 月 15 日。

---

[1] 斯梅尔塞. 社会科学的比较方法 [M]. 北京：社会科学文献出版社，1992：2-3.

[2] 马克思恩格斯全集（第 2 卷）[M]. 北京：人民出版社，1957：163.

[3] 费勒尔·海迪. 比较公共行政 [M].6 版. 刘俊生，译. 北京：中国人民大学出版社，2010：5.

[4] Leonard D White.Introduction to the Study of Public Administration[M].New York：Macmillan，1926：463.

注：关于"公共价值管理理论"和"新公共治理理论"的国内比较研究，文献还未公开发表，笔者在表1中就此省略。

1. 新公共服务理论的比较研究现状

笔者通过考察发现，我国学者对新公共服务理论的比较研究主要集中在与传统公共行政理论、新公共行政理论和新公共管理理论的比较分析上。（1）在传统公共行政理论、新公共管理理论和新公共服务理论的比较研究方面，周晓丽（2006）对三者的理论基础、内涵与价值取向进行了区别比较，并分析了这种差异的原因是三种理论分别处于不同的社会发展时期，大环境是不同的。通过比较，她指出新公共服务代表了公共管理未来的发展方向。[1]（2）在新公共行政与新公共服务的比较研究方面，张丽（2013）从社会背景、理论基础、研究领域三个方面比较分析了新公共行政与新公共服务理论，认为新公共服务理论是对新公共行政理论的发展与超越。[2]（3）在新公共管理与新公共服务的比较研究方面，于伟（2007）基于整合的视角对新公共管理与新公共服务进行了比较，比较是为了辨析二者的关系。他认为我们既应该重视新公共管理的工具效用和效率、生产力，也要重视新公共服务理论倡导的民主、社区和公共利益等价值，以整合的视角处理二者关系，就能够产生一种良好的公共治理模式。[3] 曾维和（2008）从理论基础、主要内容、价值取向和时代背景对新公共管理与新公共服务进行了对比，分析了两大理论的优势与不足之处，他指出我们应当借鉴两大理论的合理成分，指导我国理论与实践发展。[4] 黄建红（2014）从对立与统一的视角比较了新公共管理与新公共服务，并指出"搞清新公共管理与新公共服务之间的对立统一关系，批判地继承新公共管理与新公共服务的'合理内核'，对于丰富和发展具有中国特色的公共行政理论具有重大的意义"。[5]

2. 网络（化）治理、整体性治理、数字治理理论的比较研究现状

（1）在网络（化）治理与整体性治理理论的比较研究方面，刘波等（2011）认为"二者在运行机制和目标追求上具有共同点，但在理论溯源、侧重对象和研究层次等方面也存在区别。对二者的比较研究既能推动治理理论研究中国化的发展，也

---

[1] 周晓丽. 传统公共行政、新公共管理、新公共服务比较研究 [J]. 天府新论，2006（3）：76-80.

[2] 张丽. 新公共行政与新公共服务比较分析 [J]. 石家庄经济学院学报，2014，37（2）：68-75.

[3] 于伟. 新公共管理与新公共服务理论的比较研究——整合的视角 [J]. 社科纵横，2007，22（11）：49-50.

[4] 曾维和. 新公共服务与新公共管理：比较与借鉴 [J]. 天水行政学院学报，2008（4）：10-12.

[5] 黄建红. 对立与统一：新公共管理与新公共服务之比较 [J]. 中共四川省委党校学报，2014（1）：43-45.

能为构建适合转型期中国特点的治理模式探求路径"。[1] 黄滔（2014）从相同与不同点对二者进行了比较，他认为二者在跨界、横纵、公私合作方面相同，在合作维度、理论范畴方面不同。[2]（2）在整体性治理理论与其他相关理论的比较研究方面，范瑞（2012）对新公共管理与整体性治理进行了异质性分析[3]，张晓君（2014）基于经典组织理论四分法对整体性治理与分散性治理进行了比较思考[4]，黄滔（2014）以整体性治理理论为主线，将其与新公共服务理论、无缝隙政府理论、网络治理理论、协同治理理论进行了比较研究[5]。（3）在网络（化）治理、整体性治理、数字治理理论的相互比较研究方面，韩兆柱、单婷婷（2015）从相同与不同点对三者进行了比较，他们认为三者在运行机制与组织结构、公民需求与结果导向两个方面具有共性，在重塑权力结构的观点和对理论的承袭、批判程度方面是有所区别的。在比较基础上，他们又探索了三种理论的民主化、制度化、技术化的未来之路。[6]

综上所述，笔者通过西方公共治理前沿理论在国内的比较研究文献的考察，发现前人的研究具有如下特点：（1）涉及理论的单一性，而非多元性。一般性的文献多是两个理论的比较，三种理论的相互比较较少，这种研究使得理论比较研究得不充分，不能全面地梳理清这些理论之间的关系。（2）比较内容的片面性，而非全面性。一般性的文献多少对理论的相同或不同点进行比较，涉及的比较元素大多是理论产生的背景、理论基础或来源、价值取向的比较，比较内容较为狭窄，不够全面，使得不同理论间相互碰撞的全貌难以展现出来。（3）比较研究的分散性，而非系统性。由于涉及理论较少、比较内容或要素较狭窄以及比较研究的文献较少，我国学者对西方公共治理前沿理论比较研究不够系统，比较研究的价值就会大打折扣。基于以上分析，笔者将在前人研究的基础上，努力克服以上不足之处，在理论比较分析中，争取做到涉及理论的多元性、比较内容的全面性、比较研究的系统性，对各种代表性理论进行一个彻底的辨析，为前沿理论的本土化扫清障碍。

---

[1] 刘波，王力立，姚引良. 整体性治理与网络治理的比较研究 [J]. 经济社会体制比较，2011（5）：134-140.

[2] 黄滔. 整体性治理理论与相关理论的比较研究 [J]. 福建论坛（人文社会科学版），2014（1）：176-179.

[3] 范瑞. 西方公共管理理论比较研究——兼论其在我国的适用性价值 [J]. 江汉大学学报（社会科学版），2012，29（2）：23-26.

[4] 张晓君. 整体性治理与分散性治理比较研究——基于经典组织理论四分法的思考 [J]. 四川职业技术学院学报，2014，24（6）：10-13.

[5] 黄滔. 整体性治理理论与相关理论的比较研究 [J]. 福建论坛（人文社会科学版），2014（1）：176-179.

[6] 韩兆柱，单婷婷. 网络化治理、整体性治理和数字治理理论的比较研究 [J]. 学习论坛，2015，31（7）：44-49.

(三）比较研究的基本要素

（1）产生背景。理论的产生背景是理论生成的诱因，每一理论都具有一定的历史性，而不完全具有普适性，这是因为理论是针对特定的历史问题、社会现状而构建的一种解决方案，是在特定的时代背景下产生的。每一理论都会烙上产生背景的印记，受着特定的政治、经济、文化、技术等社会因素的影响，既针对问题而构建方案，也吸收特定背景下的先进理念。对于理论产生背景的比较，是研究不同理论的出发点。（2）理论基础。西方公共治理前沿理论的产生既是对先前理论的反思，也有继承与借鉴。这种理论继承是西方公共治理前沿理论的来源，体现着公共管理理论的一脉相承，是对经典治理理论的传承。对理论基础或来源进行比较研究，有助于考察西方公共治理前沿理论的核心价值、理念和治理理论优秀"基因"的传承。（3）核心理念。核心理念是西方公共治理前沿理论的灵魂与关键，它决定着公共治理理论的基本方向、主要内容，是一种理论的身份标识，是一种理论区别另一种理论的关键。（4）人性假设。人性假设是西方公共治理前沿理论的逻辑起点，人性假设是以一定的价值取向对公共行政的研究主体、公众的行为抽象为某一共有模式，并以此构建特有的理论体系。就公共行政学而言，以不同的人性假设为出发点能够构建不同的理论体系，这会对公共行政的组织结构、治理理念、治理方式产生直接影响。（5）政府角色。自行政学产生以来，政府就在公共行政中发挥着不可替代的主体作用，它是行政功能在治理实践中的具体体现。政府扮演什么样的角色，发挥怎样的作用对治理理论与模式的行为构建影响重大。如何处理政府与社会、市场的关系是公共行政研究的焦点问题，对政府角色的比较分析，是我们把握不同理论思想的关键一步。（6）治理目标。治理的目标与核心理念直接影响理论的性质，就公共管理而言，治理的目标大多涉及经济、效率、效益、绩效、公平、公共利益、优质公共服务、公共价值等，对治理目标的比较可以辨别某一理论的价值取向与属性。（7）组织结构。某一治理理论或模式的提出都依赖于特定的组织结构或治理结构。就西方公共治理前沿理论而言，组织结构一般涉及合作性组织、网络化组织、整体性组织、虚拟组织等，不同的组织结构塑造不同的领导、决策、执行等治理模式。（8）价值取向。对西方公共治理前沿理论的价值取向比较研究，其实是对其基本属性的研究，一般性地分为工具理性和价值理性。在工具理性指导下，"按照企业管理的原则与价值取向来对公共组织进行管理，试图通过科学化、技术化的管理来实现政府目标，效率中心、技术至上、价值中立是其核心内容"。[7] 在价值理性视角下，公共治理是按照民主、公平、公共利益等原则来处理公共事务，解决公共问题，注重公共行政的精神塑造，创造公共价值。

---

[7] 丁煌，张亚勤. 公共性：西方行政学发展的重要价值取向 [J]. 学海，2007（4）：113-117.

(四)比较研究的理论对象

1. 新公共服务理论

1989年,美国著名行政学者帕特里夏·英格拉姆(Patricia Ingraham)和戴维·罗森布鲁姆(David Bosenbloom)在 The New Public Personnel and the New Public Service[1] 一文中最早明确提出了"新公共服务"的概念,"新公共服务是关于公共行政在将公共服务、民主治理和公民参与置于中心地位的治理系统中所扮演角色的一系列思想和理论"。[2]1999年,美国纽约大学保罗 C. 莱特(Paul C.Light)在其 The New Public Service 一书中,概括了新公共服务的特征,并将新公共服务描述为21世纪政府公务员应具备的典型特征。2000年,罗伯特 B. 登哈特(Robert B. Denhardt)和珍妮特 V. 登哈特(Janet V. Denhardt)在《公共行政评论》上发表了 The New Public Service: Serving Rather than Steering 一文,标志着新公共服务开始在西方公共行政学中占据主导地位。2003年,登哈特夫妇出版了《The New Public Service: Serving, Not Steering》一书,对新公共服务理论进行了全面、系统的论述,这是公共行政学界关于新公共服务理论的集大成之作。

2. 网络(化)治理理论

伊娃·索仑森(Eva Sorensen)在 Democratic Theory and Network Governance(2002)中指出,已经存在的社会治理模式和技术在过去30年间显著改变,我们已从官僚式治理时代转向网络化治理时代。她创造性地界定了四种网络管理的方式,即自我构建式的不介入方式、故事叙述式的不介入方式、支持与促进式的介入方式和参与式的介入方式。美国学者斯蒂芬·戈德史密斯和威廉 D. 埃格斯在《网络化治理——公共部门的新形态》(2008)中指出,"网络化治理的要义是:除按照传统的自上而下层级结构建立纵向的权力线以外,政府治理还必须依靠各种合作伙伴建立起横向的行动线……政府的工作不太依赖传统意义上的公共雇员,而是更多地依赖各种伙伴关系,协议和同盟所组成的网络来从事并完成公共事业。我们将这种发展称为'网络化治理'"。[3]

3. 整体性治理理论

整体性治理理论兴起于1997年,主要代表人物是佩里·希克斯(Perri 6),他于1997年出版了《整体性政府》一书,认为政府治理主题应该由竞争性或分散性政府

---

[1] Patricia Wallace Ingraham, David H Rosenbloom.The New Public Personnel and the New Public Service[J].Public Administration Review, 1989, 49(2): 116-125.

[2] Robert B.Denhardt, Janet V Denhardt.The New Public Service: Serving, Not Steering[M].New York: M.E. Sharpe, 2003: 24.

[3] 斯蒂芬·戈德史密斯,威廉 D 埃格斯.网络化治理:公共部门的新形态[M].周志忍,译.北京:北京大学出版社,2008:1-6.

转变为协同政府或整体政府；他在 1999 年的《圆桌中的治理：整体性政府的策略》中提出了建构整体政府的可行性策略，通过部门间的沟通实现行动的一致性；2002 年的《迈向整体性治理》一书具有里程碑的意义，将"整体政府"改为"整体性治理"，"整体性治理就是政府机构组织间通过充分沟通与合作，达成有效协调与整合，彼此的政策目标连续一致，政策执行手段相互强化，达到合作无间的目标的治理行动"[1]，一种全新的治理模式诞生了，深化了整体性治理理论。希克斯认为 21 世纪的政府应该克服政府各部门放任状态和部门行动的独立状态，应该采取整体性治理的方式，通过制度化落实政府部门的协调合作。由此可见，整体性治理理论大致经历了三个阶段："整体性政府"概念的提出；"整体性政府"的理论应用于实践；"整体性政府"转变为"整体性治理"，整体性治理理论或模式的创立与完善。

4. 数字治理理论

数字治理（Digital Governance）的理念最早是由美国南加州大学传播学院的曼纽尔·卡斯特（Manuel Castell）于 1996 年出版的《网络社会的崛起》一书中提出，1997 年，英国伦敦国王学院的佩里·希克斯（Perri 6）在《整体性治理：新的改革议程》一书中探讨了数字治理产生的必要性，并在其 1999 年和 2002 年的专著中具体阐释了其思想。2006 年，伦敦经济学院政府系的帕特里克·邓利维（Patrick Dunleavy）在其《数字时代的治理》一书中对数字治理的主要观点、可行性以及未来发展模式作出系统分析，并对多个发达国家的公共管理系统作出实证研究，进一步分析了数字治理的实践价值。"数字治理是指在政府与市民社会、政府与以企业为代表的经济社会的互动和政府内部的运行中运用信息技术，简化政府行政，简化公共事务的处理程序，并提高民主化程度的治理模式。"[2]

5. 公共价值管理理论

公共价值管理理论兴起于 1995 年，马克·穆尔（Mark H.Moore）出版了《创造公共价值：政府战略管理》一书，公共价值管理理论的核心理念是创造公共价值，穆尔认为，"价值来源于人的期望和感知，有不同种类的期望需要被满足，公共管理者应最关注公民通过代议制政府所表达的期望"[3]。其后，穆尔分别出版了《公共价值：理论与实践》（2011）和《认知公共价值》（2013），三本书的出版标志着公共价值管理理论的创立到完善，穆尔讲道："我只能通过自己的（或多或少地带有个人习惯的）逻辑推理和经验的过滤去回答公共管理者面临的难题。但是我希望在自己的

---

[1] 叶璇.整体性治理国内外研究综述[J].当代经济，2012（6）：110-112.

[2] 徐晓琳，徐勇.数字治理对城市政府善治的影响研究[J].公共管理学报，2006，3（1）：13-20.

[3] Mark H.Moore.Greating Public Value：Strategic Management in Government[M].Beijing：Tsinghua University Press，2003：52.

努力中，我已设法在这些问题上为学术界读者、公共管理实践者以及（或许最为重要的是）那些让公共管理者负起责任的人——我们的民众带来一些曙光。"[1]

6. 新公共治理理论

新公共治理是应对 21 世纪公共服务提供主体日益多元和政策制定过程日益复杂的现实应运而生的。为了充分反映和把握公共政策实施及公共服务提供的各种现实，奥斯本构建了系统的新公共治理分析框架。他的新公共治理观点凝结为"服务主导逻辑"，这一逻辑根植于公共服务供给的复杂化背景，将公共服务视为服务而非产品，着眼于公共服务系统而非单个的组织，强调组织间互动关系和外部效益，运用战略取向、公共服务市场化、运作管理和共同生产四种方法来提升公共服务水平。他在理论基础、国家背景特点、关注焦点、强调重点、资源分配机制、服务系统、价值基础等方面实现了革新，使得新公共治理焕然一新，具有较强的理论和现实价值。[2]

除此之外，笔者还将对与西方公共治理前沿理论相关的理论进行比较研究，如传统公共行政理论、新公共行政理论、新公共管理理论、科层治理理论、市场治理理论、分散性治理理论、竞争性治理理论。

二、西方公共治理前沿理论的相互比较分析

"极为相似的事情，但在不同的历史环境中出现就引起完全不同的结果。如果把这些发展过程中的每一个都分别加以研究，然后再把它们加以比较，我们就会很容易地找到理解这种现象的钥匙。"[3] 我们对西方公共治理六大前沿理论进行比较分析，在同中寻异，在异中求同，在对比中发现本质。

1. 产生背景

新公共服务理论产生背景。新公共服务理论在 21 世纪初受到学者们的广泛关注，是因为这一时期的民主政治发展的推动，"9·11"事件的触发，新公共管理运动带来的问题凸显。美国"9·11"事件使登哈特夫妇看到了"救火队员"勇往直前的英雄品质，他们不畏牺牲去救助公民，是因为他们是公务员，基于此，登哈特夫妇开始倡导这些主题——公共服务的尊严与价值，民主、公民权和公共利益等价值观。网络（化）治理理论的兴起是由于全球化、后工业化进程使得社会日益高度复杂化、高度不确定性，需要一种新颖的治理模式应对这种复杂化。第三政府的发展和协同政府推进使得治理主体增多，各大治理主体之间的联系日益紧密，使他们之

---

[1] Mark H.Moore.Recognizing Public Value[M].London：Harvard University Press，2013：10.

[2] Stephen P Osborne.The New Public Governance?[J].Public Management Review，2006，8（3）：377-387.

[3] 马克思恩格斯全集（第 19 卷）[M]. 北京：人民出版社，1963：131.

间的合作成为可能。整体性治理理论的产生是基于英国政府改革的需要，一是对竞争性政府的回应，打造现代化的整体政府；二是为解决"碎片化"问题，英国政府在"引进新的管理模式时转化成本难以克服……更大的缺陷在于引入竞争机制的同时，却忽视了部门之间的合作与协调，带来了碎片化的制度结构"[1]，英国学者基于这种现实提出整体性治理理论。数字治理理论的产生除了新公共管理的衰微这一背景外，更重要的是数字时代来临。"政府信息技术成了当代公共服务系统理性和现代化变革的中心，这不仅是因为信息技术在这些变革中发挥了重要的作用，还因为它占据了现代公共管理的中心位置。"[2] 政府信息技术的变革对现代官僚组织、政府组织结构、政府任务、政策变革等产生了重要影响，推动了数字时代的治理。公共价值管理理论的产生是因为新公共管理在理论与实践上陷入困境；治理理论的兴起，进入到治理时代，特别是对网络（化）治理的继承；学术背景中呈现价值理性与工具理性的融合趋势，以及美国现实状况，是"对乔治·布什总统的争议、恐怖主义、'9·11'事件、伊拉克和阿富汗战争、卡特里娜飓风、因特网的冲击以及经济衰退"[3] 等背景的回应，这几大背景使得公共价值管理理论"逐渐成为近来西方公共行政学界探讨的热点，公共价值作为其核心的概念工具也已然成长为西方公共行政学的重要关键词"[4]。奥斯本指出，在21世纪公共服务提供主体日益多元和政策制定过程日益复杂的背景下，新公共治理能够充分反映和把握公共政策实施及公共服务提供的各种现实。通过发展新公共治理的理论来充分反映和把握这些现实和复杂性是可能的，而且确实是有必要的。它建立在公共服务提供主体日益多元和政策制定过程日益复杂的现实之上，并在此情景下探索和理解公共政策的发展与实施。[5] 所以，新公共治理产生的原因就是进入21世纪社会背景发生了变化，原有的理论无法适应现有的背景，需要寻找一种新的体制，新公共治理应运而生，它是面向21世纪的一种治理方案。它的产生背景主要体现在三个方面：一是网络社会的多元化与碎片化。二是公共服务管理的复杂化。公共服务的生产与供给由公共、私人及第三部门等多

---

[1] Sylvia Horton, David Farnham.Public Administration in Britain[M].London：Macmillan Press LTD，1999：18.

[2] Patrick Dunleavy, Helen Margetts, Simon Bastow, et al. Digital Era Governance：IT Corporations, the State, and E-Government[M].London：Oxford University Press，2006：7.

[3] Rosemary O'Leary, David M.Van Slyke, Soonhee Kim.The Future of Public Administration Around the World：The Minnowbrook Perspective[M].Washington, DC：Georgetown University Press，2010：8.

[4] Iestyn Williams, Heather Shearer.Appraising Public Value：Past, Present and Futures[J].Pbulic Administration，2011，89（4）：1367-1384.

[5] Stephen P.Osborne.The New Public Governance？[J].Public Management Review，2006，8（3）：377-387.

元化的公共服务组织来完成。三是传统的管理理念陷入困境。

通过对产生背景的比较分析，笔者发现，西方公共治理前沿理论的产生具有一些共同的背景：（1）社会转型背景，即全球化、后工业化，社会转型中的高度复杂化、高度不确定性的特征和风险社会来临；（2）时代背景，即治理时代的到来；（3）现实背景，即政府改革需要；（4）技术背景，即信息技术的发展或数字化变革；（5）学术背景，即新公共管理理论的式微。这些共同的背景造就了西方公共治理前沿理论之间的一些共性，具有治理的特征，但是六大前沿理论仍有区别，从理论产生的背景来看，是因为六大前沿理论回应这些背景的重点不同，各有侧重。

2. 理论基础

新公共服务的理论来源于民主公民权、社区与公民社会理论、组织人本主义与新公共行政、后现代公共行政，它们分别为新公共服务理论输送了民主、公民权利、社区、公平、公共利益、公共服务等理念。网络（化）治理的理论来源于多中心治理理论、政策网络理论、协商民主理论、社会资本理论。从治理的角度看，协商民主特指"平等、自由的公民在公共协商过程中，提出各种相关理由说服他人，在广泛考虑公共利益的基础上利用公开审议过程的理性指导协商，从而赋予立法和决议以政治合法性"。[1] 福山认为，"社会资本是一种有助于个体之间相互合作，可用事例说明的非正式规范"。[2] 它们分别为网络（化）治理理论输送了多元主体、网络结构、协商、谈判、信任、合作等理念。曾凡军认为整体性治理的理论来源于"新涂尔干主义、组织社会学理论与信息技术论"[3]。数字治理理论的理论来源于整体性治理理论与信息技术论。数字治理理论的主要代表人物邓利维最初就在研究并倡导整体性治理，从数字治理的核心观点重新整合与以需求为基础的整体主义就能看出，它的理论主要来源于整体性治理理论。数字治理在整体性治理基础上结合信息技术、网络时代而进行了创新，所以信息技术论为其输送了数字化的思想。马克·穆尔谈到《创造公共价值：政府战略管理》一书的来源时指出，"本书的写作是在与了解公共部门管理者的处境、目标和技术有关的学术文献基础上完成的，这些文献包括：政治学、经济学、组织理论、公共行政、行政法和商业管理"。[4] 公共价值管理理论作为以公共价值为基础的公共管理理论，它的理论基础也应当来自以上几个方面，特别是公共价值、组织理论与企业战略管理思想。新公共治理（如果它被定位为公共服务提供的一个范式的话）扎根于制度理论和网络理论，新公共治理假定行动者是

---

[1] 陈家刚.协商民主：协商民主引论[M].上海：上海三联书店，2004：3.

[2] 弗朗西斯·福山.社会资本、公民社会与发展[J].马克思主义与现实，2003（2）：36-45.

[3] 曾凡军.基于整体性治理的政府组织协调机制研究[M].武汉：武汉大学出版社，2013：45.

[4] 马克·穆尔.创造公共价值：政府战略管理[M].北京：清华大学出版社，2003：5.

多元的，构成网络结构，关注制度及外部环境的压力。[1]

通过对理论基础的比较分析，笔者发现，西方公共治理前沿理论并非无根可寻、无源而生，它们是有继承有借鉴的，也就是说，西方公共治理六大理论之所以具有前沿性，其前提就是继承并借鉴了传统的优秀理论思想。

3. 核心理念

新公共服务理论的核心理念是民主、公民权和公共利益，该理论的代表人物登哈特夫妇主张民主第一、公民首位并以公共利益为目标。登哈特夫妇讲道："我们必须把以公民对话协商和公共利益为基础的公共服务的概念置于我们工作的中心，并充分结合公民对话协商和公众利益。我们应该把民主放在第一位。"[2] 关于公民权思想，登哈特夫妇认为，"一方面，作为公民，人们必须承担他们的居民区和社区发生的事情的个人责任。另一方面，政府工作人员必须乐意倾听公民的心声，并且把公民的需要和价值放在第一位。'公民第一！'的思想开始于顾客与公民的区别"。[3] 网络（化）治理理论的核心理念是网络结构、环境适应、协调、整合、信任、合作共进。适应能力是高度复杂化和不确定环境对网络（化）治理提出的要求，网络中的个体共同处于一个大环境中，并随着环境变化而调整其行为，在适应性的学习活动中相互协调，协商谈判，整合目标。在沟通中建立信任关系，合作共进。整体性治理理论的核心理念是强调公民需求、整合、紧密化、整体主义。以满足公民需求为主导的理念，"将个体的生活事件列为政府治理的优先考虑项目"[4]。整体性治理中的整合是为解决"碎片化"问题，是指"通过为公众提供满足其需要的、无缝隙的公共服务，从而达到整体性治理的最高水平"[5]。从传统公共行政走向整体性治理，整合也从权威性整合走向新公共管理时代的竞争性整合，再走向了整体性治理中的合作性整合，这种整合包含"治理层级的整合、治理功能的整合和公私部门的整合"[6]。数字治理理论的核心理念是重新整合、以需要为基础的整体主义和数字化变革。重

---

[1] 史蒂芬·奥斯本. 新公共治理？公共治理理论和实践方面的新观点[M]. 包国宪，赵晓军，译. 北京：科学出版社，2016：8.

[2] Robert B. Denhardt, Janet V. Denhardt.The New Public Service: Putting Democracy First[J]. National Civil Review, 2001, 90（4）：391-400.

[3] Robert B Denhardt, Janet V Denhardt.The New Public Service: An Approach to Reform[J]. International Review of Public Administration, 2003, 8（1）：3-10.

[4] 彭锦鹏. 全观型治理：理论与制度化策略[J]. 政治科学论丛（台湾），2005（23）：61-100.

[5] Perri 6, Diana Leat, Kimberly Seltzer, et al. Towards Holistic Governance: the New Reform Agenda[M].New York: Palgrave, 2002：47.

[6] Perri 6, Diana Leat, Kimberly Seltzer, et al. Towards Holistic Governance: the New Reform Agenda[M].New York: Palgrave, 2002：29.

新整合是"与新公共管理的对立的回答"[1]，即是针对"碎片化"问题而提出的。公共价值管理理论的核心理念是创造公共价值、公众参与、网络（化）治理。穆尔（Moore）明确提出，"公共部门管理工作的目的是创造公共价值，就像私人部门管理工作的目标是创造私人价值一样"。[2] 公共价值是在公众参与协商的基础上达成的，这种协商与服务提供机制需要采用网络（化）治理，正如格里·斯托克（Gerry Stoker）指出，"公共价值管理是一种适应网络治理的公共行政新范式，它把创造公共价值当作核心目标……网络化的协商与服务提供机制是公共价值管理的主要特征"。[3] 网络（化）治理是实现公共价值的有效手段。新公共治理提出公共服务是服务而非产品的口号，并在此背景和理念下提出了公共服务供给的服务主导逻辑。服务主导逻辑是不同于产品主导逻辑的，产品是具体的，服务是无形的；生产的产品和服务背后的逻辑是不同的，前者的生产、销售和消费是各自发生的，而就服务来说，生产和消费是同时发生的；不同逻辑下，产品的使用者与服务使用者的性质是不同的，产品主导逻辑下，主体是分开，分别为生产者、消费者，服务主导逻辑下，都是合作生产者。在服务主导逻辑指导下，公共服务组织与服务使用者所构成的公共服务系统需要一些方法来提供优质的公共服务，这些方法分别是战略取向、公共服务市场化、合作生产、运作管理。[4]

通过对核心理念的比较分析，笔者发现，六大理论的共性在于都具有治理的特点：（1）主体多元且地位平等；（2）环境是高度复杂化、高度不确定的；（3）治理结构网络化；（4）治理过程是上下互动；（5）治理方式是互动性的协商合作；（6）治理工具多样化，包括数字化技术、市场化工具、工商管理技术和社会化手段。但是六大理论也各具特色，各有侧重，新公共服务理论侧重治理理念，即服务性；网络（化）治理理论侧重治理结构，即网络状结构；整体性治理理论侧重治理方式，即整合或合作；数字治理理论侧重治理工具，即数字化手段；公共价值管理理论侧重治理使命，即创造公共价值。

4. 人性假设

不同的人性假设会沿着不同的逻辑结构创造出不同的理论体系，相应的管理和领

---

[1] Patrick Dunleavy.Digital Era Governance：IT Corporations，the State and E-Government[M]. London：Oxford University Press，2006：227.

[2] Mark H.Moore.Creating Public Value：Strategic Management in Government[M].Cambridge，Massachusetts：Harvard University Press，1995：28.

[3] Gerry Stoker.Public Value Management：A New Narrative for Networked Governance？[J]. American Review of Public Administration，2006，36（1）：41-57.

[4] Stephen P. Osborne,Zoe Radnor,Greta Nasi.A New Theory for Public Service Management? Toward a (Public) Service-Dominant Approach[J].American Review of Public Administration,2012,43(2):135-158.

导方式也是不同的。珍妮特·登哈特等指出，"影响世界的最有说服力并且最有效的方法就是改变用于认识那种实践的理论和语言"[1]。新公共服务理论认为要改变公共行政现状，就要改变对人性的看法，特别是公务员，于是提出了道德人的人性假设。登哈特夫妇指出，"新公共服务关于动机和对待人的假定完全不同于老公共行政和新公共管理……新公共服务中处于核心地位的人类行为要素包括人的尊严、信任、归属感、关心他人、服务以及基于共同理想和公共利益的公民意识"[2]。基于这种人性假设，新公共服务理论提出重视人，而不只是重视生产力，强调尊重人，通过合作与共同领导来运作。并提出道德高尚的公务员要以公共利益为准则，引导公民参与治理，共同实现公共利益的公共服务愿景。网络（化）治理理论提出了复杂人的人性假设，由于社会高度复杂化、高度不确定性和主体的多元性，公共行动者不可能获得所有关于公共问题的信息和掌握所有能够利用的资源，行为者不可能做到绝对理性。行为者也有复杂的动机，既自利，又追求公共利益。在这种情况下，行动者往往采取不断的对话、沟通和协商，讨价还价，所以行为者也不会存在有限理性，而是一种复杂化的状态，是一种反思理性的复杂人。整体性治理与数字治理理论提出了利益相关者的人性假设，"民众与政府不是对立和上下级关系，而是决策中的平等参与者。民众是所有利益相关者的一部分"。[3] 因此，基于利益相关者的人性假设，整体性治理与数字治理主张协调、整合，构建信任关系与责任体系。公共价值管理理论提出了公共人的人性假设。穆尔等认为，政府在社会中的角色应该是公共价值的潜在创造者、公共领域的塑造者；政府管理者的角色应该是去探寻公共价值，公共管理者所需的技能应该具备帮助政府去适应变动的物质和社会环境、需求及政治诉求的能力。[4] 基于公共人的人性假设，公共价值管理理论倡导治理者的使命是创造公共价值，解决公共问题，提供公共服务，实现公共利益。新公共治理的人性假设是有限理性的利益相关者，新公共治理面临的是公共服务提供主体日益多元化和政策制定过程日益复杂化。面对复杂的环境，人是无法全面认识环境的，由于各大主体间的相关性，因此可以将公共管理者、公共服务组织和服务用户整合为利益共同体，即公共服务系统。

通过对人性假设的比较分析，笔者发现，西方公共治理六大前沿理论的人性假设具有多样性的特征。有道德人、复杂人、利益相关者和公共人的人性假设，这种对

---

[1] Janet V.Denhardt, Austin Lane Crothers.Street-Level Leadership：Discretion and Legitimacy in Front-Line Public Service[M].Washington, D.C：Georgetown University Press, 1998：143.

[2] Janet V.Denhardt, Robert B.Denhardt.The New Public Service：Serving, not Steering[M].New York：M.E.Sharpe, 2003：165.

[3] 董礼胜.西方公共行政学理论评析 [M].北京：社会科学文献出版社，2015：161.

[4] John Benington, Mark H.Moore.Public Value Theory and Practice[M].New York：Palgrave Macmillan, 2011：3.

人的动机与行为的假设的多样性表明，我们分析行动者动机与行为的时候不能局限于某一个假设，更不能只谈理性经济人假设。不同的人性假设我们需要应用在不同的方面，例如在对待公务员素质与能力建设的方面，我们要采取道德人的人性假设，努力提高公务人员的思想与品德水平，重视精神建设；在网络的结构中，我们应当采取反思理性的复杂人的人性假设，我们要看到个体的局限性与复杂性，通过多主体合作来解决个体资源的局限，通过协商、谈判来解决个体的复杂性需求；在对待多元主体共同参与的问题上，我们要采取利益相关者的人性假设，协调各利益主体的关系，是合作共进的前提；在对待公共性问题方面，我们要采取公共人的人性假设，政府应当创造公共价值，公民应当参与到公共问题中来，共同实现公共利益。新公共治理的人性假设是有限理性的利益相关者，新公共治理面临的是公共服务提供主体日益多元化和政策制定过程日益复杂化。面对复杂的环境，人是无法全面认识环境的，由于各大主体间的相关性，因此可以将公共管理者、公共服务组织和服务用户整合为利益共同体，即公共服务系统。

5. 政府角色

在公共管理中，政府角色一直是研究者和实践者关注的焦点，为什么政府角色如此重要？按照登哈特夫妇的观点，从政府角色的角度来看公共管理发展历史，大致经历了传统公共行政（政府是执行者）、新公共管理（政府是掌舵者）和新公共服务（政府服务者）的过程，也就是说，不同的政府角色表明了不同的社会治理思维和行动模式。那么，在公共治理时代，政府角色必然发生变革，我们需要通过对西方公共治理前沿理论关于政府角色观点的比较，抽象出共性，探讨公共治理时代的政府新角色。

新公共服务理论提出政府既不是掌舵者也不是划桨者，而是服务者，是仆人，而不是主人。登哈特夫妇指出，"公务员越来越重要的作用就在于帮助公民表达和实现他们的共同利益，而非试图在新的方向上控制或驾驭社会……他们将越来越多地扮演调解、协调甚至裁决的角色"。[1] 因此，这种服务者的角色还包括了仲裁的内容。网络（化）治理理论认为，政府是协调或仲裁者。网络体系中各大治理主体之间的关系复杂，在治理过程中容易产生冲突，需要政府调解；多元主体的合作，需要政府协调多方主体的行动。整体性治理和数字治理提出政府是整合者，希克斯认为，"整合是指通过建立共同的组织结构和共同的专业实践与行动来将以上想法付诸实际行动"。[2] 整体性治理是在分散化治理、竞争性治理和"碎片化"问题的背景下

---

[1] Robert B.Denhardt, Janet V.Denhardt.The New Public Service: Serving Rather Than Steering[J].Public Administration Review, 2000, 60 (6): 549-559.

[2] Perri 6, Diana Leat, Kimberly Seltzer, et al.Towards Holistic Governance: the New Reform Agenda[M].New York: Palgrave, 2002: 33.

应运而生的,所以针对分散性、"碎片化"的问题,整体性治理首倡协调,打破组织之间的壁垒,消除分歧,在协调的基础上,政府从联盟体的整体出发,整合各大主体的行动,实现行动的统一性。因此,在各大主体的协同过程中,政府担当着重要的作用,即在行动上达成一致的整合者角色。公共价值管理理论认为,政府是战略家。"政府的职责不再是简单地设计方法去完成既定的任务,而是要帮助发现和定义什么是有价值去做的事,它的职责不再是仅仅保证连续性,而是要成为改变公共组织该干什么以及如何做的重要创新者。"[1] 政府要根据外部环境的变化及时作出回应,并根据公共价值来调整行为,政府是一个战略家。"在网络管理中担当公共价值代言人的角色,促成公共价值的实现。"[2] 新公共治理提出公共服务是整合的系统而非孤立的产品,它不仅包括公共部门、私人部门、第三部门等公共服务组织,还包括服务的使用者及其家庭、地方社区、软硬技术条件以及资本基础。所以,公共服务的各个主体共同构成公共服务系统,作为其基本分析单位,包括公共服务组织和服务用户,那么政府在其中就担任着协调与整合者的角色。[3]

通过对政府角色的比较分析,笔者发现,在公共治理中,政府发挥着元治理的作用。政府不再发挥绝对的统治作用,也失去了强有力的掌舵作用,而是发挥着作为引导者、协调者、服务者、监督者的元治理作用。政府作为公民的代表性共同体,具有发现并解决公共问题、满足公民需求的责任。因此,在治理时代,政府需要敏锐地发现问题或公民需求,引导各大治理主体参与到治理活动中来,政府需要为多元的主体明确目标,指引方向;政府需要在行动中协调各方,消除矛盾,寻求共性,实现多元主体治理的协同;政府不仅要为公民提供服务,还要为各大参与治理的主体提供服务,提供必要的治理平台、有秩序的治理环境、充分的治理条件;由于自利性的因素,参与治理的主体有可能产生寻租行为,所以政府还承担着一定的监督职责,确保治理的有效性。在治理时代,元治理的角色至关重要,如果治理失败,需要政府解决。

6. 治理目标

新公共服务理论的目标是提供令公民满意的公共服务,追求公共利益。登哈特夫妇在论述时引用了弗雷德里克森的一句名言:"公共行政官员不仅要促进对自我利益的追求,而且还要不断地努力与民选的代表和公民一起去发现和明确地表达一种

---

[1] Mark H Moore.Greating Public Value:Strategic Management in Government[M].Beijing:Tsinghua University Press,2003:20.

[2] John Alford,Owen Hughes.Public Value Pragmatism as the Next Phase of Public Management[J].American Review of Public Administration,2008,38(2):130-148.

[3] 史蒂芬·奥斯本.新公共治理?公共治理理论和实践方面的新观点[M].包国宪、赵晓军译,北京:科学出版社,2016:393.

大众的利益或共同的利益并且要促使政府去追求那种利益。"[1]这种公共利益并非个人利益的简单相加，而是政府与公民、公民与公民之间沟通、对话和协商的结果。为确保政府因为自利而侵犯公共利益，新公共服务理论还倡导共同领导与政府责任。网络（化）治理的目标是提高治理效能并创造公共价值。"等级式政府管理的官僚制时代正面临着终结，取而代之的是一种完全不同的模式——网络化治理。在这种模式下，政府高级官员将他们的核心职责从管理人员和项目重新确定为协调各种资源以创造公共价值。"[2]整体性治理与数字治理的目标是更加有效地处理公众所关注的问题并满足公民需求，希克斯将整体性治理的目标分为政策、顾客、组织、机构四个层面。公共价值管理理论认为公共管理者的目标就是创造公共价值。"公共部门管理工作的目的是创造公共价值，就像私人部门管理工作的目标是创造私人价值一样。"[3]公共价值管理的核心目标，斯托克认为是"有效处理公众最关注的问题，实现公共价值，从服务递送向系统维持扩展"。[4]新公共治理的目标是提供优质服务，新公共治理提出政府与公民联合生产服务，发挥公民的主体作用，通过战略取向、公共服务市场化、合作生产、运作管理的方法改善服务质量。

通过对治理目标的比较分析，笔者发现，西方公共治理前沿理论突破了传统的公共管理理论追求目标单一化、非此即彼的局面，传统公共行政理论追求效率目标，新公共行政理论追求公平目标，新公共管理理论追求绩效目标，而西方公共治理前沿理论既追求具有管理主义倾向的如效率、绩效目标，也追求具有宪政主义倾向的如社会公平、公共利益和公共价值目标。从治理目标角度看，西方公共治理前沿理论实现了管理主义与宪政主义的兼顾与平衡。

7. 组织结构

登哈特夫妇指出，"当今的社会可以被描述为：（1）高度的骚动，即很容易突然发生急剧的转变；（2）高度的相互依赖，即需要多部门之间的合作；（3）十分需要解决我们所面临的问题的创造性和富于想象力的方案。在这些条件下，公共组织需要比过去具有更大的适应性和灵活性"。[5]基于此，新公共服务理论提倡合作性组织

---

[1] Frederickson H.George.Toward a Theory of the Public for Public Administration[J].Administration and Society，1991，22（4）：415-416.

[2] 斯蒂芬·戈德史密斯，威廉 D 埃格斯.网络化治理：公共部门的新形态[M].周志忍，译.北京：北京大学出版社，2008：21.

[3] MARK H.MOORE.Creating Public Value：Strategic Management in Government[M].Cambridge，Massachusetts：Harvard University Press，1995：28.

[4] Gerry Stoker.Public Value Management：A New Narrative for Networked Governance[J].American Review of Public Administration，2006，36（1）：41-57.

[5] 珍妮特 V 登哈特，罗伯特 B 登哈特.新公共服务：服务，而不是掌舵[M].丁煌，译.北京：中国人民大学出版社，2010：101.

结构，它们在内部和外部都共同享有领导权。网络（化）治理理论、公共价值管理理论和新公共治理理论提出网络状的组织结构，新公共治理的理论基础是网络理论，新公共治理的分析单位不再是单个的组织，而是由公共管理者与公共服务组织构成的网络及混合式的组织形式[1]，其组织结构是网络状的公共服务系统。这种结构的特点是行动主体地位平等、相互依赖、合作共进，正如瓦尔特（Walter）指出，"（1）网络是由各种各样的行动者构成的，每个行动者都有自己的目标，且在地位上是平等的；（2）网络之所以存在是因为行动者之间的相互依赖；（3）网络行动者采取合作的策略活动来实现自己的目标"。[2] 整体性组织结构的具体表现形态有政府组织间的跨部门横向合作；组织层级间的纵向合作；政府组织过程中，特别是决策、执行、供给公共服务过程中的合作；公私部门之间的伙伴合作等。总之，它的统一表现形态是联盟体或共同体。这种组织结构"是在不消除组织边界本身的条件下跨过组织边界进行协同活动的联合工作"。[3] 它能够促进不同利益主体的合作，为公民提供无缝隙的或一次性的公共服务。数字治理理论所提倡或依赖的组织结构不仅具有整体性组织结构特征，更突出的特点是借助信息技术的虚拟组织结构，依靠信息技术在整体性组织结构的基础上紧密各方的联系，在虚拟空间搭建联盟体。

通过对组织结构的比较分析，笔者发现，西方公共治理六大前沿理论的组织机构具有一些共同的特点，即彼此联系、相互依赖、共享资源、合作共进、共同领导、整体行动，它们共同趋向于网络状的组织结构。具有这些特征的组织结构是全球化、后工业化，治理时代的要求，社会的高度复杂性、不确定性和多元主体的高度相互依赖性需要灵活的、适应的、动态的组织结构，它就是网络状组织。

8. 价值取向

新公共服务理论的价值取向主要通过核心观念、追求目标、人性假设三个方面体现出来。民主、公民权、公共利益、公共服务、公民参与、共同领导、责任等观念反映了新公共服务理论注重价值理性；新公共服务理论追求的是公共利益和优质公共服务的目标，生产力虽然重要，但是更加注重人的价值，在人性假设上提倡的是道德人，可想而知，新公共服务理论属于价值理性谱系。但是，新公共服务理论并非彻底否定工具理性，为了实现优质的公共服务，新公共服务理论还讨论了公民参与的具体措施，如信息沟通、民意测验、民主评议，研究了行政执行、政府责任、共同领导等

---

[1] 史蒂芬·奥斯本. 新公共治理？公共治理理论和实践方面的新观点[M]. 包国宪，赵晓军，译. 北京：科学出版社，2016：101.

[2] Walter J.M.Kickert，Erik-Hans Klijn，Joop F.M.Koppenjan.Managing Complex Networks：Strategies for the Public Sector[M].Sage Publications，1997：30-31.

[3] Tom Ling.Delivering Joined-up Government in the UK Dimensions，Issues and Problems[J]. Public Administration，2002（4）：625-642.

问题，也非常重视工具理性。在价值取向上，即在处理价值理性与工具理性方面，登哈特夫妇认为，"在民主社会里，当我们思考治理制度时，对民主价值观的关注应该是极为重要的。效率和生产力等价值观不应丧失，而应被置于民主、社区和公民利益这一广泛的框架体系当中"。[1] 所以，新公共服务理论的价值取向是以价值理性为主，工具理性为辅，体现出价值理性与工具理性的结合。网络（化）治理理论从产生动因来看更多地体现工具理性，但其内容包含了较多的价值理性因素。治理的有效性是网络（化）治理缘起的动因，传统公共行政理论和新公共管理理论所指导的公共管理改革陷入困境，弊端日益显露，需要一种适应新时代的有效的治理工具，因此作为一种有效的治理工具，网络（化）治理伴随着对信息时代、多元社会的回应，对传统科层治理和市场治理的修正应运而生。因此，它本质上是作为一种新颖的、有效的治理工具或模式而存在，属于工具理性谱系。网络（化）治理中所蕴含的民主、平等、自由、公平、参与等价值表明它还有着价值理性的倾向。在网络结构中，多元主体共同参与治理、地位平等、共享资源、自由行动，对价值理性的重视，表明网络（化）治理理论实现了工具理性与价值理性的兼顾。整体性治理和数字治理理论的价值取向既有价值理性的基因，也有工具理性的元素，体现对价值理性与工具理性的整合。整体性治理和数字治理理论的核心观念是协调与整合，追求的目标用一言而概之，即政府更加效率地为公众提供优质的公共服务，满足公民需求。它其实是针对新公共管理理论中公共服务碎片化问题的回应，总体而言，它是属于工具理性谱系。但是，任何一种理论都是"站在前人的肩膀上"发展起来的，整体性治理理论也是如此，它既有反思新公共管理理论对价值理性的忽视，也有借鉴新公共行政理论所倡导的价值理性的合理内容，比如整体性治理理论重视责任、合法性、信任，追求公共服务均等化，体现出公平性；数字治理理论强调信息与服务的共享性，一站式服务。它们的价值取向并非纯粹的工具理性，而是包含了许多价值理性的元素。公共价值管理理论的价值取向属于价值理性谱系，以价值理性为主，工具理性为辅，体现出对价值理性与工具理性的融合特点。公共价值管理理论关注公众的集体偏好、需求，提倡公民参与治理，创造公共价值，其人性假设的公共人，注重治理的公共性，很明显，公共价值管理理论属于价值理性谱系。另外，公共价值管理理论在处理民主与效率的关系时具有一定的创新性，避免了传统公共行政学理论将钟摆摆向一侧（效率），而忽视另一侧（公平）的局面，而是将效率与民主融合起来，构造伙伴关系，将民主或公平贯穿到管理效率、技术效率中，所以，公共价值管理理论并没有抛弃工具理性，而是将价值理性与工具理性融合在一起。新公共治理的价值取向是工具理性与价值理性的融合，但由于新公共

---

[1] Robert B.Denhardt，Janet V.Denhardt.The New Public Service：Serving Rather than Steering[J]. Public Administration Review，2000，60（6）：549-559.

治理的主要提出者奥斯本有商业经理人背景，其服务主导逻辑也是在与产品主导逻辑的比较下提出，实现方法包括战略导向、运作管理等，在理性融合中偏向于工具理性。

通过对价值取向的比较分析，笔者发现，西方公共治理的六大前沿理论在价值取向方面与先前的公共行政理论有很大不同，从"钟摆"的角度来看，不同于先前的公共行政理论在"公平"与"效率"两侧的大幅度摆动。先前公共行政理论强调价值理性就会忽视工具理性，主张工具理性就会抛弃价值理性的局面已经被替代，这种替代形态就是西方公共治理前沿理论对价值理性与工具理性的结合、整合、融合，这是六大前沿理论在价值取向的共性，即摆动幅度小，融合性强。但是六大前沿理论也分属不同的理性谱系，新公共服务和公共价值管理理论属于价值理性谱系，网络（化）治理、整体性治理和数字治理理论属于工具理性谱系。

综上所述，西方公共治理前沿理论的相互比较既区分了差别，也找到了共性。它们在产生背景、理论基础、核心理念、人性假设、政府角色、治理目标、组织结构、价值取向等方面的区别彰显出理论的身份特征，区别于其他理论；它们之间的共性突出了西方公共治理的典型特征（见表1）。

表1 西方公共治理前沿理论的比较

	新公共服务理论	网络（化）治理理论	整体性治理理论	数字治理理论	公共价值管理理论	新公共治理理论	西方公共治理理论
学术概况（时间、代表人物、著作）	2000年，登哈特夫妇，《新公共服务：服务，而不是掌舵》	2008年，斯蒂芬·戈德史密斯和威廉D.埃格斯，《网络化治理——公共部门的新形态》	2002年，佩里·希克斯，《迈向整体性治理》	2006年，帕特里克·邓利维，《数字时代的治理》	1995年，马克·穆尔，《创造公共价值：政府战略管理》	2006年，史蒂芬·奥斯特《新公共治理：一个新的范式？》	20世纪末、21世纪初至今
产生背景	民主政治发展、"911"事件、新公共管理式微	全球化、后工业化、第三政府的发展、协同政府推进	竞争性政府的回应，公共服务"碎片化"问题	新公共管理的衰微，数字时代来临	新公共管理在理论与实践上陷入困境；治理理论的兴起，进入治理时代	21世纪，公共服务提供主体日益多元和政策制定过程日益复杂的背景	社会转型，治理时代，政府改革，信息技术，理论反思
理论基础	民主公民权、社区与公民社会理论、组织人本主义与新公共行政、后现代公共行政	多中心治理理论、政策网络理论、协商民主理论、社会资本理论	新涂尔干主义、组织社会学理论、信息技术论	整体性治理理论、信息技术论	公共价值、组织理论、企业战略管理思想	制度理论与网络理论	传统的社会科学中的先进思想
核心理念	民主、公民权、公共利益	网络结构、环境适应、协调、整合、信任、合作共进	公民需求、整合、紧密化、整体主义	重新整合，以需要为基础的整体主义、数字化变革	创造公共价值，公众参与，网络（化）治理	服务主导逻辑	服务、网络、整合或合作、数字化、公共价值
人性假设	道德人	复杂人	利益相关者	利益相关者	公共人	利益相关者	复杂人

（续表）

	新公共服务理论	网络（化）治理理论	整体性治理理论	数字治理理论	公共价值管理理论	新公共治理理论	西方公共治理理论
政府角色	服务者	协调或仲裁者	整合者	整合者	战略家	协调与整合者	元治理
治理目标	公共服务、公共利益	有效的治理、公共价值	整体效率、公民满意	整体效率、公民满意	创造公共价值	提供优质公共服务	3E、公共服务、公共利益、公共价值
组织结构	合作性组织	网络状组织	整体性组织	虚拟组织	网络状组织	网络状组织	网络状组织
价值取向	价值理性	工具理性	工具理性	工具理性	价值理性	工具理性	价值理性与工具理性的结合

三、西方公共治理前沿理论与相关理论的比较

罗伯特·达尔（Robert A.Dahl）指出，"我们一直忽视公共行政比较研究。如果不对公共行政进行比较研究，那么宣称建立'公共行政科学'显然就是空中楼阁"。[1] 笔者在前文已有论述，我国学者对西方公共治理前沿理论与相关理论的比较研究较多，但大多集中在理论的背景、来源、概念等基本内容的比较，笔者在此不再赘述。笔者将从"钟摆"运动、问题导向和环境变迁三个角度对新公共服务理论与传统公共行政理论、新公共行政理论、新公共管理理论进行比较。通过比较，笔者将探索一个前沿性的、可持续性发展的理论所必备的几大要素；笔者也将从政府组织治理理论角度对网络（化）治理理论与科层治理理论、市场治理理论进行比较，更加准确地认知网络（化）治理理论。笔者还将对整体性治理理论与竞争性治理理论、分散性治理理论进行比较，以从"竞争与合作""分散与整合"的角度探索整体性治理理论与竞争性治理理论、分散性治理理论的关系。

（一）新公共服务理论与传统公共行政理论、新公共行政理论、新公共管理理论的比较

1. "钟摆"运动：价值取向与核心理念

公共行政学历时百余年，但学科争论——管理主义与宪政主义之争也伴随着学科发展，从传统公共行政理论到新公共服务理论正是如此。自汉密尔顿、威尔逊、威洛比、古利克、西蒙至奥斯本和盖布勒是管理主义思想的代表，从杰斐逊、沃尔多、弗雷德里克森、奥斯特罗姆到登哈特夫妇，是宪政主义思想的代表。公共行政的发

---

[1] Robert A Dahl.The Science of Public Administration：Three Problems[J].Public Administration Review，1947，7（1）：1-11.

展就像钟摆一样，不断地从管理主义一侧摆向宪政主义一侧，又从宪政主义一侧摆向管理主义一侧，反复如此。

传统公共行政理论将经济与效率作为追求的目标，威尔逊指出，"行政学研究的目标在于了解：首先，政府能够适当地和成功地进行什么工作；其次，政府怎样才能以尽可能高的效率以及在费用或资源方面用尽可能少的成本完成这些适当的工作"。[1] 传统公共行政理论认为行政是政治的工具，是实现高效率的工具或技术，行政不需要价值导向，忽视了行政的公共性，完全强调工具理性。新公共行政理论针对传统公共行政价值因素的丧失，对其所持的经济和效率原则进行了批判，认为公共行政的核心理念应当是倡导社会公平，不能将效率作为唯一目标，而要加入公平的因素。新公共行政对价值理性的重视表明，钟摆从效率一侧开始摆向了公平一侧。新公共管理理论注重结果导向，强调绩效，把3E（经济、效率、效益）作为核心目标，提出公共部门不仅要借鉴私营部门的管理技术，还要引进先进的企业管理理念。但此时的新公共管理理论并非像传统公共行政理论那样只注重工具理性，新公共管理理论在强调工具理性的同时，并没有完全忽视价值理性，而是注重顾客导向，满足顾客需求，提高公共服务的效率与质量。新公共管理理论是对工具理性的回归，但这次回归并不彻底，还包含了价值理性的因素，表明钟摆虽从效率一侧摆向了公平一侧，但是幅度变小。新公共服务理论的核心理念是民主、公民权和公共利益，并将其肯定为公共行政的卓越价值观，由此可见，新公共服务趋向价值理性，但是新公共服务理论也继承了新公共管理理论的一些工具理性因素，强调公民参与、民意测验、执行、责任、共同领导等问题。这些具体性的操作措施表明新公共服务理论突破了新公共行政理论停留在口号上的状态，而是价值理性与工具理性的融合。此时的新公共服务理论已然从效率一侧摆向了公平一侧，摆动幅度更小，工具理性与价值理性的融合度增加。

笔者从"钟摆"运动的角度，通过对四大理论在价值取向和核心理念的比较发现，公共管理学理论发展在价值取向是倾向一种融合的趋势，即价值理性与工具理性的融合，传统公共行政、新公共行政、新公共管理理论之所以落伍，正是因为在价值取向方面采取非此即彼的态度，只强调工具理性与价值理性的对立，而不是二者的融合。由此表明，一种理论如果要可持续发展，具有前沿性，就必须实现价值理性与工具理性的融合。

2. 问题导向：产生背景与政府角色

新理论的产生并非为了替代旧理论，而是针对现实问题而构建的一种新型的社会治理方案。公共行政学历史上不同理论的更迭只是一种学术表象，它的实质是社会问

---

[1] 彭和平，竹立家. 国外公共行政理论精选 [M]. 北京：中共中央党校出版社，1997：2.

题的变化。旧的理论可以解决它所处时代面临的具体问题，但是新问题的产生，旧理论无能为力，需要新理论的指导。所以笔者从关注现实问题的视角，通过对四大理论的产生背景与政府角色的比较，挖掘可持续发展理论所必备的第二大因素。

传统公共行政理论缘起于政府的行政效率问题。正如威尔逊所言，19世纪末的政府像一个强壮的小伙子，身体已经长大，但其动作略显笨拙，政府执行公共政策和管理社会需要科学理论的指导，当时还没有一门相对应的学科研究政府行政问题，特别是效率问题。政府应当做什么，适合做什么，如何能够最有效率地完成任务等问题需要理论指导。就美国而言，政党分赃制也是亟待解决的问题。针对如此情景，传统公共行政理论伴随着行政学的建立应运而生，它的产生是关注现实问题的结果。政行二分能够有效地解决政党分赃制，"政治是国家意志的表达，行政是国家意志的执行"[1]，政治家与行政人员分别处理不同的事务，政府只关心执行问题，行政人员仅负责政策的执行，保持价值中立。20世纪后半叶，世界处于变革和骚乱的时代，科学技术虽然发展并促进了效率的提高，但是人类社会更加世俗化、功利化，伦理道德逐渐丧失，没有一种新的价值规范体系指导人的行为。现代政府的传统管理理论、模式难以解决现存问题，因为传统公共行政理论正是实证科学的产物。在此背景下，新公共行政理论首倡"社会公平"，关注价值理性，建立相应的规范理论，不仅注重效率，更加注重公平。关于政府角色，弗雷德里克森认为，"新公共行政不仅要尽可能有效地、经济地执行立法命令，还要影响和贯彻更普遍地改进所有人生活质量的政策"[2]。由此可见，政府充当管理者的角色，不仅执行政策，还参与制定公共政策，其管理目标是维护社会公平。新公共管理理论的产生是为了解决西方政府的管理危机、财政危机和信任危机的问题，传统官僚制难以适应信息革命带来的社会变迁，公共部门需要新的理念和技术来应对挑战。公共部门在遇到这些问题的时候看到了私营部门管理的有效，因此新公共管理理论倡导私营化、市场化、社会化，借鉴工商管理的技术与经验，政府不再"划桨"，而去"掌舵"。新公共服务理论是针对新公共管理改革带来的问题而提出的，一味地私营化，容易导致公共服务和公共利益的丧失，价值因素的忽视是新公共服务理论所要解决的首要问题，新公共服务理论需要做的是要促进公共服务的尊严和价值，并确立公共行政的卓越价值观，以此挽救新公共管理改革所带来的问题，政府在其中充当服务者的角色。

笔者从关注现实问题的角度，通过对四大理论在产生背景和政府角色的比较发现，一种理论所具有的优越性、广泛的影响力、卓越的创新力都是来源于其对现实

---

[1] F J 古德诺. 政治与行政 [M]. 王元，译. 北京：华夏出版社，1987：10.
[2] Frank Marini.Toward a New Public Administration：The Minnowbrook Perspective[M].San Francisco：Chandler Publishing Company，1971：314.

问题的关注,并通过构建新的治理方案解决现实问题。问题导向是一个可持续发展理论所必备的关键方法论,只有关注现实中的公共管理问题才能对症下药,并结合时代特点加以理论创新。

3. 环境变迁:人性假设与组织结构

时代在发展,社会在变迁,这就要求理论也必须顺应时代变迁和社会转型,从传统公共行政理论到新公共服务理论,就体现这种社会历史性。有的理论正处于前沿,有的理论或许成为历史,但是每一种理论都在其所处的时代背景下发挥着不可替代的作用,推动着历史进步。有的理论之所以落伍,是因为并未关注外部环境的变迁,没有适时作出自我调整。笔者在此从社会环境变迁的视角从人性假设和组织结构两方面对以上四个理论进行比较,意在说明可持续发展理论的第三大必备因素。

传统公共行政理论产生之时也正是工业革命初期,工业革命时期出现了工厂,工厂中的工人在工作时容易出现"磨洋工"的现象,后经泰勒总结发现,认为这种现象是由于工人们的自利本性和落后的工厂管理制度。随之,这种自利的理性人假设渗透到了公共行政领域,成为传统公共行政理论人性假设的逻辑起点。基于理性人的人性假设,传统公共行政理论认为要设计一套规范、精准的程序或制度来控制公务人员或工人,使其客观公正且高效地工作,于是官僚制的组织结构应运而生。韦伯指出:"纯粹官僚型的行政组织——一元化的官僚制,从纯技术的观点看,可能获得最高的效率。就此意义而言,它乃是对人类行使支配的已知方式中最理性者。在明确性、稳定性、纪律的严格性及可依赖性诸方面,它都比其他形式的组织优越。"[1] 由此而言,传统公共行政理论根据其所处的时代提出的理性人假设和官僚制组织结构是正确并有效的,对于当时的社会管理起到了巨大的指导作用。随着时代的发展,社会变得日益复杂,一元化、简单化已不是时代的特点,社会变得更加开放,人们的素质提高、需求多元,特别是"二战"后社会动荡,不平等、歧视现象成为常态,需要一种新的理论来指导公共管理,解决社会问题。新公共行政理论倡导自我实现人假设,"作为公共雇员不仅承担着有效执行法律的义务,而且也负有不断践行关爱邻居和公民的行为伦理的责任"[2]。新公共行政理论提倡动态的、开放的组织结构。"传统的官僚组织已无法适应时代的需要,公共行政必须发展新型的组织形态,为此,新公共行政学提出'协和式组织模式'(consociated model)。"[3] 新公共管

---

[1] 马克斯·韦伯. 经济·社会·宗教 [M]. 郑乐平,编译. 上海:上海社会科学院出版社,1997:180.

[2] 乔治·弗雷德里克森. 公共行政的精神 [M]. 张成福,译. 北京:人民大学出版社,2003:27.

[3] 谭功荣. 西方公共行政学思想与流派 [M]. 北京:北京大学出版社,2008:205.

理理论提出理性经济人假设，人是关注个人利益的，具有自利性，并追求效用最大化。在这种人性假设指导下，新公共管理理论认为，政治家的目标是选票的最大化，公民的目标是消费者效用的最大化，因此公共事务领域就像市场平台一样，在解决一些公共问题时，市场可能比政府扮演更加重要的角色。并在此基础上构建扁平化组织结构，呈现去官僚化的趋势，以适应信息社会的要求。新公共管理的理性经济人假设和扁平化组织结构有效地指导政府改革，提高效率，但却使得政府在掌舵的同时差点忘了谁拥有"这艘船"。因此，在全球化、后工业化进程中，新公共服务理论提出道德人假设，强调人的尊严、信任、归属感和需求。基于此，新公共服务理论提出合作性组织结构，让多元主体共同发挥作用，共同领导，共同参与治理。从传统公共行政理论的一元性到新公共服务理论的多元性、共同参与治理，正是体现环境变迁对社会治理方案构建的要求。

笔者从社会环境变迁的角度，通过对四大理论在人性假设和组织结构的比较发现，一种理论能够在所处时代背景下发挥积极作用，是因为它适应了所处环境，但是有的理论之所以又退出了历史舞台，是因为它没有随着社会环境的变迁而自我调整。因此，一种可持续性的理论必须能够适应所处时代背景和社会形态，并随之发展，而不是故步自封。另外，笔者考察公共行政学理论发现，各种理论之间非替代，而是并存。不同的理论是针对不同问题或问题的不同方面而作出回应的社会治理方案，因此某些理论的合理部分还是有价值的。从组织结构角度观察，官僚制组织并未被合作性组织结构完全替代，传统公共行政理论的某些合理之处仍然在我们这个时代发出声音。

综上所述，笔者通过对新公共服务理论与传统公共行政理论、新公共行政理论、新公共管理理论的比较分析发现，一个前沿性、可持续性的理论需要具备四大要素：(1)工具理性与价值理性的融合是趋势。笔者从"钟摆"运动的视角考察从传统公共行政理论到新公共服务理论发现，摆动的幅度逐渐变小，这说明公共管理学理论中并非只有工具理性或只有价值理性，而是二者兼备。工具理性与价值理性的融合度增强，只偏重某一种理性已经过时，一种前沿的、可持续发展的理论必须兼顾并融合工具理性与价值理性。(2)关注现实问题是理论创新的基础。笔者比较了公共行政学历史上影响较大的四种理论，这四种理论在其时代背景下产生了较大影响，对政府改革起到了巨大作用，原因之一就在于它们对现实问题的关注并构建理论解决现实问题，这使得每个理论都具有自身独特的创新力，保证某一理论的前沿和可持续发展的基础或前提是要关注现实问题。(3)适应时代背景、社会形态变迁是理论保持可持续而不衰落的关键。虽然传统公共行政理论、新公共行政理论和新公共管理理论在公共行政学发展历史上都曾起到一定作用，但是它们在指导实践过程中也产生了不少问题，这是导致其逐渐没落的原因之一，因此要保证某一理论一直处于前沿或可持续发展，必须要关注外部环境，随着时代背景、社会形态变迁而作出自我调整，进行革新。（4）新理论既要继承与借鉴，也要批判与修正。公共行政学中的理论发展是一脉相承的，而不是中断的，旧理论并非完全失效，它其中的合理成分仍然有助于我们的实践。所以新理论需要借鉴旧理论的合理成分，有继承、有借鉴，对待旧理论不合理的部分，我们在构建新理论过程中要加以批判并修正，得以创新。

（二）网络（化）治理理论与科层治理理论、市场治理理论比较

笔者在此基于政府组织治理理论的角度对网络（化）治理理论与科层治理理论、市场治理理论进行比较研究，以此更加准确地认知网络（化）治理理论。从历史时期、理论基础、价值取向、核心理念、治理方式、治理机制、治理工具、政府角色、治理目标和组织结构等方面进行比较（见表4）。

表2 网络（化）治理理论与科层治理理论、市场治理理论的比较[1]

	科层治理理论	市场治理理论	网络（化）治理理论
历史时期	20世纪初期至20世纪80年代	20世纪80年代至20世纪末期	20世纪末期以来
理论基础	政行二分理论和官僚制理论	私营管理和工商管理理论、公共选择理论	多中心治理理论、政策网络理论、协商民主理论、社会资本理论
价值取向	工具理性	工具理性	工具理性与价值理性融合
核心理念	合理—合法	绩效、分权、顾客导向	网络结构、满足利益相关者需求
治理方式	强制	竞争	合作
治理机制	权威	契约	信任
治理工具	行政手段	行政手段与市场手段	市场化手段、工商管理技术与社会化手段等多元手段结合
政府角色	执行者	掌舵者	元治理
治理目标	效率	绩效、3E	有效治理、公共价值
组织结构	官僚组织	市场组织	网络（化）组织

由表4可知，从政府组织治理理论角度看，网络（化）治理是一种不同于科层治理、市场治理的一种治理理论或模式，网络（化）治理是介于科层治理与市场治理之间的，它是在批判科层与市场治理基础上进行的创新。网络（化）治理不依赖于科层治理的强制性协调机制，也不依赖于市场治理的价格协调机制，而是二者的合体，是批判性地吸收二者的优点。网络（化）治理是以信任为基础的合作治理，它更加适应高度复杂性、多元化的社会，成为一个治理复杂问题、多元目标的政府组织理论或模式。

---

[1] 曾凡军. 基于整体性治理的政府组织协调机制研究[M]. 武汉：武汉大学出版社，2013：41-45.

(三)整体性治理理论与竞争性治理理论、分散性治理理论比较

竞争性治理是新公共管理时代的治理理念,强调结果导向和市场导向,它利用市场机制,通过竞争、激励等手段提高效率,政府是掌舵者,借助市场力量实现治理目标。整体性治理与分散性治理是后新公共管理时代的治理理念,一个倡导整合、合作,一个倡导自主、分立,是不同的治理形态。整体性治理秉承着复杂性—棘手化—碎片化—协调—整合—紧密化—整体行动的逻辑,强调大部门的合作治理,机构协调、功能整合、行动统一、服务整体,为公民提供一体化的服务。政府要构建治理的联盟体,必然在其中起着整合者、协调者的角色,方能将多元主体统一起来。分散性治理秉承着需求的个性化—需求的多样化—组织独立—机构分散—功能专业—行动自主的逻辑,强调小部门的分散化与专业化,能够满足公民多样化且个性化的需求,而政府无法满足公民各式各样的需求,因此,它担任着委托者的角色,发动多元的非政府组织作用,对公民个人需求来讲,具有针对性。整体性治理相对于竞争性治理来讲,能够有效地解决"碎片化"问题,也规避了竞争性治理对价值理性忽视的问题,实现了价值理性与工具理性的融合。整体性治理与分散性治理并无替代之分,它们是针对不同情况的不同治理形态。整体性治理有助于行动的整体性,分散性治理能够有效满足公民个性化的需求,因此,它们是互补的。

表3 整体性治理理论与竞争性治理理论、分散性治理理论的比较

	竞争性治理	分散性治理	整体性治理
历史时期	20世纪初期至20世纪80年代	20世纪末期以来	20世纪末期以来
价值取向	工具理性	工具理性与价值理性融合	工具理性与价值理性融合
核心理念	绩效、分权、顾客导向	自主性、专业化	协调、整合、紧密化、整体行动
治理方式	竞争、分权	分权、自主治理	协调、整合
治理机制	契约	契约	信任
政府角色	掌舵者	掌舵者	元治理
治理目标	绩效、3E	满足公民多样化需求	整体效率与治理的有效性
组织结构	市场组织	自治组织	整体性组织

四、关于西方公共治理前沿理论比较研究的思考与启示

(一)关于西方公共治理前沿理论比较研究的思考

1. 明确治理时代的特征

(1)治理的核心理念多样化,服务、网络、合作、大数据、公共价值成为治理时代的主题;(2)治理目标的多元化,3E、公共服务、公共利益、公共价值成为治理追求的目标;(3)组织结构的网络状,平台型、互动型、依赖型、合作型成为基本结构;(4)治理方式的非竞争性,信任、协调、整合、合作成为趋势。

2. 构建西方公共治理理论体系

笔者通过对西方公共治理前沿理论的相互比较分析发现，西方公共治理的六大前沿理论有共性也有差异，这种差异性并非对立之存在，而是互补之存在。六大理论都有其自身的优越之处，比如，新公共服务理论在优化公共服务方面，网络（化）治理理论在网络状治理结构方面，整体性治理理论在整合或合作的治理方式方面，数字治理理论在大数据的治理工具方面，公共价值管理理论在公共价值的创造方面，新公共治理理论在工具选择和价值取向方面都具有一定的前沿性。因此，我们在研究西方公共治理前沿理论的时候，应当具有整合思维，构建西方公共治理理论体系，发挥出整体优势、理论群优势。

3. 在中国语境下研究西方公共治理前沿理论的本土化

笔者在对西方公共治理前沿理论的产生背景、理论基础等八个方面的比较都是基于西方语境，这些理论在社会治理方面具有一定的前沿性、创新性，对于我国而言，西方公共治理前沿理论的本土化是有必要的，因为我国的学术研究、学科发展、所处的时代背景和正在进行的社会转型为其提供了条件。西方公共治理前沿理论的本土化也是可行的，因为西方公共治理五大前沿理论的应用范围与我国公共管理实践相契合。因此，在中国语境下，对西方公共治理前沿理论的本土化策略探索，我们需要从理论的中国化和理论的应用化两个方面入手，既打造属于中国特色的治理理论，也借鉴西方公共治理前沿理论用以指导我国公共管理改革。

（二）西方公共治理前沿理论比较研究对我国公共治理的启示

1. 组织结构：打造网络状治理结构

社会形态的转变必然引起社会结构的变迁，对于我国而言，全球化、工业化、后工业化、城镇化、信息化、产业化等同步进行，社会结构也在发生巨大的变化，社会治理方案也必须重构以应对时代变迁的挑战。笔者通过对西方公共治理前沿理论在组织结构方面的比较研究发现，网络状结构成为趋势，是新型社会治理赖以依靠的治理结构。网络是非常重要的，奥图勒（1997）将它的重要性归结为："第一，公共行政中的许多问题需要跨机构之间的合作；第二，处理宏观的或复杂的问题可能需要网络结构来执行；第三，政治性压力使得网络可能是实现政策目标所需要的；第四，必须付出努力使各种联系制度化；第五，跨部门和不同层次管理的需要。"[1] 因此，对于我国而言，在社会转型的同时逐步打造网络状的治理结构是新型社会治理方案重构的基础，发挥政府、社会组织、公民等各大公共主体的作用，构建协同并进、合作共赢的网络状治理结构。

---

[1] O'Toole Jr，Laurence J.Treating Networks Seriously：Practical and Research-Based Agendas in Public Administration[J].Public Administration Review，1997，57（1）：45-52.

2. 政府角色：引导型政府，发挥政府的元治理作用

网络状治理结构的打造需要政府发挥重要作用。在网络结构中，政府角色也必然发生变化。笔者通过对西方公共治理前沿理论的政府角色比较研究发现，政府扮演着服务者、协调或仲裁者、整合者、战略家等角色，一言以蔽之，就是发挥着元治理的作用。对于政府角色的新转型，我国社会治理应当关注到，在我国语境下，笔者认为，政府元治理的作用应当是扮演引导者的角色。我国政府在历史上一直发挥着主导作用，如果现在立马发挥元治理作用是不现实的。因此，我国政府在治理中应当引导其他主体参与进来，并引导其他治理主体关注到准确的治理问题、公民需要和公共服务。

3. 治理方式：灵活应用战略管理、合作治理、大数据技术

我国政府在治理体系中发挥着元治理作用，主要扮演引导者，这就需要创新社会治理方式，由传统的政府单一管理模式转变到现代的多元共同治理模式，治理方式必然具备治理时代的特征。首先，政府的引导作用依赖其顶层设计、问题导向，这就需要公共治理参与战略管理的方式，着眼于外部环境的变化，关注长远目标，具备战略思维。其次，政府与其他治理主体在互动中，应当采取合作的治理方式，从协调、整合到合作，发挥各自的长处，实现效用最大化。再次，信息技术的引入，对于现代化治理来说是事半功倍的。大数据技术在数据获取、数据分析、信息共享等方面具有一定优势，能分析、处理问题，指导行动者的方向。

4. 治理目标：创造公共价值

公共价值自从1995年被马克·穆尔提出就受到公共管理学术界与实践界的广泛关注，公共价值包含多方面，服务的产出、公众的满意度、结果、持续性、诚信、合法性等。对于日益多元化的社会而言，单一的标准难以衡量治理效果，公共价值恰好顺应了社会多元性的特点。对于环境日益复杂性的趋势，公共部门的治理不能再唯官僚化、内部化、规则化，应当关注外部环境、组织生态等。公共价值的创造正是公共管理者结合外部环境与组织目标的结果。公共价值也并非一成不变的，它是根据组织外部环境与内部生态而定的。因此，公共价值将成为治理时代所追求的目标，当然，对于我国而言，创造公共价值也将是我国治理主体的使命和所关注的目标。

5. 价值取向：整合工具理性与价值理性

笔者通过对西方公共治理前沿理论的相互比较及与相关理论的比较发现，创新性的、前沿的、可持续发展的公共治理理论都有工具理论与价值理论相融合的趋势，只偏重某一种理性（工具或价值理性）的理论最终是要被历史淘汰的。因此，在构建中国特色的公共治理理论的时候，应当整合工具理性与价值理性。这就要求我国公共治理理论应当处理好公平与效率的关系，在核心理念上是趋向公平因素，在具体操作上是趋向效率因素，以价值理性为指导，提出可操作化的治理方案；在治理目标上追求公平因素，在治理方式上体现效率因素，以公共价值为目标，利用多种工具创造公共价值。因此，整合工具理性与价值理性，我们需要正确对待效率与公平关系，要在公平的基础上，实现效率最大化。

第 二 部 分
公共治理前沿理论的应用

整体性治理理论的应用 *

整体性治理理论是西方公共管理学界继新公共管理理论之后兴起的政府治理新理论,它的提出是为了解决政府改革碎片化和分散化造成的社会问题复杂化和效率低下的弊端。整体性治理理论对西方发达国家的行政改革有很强的启示意义。

整体性治理理论在国内外的研究尚未完善。笔者从外文期刊网站上检索相关著作和文献,其中从 Google Scholar 网站上以"Holistic Governance"为关键字,检索到 1997 年以来的结果共 47500 条,可见国外的研究已经初具规模;而在中国期刊全文数据库 CNKI 以"整体性治理"为关键词的全部检索结果为 81 条,全部时间分布为 2008 年 10 月到 2011 年 8 月。可见,整体性治理理论在国内尚属较为新颖的理论,其研究处于起步阶段。笔者研究和总结了国内外行政学学者对整体性治理理论的产生、认识、译介的研究成果,对该理论的领域归属和发展脉络进行了梳理和归纳,并对其应用前景进行了前瞻性探讨。

一、整体性治理的概念梳理

整体性治理理论产生于 20 世纪 90 年代的西方国家,政府管理问题的复杂性和政府管理危机意识的觉醒预示着现代社会已经进入了风险时期,而占主导地位的新公共管理改革针对政府财政危机、信任危机、管理危机推行的市场化和管理主义方法使公共治理的结果更加碎片化、分散化。整体性治理的应运而生是为了摆脱碎片化的困境,解决碎片化带来的社会问题复杂化的难题,从而提供更完善、更低成本、更有效率的公共服务和公共产品,以期达到善治的效果。

整体性治理模式在不同国家也有不同的语义表达:在英国被表述为"协同型政府"(Joined-up Government)或跨部门议题(Cross-cutting Issues),在北美和其他欧洲国家更直白地被表达为"服务整合"(Service Integration),[1] 在美国被称为"合作政府"(Collaboration Government),在澳大利亚被称为"整体政府"(Whole of Government),在加拿大被称为"水平政府"(Horizontal Government)等。尽管表达不同,但从其共性可知,整体性治理理论的核心内容在各政府得到了本土化阐释。

整体性治理针对的是碎片化治理带来的一系列问题,整体主义的对立面是碎片

---

* 与杨洋合作完成,并发表于《教学与研究》2013 年第 6 期,第 80～86 页,题目有变动。
[1] Christopher Pollitt. Joined-up Government: A survey[J]. Political Studies Review, 2003, 1 (1): 34-49.

化而不是专业化。[1] 整体性治理的主要思想是重新整合，这包括逆部门化和碎片化、大部门式治理、重新政府化、恢复或重新加强中央过程、极力压缩行政成本、重塑服务提供链、集中采购和专业化、以"混合经济模式"为基础共享服务以及网络简化。信任和责任感是整体性治理过程中最关键的因素，组织间信任的基础是委托和代理关系，而责任感一般表现为诚实、效率和有效性。

整体性治理的理念在西方一些发达国家的政府改革中得以成功实践。Tom Ling 在比较了加拿大、澳大利亚、荷兰、新西兰、瑞士、美国等的实践经验后指出了英国的协同型政府与新公共管理倡导的第三条道路之间的区别。[2] 英国的协同政府改革得到布莱尔政府改革的青睐，与保守党倡导的权力下放的政策形成对比，很好地解决了英国政府"空心化"的局面。如今在英国的国家健康服务等公共服务中，协同、协调、整合的方法得到了普遍适用，克服了公共服务碎片化的弊端。澳大利亚政府的中央链接（Centrelink）将来自 8 个联邦政府部门和各个州与地区政府的各种社会服务集结在同一个屋檐下，目的是向公民提供跨越各种服务的一站式服务。[3] 美国在联邦和州级安全防御领域展开的联合行动、信息共享和机构合作能够避免恐怖分子的袭击和威胁。

二、整体性治理的研究现状

整体性治理理论产生于西方，该理论在西方行政学界有一定程度的发展，并在一些发达国家有其实践价值，但在我国还处于理论推介和应用性的初步探讨阶段。

（一）整体性治理理论在国外的发展脉络

"整体性治理"（Holistic Governance）的概念最早由英国约克大学的安德鲁·邓西尔于 1990 年提出，1997 年，英国伦敦国王学院的佩里·希克斯在其《整体性治理：新的改革议程》一书中做了论证，并在 1999 年和 2002 年的专著中具体阐述了基本理念与策略。2005 年，牛津大学经济政治科学学院的帕特里克·邓利维探讨了整体性治理的必要性与可行性。另外，2002 年澳大利亚的彼得·威尔金斯探讨了责任和协同型政府的关系。荷兰鹿特丹伊拉斯谟大学的克里斯多夫·波利特于 2003 年介绍了协同型政府（Joined-up Government），提出了时兴的"整体性"方法的概念及其评价

---

[1] Perri 6. Towards Holistic Government: The New Reform Agenda[M]. New York: Palgrave, 2002: 37.

[2] Tom Ling. Delivering Joined-up Government in the UK: Dimension, Issues and Problems[J]. Public Administration, 2002, 80（4）: 615-642.

[3] 斯蒂芬·戈德史密斯，威廉 D 埃格斯. 网络化治理：公共部门的新形态 [M]. 孙迎春，译. 北京：北京大学出版社，2008: 15.

方法。

整体性治理理论的雏形最早见于1990年安德鲁·邓西尔的文章《整体性治理》，他阐述了控制理论和撒切尔主义，并指出控制在善治以及节约官僚中的重要性。[1] 佩里·希克斯认为整体性治理是基于对传统官僚制和新公共管理的批判而形成的行政学的范式转移（paradigm shift），是对行政学发展的新挑战。但是作为政府行政改革的新方向，整体性治理环境的形成有待政治、经济、社会的进一步发展，而"制度化"是其形成的关键。但是希克斯在其研究中并没有提出具体的制度化措施。希克斯认为整体性治理的要求要面向三种环境：治理层级的整合、治理功能的整合以及公私部门的整合。[2] 帕特里克·邓利维批判了新公共管理面临的危机，并指出在已经到来的数字化时代中，整体性治理有极大的必要性和可行性。同时他也指出，整体性治理的改革范式也被应用于英国、美国、澳大利亚、新西兰、加拿大、荷兰和日本等七个国家。[3] 彼得·威尔金斯对协同方法和交叉议题表示认同，指出了澳大利亚库布斯皇家委员会要运用基层的整合方法和中央层面的全局方法来共担责任。[4]

克里斯多夫·波利特指出 Joined-up Government（JUG）是英国，尤其是其他经济合作与发展组织（OECD）国家公共部门改革的首选。他将JUG暂时定义为：实现纵向和横向协调的思想和行动，能够实现如下四个目的：消除不同政策之间的矛盾，对稀缺性资源更好地利用，整合特定政策领域的不同利益相关者，向公民提供无缝隙而非分散的服务。[5] 他指出JUG的观念在英国由来已久，可追溯到1951年至1953年丘吉尔的大君主体制，1970年希斯的《中央政府重组》的文章用大篇幅介绍了协同的政策制定方法。在1975年的《中央政策回顾报告》中就有《社会政策的协同方法》，倡导英国政府在特定政策领域应用更协作的方法。而更近时期，英国保守党政权对合作的强调尤其见于1989年到1997年，Partnership一词在议会中引用次数从1989年的38次增加为1999年的6197次。他认为实现JUG的关键在于政府大臣的实际行动。内阁部长对JUG是付诸行动呢，还是夸夸其谈呢？而他们从惯例的竞争性和部门分割型的行为向协同整合型治理转变的动机又有多少呢？对此克里斯多

---

[1] Andrew Dunsire. Holistic Governance[J]. Public Policy and Administration，1990，5（1）.

[2] 彭锦鹏. 全观型治理：理论与制度化策略 [J]. 政治科学论丛（台湾），2005，（3）：69.

[3] Patrick Dunleavy. New Public Management Is Dead——Long Live Digital-Era Governance[J]. Journal of Public Administration Research and Theory，2006（3）：467-494.

[4] Peter Wilkins. Accountability and Joined-up Government[J]. Australian Journal of Public Administration，2002（3）：114-119.

[5] Christopher Pollitt. Joined-up Government：A survey[J]. Political Studies Review，2003，36（1）：34-49.

夫·波利特提出了疑问。[1]

（二）整体性治理理论在我国的研究现状

我国行政学界对整体性治理理论的引入最早可追溯到2005年台湾学者彭锦鹏的《全观型治理：理论与制度化策略》一文。彭锦鹏指出，佩里·希克斯主张建立整体性政府、预防性政府、改变文化的政府以及结果取向的政府，详细阐述了整体性治理理论的改革理念和政策主张。他认为，整体性治理是基于对传统官僚制和新公共管理的批判形成的行政学的范式转移，是对行政学发展的新挑战。彭锦鹏针对希克斯对"制度化"没有给出确定答案的缺憾提出了构建全观型治理环境的三种改革策略：运用资讯科技形成的线上治理模式、整合型政府组织和主动型文官体系，即形成全观型治理所需的科技基础、组织基础和人员基础。而虚拟国家（Virtual State）、电子化政府（Electronic Government）、数字化政府（Digital Government）等新名词的出现增加了资讯科技时代下实现网络化治理的可能性，电子化政府的发展也经历了从政务公开、互动到交易的整合阶段而日臻完善。

我国学者对整体性治理理论的研究多是基于对新公共管理的滥觞导致的基层治理的碎片化问题。竺乾威在2008年详细介绍了整体性治理理论的主要思想，并总结了整体性治理理论的要素与发展阶段。他指出，整体性治理着眼于政府内部机构和部门的整体性运作，主张管理从分散走向集中、从部分走向整体、从破碎走向整合。[2] 并且分析了在信息通信技术发展迅速的时代，数字技术的日臻完善和电子化政府的需求对现代政府改革带来的新挑战。

我国学者对整体性治理理论的逻辑归属与应用范畴进行了梳理。整体性治理的出现既是对传统公共行政的衰落以及新公共管理改革所造成的碎片化的战略性回应，又是一定意识形态的折射。[3] 整体性治理理论也是传统的合作理论和整体主义思维方式的一种复兴。[4] 整体性治理的关键在于协调机制、整合机制和信任机制的构建和落实。整体性治理和服务型政府的精神内涵是相通的，都以追求民主、责任、公平、公正的治理效果为目标，同时也符合现代社会倡导的服务理念的公共性取向及工具理性的要求。整体性治理更是一种治理理念的重塑，能极大地深化和提升政府治理

---

[1] Christopher Pollitt. Joined-up Government：A survey[J]. Political Studies Review，2003，36（1）：34-49.

[2] 竺乾威. 从新公共管理到整体性治理 [J]. 中国行政管理，2008（10）：52-58.

[3] Tom Ling. Delivering Joined-up Government in the UK：Dimension，Issues and Problems[J]. Public Administration，2002，80（4）：615-642.

[4] 胡象明，唐波勇. 整体性治理：公共管理的新范式 [J]. 华中师范大学学报（人文社会科学版），2010，49（1）：11-15.

的理论内涵和实践意旨。[1] 而整体性治理的关键在于结合公民的回应性、层级和公私部门整合、网络简化和程序统一以及组织协调，这也正是碎片化问题的解决之道。

（三）整体性治理的比较研究

1. 与无缝隙政府的比较

无缝隙政府的提出是基于传统的部门分工造成的碎片化和流程分割，因此无缝隙政府旨在围绕公民需求对政府服务进行流程再造，以满足顾客的无缝隙需要为中心设计组织的形式和原则，目的是创建面向顾客、服务公众的创新型组织。在满足顾客的无缝隙需要中，提升政府的绩效和服务质量，将政府部门的流程再造的结果表现为以顾客导向、竞争导向、结果导向为特征的无缝隙政府。通往无缝隙政府的道路就是进行再造，工作人员从全局出发进行整合，直接与最终用户接触，完成整个工作任务。[2] 流程再造的关键在于部门整合和资源协调，而整体性治理也要求政府部门在网络化和电子化的支撑下进行人、财、物的整合与协调。因此，无缝隙政府和整体性政府从技术上讲是相通的。

2. 与新公共管理的比较

新公共管理也强调公私部门之间的合作，强调公共部门的私有化经营，但是新公共管理范式产生的社会背景是全球化、市场化、国际化大环境，追求高效率被视为改革的第一指标，因此权力下放和私有化是其有效措施。相比之下，整体性治理是网络技术的进步和电子政府的兴起的时代产物，更大程度上是从技术的角度来理解的，因此新公共管理和整体性治理在时代背景和技术手段上有很大不同。但是整体性治理被视为对新公共管理的不良效果的修正，它们在实现善治的目标上并行不悖，都是在寻求改进公共服务的质量和效率的方法，因此，新公共管理和整体性治理从目标上讲是相通的。

三、整体性治理的理论评价

整体性治理的合作与协调、整合与网络的主张是对传统官僚制以及新公共管理弊端的批判而提出的新公共管理范式。还有一种理解认为在后新公共管理时期，在美国对新公共管理进行批评并对其大有取代之势的是新公共服务理论，代表人物是罗伯特·登哈特，而在英国，对新公共管理的批评发展起来的是整体性治理范式。[3]

---

[1] 曾凡军，韦彬. 整体性治理：服务型政府的治理逻辑 [J]. 广东行政学院学报，2010（1）：22-25.

[2] 拉塞尔·林登. 无缝隙政府 [M]. 北京：中国人民大学出版社. 2001：154.

[3] 胡象明，唐波勇. 整体性治理：公共管理的新范式 [J]. 华中师范大学学报（人文社会科学版），2010，49（1）：11-15.

而另一方面，整体性治理为行政体制改革、人事制度改革、国家预算等方面提供了新的思路，具有很大的应用价值。

（一）公共管理范式的升华

传统官僚制是科学管理主义的成果，是建立在理性基础上的非人格化、专业化、制度化、层级节制的组织结构形式。在面临新时期复杂多变的社会客观条件，传统官僚制显现出其力不从心的一面：机构臃肿、人员庞杂、规章制度烦琐、组织界限严格等，不能适应灵活多变、无缝隙化的组织新要求，而整体性治理是强调将信息技术和数字化手段应用到科层制组织中，按照传统的自上而下的层级结构建立纵向的权力线，并根据新兴的各种网络建立横向的行动线。[1]

新公共管理理论的政策主张主要有：强调参与协作的分权模式，在公共部门引入市场化竞争机制，建立顾客驱动制度和顾客满意标准，注重行政产出和行政结果。新公共管理的主张措施对提高公共部门行政效率的效果明显，如1993年美国政府颁布的《政府绩效与结果法案》（GPRA）、20世纪80年代英国审计委员会采用的3E（Economy，Efficiency和Effectiveness）标准等成功的改革范例。

但是，新公共管理在三方面面临挑战：分权、竞争和激励。分权化的现状是购买者与供应者分离、机构化和分散的政策系统趋势、准政府机构增加、非专业化，同时也有进步的绩效标准和绩效表的延续；竞争的现状是准市场化、凭证计划的保留，外包、强制性市场测试，政府间合同、公私部门两极分化，产品的市场自由化、解制等政府行为的终止和顾客资助、使用者控制的延续；激励的现状是重新制定物权、管制、资本市场的保留，资产私有化，反寻租措施，放松专业特权，绩效工资，私人财物和公司合作的终止，以及同一的回报率与折扣，公共部门平等和强制性效率的延续。这些新公共管理带来的负面的非直接的作用增加了制度和政策的复杂性，从而影响了公民解决社会问题的能力，形成了后新公共管理体制。[2] 因此，后新公共管理时期的关注焦点集中在三个方面：重新整合、需求基础的整体治理、数字化变革。整体性政府即将向数字化时代政府转变，涉及政府范围的重新整合、整体性和需求导向结构的采用及数字化的行政处理过程。这一转变使政府能够在科技、组织、文化和社会效果方面实现自我维持。[2] 整体性治理是后新公共管理时期管理挑战的回应和治理思路的创新。

总结起来，一般观点认为整体性治理是继传统官僚制和新公共管理之后的公共管理新范式。三种范式在不同历史时期发挥着难以替代但又渐进发展的作用，三者

---

[1] 斯蒂芬·戈德史密斯，威廉 D 埃格斯. 网络化治理：公共部门的新形态 [M]. 孙迎春，译. 北京：北京大学出版社，2008.

[2] Patrick Dunleavy. New Public Management Is Dead——Long Live Digital-Era Governance[J]. Journal of Public Administration Research and Theory，2006（3）：467-494.

的比较如表 1 所示。

表 1　公共行政三种典范的比较[1]

	传统官僚制	新公共管理	整体性治理
时期	1980 年代以前	1980—2000 年	2000 年以后
管理理念	公共部门形态的管理	私人部门形态的管理	公司合作/央地合作
运作原则	功能性分工	政府功能部分整合	政府整合型运作
组织形态	层级节制	直接专业管理	网络式服务
核心关怀	依法行政	运作标准/绩效指标	满足公众需求
成果检验	注重投入	注重产出	注重结果
权力运作	集权	分权	扩大授权
财务运作	公务预算	竞争	整合型预算
文官规范	法律规范	纪律与节约	公务伦理/价值
运作资源	大量运用人力	信息科技	网络治理
政府服务项目	政府提供大量服务	强化中央政府掌舵能力	公众生活问题
时代特征	政府运作的逐步摸索阶段	政府引入竞争机制	政府制度与公众需求高度整合

（二）整体性治理的应用

整体性治理理论为国家公共管理改革提供了新思路，整合和协调的理念被运用到行政体制改革、人事制度改革、养老保险制度、国家预算等方面。我国行政管理体制改革已经进入全面落实阶段，这就要求加快行政管理体制改革，建设服务型政府，加大机构整合力度，探索实行职能有机统一的大部门体制，健全部门间的协调配合机制。[2]

第一，整体性治理对我国大部制改革有深刻的启示，表现为在行政理念上回归公共性，在组织结构上强调协同整合，在公共服务供给方式上允许多元参与，在技术手段上注重数字信息技术的应用。[3] 第二，整体性治理的整合协调、政策协调、超越分工的组织架构对我国干部人事制度在价值取向、制度设计和工作机制等方面有启示意义，表现为促进选拔与管理的平衡、监督与激励的平衡、制度建设与制度落实的平衡、"正式制度"与"非正式制度"的平衡、组织结构上的整体建制等。第三，我国政府预算体制的碎片化、条块分割和信息孤岛需要整合的思维模式和治理方式。这就要求以公民需求为导向，以信息技术为治理手段，以协调、整合与责任感为治理策略，建构整体性政府预算治理模式。[4] 第四，整体性治理一般用以解决行政区内横向政府组织间跨

---

[1] 彭锦鹏. 全观型治理：理论与制度化策略 [J]. 政治科学论丛（台湾），2005，(3)：75.

[2] 胡锦涛. 中国共产党第十七次全国代表大会报告 [EB/OL].（2007-10-24）. http：//news. xinhuanet.com/newscenter/ 2007- 10/24 /content_6938568_5.htm.

[3] 崔会敏. 整体性治理对我国行政体制改革的启示 [J]. 四川行政学院学报，2011（1）：10-13.

[4] 曾凡军，欧阳昌永. 基于整体性治理的我国政府预算研究 [J]. 经济研究参考，2010（53）：37-39.

界治理问题,它对区域公共管理政府合作治理也具有重要的启发和应用价值。[1]

四、整体性治理的未来之路

不论从理论范式的优越性还是技术环境的成熟性上看,整体性治理理论都具有很强的理论研究价值和实践借鉴意义,公共管理改革的路径选择也必然将整体性治理纳入实施范畴,这是因为整体性治理契合了公共管理追求更好更快服务的逻辑起点,顺应了治理理论追求善治的目标要求,具备了数字化和网络化的时代条件,批判性地回应了传统官僚制的诟病。

21世纪为治理理论的发展提供了滋长的土壤,治理包含六种含义:作为最小国家管理活动的治理(The Minimal state),作为公司管理的治理(Corporate Governance),作为新公共管理的治理(The New Public Management),作为善治的治理(Good Governance),作为社会-控制系统的治理(socio-cybernetics systems)和作为自组织网络的治理(Self-Organizing Networks)。[2] 而治理的实质就是充分调动和运用社会资源,将自上而下的制度内化,从而获得"善治",注重过程的多元化、回应性、自治性等。从这一点上看,整体性治理的目标和善治的目标是一致的。

21世纪是信息通信技术成熟和普及的时代,网络化治理代表了逐渐出现利用私人公司和非营利机构从事政府工作的模式,从顾客—公民的角度考虑,采用横向"协同"政府、纵向减少程序的做法,技术上的突破大大减少了伙伴之间的合作成本,公民希望增加公共服务选择权的要求在不断提高这四种公共部门形态发展变化的集合。[3] 数字时代的到来和电子化政府的成熟使政府管理对部门整合、功能协调的需求与日俱增,这为整体性治理提供了技术条件。

21世纪的政府管理需要面临更为复杂的社会环境,对发展中国家的国际投资显著增加。"冷战"的结束、20世纪八九十年代发展政策改革的失败以及新制度经济学的兴起促使政府治理指标成为国际投资者和OECD成员国及多边合作发展机构关注的热点。[4] 而在自由和民主的政府中,政策和管理对整体性方法提出了诉求,而整

---

[1] 高建华,秦竟芝. 论区域公共管理政府合作整体性治理之合作监督机制构建 [J]. 广西社会科学,2011(2):132-135.

[2] R.A.W. Rhodes. The New Governance:Governing without Government[J]. Political Studies,1997,44(1):652-667.

[3] 斯蒂芬·戈德史密斯,威廉 D 埃格斯. 网络化治理:公共部门的新形态 [M]. 孙迎春,译. 北京:北京大学出版社,2008:17.

[4] Christiane Arndt,Charles Oman. Uses and Abuses of Government Indicators[Z]. www.oecdbookshop,org,2006-06-26.

体性方法将接着新公共管理新千年和重塑政府的末端，成为新千年政府管理的新特点。[1] 新时期的政府公共治理肯定要求努力加强政府组织的能力，以达到高效率的目标。而同等重要的是，它同样要求政府提升这方面的能力和意愿，即政府的高层管理者突破彼此的组织界限，携手合作，从而使得政府和它提供的服务对市民来说更完美、更透明。[2] 因此，在各国的经济差距在不断缩小的情况下，竞争的关键在于公共管理的有效性和公共服务的完善性，整体性治理具备价值和工具的二元理性要求，是完善公共服务的重要措施。

最后，笔者认为和新公共管理理论一样，整体性治理理论是公共管理改革在不同时期不断探索的理论产物之一。而纵观公共管理改革的发展历程，整体性治理理论也符合"钟摆原理"（Pendulum Theorem），是对新公共管理的对立性回应，为公共管理方法论的改进提供了新方向，而这种范式上的回归正说明了公共管理改革在摆动中螺旋式前进，不断探索实现更好、更快、更低成本的公共服务的方法。

---

[1] Peter J Laugharne. Towards holistic governance[J]. Book Review. Democratization，2004（3）.
[2] D F 凯特. 有效政府——全球公共管理革命 [M]. 张怡，译. 上海：上海交通大学出版社，2005.

大数据时代背景下整体性治理理论的应用 *

根据中国互联网信息中心（CNNIC）2015年1月所提供的数据，"截至2014年12月，中国网民规模达6.49亿，互联网普及率为47.9%，中国手机网民规模达5.57亿，手机上网人群提升至85.8%。我国域名总数为2060万个，中国网站总数为335万，年增长4.6%；国际出口带宽为4118663Mbps"[1]。中国互联网速度发展较快，规模也越来越大，伴随着互联网的发展，网民数量的增加，随之产生的数据也迅猛增长，用户单个数据集达到数以TB（Terabyte）计，有的用户甚至已经达到Pera级（1000TB），中国在成为一个网络大国的同时，也进入了大数据时代。

在大数据时代中，政府的治理也遇到了许多新科技背景下的挑战。在新公共管理运动基础上发展出来的为应对新公共管理带来的各种问题而提出的整体性治理理论也悄然地进入了中国，那么，在这个大数据时代背景下，中国如何更好地使之本土化，更恰当地应用整体性治理理论解决政府治理问题，推进国家治理能力与政府治理水平现代化，则是研究的一个焦点。

一、大数据和整体性治理的概念与特征

（一）大数据的概念与特征

2012年3月22日，美国总统奥巴马宣布美国政府五大部门投资2亿美元启动"大数据研究和发展计划（Big Data Research and Development Initiative）"，美国政府的这一举动是将大数据相关的收集、存储、管理和分析纳入研究中，以增强美国政府的管理能力。美国政府如此重视对大数据的研究，已将其纳入政府的行动中，那么，大数据到底是什么？为何有如此大的能量？

1. 大数据的概念

大数据这个概念最早见于1980年托夫勒编的《第三次浪潮》一书中，被赞颂为"第三次浪潮的华彩乐章"，但是由于技术条件及社会发展的限制，大数据巨大的能量和技术并未显现出来。大数据这个概念首次引起人们的重视是在麦肯锡公司2011年的报告 Big Data: the Next Frontier for Innovation, Competition and Productivity 中，文中指出："大数

---

* 与翟文康合作完成，并发表于《行政论坛》2015年第6期，第24～29页，中国人民大学复印报刊资料《管理科学》2016年第2期全文转载，题目有变动，内容有扩充。

[1] CNNIC.《中国互联网络发展状态统计报告》[EB/OL].（2015-2-3）. http：//cnnic.cn/gywm/xwzx/rdxw/2015/201502/W020150203456823090968.pdf.

据是指大小超出了典型数据库软件工具收集、存储、管理和分析能力的数据集。"[1] 笔者认为这个概念是相对于技术和资源的，是一个典型的技术性概念，只强调数据本身的特性，并未强调其价值。"维基百科对大数据的定义则简单地表明了：大数据是指利用常用软件工具来获取、管理和处理数据所耗时间超过可容忍时间的数据集。"[2] 首先，笔者认为这个概念是模糊不清的，常用软件工具并未指出，其次这个概念简言之大数据是数据集，只是强调了其物理特性。因此，这个概念是不全面的，是不适应现代社会具体情况的。IDC 提出的大数据的概念是："大数据一般会涉及 2 种或 2 种以上数据形式。它要收集超过 100TB 的数据，并且是高速、实时数据流；或者是从小数据开始，但数据每年会增长 60% 以上。"[3] 笔者认为这个概念过分强调了量化，只强调了数量，而且下定义的抽象性差，很难使人形成相对准确的概念。"研究机构 Gartner 这样认为，大数据是需要新处理模式才能具有更强的决策力、洞察发现力和流程优化能力的海量、高增长率和多样化的信息资产。"[4] 这个概念认为大数据是一种信息资产，是需要新处理模式开发的，但是这个概念只是描述性的，并未能从中看出其特性和价值，因此这种概念也是有所欠缺的。

综上，笔者认为以上概念都不是对现时代大数据的真正解读，大数据伴随着互联网的发展已经扩展到社会各个政治、经济及文化领域中，在主体上也呈现出多组织、多样化的趋势，因此，笔者认为现时代的大数据应是指在互联网的基础上，利用云计算整合、使用数据信息，为实现政府及非政府组织目标的一种现代信息技术。大数据不仅具有规模大、种类多、处理速度快、密度低、灵活复杂等事实特征；还具有服务性、预测性、共享性、连接性、整体性等价值特征。笔者所探讨的大数据正是针对政府治理所提出的一种信息技术，在这种技术背景下，如何更好地使用整体性理论，对其特性的研究是很有必要的。

2. 大数据的特征

（1）事实特征

大数据的事实特征主要是指其本身所体现出来的，能被人类所观所感的特征，是从产生大数据就有的，并随着大数据消失而消失的一种"本体"特征。

---

[1] Mckinsey Global Institute. Big Data：The Next Frontier for Innovation，Competition and Productivity[R]//Bill Franks：《驾驭大数据》[M]. 黄海，等译. 北京：人民邮电出版社，2013：4.

[2] Big data[EB/OL].（2012-10-02）. http：//en.wikipedia.org/wiki/Big_dita.// 孟小峰，慈祥. 大数据管理：概念、技术与挑战 [J]. 计算机研究与发展，2013，50（1）：146-169.

[3] Benjamin Woo. World wide Big Data Technology and Services2012-2015 Forecast.// 马建光，姜巍. 大数据的概念、特征及其应用 [J]. 国防科技，2013，34（2）：10-17.

[4] 梁锋. 大数据（big data）[J]. 新闻前哨，2013，（11）：96.

规模大、种类多。数据是对某件事物的描述，也可以记录、分析并且还原事物，万事万物皆可数据化。文字可以数据化，现代社会将书本文字转化为电子读物已经成为现实，扩大了文字的影响范围；方位可以数据化，人们一出门皆可用电子地图定位，并且还可以自动设计路线，为出行导航，将各种地理信息转化为数据，将方位变为数据；沟通也可以数据化，即使相隔千里，也可以一秒通信，就是通过数据信息达到的这个效果。通过计量和记录事物，将事物的本质信息数据提取转化出来，就能实现事物的量化和数据化，因此万事万物都可转化为数据。"有了大数据的帮助，我们不会再将世界看作是一连串我们认为或是自然或是社会现象的事件，我们会意识到本质上世界是由信息构成的。"[1]的确，人类生活的这个世界就是一个大数据，因此，大数据在我们面前呈现出规模大、信息海量、范围极广的特征，涵盖、涉及的领域极多。不论是结构化信息还是非结构化的微型信息都会被涵盖收集到，结构化的信息种类明细，非结构化的信息类型多样复杂多变，因此大数据在海量信息的基础上呈现种类多样的特征。

处理速度快。处理速度快是在不断增长的海量数据实时处理的要求下呈现出来的特征。"数据不是静止不动的，而是在互联网络中不断流动，且通常这样的数据的价值是随着时间的推移而迅速降低的，如果数据尚未得到有效的处理，就失去了价值，大量的数据就没有了意义。"[2]在这种背景下，必须不断更新设备，发展互联网络信息获取的技术，提高处理速度，也是在这种条件下，大数据显示出处理速度快的特征。

可利用率低。"以视频为例，连续不间断监控过程中，可能有用的数据仅仅一两秒钟。"[3]的确，大数据技术在应用过程中由于规模较大、数据较多，而真正被人们利用的信息又少，所以它的利用率就较低，但是这种技术对于政府组织及非政府组织在为人们提供服务的过程中又是必不可少的。以监控视频为例，如果我们因为监控过程中可利用的信息较少就不采用这种技术，那么如果真的发生一些状况，就无法考证，所以这种技术又是必不可少的。在现实过程中，与应对处理危机问题相比，利用率低这一看似弊端的特征就不足为一个弊端了，因为现实需要它，它的存在与利用更有必要。

灵活且适应性强。现代信息技术更新速度极快，新的技术在不断发展，企业的业务需求也在不断更新，政府公共部门的服务方式也在不断变革，那么与之相配套

---

[1] 维克多·迈尔-舍恩伯格，肯尼迪·库克耶. 大数据时代 [M]. 盛杨燕，周涛，译. 杭州：浙江人民出版社，2012：125.

[2] 马建光，姜巍. 大数据的概念、特征及其应用 [J]. 国防科技，2013，34（2）：10-17.

[3] 严霄凤，张德馨. 大数据研究 [J]. 计算机技术与发展，2013（4）：168-172.

的大数据的分析也必须快速地更新、发展，随时应对问题的发生而灵活地变化、灵活地应对。而且大数据作为一种互联网发展过程中的产物，在互联网的背景下，其适应能力也是极强的，只要配套相应的设备，只要投入使用，便可获得相关数据信息，不仅很灵活，也很方便。

大数据的这些事实特征体现了其物理性，是本身具有的，这些特征也催生着大数据价值特征的产生。

（2）价值特征

所谓价值特征就是指大数据技术在其事实特征的基础上，在投入使用的过程中，被人们开发、利用，它在服务人们过程中有利于人们生活所呈现出的特征，主要有服务性、可预测性、共享性、协同性和连接性、整体性。

服务性。服务性是其体现得最突出的一个特征。从微观上看，其服务性体现在方便了人们生活的角角落落：数据地图为人们出行带来了方便，数据图书馆为人们阅读提供了便利的条件，数据网络为人们查询开通了道路。从宏观上看，大数据的应用为政府治理提供了技术指导。在国家治理过程中，强调了多元主体互动协同的过程，政府组织及非政府组织互相协作、互相沟通，但是在实际中，政府的管理带来了许多碎片化的问题，所以需要在政府治理过程中应用整体性治理，解决碎片化问题。但是这种多元主体的协同则需要大数据技术为其提供服务，才能实现政府治理水平乃至国家治理能力的现代化。因此，服务性是大数据价值特征的一个重要特性。

可预测性。舍恩伯格在其《大数据时代》中列举了两个案例，就是强调大数据的可预测性解决现实问题的例子。一个是甲型 H1N1 期间，谷歌公司利用人们在其搜索引擎上留下的与流感相关的语言记录来正确预测出流感病原及未来流感的发展区域。第二个则是美国计算机专家艾奇奥尼利用航空公司过往的大量机票价格数据建立的一个正确预测机票价格的系统。舍恩伯格分别从公共问题及商业领域阐释了大数据的可预测性，并且还说："大数据的核心就是预测。"[1]如果合理地利用大数据技术，那么对于我国公共领域问题的解决，对于政府治理方法的借鉴可谓是很有价值的。

共享性和协同性。在整体性治理应用过程中，需要多元主体的协同合作创新。而如何做到政府、企业、公共组织之间的协同就需要几者的信息、资源共享，合作治理。只有大数据可以真正跨越政府内部及政府与其他组织之间的鸿沟，做到信息、资源共享。纵向上，中央与地方的协调通过大数据跨越时空的限制，提高效率；横向上，跨越平台和系统，使政府内部之间、政府与其他组织之间更好地建立联系，

---

[1] 维克多·迈尔-舍恩伯格，肯尼迪·库克耶.大数据时代[M].盛杨燕，周涛，译.杭州：浙江人民出版社，2012：16.

而且利用大数据技术，数据获取、处理和分析的时间减少，效率提高，还降低了成本，达到多方共赢。

连接性和整体性。这一点主要体现在横向上政府内部各部门之间，政府与企业、其他公共组织之间的协同上。因为在传统技术基础上，中央与地方、上级与下级已经形成了一个自上而下的系统，是一个整体。而在大数据背景下，政府内部各部门之间的信息交流需要连接，建立一个公共平台，形成一个整体；在政府与企业、其他公共组织之间通过大数据技术做到多方连接，过去是政府与企业、其他公共组织的单向连接，现在要做到多向连接，成为一个有机整体。

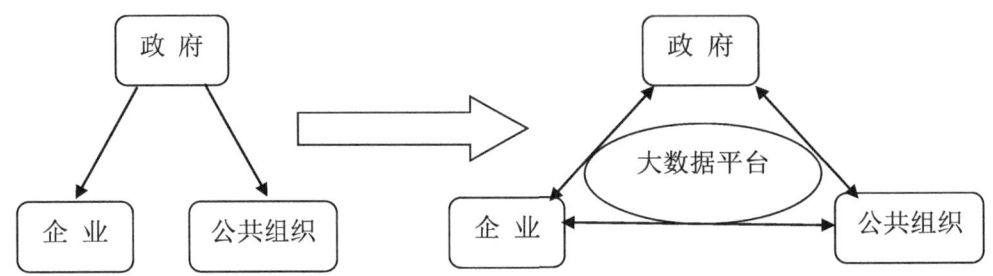

图 1　政府与其他组织沟通模式的转变

由此可见，大数据所具有的以上特征也是其自身的优势所在，如果不将其应用到政府治理的活动中，那么它本身具备的特征只能丧失其对社会的价值意义，因此我们需要将其与整体性治理理论结合起来，共同探寻政府治理水平现代化的新途径。

（二）整体性治理的概念与特征

整体性政府概念是英国学者佩里·希克斯（Perri 6）于1997年首次提出，并在之后不断地丰富形成整体性治理理论，该学说在英国、加拿大、澳大利亚、芬兰及荷兰等国都有所影响，并都在各个国家有所实践，我国对整体性治理理论的研究也在逐渐发展并转入实践中，在我国现有国情及大数据时代背景下对其研究了解是很有必要的。

1. 整体性治理的概念

"希克斯（2002）指出，整体性治理就是政府机构组织间通过充分沟通与合作，达成有效协调与整合，彼此的政策目标连续一致，政策执行手段相互强化，达到合作无间的目标的治理行动。"[1] 他还指出，"整体性治理针对的是碎片化治理带来的一系列问题，整体主义的对立面是碎片化，而不是专业化。"[2] 希克斯从政策、顾客、

---

[1] 叶璇.整体性治理国内外研究综述[J].当代经济，2012（3）：110-112.

[2] Perri6. Towards Holistic Governance：The New Reform Agenda[M]. New York：Palgrave，2002：37.

组织和机构的目标和手段等四方面介绍了整体性治理的具体措施,并且对整体性政府、协同型政府、贵族式政府、渐进式政府和碎片化政府作了比较,如图 2 所示。

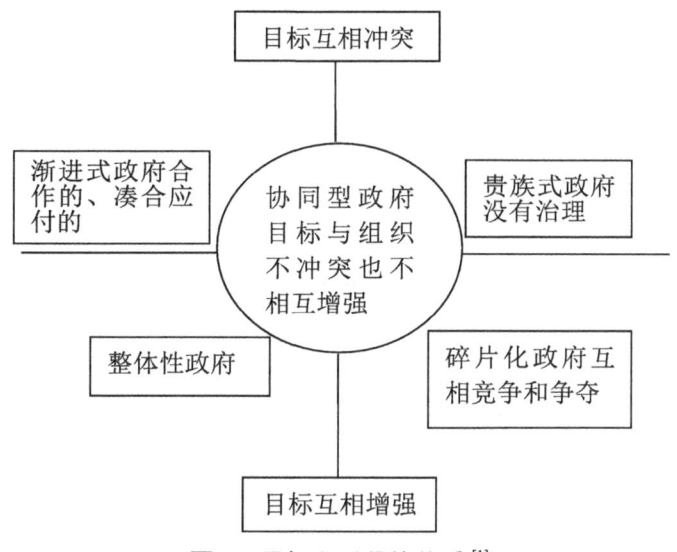

图 2　目标和手段的关系 [1]

英国学者帕特里克·邓利维通过实证研究认为:"信息系统几十年来一直是形成公共行政变革的重要因素,政府信息技术成了当代公共服务系统理性和现代化变革的中心。这不仅是因为信息技术在这些变革中发挥了重要的作用,还因为它占据了许多公共管理的中心位置。"[2] 从中可以看出,大数据时代背景下的治理在于强调服务的重新整合,以整体的决策方式及电子政务的运行模式来治理,从而在一定程度上解决政府机构的碎片化问题。波利特认为:"整体性治理是指一种通过横向和纵向协调的思想与行动来实现预期利益的政府治理范式,具体包括:消除政策间的矛盾和紧张以增加政策的效力;减少重复,整合稀缺资源;增进某一政策领域中不同利益主体的协作;为顾客提供无缝隙而非分离的服务。" [3]

综上,笔者认为,在我国政府主导下的多元社会组织共同发展的国情下,在进入大数据时代背景下,整体性治理是指以满足公众的需求为基础,强调政府组织内部及外部与非政府组织间充分的沟通合作,以信息技术为治理手段,达成有效的协同、协调和整合,使其目标一致,实现无缝隙服务的一种治理方式。

---

[1] Perri6.Towards Holistic Governance:The New Reform Agenda[M].New York:Palgrave,2002:31.

[2] Patrick Dunleavy.New Public Management is Dead——Long Live the Digital Era Governance[J]. Journal of Public Administration Research and Theory,2006,16(3):467-494.

[3] 叶璇. 整体性治理国内外研究综述 [J]. 当代经济,2012(3):110-112.

2. 整体性治理的特征

（1）以公民需求为基础，治理目标是实现公共利益。整体性治理强调结果导向，满足公众提出的合理需求，将政府的重点转移到"个人问题"的解决上来，最大限度地实现公共利益。但是公民个人的需求是多样的，因此为了解决好公民个人的需求问题，又必须协调好各个服务主体，做到政府与非政府组织及个人之间的良好协同，达到为公民提供无缝隙服务的目标。

（2）强调整合性。整合性主要是针对部门碎片化而提出来的。在组织架构与形态上体现在治理层级、功能与公私部门的整合；强调逆部门化和逆碎片化，着眼于政府与社会各组织的合作。在政府内部主张大部门式治理，构建大部门体制，将工作性质相似的部门整合起来；在政府外部加强理性的公私组织的合作；"预算的建立围绕具体结果和地理区域，以功能和组织为目标，促使公共服务以效能的方式提供给各区域的核心群体"[1]；预算整合将各个部分预算（如将削减犯罪预算、削减失业预算、改善教育成就预算）整合成一个区域预算，然后与个案管理者预算采取公开竞争的方式，最终再分散解决各个社会问题。

（3）强调信息技术，提供一站式服务。整体性治理产生的背景之一就是信息技术的发展，信息技术使得整体性治理的设想变为了现实。作为一种有效的技术手段，对于整体性治理的应用尤为重要。整体性治理的整个过程就是一个大数据处理的过程，不仅是收集信息，更强调分析处理信息，并且治理主体之间的互动也离不开信息技术，而且在一站式服务方面信息技术也是关键性的因素。一站式服务是整体性治理理论在基层的一个具体体现，就是将为公民服务的项目整合起来，集中在一起，公民办理个人事务的时候只需要按照流程就可办理成功，不仅方便而且快捷，减少了不必要的麻烦，解决了一些"碎片化"问题。一站式服务的关键技术就在于依靠网络平台，自成一个独立系统，依靠大数据分析处理，提高办公的效率性、准确性。

（4）治理结构体现等级性、协商性和多元性。整体性治理的核心在于整合，有整合就必须依靠一定的强制力，有一个核心力量，因此要依靠权力的集中和组织各要素的统筹协调，一般是自上而下的等级式。京津冀的协同发展就体现了这一点，成立一个行政首长联合会，由国家级首长张高丽去领导省部级官员，这样对于京津冀的整体协同发展是很有效的，有令即行。权力的集中也就意味着有分散的一面，将各个主体集中在一起，就需要不同主体之间的协商沟通，"新西兰的'整体政府'改革就是一个典型，在那里，'协商'存在于各种相关机构与各层级的政府组织之

---

[1] 曾维和. 西方"整体政府"改革：理论、实践及启示[J]. 公共管理学报，2008，5（4）：62-69.

间，'整体政府'被视为相关机构通过协商实现客户需求所进行的各种合作"[1]，协商的过程也就意味着一个多元化的过程，因此需要互动，需要协调，最终达到协同。

整体性治理理论的特征很明显地体现出来是政府治理领域内的理论，那么它将如何与非政府领域的大数据相结合？如何利用大数据的优势特征助力整体性治理，进入政府治理的活动中？我们需要进一步探讨整体性治理与大数据之间的关联性，将二者结合起来研究。

（三）整体性治理与大数据的关联性

大数据时代背景下整体性治理理论的应用实际上就是整体性治理理论借助大数据技术的优势，发挥自身治理的功能，实现治理目标。整体性治理与大数据的结合主要体现在数据分析、信息服务和数据共享三个主要方面。

（1）大数据技术在信息技术基础之上以高效的、复杂的数据分析为优，大数据技术针对海量的信息、数据的分析体现出快捷的特点，整体性治理理论以公民需求为导向。随着互联网及电脑的普及，公民的需求逐渐体现在互联网上，公民关注什么，需要什么都可从网络点击的数据进行分析，所以整体性治理理论借助大数据技术对公民网络上体现出的需求数据进行数据分析是非常方便快捷的。数据分析将整体性治理与大数据连接起来，大数据这一特点将整体性治理理论的要点与核心思想落实到现实中。

（2）大数据技术是基于信息技术发展起来的，在海量的信息方面，大数据技术不仅停留在数据分析，而且还能提供海量的数据、信息服务。整体性治理理论的整合思想、逆部门化、大部门式治理、数据库、一站式服务都需要信息服务，而这种信息服务是从公民那里获取又反馈给公民。获取公民的需求信息，经过政府或公共组织的运作、服务又将服务信息反馈给公民，满足公民的需求。组织内部的信息也需要整合，这种整合离不开大数据技术的信息服务。部门与部门之间打破隔阂，地区与地区之间的沟通都离不开信息的传递，整体性治理主要是针对碎片化的问题而区别于其他治理方式，要将解决碎片化问题的理论落实到实践中是离不开大数据提供的信息服务的。

（3）整体性治理与大数据第三个连接点在于数据共享。"数据代表着对某件事物的描述，数据可以记录、分析和重组它。'数据化'是指一种把现象转变为可制表分析的量化形式的过程。"[2] 所以，凡是可量化的事物都可以转化为数据。传统公共行政的衰落和新公共管理改革导致的"碎片化"现象主要体现为：①重复建设；

---

[1] VINCENT L E.Collaboration and Integrated Services in The NSW Public Sector[J].Austalian Journal of Public Administration，1999，58（3）：50-54.

[2] 维克多·迈尔-舍恩伯格，肯尼迪·库克耶.大数据时代[M].盛杨燕，周涛，译.杭州：浙江人民出版社，2012：104.

②相互冲突的目标；③缺乏沟通；④服务提供或干预的遗漏或差距。这些"碎片化"现象是没有进行信息沟通、信息共享、数据共享导致的，所以要将整体性治理理论执行到实践中，将整体性治理的优势发挥出来，需要借助大数据技术，进行数据共享，加强沟通。

总而言之，整体性治理理论的应用及其治理优势的发挥需要借助大数据技术的数据分析、信息服务和数据共享等长处，在大数据时代背景下的整体性治理理论需要与大数据技术结合起来，二者"强强联手"方能双赢，发挥出各自的优势，以达到整体性治理的目标和效果。

二、大数据时代背景下整体性治理理论应用的必要性分析

整体性治理理论在大数据时代背景下的应用，重点在于它们二者的"强强联合"，但是需要结合我国实际，对于是否有应用的必要性这一问题，我们还需作进一步的论证。目前，我国为公民服务理念较明确，但服务方式较为单一；府际间各自发展较快、优势明显，但联合协调较少、整体优势发挥较弱；区域一体化提法较早，但落实较慢，时间跨度较长等问题显现，需要进一步分析论证。

服务方式。2004年温家宝同志首次提出要努力建设服务型政府，并在2005年的《政府工作报告》中明确提出要努力建设服务型政府，创新政府管理方式。如今历经十年之久，服务型政府建设已取得了一定的成绩，为公民服务的理念深入政府的各项具体工作中，但是只有服务理念，没有明确具体多样的服务方式是不够的。为公民服务，满足公民需求，那么如何获取公民的需求？如何整合公民的需求？如何协调公民的需求？如何落实公民的需求？这些问题都需要一个完善的方式加以解决。而今信息化技术迅速发展，但是服务方式依旧保持着十年前的状态：政府公务员主动性不强，对公民的需求掌握不足，公民需求日益多样化，政府无法全部给予满足，对公民需求的协调较差，落实公民需求的方式也单一，以为解决完问题就高枕无忧了，没有进行信息追踪。因此，面对这些问题需要整体性治理为服务型政府的建设来助力，需要充分利用大数据的技术实现新时代背景下政府服务方式的创新，利用大数据的技术解决公民的需求获得、整理、反馈的问题，利用整体性治理解决公民需求的协调、整合、落实的问题，利用大数据技术与整体性治理理论的结合来全面解决公民的需求问题，实现服务方式的多样化。由此可见，面对我国服务型政府渐进性的建设过程，需要整体性治理的助力，需要整体性治理理论在大数据时代背景下的应用，在服务上实现一个质与量的改善。

府际关系，顾名思义就是政府之间的关系，府际关系涉及人民的根本利益，而我国府际关系面临困境，因此有必要作进一步研究。我国的府际关系包括中央

与地方政府之间、各级地方政府之间、部门之间、部门人员之间和城镇化过程中城市群内部的府际关系。我国政府注重经济发展和 GDP 的增长，将二者作为政府绩效的重要指标，而将公民的需求、公民的利益放在较次的位置上，导致地方保护和条块分割，促进本地区的经济发展，扶持本地企业，而限制外地企业在本地的发展，也与外地政府进行竞争与博弈，将同级政府视为"对手"，以期获得在经济上的胜利。公共选择理论认为，政府具有"经济人"的理性，追求自身的利益最大化，所以在政府部门之间也存在着相互竞争，自利性的倾向导致政府间信息共享沟通较少，协调合作较少，优势互补较少，使得横向层级上政府的协调优势无法发挥，只是单个独大，没有发挥集体协同的力量，使得府际关系陷入困境，公民诉求和公共利益无法很好地保障。伴随着我国城镇化，城市群内部在府际关系上也凸显出问题来，比如区域中的公共问题、跨区域的环境污染、产业发展等，都需要政府间的协调治理。

区域一体化进程较慢，矛盾凸显。自 20 世纪 90 年代国家就提出了京津冀一体化战略，但是到现在为止还未完成一体化，究其主要原因，一是没有一个集中的领导联合体组织，无法指挥同一级别的行政区单位，京津冀三地依然以自我发展为中心；二是没有对三地的特征信息进行数据分析，找不出三地的优、劣势，对接项目不明确。后来京津冀协同领导小组成立，加快了一体化进程，但是缺少大数据技术的应用，在一体化协同发展前必须进行信息收集分析，整合出三地的发展方向和协同方式，利用信息平台提供完整的数据信息，保证一体化进程。就区域一体化矛盾来讲，长江三角洲的行政区和经济区矛盾显现，地方保护，各自为政，经济是一体化了，但是政治却跟不上，经济的发展需要政治作后盾、法律作保障，这种一体化不是全面的、整体的，所以针对区域一体化的问题，必须用整体性的整合、协调、全面的思维来指导，完善一体化具体操作，同时利用大数据技术为其进程加速，提供助力。

政府重视对大数据技术的应用。2015 年 3 月 5 日，国务院总理李克强在《政府工作报告》中提出："建立全国统一的社会信用代码制度和信用信息共享交换平台。"[1] 统一信用信息共享交换平台是指"连接各地区、各部门信用信息系统，开展信用信息共享、整合和服务的信息化基础设施"。[2] 信息系统平台的构建离不开大数据的技术，而李克强总理也多次强调通过大数据、互联网技术来强化政府的能力，为政府服务大众提供助力。重视互联网的作用同时也意味着，网络信息的爆炸和很多信息的无用或副作用，所以需要通过大数据技术作出数据分析，从中筛选出有利于

---

[1] 李克强.《政府工作报告》[EB/OL].（2015-3-13）. http：//www.farmer.com.cn/kd/201503/t20150313_1018587_2.htm.

[2] 中国政府网.2015《政府工作报告》缩略词注释 [EB/OL].（2015-3-11）. http：//www.gov.cn/xinwen/2015-03/11/content_2832629.htm？ from=androidqq.

政府行政的信息。在这个时候强调二者的结合是非常切合实际的。

政府对大数据技术的重视，将其与自身行政方式相结合，也与大数据技术与整体性治理理论结合有异曲同工之妙。在大数据时代背景下应用整体性治理理论对于完善服务方式、协调府际关系、加快区域一体化进程是很有必要的。

三、大数据时代背景下整体性治理理论应用的可行性分析

整体性治理的优越性在西方国家已经显现出来，成功地克服了新公共管理所带来的"碎片化"问题，经过分析，在我国有应用的必要，那么，这种应用在我国大数据时代背景下能否达到很好的效果呢？需要进一步分析。下面笔者将从整体性治理的主体、治理结构、技术手段、我国现状及自身特性等角度来论述其在我国大数据时代背景下应用的可行性。

（一）从主体的角度看

整体性治理理论的主体是多元化的，不仅包括政府，还有企业、公共组织、社区和个人，那么我国的社会组织发展的情况又是怎样的呢？截至 2014 年年底，全国共有社会组织 60.6 万个，全国共有社会团体 31 万个，全国共有基金会 0.41 万个。我国社会组织目前数量较大，组织的形式较多，活动领域广泛，正值我国行政体制改革的时期，行政放权为社会组织的政治参与提供了契机，为公民提供的服务也逐年增多，这些不断发展的社会组织不仅在商业领域，更多地走向政治领域，解决公民的个人需求。社会组织的参政意识增强，与政府合作的情况也越来越多，为整体性治理提供了一个较好的组织基础。

表 1　2005—2014 年社会团体、基金会、民办非企业单位数量对比 [1]

单位：万个

社会组织	2005 年	2006 年	2007 年	2008 年	2009 年	2010 年	2011 年	2012 年	2013 年	2014 年
社会团体	17.1	19.2	21.2	23.0	23.9	24.5	25.5	27.1	28.9	31.0
基金会	0.98	0.11	0.13	0.16	0.18	0.22	0.36	0.30	0.35	0.41
民办非企业单位	14.8	16.1	17.4	18.2	19.0	19.8	20.4	22.5	25.5	29.2
总计	32.9	35.4	38.7	41.4	43.1	44.5	46.3	49.9	54.8	60.6

---

[1]《民政部 2014 年社会服务发展统计公报》[EB/OL].（2015-06-12）. http：//www.gov.cn/xinwen/2015-06/12/content_2878622.htm.

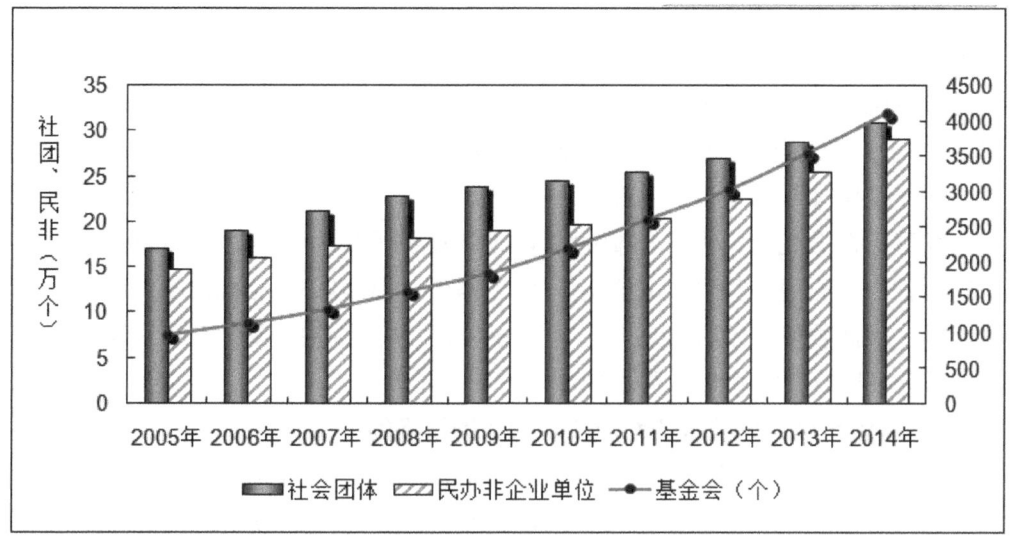

图3　2005—2014年社会团体、基金会、民办非企业单位数量变化趋势[1]

（二）在治理结构上

整体性治理体现出等级式、协商式的特征，整体性治理效力的发挥离不开强有力的权力，而具有中国特色的社会主义制度具有集中力量办大事的显著优势。政府工作负责制上实行的是行政首长负责制，重大事务在集体讨论的基础上由行政首长定夺，而且下级对上级负责，对于行政首长来说，统筹规划是很容易实现的。从宏观上看，整体性治理的应用主要体现在区域治理上。就京津冀的协同发展来看，三个地区的行政等级是一样的，因此要有效推进一体化协同发展就必须成立一个高于省级单位之上的行政领导班子，统筹规划、协调各方，张高丽出任领导小组组长就在于此，大大推进了京津冀一体化的步伐。从微观上看，政府部门的整合、各部门的协调也离不开行政首长的统筹。部门之间是相互独立的，根据理性"经济人"假设，部门为了各自利益在协调的过程中不会完全配合，因此就必须有一个高于部门的行政领导班子，采用行政命令的手段，实现部门间的协调。在我国这种政治制度、政府工作制度的基础上，下级服从上级，个别服从整体，整体性治理理论的应用很容易达到其功效。

（三）整体性治理理论自身的优越性

整体性治理理论自身有一定的优越性，不仅可以应用在宏观层面，指导区域发展，而且可以应用在政府微观层面，指导政府内部及政府与社会组织、个人间的合作。在宏观上与微观上，我国都有成功先例。长江三角洲地区区域协同发展就是一

---

[1]《民政部2014年社会服务发展统计公报》[EB/OL].（2015-06-12）. http：//www.gov.cn/xinwen/ 2015-06/12/content_ 2878622.htm.

个典型的成功案例。在区域协同上"以上海为龙头,南京、杭州为两翼,增强高端要素集聚和综合服务功能,提高自主创新能力和城市核心竞争力。核心区其他城市要抓住上海优先发展现代服务业和先进制造业的机遇,协同推进产业升级、技术创新和集约发展,增强现代产业和人口集聚能力"。[1]上海市与江苏省、浙江省的成功区域协同正是整体性治理理论在实际中的体现,有对接,也有整合,最终实现区域的协同发展。在微观上,大部门制的成功改革实现了整体性治理中的逆部门化,实现了资源整合。虽说整体性治理理论产生于西方,但是在中国的这片土地上已有成功的案例,因此整体性治理理论结合中国的实际,吸收这些成功案例的经验以作理论补充,再去指导中国的改革是非常可行的。

(四)我国网络信息技术的发展及对大数据技术的应用

"在邓利维看来,信息系统一直是公共行政的重要变革因素"[2],的确,信息技术的发展催生着整体性治理理论的产生,但是整体性治理理论应用的关键在于对大数据技术的掌握和运用。大数据具有可预测性,在区域规划的过程中,可以对所涉及的领域、数据进行预测分析,评估方案的可行性,在整体性理论应用过程中可作为过程控制的导向;具有共享性和协同性,整体性治理的主体之间协同的关键在于信息和资源的共享,政府需要解决某一个社会问题,可以联合社会组织一起解决,比如进行教育改革,政府部门可以联合高校,政府可以分享给高校整体性的信息,高校可以分享给政府个别化的问题,只有实现了共享,才能更好地协同;具有连接性和整体性,比如京津冀协同发展,三个省级行政单位的协同需要下属众多部门的对接,只有利用大数据技术,首先是对三个地区的数据信息进行分析,然后根据分类进行需求对接,只有对接完美,才能实现整体的一致性。我国目前网络信息技术发展迅速,对大数据技术应用得也很广泛,可谓进入了大数据时代,我国的大数据首先体现在商业领域,比如百度等网站的应用,根据客户点击率,为客户提供相应的服务,后来逐渐扩展到了政府领域以解决社会问题,比如对H1N1的预测,可以提前进行预防。因此,在我国大数据时代背景下,整体性治理理论在我国具有很高的可行性,不仅有适合它的土壤,更重要的是有对它的需求,需要它为我国改革助力。

总体而言,整体性治理理论在我国是可行的,但是在借鉴这一理论的过程中要注意它根植于西方社会,文化背景是很不同的,比如整体性治理理论强调责任和信任,这一理论的实行需要建立在二者之上,但是我国目前社会诚信危机严重,社会不信任感较强,我们必须认清这一现实,否则直接借鉴不加以本土化会适得其反。

---

[1] 国务院.长江三角洲地区区域规划[EB/OL].(2010-6-22).http://www.china.com.cn/policy/txt/2010-06/22/content_20320273.htm.

[2] 曾凡军,韦彬.后公共治理理论:作为一种新趋向的整体性治理[J].天津行政学院学报,2010,12(2):59-64.

整体性治理理论作为他山之石引入进来,是为了解决我国问题的,为我们提供了一种新的视角、新的思维、新的理念,因此我们需要具体问题具体分析,可部分引用其核心思想,结合实际情况探索治理路径,创新理论应用。

四、大数据时代背景下整体性治理理论的本土化使命

罗伯特·达尔认为:"从某一个国家的行政环境归纳出来的概论,不能够立刻予以普遍化,或被应用到另一个不同环境的行政管理上去。一个理论是否适用于另一个不同的场合,必须先把那个特殊场合加以研究之后才可以判定。"[1] 对于我国而言,要结合我国实际及大数据时代背景去反思整体性治理理论,整体性治理理论的本土化使命就是要将这一西方理论的理念和精神与我国实际情况相结合,在中国的土地上,利用大数据与整体性治理的结合去解决我国实际问题,二者相得益彰,形成整体性治理的中国化模式。

1. 服务:打造数字化政府

在邓利维看来,"数字时代的治理的核心在于强调服务的重新整合,整体的、协同的决策方式以及电子行政运作广泛的数字化"。[2] 一个国家应该有一个数字化的政府,这样才能跨越政府的层级鸿沟,更好地提供公共产品和公共服务。我国服务型政府的建设已经发展到了一定程度,服务理念已经贯彻到政府体系之中,但是服务型政府还是基于实体方面,面对面地、一对一地为公民提供服务,其服务手段还未达到多元化,服务型政府建设也必须紧随时代的步伐,充分利用好大数据技术,打造数字化政府。为公民提供服务不仅需要高质量而且需要高速度,对公民的需求作出快速的反应,大数据技术以其高效的数据处理能力满足了这一需求,在整体性治理的应用过程中如虎添翼,数字化政府的服务又好又快。政府为公民提供服务必须以公民个人的需求为导向,这是整体性治理的基本导向,且以解决人民的生活问题为政府运作的核心。所以,在运用大数据技术时,首先要关注公民个体生活相关的数据信息,以公民在政府网站上的关注点击率为导向,在数据收集的过程中整合数据。同时,由于大数据具有可利用率低的特征,必须要进行一定的分析,剔除无用的信息,这时应当将政府提供服务的板块、政府建设板块与公民关注板块相对接,政府根据对接信息提供一体化的服务。数字化政府建设的实现手段就是提供一体化、一站式服务,只需公民一次性提交需求,就能将公民个人的事务办理完结。一站式

---

[1] Robert A.Dahl.The Science of Public Administration:Three Problem[J].Public Administration Review,1947(7):1-11.

[2] Patrick Dunleavy.Digital Era Governance:IT Corporations,the State and E-Governance [M]. London:Oxford University Press,2006:233.

服务克服了碎片化问题,可以为公民提供无缝隙的服务。一站式服务模式的构建需要一个部门联合体,将各个为民服务的部门整合在一起,连接起来,并利用大数据技术形成一个系统,只要公民需求信息一到,就能自动送至相关部门的办公系统内,办理结束后由联合体统一反馈给公民,这样就形成了一个一站式服务的数字化政府。一站式服务模式转变了传统的以政府供给为核心的模式,形成了以公民需求为核心的模式,并且为信息资源的整合,提供了一个面对公民需求整体性的回应,很好地克服了政府办公碎片化的问题。

2. 协同:以大数据技术实现整体性对接

2014年2月26日,中共中央总书记、国家主席、中央军委主席习近平就京津冀一体化问题发表了题为《优势互补互利共赢扎实推进,努力实现京津冀一体化》的重要讲话,他还提出了京津冀协同发展的七点要求,为京津冀协同发展树立了方向,指明了道路。[1]自此,京津冀的协同发展进入了一个新进程,京津冀的协同发展得到了中央领导的高度重视,那么如何实现更好地协同便是一个关键性的问题。京津冀三地长期处于分离的行政体制状态中,地区利益化、部门分散化严重,各自为政、各谋利益,因此要打破这种互相隔离的状态必须超越时空的限制,须采用大数据技术,在省级行政单位之上成立一个行政首长联合会,这个联合会应有一个联络中心,分管三地的信息资源,将线下由于空间限制完成不了的工作转化为线上信息传递,打破三地的互相隔离状态,实现三地信息同步,信息共享。收集三地的信息之后应由这个联络中心作数据分析处理,将三地交通、财务、人事、经济等要素转化为可量化、可观看、可分析的数据图表或模型,整合好三地的数据要素,清楚地看到各自的优势与劣势,为行政首长联合会作相关的工作部署奠定基础。在宏观上做到京津冀三地的协同就应当先将各地的信息收集起来,利用大数据技术进行数据分析处理,根据整体情况做到整体性对接,不仅协调而且同步。因此,整体性治理在大数据基础上的应用就应当以大数据为枢纽,进行对接做到协同,更好地实现整体性的整合。

3. 组织:数据共享的整体性联合体

整体性治理的主体需要一个联合体的组织来充当,这个组织的政策制定和执行都要依据相应的数据分析。数据分析就需要数据共享,实现数据共享就需要构建数据库。以京津冀协同发展为例,为推进京津冀协同发展,中央成立了一个京津冀领导小组,这个小组就是具有整体性的联合体。它的任何举措、政策都要依据自身的信息收集、数据分析,所以,必须构建一个数据库,实现数据共享,为京津冀的发

---

[1] 韩兆柱,单婷婷. 基于整体性治理的京津冀府际关系协调模式研究[J]. 行政论坛,2014(4):32-37.

展提供更完备的信息资源。而这个数据库的数据来源则依靠这个联合体的构成，因此在联合体的构成上，首先应以政府为主导，因为政府所掌握的信息较为全面，并且政府是面向全社会的；其次以社会组织为重要组成力量，因为社会组织也掌握着相应的资源，如智囊团、相关领域的研究成果。还可以和高校联合，提供咨询。做到政府与社会的合作，做到一个整体性的、涵盖面广的联合体，为整体性治理的主体提供更加准确、有力的资源，提供更好、更全面的服务。

4. 合作：多维度的整体性行动

目前我国社会团体和私人企业发展迅速，对于社会问题的解决和政府事务的处理是一支不可忽视的力量，因此，在横向维度上，政府应当加强与社会团体和私人企业的合作，形成政府、企业、社会团体等主体力量共同提供公共服务的合作格局，达到多方整体性行动的效果。在这个维度上，政府首先应当转变角色，由决策者、控制者转变合作者，地位与其他主体力量地位平等；其次，政府将城市事务、公共卫生等基础性服务通过合同、政策鼓励等方式鼓励其他社会力量参与进来，利用多元主体各自的优势合作治理，更好地做到整体性行动，提供全方位的服务。在纵向维度上，加强省部合作、中央与地方的合作。加强省部合作，省应当更多地利用中央部门的资源，借助中央部门的政策、科技、项目和资金等力量加强完善自身政策的制定与执行，同时中央部门也要多多利用地方特色资源，从实践中总结服务经验，达到部省双赢的效果，实现中央与地方共同发展的格局。

5. 模式：大数据基础上的整体性治理新模式

通过对大数据的应用，实现以公民需求为导向，以数据库组织为主体，以大数据技术为手段，以协同发展为方式，以提供无缝隙服务为目标的整体性治理新模式。通过确立相应的服务对象，并以其为导向，成立相应的数据库组织为整体性治理主体，将大数据技术作为整体性治理全过程的手段，实现多种主体协同发展，最终为对象提供无缝隙服务的新模式。这个新模式的构建关键离不开大数据的应用，在此基础上才能超越时空限制，跨越组织框架，打破层级限制，实现整体性治理。

总之，整体性治理理论与大数据的结合应用是一个系统化、本土化的过程，不仅要有理论来源与指导，还要有理论应用，形成整体性治理的中国化模式，这就需要本土化，针对我国的问题借鉴理论、构建模式、解决问题，形成中国特色的整体性治理。

五、结论

整体性治理理论产生于西方学者对新公共管理造成的"碎片化"问题的反思中，是以满足公众的需求为基础，政府组织内部及外部与非政府组织间充分的沟通合作，以信息技术为治理手段,达成有效的协同和整合,使其目标一致,实现无缝隙服务的一种治理方式。在整体性治理理论的基础上,政府的组织模式即构建整体性组织,"旨在进行层级整合、功能整合和公私合作伙伴关系的整合,使政府组织达到整体性协调"[1]。信息技术的发展对政府组织结构和运作方式的变化产生了影响,在我国应用整体性治理理论时必须建立在大数据这一时代背景下。整体性治理应与大数据技术结合起来,运用信息技术改变治理状态,借助大数据技术的数据分析、信息服务和数据共享等优势完善整体性治理理论,以更加适应我国政府的管理实践。二者的"强强联手",要充分发挥新科技的力量,打造数字化政府,为民众提供无缝隙的服务;以大数据为基础实现整体性对接,做到区域间、府际间、部门间的协同;构建数据库,形成数据共享的整体性联合体;最终形成大数据基础上的具有中国特色的整体性治理新模式,为解决我国目前改革遇到的问题提供理论和现实的指导。

---

[1] 韩兆柱,单婷婷. 基于整体性治理的京津冀府际关系协调模式研究 [J]. 行政论坛, 2014 (4): 32-37.

网络化治理理论的应用 *

新公共管理运动以来,各国在公共服务提供过程中普遍体现出公私部门界限日益模糊的趋势,而已有的公共管理范式都不足以指导各国公共管理体系的变革。网络化治理理论作为公共治理理论的最新发展成果,基于多元化的主体和价值取向更加广泛的治理对象和市场化的工具,有效地将政府公共部门、私人部门、第三部门、公民个人以及各种社会组织纳入治理的合作网络中去。国内外的公共服务体系已不同程度地体现出网络化特征,但在网络化治理理论的具体应用过程中仍存在着治理主体能力不足、归责困境等问题。运用网络化治理理论对公共管理体系和制度层面进行构建,对各国公共服务提供中公私合作网络的构建具有很强的启示和借鉴意义。

一、网络化治理理论概述

(一)网络化治理的兴起

网络化治理产生于公私部门界限日益模糊的背景下,它强调的基于平等主体间协作来实现公共目标的治理结构契合了信息社会中社会力量崛起的趋势,具有较强的现实可行性,成为与传统的科层治理相对的又一主要治理方式(见表1)。

表1 科层治理与网络化治理的比较[1]

比较对象	科层治理	网络化治理
理论基础	企业理论	中间组织理论
组织形式	正式组织,权威结构	正式与非正式组织,关系链接
治理时效	滞后	及时
治理渠道	少	多
治理成本	高	低
治理行为	被动与消极	主动与积极
制度形态	企业内的制度安排	参与者间的关系安排

由于较早产生于企业管理领域,网络化治理也就不可避免地带有经济学色彩。网络化治理的理论基础可以归结为交易成本理论、社会网络理论和资源基础观三方面的研究。[2] 交易成本理论主要研究介于层级组织和市场之间的企业间网络交易成本

---

* 与李亚鹏合作完成,并发表于《上海行政学院学报》2016年第4期,第103～111页,题目有变动。

[1] 彭正银.网络化治理理论探析[J].中国软科学,2002(3):50-54.

[2] 余志伟,张保胜.网络化治理的理论基础研究综述[J].统计与决策,2010(23):174-176.

的降低问题，社会网络理论研究的是任务复杂性引起的社会机制的多元结构性嵌入，资源基础观则寻求网络中资源的互补和共享以及网络整体竞争能力的提升。网络化治理的理论基础说明，网络化治理有两个主要的目的：第一是实现交易成本的最小化并增进整体利益，实现方式是各主体间协调和社会机制结构性嵌入；第二是增进网络的整体竞争实力，主要方式是网络中资源的互补与共享。而作为公共管理的网络化治理正是吸收了经济学和企业管理的相关经验发展起来的。

（二）网络化治理的概念界定

关于网络化治理理论的概念和特征，国内外学者从不同的角度对其进行了分析。

詹姆斯 N. 罗西瑙（James N. Rosenau）在《没有政府的治理》（2006）一书中对网络化治理下了一个较为明确的定义，即"这种治理为一系列活动领域里的管理机制，它是一种由共同目标支持的活动，活动的主体未必是政府，也无须完全依靠国家的强制力来实现"。[1]

斯蒂芬·戈德史密斯（Stephen Goldsmith）和威廉 D. 格斯（William D. Eggers）在《网络化治理——公共部门的新形态》（2013）中将网络化治理定义为"深深依赖伙伴关系，能够平衡各种非政府组织以提高公共价值的哲学理念，以及种类繁多的、创新的商业关系"的一种治理模式，"在这种新的模式下，政府的工作不太依赖传统意义上的公共雇员，而是更多地依赖各种伙伴关系、协议和同盟所组成的网络来从事并完成公共事业"。[2]

张康之的《网络化治理理论及其实践》（2010）一文指出，"网络化治理与传统的行政控制不同，它是由政府部门和非政府部门（私营部门、第三部门或公民个人）等众多行动主体彼此合作而开展的治理，众多参与治理的行动者在相互依存的环境中分享公共权力，共同管理公共事务"。[3]

陈振明（2013）认为，治理理论有三个途径，即政府管理的途径、公民社会的途径和合作网络的途径。治理就是对合作网络的管理，又称为网络管理或网络化治理，指的是为了实现与增进公共利益，政府部门与非政府部门（私营部门、第三部门或公民个人）等众多公共行政主体彼此合作，在相互依存的环境中分享公共权力，共同管理公共事务的过程。[4]

根据国内外对网络化治理的定义，笔者认为，公共管理意义上的网络化治理就是对公私合作网络的治理，即一种对政府部门、第三部门、私人部门、公民组织和

---

[1] 詹姆斯 N 罗西瑙.没有政府的治理 [M].张胜军，等译.南昌：江西人民出版社，2006：45.

[2] 斯蒂芬·戈德史密斯，威廉 D 埃格斯.网络化治理——公共部门的新形态 [M].孙迎春，译.北京：北京大学出版社，2008：6.

[3] 张康之.网络化治理理论及其实践 [J].新视野，2010（6）：36-39.

[4] 陈振明.公共管理学原理 [M].北京：中国人民大学出版社，2013：75.

个人等众多公共行政主体在治理过程中形成的相互合作、相互依赖的横向纵向乃至斜向关系的管理活动，最终能够达到有效和充足地提供公共产品，最大增进和合理分配公共利益的目的。

（三）网络化治理的主要观点

由于处于发展初期，关于网络化治理理论的研究也尚未形成一个完整的体系，对于网络化治理的主要观点，笔者认为可以从以下几个方面来认识。

第一，网络化治理认为治理的主体包括政府部门与非政府部门，而非政府部门又包括私人部门、第三部门、公民个人和组织。卡特（Kettle）指出，"治理是政府与社会力量通过面对面合作方式组成的网状管理系统"。[1] 戈德史密斯和埃格斯将这种"奇妙"的发展称为"网络化治理"，"在这种新的模式下，政府的工作不太依赖传统意义上的公共雇员，而是更多地依赖各种伙伴关系、协议和同盟所组成的网络来从事并完成公共事业"。[2]

第二，网络化治理认为，社会善治能够实现的基础是各治理主体间达成了共同的目标并为之奋斗。网络化治理对于共同目标（公共服务项目）的制定和维护给予极大关注，它认为共同目标的设定和维护是网络化治理存在的基础和价值所在，各主体把自身利益诉求中共同的部分综合起来构成共同目标，并让渡部分权利给合作网络来实现目标。

第三，网络化治理倡导的治理结构是网络化的，各个治理主体在网络中平等地协商和对话，共同实现公共利益。网络结构强调纵向横向关系的协调，在网络中权力的运行向度不仅包括自上而下和自下而上，对于平行主体间的横向关系和跨行业、跨层级、跨部门主体间的斜向关系也是它关注的焦点。

第四，网络化治理希望达到的目的是保证合作网络的运行并更有效地实现公共利益，满足公众的需求。合作网络是网络化治理的载体和支撑，它承载着共同利益和目标。要想实现和维护公共利益，必须建立系统的网络管理工具，从成本和资源互补等角度设计和运行网络。

第五，网络化治理并不单向依赖市场机制或者政府机制，而是强调综合运用市场机制、社会机制和行政机制。为了克服市场的外部性和政府内部性带来的治理困境，当代以政府为主导的治理行为综合运用行政命令、法律规范、思想教育、经济调节等手段实施治理，对于克服治理主体间的差异性起到了很好的效果。

---

[1] 朱立言，刘兰华.网络化治理及其政府治理工具创新[J].江西社会科学，2010（5）：7-13.

[2] 斯蒂芬·戈德史密斯，威廉 D 埃格斯.网络化治理：公共部门的新形态[M].孙迎春，译.北京：北京大学出版社，2008：6.

二、网络化治理理论的应用

(一) 欧美国家的网络化治理

尽管在理论层面对网络化治理的研究起步较晚，但欧美国家公共部门在提供公共服务的实践中早已具备了网络化的特征。

1. 澳大利亚的社会驱动式治理模式

在澳大利亚阿德雷德市物质生态环境的规划中，哈利法克斯生态城（原工业区）的规划建设由澳大利亚城市生态公司（非营利性公共组织）和生态城市股份有限公司合作进行，并且得到其他团体和参与者的支持，如工会、租赁者协会、教育协会、工业、环境及社区组织等。该城市生态公司主要采取了"社区驱动"的开发模式，即社区开发由社区控制，社区的规划、设计、建设、管理和维护全过程都由社区居民参与，是一种社区自助性开发方式。[1]

短短几个月的时间，哈利法克斯生态城与阿德雷德市的生态状况对比差异显著（见表2），这也证明了由政府、非政府组织、公民等多方参与城市治理而形成的合作治理网络的有效性。

表2 阿德雷德市与哈利法克斯城的生态状况对比[2]

偏离可持续性		-100	-75	-50	-25	+25	+50	+75	+100	趋向可持续性
空气	污染			*			**			净化
水	污染/废物	*						**		净化/循环
土壤	破坏				*		**			恢复
能源	不可更新		*				**			可更新
生物量	减少	*							**	增加/稳定
生物多样性	减少	*							**	提高
生态廊道	减少	*							**	增加

注：*代表阿德雷德市的环境状况；**代表哈利法克斯生态城的环境改善情况。

2. 法国的伙伴制社区管理模式

格勒诺布尔是法国东南部的一个中等城市，属于里昂地区。20世纪60年代，该市的第三部门组织市政行动小组广泛参与到邻里社区建设和环境保护领域，强调政府应该加强与第三部门对话，鼓励地方政府与第三部门建立合作网络。作为实施这一理念的效果，不仅第三部门代表加入政策制定过程中，地方议会同时还为地方的支柱性协会组织提供财政支持，以维持地方压力集团和市民行动小组的运作。此外，法国的地方商业委员会作为一种半国家的、社团性质的组织，搭建起了公私之间的

---

[1] Ryan. 哈利法克斯生态城 [EB/OL]. （2013-09-11）. http://www.archcy.com/focus/Ecologicalcity/cad2fe8ebec0b218.

[2] 陈勇. 哈利法克斯生态城开发模式及规划 [J]. 国外城市规划，2001（3）：39-42.

桥梁，代表地方工商业界处理与其他公共机构的关系。作为地方经济发展的推动者之一，国家赋予商业委员会以发展为目的的开发土地的权力，加强了商业委员会在与地方政府合作中的地位。

3. 欧美其他国家的网络化治理模式

英国地方政府的公私合作伙伴关系模式。1997年，英国工党政府承诺促成联合经营，最初是在地方层面上鼓励大量的公私合作项目。HelenSullivan 和 ChrisSkelcher 在《工作无疆界》中指出，英国政府在地方和地区层面已经发展了超过 5500 个公私合作项目，并为此直接花费了近 43 亿英镑。从 2001 年开始，一些新的措施开始实施，包括建立"地方战略伙伴关系（LSPs）"和被称为"地区协议"的纵向伙伴关系。[1]

美国军队的私人承包商模式。自 1991 年以来，美国军队的现役军人数量下降了 32%，由 711000 下降到 487000。为此，私人公司填补了大部分的空缺，承担着以往由士兵们完成的许多任务。[2]

美国国防部每年花费约 8% 的经费预算与私营承包商签订类似的合同，且这一比例仍在不断增加。这样做的好处是显而易见的，私人承包商在全球各地提供的安全服务实质上与国防部提供的服务并无区别，但却使政府部门在建立庞大的沟通系统、运送物资和维护军事基地等烦琐的领域中得以解脱，极大地提高了政府部门和军队的运行效率。

华盛顿医疗体系的私有化模式。20 世纪 90 年代末期，时任华盛顿市长的安东尼·威廉姆斯对该市的卫生系统作了全面的审查，由于经营不善，特区总医院这一区域卫生系统的顶梁柱近些年来损失惨重。威廉姆斯并没有思考如何挽救这家医院，而是思考了更为深层次的问题："我的工作是经营一家公立医院，还是为穷人提供最大可能的公共医疗卫生？"结果在他的领导下，特区总医院被关闭，而这些原本被拨付给总医院的资金被用来建立起一个由私立医院和社区诊所共同组成的网络。结果，该区在没有增加医疗卫生支出的同时大大提高了公民的满意度和医疗保健质量。

（二）中国的网络化治理

我国虽然受到传统官僚体制的影响，较少对地方政府及其职能部门的治理理念和模式进行根本性变革，但是在省市级地方政府及其职能部门层面的治理实践中已经逐步体现出明显的网络化治理特征。

1. 山东省环保部门的"TO"模式

2012 年 8 月 1 日，山东省环保厅正式推行"TO 模式"，全省 17 市共 144 个空气

---

[1] 卓越. 比较公共行政（修订版）[M]. 福建：福建人民出版社，2009：289.

[2] Nelson D.Schwartz.The Pentagon's Private Army[J].Fortune，2003.

站把对空气质量的监测权转交给第三方机构。此次山东省环境监测管理体系改革主要体现在两个方面：一是实行环境质量"上收一级"和污染源"下放一级"的管理，即由省级环保部门负责17个设区城市环境质量的监督监测，而污染源监测下放到各市、县（区）；二是实行空气站TO（转让—经营）模式社会化运营管理机制，即监测设备有偿转让、专业队伍运营维护、专业机构移动比对、环保部门质控考核、政府购买合格数据。[1]根据省环保厅的分析，城市空气质量监测交给第三方有两大好处，一个是数据公平公正准确，另一个是大幅降低运营费用。

2. 秦皇岛市政务服务中心的"一站式服务"模式

秦皇岛市人民政府政务服务中心于2003年7月正式运行，是市委、市政府为了推进政务公开、转变政府职能、规范审批行为、方便群众办事而设立的。为了巩固已有成果，市委、市政府提出"建设一流服务中心、打造一流服务窗口"的目标，中心进入建设和发展新阶段。目前，市级中心已进驻39个部门、276项审批和服务事项，日均办理业务800多件，日均人流量2500多人。到2012年，市政务服务中心已实行标准化管理，该服务中心面向不同服务主体，打造不同服务平台，大力开展了"三个平台，一个体系"建设。一是面向企业和群众，打造审批服务平台；二是面向企业和广大人民群众，打造市人民政府12345市长公开热线暨8901890社会服务平台；三是面向窗口人员实施监督，打造电子监察平台；四是面向全市政府系统，打造覆盖城乡的政务服务体系。

3. 深圳市安监局推行的企业"安全管家"模式

深圳市市安监局主导的"安全管家"模式以社区、工业园区、事故多发企业为切入点，以安全服务市场化、社会化为手段，由企业与安全中介机构签订安全托管合同，由安全中介机构为企业提供专业化的安全服务，创造性地开展了企业安全生产托管试点工作，有效地解决了部分企业安全生产管理"无人管""不会管"和"管不好"的难题，取得了良好的效果。截至2008年年初，深圳实施安全托管工作的企业已有近500家，在深圳从事安全托管业务的中介机构达17家，从事安全托管服务的各类安全管理和工程技术人员约200人。通过实施安全生产托管，使企业安全生产基础、安全管理水平和安全保障能力得到明显加强，切实落实企业安全生产主体责任，建立起自我约束、自我完善、持续改进的安全管理长效机制。为加强对全市企业安全托管工作的指导，市安监局还专门拟订了《深圳市推行企业安全生产托管工作指导意见》，对安全生产托管工作的内容、职责等给予明确和规范。[2]

---

[1] 周雁凌，季英德，董若义. 新模式带来哪些变化？[EB/OL].（2013-03-01）. http：//www.sdein.gov.cn/dtxx/zhbsdxw/201303/t20130308_220069.html

[2] 郑向鹏. 深圳推行企业安全生产托管 [EB/OL].（2008-01-18）. http：//sztqb.sznews.com/html/2008-01/18/content_34621.htm.

从试点企业看，实施安全生产托管有效遏制了事故的发生，工伤事故的发生率明显下降。

三、网络化治理理论应用存在的问题及消弭

网络化治理理论在国内外公共服务供给领域的成功运用说明网络化治理强调的市场化改革和多元主体供给模式在当代公共服务领域具有较强的适应性。但从一些国家网络化治理的实践中可以看出，作为以美国为主的西方国家从公共服务实践领域发展而来的理论，网络化治理在公私合作程度较低国家的公共服务领域中的成功应用依然面临着不同程度的挑战。

（一）网络化治理现实应用存在的问题

1. 基于高层次规划的合作网络尚未形成

作为合作网络的引导者，政府部门并未在政府部门内部、公私部门和政府、市场与社会之间建立长效、可靠的信息沟通和协调机制，因此也不可能在一个更高层次（国家、地域或行业层次）进行统一规划。如京津冀产业一体化中河北产业链与京津不能对接互补，出现同构甚至竞争的局面。而同质化竞争，结果无疑是强者越强，弱者越弱，对于区域公共服务质量的提高和经济发展极为不利。这就体现出在社会治理中涉及公共利益的问题在政府、企业和社会之间往往会产生定位、标准和介入方式等方面的分歧，很难实现行动的高度统一。

2. 政府、市场和社会自身能力建设有待提高

在政府公共部门，受到"通才"选拔方式和传统官僚体系的角色定位、程序约束的影响，公务人员很难适应这种新型网络协作治理模式，往往很难作出富有公共责任的决策并加以落实。在私营部门，长期追求利润的做法更是导致了公共责任感的丧失，即使是上层在作出富含公共责任感的决定时，下属们也难以从以往的实践中找到可以参照的标准来实行，特别是在环境保护这类公共事务领域，企业内部很难激发出类似第三部门和公民那样的志愿精神。在第三部门，存在着资金不能独立的致命问题，加之我国关于第三部门的法律法规不够完善，第三部门大多都丧失了独立性和透明性，在某些方面趋近于西方的利益集团，不能有效弥补市场和政府职能在公共领域的缺位。公民社会是"国家或政府系统，以及市场或企业系统之外的所有社会组织或民间关系的总和"，"是官方政治领域和市场领域之外的公共领域"。[1] 我国是否存在公民社会，这是一个值得探讨的问题，但是可以肯定的是，长期以来，现有的公民参政渠道"有的本身就是肇事方或权威性不够（如基层组织），有的由于

---

[1] 俞可平. 中国公民社会：概念、分类与制度环境 [J]. 中国社会科学，2006（1）：109-122.

过于上层化、精英化及代表效率差（如有些地方的人大），有的由于耗时较长，成本也较高（如司法系统），有的由于目前依然缺位（如包括农民在内的许多界别无行业协会）",[1] 公民无法通过经常化、制度化的渠道参与社会治理活动。

3. 合作网络的内部保障措施尚未完善

没有基于当代治理理论建立沟通、协调、绩效管理和激励机制，是导致在公共服务合作网络构建过程中政府、企业和公民积极性难以调动，对各方定位不明确，"各自为政"现象凸显的重要原因。

首先，沟通渠道的单一性和单向性阻碍了公私合作网络间的信息交流。由于延续了官僚组织的大部分组织形式，仅仅在政府内部信息沟通需要跨越的层级之多就足以引起信息的损耗和失真，在公私部门间、非政府部门的信息传递同样面临着这样的问题。其次，公共部门缺乏协调活动的灵活性。协调活动可以形成稳固的内部关系，尽管公私合作领域的服务外包模式（如 BT、BOT、TOT、PPP 和 TBT 模式）已有初步发展，但是公共部门仍未重视初级承包商之间、初级承包商与次级承办商之间复杂的网络关系。烦琐的规章制度和专业网络管理人才的缺少使得这种协调活动只能停留在初级层次，在涉及具体项目分解和落实的过程中往往存在困难。最后，绩效监控和激励机制尚未实现同步。政府部门向来强调公共责任，而私营部门以效率为主要评价标准，如何建立一个公私部门之间通用的绩效评估和激励标准直接影响到合作网络的效果。

4. 责任困境导致主体间关系紧张

网络化治理的责任困境首先体现为共同目标的异化。治理失败包括对网络治理的失败很可能是由于有关各方对原定目标是否仍然有效发生争议而未能重新界定目标所致。[2] 目前，我国社会治理有关政策的制定是由政府部门与专家学者、行业代表者等共同商讨制定的，具有较强的科学性和合理性。但是面对内外部治理环境的急剧变化，政府部门反应迟缓，不能对合作目标及时作出调整，2008 年奥运会后北京及周边地区环境不断恶化就是一个很好的例证。

其次体现在治理主体间信任关系的缺乏。当权力和责任在网络中"流动"时，一旦出现问题，谁会对其负责？是政府、企业、第三部门还是公民？显然，除政府部门之外的参与者向来认为自己是弱势群体，出于对责任的回避，他们往往会拒绝加入合作网络，即使同意合作也往往会心存顾虑，不愿完全共享资源（隐私权问题），导致整个网络的活力大大降低。

---

[1] 肖剑忠，黄宇.当前我国非制度化政治参与的原因分析及对策[J].理论与改革,2004(4): 68-70.

[2] 鲍勃·杰索普，漆芜.治理的兴起及其失败的风险：以经济发展为例的论述[J].国际社会科学（中文版），1999（2）：31-48.

此外，权责不清还会带来责任推诿现象。在当前我国的社会治理依然是政府主导的现实情况下，并没有在制度和法律层面对私营部门、第三部门和公民的权利和义务作出明确的规定，特别是在各地地方政府治理能力、财政收入和分配制度以及各地战略定位差别极大的情况下，公私部门及公共部门内部的合作极易导致责任推诿现象的发生。

（二）网络化治理现实应用存在问题的消弭

社会治理的最终目标是实现跨地域、跨部门、跨行业的"善治"，因此必须建构网络化治理机制，制定网络化治理的行为规范，使各个主体在网络化治理中相互依赖、互利互惠。[1]

1. 构建公私合作网络

在对公私合作网络的设计中，我们首先要回答的是目标问题。构建合作网络是为了产生网络成员能够共享的收益，而这些收益往往是由网络的建立导致各个互动的节点带来的，这就要求我们关注网络的核心任务，而不是过于注重网络运作的过程。根据网络的核心任务确定网络的类型（见图1）和成员（确定哪些资源对网络最为有效），并对各成员的地位和职能进行合理分工。

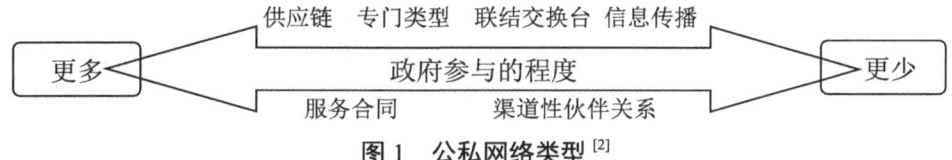

图 1　公私网络类型[2]

公私网络的类型应逐渐朝着政府更少的参与方向迈进，但政府部门很难产生创新精神，也鲜有优秀的项目管理人员和成功的经验，而私营部门和第三部门中对合作网络管理拥有大量的管理人员和经验丰富人员，自然就成为公共部门迅速提高自身网络管理水平的首要合作者。政府可以利用财政和政策的优势，将公共利益作为重要的"黏合剂"，引导非政府部门参与到社会治理的合作网络。

2. 建设网络成员的能力

政府部门、私人部门、第三部门和公民作为社会治理网络中的主体，在合作网络中的定位和职能分工是存在很大差别的。

在政府部门，参与网络治理的角色有：政府首席执行官、首席关系官员、网络经理、采购官和基层公共雇员。[3] 政府首席执行官是公共部门的代表者，对上级政府

---

[1] 黄新华.推进国家治理现代化的路径探析 [J].学习论坛，2016，32（2）：43-46.

[2] 斯蒂芬·戈德史密斯，威廉 D 埃格斯.网络化治理：公共部门的新形态[M].孙迎春，译.北京：北京大学出版社，2008：64.

[3] 斯蒂芬·戈德史密斯，威廉 D 埃格斯.网络化治理：公共部门的新形态[M].孙迎春，译.北京：北京大学出版社，2008：137.

负责并规划整个网络活动,他需要具备超凡的预见力、卓越的管理能力并具备各专业的基本知识。而首席关系官员负责公共部门公共关系的处理和维护,对他的要求是灵活、专业性强,有判断力、说服力、合作能力。网络经理负责网络中每个节点的运行和维护,他们是监督合同执行的重要基层管理人员,应该具备较强的责任意识、基本的管理技巧和必要的创新意识。采购官是各个部门对外购买公共服务的直接关系人员,他们需要具备采购方面的专业能力、极强的信息收集和处理能力。对于基层公务人员,在服从上级指示的同时,需要具备一定的判断力、责任感和使命感,及时为管理者的决策提供有效、可靠的一手信息。

在私营部门,从董事会、CEO、项目经理到基层员工都是合作网络的主要参与者。从作出决策、签订合同、监督项目执行和履约等方面不能仅以公司利益为重,应将高效而灵活的工作方式、创新意识和公共责任感结合,与公共部门、第三部门和公民一起参与公共服务的提供。

第三部门虽然在数量上呈现逐年递增的态势,但是无论在服务质量还是公民认可度方面都不是很高。因此要从资金来源入手,如通过社会捐助、适当的收费以及以法律形式确保定期给予社会反映较好的第三部门固定的资金等方式解决它的独立性问题,避免过多受到政府和私营部门的影响。此外还应通过法律方式对第三部门的准入标准、职能定位和运作程序等方面作出明确的规定,保证其功能的充分发挥。

公民群体的主人翁意识和权利意识正不断提高,公民以个人或团体形式参与政治生活和社会治理的活动也在日益普遍。政府应该认识到,在公共服务供给中,公民是最直接也是最主要的参与者,具有很大的潜力。因此,应给予公民正式的治理主体地位,并通过社区、学校、第三部门和私营企业等渠道对其进行知识普及和教育甚至给予资金、技术和人才方面的支持。

3. 完善网络的内部保障机制

沟通渠道要实现电子化和双向化。首先要有数字化工具的支撑,数据库和信息系统应该实现共享或至少是关于网络合作部分的信息共享(运作过程的可视性、关于客户的一致看法);其次是网络部门的设置要有一站式特征,便于协同定位;最后要实现沟通的常态化,以组织形式和法律制度的形式将这种沟通渠道固定下来。

协调机制应突出灵活性。协调活动不仅仅需要电子工具和信息技术的支持,同时也是对除基层执行人员之外所有负有领导责任的管理人员的共同能力要求。在自由市场的激烈竞争下,时间和信息成为最重要的资源。面对这些突发状况,管理人员的协调活动能避免大量无效的工作,提升了组织的应对能力。管理人员不仅需要对下属的各部门统一协调,还需要对某些部门间因网络需要而产生的次级网络关系进行协调,即关系的组合管理。

绩效监控和测量要保证科学化和合理化。一般而言,绩效管理包括明确组织使命和价值、制定绩效目标和计划、进行绩效检测与反馈、开展绩效评估与激励等环节。[1] 在公私部门和第三部门之间构建的合作网络中,要制定明确的绩效评估标准、指标和体系,才能使对网络绩效的管理具有可行性。

激励机制应体现人性化。在公私部门之间建立通用的激励机制显然不是一件易事,但是依旧有一些统一的参照标准,如服务质量、服务成本、单位时间内的服务数量、创造能力和可持续性等。当网络中的成员明确知道他们的绩效是有明确的评价标准并和个人利益挂钩时,他们会更加努力地朝着共同目标奋进。

4. 走出责任困境

网络化治理理论认为,重塑权力结构落脚于分权,而权力下放的基础在于谈判协商以及信任和责任机制的建构。[2] 因此,从目标、信任关系和权责关系等方面进行协商十分必要。

首先要设定共同目标。合作网络中的共同目标是网络成员共同协作的基础,在很大程度上也是维持网络关系存在和运转的基础。当成员对共同目标产生怀疑并且没有新的共同目标出现时,网络治理就会失败。目标的设定要明确、具体,能够保证网络中参与各方有效提供服务。

其次要建立基于共同价值观念的信任关系。信任关系一方面能促进网络目标的顺利实现,另一方面则能够极大地降低监督成本,使网络能够拥有更多的时间和资金去处理有关网络共同愿景的事。在组建网络的初期,网络创始人必须在考虑初创成本的同时给予成员间价值观念和目标的充分重视,在后期才能使用较少的成本管理网络,避免网络经理们整日忙于谈判(讨价还价)、监督合同的执行。

此外还要做到权责一致。由于不直接参与公共物品的生产及其公共性的特性,政府部门在合作网络创建初期就通过一系列的条款和措施尽可能回避自身所承担的风险;而私营部门一直以来面临着投入和产出的严峻考验,作为公共服务的直接提供方,更容易成为责任的承担者。我们应该改变这种观念,认识到风险的不平等转移往往只会导致成员间关系的破裂和成员的丧失,在不公平的权责体系中不会有长期信任和合作关系的存在。

最后要把握管理的灵活性和责任性。新公共管理对私人部门管理经验的借鉴和新公共服务对公共责任的重视让我们认识到,公共管理发展史中的"钟摆理论"必须在管理主义和宪政主义中取得协调。"虽然政府永远都不会像企业那样加以经营,

---

[1] 王爱冬. 政府绩效评估概论 [M]. 北京:高等教育出版社,2010:23.

[2] 韩兆柱,单婷婷. 网络化治理、整体性治理和数字治理理论的比较研究 [J]. 学习论坛,2015,31(7):44-49.

但在表现形式上是可以具有企业的特征的",[1] 任何只强调效率或公平的公共管理理论都无法指导当代公共服务供给的实践。

四、结语

尽管各国公共管理理论与实践根植的经济基础和政治环境不同,但世界范围内公私领域界限的模糊和公私合作的蓬勃发展代表着这样一种趋势,即政府不再是管制型或者无所作为的公共部门,而是公私合作网络的主要参与者和引导者,这样一种网络化的关系必将成为公私部门合作的重要形式。网络化治理理论不仅在研究重点上突出了社会力量的介入对公私合作治理的必要性,还从治理体系和制度层面的具体构建为我们提供了切实可行的途径,这也是网络化治理理论的独特价值所在。但由于网络化治理理论是从西方国家的公共管理实践中逐步发展起来的,对其相关理论的研究落后于实践发展,因此在今后的研究中应更加注重网络化治理理论和实践操作层面的结合,并引入新世纪后公共治理理论的其他最新发展成果,共同推动各国公共管理理论和实践的发展。

---

[1] 张康之. 行政审批制度改革:政府从管制走向服务 [J]. 理论与改革,2003(6):42-45.

数字治理理论的应用 *

治理理论产生于 20 世纪 80 年代，它的提出主要是为解决 20 世纪 70 年代西方国家新公共管理运动带来的机构碎片化、重复化等问题。治理理论一经兴起就掀起了世界范围内的政府改革浪潮，并逐渐发展成为一种重要的理论与价值追求。治理理论催生出众多新的公共管理理论范式，数字治理理论便是其中之一。数字治理理论的代表人物是英国学者帕特里克·邓利维，该理论强调信息技术和信息系统在公共部门改革中的重要作用，从而促进机构整合和政府系统信息化的发展。经过国内外学者 20 余年的不懈努力，数字治理理论发展至今已形成比较完备的理论体系，学者或研究机构对数字治理应用的探讨已从最初的电子治理领域逐步扩展至更广的层面，但与智慧城市领域以及大数据技术的结合尚不成熟，有待后续学者的继续努力。

笔者基于上述研究背景，系统梳理数字治理理论的国内外研究现状并作出简要评价，从理论与实践视角重新审视数字治理理论，意义有如下三点：其一，有助于厘清数字治理理论的发展脉络，促进数字治理理论的本土化发展；其二，通过梳理数字治理理论的研究现状，有助于归纳出数字治理理论的发展动向与发展中的不足，进而作出针对性的学术努力；其三，有助于提高公共部门绩效与公共服务的品质，增进公共利益的福祉。

一、数字治理理论的产生

数字治理理论的产生有其深刻的原因，不仅与新公共管理运动所带来的问题息息相关，更与信息化高度发展的社会大背景紧密联系。

第一，后新公共管理时期管理挑战的回应。如图 1 所示，"+"表示公共管理制度的改变对公民自治能力以及解决社会问题能力的正面影响，"-"表示新公共管理运动带来的负面作用。新公共管理运动面临来自机构分散、部门竞争和人员激励的挑战，这些挑战带来的负面作用增加了公共管理制度和政策制定的复杂性，影响公民解决社会问题的能力，由此形成后新公共管理体制。后新公共管理时期关注的焦点是：重新整合、以需求为基础的整体主义和数字化变革。[1] 数字治理理论正是在这

---

* 与马文娟合作完成，并发表于《公共管理评论》2016 年第 1 期，第 92～109 页，题目有变动。

[1] 韩兆柱，杨洋. 新公共管理、无缝隙政府和整体性治理的范式比较[J]. 学习论坛，2012(12)：57-60.

种背景下产生并迅速发展，通过运用信息化的行政业务流程实现机构的整合与公共利益的最大化。

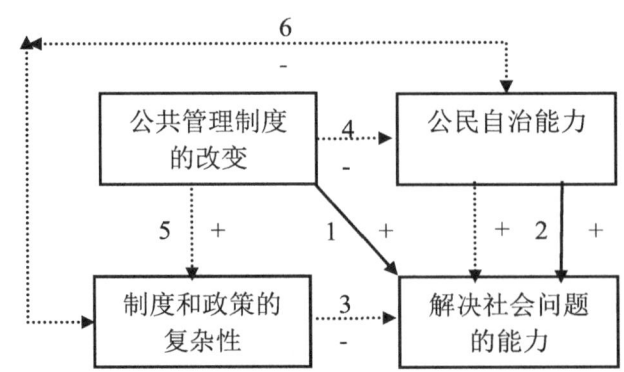

图1　新公共管理运动对公共管理制度产生的直接和间接影响[1]

第二，信息技术的发展。数字时代的治理意味着复杂的整体性变革，而变革的中心即为信息技术的发展与信息处理能力的提升。信息技术通过影响公共部门与私人部门的行政作业流程，改变公民参与的方式和提高公民解决社会问题的能力，从而影响政策结果，如图2所示。信息技术的变革将所有变革联系在一起，私人部门运用信息技术变革节约成本、提高效率，从而较好地适应市场环境的改变；公共部门进行数字化改革以适应管理体制的创新和向公民社会提供优质的公共物品与服务；公民利用计算机能够便捷地掌握公共部门的政策动向。私人部门、公民社会和公共部门三者之间共同作用，最终影响政策结果的变化。信息技术的发展促使政府机构扁平化的程度不断深化，信息处理能力和信息系统的进步使组织决策更加便利化、准确化和科学化。[2]

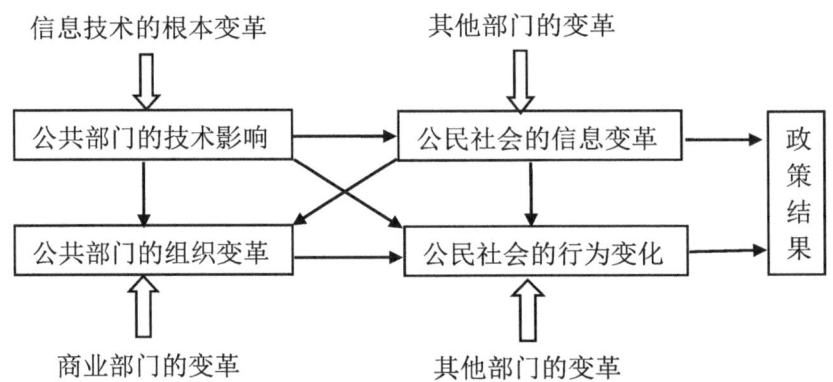

图2　信息技术变革在现代公共管理改革中的核心作用[2]

---

[1] Patrick Dunleavy，Helen Margetts，Simon Bastow，et al. Digital Era Governance：IT Corporations，the State and E-Government[M]. Oxford：Oxford University Press，2006.

[2] 陈水生. 新公共管理的终结与数字时代治理的兴起[J]. 理论导刊，2009（04）：98-101.

第三,全球化的发展。"全球化正成为我们这个时代的最主要特征,事实上许多人已经把我们这个时代称为全球化时代。全球化的重要特征之一是跨国组织(Transnational Organizations)和超国组织(Supranational Organizations)的影响日益扩大。"[1] 全球化的这一特征强调组织机构间的整合性与协调性,但由于受到地域的限制,传统的信息交流方式无法协调地域跨度大的组织机构,信息技术手段因其具有传输速度快、覆盖范围广等特点成为整合全球性组织机构最重要的途径之一。同样,"数字治理正在成为渗透到各个国家各个行政分支的一个全球化趋势。事实上,信息和信息技术驱动的创新正不断地推动着全球经济和全球化的发展"。[2] 因此,数字治理理论应运而生。

第四,公共部门改革的需要。随着信息时代的发展和科学技术的进步,传统的公共部门管理流程的弊端日益凸显,如管理绩效低下、部门设置冗杂、管理成本增加、利益协调困难、目标与责任冲突等。这些问题阻滞着公共部门进行机构与管理流程的改革。数字时代的治理具有精准性、效率高、包容性、开放性、透明性的优点,能够快速适应社会的发展,因而受到广泛的关注和运用。

二、数字治理理论的研究现状

(一)数字治理理论的国外研究现状

自20世纪90年代以来,数字治理理论日益成为西方公共管理领域研究的重要议题,并且近五年来又涌现出许多新的研究成果。文章基于Google学术搜索引擎以及图书馆翻阅文献,去掉中国作者在国外发表的关于数字治理理论及其应用的文章以及其他不相关的学术论文,仅选取具有高度代表性的文章和著作进行分析。通过进一步筛查,笔者共选出10篇具有高度代表性的文献,其中著作6篇、论文4篇,按照文献主题进行分类,得出代表性文献的内容分布情况(见表1)。

表1 代表性文献的内容分布

文献主题	年份	文献数量(篇)	占代表性文献比例(%)
网络社会	1996	1	10
整体性治理理论	1997/1999/2002	3	30
数字治理理论	2006/2010	2	20
数字治理	2006/2012/2013	3	30
数字治理与公共价值创造	2015	1	10

---

[1] 俞可平. 治理与善治[M]. 北京:社会科学文献出版社,2000:14.

[2] 郑跃平,Hindy L.Schachter. 电子政务到数字治理的转型:政治、行政与全球化——评Digital Governance:New Technologies for Improving Public Service and Participation[J]. 公共行政评论,2014(1):170-177.

从表 1 可知，在数字治理理论研究的早期阶段（1995—2005 年），相关文献基本集中在网络社会的产生背景以及相关理论（整体性治理理论）的理论框架中进行着分析与界定，缺乏专门针对数字治理理论进行的研究工作。在数字治理理论的蓬勃发展阶段（2005—2015 年），可以看出，学者针对数字治理理论的研究分为两种层面，一方面是对理论框架的探索，主要是指相关概念的界定、理论框架的确立以及核心思想的传播等内容，学者这一阶段的研究工作基本确立了数字治理的理论体系。另一方面是对数字治理理论实践层面的探讨。国外学者对数字治理理论应用层面的探讨具有范围广、注重实证研究、可操作性强等特点，并从实践领域不断丰富着数字治理理论的内涵和外延，为我国学者和研究机构探索数字治理理论的应用研究提供了借鉴。

1. 数字治理理论产生背景的研究

数字治理（Digital Governance）的理念最早是由美国南加州大学传播学院的曼纽尔·卡斯特（Manuel Castell）提出，他在 1996 年出版的著作《网络社会的崛起》（The Rise of the Network Society）中指出，信息技术革命的出现是人类发展史上的一个重大事件，信息技术范式的兴起和全球化的发展为政府公共管理领域奠定了宽阔的平台与深厚的基础。[1]曼纽尔·卡斯特这一认识产生于网络社会的发展，初步指出了数字治理理论的雏形，为后续学者研究数字治理理论奠定了时代基础。探讨过网络社会的崛起背景后，公共管理领域最新的理论基础（整体性治理理论）也为数字治理理论的产生提供了理论指导。1997 年，英国伦敦国王学院的佩里·希克斯（Perri 6）在《整体性治理：新的改革议程》（Towards Holistic Government: The New Reform Agenda）一书中探讨了整体性治理理论产生的必要性，并在其 1999 年和 2002 年的专著中具体阐释其思想。希克斯（Perri 6，2002）将整体性治理界定为："整体性治理就是政府机构组织间通过充分沟通与合作，形成有效的整合与协调，彼此政策目标一致且连续，政策执行手段相互强化，达到合作无间的目标的治理行动。"[2]正是基于整体性治理主张的整合与协调思想，才得以形成数字治理理论的基本理论框架。

2. 理论诠释与解析

伦敦经济学院政府系的帕特里克·邓利维（Patrick Dunleavy）在其 2006 年出版的著作《数字时代的治理》（Digital Era Governance: IT Corporations, the State and E-Government）中对数字治理理论的理论框架从理论渊源和时代背景的角度进行了独到的解析。数字治理理论源于整体性治理理论，又区别于整体性治理理论，整体性

---

[1] 曼纽尔·卡斯特. 网络社会的崛起[M]. 夏铸九, 译. 北京：社会科学文献出版社，2006：153.

[2] Perri 6. Towards Holistic Government：The New Reform Agenda[M]. New York：Palgrave，2002：37，237.

治理理论针对的是碎片化的管理体制带来的一系列问题，它的对立面是碎片化而非专业化（Perri 6，2002）。随着信息社会的发展，在公共部门中引入先进的信息技术与数据系统逐渐成为数字治理理论应用发展的新动向。大数据和云计算与数字治理的结合将先进的工业文明带入公共管理的变革中，不断重塑着公共管理系统（Patrick Dunleavy，2010）。[1]

3. 实践领域探讨

一种理论的发展离不开学者和研究机构对其应用领域进行的探索。帕特里克·邓利维（Patrick Dunleavy，2010）对英国、美国、澳大利亚、新西兰、加拿大、荷兰和日本七个国家的公共管理系统进行实证研究，进一步论证了数字治理理论的应用潜力。近五年来，随着互联网技术的不断发展，网络组织的出现使一些先进的工业国家公共管理系统的"工具箱"由新公共管理运动强调的分权、效率导向转变为数字治理理论强调的信息化与整合的价值理念。[2] 国外学者对数字治理理论应用情况的探索不只局限在传统的政府管理系统，更多地涉猎于评估政府网站绩效（Tony Carrizales，2006）[3]、数字治理中的公民参与问题（Milakovich，2012）[4]以及数字治理理论与公共价值创造的模型构建（Luna et al.，2015）[5]等问题。

（二）数字治理理论的国内研究现状

我国行政学界对数字治理理论的研究始于2004年，正是数字治理理论在国外蓬勃发展的起始期，最早见于学者对电子治理领域的探索，这一时期国内学者更多地将数字治理理论作为一种技术而非一种理论，其研究不可避免地带有一定的技术导向性。笔者通过中国知网高级检索入口，分别以数字治理、数字治理理论、电子治理、数字治理与智慧城市相结合以及整体性治理理论为主题词进行精确检索，显示检索结果如表2所示。可以发现，国内学者对数字治理理论及其应用的研究是由整体性治理理论的理论背景着手以及电子治理领域的探索为基础开展研究工作，巨大的理论空白亟待弥补。笔者试图从国内学者对电子治理以及整体性治理理论中寻

---

[1] Patrick Dunleavy, Helen Margetts. The Second Wave of Digital Era Governance[C]. APSA 2010 Annual Meeting Paper, Washington, America, 2010.

[2] Margetts H, Dunleavy P. The second wave of digital-era governance: a quasi-paradigm for government on the web[J]. Philosophical Transations of the Royal Society A, 2013（371）: 1-3.

[3] Tony Carrizales, Marc Holzer, Seang-Tae Kim, et al. Digital Governance Worldwide: A Longitudinal Assessment of Municipal Web Sites[J]. International Journal of Electronic Government Research, 2006（2）: 1-23.

[4] Milakovich, Michael E. Digital Governance: New Technologies for Improving Public Service and Participation[M]. London: Routledge, 2012: 115-191.

[5] Luna, Dolores E, Duarte-Valle, et al. Digital governance and public value creation at the state level[J]. Information Polity, 2015（20）: 167-182.

得有关于数字治理理论研究的轨迹,梳理出数字治理理论及其应用的相关与高度相关文献。

表2 检索中国知网得到的文献情况(条/篇)

检索方式	高级检索—主题词—精确				
主题词	数字治理	数字治理理论	电子治理	数字治理+智慧城市	整体性治理
文献规模	全部篇目	全部篇目	全部篇目	全部篇目	全部篇目
2016年	0	0	5	0	1
2015年	3	1	55	0	105
2014年	5	0	45	0	128
2013年	0	0	20	0	109
2012年	3	0	40	0	86
2011年	2	0	20	0	65
2010年	0	0	21	0	44
2009年	1	0	19	0	8
2008年	0	0	21	0	1
2007年	1	0	6	0	0
2006年	2	0	13	0	1
2005年	2	0	11	0	0

注:1. 不含英文文献;2. 检索时间截至2016年1月14日。

1. 实践领域探讨

国内学者对数字治理理论的关注是基于对电子治理领域的探索。王浦劬、杨凤春(2005)较早指出了对电子治理领域进行研究的重要性,"从公共管理、政府发展的角度看,电子治理能够赋予公共管理、政府更多、更高层面的价值,实现规范、廉洁、责任化的政府管理。"[1] 后续学者从制度、法律、思想意识等途径继续完善电子治理技术,但电子治理是一种工具性较强的治理工具,其理论视角缺乏针对性,仍旧与数字治理理论有所区别,这也为数字治理理论的后续发展提供了实践基础。徐晓林、刘勇(2006)探讨了数字治理在城市政府善治中的体系构建问题,通过加强政府与市民(G2C)、政府与政府(G2G)、政府与企业之间的互动(G2B)和政府内部运作(IEE)之间的互动创建一个完整的多向交流的数字城市善治体系。[2] 数字治理是数字时代的整体性运动,它的治理主体是多元的,在非政府组织参与数字政府治理方面,徐顽强、庄杰(2012)认为,"实现以非政府组织为代表的社会力量与政府在互动平台上的有机协同,数字政府治理才能成为一个全方位和全新的治理系统,

---

[1] 王浦劬,杨凤春. 电子治理:电子政务发展的新趋向[J]. 中国行政管理,2005(1):75-77.
[2] 徐晓林,刘勇. 数字治理对城市政府善治的影响研究[J]. 公共管理学报,2006,3(1):13-20.

才能够最大限度地增进公共利益的福祉"。[1]

2. 理论诠释与解析

国内学者对数字治理理论进行理论层面的研究大致围绕四个主题开展：一是数字治理理论的概念化研究；二是数字治理理论的制度化构建研究；三是数字治理理论的产生背景研究；四是数字治理理论的影响研究。四个主题基本囊括了当前国内学者对数字治理理论进行理论研究的核心领域。徐晓林、刘勇（2006）、王文凯、肖伟（2007）从广义及狭义的角度对数字治理的概念进行界定，核心理念是运用信息技术简化行政流程，实现政府、企业、市民三者之间的良性互动。彭锦鹏（2005）基于佩里·希克斯（Perri 6，2002）的整体性治理理论的基本观点提出其"制度化"构建的具体要求，强调线上治理（数字治理）的重要性。[2] 陈水生（2009）对数字治理理论的产生背景进行理论与实践视角的分析。竺乾威（2008）系统译介帕特里克·邓利维（Patrick Dunleavy，2006）关于数字时代治理的观点并作出简要评价，一定程度上推动了我国学者对数字治理理论的关注。韩兆柱、杨洋（2012）对后新公共管理体制的形成作出简要概括并指出数字时代治理对政府改革的影响。

（三）数字治理理论的比较研究

纵观学者对西方公共管理理论范式的比较研究，学者大多是将新公共管理与整体性治理、无缝隙政府进行比较，或是对传统官僚体制、新公共管理体制与整体性政府进行比较，针对数字治理理论的比较研究较少。笔者通过中国知网高级检索入口，以"数字治理理论比较研究"为关键词，精确搜索，查询检索结果仅为1条，对数字治理理论进行多角度比较研究的理论空白亟待填补。韩兆柱、单婷婷（2015）将数字治理理论与网络化治理理论、整体性治理理论进行比较，以横向对比的角度较好地反映出数字治理理论的特征。

（四）数字治理理论的国内外研究现状评价

总结国内外学者对数字治理理论及其应用的研究情况，可以发现，由于国内外学者对数字治理理论研究的出发点不同，国外学者近十年来对数字治理理论的应用领域进行广泛的探讨，多篇文献均为实证性研究，研究数据真实可信，更加佐证了数字治理理论指导公共管理实践的治理能力。但是不可否认的一点是，尽管数字治理理论的内涵不断延伸，但国外学者对数字治理理论的研究出现类似本末倒置的现象，即过于注重数字治理理论内涵外延的研究，反而忽视本质特征。数字治理理论

---

[1] 徐顽强，庄杰，李华君. 数字政府治理中非政府组织参与机制研究[J]. 电子政务，2012（9）：9-13.

[2] 彭锦鹏. 全观型治理：理论与制度化策略[J]. 政治科学论丛（台湾），2005（3）：62-69.

是官僚组织形态在信息社会全新的表现形式，它本质上是不否定官僚制的，而国外学者的部分文献却忽视了这个问题。

国内学者近五年来对数字治理的理论框架与制度化途径的构建多有关注，已经由最初的电子治理领域逐步扩展至更加广泛的实践领域，并有针对性地扩大治理主体，为建立多元治理主体间多向互动的体系不断努力着。但是，数字治理理论与智慧城市领域的结合仍处于起步阶段，尚未建立完善、成熟的指导体系。纵观国内学者对数字治理理论的研究，缺乏实证研究依然是其研究工作的不足之处。此外，国内学者对数字治理理论的比较研究关注度依然不足，真正做到与数字治理理论相比较的文章仅1篇，数字治理理论的比较研究是一个亟待填补的理论空白。

也正因如此，笔者基于上述研究背景，重新从理论视角与实践视角审视数字治理理论，通过分析找出三点与前人研究的不同：其一，有针对性地重新译介西方公共管理经典原著中关于数字治理理论的内容，在理论体系部分从权力结构重塑以及实现形式探讨层面将数字治理理论的核心主张进行归类，旨在以一种全新的角度剖析数字治理的理论体系。其二，对数字治理理论实践层面的探讨是笔者研究的重点，基于学者对数字治理理论与智慧城市领域的结合鲜有关注，笔者在分析数字治理理论的应用情况部分，重点介绍智慧城市建设与数字治理理论的契合之处，有效地说明数字治理理论能够较好地指导智慧城市实践，而智慧城市实践的发展又反过来充实数字治理的理论体系。此外，基于数字治理理论实践部分的发展情况，笔者提出对数字治理理论实践领域的应用规制问题，从民主化、制度化、技术化、法治化的角度出发，从理论与实践层面保障数字治理理论及其应用得以顺利推行。其三，针对国内外学者对数字治理理论的比较研究关注度不足的问题，笔者在文献梳理部分指出电子治理与数字治理理论的异同，通过比较研究发现数字治理理论的理论精粹。因此，本文研究的意义就在于通过梳理数字治理理论的国内外研究现状，发现学者研究的不足，进而作出针对性的努力，并逐渐将数字治理理论与大数据、云计算等信息科学技术结合，开发出更加适合公共部门管理自身、管理社会的工具，一方面有助于促进数字治理理论的本土化发展，另一方面在于运用数字治理理论指导实践，提高公共部门管理绩效与公共服务品质，实现公共利益的最大化。

二、数字治理理论的主要内容

数字治理（Digital Governance）的概念有广义和狭义之分。"从广义上讲，数字治理不是信息通信技术（ICT）在公共事务领域的简单应用，而是一种与政治权力和社会权力的组织与利用方式相关联的社会—政治组织及其活动的形式，它包括对经济和社会资源的综合治理，涉及如何影响政府、立法机关以及公共管理过程的一系列活动；从狭义上讲，数字治理是指在政府与市民社会、政府与以企业为代表的经济社会的互动和政府内部的运行中运用信息技术，简化政府行政，简化公共事务的处理程序，并提高民主化程度的治理模式。"[1]

从不同维度理解数字治理，包含三大主题：重新整合、以需求为基础的整体主义和数字化变革。重新整合是在反思新公共管理运动存在的碎片化、重复化等问题上提出的，这是对新公共管理运动的超越；以需求为基础的整体主义和数字化变革是与新公共管理运动有本质联系的，区别是它们与新公共管理运动具有不同的价值导向性。[2] 笔者从数字治理理论对权力结构的重塑以及实现形式的设计层面剖析数字治理理论，旨在以一种全新的角度去理解并介绍数字治理理论。

(一) 重新整合 (reintegration)

重新整合是指把从新公共管理运动所主张分离出去的职能收回并整合，以实现减少资源的重复浪费，减轻公民的负担，使重新整合的公共服务变得更加易于获取。重新整合不是简单地将分散的公共服务集中整合，而是通过科学地制定措施，针对不同的环节运用不同的整合办法，具体包含九个要素：机构化和碎片化的重新整合、协同治理、重新政府化、重建或重新巩固中央流程、从根本上挤压过程成本、重建后勤部门功能的服务提供链、采购的集中和专业化、"混合经济"基础上的共享服务和网络简化。[3]

1. 权力结构重塑层面

数字治理理论主张权力的整合与协调，适当性地集权则是为提高政府的威望与管理效率，它对治理权力的塑造通过构建一种扁平化的管理机构实现，这主要通过协同治理、重建中央管理过程等方式实现。协同治理是中央政府主要部门的重组与合并，这是为解决新公共管理运动遗留下来的碎片化和低效化的问题。新公共管理运动过分强调分权与效率问题，从而忽视政府公共性的公共价值理念。因此，有必要重塑权力结构，而协同治理较好地回应了传统的单向治理带来的权力膨胀问题，并发挥出其监督权力的重要作用。在信息化背景下，协同治理能够推进跨部门信息资源共享，克服信息交流障碍；促进跨部门业务的流程再造，解决机构碎片化问题；提高部门之间的职能整合，增进协同治理能力。

重建中央政府的管理过程是对数字治理实行适当集权与重新整合的进一步深化。

---

[1] 徐晓林，刘勇. 数字治理对城市政府善治的影响研究 [J]. 公共管理学报，2006，3 (1)：13-20.

[2] 韩兆柱，单婷婷. 网络化治理、整体性治理和数字治理理论的比较研究 [J]. 学习论坛，2015 (7)：44-49.

[3] Patrick Dunleavy. Digital Era Governance：IT Corporations，the State and E-Government[M]. Oxford：Oxford University Press，2006：228-242.

通过将新公共管理运动所主张分权的政府职能进行重新收回,"恰如其分地合并一些准政府机构,实行大部门式治理,逐步化解新公共管理运动由分权导致的碎片化和职能分割、政出多门、各自为政和信息孤岛现象"。[1] 同时,数字治理理论主张构建的管理流程为跨界的公共部门事务治理缩小了难度。在数字时代的背景下,重新建立中央政府过程正在发生,并且实现了秩序井然的管理格局,如美国和加拿大的信息技术领域,专业化程度高并且秩序井然。

2. 实现形式设计层面

在具体构建扁平化的管理机构上,数字治理理论通过机构化和碎片化的重新整合、重新政府化、从根本上挤压过程成本、重建后勤部门功能的服务提供链、采购的集中和专业化、"混合经济"基础上的共享服务和网络简化等具体措施实现权力行使扁平化的管理格局。机构化和碎片化的重新整合首先在英国得到实现。"英国政府通过合并,把一些功能相近的机构重新组合成部门化的组织,取消了一些准政府机构,以及重新在以往被鼓励进行无限制竞争的地方机构这一微观层面建立合作的、以社区为基础的结构。"[2] 而重新政府化是指政府将以前外包给私人部门的事务重新交给公共部门自己管理。重新政府化的过程不是单纯的职能回归,而是政府能够对公共事务进行整体的把握,借助于信息以及科学技术的发展,能够准确地制定公共政策,以良好的公共服务和公共产品服务于民。

扁平化的管理机构必然带来人员的裁减问题。这种裁员主要集中在信息技术使用程度高的部门,目的是实现资源的合理利用,提高一线员工的资源占有量。例如,"英国的就业和养老金部门的裁员目标是 30000 人和从两个国家税务机构合并中裁减的 15000 名员工,这个数字占了英国政府未来 5 年内计划裁减的 80000 人的 1/4。"[3] 此外,诸如重建后勤功能的服务提供链、集中采购以及网络简化等方式旨在通过信息技术实现管理流程的透明化与专业化,在公共性回归的价值理念中实现公共部门管理绩效的改进。

(二)以需求为基础的整体主义(Needs-based holism)

以需求为基础的整体主义包含 7 个部分,这些部分均是对传统协同治理的超越。公共部门整体性改革寻求简化和调整机构与客户之间的全部关系,目的在于创造出更为全面、流畅的政府管理流程。以需求为基础的整体主义是全面的调整,并向一个以公民、服务为基础的组织转变。以需求为基础的整体主义包含 6 个要素:互动式

---

[1] 韩兆柱,单婷婷.网络化治理、整体性治理和数字治理理论的比较研究 [J].学习论坛,2015(7):44-49.

[2] 竺乾威.从新公共管理到整体性治理 [J].中国行政管理,2008(10):52-58.

[3] 王文凯,肖伟.论数字治理模式及在我国的运用 [J].成都行政学院学报,2007(6):26-28.

信息查询与供给、基于顾客或功能的机构重组、一站式服务、数据仓库、结果到结果的服务流程再造和灵活的政府过程。

1. 权力结构重塑层面

数字治理理论主张以需求为基础的整体主义，在对权力结构的重塑方面采用整合与协调的方法，实现适度地权力下放，还权于社会，还权于民。基于顾客的机构重组试图建立一种单一客户群体的重新整合机构，以此取代其前身新公共管理运动导致的分散化的业务流程。例如，英国的就业和养老金部门的养老金服务业务，就是在有区别的管理中重新整合老人的福利；"美国的国土安全部将之前分散运行几十年的公共管理体制整合到 22 个联邦机构中，充分发挥了机构重组的功能最大化和规划最大化的作用。"[1]创建结果到结果的服务流程再造能够实现政府的办公系统向互联网上转移，使网站各个环节透明化，接受公众的监督。这种全新的服务流程再造首要关注的是确保项目团队关注整个政府管理流程，而不需要人为地划分现有机构的界限。"通过对政府现有工作流程的分析、诊断，消除服务流程障碍，充分运用现代信息技术，重新配置传统业务流程，实现政府业务流程的电子化和智能化。"[2]

2. 实现形式设计层面

数字治理理论主张的整体性是通过构建诸如一站式服务、数据仓库、互动式信息搜集等方式实现机构重组，管理流程重塑。一站式服务是近年来地方政府门户网站和地区行政服务中心广泛采用的一种新型办公服务模式。一站式服务包括多种形式，主要有一站式商店提供的行政服务，一站式窗口和互联网整合的服务。"一站式服务是电子化政府的核心，它利用创新的交互模式为公民提供服务，利用信息技术对传统政府服务方式和内容进行改造和创新，以获得公民良好的体验度和满意度，保证政府部门办公的效率和准确性。"[3]一站式服务要求政府重新使用已经收集好的信息，而不是重复收集很多次的相同信息。数据仓库在计算机的软硬件领域、互联网和政府局域网之间提供了许多高效的计算资源，可以提供大量准确的数据分析，为政府进行经济政治生活中的各项决策提供数据和技术支持。数据仓库是一种大型的复杂系统工程，它在大多数国家的税收、社会保障或是国家情报系统仍然有很长的路要走。

（三）**数字化变革**（Digitization changes）

数字化过程的主要影响通过政府部门的组织机构和内部文化的变化实现，加之公民对政府信息技术应用态度的转变，真正的技术变化相对较小。数字化变革包含 9

---

[1] 王文凯，肖伟. 论数字治理模式及在我国的运用 [J]. 成都行政学院学报，2007（6）：26-28.

[2] 胡德平. 政府流程再造的理论探讨及其实践路径 [J]. 四川行政学院学报，2006（4）：12-15.

[3] 李靖华. 政府一站式服务研究综述 [J]. 科技进步与对策，2005（9）：195-197.

个要素：电子服务交付、基于网络的效用处理、国家指导的集中信息技术采购、自动化流程新形式、彻底的非中介化、渠道分流和顾客细分、减少受控渠道、促进权力均等主义的行政事务管理和走向开放的管理。[1]

1. 权力结构重塑层面

数字化变革通过影响公共部门的组织结构以及内部文化实现权力结构的重塑。网络平台能够实现政府与民众信息资源的双向流动，有助于构建政府与民众双向的沟通与互动体制。电子服务交付功能为政府将大多数纸质管理流程转换为电子政务流程提供了大量潜在条件。在全球化、信息化的背景下，电子商务和电子政务的发展取得了长足进步，而电子服务交付的作用也是十分明显的，它具有操作简单、实用性强、管理运营方便等特点。电子服务交付系统拥有良好的人机交互界面，系统操作人员无须对计算机技术有更多的了解，就能够很快地掌握系统操作方法。同样，它能够提高政府和公众在政务服务网站上互动的便捷性。

2. 实现形式设计层面

在实现形式的设计层面，数字化变革强调运用自动化流程、渠道分流、顾客细分、非中介化以及开放的管理实现公共部门的数字化变革。自动化流程新形式最主要的特征是强调运用一种零接触技术的方法，它的理想管理模式是将行政事务中的大部分事项由计算机完成，不需要进行人工干预。零接触技术在现代公共机构操作中拥有巨大的潜在应用领域。渠道分流与顾客细分坚持专业化的观点，在保持整体性的前提下采取细分的专业化路径促进行政事务办公效率的提升。非中介化代表一种政府与企业、公众之间交流的新趋势，政府依托于互联网平台允许公众和企业直接与政府进行沟通，而不需要经过此前普遍存在的"守门人"式的公务员和机构工作人员这一环节。开放的管理意味着公共部门信息披露制度的完善以及给予公民更多的自治空间，通过网络平台实现权力的下放，构建政府、企业、市民互联共通的沟通体系。

三、数字治理理论的应用

21世纪是信息和通信技术日臻成熟的时代，世界各国政府的行政改革也面临更加复杂的政治、经济与社会环境的考验。帕特里克·邓利维从少数发达国家的公共管理系统进行实证研究后发现，逐渐出现的私人部门服务外包的形式能够有效提高政府管理绩效和改善服务效果，并实现诸如一站式服务、在线治理等管理方式的发

---

[1] Patrick Dunleavy. Digital Era Governance：IT Corporations，the State and E-Government[M]. Oxford：Oxford University Press，2006：228-242.

展。随着服务型政府的推进，电子化政府在世界范围内的建设已初具规模，而数字治理理论亦逐渐扩展到城市治理领域，智慧整合城市资源并与电子政府互联共通，催生出智慧城市的发展战略。智慧城市战略的价值诉求与实践路径与数字治理理论有着相似的地方，但二者的结合却鲜有关注。

（一）数字治理理论在智慧城市领域的应用

1. 新加坡"智慧国2015"发展规划

新加坡的政府治理模式一直被世界各国争相模仿与借鉴。美国政治学学者弗朗西斯·福山在其2013年发表的文章《什么是治理？》（What is governance？）一文中，将新加坡的政府治理模式居于世界良善治理（Good Governance）之首。[1] 新加坡的政府治理十分重视以民为本、危机意识和全球化与世界接轨。也正因此，新加坡一直致力于发展先进的资讯通信技术，建立政府、企业、第三方团体和市民在内的电子化政府体系，加强公众的社会参与，实现良善的治理目标。

如何在信息时代实现良善的治理目标？智慧新加坡的发展规划无疑是最佳答案。新加坡于2006年推出"智慧国2015"（IN2015）城市发展规划，IN2015发展规划为期十年，计划通过发展资讯通信技术提高城市发展关键领域的竞争力，加强政府与企业、第三方团体和市民的互动与沟通，实现城市与人的全面、可持续发展。截止到2012年，"新一代的宽带网络已经实现95%的全面覆盖，最高网速达1G，用户超过25万，全岛共部署了7500多个无线网络公共热点，相当于每平方公里覆盖10个公共热点，访问速度高达1Mbps，目前用户超过210万"。[2] 借助完善的信息基础设施建设，企业和市民用户可以便捷地通过在线工具与政府进行互动与沟通，一方面减轻了企业的行政负担，加强了市民与城市政府的交流；另一方面一站式的服务方式提升了政府管理绩效，促进了公共利益的最大化发展。

凭借完善的信息基础设施建设，新加坡在构建电子政府、信息资源共享等领域取得的成绩引人注目。新加坡多次获得各种奖项，"不仅连续多年蝉联世界经济论坛全球IT报告排名亚军，还获得早稻田大学世界电子政府排名连续多年第一以及联合国电子政府调查特别奖等多个国际荣誉"。[3] 新加坡在实现良善治理的过程中善于运用数字治理理论，通过将电子政府体系与城市建设进行互联，不仅实现城市资源的科学配置，促进城市的可持续发展，而且提高了民主化程度。也正因如此，新加坡的政府治理模式为世界各国实现良善治理提供了经验支持。

---

[1] 吴元华. 新加坡良治之道 [M]. 北京：中国社会科学出版社，2014：11.

[2] 解析国外智慧城市建设经典案例 [J]. 信息系统工程，2014（11）：8-9.

[3] 中国发展门户网. 新加坡为何能成为智慧城市的典范 [EB/OL].（2014-3-28）. http://cn.chinagate.cn/experts/2014-03/28/content_31931258.html.

2. 智慧扬州行动计划

江苏省扬州市于 2011 年 7 月获批为全国中小城市"智慧城市"建设试点示范城市，这为扬州实现由数字城市向智慧城市发展提供了机遇。同年，扬州市政府围绕智慧城市建设实施的指导思想制订了"智慧扬州"行动计划。该计划以"统一规划、集中管控、共建共享、业务协同"为指导原则，目的在于构建包括应用与发展层、平台与资源层、网络与感知层在内的"智慧城市"目标体系架构。[1] 在这个架构中，应用与发展层的构建是目标，平台与资源层的建设是核心，网络与感知层的发展是支撑，这三个层面各司其职，却又相互补充，共同促进智慧扬州的发展。

数字治理理论是一种偏重于工具性的治理理论，它在智慧扬州建设中发挥的作用是显而易见的。首先，智慧扬州门户网站的建立成为连接城市管理者与市民的重要纽带。构建智慧城市的重要一点在于，如何使政府提供的公共服务与城市基础设施搭建的网络基础进行深度对接，实现市民与政府的互动，而数字治理为实现这一对接建立了技术架构。其次，数字治理促进了城市资源的科学、合理配置。数字治理理论强调的整合与协调不仅实现了城市实物资源与信息资源的整合，而且通过整合城市热线电话促进了城市管理后台跨部门联动与全面监控的管理体制的发展。最后，应用数字治理提高了公民参与程度，一定程度上促进了民主化的发展。城市治理的目标是实现城市善治，它强调以更低的行政成本、更好的公共产品与公共服务实现公民的价值诉求。从这一角度看，数字治理理论为实现城市善治提供了重要的理论与应用价值。

（二）数字治理理论在其他领域的应用

数字治理理论为政府公共管理改革提供了新的思路与路径选择，重新整合、以需求为基础的整体主义和数字化变革为信息时代的政府治理体系提供了新的治理框架。帕特里克·邓利维在《数字时代的治理》一书中对少数发达国家的公共管理系统进行实证研究，证明数字治理理论不仅在国家的行政体制改革、养老保险制度、预算制度、税收领域、社会保障以及移民系统等方面具有可行性，而且数字治理理论的治理范围正逐渐扩大到城市治理领域，从多个维度出发共同促进政府实现善治。

首先，数字治理理论对政府的行政体制改革具有启示意义。自改革开放以来，国务院共经历了七次规模较大的政府机构改革，大部制改革逐步迈出重要步伐。但是，现行行政体制内部仍然存在诸多问题，逐步改善机构重叠、职能缺位、越位现象、完善权力的制约监督机制等方面成为深化行政体制改革的重点工作。数字治理理论强调在组织结构上进行整合与协调，在实现机制上运用信息化手段进行政府治

---

[1] 扬州市政府关于印发《"智慧城市"行动计划》的通知 [EB/OL].（2011-9-17）. http：//www.echinagov.com/news/dynamic/17183.html.

理工具的创新，在改革目标上注重公共性的回归，这些价值追求对促进政府行政体制改革具有重要的理论指导与现实意义。

其次，数字治理理论为政府机构条块分割的管理体制提供了一种新的治理框架与治理思维。表现在传统的公共部门管理流程中引入信息技术，在互联网提供的管理平台中加强各部门的横向联系，打破实体资源与信息资源的壁垒，实现资源互通，利益协调，改善信息孤岛现象，实现更少的行政支出、更高的管理效率和更好的公民满意的目标。

最后，数字治理理论为电子政府的普及与发展确立了价值基点。表现在政府管理流程网络化，鼓励公民采用电子方式参与行政服务，政府与企业、政府与公民之间进行良好的双向或多向沟通与互动。数字治理理论作为一种偏重于工具性的治理理论，在治理过程中以提高公民的参与程度为价值导向，以信息化为治理手段，逐步改善传统的自上而下的权力运行方式，进而实现平行的权力运行方式和公民的有效参与。

（三）数字治理理论应用发展的规制

数字治理理论因其独有的优势正成为21世纪政府改革有力的理论支持与有效的治理工具。同样，对数字治理理论的应用情况进行研究亦成为数字治理理论发展的核心。综观当今众多的治理理论范式，大多围绕民主、平等与自由的公共价值理念展开，注重公共行政公共性的回归逐渐成为治理理论范式的核心追求。笔者通过总结上述数字治理理论的应用情况认为，数字治理理论的应用发展需在一定的路径与规制下进行，而民主化、制度化、技术化以及法治化则是数字治理理论及应用发展的价值向度与重要发展方向，应予以充足的重视。

第一，民主化。由于新公共管理的理论范式过多关注工具理性和效率至上，一定程度上造成了公共行政公共性的缺失以及社会公共价值和社会公共伦理的忽视。因此，治理理论更多地关注于协作、公民参与等价值观，以此改善新公共管理运动带来的负面后果。民主化的公共价值理念成为众多的治理范式所普遍遵循的重要原则，这就要求政府在治理过程中处理好集权与分权的关系，既要避免权力的过分集中，同时又要保证政府适当的分权，在政府进行机构整合时把握好集权的力度与政府在网上办公中权力下放的分权之间保持一种协调与平衡。同样，政府治理应适当地还权于民，还权于社会，注重公民参与，提高政府与公民社会的互动性，充分发挥数字治理利用信息技术增强公民参与的优势，建立起社会公平与行政效率兼顾的政府治理体系，促进国家治理体系和治理能力的现代化。

第二，制度化。制度规范与制度创新是数字治理理论未来发展的重要途径。制度是制约政府治理权力的重要手段，而数字治理理论的未来发展亦离不开制度的规范与保障。21世纪是信息技术日臻成熟的时代，随之而来的是，政府治理环境以及治理结构也更加地复杂多变，政府治理实践的紧迫性为数字治理的制度化发展提供了现实条件。正如党的十八届三中全会颁布的《中共中央关于全面深化改革若干重大问题的决定》所指，现存的社会治理体制机制存在种种不合理之处，例如权力与承担的责任脱节、部分管理部门职能不清、职能缺位，[1]必须加紧制度化改革，以促进社会公平正义，实现公共利益最大化。数字治理理论作为新的公共管理范式，其发展与创新自然离不开制度的保障与约束。

第三，技术化。数字治理是一种偏重于技术性的治理工具，与新公共管理注重的工具理性不同，数字治理旨在通过广泛应用信息技术，创建政府、企业与公民新的联系与沟通方式，实现政府治理权力的下放，并逐渐实现还权于民的过程。数字治理理论通过诸如引入一站式服务、在线治理、第三方政府绩效评估以及部分公共服务外包的形式实现善治。在这种新的治理过程中，技术性成为其发展的关键。帕特里克·邓利维认为，数字治理理论在实践领域的发展在某些特定方面正逐渐窥探着公民的隐私，例如指纹识别显露出的公民隐私问题等，这对数字治理理论的进一步发展存在一定的阻滞作用。因此，在数字治理平台的构建方面，应注重治理工具性的发展与保护公民隐私实现同步。数字治理理论同样对政府的公共政策制定提供了很大的决策支持，政府在决策过程中应用大数据以及云计算等技术能够明显提高公共政策制定的正确性与前瞻性，促进政府治理能力的提高，这也正是数字治理理论走向技术化的意义所在。

第四，法治化。法治是社会政治生活高度文明的标志。宪政原则是法治国家在政府治理中恪守的准则，其目的在于保护人民的权利不受侵犯，实现官职人员的权利与义务对等。2014年10月23日，由中国共产党第十八届中央委员会第四次全体会议审议通过的《中共中央关于全面推进依法治国若干重大问题的决定》指出："法律是治国之重器，良法是善治之前提。"[2]这就要求政府的治理体系要恪守法治化的原则，坚持法律面前人人平等，抵制任何组织有任何超越法律规定的行为，善治的实现过程就是在合法性原则的支撑下发展的。因此，数字治理理论的应用发展是在法律法规的约束以及制度的规范下进行的。数字治理理论是一种新兴的治理理论，在应用数字治理技术时，要注重建立与完善数字治理理论技术相关方面的法律法规，促进数字治理理论健康发展，为政府实现善治提供工具性与理论性的支持。

---

[1] 新华网授权发布. 中共中央关于全面深化改革若干重大问题的决定 [EB/OL].（2013-11-15）. http://news.xinhuanet.com/2013-11/15/c_118164235.htm.

[2] 新华网. 十八届四中全会公报全文 [EB/OL].（2014-10-24）. http://www.js.xinhuanet.com/2014-10/24/c_1112969836.htm.

四、结语

综观公共行政的演进历程，是一种近似于螺旋式的发展轨迹，在推崇与批判之间不断地前进着。尽管学者对每一种理论的产生与理念所持观点众说纷纭，但是应该认识到，理论本身并不存在问题，并且需要在实践层面上运用法律制度、思想意识等诸多因素的保障与支持才能得以顺利推行。数字治理理论在其应用领域发展中，由于制度不健全和思想意识片面等因素引起了一系列负面作用，如公民隐私的泄露、过分注重技术性造成的本末倒置、数字鸿沟等问题，需要从法律、政治与社会途径加以解决。基于此，笔者从民主化、制度化、技术化以及法治化的角度出发提出改善上述问题的见解，试图作出自己的学术努力。国内外学者对公共行政的每一种理论进行推崇或批判是由当时的社会背景决定的，不能一概而论。新公共管理运动的出现是为解决效率问题，但是过分注重效率问题则导致了公共行政公共性的缺失以及以公民为本的价值理念的替换。而数字治理理论的出现是为促进公共性的回归并运用电子手段实现政府治理还权于民的过程。从本质上讲，这种理性的回归正是政府管理实现善治所必需的。

整体性治理视角下政务微信应用问题的治理机制 *

党的十八大以来，习近平总书记准确把握时代潮流，立足我国互联网发展与治理实践，提出了建设"网络强国"的设想，指出了由"网络大国"向"网络强国"的转型，为我国公共管理明确了互联网治理的战略机遇和发展路径。党的十九大制定了新时代中国特色社会主义的行动纲领和发展蓝图，再一次表达了建设网络强国、数字中国、智慧社会的决心。2017 年 8 月 4 日，中国互联网络信息中心（CNNIC）在京发布的第 40 次《中国互联网络发展状况统计报告》显示，截至 2017 年 6 月，我国手机网民规模已达 7.24 亿，手机网民在所有网民中占到 96.3%，手机网民规模大幅超过 PC 网民规模。[1] 当前，微信作为国内使用率最高的即时通信 App，正在影响人们生活的方方面面。各社会组织包括党政机关也顺应时代发展，将为人民服务的宗旨和时代特点相结合，利用微信公众平台推出政务微信，使公众足不出户就可以了解政府信息，查询甚至办理相关业务。

自从 2012 年 8 月 30 日我国第一个面向公众的政务微信公众号"广州应急—白云"开通以来，政务微信在全国范围内发展迅猛。2014 年 12 月，据腾讯研究院发布的《"互联网+"微信政务民生白皮书》报告显示，全国政务微信总量突破 4 万个；中新网北京 2016 年 1 月 18 日发布消息称，目前中国政务微信公众号已逾 10 万个，全国政务微信公众号和各级政府的微信公众号应用体系已经基本形成。[2] 不仅体现在数量上，在阅读量上，有数据显示政务公众号的阅读数突破"10 万+"已成为常态。根据腾讯研究院发布的《2015 微信政务民生白皮书》[3]：从省级行政区域分布情况来看，截至目前政务微信公众号仍在增长，其范围已经覆盖了全国 31 个省级（省、自治区、直辖市）行政区以及香港和澳门特别行政区；从地市级层面来看，截至 2015 年 8 月底，全国 334 个地级行政区政务微信开通率已达到 100%；从职能层面来看，政务微信已

---

* 与程艺萌合作完成，并发表于《燕山大学学报》（哲学社会科学版）2018 年第 5 期，第 58～66 页，题目有变动。

[1] 国互联网络发展状况统计报告 [EB/OL].（2018-4-28）. http：//www.199it.com/archives/619827.html.

[2] 腾讯科技. 中国政务微信公众号数量已突破 10 万 [EB/OL].（2018-4-28）. http：//tech.qq.com/a/20160119/005085.htm.

[3] 腾讯研究院.（分析报告）2015 微信政务民生白皮书 [EB/OL].（2018-4-28）. http：//www.docin.com/p-1452373821.html？docfrom=rrela.

涉及公安、旅游、交通、教育、医疗、人力资源和社会保障、法院等54个职能领域。政务微信与公众日常生活的联系日臻密切，应用于服务公众的领域在不断地拓展，功能在不断地延伸。作为新兴事物，其发展不可能一蹴而就，快速发展的背后也存在许多问题亟待解决。本文将其与整体性治理理论结合，探索治理机制。

一、政务微信与整体性治理的概念界定及其关系分析

（一）政务微信的概念和特征

微信（WeChat）是腾讯公司于2011年推出的为智能终端提供即时通信服务的免费应用程序，在2012年8月23日又新增了"微信公众平台"的功能，微信公众平台（WeChat Public Platform）主要进行实时交流、消息发送和素材管理。用户可以对公众账户的粉丝分组管理、实时交流，同时也可以使用高级功能如编辑模式和开发模式对用户信息进行自动回复，与特定群体进行文字、图片、语音等全方位沟通和互动。

政务微信，是指由全国各级政府及相关部门在微信平台上开设的公众号（包括订阅号和服务号，区别见表1），使公民、企业与政府工作人员都能快速便捷地接入本部门的政务信息与业务应用，使之能随时随地获取所需的信息和服务。因其可以进行留言提问并获得主管政府的解答，被称为"指尖上的政民对话"[1]。经过几年的发展，政务微信已日益成为移动化的民生服务平台、精准化的新闻发布平台、零距离的官民互动平台。[2]

表1 订阅号与服务号的区别

公众号类型	订阅号	服务号
申请要求	任何组织和个人	企业或组织机构
发送消息	每天1次	每周一次
自定义菜单	认证后有自定义菜单	申请后自带自定义菜单
高级接口	没有	认证后有
消息提醒	出现在订阅号的列表里，不会出现在消息列表里	直接出现在消息列表中

2013年为政务微信研究元年，随着政务微信的兴起，国内学者对其相关研究也越来越多。通过检索中国知网发现，以陈超贤发表的《政务微信发展的现状、问题及对策》一文为代表开始，国内学者主要从政务微信的功能与定位、社会管理水平、微信与微博的比较、传播方式以及沟通机制等方面，运用定性与定量的方法进行研

---

[1] 李财富. 社会管理视阈下的政务微信探析 [J]. 四川理工学院学报，2014（8）：1-7.
[2] 郑磊. 怎样运作好政务微信 [EB/OL]. （2018-4-28）. http：//theory.people.com.cn/n1/2016/05 30/c376186-28388909.html.

究。朱友红针对政务微信的功能与定位,通过几个政务微信成功应用的案例分析,发现政务微信平台在对用户信息推送方面具有政民交流的互动性等特点,并在此基础上指出合理的定位和发展方向;李财富认为政务微信的最大特点就是创新了社会管理的途径,他以政务微信存在的问题为着眼点,从管理学角度提出几点建议以促进其健康发展,从而提升整个社会的管理水平;董立人认为政务微信传播具有信息传递时效性、便民性和民智性等特点,并通过分析政务微信在应急管理中的应用提出几点针对性的建议以期提高政府"执网""执信"的质量和水平;郭婧主要研究了政务微信和政务微博的不同定位,并对两者进行了深入的比较分析,提出不同的发展对策;郑磊等人运用实证研究通过对"上海发布"进行数据收集与研究,总结政务微信传播的效果并进行分析,得出受欢迎的内容和形式才是政务微信继续发展的保证,其精准性的特点是受用户欢迎的最主要原因;常亚平从技术接受模型的视角对政务微信的沟通机制进行研究,在把握政务微信亲密性、抗干扰性等特点的基础上,提出研究假设并进行实证分析得出结论,最后对政务微信的管理提出建议。总体来看,我国学者在政务微信研究的研究方法以及理论应用等方面还有待深入。

笔者在综合前人研究的基础上,将政务微信应用的特点总结如下:一是快捷高效。政府通过微信公众平台发布消息,及时传达社会热点和政务动态,公民通过手机微信接收浏览,整个过程利用互联网技术,实现了一对多的对接方式,打破时间地点的限制。2013年4月20日,四川雅安地震发生后,110公里外的成都震感强烈,市民纷纷从梦中惊醒聚集到广场和空地。19分钟后,成都市政府新闻办管理的"微成都"微信公众账号发出一条包含地震震级、震源、影响范围等信息的微信,13万关注了"微成都"的成都人第一时间在手机上收到了官方权威消息,渐渐稳定了情绪。[1] 二是服务便民。公民通过政务微信界面的对话框查询想要了解的政策和信息,避免了通过浏览器查询易被误导和多重信息困扰的麻烦,公民随时随地都可以进行人机对话。如湖北黄石法律援助中心的官方微信"黄石法律援助"在微信平台受理困难群众和农民工等弱势群体提出的法律援助申请,24小时在线提供人工一对一免费法律咨询服务,实现了"指尖轻点,法律援助就在身边"。[2] 三是互动共赢。"知屋漏者在宇下,知政失者在草野",公民可以通过互动对政府工作进行意见和建议的反馈,政府定期整理并有针对性地调整和完善工作内容和方式,促进政务微信更好发展。政府也可以通过阅读量分析公众对哪些问题更感兴趣,以及时调整推送内容,更新服务的范围和方式,真正实现政府与社会公众沟通的"零距离"。中国传媒大学媒介与公共事务研究院高级研究员侯锷认为,"这种服务应用创新,让群众足不出户动动指尖即可一切尽在'掌握',在

---

[1] 邹巍,祎秋. 政务微信让政府"耳聪目明" [J]. 上海信息化,2013(7):10-13.

[2] 朱友红. 刍议政务微信的功能与定位 [J]. 山西师大学报,2013,40(S3):43-44.

提供这种便民贴心服务的同时，也将自己从琐碎繁杂的传统查询事务中'解放'出来，简政高效，双向收益"。四是私人定制。公民通过实名认证，绑定个人信息，可在政务微信公众号提供的服务范围内查询办理各种缴费业务以及违规行为记录，真正实现量身定制。"武汉交警"是全国首例支持微信支付缴纳罚单的政务微信公众账号。公民通过关注"武汉交警"微信公众账号并绑定个人信息，当车辆出现违规违法现象，就可以及时收到交管部门推送的消息提醒，公民也可以通过微信平台查询自己的详细信息，罚款金额以及违法记分等信息都会显示，核实无误后，可通过微信支付"处理"罚单，这就节省了查询、缴费、排队等候的时间，也提高了交管部门的办事效率。

政务微信所具有的以上特征也是其自身的优势所在，如果不对其进行有效的管理，那么它本身具备的特征将丧失其对社会的价值意义，因此我们将其与整体性治理理论结合起来，为政务微信在应用方面存在的问题探索治理机制。

（二）整体性治理的概念和特征

整体性治理理论产生于 20 世纪 90 年代，是在新公共管理的衰微和信息技术的发展的背景下应运而生的。该治理的主要思想是重新整合，这包括逆部门化和碎片化、大部门式治理、重新政府化、恢复或重新加强中央过程、极力压缩行政成本、重塑服务提供链、集中采购和专业化、以"混合经济模式"为基础共享服务以及网络简化。信任和责任感是整体性治理过程中最关键的因素。[1] 整体性治理的特征主要表现在：一是网络简化，一站式服务。在信息技术的支持下，依靠网络平台，提供一站式服务，实现便捷高效。对政府机构来说，一站式服务提供的动力在于把一些分散的服务功能集中起来，以便解决一些重复的问题。[2] 二是以公民需求为导向。以满足公民需求作为治理理念，即"将个人的生活事件列为政府治理的优先考虑项目，将'政府组织'的研究重点转移到'个人问题'的解决"。[3]。三是信息互动与协调。互动的目的是收集更多的信息以协调各个关系。互动的机制（利用信息技术而不是以纸质为基础的形式）会自动地催促机构人员和系统对人民的需要和偏好采取更整体性的看法。多方面收集和获取信息，不仅仅局限于政府内部的信息交流，也包括与社会各力量的信息交流与互动，这对于产生所有其他以需要为基础的整体主义因素来说是必要的。四是进行整体性整合，包括"治理层级的整合、治理功能的整合和公私部门的整合"[4]。主张管理从"分散走向集中，从部分走向整体，从破碎走向整合"，加强政府各层级、部门的协作和整合，尤其是"在那些因专业化分工而给顾客

---

[1] 韩兆柱，杨洋. 整体性治理理论研究及应用 [J]. 教学与研究，2013（6）：80-86.

[2] 竺乾威. 从新公共管理到整体性治理 [J]. 中国行政管理，2008（10）：52-58.

[3] 彭锦鹏. 全观型治理：理论与制度化策略 [J]. 政治科学论丛（台湾），2005（3）：62-69.

[4] Perri 6.Towards Holistic Governance：The New Reform Agenda[M].New York：Palgrave，2002：29.

造成不便的地方，应促使公共服务的整合，为顾客提供他们所需的一切帮助"[1]。五是强调信任机制和责任感。组织间信任的基础是委托和代理关系，而责任感一般表现为诚实、效率和有效性。希克斯认为在组织之间建立信任机制和强化责任感是整体性治理所需的一种关键性整合。

目前，我国学者对该理论的研究已从最初的理论译介阶段逐步转向将它作为分析工具来解析实际问题的应用性研究阶段。[2]

（三）政务微信与整体性治理的内在契合性

首先，政务微信与整体性治理均以信息技术为依托。政务微信利用信息技术网络平台推送社会热点信息。随着网络技术的升级，公民可以突破时间和空间的限制，通过网络获取政策通知与信息，这减少了信息传递过程中不必要的时间浪费。就政府部门而言，无论是信息的收集还是推送，都需要信息技术的支持。整体性治理将信息技术和网络技术作为治理手段。整体性治理理论的代表人物之一帕特里克·邓利维通过实证研究认为："信息系统几十年来一直是形成公共行政变革的重要因素，政府信息技术成了当代公共服务系统理性和现代化变革的中心。"[3]利用信息技术，实行有利于政府整体运作效率提高和效能大幅度提升的"在线治理"模式及政府的行政业务和流程彻底透明化、整合化的一站式即时服务，[4]实现信息沟通的无障碍性和信息传递的高效性。

其次，二者的理念均是以公民需求为导向。政务微信应用的目的是顺应时代发展，更优质地服务于民，公众号平台的建设使政府与公民的沟通平等，拉近了政民的距离，把"政府对你"转变为"政府与你"，更好地建设服务型政府。邓利维认为，整体主义的改革旨在简化和变革政府机构与其客户之间的整个关系，它是以公众的需要为基础的。[5]以满足公民需求为基点，把个人需求作为优先考虑项目，使治理重点由政府和组织向个人需求转移，以服务为取向，以实现公共利益最大化和公共服务完善化。

再次，两者均讲求以协调促进发展。政府部门根据公民在公众号平台反馈的问题与建议对自身进行建设完善，体现了互动性和协调性。一方面，公民可以随时随地把对政府的意见和建议通过留言功能传达给政府，在与政府接触的过程中产生的

---

[1] 戴维 H 罗森布鲁姆，罗伯特 S 克拉夫丘克．公共行政学：管理、政治和法律的途径 [M]．张成福，译．北京：中国人民大学出版社，2002：505．

[2] 韩兆柱，张丹丹．整体性治理理论研究 [J]．燕山大学学报（哲学社会科学版），2017（1）：13-20．

[3] Dunleavy. P. Margetts. H. Bastow. S. New Public Management is Dead-Long Live the Digital-Era Governance[J].Journal of Public Administration Research and Theory，2006，（3）：467-494．

[4] 曾凡军，韦彬．后公共治理理论：作为一种新趋向的整体性治理 [J]．天津行政学院学报，2010（1）：59-64．

[5] 竺乾威．从新公共管理到整体性治理 [J]．中国行政管理，2008（10）：52-58．

任何想法都可以及时"说"给政府听,以免公民对政府郁积成怨,产生偏见和误解;另一方面,政府从公民获取信息并针对有效信息及时调整和解决,并反馈于公民,使公民感受到政府的态度,相信政府的能力,有利于政府公信力的塑造。整体性治理在治理结构上具有协调性的特征。组织间是否协调直接关系到整体性治理能否成功实现。在整体性治理理论的基础上,政府的组织模式即构建整体性组织,"旨在进行层级整合、功能整合和公私合作伙伴关系的整合,使政府组织达到整体性协调"。[1]

最后,都体现整合的理念。政务微信的平台设计集信息查询、业务办理、平台互动等于一体,节省了公众因为了解或办理相关业务而奔波的麻烦,体现了整合的理念;整合是整体性治理的核心理念,在该理论看来,针对管理碎片化,需在既有的部门分工基础上进行政府运作的整合。由于整体性政府会涉及协调和整合两个概念,所以需要进行一下区分:协调指的是确立有关合作和整体运作、合作的信息系统、结果之间的对话、计划过程以及决策的想法,而整合指的是通过确立共同的组织结构和合并在一起的专业实践与干预来执行贯彻这些想法。整体性运作的目标就是如何对政府的层级、功能、公私部门间进行整合,以便更有效地解决公众最关心的一些问题,而不是在部门和机构间疲于奔命。

二、政务微信应用存在的问题

全国范围内的政务微信如雨后春笋般涌现,看似形成广泛的微信公众号体系,然而,实际上却存在诸多问题。

(一)政务微信"随性而为"

一些政务微信定位混乱,是面向全国,还是定位本地,是注重信息发布,还是侧重公共服务。有些地方政务微信没有实现均衡发展,一味追求开通数量,无视必要性,不分层级,不分部门特性,一拥而上地开通政务微信。开通之后受自身部门的限制,无法提供全面的信息和优质的服务,其实际关注度和阅读量并不高,出现"长尾"这样令人尴尬的问题。而这样不分层级和部门地开通一方面会使信息在层级间传递的过程中失真失信,不仅花费不必要的时间影响信息的时效性,还不可避免地存在重复建设。另一方面也易导致部门各自为政,造成许多互不相通、碎片化的"信息孤岛",影响用户体验,降低公众号在公众心中的满意度。如此往复,形成许多无人问津的"僵尸账号"。

(二)微信推送没有"投公众所好"

在内容上,首先,一些推送仍以政府活动信息、政策信息等发布为主。通过对

---

[1] 韩兆柱,单婷婷. 基于整体性治理的京津冀府际关系协调模式研究 [J]. 行政论坛,2014(4):32-37.

推文内容分析发现，一些政务微信发布的政府活动信息主要围绕着领导人、会议和活动成果等宣传性的信息展开[1]，对民生服务信息这类和公众切身利益相关的却"供应"不足。"当今组织所面临的最大问题，不再是部门化问题和操作单位的协调问题，而是对信息储存和信息处理进行组织的问题。"[2]政府和组织如何从纷繁复杂的信息中挑选推送吸引公众眼球的内容，是政务微信继续发展的关键。

在语言上，对于政策信息和社会热点的推送，有些政务微信推送的信息是政府门户网站和政务微博的信息的简单复制粘贴，没有任何加工润色，扮演着"信息搬运工"的角色，缺乏专业的解读和分析，正民心增民智的作用微乎其微。而且有些推文的文字风格多显官话官腔，不接地气，忽视了政民之间的平等和亲切。

在形式上，一些政务微信推送的内容形式单一，只有文字叙述，缺乏趣味性和幽默感。

在时间上，观察显示，在所有政务微信账号当中，只有25%的账号发布频率稳定，75%的微信发布间隔无规律性。[3]推送的时间不固定，不能使公众有迹可循，不利于阅读习惯的培养，易使发送的信息没有及时被公众浏览，影响时效性和传播性的有效发挥。

（三）对问题的解决缺乏专业性

一方面，体现在专业技术上。政务微信作为互联网时代的产物，需要一定的技术支持，然而多数政务微信并无专业技术性团队，政务微信的开发与运营多数是政务微博的运营者以及兼职人员。技术要求达不到，致使有些政务微信功能简单。在民主参与方面，位置服务、政策咨询、民意征集投诉等功能开设不足，进度查询、预约预检、业务办理、线上支付功能缺乏，并未实现民主参与和在线办理等深度功能服务。另一方面，体现在专业部门知识上。具体表现在问题答复的选择性上，研究人员进行测试回复时发现，有的微信账号对于不同问题会选择性地回答或答复，状态不稳定。[4]

（四）重"发布"轻"服务"

目前，我国政务微信的服务功能未被充分挖掘。在功能上，大部分政务微信仍以咨询辅之，前台"发布"与后台"服务"未能兼顾。不少政务微信仅将自身定位为政务宣传平台，而非公共服务平台。[5]信息发布后就不再进行后台管理。政务微信为公众提供了投诉反馈的渠道，但政府部门在及时查证、处理民众回复方面的互动

---

[1] 张志安，徐晓蕾. 政务微信的社会功能及提升对策[J]. 新闻与写作，2015（9）：55-57.

[2] 赫伯特 A 西蒙. 管理行为[M]. 詹正茂，译. 北京：机械工业出版社，2004：229.

[3] 张志安，徐晓蕾. 政务微信的社会功能及提升对策[J]. 新闻与写作，2015（9）：55-57.

[4] 王玥，郑磊. 中国政务微信研究：特性、内容与互动[J]. 电子政务，2014（1）：66-76.

[5] 郑磊. 怎样运作好政务微信[EB/OL]. （2018-4-28）. http://theory.people.com.cn/n1/2016/0530/c376186-28388909.html.

显得有些力不从心。当前，政务微信的互动方式途径较少，主要表现在留言的回复上，回复方式主要有自动回复（包括简单自动回复和关键词回复）、人工回复以及自动回复与人工回复相结合三类。[1] 在公众实际使用过程中，政务微信更像是一部自说自演的机器，自动回复随意笼统，人工回复又不及时，使公众的问题得不到及时有效的解决，实时咨询、问答的管理漏洞，并未将互动落到实处。

三、政务微信应用存在问题的原因

政务微信发展时间尚短，并且没有前车之鉴，在助力服务型政府建设的过程中，大多是摸着石头过河。笔者在以整体性治理视角研究上述问题时，发现其与希克斯指出的碎片化的部分问题有"异曲同工"之妙：（1）重复，它导致浪费并使服务使用者感到沮丧。（2）由于缺乏沟通，不同机构或专业缺乏恰当的干预或干预结果不理想。（3）在对需要作出反应时各自为政。一些机构认为可以在不与其他机构通气的情况下凭自己的力量解决问题，但最后却并没有满足真正的需要。（4）公众无法得到服务，或对得到的服务感到困惑。[2] 这就为从整体性治理视角分析政务微信应用问题的原因进一步增添了立论点。

（一）官僚制层级固化致使现存结构不合理

传统官僚制是科学管理主义的成果，是建立在理性基础上的非人格化、专业化、制度化、层级制的组织结构形式。面临新时期复杂多变的社会客观条件，传统官僚制显现出其力不从心的一面：机构臃肿、人员庞杂、规章制度烦琐、组织界限严格等，而不能适应灵活多变、无缝隙化的组织新要求。[3] 受传统层级节制的组织结构的制约，各层级和部门各行其是和信息不对称，易导致盲目性，层级间出现重复建设和浪费，部门间利益界限更明显。多数政务微信后台的管理都没有合理的组织结构，只是任由各部门盲目地进行申请注册，政务微信就不能充分体现其特点，发挥其优势。是否应该开通政务微信，应该依据实际需求而定，而不是简单地追求账号开通数量的增长。因此我们需要重新整合组织结构，打破层级、部门之间的限制和制约，形成一个组织统领各部，减少建设浪费，实现政务服务和信息公开的充分化。

（二）政府消极执守本位缺乏沟通意愿

在希克斯等学者看来，政府组织的消极执守本位职务与立场，缺乏积极沟通、

---

[1] 曾凡军，韦彬．整体性治理：服务型政府的治理逻辑 [J]．广东行政学院学报，2010（2）：22-25．

[2] Perri 6.Towards Holistic Governance：The New Reform Agenda[M].New York：Palgrave，2002：241．

[3] 韩兆柱，杨洋．整体性治理理论研究及应用 [J]．教学与研究，2013（6）：80-86．

主动协调的意愿与行动导致了功能裂解型治理的产生。[1]于政务微信而言，在内容上，政府工作人员不去主动了解公众关注什么，而是有什么信息就传递什么，可是信息发布了不等于就被阅读了，阅读了不等于就被传播了，阅读和传播了也不等于就被接受和产生效果。缺少思考与观察，信息编辑者没有站在公众角度去设身处地地考虑公众所需，没有和公众进行有效的沟通或者民意调查。公众喜欢阅读什么，平时生活需要什么，对政务微信的期待是什么，都需要了然于胸，不应该再简单地认为微信只是为了完成上级指派的任务。在语言上，或者没有"原创"，或者以"指挥者"的站位去撰文，居高临下的态度不仅不符合政府的工作宗旨，也不会受公众的欢迎，再好的文字功底和组织能力做出的推送也难能得到公众青睐；再者语言不能过于学术与官方，缺少"人间烟火气"，很容易"曲高和寡"与公众产生隔阂感，不利于拉近政民之间的距离。在形式上，现在的微信受众偏年轻化方向发展，他们对微信的要求不仅局限于文字，还追求风格的多样性与新颖性。在时间上，组织者不审时度势掌握用户的阅读习惯，在信息爆炸的时代，微信推送很快会被各种其他消息刷屏而被公众忽视，所以微信推送也要讲求合适的"时机"。

（三）政府组织间闭门造车缺少合作

整体性治理理论分析碎片化的一个表现就是一些机构认为可以在不与其他机构沟通的情况下凭一己之力解决问题，但最后却并没有满足真正的需求。细究政务微信的应用发现：首先，没有专业的技术人员去维护公众平台的运行和修复公众平台运行过程中的漏洞，专业能力的缺乏使政务微信在面对偶发事件时应对手段欠缺。旧有技术条件下形成的模式和流程在新的技术环境下可能已经不再合理甚至不再必要，应在微信平台上对其进行优化改造，而不是简单地复制照搬[2]；另一方面，微信的推送没有专业性的公务员负责，仅局限于某一部门的工作人员，在文字能力和视角方面都缺少专业性，既不易于经验的积累，而且在留言问答与互动上因为部门知识限制无法解答公众的问题，"巧妇难为无米之炊"，使政务微信该有的服务功能形同虚设而得不到有效的发挥和应用。

（四）工作人员缺乏责任意识服务不到位

整体性治理理论认为责任包括诚实、效率和有效性。希克斯解释为：诚实，或正规，主要涉及公款使用中的守规矩；效率，或狭义上的"物有所值"，主要涉及公共服务提供或干预过程中的输入和输出之间的关系；有效性，或项目责任，主要涉

---

[1] 曾凡军，韦彬．整体性治理：服务型政府的治理逻辑[J]．广东行政学院学报，2010（2）：22-25．

[2] 郑磊．怎样运作好政务微信[EB/OL]．（2018-4-28）．http：//theory.people.com.cn/n1/2016/05 30/c376186-28388909.html．

及使行政官员对公共干预是否达到公开发布的结果或标准负责。[1] 具体到政务微信的应用管理，表现在留言互动上回复的信息内容是否准确可靠，信息的回复是否及时，回复的内容是否有用。政府工作人员习惯性地朝九晚五，下班就结束一切工作，而公众的问题却不一定总是出现在"工作时间"，当问题得不到及时解决，会影响政府在公众心中的公信力。工作人员也倾向于用自动回复功能来避免自身的麻烦，认为有自动回复就可以应付公众，不需要对留言多加关注，使公众提出的具体的问题得不到及时与精准的解决。

四、基于整体性治理的政务微信应用问题治理机制

对一个理论最好的发展就是将其应用于实践中。整体性治理强调"以问题的解决"作为政府一切活动的逻辑起点。[2] 希克斯所提出的碎片化问题，正是整体性治理中的整合、协调、合作、服务想要解决的，因此我们从组织结构、治理方式、实现途径、公共精神四个方面探究治理机制（见图1），使整体性治理理论实现本土化的同时，也有助于提高我国政府的治理水平。

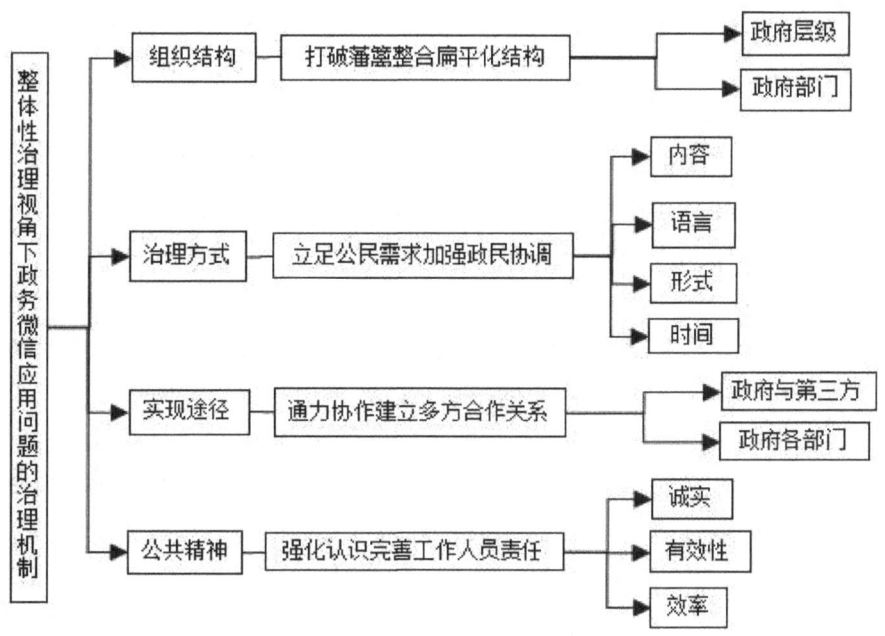

图1 整体性治理视角下政务微信应用问题的治理机制

---

[1] Perri 6.Towards Holistic Governance：The New Reform Agenda[M].New York：Palgrave，2002：48.

[2] 胡象明，唐波勇.整体性治理：公共管理的新范式[J].华中师范大学学报，2010（1）：11-15.

（一）打破藩篱整合扁平化结构治理机制

党的十九大报告提出，要不断推进国家治理体系和治理能力现代化，坚决破除一切不合时宜的思想观念和体制机制弊端，突破利益固化的藩篱，吸收人类文明有益成果，构建系统完备、科学规范、运行有效的制度体系。整体性组织结构的具体表现形态有政府组织间的跨部门横向合作，组织层级间的纵向合作。[1]因而，整体性治理的整合包括对层级和部门进行整合：减少治理层级，扩大治理幅度，能够降低行政成本，提高行政效率。实行有利于合理配置资源和人力，更迅速更有效地实现目标并易于自我组织管理的"横向领导，整合管理"的扁平式组织结构。[2]政务微信的应用管理机制应首先将发力点转移到组织结构，打破层级、部门间的利益壁垒。根据实际需求，整合出微信办事大厅并进行合理定位，实现资源共享，政务协同，避免重复建设，从追求数量转变为追求质量，并出台配套的规章制度对该团队进行具体明确的规范，以促进政务微信的长效发展。在开发与应用方面，成立微信团队，实行规范化管理，并充分授权。微信团队应尽可能地减少层级结构，扁平化的组织设计提升了决策层和操作层之间的协同，避免了中间层传达信息的选择性，便于及时将权威准确的信息传播给公众。而打破各部门的限制则有效避免了利益之争，使信息充分公开透明，也有助于提高政府在公众心中的满意度。

（二）立足公民需求加强协调治理机制

协调是公共管理中的"哲学试金石"。[3]整体性治理的核心观念是协调与整合，追求的目标是政府更加效率地为公众提供优质的公共服务，满足公民需求，它其实是针对新公共管理理论中公共服务碎片化问题的回应，总体而言，它是属于工具理性谱系。[4]整体性治理理论认为，政府治理的核心基础是协调，即组织间的协调。而协调"其真义在于政府各机关主动积极的意愿与行动落实，而非象征性的结构表象之呈现"。[5]为了克服上述的组织中的困境，政务微信需要协调的更多存在于政府与公众之间。工作团队应将了解公众所需的工作落到实处，做到积极沟通与主动协调。首先，可以通过定期统计阅读量与点赞数量，或进行民意调查来协调政务微信"供给"与公众的"需求"，对关注度高的内容，如与民生相关的实用类信息和公众普遍

---

[1] 韩兆柱，翟文康.西方公共治理前沿理论的比较研究[J].教学与研究，2018（2）：86-96.

[2] 曾凡军，韦彬.整体性治理：服务型政府的治理逻辑[J].广东行政学院学报，2010（2）22-25.

[3] 胡象明，唐波勇.整体性治理：公共管理的新范式[J].华中师范大学学报，2010（1）：11-15.

[4] 韩兆柱，翟文康.西方公共治理前沿理论的比较研究[J].教学与研究，2018（2）：86-96.

[5] 廖俊松.全观型治理：一个待检证的未来命题[J].台湾民主季刊（台湾），2006，（3）：31-39.

关心的时政类信息可以多推送。对点击率不高的微信要进行反思，根据公众留言反馈，并与其他微信账号同题材的推文进行比较，以查找问题和原因，及时协调与改进。其次，应根据本地特色推送"原创性"与"个性化"的内容，要对国家政策作出准确、权威、透彻的解读，做好舆论引导工作，从单纯的信息发布走向"内容价值再发现"，打造自己的账号特色，使发布内容生动易懂、活泼有趣。充分考虑社会化的角色与定位，拉近政民距离，让政务微信起到不可替代的作用。再次，在形式上应充分结合图文、视频、音频等多种方式，除了多元化的表现形式外，富有亲和力、幽默性的配图也可以吸引公众的兴趣，以提高传播效果。最后，应根据公众的阅读时间定点推送微信，培养用户阅读习惯，提高用户的黏合度。作为一个24小时开放的平台，政务微信运营不能遵循常规的8小时工作制，应制定一份时间表来规划发布的内容和数量，并形成一定的规律性，以提高阅读量和传播率。此外，微信信息发布应将注重表面上的"产出"（如开通数、粉丝数和发文数）转为注重实质性的"效果"（如阅读数、转发数和阅读效果）。[1]

（三）通力协作建立多方合作治理机制

整体性治理认为为了解决一些问题，政府各部门、专业、层级以及机构之间的整合的运作是必要的。[2]与新公共管理不同，整体性治理所采用的则是合作性整合。[3]微信作为网络大国背景下一种新兴的事物，主要运用网络信息技术作为开发的基础，利用新媒体传播信息，这就要求工作人员具有一定的技术能力和才干。为了有效解决微信工作人员不专业的问题，团队应吸收来自网络技术、新闻和媒体等专业性人才。微信强调功能服务，强化编辑，不单是对图文消息的处理能力，还要求运营人员在内容加工方面掌握更多的展现技巧和方法，对信息技术能力的要求更高。因此，团队成员应该经常向其他媒体机构学习，不断提高自身信息编辑制作水平并邀请专家学者进行指导。[4]此外，政务微信还可以与微信钱包、地图等第三方服务平台结合，以"最有效地运用新的工具来达到目标"[5]，以完成对各种民主参与和在线办理功能的开通，建设完善的微信公众号平台。除此之外，各部门也要保证建立长期稳定的合作关系。微信的工作不能仅仅局限于政府某部门的公务员，还要吸收各部门的人员，

---

[1] 郑磊. 怎样运作好政务微信 [EB/OL].（2018-4-28）. http：//theory.people.com.cn/n1/2016/0530/c376186-28388909.html.

[2] 竺乾威. 从新公共管理到整体性治理 [J]. 中国行政管理，2008（10）：52-58.

[3] 曾凡军，韦彬. 后公共治理理论：作为一种新趋向的整体性治理 [J]. 天津行政学院学报，2010（1）：59-65.

[4] 郑磊，熊久阳，吕文增. "上海发布"政务微信研究：前台运营与后台管理 [J]. 电子政务，2016（1）：50-65.

[5] 陈振明. 政府工具导论 [M]. 北京：北京大学出版社，2009：21.

保证他们对各部门知识都有较高的熟悉度，以在解决各种问题上都游刃有余。建立多方的合作关系，就使得团队成员的知识背景和能力结构互补，工作经验丰富，业务能力全面，既熟练掌握新媒体运作的技巧，又熟悉政府内部各部门的工作；既有利于保持媒体素养和互联网技术的先进性，也能在多方信息来源的基础上保持信息的完整性和多元的关注视角，有足够的知识储备对公众的问题"对症下药"。

（四）强化认识完善工作人员责任治理机制

希克斯认为整体性治理最重要的是责任感。这种责任感，不仅使政务微信公众号平台具备更全面完善的功能，也将使工作人员提供更优质的服务。所以，我们应着力提升政务微信互动能力和效果，加强微信团队人员的责任意识。在诚实和有效性上，可以通过设置"服务满意度"，在问答结束后请公众对本次问答进行打分，以分数作为对工作人员评估的依据，也可通过统计留言回复与问题的解决率来考察服务的质量。对每位工作人员进行编码以使责任具体到个人，使奖惩更具操作性，以此来督促和激励后台工作人员回复内容的精准与有效，确保互动注重实效，解决公众的实际问题，避免互而不动。在提高效率方面，要求工作人员对公民的问题和建议进行在线及时解答。可根据公众号的服务内容和性质实行 24 小时工作在线，或可收集简单的、常见的、具有共性的问题，建立语料库，使用关键词自动回复；对于复杂的、少见的、个性化的问题，可采用人工方式予以答复，并保证在 24 或 48 小时内尽快答复。通过自动与人工回复相结合的方式，既能及时答复用户，又为后台留有一定的缓冲时间，兼顾用户体验和政府回应能力，做到主动出击有问必答。例如，在广东省肇庆市公安局设立的政务微信"平安肇庆"，只要输入一些关键字，如户口、车管所、出入境等，"平安肇庆"微信马上会自动回复相关的公安业务。据统计，自动回复功能能够切实解决网民咨询公安业务问题的 80%，剩下的 20% 靠人工回复。[1] 在问答式的互动方式之外，微信互动还应从内容层面迈入行动层面，通过报名活动、奖励赠送、投票调查、趣味游戏、线下活动、社群建设、众包合作等多种活动形式[2]，来提高服务的集成度，提升政民互动的深度。

五、结语

党的十九大制定了新时代中国特色社会主义的发展蓝图和行动纲领，中国要不断推进国家治理体系和治理能力现代化，而网络治理是国家治理体系和治理能力现

---

[1] 刘晖. 公安政务微信来了，快"摇一摇"[EB/OL]. (2018-4-28). http://news.cpd.com.cn/n3559/c15437337/content.html.

[2] 郑磊. 怎样运作好政务微信[EB/OL]. (2018-4-28). http://theory.people.com.cn/n1/2016/0530/c376186-28388909.html.

代化的重要组成部分。毫无疑问，中国已是"网络大国"，但更要成为"网络强国"。运用"互联网+"新模式，将政府与微信结合，不断地优化政府和社会的传统关系，使信息能够以零成本的方式来促使它提高效率，从而全面推进地方政府简政放权、行政审批制度改革以及公共服务水平的提升，成为当务之急。我们应从整体性治理出发，不断推动整体性治理理论的本土化，提高政务微信应用的实践水平，使其真正发挥威信作用，使政府更具公信力。

整体性治理视角下共享单车治理的路径*

2017年10月,习近平在党的十九大报告中明确指出,新时代的中国要进一步实现绿色发展,建立健全绿色低碳循环发展的经济体系[1]。继高铁、支付宝、网购"新三大发明"后,共享单车成为新时代人们公认的"第四大发明",它不仅具备人们对绿色、低碳、循环出行的需求,同时,其共享性也成为一大亮点。任何新事物的出现,都会带来对既有社会模式的影响和冲击,产生社会问题,共享单车也不例外。共享单车存在的意义是为了解决城市问题,但随着单车市场的拓展,产生了诸如乱停乱放、市场准入规则混乱、治理主体合作意识低、共享单车的"公地悲剧"等社会问题。2018年12月,风靡一时的ofo因供应商纠纷问题被法院冻结资金,此事件的持续发酵对共享单车行业的发展造成了冲击。

共享单车本是从便民利己的角度出发,不断发展壮大,但由于行业初始即被资金劫持,随后开始了恶性价格竞争,对此行业的良性发展造成了威胁。2017年8月3日,交通部等10部门在《关于鼓励和规范互联网租赁自行车发展的指导意见》中,明确指出要坚持"多方共治",依据整体性视角,整合多方资源,克服政府、企业、社会在共享单车治理中遭遇的破碎化困境。[2]交通部部长李小鹏也指出:"共享单车是城市慢行系统的一种模式创新,实际上也是'互联网+交通运输'的一种实现方式。由于它对于解决人民群众出行'最后一公里'的问题特别见效,我想我们应该给予最大的鼓励和支持。"[3]作为新时代的新产物,共享单车的治理需要多方治理主体具备整体性思维,对其进行规范化、制度化、标准化的管理。因此,本文以整体性治理为视角,探索共享单车有效治理的路径,完善城市道路交通治理体系。

---

* 与曹美晴合作完成,并发表于《燕山大学学报(哲学社会科学版)》2019年第4期,第66~74页,题目有变动。
[1] 中国网.中共十九大开幕,习近平代表十八届中央委员会作报告[EB/OL].(2017-10-18). http://www.china.com.cn.
[2] 中国政府网.交通运输部发布共享单车规范文件征求意见稿[EB/OL].(2017-5-23). http://www.gov.cn/xinwen/2017-05/23/content_5196005.htm.
[3] 新浪网.交通部:共享单车押金问题已经制定初步的政策文件[EB/OL].(2018-2-12). http://auto.sina.com.cn/news/2018-02-12/detail-ifyrkuxt5669882.shtml.

一、整体性治理视角下共享单车治理的意义

（一）理论意义

整体性治理（Holistic Governance）就是将公众需求作为治理目标，凭借信息技术的手段，将协调、整合与责任作为治理体制中的三元素，与各组织进行跨界合作，从不同层面对治理过程中存在的碎片化现象进行适当的协调与整合，将分散的资源集中起来，汇聚各方力量，从破碎走向整合，为公众提供全面对接的无缝隙的整体性服务。[1]它是在新公共管理模式衰微和大数据时代到来的背景下，发端于英国并随后扩展到美国、加拿大、澳大利亚、新西兰等国家的全新的治理模式。通过协调机制、整合机制和信任机制的构建和落实，解决新公共管理遇到的破碎化问题。[2]"整体性治理"的概念最早由英国的安德鲁·邓西尔于1990年提出，1997年英国伦敦国王学院的佩里·希克斯在其《整体性治理：新的改革议程》一书中进行了较为全面的阐述，并在1999年和2002年的专著中具体讲述了整体性治理的基本理念与策略。2005年牛津大学经济政治科学学院的帕特里克·邓利维进一步分析了整理性治理将取代新公共管理的位置并对社会管理具有重要意义。[3]后来，佩里·希克斯在其《整体政府》一书中对其又进行了系统论述，分析了整体性政府的产生及其目标，并根据政府内部过度分离、协调性差等现象提出了一个全新的组织再造方向。[4]彭锦鹏作为我国行政学界整体性治理理论的领军人物，最早将整体性治理理念、体系引进中国，他在《全观型治理：理论与制度化策略》一文中指出，整体性治理的提出体现了行政学范式的转变，它使得传统官僚制和新公共管理失去了它们原本发展的土壤，为新的行政学发展带来了新气象。[3]我国学者竺乾威的《从新公共管理到整体性治理》对整体性治理这一新思想进行了基础性的介绍和评价，强调治理主体、层级、功能的重新整合，将信任和责任看作是整合的关键。[1]同时，我国学者也指出，整体性治理是对治理理念的一种整合与重塑，主要强调了对公民的回应性、协调与合作。[2]总体来说，整体性治理主要作为政府治理的一种新模式而存在，以政府为核心，实现治理功能、层级、公私合营部门之间的整合，进一步实现国家治理体系和治理能力的现代化。

罗伯特·达尔认为："从某一个国家的行政环境归纳出来的概论，不能够立

---

[1] 竺乾威. 从新公共管理到整体性治理 [J]. 中国行政管理，2008，（10）：52-58.

[2] 曾凡军，韦彬. 整体性治理：服务型政府的治理逻辑 [J]. 广东行政学院学报，2010（1）：22-25.

[3] 韩兆柱，杨洋. 整体性治理理论研究及应用 [J]. 教学与研究，2013（6）：80-86.

[4] 韩兆柱，张丹丹. 整体性治理理论研究———历程、现状及发展趋势 [J]. 燕山大学学报，2017，（18）：40.

刻予以普遍化，或被应用到另一个不同环境的行政管理上去。一个理论是否适用于另一个不同的场合，必须先把那个特殊场合加以研究之后才可以判定。"[1] 整体性治理模式在本土化过程中，要结合中国的实际和发展条件，才能更好地发挥新的治理模式在中国的作用。随着社会的发展，公共服务的提供已经从政府包揽逐渐转变为以政府、企业及其他社会组织共同承担的模式。共享单车作为以企业为核心承担的公共服务，它的治理需要多方主体共同合作，进行全方位的整合。笔者认为，整体性治理模式不仅在政府提供公共服务中发挥重要作用，更重要的是成了社会治理的工具。因此，笔者将从整体性治理的视角，整合政府、企业与社会的资源，对共享单车的治理进行规范，更好地完善城市治理体系建设。

（二）实践意义

2014 年，北京大学校园最早出现了共享单车的身影，这一变化使得教职工与学生们出行的方式更为便捷，随之大量的共享单车在更多的高校中投放，2016 年，共享单车的创立者将单车的投放地从校园扩大到城市，成为都市交通体系不可缺少的一部分。[2] 共享单车满足了公众便捷出行的需求，同时促进了公交、地铁换乘接驳效率的提升，深受公众青睐；与此同时，共享单车的低碳、绿色、共享理念符合政府提出的"健康中国""绿色出行"发展观念，这些都为共享单车在中国的快速发展提供了契机。然而，新生事物的产生必然带来新的问题。共享单车推广至今，绚丽多彩的颜色背后却产生诸如共享单车坟场、市场准入规则不规范、治理主体合作意识不强等问题。2017 年两会期间，在记者提问环节中，腾讯董事长马化腾说道："共享单车这个新事物在中国快速成长起来了，仅仅几个月时间就迅速成为热点，使得整个社会在适应方面还需要一段时间。"[3] 因此，共享单车与整个社会在磨合的过程中，需要通过有效的治理模式对其加以规范。

2018 年年初，由于对市场的整体环境预估偏差，ofo 企业面临巨大的现金流压力；2018 年 12 月 25 日，已有 1000 万用户等待 ofo 线上退还押金；12 月 21 日，交通部就 ofo 退还押金一事发表声明，将督促 ofo 畅通退押渠道，加快线上退押进度，切实保障用户合法权益。[4] 由于资金裹挟下的共享单车行业没有受到良好的制度规范，使得本是前途光明的行业，变得寸步难行，急需多方主体整合力量、资源，对

---

[1] DAHL R A.The Science of Public Administration：ThreeProblem[J].Public Administration Review，1947（7）：1-11.

[2] 王光荣 . 共享单车的交通价值与发展路径 [J]. 城市交通，2017（4）：72-75.

[3] 冉湖，杨其光，鲁威元 . 共享单车——共享经济爆发的新风口 [M]. 北京：民主与建设出版社，2017：78.

[4] 央视网新闻 . 交通运输部：正督促 ofo 畅通退押渠道，加快线上退押进度 [EB/OL]．（2018-12-21）. https：// baijiahao.baidu.com/s？id=16204315954 46251126&wfr=spider&for=pc.

其实现共治。

二、共享单车的治理困境

共享单车的快速发展解决了人们在上下班过程中需要转变交通方式的难题，但其快速发展的同时也产生了一系列问题。2018 年，近四成用户遇到共享单车质量问题（见图 1）。一方面，共享单车满足了公众便利出行的需求，符合国家绿色、生态、经济发展的战略；另一方面，单车乱停乱放、行业恶性竞争、不文明用车等行为，使得共享单车企业良性运行成为城市发展新的社会痛点。

注：样本量：N=1682；调研时间：2018 年 11 月。

图 1　2018 年中国共享单车用户对共享单车破坏行为了解情况分布

（一）无序停放侵占公共空间

交通运输部的数据显示，截至 2017 年 7 月，全国近 70 家互联网共享单车企业的整体单车市场份额超过 1600 万辆，注册人数超过 1.3 亿人次，累计超 15 亿人次使用共享单车。[1] 共享单车作为一种公共服务，其提供者和使用者越来越多。但过多的投放和使用造成了共享单车的无序停放问题，公共空间的承载能力受到严重威胁，让人们不得不思考其与城市的共生之道。[2] 2017 年年末，南京市将共享单车投放规模限制在 38 万辆内；[3] 2017 年 2 月，上海市轨道公交总队与多家共享单车企业进行"约法三章"，并对公众进行宣传教育，让使用者将共享单车停放在划定区域

---

[1] 参见中国新闻网. 十部门出台共享单车新规：不鼓励发展互联网租赁电动自行车 [EB/OL].（2017-08-03）. http：//www.chinanews.com/jingwei/08-03/66049.shtml.

[2] 刘然，张旭霞. 城市公共空间中共享单车的负外部性治理——解读、困境与规制路径 [J]. 学习论坛，2018（1）：71-76.

[3] 新浪网. 38 万辆！南京公布共享单车上限 现有数量已超限 [EB/OL].（2018-03-07）. http：//jiangsu.sina.com.cn/news/general/2018-03-07/detail-ifxipenn9953187.shtml.

内，但停放问题并未得到根本性解决。[1] iiMedia Research（艾媒咨询）数据显示，2018年中国共享单车用户规模达到2.35亿人，用户规模渐趋稳定。[2] 共享单车的使用者在租借后，并未将单车停放在规定的区域内，而是停放在机动车道或停放区域线外，造成城市交通体系的瘫痪，地铁站及公交车站旁堆积大量随意摆放的单车，公共空间的负外部性明显。一方面，企业的"只投不管"现象成为这种负外部性的关键原因。共享自行车企业为抢占份额、忙于竞争、急进投放时，对于整体的线下运营管理自然有所疏忽，因此，城市单车超负荷现象才会产生。在企业的过度投放与只投不管的双重催化下，城市的承载压力会逐渐增大，对公共空间有所威胁。[1] 另一方面，政府对共享单车规范的相关政策滞后，使得共享单车的无序停放问题成为城市和谐发展的毒瘤。共享单车自2015年进入中国市场后，一直呈现"野蛮生长"状态，但对其治理却略显疲软。由于共享单车符合国家的时代要求以及人们绿色出行的需求，因而，各地区在2017年开始相继出台对其进行治理的《试行意见》，但仍然缺少全方位、权威性的法律法规对其失范行为进行制约。因此，政策出台的时间滞后，错失了治理单车的"最佳时期"，导致停放问题愈演愈烈。政府与企业之间的协调性过低，加剧了共享单车无序停放现象的发生，新生事物在没有良性运作的市场环境下将难以为继。

（二）市场准入体制不健全

市场准入（Market Access）又称准入机制，是20世纪80年代传入中国的，意指通过国家制定相关法律，规定市场主体取得资格的条件和程序，并通过行政许可和审批予以具体体现。[3] 共享单车市场主要集中在一线及部分发达二线城市中，尤其是对一线城市的渗透性最强。据统计，截至2017年，北京共享单车总数达220万辆；上海共享单车企业达13家，高峰时段投放车辆达178万辆；南京共享单车数量达44.9万辆之多，日租用量超200万人次。在政府政策的支持以及企业的大量投入下，共享单车这种低成本的产业在中国的市场迅速生长起来。不可否认的是，共享单车的出现解决了公众的出行问题，同时，有助于实现城市的绿色、低碳要求。对一个城市来说，自行车居于城市交通的核心位置，作为整个城市的微循环系统，对"城市的毛细血管"具有十分重要的意义。这就决定着共享单车并非仅仅解决了公众出行的难题，而是触动了整个城市的治理系统。因此，当共享单车过度投放时，大量的次生问题就产生了，诸如因运营维修范围有限而造

---

[1] 上海政府网. 上海破解"共享单车"无序停放难题 [EB/OL].（2017-02-24）. http：//www.shjcw.gov.cn/shjs/node5/node34/u1ai107253.html.

[2] 艾媒网. 艾媒报告：2018中国共享单车发展现状专题研究 [EB/OL].（2018-12-25）. http：//www.iimedia.cn/63243.html.

[3] 张晨彤. 北京网约车准入机制和政府监管研究 [D]. 北京：首都经贸大学，2014.

成的安全事故、抢占人行横道等问题严重影响了整个城市的交通格局，使得整个城市的治理系统濒于瘫痪的边缘。而这一切问题的根本，即共享单车企业进入市场的规制并没有追上共享单车快步伐入驻城市的速度。共享单车在初期都是追求高覆盖率，在缺乏相关市场准入规制的前提下，市场对单车的治理将大打折扣。[1] 共享单车企业进入市场的相关机制并未建立起来，政府对相关的行业标准没有统一的规定，这两方面对单车治理形成了较大的阻碍。共享单车市场缺乏统一的进入标准和规则，使得整个行业的竞争程度低下，亦不利于整个市场的发展，从而很难为公众提供更好的公共服务。因而，市场准入机制的不健全极大地威胁着共享单车的和谐发展，同时，更加不利于整个城市的治理体系的完善。

（三）治理主体合作意识低

"与统治不同，治理指的是一种由共同的目标支持的活动，这些管理活动的主体未必是政府，也无须依靠国家的强制力量来实现。"[2] 随着城市化发展的步伐加快，高度不确定性和高度复杂性的时代背景需要的是治理主体之间进行多元合作，灵活地处理新产生的问题。而共享单车这种以公众需求为驱动，在互联网和大数据的支持下兴起的新型公共服务，对传统的仅仅由政府提供公共服务的模式提出了巨大的挑战。共享单车的管理如若依靠政府一元主体来治理其给城市交通带来的弊病，也仅能在小范围、短期间产生一定的效果，极易出现"一管就死、一放就乱"的乱象；[3] 作为企业提供的公共服务，在实现整体的社会效益时，更重要的是企业逐利的一种手段，若仅凭企业一己之力进行治理，可能会导致社会利益与经济利润之间的失衡现象，各相关企业为了抢占市场份额而无限制地投放共享单车乱象的频频发生，使市场处于无序状态；而作为共享单车的受益者——公众，在整个单车市场中缺少参与城市治理的主人翁意识，同时，更加缺少参与单车治理的途径。综上所述，在进行单车治理过程中，政府、企业与公众之间没有形成合作的共识，很难对单车市场进行协调性的管理。

（四）共享单车的"公地悲剧"

2018年2月，在法国的一家名为Gobee品牌的香港共享单车企业，其用户收到一封Gobee公司发来的长信，信中提到，因为自行车被损害过多，将于2月24日退出法国市场。在2018年1月9日，该团队从法国的里尔、兰斯和比利时的布鲁塞尔退出市场时，更提到，"我们当时还在为在都市里继续运营持续努力着，希望一切变好，但我们错了：从去年12月到今年1月，很多未成年人将大规

---

[1] 杨新华，聂颖. 共享单车的规制路径研究 [J]. 现代商业，2017（35）：35-36.

[2] 俞可平. 治理与善治 [M]. 北京：社会科学文献出版社，2000：2.

[3] 熊珺. "共享单车"乱象与多中心合作治理共享单车 [J]. 法制与社会，2017（25）：146-147.

模破坏共享单车作为他们新的娱乐活动。大量的共享单车被盗或被人占为己有,约3400辆单车被人为破坏,维修人员对近6500辆共享单车进行了大规模的修理"。[1] 此种案例在中国亦不少见,过多的单车被破坏,逐渐地产生"公地悲剧"现象。"公地悲剧"是由学者哈丁于1968年发表于美国《科学》杂志上的一种模型。他认为,"在一个对所有人都开放的牧场中,每个放牧人都从自己的牲畜中得到直接利益,在他或其他人在牧场过度放牧时,每个牧人因公共牧场退化而承担延期成本。因此,放牧人不断增加牲畜的数量,因为他可以看到他自己在牲畜上得到的直接利益,而其承担的只是由于过度放牧所造成的一份无关痛痒的损失而已"。[2] 对于共享单车行业而言,在这个"对所有人都开放的牧场"的单车市场中,在给定数量的共享单车中,用户过度破坏或违规使用共享单车将会使整个单车市场的规模下降,从而危害整个群体的公共利益,而对于每一个骑行的"理性经济人"来讲,却只会看到共享单车在使用时的便利、快捷,对其日后的维护和停放地点的选择却几乎持以冷漠的态度。可以看出,个体在局部利益和整体利益衡量的情况下,将会毫不犹豫地选择前者。因而,诸如上述所提到的单车"共享"变为"私享"、人为破坏等问题都导致了共享单车治理困境的产生。

三、共享单车治理乱象成因

(一)"数据资源"整合思维的缺乏

党的十八届五中全会提出实施"互联网"行动计划,发展共享经济,实施国家的大数据战略;国务院在《促进大数据发展行动纲要》中也明确表示,要搭建数据开放共享的快速通道,将资源进行最大限度的整合,从而完善整个治理体系。[3] 而在单车治理过程中,政府、企业与公众缺乏这种"数字资源"的整合性思维,导致在治理过程中,主体之间的协调性差,产生单车乱停乱放的不良现象。首先,企业与公众之间缺乏数据联系。企业运用大数据对共享单车进行定位,便于公众更方便地寻找闲置的共享单车,但却缺少利用大数据技术对单车的停放点进行规范管理的创新性手段。另一方面,各个共享单车企业一味地抢占市场份额,使得整个市场濒临崩溃,却忽略了技术在提升单车质量中的作用,从而提高单车的使用体验,形成更加强有力的竞争。其次,企业与政府之间缺乏数据共享。共享单车在中国的市场规

---

[1] 新浪网. 首家进入法国的共享单车公司宣布退出 [EB/OL].(2018-02-28). http://news.sina.com.cn/o/2018-02-28/doc-ifyrzinh0294937.shtml.

[2] 埃莉诺·奥斯特罗姆. 公共事物的治理之道 [M]. 上海:上海三联书店,2000:11.

[3] 陈振明. 国家治理转型的逻辑——公共管理前沿探索 [M]. 厦门:厦门大学出版社,2016:83.

模不断扩大，但政府对单车的管理规范却少之又少，其中一个原因是，企业与政府之间的信息共享程度不够，使得政府很难提供有针对性且全面的政策。最后，政府对公众缺乏数据管理。公众的乱停乱放现象，政府很难在第一时间进行掌握，亦无法对其行为作出规范。由于治理主体之间缺乏"数字资源"的整合性思维，使得单车无序停放问题日益严重，对公共空间的侵占日趋恶劣。因此，需要发挥信息技术在共享单车治理中的作用，更好地完善城市治理体系建设。

（二）制度不完善

共享单车将互联网与道路交通相联系，其发展前景较好，投资者大量涌入。《共享单车行业就业研究报告》中提到：在2017年上半年，共享单车领域达成22起融资，融资额度达到104.33亿元。同时，共享单车累计投放量约1600万辆，但是其日订单只有5000万单，骑行频次仅为3.125次/日辆。而且，据艾瑞咨询发布的大数据显示：共享单车用户单次骑行时长大部分在30分钟以内，而里程则在3公里以内。[1]这一系列数据说明各个共享单车企业为了迅速地提高市场占有率，无所顾忌地大量投放单车，造成单车市场秩序混乱。在资本的驱使下，单车行业出现"联动投放"现象，造成整个行业的恶性循环，供给与需求之间存在严重不平衡。[2]与此同时，该行业的市场准入门槛过低，使得有限的社会资源与市场份额与共享经济的发展速度产生矛盾，危害社会秩序。2018年两会期间，海南省全国政协委员康耀红提到，"共享单车的迅猛发展，对于提升城市交通运行效率、缓解交通道路拥堵问题、节约能源减少污染都产生了十分积极的作用，但共享单车在快速推进的过程中同时也出现了许多亟待解决的问题"。他认为，国家应尽快制定《共享单车投放和使用条例》，从法律上促进单车市场规范化、秩序化、标准化发展。[3]因此，对单车企业的市场准入机制的完善、相关法律规范的建立以及协调性制度的提出，对整个单车的行业的监管将起到重要作用，同时，将进一步推进城市交通治理体系的完善。

（三）政府与社会组织关系呈现碎片化

碎片化本意为完整的东西呈现若干零片和零块状态，从社会学角度剖析，碎片化体现了社会阶层利益的分化和多元化。[4]希克斯提到，碎片化是指政府、各个社会

---

[1] 陈振明.国家治理转型的逻辑——公共管理前沿探索[M].厦门：厦门大学出版社，2016：85.

[2] 王政贻，何得桂.共享单车发展面临的公共性问题与治理路径——基于公共产品理论的视角分析[J].价格理论与实践，2017（8）：140-143.

[3] 参见搜狐网.住琼全国政协委员康耀红建议：加快制定《共享单车投放和使用条例》[EB/OL].（2018-03-09）.http：//www.sohu.com/a/225172109100122968.

[4] 曾凡军.基于整体性治理的政府组织协调机制研究[M].武汉：武汉大学出版社，2012：87.

组织以及公众之间缺乏有效的协调，缺少合作的共识，无法进行有效的沟通、交流、合作与团结，导致彼此之间互不关心的局面，无法共同面对所遭遇的难题或棘手问题，进而造成整体的社会效益下降。公共服务在市场化过程中，政府这一公共部门已不再是公共服务的唯一提供者，而是可以寻找到更为多样化、更加恰当的服务提供者，需求方在多元主体竞争中可以找到更低成本、优质、快捷、高效的公共服务提供者。[1]企业作为共享单车的主要提供者，在提供更为便捷、低成本的骑行服务时，也产生了诸多治理难题。市场失灵产生的负外部性问题，让政府的调控作用显得尤为重要。本特利和杜鲁门提出在理想状态下，"那些具有更多共同利益的个人会有更大的动力、更加自愿地来实现团队的共同目标，进而实现自身利益最大化"的论断。[2]可以看出，政府、企业与公众之间只有在有了共同利益的情况下，才会进行合作。但在现实情况下，各主体之间的集体行动其实是那些具有理性的个人行动的聚合，即使存在实现每个理性个体共同利益最大化的可能，但往往出于自身利益的考虑，理性个体在个人利益最大化驱使下亦会产生集体非理性的情况。但当下的时代是一个具有高度复杂性、灵活性和不确定性特征的社会，它需要各方互相合作，具备合作意识，相互沟通、协调，共同解决产生的问题。因此，在对单车进行治理过程中，政府、企业与公众之间的整体性合作势在必行。

（四）诚信乱象产生"公地悲剧"问题

共享单车是基于协同消费理念而存在的经济生活的新形态，所谓协同消费，指的是一种所有权共享、使用权转让的新经济形态。协同消费很重要的两个特征是：其一，交易各方的信任和自律，即商业道德基础源于开放和共享；其二，拥有对资源物品的使用权而不具备物品的所有权。[3]但共享单车市场中出现的私自上锁、被盗以及大规模破坏的"公地悲剧"现象，恰恰有违共享单车基于信任、协同的理念。笔者认为，这些诚信乱象问题产生的本质主要有三点：首先，人们的诚信水平过低。诚信乱象的产生，根源是公众缺乏一种信任意识，作为公共服务的享受者，在接受它带来便利的同时，其内心的责任、信任意识并未驱使他履行社会责任。其次，个人信用体系建设缺位。大数据在各个领域的使用必定对信用体系的健全与完善有很高的要求，共享经济的协调发展，最重要的是对信用信息的有效收集与采用。然而，我国整体的信用体系在建设过程中还存在着短板，目前，共享单车市场对个人信用体系的健全存在很大需求，信息的收集、交换和共享机制在个人信用体系中尚未建

---

[1] 韩保中.全观性治理研究[J].公共行政学报，2009（31）：9-10.

[2] Bentley A. The Process of Government[M]. Evanston：Principia Press，1949.

[3] 尚小华.从共享单车展望协同消费模式的创新和培育[J].齐齐哈尔师范高等专科学校学报，2018（1）：61-63.

立，各单位组织之间缺乏信息的及时共享，失德失信行为发生后，很难有效追责。[1]最后，对用户监管力度不够。用户进入共享单车市场的门槛低，只需要交付一定押金、扫码开锁即可，而其在整个骑行过程中有可能产生的对单车的破坏、偷窃等行为很难被监管。综上所述，公众的信誉意识不强，因而大量的公众总会将自己的失信行为看作极其正常的事。除此之外，由于个人信用体系建设还存在缺口并且相关的监管不到位，公众为其失信行为付出的代价小，因而，共享单车的规范受到阻碍。因此，基于信任、责任、共享理念基础上的信任体系急需构建，从道德层面来对共享单车出现的乱象进行软约束。

四、整体性治理视角下共享单车治理的路径选择

2017年8月3日，交通部等10部门共同发布了《关于鼓励和规范互联网租赁自行车发展的指导意见》，明确指出政府、社会组织、公众等众多主体，通过整合资源、共同合作来对共享单车市场进行治理。笔者认为，共享单车的有效治理需要整合多方力量，适当地采用大数据技术，对政府、企业与公众的资源进行协调与整合，通过制度保障，提供以信任、责任、回应性为基础的无缝隙公共服务（见图2）。

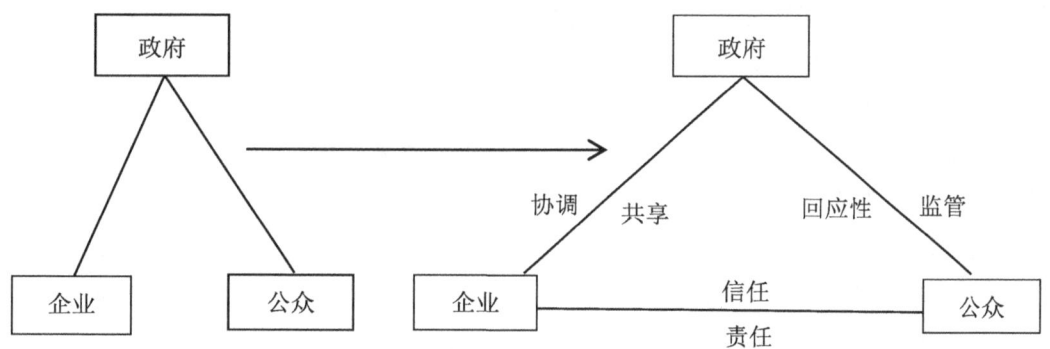

图2 政府、企业及公众之间整体性治理结构

（一）整合：大数据时代下的信息资源整合

人类社会已步入一个全新的时代——网络化、数据化和智能化的新时代，这一以信息技术及技能技术催生出来的新时代使得人类社会迎来了新的转折点。当今时代大数据理念已然超越原有的技术性概念，它是指在互联网的基础上，利用云计算进行整合，通过数据信息，达成政府及其他社会主体目标的一种现代信息技术。[2] "任

---

[1] 施新玲，施歌，李家勋. 加快构建以信用为核心的共享单车规范发展体系 [J]. 现代商业，2017（25）：160-161.

[2] 韩兆柱，翟文康. 大数据时代背景下整体性治理理论应用研究 [J]. 行政论坛，2015（6）：24-29.

何单个的治理主体都不拥有充足的能力和资源来独立解决一切问题，导致主体间存在权力和资源相互依赖的关系，从而使治理过程成为一个相互协调的过程，于是治理主体间便建立了各种各样的合作伙伴关系，通过这种主体间的依赖和互动整合来共同实现治理目标。"[1] 因此，笔者认为，通过大数据信息共享的特点，对信息、资源等进行整合，可以为解决共享单车无序停放问题提供有效建议。首先，利用大数据的精确性，实现政府对单车市场的管理。由于共享单车精准的定位技术，可以很清晰地帮助政府分析用户起停地点的聚集区，从而更有效地设置停车场，以更好地满足公众的出行需求。同时，也可以帮助企业更具规模性地投放共享单车，减少不经济的投放。其次，利用大数据的智能性，为共享单车拟定虚拟的规范停放区域，实现在禁停区无法锁车的技术支撑。最后，利用大数据的连接性与共享性，搭建政府、企业、公众之间的信息平台。借助信息平台，将信息与资源实现整合，共同为单车的无序停放问题出谋划策。

（二）服务：制度保障公共服务提供

共享单车兴起时间较短，作为新事物，并没有相关的经验可以为之借鉴，因而，共享单车的运营规范、相关制度以及法律保障并没有很多成果。当政府与市场进行博弈的过程中，政府一再强调市场在资源配置中的决定性作用，但若仅仅是将共享单车目前所存在的问题交给市场一方主体进行自我调节，会使得单车企业的管理负担加大，从而可能危害公共秩序，不利于公共服务的提供。[2] 因此，笔者认为，需要加强完善单车运营市场的制度、法律，更好地规范社会秩序，促进共享经济可持续的协调发展。首先，是要对企业的运营体系进行规范，更好地进行服务监督管理。对于共享单车的企业投放地点、投放规模，政府应该出台相应的政策进行指导与调控，及时把握整个行业的发展趋向，避免企业因通过一味抢占市场份额的方式加剧市场失灵的态势，最大限度地减少资源浪费，同时，有效地规范城市的空间格局，缓解单车数量过多造成的交通压力。其次，对共享单车的行业准入标准进行统一制定，实现整体市场的规范化。对单车企业的整体资质、运营理念以及押金使用等进行严格把控，防止劣币驱逐良币，保证相关企业在良好的市场环境下进行公平竞争。同时加强对共享单车质量的监控，对单车的维系进行监管，从而极大程度地降低安全隐患带来的风险概率，保证用户的使用安全。最后，对共享单车进行立法。目前，我国尚未从法律层面上对共享单车进行立法，各城市仅是通过《道路安全法》对单车产生的问题进行治理。但随着社会时代的发展，针对单车的相关立法工作已是迫

---

[1] 刘波，李娜. 网络化治理——面向中国地方政府的理论与实践 [M]. 北京：清华大学出版社，2014：20.

[2] 马骁，王晓珊. 共享单车的政府监管措施研究 [J]. 当代经济，2017（14）：14-15.

在眉睫。通过法律，可以更好地对具有违法行为的企业、用户进行治理，做到"有法可依、违法必究"，更好地实现对整个市场的监管，保证新生事物在一个公平、公正的市场环境下蓬勃发展。

（三）合作：多元主体参与合作治理

21世纪的后工业社会，是一个极具复杂性、高度分化和专业化程度极高的社会，必须要克服多种主体之间的破碎化从而进行协调与整合，向多元中心治理的方向迈进。[1]多中心治理强调多方主体进行协调、合作，通过多元主体之间的信息互通，对公共产品或服务进行合作供给，实现供需平衡。除此之外，多中心治理有助于实现共享单车治理过程的公平性——避免政府、企业与公众之间过多的主观随意产生的失衡问题。[2]一方面，从整体层面建构起互补的PPP公共服务供给新模式。PPP模式是指一种有关生产和供给公共服务与公共产品的制度安排，即政府企业通过协调和整合相互的资源，实现优势互补，共享利益、共担风险与责任，在合作中生产和供给整体性的公共产品和公共服务。[3]因此，企业作为共享单车的主要提供者，需要政府给予一定的政策支持，完善相关法规，加强监管，同时，企业要发挥技术与创新优势，提高服务质量。另一方面，拓宽公众参与治理的渠道，探索"共建共享共商"的机制。公众作为共享单车服务的体验者，亦是对其整体的使用感受最有发言权的群体。公众要作为社会力量，主动搭建民众意见交流平台，与政府、企业进行信息交流和共享，针对共享单车的使用问题向企业提出合理化建议。同时，恰当使用自己的监督权，发现政府和企业在进行治理过程中的漏洞，及时向政府提出整改意见，帮助政府和企业提高公共服务的质量。整合多方主体资源、力量，使得各个主体承担自己相应的责任和义务，更高效地提供公共产品与公共服务。

（四）信任：信用体系的构建与完善

希克斯将主体之间构建的信任关系看作整体性治理过程中所需要的一种关键性整合，他将信任看作任何社会不断向前发展的不可或缺的因素和价值动力。[4]人与人之间往往以信用之网来接通彼此之间的信任关系，因此，在进行治理过程中，各主体之间信用体系的搭建，更能够充分发挥彼此的优势，攻破单车治理的难题。首先，加强共享理念的传播，将人们的道德观念放到软约束的笼子里。在共享理念传播中，

---

[1] 彭锦鹏. 全观型治理：理论与制度化策略[J]. 政治学科学论丛，2005（23）：62-69.

[2] 熊珺. "共享单车"乱象与多中心合作治理共享单车[J]. 法制与社会，2017（25）：146-147.

[3] 曾凡军. 基于整体性治理的政府组织协调机制研究[M] 武汉：武汉大学出版社，2012：117.

[4] Perri 6，Diana Leat，Kimberly Selter，et al. Towards Holistic Governance：the New Reform Agenda[M].New York：Palgrave，2002：241.

培养人们"共建、共享、共商、共赢"的精神，树立正确的价值观，改变人们对公共资源的看法，利用道德的软约束机制来引导人们关注社会利益，体现主体的社会责任感。通过宣传及教育，转变人们"理性人"的观念，提升整体的道德素质，减少不文明用车行为的发生。其次，企业要推动信用体系的建设，建立对用户行为的奖惩制度，实现用户信用积分制，对用户信用进行评级。对于用户的不文明用车行为，将给予低等级信用，对于信用良好的用户，可给予免押金、奖励红包等权利。最后，企业要和政府共享信用信息，可将其纳入用户积分体系，作为居民享有福利保障的评判标准之一。综上所述，各个主体要从多个方面采取多种措施，完善共享单车用户信用体系的搭建，以责任、公平、正义为基础，实现共享单车市场的可持续发展。

五、结语

随着共享单车使用者数量、市场份额的快速增加，大量的失范行为也随之显现，共享单车的有序化、规范化已被越来越多的人所重视。共享单车的治理关键在于跨界的主体搭建合作的平台，而整体性治理主张逆碎片化、重新整合、协调与合作的治理理念，通过大数据技术的支撑，为共享单车的治理提供了理论基础和手段。因此，基于整体性视角，通过信息资源整合、制度保障、多元主体合作以及信用体系搭建，将会促进共享单车逐步走向规范化、有序化。

中国语境下的网络化治理*

自公共治理理论的研究日益成为公共管理学研究的核心以来，网络化治理理论作为公共治理理论的延伸与拓展在学界受到了广泛的关注。国内学者更是对其寄予了厚望，在对网络化治理的理论要义与相关概念辨析有了初步掌握后，开始在中国语境下对网络化治理进行实践探索和理论创新研究。根据既有国内相关研究成果来看，网络化治理研究方兴未艾，系统性的研究开始更多在中国语境下展开。为此，本文尝试将中国语境下网络化治理研究归纳为三个阶段，基于对相关核心文献的深度分析，总结中国语境下网络化治理的研究成果，在分析其存在不足的同时，探索该理论未来的研究空间。

一、网络化治理理论的引介

众所周知，网络化治理是发端于欧洲并在美国兴盛的一种理论。如果将卡特（D.Kettle，1993）对治理的定义作为网络化治理的开端，那么西方学界对网络化治理的研究已20余年。比较而言，我国的网络化治理研究开始时间就比较晚。根据目前中国知网（CNKI）文献来看，彭正银是我国最早系统地对网络化治理理论进行引介的学者，他在2002年从琼斯等所构造的网络模型的基础上对网络化治理的理论构架进行了初步探讨[1]。此后，朱德米（2004）、鄞益奋（2007）等人相继对网络化治理的基础理论进行较为系统的介绍，从而开启了中国语境下网络化治理的研究。早期阶段，中国学者对于网络化治理的研究主要集中在网络化治理的起源、概念、理论基础等方面的引介上。

（一）网络化治理研究的起源

国内学界在网络化治理研究的起源问题上形成了两种观点：一种观点认为网络化治理研究起源于工商管理等学科，另一观点则认为网络化治理研究来自公共管理领域。前者是以张康之为代表的对网络化治理的研究。张康之（2010）认为网络化治理的概念最先出现在工商管理学和经济学中，网络化治理中的"网络""网络组织"以及"网络社会"在工商管理学中是联系在一起的，其中网络组织理论首先产生于经济学领域；美国学者琼斯（Jones，1997）对交易费用经济学理论进行了扩展，引

---

* 与杜佳昌合作完成，并发表于《学习论坛》2021年第4期，第155~161页，题目有变动。
[1] 彭正银. 网络治理理论探析 [J]. 中国软科学，2002（3）：51-55.

入了任务复杂性这一维度来对网络化治理进行界定[1];田华文(2017)则认为网络化治理最早可以追溯至20世纪90年代萨克瑟尼安(Anna Lee Saxenian)等学者对公司网络治理的研究,他们最早在工商管理领域内将网络与治理结合[2];而后者则认为网络化治理源自西方学者关于治理理论的定义中;俞可平(2000)在《治理与善治》一书的引用内容中提到有关网络的治理释义,其中罗伯特·罗茨(R.A.W. Rhodes,1996)提出治理用法之一即自组织的组织间网络旨在展现当时英国政府发生的变化,罗茨认为"网络是市场和等级制的替代,而不是二者的混合",此外格里·斯托克(Gary Stoker,1998)和鲍勃·杰索普(Bob Jessop,1998)同样认为治理是指行为者网络的自主自治[3];也有学者(2016)认为,网络化治理研究最早始于卡特对治理的定义上,卡特将治理理解为政府与社会合作组成的网状管理系统,该定义在一定程度上承认治理的结构应当是网络化的[4]。虽然我国学者在网络化治理源起问题上存在分歧,但学者们普遍承认的是,斯蒂芬·戈德史密斯(Stephen Goldsmith)和威廉·埃格斯(William D. Eggers)最先在《网络化治理——公共部门的新形态》一书中系统地提出了"网络化治理"及其辨析框架。

(二)网络化治理的概念

我国学者虽然在网络化治理概念的表述上各有千秋,但学术界在网络化治理概念界定问题上已基本达成共识。实际上,即使在不同文献中有不同表述,西方学者普遍认为网络化治理概念的核心是多元主体互动的治理过程。基于这样的研究背景,我国学者针对产生于西方的网络化治理给出了不同的概念表述。国内学者陈振明(2005)最早把网络化治理概念界定为"网络化治理是为了实现与增进公共利益,政府部门和非政府部门等众多行动主体彼此合作,在相互依存的环境中分享公共权力,共同管理公共事务的过程"[5],这一观点得到了国内学界认同。此外,根据相关文献来看,在众多关于网络化治理的研究中,有多种关于网络化治理的概念表述。其中除了部分学者对《网络化治理——公共部门的新形态》一书中的概念直接引用外,有的将网络化治理理解为治理理念实施时具体化的操作,有的认为治理就是网络化治理,有的侧重治理主体的平等合作关系,有的突出强调主体间互动关系,还有的学者如陈剩勇、于兰兰(2012)则把网络化治理理解为对传统官僚制和市场治理价值缺失的一种反思[6]。总体来说,国内学者对网络化治理概念描述的侧重点不一,但大多聚

---

[1] 张康之,程倩.网络治理理论及其实践[J].新视野,2010(6):36-39.
[2] 田华文.从政策网络到网络化治理:一组概念辨析[J].北京行政学院学报,2017(2):49-56.
[3] 俞可平.治理与善治[M].北京:社会科学文献出版社,2000:34,94-96.
[4] 韩兆柱,李亚鹏.网络化治理理论研究综述[J].上海行政学院学报,2016(4):103-111.
[5] 陈振明.公共管理学[M].北京:中国人民大学出版社,2005:62-65.
[6] 陈剩勇,于兰兰.网络化治理:一种新的公共治理模式[J].政治学研究,2012(2):108-119.

焦在主体多元、互动协同、资源共享、公共价值等特征上。

（三）网络化治理的理论基础

国内学者为了更深入地把握网络化治理的内涵，开始把注意力聚焦于网络化治理的理论基础。网络化治理并不是瞬间出现的，它有着丰富的理论基础和实践根源。关于网络化治理的理论基础，国内学者主要持两种不同的观点。一种观点认为，政策网络理论的发展是网络化治理的重要理论基础。20世纪70年代在西方国家政策主体部门碎片化、部门化和整个社会"去中心化"趋势的背景下，政策网络理论将网络引入到政策科学的研究引起大量学者的关注，政策网络、官僚制及市场被认为是国家治理的不同机制，官僚治理与市场治理的双重失灵使具有平等、协商特征的政策网络成为人们关注的焦点，同时它的发展也为随后兴起的网络化治理提供理论基础。田华文（2017）指出，我国的网络化治理研究一部分就来源于policy network（政策网络）研究路径[1]，其中有的学者将政策网络视为一种治理工具，比如，孙柏瑛（2008）等提出的"政策网络治理"[2]，有的则将其视为一种具有政策网络理念和治理内涵的"网络治理"；另一种观点认为，网络化治理的理论基础是多中心治理理论的兴起。为批判管理主义中隐含的政府单中心思想，以奥斯特罗姆夫妇为代表的学者提出多中心治理理论，该理论以自主治理为基础，主张多个权力中心和服务中心并存，政府在治理主体中不具有绝对的领导权，主要承担总体战略目标和导向的制定任务。多中心治理对治理过程中多元主体之间的互动合作所进行的理论论证和实践构想为网络化治理的分析提供了一个有益的理论框架。此外，何植民（2009）指出协商民主理论作为一种通过协商途径进行政治决策的理论，同样契合了网络化治理所强调的充分发挥社会公众在治理中作用的价值理念，并且为网络化治理的实现提供了有效的操作模式[3]。

二、中国语境下网络化治理的实践探索

理论的本土化是对外来理论批判性吸收和创造性思考的研究，同时也是理论创新的必经之路。而中国公共管理理论的本土化，既包含理论的应用化，也包括理论的中国化[4]。中国学者在对理论有一定了解后，不再满足于对网络化治理作为新事物的探索，而是把注意力转移到理论的充分应用和研究问题的深入上。然而，虽然国

---

[1] 田华文. 从政策网络到网络化治理：一组概念辨析 [J]. 北京行政学院学报，2017（2）：49-56.
[2] 孙柏瑛，李卓青. 政策网络治理：公共治理的新途径 [J]. 中国行政管理，2008（5）：106-109.
[3] 何植民，齐明山. 网络化治理：公共管理现代发展的新趋势 [J]. 甘肃理论学刊，2009（3）：110-114.
[4] 韩兆柱. 西方公共治理前沿理论的本土化研究 [J]. 学术前沿，2016（9）：72-90.

内网络化治理研究已经从引介走向了本土化研究的阶段，但仍属于应用性研究，停留于把西方逐渐成熟的网络化治理理论及理念框架应用在实践中。作为衍生于西方语境下的理论，网络化治理理论在不同社会的表现形态和效果会有所不同，为了回答"在中国语境下网络化治理理论中哪些是适用的而哪些是排异的"这一问题，国内学者根据中国治理实践中的调查研究，检验网络化治理理论的客观适用性，并尝试从中国语境下的治理体制和机制入手，探索中国网络化治理的本土化。

（一）中国语境下地方政府网络化治理研究

地方政府治理在中国国家治理中扮演着举足轻重的角色，影响着整个国家经济和社会的发展脉络，这就为一些学者尝试将网络化治理与中国地方政府治理进行结合提供了研究契机。

最初，地方政府网络化治理研究者将网络化治理的特征同推动地方政府治理的需要进行研究，得出了一个普遍的结论：在中国社会文化环境下，网络化治理模式是推动地方政府经济发展和文化进步的可行性路径，只不过在一些方面显现出的效果及特征与西方语境下有所不同。姚引良（2010）等人认为，在我国的政治和社会文化环境下，网络化治理理念对地方政府深化行政体制改革、转变政府职能和建设服务型政府等方面很有必要，但同时也要根据我国政府治理的实际情况和中国社会的实际需求，采取政府主导型或政府参与型网络化治理，循序渐进地应用网络化治理理论[1]。

基于此，网络化治理在中国地方政府中的应用引起中国学者的广泛关注，促使他们进一步推进中国地方政府网络化治理影响因素的实证性研究。学者们的普遍做法是对地方政府网络化治理各要素进行不同角度的实证研究，以增加网络化治理在地方政府治理中应用的可行信度。姚引良（2010）等人通过对地方政府网络化治理多元主体合作效果的实证研究，发现政府的合作态度、合作能力和对资源投入的增加对地方政府网络化治理效果都会产生明显的提升作用，同时，上级支持和公众参与也会对治理效果产生积极的促进作用[2]；刘波（2014）等人则基于对网络化治理概念的界定，识别出资源依赖、关系质量、稳定性三个变量，并对西安等三个一线城市的地方政府部门进行问卷调查，运用 SEM 统计分析对这三个变量进行因果关系分析，最终发现资源依赖对稳定性有直接影响，并能通过关系质量中的信任与沟通对稳定性的提升产生间接影响[3]；王力立（2015）等人则着眼于地方政府网络化治理协

---

[1] 姚引良，刘波，汪应洛. 网络治理：地方政府践行科学发展观的可行选择 [J]. 西安交通大学学报（社会科学版），2010（1）：46-51.

[2] 姚引良，刘波，王少军，等. 地方政府网络治理多主体合作效果影响因素研究 [J]. 中国软科学，2010（1）：138-149.

[3] 刘波，王彬，王少军，等. 地方政府网络治理形成影响因素研究 [J]. 上海交通大学学报（哲学社会科学版），2014（1）：12-22.

同行为，通过研究得出信任、相互依赖、环境因素中的伙伴能力和公众要求以及政府回应性和公共服务质量都和协同行为呈正相关的结论[1]。

虽然每个学者关注的角度有所不同，但是他们都通过研究证实了在中国地方政府网络化治理合作关系中，信任、沟通、资源依赖、公众参与等要素的重要性，为之后的网络化治理理论创新研究提供了价值依据，使之更契合中国语境。值得一提的是，既有研究表明，我国地方政府与社会的合作和公共服务外包已经逐步成为一种有效的公共服务提供方式，这说明我国地方政府网络化治理模式的构建正处在逐步发展和完善的过程中。

（二）中国语境下社会治理的网络化治理探索

网络化治理的理念和方法在社会治理中的运用一直是西方学者研究的焦点，在这一方面，我国学者也不例外。党的十八届三中全会对"社会治理"一词的丰富与创新，引起了学界对社会治理的广泛关注，同时也有越来越多的学者对网络化治理理念与我国社会治理问题的结合产生兴趣。在转型中的中国社会发展背景下，中国社会治理模式正日益"从集权式强制式的社会治理走向分权式参与式的社会治理，从管制型社会治理走向服务型社会治理"[2]，这让更多学者关注到基层社会治理中网格化管理与网络化治理的区别，"网格化"与"网络化"虽然在字面上差距不大，但是二者的治理目标、权力逻辑、运行机制等方面却大相径庭，网格化管理的目标是"维稳"，各管理主体的联系纽带更多的是权力与命令，而网络化治理的目标是"服务"，意味着多元主体的参与和权力运行上的多维多向，各主体之间的纽带是承诺与互信。在对社区治理的研究方面，陈荣卓（2015）等人都指出，网络化治理是社区网格化管理前进的方向和目标，并且认同网络化治理的合作机制、利益协调机制和信任机制更有利于实现党中央所提出的"党委领导、政府负责、社会协同、公众参与、法治保障"的社会治理愿景[3]。此外，虽然有的学者（2017）认为网格化管理与网络化治理之间存在一定程度的内在一致性[4]，但他们同样认为网络化治理更适合作为治理社会事务的治理手段。可见，相比于"维稳"的网格化管理，"多元共治"的网络化治理更得到国内学界的推崇。

在国内学者普遍认同网络化治理是顺应社会发展潮流的社会治理模式的同时，

---

[1] 王力立，刘波，姚引良．地方政府网络治理协同行为实证研究[J]．北京理工大学学报（社会科学版），2015（1）：53-61．

[2] 丁茂战．我国政府社会治理制度改革研究[M]．北京：中国经济出版社，2009：83-86．

[3] 陈荣卓，肖丹丹．从网格化管理到网络化治理——城市社区网格化管理的实践、发展与走向[J]．社会主义研究，2015（4）：83-89．

[4] 秦上人，郁建兴．从网格化管理到网络化治理——走向基层社会治理的新形态[J]．社会科学文摘，2017（5）：20-22．

姜晓萍（2015）、陈荣卓（2015）、王庆华（2019）、李亚鹏（2019）等人通过各自的调查研究，在治理理念的转变、治理渠道的拓宽、治理机制的创新三个方面提出了从网格化管理向网络化治理的转型过程中的路径。有的从宏观层面研究社会治理创新，有的则从微观层面分析基层社会治理中的治理转变。另外，陈潭（2016）认为，以大数据库为代表的治理信息技术是使僵化的网格化管理得到转变的突破口，是实现从单向度管理走向协同化治理、网格化管理走向网络化治理的可行性路径，能够在系统的统筹下实现从被动响应型管理向主动预见型服务转型[1]。学者们在中国语境下对于社会治理的网络化探索，大多聚焦在网络化治理与网格化管理的比较和网格化管理转型的可行性路径上。在这个意义上来讲，这些研究有利于实现西方网络化治理理念和我国社会治理基础构建的有机结合，为构建具有中国特色的网络化治理理论体系奠定基础。但同时也由于研究内容过于集中，致使我国社会网络的构建路径以及中西方社会治理网络化的比较等重要问题的研究上仍存在空缺。

（三）中国语境下"棘手问题"网络化治理框架构建

在日益复杂的治理背景下，国内学者亟需一种新的理论视角来解决国内治理过程中存在的"棘手问题"，网络化治理的出现为解决"棘手问题"提供了一种新思路。"棘手问题"（wicked problem）一词属于"舶来品"，其典型特征是跨越传统的组织管辖区并且跨越公共部门与私人部门的治理边界，边界的模糊化使其成为公共管理者所面对的治理难题。

由于"棘手问题"的跨域性、复杂性等特征，有国内学者尝试用网络化治理框架来解决"棘手问题"中的治理问题。从中国所涉及的公共治理领域来看，"棘手问题"的研究存在于包括生态环境治理、公共卫生治理、社会安全治理、水资源管理等几乎所有公共行政领域中[2]。国内学者利用网络化治理范式从公共危机决策治理、生态环境治理、突发公共卫生事件治理、非政府组织的治理等不同方面对中国语境下"棘手问题"的网络化治理框架进行构建。刘霞（2005）等人在批评具有单一决策主体特征的公共危机决策系统的基础上，利用网络化治理理念构建了有助于突破公共危机管理能力限制、提高组织的危机反应能力和弥补信息的缺陷的公共危机决策网络治理结构模型[3]；在区域环境治理领域，马捷（2010）等人针对我国区域水资源共享冲突不断发生的情况，提出我国应该建立一种考虑纵向和横向结构的共享网

---

[1] 陈潭. 大数据驱动社会治理的创新转向 [J]. 行政论坛，2016（6）：1-5.

[2] 郭佳良. 公共行政中的"烫手山芋"——基于"棘手问题"缘起、内涵与应对策略的研究述评 [J]. 公共行政评论，2020（4）：185-199.

[3] 刘霞，向良云. 网络治理结构：我国公共危机决策系统的现实选择 [J]. 社会科学，2005（4）：34-39.

络形态，从而形成适合中国水资源治理现状的复杂网络化治理结构[1]；韩兆柱（2018）基于网络化治理视角分析京津冀生态治理的地方政府府际合作路径，为我国跨域生态环境的治理方式提供了新方向[2]；孙玉栋（2020）在新冠肺炎爆发的背景下，系统地分析传统公共卫生治理体系存在的问题，针对我国传统公共卫生治理体系中显现的滞后性和碎片化等缺陷，以网络化治理理念为引导，从治理主体、治理结构、治理机制和治理过程四个方面构建了政府起"领航"作用的突发公共卫生事件网络化治理体系[3]；韩兆柱（2020）等人从新冠肺炎期间国内慈善组织公信力缺失这一问题出发，从优化网络化治理的生态环境、促进多元参与主体优势互补、完善慈善组织信用监督机制、建立健全信用信息管理系统四个角度构建优化慈善组织公信力缺失的网络化治理路径[4]。

综观这些研究成果，我国学者逐步开始用网络化治理理念嵌入国内"棘手问题"治理过程中并进行思考，有意识地在不同领域构建具有本土化特色的网络化治理框架。但国内学界目前仍局限于网络化治理在不同治理领域"棘手问题"处理的个案研究，仍缺少对网络化治理在"棘手问题"治理共性的提炼。总之，国内现有研究从不同角度进一步证实，网络化治理的治理理念和机制在中国治理实践中存在着这样或那样的价值和合理性，从而使西方的网络化治理理论在中国语境下得到了进一步的验证。

三、中国语境下网络化治理的理论创新

虽然国内网络化治理的研究已经从引介走向了本土化研究的阶段，但网络化治理的理论应用阶段仍属于理论的应用性研究，停留于把西方逐渐成熟的网络化治理理论及理念框架应用在实践中。习近平总书记曾指出"理论创新是永无止境的"[5]，网络化治理作为从国外传入的理论，国内学界对它的研究不能停留在对理论的引介上，也不能停留在对国外理论的应用性研究上，也就是说，中国语境下网络化治理研究的深入

---

[1] 马捷，锁利铭. 区域水资源共享冲突的网络治理模式创新[J]. 公共管理学报，2010，7（2）：107-114，127-128.

[2] 韩兆柱. 京津冀生态治理的府际合作路径研究——以网络化治理为视角[J]. 人民论坛·学术前沿，2018（18）：75-85.

[3] 孙玉栋，丁鹏程. 突发公共卫生事件的网络化治理[J]. 中国特色社会主义研究，2020（1）：26-31.

[4] 韩兆柱，赵洁. 新冠肺炎疫情应对中慈善组织公信力缺失的网络化治理研究[J]. 学习论坛，2020（10）：75-83.

[5] 人民网. 习近平在庆祝中国共产党成立95周年大会上的讲话[EB/OL]. （2016-07-02）. http://cpc.people.com.cn/n1/2016/0702/c64093-28517655.html.

最终体现在它如何扎根于本土进而实现理论创新。正如罗伯特·达尔（Robert A. Dahl，1947）所说："从某一个国家的行政环境归纳出来的概论，不能够立刻予以普遍化，或被应用到另一个不同环境的行政管理上去。一个理论是否适用于另一个不同的场合，必须先把那个特殊场合加以研究之后才可以判定。"[1] 笔者认为，如果理论研究要根植于本土，在本土环境下健康成长起来，那就必须在批判西方公共行政理论的基础上，结合本土社会和政治生态环境，根据本土环境下存在的问题对原有理论进行创新。

（一）对网络化治理理论的反思

国内学者对西方网络化治理的反思主要基于对理论本身存在的缺陷和对于治理网络中传统官僚制的取舍两个方面。在以往的研究中，学者们将更多的关注点放在理论的优势和积极效果上，有一些学者则能在接受理论的同时理性分析该理论存在的一些缺陷。陈剩勇（2012）就提出网络化治理中存在着三对矛盾（效率与广泛参与的抵牾、内部合法性和外部合法性之间存在张力、灵活性与稳定性之间的冲突），同时还面临着诸多挑战（目标一致和管理的挑战），他指出网络化治理并不是万能的，这也间接说明网络化治理理论创新的必要性[2]。此外，对于网络化治理的反思还体现在网络中官僚制是否应该保留的研究上。在戈德史密斯（2008）看来，等级式政府管理的官僚制时代正面临着终结，网络化治理将取而代之[3]。针对戈德史密斯的这种观点，部分学者虽然承认网络化治理对传统政府体制带来了冲击，但他们肯定传统官僚制仍然发挥的重要作用，普遍将网络化治理看作是对中国传统官僚制的一种有益补充，陈剩勇（2012）更是直接指出"目前网络化治理还不能取代官僚制权威"[4]。国内学界对于西方网络化治理理论多方面的反思不仅深化了网络化治理的理论研究，同时也为本土化的理论创新奠定了基础。

（二）网络化治理中政府的角色定位

网络化治理理论研究的创新体现在对治理网络中政府角色定位的再认识上。众所周知，早期西方网络化治理研究是将政府作为整个治理网络中平等参与者的角色定位为前提。在很多西方学者的主张中，政府只是作为一个普通参与者最低限度地参与网络，并不具有超越其他行动者的特殊权力[5]。这是由于在西方现实社会中，公

---

[1] Robert A Dahl. The Science of Public Administration：Three Problem[J].Public Administration Review，1947（7）：1-11.

[2] 陈剩勇，于兰兰. 网络化治理：一种新的公共治理模式 [J]. 政治学研究，2012（2）：108-119.

[3] 斯蒂芬·戈德史密斯，威廉 D 埃格斯. 网络化治理——公共部门的新形态 [M]. 北京：北京大学出版社，2008：21.

[4] 陈剩勇，于兰兰. 网络化治理：一种新的公共治理模式 [J]. 政治学研究，2012（2）：108-119.

[5] 田凯. 治理理论中的政府作用研究：基于国外文献的分析 [J]. 中国行政管理，2016（12）：118-124.

共部门和私人部门之间的界限已经变得越来越模糊。这也就是说，当国内学者首次了解和接受网络化治理理论之后，首先会不假思索地将政府在网络中的参与者角色作为一个理论前提。然而，随着研究的不断深入，他们不再局限于西方已有网络化治理相关的认识，而是开始根据中国语境对政府的角色定位有了新的看法。比如，王诗宗（2009）提出"如果强调没有政府的治理、网络中各种主体的对等地位，那么该理论的解释力仍属有限。"[1] 田星亮（2011）认为，由于政府担负的公共治理的责任和目标，政府并不能局限于网络体系中参与者的角色，而应该在多元主体的合作治理过程中发挥"元治理"的作用，积极扮演引导者角色[2]。当然，田星亮的理解还是从多元主体身份平等的角度出发，但他指出了政府理应承担"元治理"的职责，让人们更多地关注政府在网络中的身份问题。

即使有比较乐观的学者认为转型期中国社会治理网络已经成熟[3]，但在以"大政府、小社会"为传统的中国，国内治理体制仍以"权威嵌入型治理体制"为主，中国的公民社会还无法实现完全自治或以完全平等的身份参与公共事务治理，政府仍需要对市场和非政府组织的行为和过程起到指导和监控作用[4]，所以一些学者认为国内网络化治理中政府应该处于主导地位，而不是一个普通的参与者。姜晓萍（2017）就基于里格斯（Fred W. Riggs）的行政生态理论提出了网络化治理在中国面临的行政生态缺陷与困境，她指出了我国行政生态环境在适用网络化治理上尚有缺陷[5]，无法完全适应网络化治理所要求的政府同多个治理主体间的平等参与。我国现阶段社会治理体系仍需要以政府为主导的协作网络。根据现有研究可以看出，网络化治理要想适应中国的社会文化环境，就必须根据实际对治理网络中政府的角色定位有所调整。

（三）中国特色网络化治理范式的创新

基于上述研究，有学者开始尝试构建具有中国特色的网络化治理范式。网络化治理研究不能满足于对理论的中国适用性纯粹的验证，而必须进一步尝试构建具有中国特色网络化治理范式以更有效地指导实践。

中国内地的政治体制是党政结构和宪政结构叠加的结构形态[6]，因此中国网络化

---

[1] 王诗宗. 治理理论及其中国适用性 [M]. 浙江：浙江大学出版社，2009：194.

[2] 田星亮. 论网络化治理的主体及其相互关系 [J]. 学术界，2011（2）：61-69.

[3] 吴芸. 转型期中国社会网络化治理模式分析 [J]. 中国社会科学院研究生院学报，2018（4）：58-65.

[4] 麻宝斌. 公共治理理论与实践 [M]. 北京：社会科学文献出版社，2013：77.

[5] 姜晓萍，田昭. 网络化治理在中国的行政生态环境缺陷与改善途径 [J]. 四川大学学报（哲学社会科学版），2017（4）：5-12.

[6] 李瑞昌. 政府间网络治理：垂直管理部门与地方政府间关系研究 [M]. 上海：复旦大学出版社，2012：12.

治理关系的构建不仅要考虑行政系统的内外部关系，而且要考虑政党在网络中所发挥的重要作用。谢琦（2020）等人就在对网络化治理进行叙事重构的同时，基于中国政治生态的背景提出了"党政主导型网络化治理"，并用"中心-耦合型关系"模型对党政主导型网络化治理作出了详细的解释[1]。谢琦的研究是面向中国治理经验的研究背景，立足于中国的政治生态背景和"强国家-弱社会"的分析框架，创造性地将政党作为治理网络的中心，构造了一个复杂、动态、调适的治理系统，一定程度上避免了西方多中心治理语境下治理有余、公共性不足的问题，是对网络化治理进行理论创新的一种尝试。

有中国学者利用其他学科中的理论对网络化治理范式进行创新。"共同体"这一概念是从社会学和政治学领域中逐渐推进而来的，锁利铭（2020）将这一概念引入公共管理议题之中，他从集体行动和网络的概念作了初步尝试，指出"共同体"是一种理想的网络模式，它的结构本质为超网络（网络的网络），其特点是在保持网络最大自主性的情况下，构建具有自我强化和自我优化的功能[2]。"共同体"能够通过非强制性的制度安排，有效协调不同网络节点的理性动机，从而达成最广泛的公共目标或价值。"共同体"概念的引入，不仅丰富了网络化治理中"网络"的形式和种类，也拓宽了未来网络理论研究的范围。

随着科技的不断发展，一些学者越来越重视技术这一关键要素在公共治理领域的运用。唐亚林（2020）等人对于西方网络化治理范式的理论创新，除了借助于市场组织与社会组织等要素的外部动力机制的引进来重构以网络化治理为导向的现代公共治理范式以外，更是创造性地将信息通信技术（ICT）嵌入至现有科层治理结构体系，呈现出一种纯粹的技术治理形态，重建现代政府治理范式转型的技术动力机制，将网络化治理范式的权力流变、利益结构和创新动力有机的融合在一起[3]，从技术理念层面对网络化治理范式进行重新构建。此外，众学者多从社会价值文化培育、信息化平台建设、多主体协调等角度来提供中国特色网络化治理范式的建构路径。

四、结论与展望

迄今为止，我国网络化治理研究大体上经历了理论引介、理论应用和理论创新三个阶段。作为西方公共治理前沿理论之一，我国网络化治理研究正在向理论创新方向发展。在理论引介阶段，国内学者将研究重心主要放在对理论的内涵和溯源研

---

[1] 谢琦，陈亮. 网络化治理的叙事重构、中国适用性及理论拓展 [J]. 行政论坛，2020（3）：34-40.

[2] 锁利铭. 面向共同体的治理：功能机制与网络结构 [J]. 天津社会科学，2020（6）：71-78.

[3] 唐亚林，王小芳. 网络化治理范式建构论纲 [J]. 行政论坛，2020（3）：121-128.

究上，通过对理论的详细介绍和相应的分析将网络化治理引入国内；在理论应用阶段，国内学者将西方网络化治理中的理念与国内治理相关问题相结合，根据中国治理实践的效果，检验网络化治理的中国适用性；在理论创新阶段，中国学者在肯定理论的中国适用性基础上对网络化治理理论的缺陷等问题结合中国实践进行反思，然后基于中国特定的政治文化环境开始尝试构造具有中国特色的网络化治理范式。需要指出的是，一方面，这三个阶段并不是完全相互独立的，不同阶段中有些许的交叉；另一方面，从现有研究成果来看，中国语境下网络化治理的研究仍然处在第二阶段向第三阶段的转变之中。

经过十多年的探索与积累，学界初步界定了网络化治理的概念与内涵，区分了网络化治理与其他治理理论的差异之处，理论研究逐渐深化，从治理主体、过程、问题视角，形成了公共管理领域的地方政府网络化治理、社区网络化治理、生态环境网络化治理、公共危机决策系统网络化、突发公共卫生网络化治理等研究领域。在这个意义上来看，我国的网络化治理研究成绩斐然，但是相比于西方的研究成果，国内研究仍有许多未解决的问题，比如：如何构建便于操作的网络化治理政府绩效评估体系？怎样培养网络主导者管理能力？网络化治理如何推动服务型政府的建设？如何实现网络化治理与数字治理的有机结合？因此，在未来的研究中，我国学者仍需要从更广阔的视阈出发，从多个视角对网络化治理进行深入探讨。此外，概念本身在本土化翻译过程中也存在不同的版本，例如："网络治理""网络状治理""网络型治理"等，这样一来容易导致概念歧义，所以形成一个普遍接受的主流译法对于未来研究的不断推进十分必要。可以说，未来国内的网络化治理研究会不断收获新的成果，但网络化治理理论必须在中国语境下找到自己可靠的逻辑基础，且与其他重要的理论相容。就目前的研究状况来看，整体性治理、合作治理、数字治理、协商民主等理论似乎都与网络化治理理论有呼应，这个"理论群"内的理念和方法论原则具有一定程度的契合性。同时，网络化治理研究应该继续追求解决国内"棘手问题"的能力，以造就未来中国特色网络化治理新范式的最主要标志；这就要求未来学者们不仅要在价值理念、具体方法和特殊环节上继续完善，而且也要注重多领域不同理论之间的有机结合，深入研究中国的整个治理网络。

通过梳理国内网络化治理研究成果我们可以看到，中国语境下的网络化治理研究逐渐具有走向理论创新的趋势。由于西方公共治理理论前沿的应用范围与我国公共管理实践相契合，西方公共治理前沿理论的本土化是可行的[1]，但仅仅把西方理论应用于中国治理实践是远远不够的，并不能称之为完全意义上的本土化。真正地本土化在于能够在中国语境下进行理论探索与理论创新，一个理论要想真正地实现本

---

[1] 韩兆柱. 西方公共治理前沿理论的本土化研究 [J]. 学术前沿，2016（9）：72-90.

土化创新，就需要发现和解决属于本土特定政治社会环境下的真问题。习近平总书记指出，要建设具有中国特色、中国风格、中国气派的哲学社会科学。这也就是说，如果网络化治理研究真正实现本土化，还是需要面向中国广大的公共管理实践，从国情出发，让研究扎根在祖国大地上，使理论创新符合中国实际，具有中国特色，推动新发展阶段和新发展格局背景下的国家治理能力和治理体系现代化。从这个意义上来看，中国语境下的网络化治理研究要真正地发展出解释中国治理转型的理论模型仍需要我们不断探索和创新。

新冠肺炎疫情应对中慈善组织公信力缺失的网络化治理*

引言

2019年末新型冠状病毒感染的肺炎（COVID-19）疫情（以下简称"新冠肺炎疫情"）爆发后，慈善组织积极发挥吸纳社会资源的优势，募集了大量资金和物资，支援一线医护人员的"抗疫"行动。然而，随着湖北省红十字会口罩事件、武汉市红十字会售卖寿光捐赠蔬菜事件、温州市慈善总会义工分会副会长盗卖口罩事件等慈善负面事件曝光，慈善组织陷入公信力危机，甚至已经有大量企业和个人申请退款。国家密切关注慈善组织募捐活动和公信力建设。习近平总书记强调，要全面提高依法防控、依法治理能力，依法规范捐赠、受赠行为，确保受赠财物全部及时用于疫情防控[1]。因此，如何找到行之有效的慈善组织公信力缺失治理路径是化解公信力危机的破冰之举。

一、慈善组织公信力及其研究视角

（一）公信力及慈善组织公信力的概念和内涵

1. 公信力的概念

学界对公信力的研究丰富，主要集中于政府、司法、慈善组织等多个领域。本文引用杨思斌、吴春晖（2012）对公信力的定义，即"公信力是指在社会公共生活中，公共权力面对时间差序，公众交往以及利益交换所表现的一种公平、正义、效率、人道、民主、责任的信任力"[2]。Thomas（1998）认为公信力是社会发展的核心要素，反映着社会公众对公共权力的认可和支持程度。

Carino（1983）提出公信力是由主体、中介、客体三要素组成，其中，主体是指谁负责维系公信力，中介是指维系公信力的手段和方法，客体是指对谁负责公信

---

* 与赵洁合作完成，并发表于《学习论坛》2020年第10期，第75~83页，题目有变动。

[1] 全面提高依法防控依法治理能力 为疫情防控提供有力法治保障 [N]. 人民日报. 2020-2-6（01）.

[2] 杨思斌，吴春晖. 慈善公信力：内涵、功能及重构 [J]. 理论月刊，2012（12）：158-162.

力[1]。后期研究者不断丰富公信力三要素具体内容。从公信力主体和客体看，内涵不断扩大，除直接主体之外，还包括影响组织使命实现的利益相关者[2]；从公信力中介看，维持公信力的手段方法中反映出公信力主体与客体之间协调的需求。因此，公信力主体对客体的诉求负责是公信力实现的前提，客体对主体履责行为的评价是公信力高低的关键，公信力中介整合资源的效率和效果是保障公信力的手段[3]。

2. 慈善组织公信力的内涵

慈善组织公信力是指，"社会大众对慈善组织的信任程度，以及在此基础上参与慈善事业程度，其中包括慈善组织自身获取公众信任的程度和能力，反应了慈善组织对社会公众的影响力及公众对慈善组织的满意度和选择偏好"[4]。其中，"慈善组织"的概念引用《中华人民共和国慈善法》（以下简称《慈善法》）第二章第八条中的规定："慈善组织是依法成立、符合本法规定、以面向社会开展慈善活动为宗旨的非营利组织"。本文研究的慈善组织主要包括：基金会、社会团体、社会服务机构等组织。慈善组织公信力的内涵主要包括三个方面：一是信息公开，即规定期限内公开组织基本信息、项目信息和财务信息等；二是服务履行，即承诺服务制度内容公开与执行情况，合作方对慈善组织协议履行的满意度及是否对服务对象履约情况监督等；三是信用信息管理，即信用档案覆盖率、投诉和监管机制的建立与执行等；四是组织声誉，包括公共信用记录、知名度和美誉度等。慈善组织公信力直接影响组织吸纳慈善捐赠和吸引志愿人才的能力，是慈善组织获取合法性的基础[5]。

我国慈善专门立法肇始于1993年的《中华人民共和国红十字会法》。1998年抗洪救灾期间，社会各界爱心人士捐款捐物，公益事业立法呼之欲出，1999年出台《公益事业捐赠法》，该法规定了我国公益捐赠事业的基本法则、捐赠和受赠、捐赠财产的使用和管理、优惠政策等，是我国公益事业捐赠的基本法。2011年6月，"郭美美事件"严重破坏我国红十字会公信力，促使慈善事业改革加快步伐，2011年7月民政部发布《中国慈善事业发展指导纲要（2011—2015）》，明确提出将慈善组织公信力的明显提高作为重点任务。随后，国务院出台了《国务院关于促进红十字事业发展的意见》(2012)、《国务院关于促进慈善事业健康发展的指导意见》(2014)等文件，加强对慈善组织公信

---

[1] Subhajyoti Ray. Reinforcing accountability in public services: An ICT enabled framework [J]. Transforming Government: People, Process and Policy, 2012, 6 (2): 135-148.

[2] Vladislav Valentinov. Accountability and the public interest in the nonprofit sector: A conceptual framework [J]. Accounting and Finance, 2013, 59 (2): 9-14.

[3] 吴成, 郭剑鸣. 慈善组织监管与慈善组织公信力重塑路径研究综述 [J]. 财经论丛, 2014(11): 88-96.

[4] 石国亮. 慈善组织公信力重塑过程中第三方评估机制研究 [J]. 中国行政管理, 2012（09）: 64-70.

[5] 杨思斌, 吴春晖. 慈善公信力: 内涵、功能及重构 [J]. 理论月刊, 2012（12）: 158-162.

力监管。2016年出台的《中华人民共和国慈善法》，明确规定慈善组织的概念、信息公开范围、信用记录制度等内容，一定程度上纾解了我国慈善事业长期面临的法律法规碎片化、位阶低、约束力弱的困境。2018年，民政部印发《慈善组织信息公开办法》，明确规定慈善组织信息公开内容、公开方式、惩戒方式等。抗击新冠肺炎疫情期间，民政部于2020年1月26日发布《民政部关于动员慈善力量依法有序参与新型冠状病毒感染的肺炎疫情防控工作的公告（民政部公告第476号）》，规定了疫情期间接收湖北省武汉市疫情防控工作募集的款物的慈善组织、捐赠渠道并要求慈善组织定期公布捐赠收入和支出明细，确保信息长期可查询，以便接受捐赠人和社会监督。总体而言，我国慈善组织公信力建设已进入法治化轨道，并呈现出规范化、系统化的特点。

（二）网络化治理：新冠肺炎疫情应对中慈善组织公信力的研究视角

我国研究慈善组织公信力建设的学者较多，研究视角广泛。石国亮、廖鸿（2015）对全国五个城市慈善组织公信力进行实证研究，从社会治理视角分析慈善组织公信力危机产生的原因，并提出强化慈善认知、增强社会普遍信任和完善社会治理结构等治理措施[1]；孙春霞、沈婕（2014）基于社会信任理论视角，指出慈善组织公信力危机的现状，分析其原因，提出通过道德文化建设、法制建设、行业系统建设三个层面重建慈善组织公信力[2]；高志宏（2020）从慈善法治建设角度出发，系统梳理我国慈善立法，发现法律实施不到位和官民二重性是制约我国慈善组织公信力提升的主要因素并提出相应解决对策[3]；秦安兰（2020）提出慈善组织公信力缺失的多维治理路径，具体包括自身建设、政府与慈善组织的关系建设、公益慈善法律法规体系建设、多元监督体系与第三方评估建设四个维度[4]。尽管学者们已经从多种视角出发，并趋向于多元主体形成合力重建慈善组织公信力，但是鲜有学者运用网络化治理理论系统分析慈善组织公信力缺失问题。因此，笔者从网络化治理的视角对慈善组织公信力治理问题进行研究。

网络化治理（Network Governance）也称作网络治理，是欧美国家对新公共管理、新公共服务和治理理论批判和借鉴的基础上，形成的一种新的公共治理理论和模式[5]。网络化治理理论主张把第三方政府公私合作的优势与协同政府中网络化管理能力相结合，构建网络将多元主体相连接，从而治理降低成本，优化服务供给，最终保障公

---

[1] 石国亮，廖鸿. 慈善组织公信力的危机与重建[J]. 马克思主义与现实，2015（6）：86-94.

[2] 孙春霞，沈婕. 社会信任理论视角下的慈善组织公信力重建[J]. 湖北社会科学，2014（3）：45-50.

[3] 高志宏. 再论我国慈善组织公信力的法律重塑[J]. 政法论丛，2020（2）：59-68.

[4] 秦安兰. 慈善组织公信力重建的路径选择[J]. 征信，2020，38（2）：27-32.

[5] 姜晓萍，田昭. 网络化治理在中国的行政生态环境缺陷与改善途径[J]. 四川大学学报（哲学社会科学版），2017（4）：5-12.

众权益。其代表人物是斯蒂芬·戈德史密斯（Stephen Goldsmith）和威廉·D. 埃格斯（William D.Eggers）[1]。两人合著《网络化治理：公共部门的新形态》一书，构建了网络化治理的科学研究框架，使网络化治理成为一门系统的治理理论。书中将网络化治理定义为："政府的工作不再依赖传统意义上的雇员，而是更多地依赖各种伙伴关系、协议和同盟所组成的网络，它的主要特征是深深地依赖伙伴关系，平衡各种非政府组织以提高公共价值的哲学理念，以及种类繁多、创新的商业关系。"[2] "网络"一词是指社会网络中不同主体的合作与联合[3]。网络化治理作为治理理论的重要分支，因其对解决公私部门界限日趋模糊而导致的目标难一致、协调困难等问题提供有效思路而广受学界关注。网络化治理理论的核心内涵主要包括五个方面：第一，治理主体的多元化。政府更多地依赖各种合作伙伴关系、协议和同盟所组成的网络来从事公共事业，公共行政本体重组并呈现多元化趋势。第二，治理机制的网络化。不仅包括政府内部网络化协调模式，还包括政府与市场、社会的网络模式。第三，治理方式的数字化。数字化技术使网络中各主体间的沟通由单向沟通变为双向沟通或多向沟通，降低沟通成本的同时提高了沟通效率。第四，治理责任的分散化。网络化治理风险共担的特点导致责任归属难界定。第五，公共价值导向。网络参与各主体通过目标共享，化对抗型关系为合作型关系，从而保障公共利益，实现公共福祉。我国学者周志忍指出，网络化治理是跨界合作的最高境界[4]。笔者认为，在新冠肺炎疫情背景下，实现慈善组织公信力缺失网络化治理的重点是强化多元主体参与的网络合作机制，完善网络协调机制。理顺政府与其他参与主体间的关系是实现慈善组织公信力缺失网络化治理的前提。政府在网络中发挥主导作用，但并非传统的官僚制政府形态下的命令式领导，而是扮演"掌舵"的角色，既要协调好各主体之间的关系，又要动员其他主体发挥好"划桨"的作用，从而优化治理网络。

二、新冠肺炎疫情应对中慈善组织公信力缺失的治理现状

新冠肺炎疫情暴发后，习近平总书记在2020年2月3日召开的中共中央政治局常委会会议上指出："要针对这次疫情应对中暴露出来的短板和不足，健全国家应急管理体系，提高处理急难险重任务能力。"观察政府治理慈善组织公信力缺失问题的

---

[1] 韩兆柱，李亚鹏. 网络化治理理论研究综述 [J]. 上海行政学院学报，2016，17（4）：103-111.

[2] 斯蒂芬·戈德史密斯，威廉·埃格斯. 网络化治理：公共部门的新形态 [M]. 孙迎春，译. 北京：北京大学出版社，2008：6，110.

[3] 何艳玲. 公共行政学史 [M]. 北京：中国人民大学出版社，2018：160.

[4] 周志忍. 整体政府与跨部门协同——"公共管理经典与前沿译丛"首发系列序 [J]. 中国行政管理，2008（9）：127-128.

现状可以发现,在促进公众参与和加强法律监督方面已经初见成效,但是在协调沟通、信息公开等方面存在不足。笔者分别从治理成效和现存的问题两个方面对慈善组织公信力缺失的治理现状进行阐述。

(一)新冠肺炎疫情应对中慈善组织公信力缺失的治理成效

1. 公众参与意识高涨

新冠肺炎疫情掀起"全民慈善"热潮的同时,也唤醒了社会公众对慈善组织的广泛关注。2月23日,习近平在统筹进行新冠肺炎疫情防控和经济社会发展工作部署会议上发表讲话:"慈善组织、红十字会要高效运转,增强透明度,主动接受监督,让每一份爱心善意都及时得到落实。"在党和政府的政策支持下,社会公众借助互联网密切关注慈善组织的行动。百度以网民搜索量为数据基础,以1月26日民政部发布的第476号公告中指定接受社会捐赠的五家慈善组织分别为关键词,剔除无数据记录的湖北省慈善总会和湖北省青少年发展基金会,检索湖北省红十字会、武汉市慈善总会和武汉市红十字会在2020年1月至6月的网络搜索指数(见表1)。根据数据来源不同,将搜索指数分为PC搜索指数和移动指数;PC+移动峰值表示一个月内某一慈善组织PC搜索指数与移动指数之和最大的数值。从三家慈善组织网络搜索指数随时间变化的数据可知,新冠肺炎疫情的爆发极大促进了社会公众对慈善组织的关注;此外,分析表1数据可知,公众关注度历经预热—高潮—回落三个阶段。新冠肺炎疫情应对中公众加强对慈善组织的关注与监督,有利于督促慈善组织信息公开,提高物资对接效率和保证分配公平。

表1 关于政府指定的五家慈善组织网络搜索指数(2019年12月—2020年6月)

时间段	数值	湖北省红十字会	武汉市慈善总会	武汉市红十字会
2019.12.1—12.31	整体日均值	0	0	0
	PC+移动峰值	0	0	0
2020.1.1—1.31	整体日均值	879	1066	0
	PC+移动峰值	27279	11133	0
2020.2.1—2.29	整体日均值	2512	1092	1324
	PC+移动峰值	24825	4338	6600
2020.3.1—3.31	整体日均值	239	254	296
	PC+移动峰值	415	458	510
2020.4.1—4.30	整体日均值	164	155	175
	PC+移动峰值	188	224	245
2020.5.1—5.31	整体日均值	135	99	148
	PC+移动峰值	162	145	183
2020.6.1—6.30	整体日均值	125	61	125
	PC+移动峰值	167	131	152

2. 政府监督力度加大

与常态相比,新冠肺炎疫情应对中慈善组织不仅要遵循《慈善法》《红十字会法》《公益事业捐赠法》等法律法规,接受民政部门常态化管理,而且还需遵守《中华人民共和国审计法》（1994）、《自然灾害救助条例》（2010）、《民间非营利组织会计制度》（2020）等相关规定，接受其他政府部门或审计机构的专项监督。我国学者高志宏（2020）将我国慈善法律体系分为核心层、主体层和保障层，并系统地梳理了"公益事业""慈善组织""慈善活动""慈善捐赠""捐赠物资使用管理"等核心要素的法律依据[1]。但是既有研究对慈善组织应对突发公共卫生事件时应遵循的特殊法律法规研究较少，笔者整理了慈善组织在新冠肺炎疫情中需遵循的特殊规范（见表2）。从表中可以看出，新冠肺炎疫情应对中，政府对慈善组织的监督主要集中于捐赠物资的使用管理和慈善组织功能定位两方面。不同政府部门多重监督，有利于规范慈善组织行为，促使其实现公益使命。

表2　新冠肺炎疫情应对中慈善组织的特殊规范

法律法规	颁布单位	具体内容
《中华人民共和国审计法》	全国人民代表大会常务委员会	第二十三条规定："审计机关对政府部门管理的和其他单位受政府委托管理的社会保障基金、社会捐助资金以及其他有关基金、资金的财务收支，进行审计监督。"
《中华人民共和国突发事件应对法》	全国人民代表大会常务委员会	第三十四条规定："国家鼓励公民、法人和其他组织为人民政府应对突发事件工作提供物资、资金、技术支持和捐赠。"
《自然灾害救助条例》	国务院	第二十四条规定："自然灾害救助款物专款（物）专用，无偿使用。定向捐赠的款物，应当按照捐赠人的意愿使用。社会组织接受的捐赠人无指定意向的款物，由社会组织按照有关规定用于自然灾害救助。" 第二十八条规定："县级以上人民政府监察机关、审计机关应当依法对自然灾害救助款物和捐赠款物的管理使用情况进行监督检查，民政、财政等部门和有关社会组织应当予以配合。"
《民政部关于动员慈善力量依法有序参与新型冠状病毒感染的肺炎疫情防控工作的公告（民政部公告第476号）》	民政部	为保证新冠肺炎疫情防控有序进行，民政部指定湖北省红十字会、湖北省慈善总会、湖北省青少年发展基金会、武汉市慈善总会、武汉市红十字会五家慈善组织接受社会捐赠，并要求定期公布捐赠收入和支出明细、接受捐赠人和社会监督等。
《＜民间非营利组织会计制度＞若干问题的解释》	财政部	为明确民间非营利组织有关经济业务或事项的会计处理，提高会计信息质量，根据《民间非营利组织会计制度》（财会〔2004〕7号）的规定，制定《＜民间非营利组织会计制度＞若干问题的解释》，主要包括社会服务机构等非营利组织的会计核算、接受非现金资产捐赠、受托代理业务、长期股权投资、限定性净资产、承接政府购买服务取得的收入、关联方关系及其交易的披露等11个方面。 如："对于民间非营利组织接受捐赠的存货、固定资产等非现金资产，应当按照《民间非营利组织会计制度》第十六条的规定确定其入账价值。"
《社会组织应对突发公共卫生事件防控规范》	广州市社会组织联合会	全国首个社会组织应对突发公共卫生事件防控规范团体标准，主要包括：突发公共卫生事件的分级应对，应急组织领导和职责，监测、预警和报告，应急反应原则和措施，防控宣传、防控款物管理等11个方面。

---

[1] 高志宏. 再论我国慈善组织公信力的法律重塑[J]. 政法论丛，2020（2）：59-68.

(二)新冠肺炎疫情应对中慈善组织公信力缺失治理存在的问题

虽然政府在促进公众参与和强化法律监督等方面已初见成效,但是全面检视慈善组织公信力缺失治理现状,可以发现如下问题亟待解决。

1. 非政府主体参与混乱

新冠肺炎疫情爆发后,各类社会力量积极参与疫情防控,为疫情重灾区捐款、捐物、提供志愿服务等,迸发出巨大的慈善能量,但是广泛的社会参与也暴露出非政府主体参与混乱的问题,主要表现在两个方面:一是社会公众参与混乱。受媒体炒作和负面舆情影响,社会公众难以辨别慈善负面信息真假,随意抨击慈善组织,由此产生巨大负面效应。如引发舆论热议的"韩红基金会违法"事件,短期内严重破坏了慈善组织公信力,官方公布无举报中的违法行为之后,举报者立即遭到网络暴力,由此暴露公众参与混乱问题。二是慈善组织内部治理能力欠缺。新冠肺炎疫情应对之初,政府指定接受社会捐赠的湖北省红十字会当时仅有20多名工作人员,武汉市红十字会仅有10余人;此外,多数工作人员专业性不足,无力完成大量捐赠物资的收录与配置,导致捐赠物品积压、分发效率不高、捐赠物资信息登记错误等问题频发。

2. 横向网络结构尚未建立

缺少横向网络化结构,不仅导致政府内部各职能部门之间协调合作不足、"碎片化政府"问题凸显,而且致使多元主体无法协商对话,各显所长。第一,从政府横向协调效果来看,新冠肺炎疫情爆发之初,大量物资涌向慈善组织,急需政府统筹规划,协调好各部门统一配置物资,但是短时间内,民政部、应急管理部、国家卫生健康委员会等政府各职能部门之间协调合作不足,且尚未建立由中央应对新型冠状病毒感染肺炎疫情工作领导小组统一领导下的国务院联防联控机制,导致慈善组织因物资调配不力,公信力备受质疑;在新冠肺炎疫情应对后期,国务院建立联防联控机制,设置统一归口,物资配置更高效公平,但是政府在公共危机中采取的特殊协调措施具有临时性和强制性,难以将其常态化。第二,从多元主体协商对话来看,根据《中华人民共和国慈善法》第三十条规定:"发生重大自然灾害、事故灾难和公共卫生事件等突发事件,需要迅速开展救助时,有关人民政府应当建立协调机制,提供需求信息,及时有序开展募捐和救助活动。"然而,政府尚未建立横向网络化协调机制,也并未将慈善组织纳入应急管理之内[1],多元主体缺少沟通平台。

3. 慈善监管机制还不健全

新冠肺炎疫情应对中慈善监管机制不健全,主要表现为:政府监管乏力、第三方评估阙漏、内部监管虚设等问题。从政府监管角度看,面对舆论压力,政府以被

---

[1] 金锦萍. 疫情应对中慈善组织的特殊规范和行动特点 [J]. 学海, 2020 (2): 26-31.

动回应为主，采取公开举报渠道、查证失信行为是否属实、虚假失实信息辟谣等措施，管理成本高但效果不佳。如湖北省红十字会口罩事件引发的舆论风暴，湖北省纪委监委调查核实后，依法处分湖北省红十字会三名领导干部[1]。由于公信力受损，已经有大量企业和个人申请退款[2]。从社会监督角度看，第三方评估组织面临资格资质缺少法律授权，专业性和权威性受到质疑，监管缺位；从慈善组织内部自治角度看，多数慈善组织内部监事会形同虚设，内部监督效果有限。

4. 沟通中存在信息缺位和信息壁垒

2014年中民慈善信息中心发布的《2014年度中国慈善透明报告》显示，我国慈善透明指数仅为44.10（百分制）。据慈善组织互联网募捐信息平台统计，截至2020年4月，基金会发起募捐占62%，是新冠肺炎疫情防控中最主要的募捐组织。基金会中心网发布的从2012年到2019年中基透明指数FTI表明，我国基金会透明指数呈波动上升之势，但绝对值偏低（见图1）。从基金会信息公开的类型看，基本信息披露程度较高，平均完成度高达64%，项目信息和财务信息平均完成度不足，仅有37%和41%[3]。此外，观察新冠肺炎疫情应对中，政府指定的五家慈善组织官网信息公开情况，发现三个主要问题：一是捐赠流程信息公示不完整[4]。公示内容主要以捐赠日期、捐赠人名称、捐赠项目和金额等捐赠流程中间部分为主，对捐赠人、受助方、援助时间、援助地区等捐赠流程两端信息公示较少；二是对捐赠者信息反馈不足。目前的捐赠流程难以满足捐赠者对捐赠细节信息的知情权，由于缺少信息交互，因此也无法为潜在捐赠者提供可供参考的捐赠评价[5]；三是信息封锁，社会监督难保障，如央视记者探访武汉市红十字会仓库遭到保安阻拦，1200万网民在线观看的直播被迫终止事件。此外，从慈善组织信息管理看，我国三类慈善组织信息共享平台——政府平台、大众媒体平台和行业平台，截至2017年已建立政府平台20个，大众媒体平台9个，行业平台4个，全国仍有71%的省市尚未开通省级信息平台[6]，难以实现信息共享。

---

[1] 湖北省纪委监委通报湖北省红十字会有关领导和干部失职失责 [EB/OL].（2020-2-4）.http：//www.hbjwjc.gov.cn/xwtt/120191.htm.

[2] 程维妙，李薇佳. 质疑声中的湖北红会 [N]. 新京报，2020-2-6.

[3] 2019年FTI发布报告 [EB/OL].（2019-12-19）.http：//www1.fti.org.cn/.

[4] 杨方方. 慈善市场的信息不对称与结构性失衡研究 [J]. 社会保障评论，2017，1（3）：96-115.

[5] 王丽荣. 公益慈善何以更透明——基于区块链的数字证书认证策略 [J]. 兰州学刊，2020（4）：149-159.

[6] 何华兵.《慈善法》背景下慈善组织信息公开的立法现状及其问题研究 [J]. 中国行政管理，2017（1）：39-43.

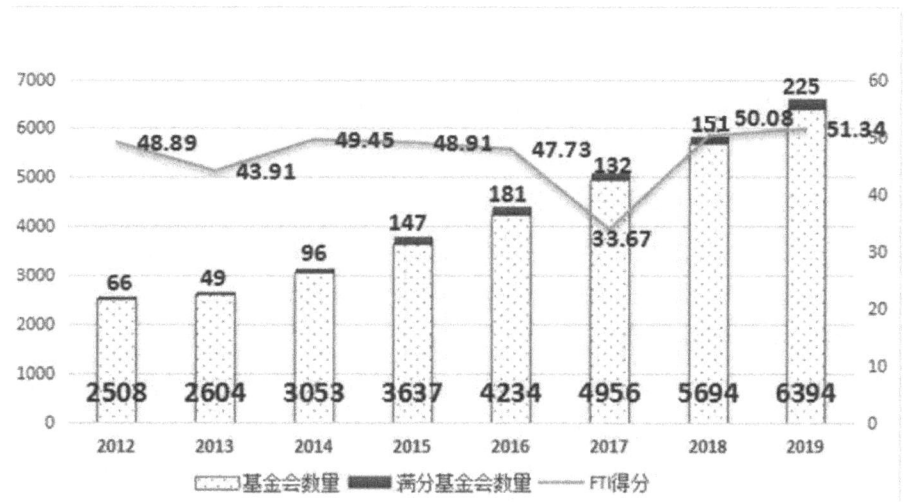

图 1　2012—2018 年中基透明指数 FTI 得分情况

三、新冠肺炎疫情应对中慈善组织公信力缺失的原因分析

观察新冠肺炎疫情应对中慈善组织公信力缺失的治理现状，发现慈善组织公信力缺失治理难点重重，基于此，笔者拟从治理主体、治理结构、监督机制和信息公开四个方面分析问题的成因。

（一）社会治理模式转型缓慢

政府官僚制传统政府管理模式固化和社会治理模式转型缓慢，不仅导致政府对慈善组织的管理僵化低效，而且致使非政府主体参与混乱。第一，从政府角色演变角度看，纵观公共管理发展史，已经经历了以马克思·韦伯的官僚制政府为主的传统公共行政时期和以戴维·奥斯本、特德·盖布勒的企业家政府为主的新公共管理时期。官僚制主张专业化分工，导致政府管理僵化、低效；新公共管理理论主张企业家精神，过度追求效率，忽视公共价值；两者均面临政府管理的"公共性"缺失问题。20 世纪 90 年代，逐渐衍生出通过构建跨部门伙伴关系以应对市场或政府协调的失败[1]。政府受传统管控思维影响，在慈善组织公信力缺失治理中只重视发挥政府管理作用，忽视社会公众、慈善组织等其他主体的作用，未建立系统的多元主体参与体系，导致参与混乱。第二，从我国慈善组织生成发展路径角度看，不同于国外"强社会"下自发产生的非营利组织，在我国"强政府-弱社会"的治理格局下，慈善组织的产生方式主要有两种途径：一种是在政府职能转变或在政府主导下自上而

---

[1] 吴晓林，许源源，李晓飞. 中国公共行政学研究跟踪报告（2000—2015）[M]. 北京：经济管理出版社，2014：311.

下组建，另一种是应市场和社会需求自下而上自发形成[1]。在这两类慈善组织中，前者数量多、比重大，与政府的关系更密切并且占有更多资源，尤其是全国性的慈善组织官办色彩更为浓厚，因此，我国多数慈善组织具有"官民二重性"特点，即慈善组织在产生方式、活动形式、运作模式等方面既受到政府行政体制的资源制约和权威限制，带有官僚主义色彩，同时又是公众爱心表达的渠道，与公众联系密切，因此具有一定程度上的独立性和民间性自主性[2]。慈善组织的"官民二重性"导致其内部官僚主义盛行，执行部门独掌大权，监事会形同虚设，公共服务供给能力不足。

（二）多元主体间分割式协调

网络化治理中多元主体间纵横交错型的网络结构，其实质是对科层制层级节制结构的继承与超越，其核心要义是既要打通政府内部纵横权力线的分界，又要构建政府、企业、社会组织、公民等多元主体参与公共事务治理的网络化治理形态[3]。第一，从政府管理慈善组织横向职能划分看，2018年，党和国家机构改革调整了民政部相关职责，民政部的救灾职责整合并入新组建的应急管理部[4]。然而应急管理部发布《应急管理部职能配制、内设机构和人员编制规定》主要针对自然灾害，而缺少社会安全、公共卫生事件的应急管理[5]。因政府各部门间的职能衔接空隙和跨部门协调不足，导致慈善组织治理乏力。第二，从政府与多元主体横向协调关系看，多元主体参与突发事件应急管理逐步深化，但此次新冠肺炎疫情应对中，多元主体参与不足。回溯慈善组织参与突发事件救助：2003年"非典"爆发后，国务院指定可接受社会捐赠的中国红十字会总会和中华慈善总会在赈灾济困中作用突出，及时公布捐赠情况，主动接受社会监督，极大地增强了慈善组织公信力和影响力[6]；2008年汶川地震中，政府致力于探索如何构建多元参与的协调机制，汶川抗震救灾中参与救助的社会组织多达300多家，慈善组织提供的社会救助广受公众认可，公信力得以提升[7]；雅安地震后，四川省政府专门成立由非政府组织参与的社会治理协调小组，即雅安市抗震救灾社会组织和志愿者服务中心，促进慈善救助规范化，慈善组织服务

---

[1] 郁建兴. 改革开放40年中国行业协会商会发展 [J]. 行政论坛，2018，25（06）：11-18.

[2] 刘威. 超越官与民：慈善事业转型与组织生态重构 [J]. 中州学刊，2015（9）：67-72.

[3] 唐亚林，王小芳. 网络化治理范式建构论纲 [J]. 行政论坛，2020，27（3）：121-128.

[4] 国务院机构改革方案 [EB/OL]. （2018-3-18）.http：//mzzt.mca.gov.cn/article/2018lh/zhbd/201803/20180300895623.shtml.

[5] 关于印发国务院办公厅职能配置内设机构和人员编制规定的通知 [EB/OL]. （2010-11-17）.http：//www.gov.cn/zhengce/content/2010-11/17/content_7809.htm.

[6] 中国红十字会总会编. 中国红十字会历史资料选编，1950—2004[M]，北京：民族出版社，2005：464-465.

[7] 中国的减灾行动 [EB/OL]. （2009-5-11）.http：//www.gov.cn/zhengce/2009-05/11/content_2615771.htm.

广受好评[1]；2010年青海玉树抗震救灾中，民政部下发的《关于做好玉树4·14地震抗震救灾捐赠工作的通知》中，指定15家具有官方背景的社会组织和基金会接受社会捐赠，并组织协调慈善组织发光发热[2]。然而在此新冠肺炎疫情应对中，政府未沿用这一治理路径，尚未建立政府与慈善组织协调机制，导致慈善组织出现参与混乱、监管漏洞等问题，难以实现共治、善治的目标。

（三）多元主体的监管碎片化

在"放管服"改革背景下，政府、企业、社会各自职能得以重塑与归位，中国社会转型要求政府与社会之间的关系由利益统合走向利益分离[3]。在政府"宽进"的政策理念下，为实现社会公共服务的有效供给，"严管"就成为重中之重，需要多级政府、非营利组织、企业和社会公众等全方位的监管。然而，新冠肺炎疫情应对中暴露出的监管乏力问题，究其根源是碎片化监管所致。第一，政府监管碎片化。新冠肺炎疫情应对中，政府所依据的慈善组织监管的规定散见于相关法律和政策文件之中，内容较为完善但缺乏系统性，导致民政部、应急管理部、财政部等政府各部门的监管碎片化；此外，从政府监管过程看，政府由双重管理体制逐渐转向集中监管模式的过程中，缺乏一套从行政监管的原则、监管主体、监管标准、监管方式、监管评估、监管问责等多方面构建的监管体系[4]，导致政府全过程监管不足，即仅注重事后惩戒预警和事中控制，事前预警不足。第二，社会监督碎片化。公众参与具有很强的随机性、不确定性和主观性。第三，评估机构受政府项目制购买服务影响，碎片化特征显著[5]，由此可见，第三方评估机构、社会公众等主体的外部监管力量整合难度大。

（四）信用信息管理系统缺失

健全的信用信息管理系统有利于遏制慈善组织信息披露不及时，优化捐赠流程信息公示完整性，打破众多信息公示平台的壁垒，实现互联互通、透明高效的网络化治理。信息缺位是由慈善组织内部治理能力或者工作人员的趋利动机所导致，如新冠肺炎疫情初期，武汉省红十字会慈善物资信息不公开问题是由于慈善组织专业性和内部治理能力有限，无力实现信息实时公开；此外，慈善组织为获取资源或逃

---

[1] 陈鹏，汪永涛.群团组织参与社会管理创新探析——以雅安社会组织和志愿者服务中心为例[J].中国青年研究，2014（3）：36-40.

[2] 张继青.《慈善法》放与收的维度界定[J].学习论坛，2016，32（11）：70-73.

[3] 王名.社会组织与社会治理[M].北京：社会科学文献出版社，2014：223.

[4] 杨逢银，张钊，杨颜澧."微公益"失范的发生机理与跨界规制[J].中国行政管理，2020（2）：60-66.

[5] 徐嫣，王博.论失信联合惩戒视野下社会组织信用监管制度的构建[J].法律适用，2017（5）：116-120.

避责任，极力隐瞒自身的失信信息问题也十分普遍。慈善信息壁垒问题，主要是由慈善组织信用信息系统不完善导致，我国慈善组织信用信息管理起步晚，受官僚制层级节制影响，信息资源横向共享难度大。

四、新冠肺炎疫情应对中慈善组织公信力缺失的网络化治理路径

网络化治理是在西方政府政治生态深刻变革和数字时代的背景下兴起的一种公共管理实践的新模式，是对治理理论的发展和对公共管理实践的深入推进。目前，我国对网络化治理理论的引介和运用已初见成效，极大地促进了我国治理理论和治理实践向纵深方向发展。网络化治理理论对治理中国慈善组织公信力缺失问题也大有裨益，构建慈善组织公信力缺失的治理网络需从优化网络化治理的生态环境、充分发挥多元主体优势、完善慈善组织信用监督机制和建立健全慈善组织信用信息管理系统四个方面着手。

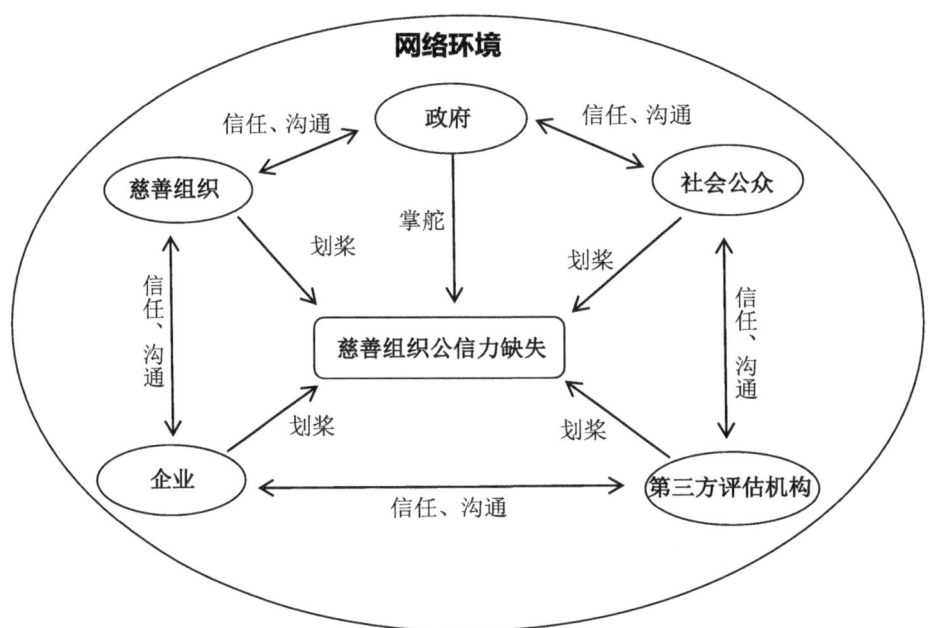

图2　慈善组织公信力缺失网络化治理路径图

（一）优化网络化治理的生态环境

完善社会参与体系，增强多元主体的良性互动。完善的社会参与体系有利于保证公众的知情权，提高慈善组织社会合法性的程度[1]，"打造共商共建共享的社会治理

---

[1] Subhajyoti Ray. Reinforcing accountability in public services：An ICT enabled framework [J]. Transforming Government：People，Process and Policy，2012，6（2）：135-148.

格局"[1]。具体而言，一是制定相关法律法规，明确规定多元主体在治理慈善组织公信力缺失问题中的权责，解决因权责划分不明导致的政府"大包大揽"和非政府主体参与混乱问题。二是简政放权，激发社会活力。发挥政府对慈善组织管理的主导作用的同时，适当放权，激发非政府主体的参与热情，提升治理效能。第二，建立协调机制，优化治理网络。官僚制行政体制主要靠层级制权威进行协调，导致协调低效；网络化治理通过多元主体间协商对话，有利于促进资源禀赋迥异、利益倾向不同的多元主体统一治理目标，加强信息共享，从而形成治理合力[2]。具体而言，充分运用大数据技术构建信息沟通平台，确保多元主体多向互动，克服传统自上而下命令式沟通的弊端；发挥大数据技术优势，建立信息搜集和数据分析系统，实现多元主体信息共享。第三，营造相互信任的治理环境。"信任是治理网络中的一个重要元素，治理网络的基本功能是促进协商以及调和网络成员之间不同的价值理念。"[3] "有着高度信任关系的网络会降低组织内部的交流成本。"[4] 基于此，借助多元主体间信息共享、协商对话、建立高度互信关系，从而降低慈善组织公信力缺失治理中的监督成本。

（二）促进多元参与主体优势互补

既有研究表明，仅依靠慈善组织或者政府难以摆脱慈善组织公信力危机，需要政府、慈善组织、社会公众、第三方评估机构、企业等多元主体优势互补、共同发力。第一，充分发挥政府统筹全局、价值引领和政策资源优化配置的作用。应对突发事件，政府要审时度势，整体布局，及时制定多元主体协调机制，完善全过程监管机制，确保社会捐赠物资统一调配，从而增强慈善组织公信力，以便吸纳更多社会物资；与此同时，还要建立权责明确的社会参与体系，实时更新慈善组织捐赠信息，及时辟谣，化解舆论偏见，引导公众理性参与。第二，发挥社会力量，加强对慈善组织的外部监管。公众关注慈善组织行为，并通过大量网络舆论形成巨大影响力，"倒逼"政府加大对慈善组织的监督力度；同时也要发挥第三方评估机构专业性和严谨性的优势。通过对慈善组织广泛、高频的实地调查，科学分析公信力缺失问题的症结所在，发挥企业专业、高效、灵活的优势，为慈善组织提供技术支持，确保其及时完成危机事件赋予的慈善使命，减少因能力不足导致的公信力缺失。第三，

---

[1] 中共中央宣传部. 习近平总书记系列重要讲话读本 [M]. 北京：人民出版社，2016：205.

[2] 韩兆柱，邢蕊. 政府购买社会救助服务的网络治理模式研究 [J]. 电子政务，2019（7）：110-119.

[3] 奥斯本. 新公共治理？公共治理理论和实践方面的新观点 [M]. 包国宪，等译. 北京：科学出版社，2016：287.

[4] 斯蒂芬·戈德史密斯，威廉·埃格斯. 网络化治理：公共部门的新形态 [M]. 孙迎春，译. 北京：北京大学出版社，2008：6，110.

激发慈善组织内在驱动力。一方面，督促慈善组织内部决策、执行、监督三个部门各司其职，提高内部治理能力；另一方面，要重视慈善组织专业技能的提升，从而发挥好慈善组织"取之于民，用之于民"的特殊优势。

（三）完善慈善组织信用监督机制

加强对慈善组织的培育与监管是慈善组织公信力建设的大势所趋。优化慈善组织信用监管是以健全的法律体系为前提，以统一的惩戒标准为基础，以大数据披露为支撑的多方位监管。要求政府在法律支持、惩戒标准制定、大数据技术支持等方面有所改进。第一，完善慈善组织信用监管相关法律。目前国家已经开始重视并着手制定社会组织信用监管相关政策，如：《国务院关于印发社会信用体系建设规划纲要（2014—2020年）的通知》（2014）、《国务院关于建立完善守信联合激励和失信联合惩戒制度加快推进社会诚信建设的指导意见》（2016）、《社会组织信用信息管理办法》（2018）等。建议在慈善组织新修订的章程中增加公信力建设相关细则，强化失信惩戒，将组织失信与个人失信相关联，追究慈善组织负责人失信行为的个人责任等，在后续的政策办法中完善失信名单制度，细化被列入异常名录和严重违法失信的社会组织的失信惩戒措施。第二，构建慈善组织的综合监管机制。政府制定统一的慈善组织信用评价的指标细则，促进监管的标准化；同时，将慈善组织公信力评估结果与政府购买服务等激励性政策相挂钩，从而促进慈善组织重视公信力建设。第三，加强内部监督和行业自律。首先要完善慈善组织内部治理结构，在保证监事会有独立自主的内部监督权的同时细化组织内部监事会的责任和义务；其次是加快推动慈善组织行业规则和行业标准的制定，加强行业自律。

（四）建立健全信用信息管理系统

新冠肺炎疫情爆发后，社会公众缺乏对捐赠物资流向信息的了解，由此对慈善组织公信力产生质疑。如何及时更新捐赠物资信息，打破信息壁垒，建立系统完善的信用信息管理系统成为慈善组织信息管理的当务之急。第一，制定法律法规，规范慈善组织信息公开的具体路径。《中华人民共和国慈善法》要求建立以民政部门为主导的统一信息平台，但是缺少对慈善组织信息公开具体路径的规定，因此，建立健全慈善组织信用信息相关法律法规至关重要。第二，建立健全慈善组织信用信息管理系统，将慈善组织、政府、第三方评估机构等多元主体依法要求公开的信息统一纳入同一平台，促进信息互联互通。

五、结语

慈善组织公信力缺失问题涉及主体多、影响范围广、治理难度大，长期深受政府和社会各界的重视。抗击新冠肺炎疫情期间，慈善组织暴露出严重的公信力缺失问题，已成为社会讨论的焦点，引起党中央和国务院的高度关注。随着行政的组织体系和治理方式的演进，我国行政组织体系由等级组织发展为网络化组织，治理方式也从科层制走向网络化治理[1]。网络化治理以公民需求为导向，基于"网络"权力关系，构建数字化的整体性政府的治理模式，为解决慈善组织公信力缺失治理中存在的多元主体参与混乱、分割式协调、碎片化监管、信息"孤岛"等问题提供理论基础。从网络化治理的生态环境、治理主体、监督机制和信息公开四个方面着手，构建慈善组织公信力缺失的治理网络，不仅有利于提升政府治理能力，而且有助于慈善组织重塑重诺守信的良好形象，从而更好地承载公益使命，传播志愿精神。

---

[1] 罗梁波. 行政理性场景的交互格局：实践错位、理论偏差与未来面向 [J]. 社会科学研究，2020（1）：47-59.

政府购买社会救助服务的网络治理模式 *

物资救助与服务救助是现代社会救助体系的两项重要内容，但当前我国社会救助主要采取物资救助的形式，服务救助的供给体系尚未形成，造成物资救助与服务救助供给失衡。政府在基本的物资救助解决贫困群体的生存难题后，应通过引入多元主体参与供给的社会救助服务，满足贫困群体的差异性救助需求，缓解他们对物资救助的单向依赖，为贫困群体的自我救助和发展提供动力支持。目前，我国构建了满足受助者生存需求的救助体系，但现行的低水平、广覆盖的社会救助体系已无法满足贫困群体的发展需要。在新的社会条件下，政府需要与社会力量合作，通过多元力量供给救助服务来填补现有救助体系的空缺，实现社会救助制度从生存型救助向发展型救助的转型升级。政府通过向私人企业和社会组织购买社会救助服务，能够弥补政府单一供给的不足，推进救助理念的人性化、救助资源的社会化、救助手段的多元化、救助服务的效率化。

网络化治理理论强调主体多元化、机制网络化和责任分散化，更为关注公共价值，顺应了政府购买社会救助服务的现实需求。网络化治理是为了实现公共利益，社会成员之间依托社会网络互动协同，共同参与公共事务的一种新型治理模式。[1] 本文所指的网络治理模式并非技术层面的互联网管理模式，而是依据网络化治理理论构建起来，以期实现公共价值的新型治理模式。创新之处在于突破政府单一供给的传统模式，形成以政府作为主导者，私人企业、社会组织等多元主体参与的多维互动网络，通过信任沟通、资源共享、责任共担等机制协同供给社会救助服务，从而推动政府职能的转变，为贫困者提供个性化的救助服务，缩小社会救助服务供给与需求之间的缝隙，进而实现社会救助制度的灵活化、效率化和长效化建设。2017年9月，民政部、中央编办、财政部、人力资源社会保障部联合出台的《关于积极推行政府购买服务，加强基层社会救助经办服务能力的意见》（以下简称《意见》）明确了政府购买社会救助服务的指导思想、基本原则和目标任务，并界定了购买主体、承接主体、购买内容、购买机制等关键内容，为政府购买社会救助服务提供了政策前提。《意见》指出，向社会力量购买的社会救助服务主要包括事务性工作和服务性工作两类，本文主要针对与物资救助相对应的，提供给受助者的服务性救助工作，

---

* 与邢蕊合作完成，并发表于《电子政务》2019年第7期，第110～119页，题目有变动。
[1] 姜晓萍，田昭. 网络化治理在中国的行政生态环境缺陷与改善途径 [J]. 四川大学学报（哲学社会科学版），2017（4）：5-12.

包括照料护理、康复训练、送医陪护、社会融入、能力提升、心理疏导、资源链接等服务[1]。

一、网络化治理视角下政府购买社会救助服务的新形态

21世纪，等级制的官僚模式内部组织臃肿、权力分散，单一的命令制模式在应对日益复杂的社会问题和多样化的公共服务需求时显得捉襟见肘。政府资源的紧缺化态势已无法满足社会多元发展的需求。政府机关、局、处和办公室作为直接服务供应者的作用已经越来越不重要了，更为重要的应该是作为一种公共价值的促动者，在具有现代政府特质的由多元组织、多级政府和多种部门组成的关系网中发挥作用。[2] 网络化治理突破了以命令和控制为主的传统等级模式，强调在信任和合作的基础上，在同一战略目标的指引下形成政府和社会力量构成的多元网络治理模式。在网络治理模式下，人们对政府的关注焦点不再局限于政府有多重要的问题，而是更多地关注政府通过何种途径治理的问题。[3] 政府突破了传统等级制中的权力中心限制，仅仅是网络结构中的一个节点。它把许多行动者结合到一起来承担经纪人（Broker）角色[4]，从而更好地整合社会资源以灵活应对多元化的社会需求，实现公共价值的最大化。（选择网络治理模式或等级模式提供救助服务的影响因素对比分析详见表1，从等级模式向网络治理模式转化过程见图1）

表1 选择网络治理模式或等级模式提供救助服务的支持因素

支持因素	网络治理模式	等级模式
目标	实现公共价值，多方共赢	以公民利益为主
服务供应者	政府、私人企业、社会组织和公民	政府为主
服务技能	多方面的，来自不同供应商，及时更新	单一的，注重内部经验，更新缓慢
服务供给特点	灵活性、及时性	稳定性、可靠性
服务供给方式	多种服务对应同一个顾客	服务相对独立
信息流通	分布式收集信息，多对多	通过专业机构收集信息，一对多或多对一
任务基础	项目导向	政策导向
行动逻辑	信任、沟通、协作	合法的权力与权威

---

[1] 民政部，中央编办，财政部，人力资源社会保障部.关于积极推行政府购买服务，加强基层社会救助经办服务能力的意见 [EB/OL].（2017-9-15）.http：//www.mca.gov.cn/article/gk/wj/201709/20170915006102.shtml.

[2] 斯蒂芬·戈德史密斯，威廉 D 埃格斯.网络化治理——公共部门的新形态 [M].北京：北京大学出版社，2008.

[3] 朱立言，刘兰华.网络化治理及其政府治理工具创新 [J].江西社会科学，2010（5）：7-13.

[4] 朱德米.网络状公共治理：合作与共治 [J].华中师范大学学报（人文社会科学版），2004（2）：5-13.

（续表）

支持因素	网络治理模式	等级模式
服务成本	第三方能够提供更低的服务成本	内部服务更加经济
责任模式	责任共担	政府主责

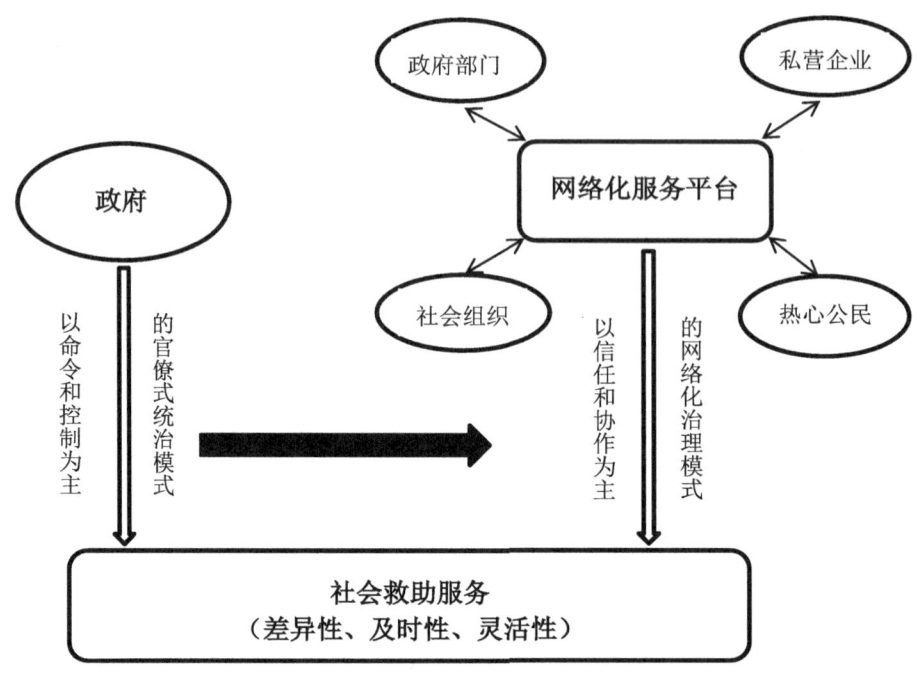

图1 等级模式向网络治理模式转化示意图

网络化治理是由政府、私人企业、社会组织、热心公民基于协同网络提供公共服务的新型治理范式。网络化治理理论强调治理结构网络化、治理工具市场化和价值取向民主化，这些观点为公共部门、私营部门、第三部门和社会力量之间网络关系的构建、权力的平稳运行和还权于社会的实践提供了切实可行的参考途径。[1] 网络化治理理论的主要代表人物是斯蒂芬·戈德史密斯（Stephen Goldsmite）和威廉 D. 埃格斯（William D.Eggers），他们指出，网络化治理象征着世界上改变公共部门形态的四种有影响的发展趋势正在合流[2]，包括第三方政府、协同政府、数字化革命和公民选择。网络化治理理论为政府购买社会救助服务提供了理论前提和实践指南。现代社会救助事业在政府治理能力提升、社会环境转变、救助需求个性化的影响下，也呈现出四种发展趋势，并催生了政府购买社会救助服务的新形态。

---

[1] 韩兆柱，李亚鹏. 网络化治理理论研究综述 [J]. 上海行政学院学报，2016（4）：103-111.
[2] 斯蒂芬·戈德史密斯，威廉 D 埃格斯. 网络化治理——公共部门的新形态 [M]. 北京：北京大学出版社，2008.

（一）第三方政府对社会救助服务需求积极回应

随着社会环境的复杂化和公民需求的多样化，政府机制的僵化以及政府雇员的模式化造成单一的政府供给已难以应对多样化的社会服务需求。第三方政府的模式经历长期发展和演变，形成以政府、私人企业和社会组织为主体的，通过合同购买、外包、私有化、特许经营等形式提供公共产品与服务的网络化治理模式。第三方政府的发展顺应了社会救助制度改革的需要，英、美、日等国家都先后展开对政府购买社会救助服务的尝试，以通过精准化服务供给的方式提高贫困者的发展能力，从而减少福利依赖。美国在"二战"后就在扶贫方面尝试通过建立公私伙伴关系管理扶贫项目，从1935年颁布《社会保障法》开始，时任总统罗斯福就采取了一系列措施促进贫困人群就业自救，减少救助福利依赖[1]。英国不仅是现代社会救助的发祥地，也是积极救助社会政策的拓荒者。在失业救助领域，政府与用人单位签订合同，通过对真正留住失业者的机构进行补贴，调动失业者和用人单位的双积极性，实现了就业率的大幅上升。从英国积极救助的经验来看，政府、企业、环保组织和基层社区等均在救助对象的促进就业方面发挥了重要作用。[2] 日本社会救助的主要特点之一就是保障服务的社会性，日本的生活保障服务遍及全国，上下协作，而且全社会成员都来关心、参与[3]。在我国社会救助领域，社会组织类型除了基金会、社会服务机构这些传统社会组织形式外，近年来社会企业、社区基金会也开始发挥作用[4]。每一位被救助者都是社会人，救助服务的社会属性也强调突破政府单一供给的传统模式，实现社会力量广泛参与的制度化建设。

（二）协同政府对分散化社会救助服务供给的整合

政府机构内部的条块壁垒和信息阻隔造成协同发展的失范和服务供给的碎片化。整体化的服务需求以及公众对效率质量的渴求需要协同政府不同层级和部门进行信息共享和功能整合，以推动网络化政府建设，加强政府机构间的沟通交流，实现资源利用的最大化和服务供给的最优化。社会救助工作主要由社会救助管理部门负责，社会救助管理部门包括民政、卫生计生、教育、住房城乡建设、人力资源社会保障等部门。不同的社会救助项目分散在不同的职能部门中，碎片化的社会救助供给机制为受助者的整体需求提供分散的救助服务供给，这种分裂的部门设置和责任机制，在社会救助机制内部造成协调和整合的障碍。在部门利益最大化的前提下，政府内部滋生相互扯皮、争功诿过的空隙，拉低社会救助工作的

---

[1] 李卫东．美国社会救助的几个特点 [J]．中国民政，2017（15）：57-58．

[2] 苑仲达．英国积极救助制度及其借鉴启示 [J]．国家行政学院学报，2016（4）：124-128．

[3] 吕学静．日本社会救助制度的最新改革对中国的启示 [J]．苏州大学学报（哲学社会科学版），2016（3）：45-50．

[4] 田蓉，周晓虹．社会救助服务：欧盟经验与中国选择 [J]．学习与探索，2018（11）：43-50．

效率，使受助者的需求难以得到最大程度的回应。网络化治理强调协同政府不同层级和机构来实现信息共享和利益协商，将相关部门都纳入提供社会救助服务的网络体系，从而整合分散化的社会救助服务供给，搭建"一门受理，协同办理"的高效服务模式。

（三）数字化革命为社会救助服务网络建设提供支撑

唯有以大数据驱动为基础的政府治理才能提前感知社会的发展变化并及时作出应对措施，提升治理内容的可预测性，从事后决策转为事前预防，为公众提供更加精准和个性化的服务，实现"智慧"治理。[1]我国现有的救助服务信息系统建设尚不完善，受助者信息的收集、审查、核实产生了不可忽视的显性成本，救助需求信息输入与救助服务供给输出间的渠道尚未完全打通，信息交流共享的障碍造成救助服务供给的延迟。网络化治理中的数字化革命要义，旨在打破组织间乃至政府组织四壁的信息壁垒，实现各级政府、政府各部门以及政府与其合作伙伴间的数据信息共建共享。在保障信息安全的前提下，政府与多元救助服务供给主体共享贫困者的实时信息，有利于实现救助服务供给的人性化，贴合不同贫困群体的实际需求，提供更为个性化的救助服务供给；迅捷化，最大限度地发挥社会救助的"救急"属性，缩短需求与供给的时间间隔；长效化，社会救助服务的供给要延伸到退出救助机制的受助者身上，直至确认被救助者具备了基本的生活能力。

（四）公民选择促进社会救助服务供给模式转变

公民要求更多地掌控自身的生活，要求在政府服务中拥有更多的选择权，要求政府的服务更加多元化，这些不断上升的需求正好与私人部门已经繁殖的个性化（特制的）服务供应技术相吻合。[2]伴随着社会环境的日益复杂化，贫困者需要更为人性化的救助服务才能实现自身能力提升，从而达到社会融入的标准，但现行僵化的制度性救助项目已无法满足动态的贫困群体需求。私人企业、社会组织、热心公民都较政府机构更为接近贫困群体的日常生活，长期的服务经验也较政府占有优势，能够提供给被救助者更为多样化的救助服务选择。郑功成（2015）指出："社会救助由政府承担全部责任，提供的是底线、最低或生存保障，没有社会救助制度或者社会救助制度存在漏洞，便必定有人因各种原因陷入生存危机。"[3]政府是社会救助制度的主要和最后责任人，有责任保证没有一个理应受到救助的贫困者被社会救助网遗

---

[1] 石火学，潘晨. 大数据驱动的政府治理变革 [J]. 电子政务，2018（12）：112-120.

[2] 斯蒂芬·戈德史密斯，威廉 D 埃格斯. 网络化治理——公共部门的新形态 [M]. 北京：北京大学出版社，2008.

[3] 郑功成. 中国社会救助制度的合理定位与改革取向 [J]. 国家行政学院学报，2015（4）：17-22.

漏,同时,政府也有义务保证被救助者获得社会救助服务是有效率的,更是有效的。也就是说,政府需要从较为"消极"应对的方式向积极的救助方式转变,不仅要解决贫困群体在某一标准下的现实需求,还要致力于满足贫困群体未来发展能力提升的诉求,杜绝"返贫化"现象的产生。因此,政府在现有的制度框架基础上,在社会救助服务网络中引入社会力量参与,借鉴市场和社会的服务经验和技能,能够弥补政府在社会救助服务领域的空缺。

二、政府购买社会救助服务的网络治理模式分析

库依曼(Jan Kooiman,2003)指出:"回应多样的、动态的和复杂的社会问题需要一种新的模式,它应该包括以前没有包括的伙伴,不仅关注市场,也要关注公民社会,以及各种各样的管理伙伴。因为政府并不是解决社会问题的唯一行为者,除了传统的方法外,需要新的治理方式解决这些问题。"[1] 网络化治理理论的核心理念是网络结构、环境适应、协调、整合、信任、合作共进[2],为政府购买社会救助服务以及管理供应商网络提供了理论指导。在社会救助服务供给领域,专业服务人员的缺乏和成本、效率方面的考量呼吁社会力量的加入。治理意味着参与者最终将形成一个自主的网络[3],依据网络化治理理论构建政府购买社会救助服务的网络治理模式(见图2),将以政府为主体的社会救助服务购买者,以私人企业和社会组织、热心公众为主的社会救助服务供给者,具有救助服务需求的贫困者纳入社会救助服务需求与供给相协调的稳定网络中。政府购买社会救助服务的网络治理模式,将政府的强制型工作方式和市场的追求效率行为以及社会组织的长期工作经验融入灵活化的柔性关系网中,随着相互依赖关系的增长,合作网络所强化的共同利益为解决依靠单个组织无法解决的事务提供了可能性[4]。政府主导构建购买社会救助服务的网络治理模式,有利于实现个性化救助服务需求与差异化有效供给的及时对接,更好地综合利用多方优势,整合社会资源提供救助服务,提升社会救助服务供给的效率,推动社会救助制度的发展和完善。

---

[1] Jan Kooiman.Governing as Governance[M].London:SAGE,2003:3.
[2] 韩兆柱,翟文康.西方公共治理前沿理论的比较研究[J].教学与研究,2018(2):86-96.
[3] 俞可平.治理与善治[M].北京:社会科学文献出版社,2000:4.
[4] 王瑞华.合作网络治理理论的困境与启示[J].西南政法大学学报,2005(4):112-116.

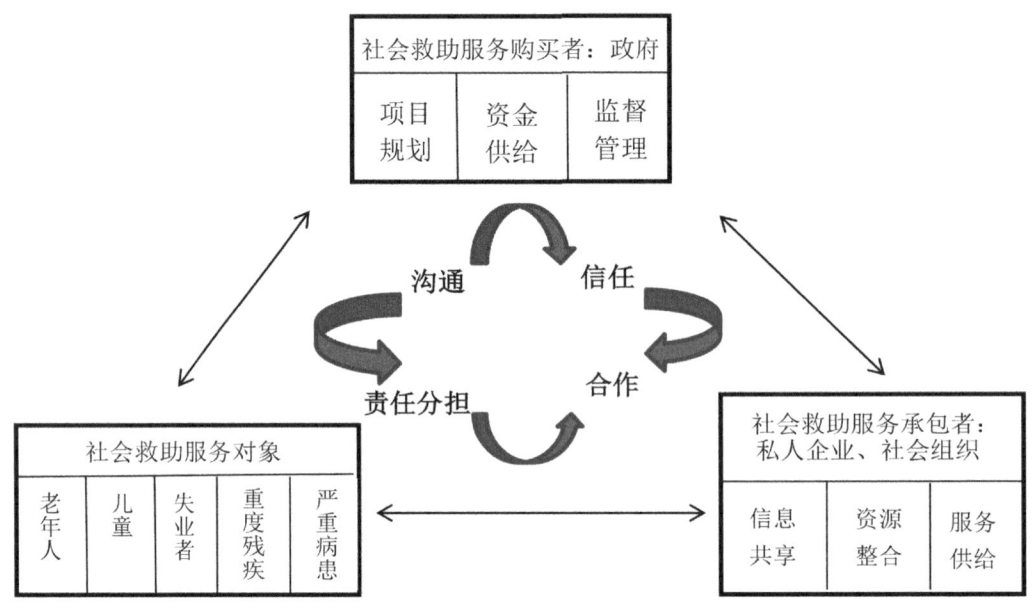

图 2 政府购买社会救助服务的网络治理模式

首先，网络参与主体间要具有协商一致的战略目标。为了达成目标，管理者不仅要动员他所领导的组织中的各种资源，同时还要动员该组织之外的、可以帮助他们达成此目标的资源。[1] 救助服务供给网络的多元主体必须认识到，网络的共同目标是实现救助服务供给的最优化和公民利益的最大化，在网络运行过程中，个人利益必须要让位于集体利益、社会利益。更深层次的目标认同是要达到主体间价值理念的一致性。社会救助服务带有公益性、慈善性，因此带有自利性的个体必定会与整个网络的目标取向产生摩擦。价值理念的异化首先会造成服务接受者——弱势贫困群体利益的损伤，这不利于整个网络的协调乃至目标的实现。

其次，网络参与主体间的关系要清晰。政府购买社会救助服务涉及三个主要群体，服务购买者、服务供给者和服务接受者。政府作为购买社会救助服务的主体，一定要处理好"掌舵"和"划桨"的关系，扮演好"引导者"和"网络管理者"的角色，将提供社会救助服务的权力下放给私人企业、社会组织、热心公众。政府要做好服务项目的规划工作，确保贫困群体的救助需求都得到应有的回应，为供给主体提供充足的资金支持，同时监督管理好供给网络的运营。而私人企业、社会组织以及热心公民作为社会救助服务的供给主体，要在相互信任的基础上进行沟通交流，做好利益协调和责任分担工作，以及在政府的支持和引导下，做好信息的交流和资源的整合，从而形成更为整体的社会救助服务供给。此外，包括儿童、老年人、残疾人、失业者、重大疾病的患者等在内的贫困弱势群体，要向政府以及承包社会救

---

[1] 马克 H 穆尔. 创造公共价值——政府战略管理 [M]. 北京：商务印书馆，2016：35.

助服务的私人企业、社会组织积极表达自己的诉求，监督社会救助服务供给主体的工作。

显然，多元主体参与的网络治理模式供给救助服务比依靠等级制的政府来提供紧贴贫困群体生活的社会救助服务更为有效，"国际经验表明，市场组织和公民社会组织等都可以和政府形成各种形式的'伙伴关系'而成为政府为社会成员提供福利的工具"。[1] 政府购买社会救助服务的网络治理模式构建过程中，要注重社会救助定位、社会救助主体、社会救助内容和社会救助投入四个方面的转型，实现救助理念的人性化、救助资源的社会化、救助手段的多元化、救助服务的效率化。

（一）社会救助定位：从生存型救助到发展型救助

建立更加积极的社会救助制度应该提升社会救助制度的目标。[2] 单一的物资支付仅能满足贫困群体的基本生存需求，难以达到发展型救助的高度。救助资金标准过高会造成救助系统中"懒汉"的出现，救助资金标准过低又使大部分受助者缺失脱离社会救助系统的能力，加重社会救助系统的负担，也不利于整个社会的发展。救助服务强调心理慰藉、能力提升、社会融入等要义，服务项目多样化、专业化、人性化，为贫困群体发展能力提升提供了有力支持。在现有标准化物资救助的基础上，政府与社会多元主体合作提供服务救助，能够实现社会救助目标从生存型救助向发展型救助的转化。政府通过向社会力量购买救助服务，可以有针对性地满足受助者的差异化救助需求，避免政府单一供给出现的供不对需以及"一刀切"的现象。

（二）社会救助主体：从政府单一主体到政府和社会多元主体协同

传统的社会救助领域以政府为单一责任人，社会主体参与程度不足。治理网络的模式强调政策和公共服务的结果是许多互动者的结果，而不是某个单一行动者的行为。[3] 政府通过向社会力量购买社会救助服务，在政府不擅长或无暇顾及的救助服务供给领域作出职能的让步，引入市场机制和社会参与机制，实现政府与市场、社会力量的协同发展。政府主导建立政府、市场、社会三方主体参与的社会救助服务网络，给予市场和社会更多的发展空间，充分调动政府的综合统筹能力、市场主体的高效服务能力和社会组织的组织协调能力，通过购买服务给予市场和社会主体一定的资金支持，调动市场主体和社会主体的参与度和积极性。

---

[1] Salamon，Lester.M .The Tools of Government：A Guide to the New Governance[M].New York：Oxford University Press，2002.

[2] 关信平．朝向更加积极的社会救助制度——论新形势下我国社会救助制度的改革方向 [J]. 中国行政管理，2014（7）：16-20.

[3] 埃里克汉斯·克莱恩，基普·柯本让．治理网络理论：过去、现在和未来 [J]. 程熙，郑寰，译．国家行政学院学报，2013（3）：122-127.

（三）社会救助内容：从重物资救助到物资和服务救助双管齐下

政府购买社会救助服务网络治理模式的构建以公共服务的最终使用者——顾客为中心，在顾客个性化需求的指引下实现公共服务供给多样化。顾客导向的政府管理，就是一种"倒流程"的政府管理方式。它好比一座倒过来的金字塔，将塔尖指向顾客那里——一竿子插到底。政府关注的焦点对准顾客的需要，政府职能、政府行为、政府改革等都要紧紧地围绕顾客来展开，一切都是以顾客为导向，为中心，并以顾客的满意度作为政府运行最大的使命和考量。[1]物资救助不是全能的，其本身亦存在着"救助缺陷"。[2]单一的物资救助是标准化生产的结果，无法满足不同贫困者多样化的需求，救助服务的加入能够更好地填补救助供给的空缺，实现受助者利益最大化。

（四）社会救助投入：从重要素投入到要素投入和效率结果并重

现代社会救助制度起源于欧洲，法国和英国率先出台国家济贫制度。1601年，英国伊丽莎白女王制定了带有惩戒穷人性质的济贫法案，使国家救助从开端就蒙上了惩戒性和恩赐性的影子。我国社会救助制度作为社会安全的最后一道防线，也始终带有政府单方恩赐的意味。社会救助体系像一个容量有限的盒子，符合硬性条件的贫困人口走进去，达到最低标准的贫困者推出来，要素的投入具有固定的审核标准，但是经历了国家救助的贫困者是否真正脱贫却难以衡量，造成物资投入与效率产出的失衡。社会救助体系效率的高低，不仅关系到有限的救助资源能否得到充分利用，而且关乎救助制度能否实现健康发展。[3]政府在购买社会救助服务的过程中，要注重投入与效率的均衡问题，对救助效率和结果提出严格要求，以效率为导向推进救助服务的精准化和人性化，实现救助结果从缓贫向脱贫的转化。

三、构建政府购买社会救助服务网络治理模式的路径

在公民社会不发达的情况下，在市场化条件不成熟或市场竞争力不强的领域，政府主动寻求一种多元主体参与与协作的供给机制的创新尤为必要[4]。社会救助服务的复杂性、多样性、动态性更为适宜于多元主体组成的灵活网络供给模式，从而充分发挥政府机制、市场机制和社会力量的优势。构建政府购买社会救助服务的网络治理模式，

---

[1] 拉塞尔 M 林登. 无缝隙政府 [M]. 北京：中国人民大学出版社，2002：4.

[2] 周沛. 协同治理视角下社会救助模式与机制创新 [J]. 江淮论坛，2017（1）：121-126.

[3] 谢勇才，丁建定. 从生存型救助到发展型救助：我国社会救助制度的发展困境与完善路径 [J]. 中国软科学，2015（11）：39-49.

[4] 刘智勇. 柔性组织网络建构：基于政府、企业、NPO、市民之间参与与合作的公共服务供给机制创新研究 [J]. 公共管理研究，2008（6）：165-177.

要在政府的引导和管理下，完善信任、沟通和责任分担机制，实现信息的交流和资源的整合，各主体以项目为基础开展协同合作，提供更为优化的社会救助服务。

（一）加强政府的网络治理能力建设

随着政府购买社会救助服务的推行，政府从单一的服务供应商转变为网络组织者、网络协调者和网络治理者。在网络治理模式中，政府是社会救助服务系统的中枢，既要保障社会救助服务需求者和服务供给者之间的信息畅通，又要通过购买的方式保证社会救助服务的落实，同时保证网络参与主体间的协调合作。新的治理模式对适应传统救助供给模式的政府提出了新的挑战。

首先，政府要实现救助理念的转变，传统的救助设计中救助标准过低，无法保障受助者的社会融入和未来发展需要，更偏向于政府对社会贫困群体境遇的被动式应对。因此，政府要实现消极救助向积极救助的理念转变，在保障现有贫困群体基本生存的基础上，通过社会力量提供救助服务的方式更为注重贫困者的能力提升和社会融合，并以此设立救助供给网络的战略目标，强调效率和效果并重，提高社会救助服务供给主体的思想层次以服务于共同的网络目标，真正保证贫困群体脱贫。其次，政府要做好整体规划工作，在分析现有救助服务体系缺陷的基础上，合理选择具有救助服务能力和社会责任感的合作伙伴，建立一支质量过硬的服务队伍。作为网络的主导者，政府要做好利益分配和责任分担工作，营造协调合作的网络环境，将碎片化的服务供给整合进整体化网络中。最后，政府服务购买机制虽在不断完善，但在服务购买的事中事后监管和风险管理方面仍然不足[1]。因此，政府要做好监督管理工作，既要给参与社会救助服务供给的私人企业和社会组织一定的自主权，注重结果而不是过程，又要做好监督问责工作，从而保证任何细小的服务工作都能落实到位，打通社会救助的"最后一公里"。

政府在构建救助服务网络的基础上，还要注重网络治理能力的提升。相关政府工作人员面对的不再是单一固定的工作内容，政府工作人员作为网络管理者需要具备更为灵活的合同管理能力、关系协调能力、谈判交流能力、风险预测能力等。政府工作人员作为网络中的重要连接点，要以满足社会贫困群体的需求为中心，以协调多元供给主体为己任，成为连接救助服务供给与需求之间的有效桥梁。当然，网络管理能力的提升不是一蹴而就的，需要有针对性的能力培训，更需要长时间与私人企业、社会组织、贫困群体接触的经验累积。

（二）倡导项目制的协调运作方式

政府购买社会救助服务采取项目制运作能够促成政府主动将项目的策划设定、

---

[1] 姜晓萍，田昭.网络化治理在中国的行政生态环境缺陷与改善途径[J].四川大学学报（哲学社会科学版），2017（4）：5-12.

资源管理、操作实施，以及人力、物力、财力和信息等资源向承接救助服务的社会组织倾斜。[1] 社会救助服务涉及的贫困人群比制度性的救助更广，从对物质贫困者的关注向服务贫困者的延伸，进一步扩大了社会救助工作的覆盖范围[2]。既包括陷入绝对贫困的群体，也包括处于相对贫困的群体；既包括进入标准化救助系统的群体，也包括徘徊在贫困线边缘具有救助需求的群体；救助对象涉及儿童、老年人、失业者、残疾人等。不同救助对象的致贫因素具有差异性，因此救助服务需求也是不同的，这种救助需求是琐碎的，无法一概而论。因此，就需要以民政部为主的社会救助部门在分析整合的基础上，将属于不同类型的碎片化救助服务需求整合在一起，进行分类管理，以项目制的形式向网络中的供给主体购买。

在网络治理模式中，"网络的开放性特征不断影响着多元供给主体的开放度、宽容度以及融合度，使得每个供给主体边界不再泾渭分明，而是相互渗透，甚至达到部分职能和作用空间的融合"。[3] 网络是由个体组成的网状物，不同的参与主体基于同一目标与任务被集合于一个网络中，只有不同主体之间沟通协调，进行有计划的功能分工、利益让渡、责任共担才能以点成线，由线构面，形成一个完整的网络体系。无论对公共部门还是私营部门，网络协调具有可观的优势，包括加强学习、提高资源利用率、提高规划和应对复杂问题的能力、提高竞争力，并能更好地服务于委托人和客户。[4] 以失业的女性救助为例，既需要基于自身需求的生活帮扶、就业指导、能力提升、心理辅导，可能还需要儿童日托、老人照护等救助服务才能保证受助者正常地生活与工作。一旦社会救助服务供应商间缺乏沟通协商，那提供给被救助者的救助服务就会是割裂的、低效的，造成成本和时间的双重浪费，甚至引发受助者对服务网络的不信任。因此，处于网络系统中的救助服务供给主体要基于贫困群体的需求进行项目的协调和整合，在服务供给的每一环节都要进行及时的交流调整，以期提供高效便捷的一站式救助服务。

（三）健全常态化的网络治理机制

网络关系的稳定，需要信任、沟通、责任共担的支撑，网络中的任一个体都不是孤立的存在，而是协同供给网络中环环相扣的重要一环。

第一，建立信任机制。网络机制的构建是一项长期工作，要实现网络的稳定和长效发展，就要克服不同的文化和价值差异，找到竞争与合作的协调点，建立基于

---

[1] 林闽钢. 关于政府购买社会救助服务的思考[J]. 行政管理改革，2015（8）：24-27.

[2] 李关定. 社会化参与：社会救助服务变革与创新[J]. 行政管理改革，2015（8）：28-31.

[3] 何继新，李莹. 公共服务供给"共建共享"的创新转向：一个网络化治理论纲[J]. 长白学刊，2017（1）：55-62.

[4] Keith G. Provan，Patrick Kenis.Modes of Network Governance：Structure，Management，and Effectiveness[J].Journal of Public Administration Research and Theory，2008（2）：229-252.

信任的纽带关系。信任是网络治理有效运行的基础[1]，信任是合作的基石，一旦缺乏信任的支持，自利性就可能冲破集体利益的限制，形成表面协作的散沙状态，造成网络的失效或者瘫痪。信任的前提是利益均衡，在救助服务供给网络中，政府和私人企业等参与主体的地位应是平等的，政府不是统治者，而是其他供给主体的合作伙伴，网络中资源是合理分配流动的，网络参与主体间的利益是均衡的。信任来源于长期的合作，网络建立、运行、调整的每一个环节，不同网络节点的个体都要参与进去，形成目标一致、资源依赖、协同供给的信任机制。

第二，建立沟通机制。沟通不利是导致网络化治理失败的首要原因。当服务的传输由政府内部转为网络供应时，缺少面对面的非正式沟通可能会严重地干扰信息和思想的流动，进而导致服务运行不顺畅，也可能导致目标和期望的混淆。[2]社会救助服务供给网络涉及不同价值取向的参与主体，价值观念和行事方法的差异极易产生不必要的摩擦，可能在实际供给过程中产生目标异化、措施不当的结果。沟通是信息交换、知识共享、观念协同、经验交流的重要环节，服务供应商之间以及与有关政府部门要做好沟通联系工作，实现正式沟通和非正式沟通相结合。

第三，建立责任分担机制。责任具有三个层面的含义，对自己的行为负责，对服务对象负责，对合作伙伴负责。伴随着网络化治理多元供给而生的是责任分担困境，网络化治理意味着公私界限趋于模糊，这就增加了对责任认定的困难，为公共行动者互相推诿、转嫁责任提供了可能[3]。政府是社会救助领域的主要责任者，单一的责任承担或过度碎片化的责任分化都不利于提高供给网络的效率，必须进行合理的责任划分，形成风险共担的合作机制。公私角色定位精准是责任划分清晰的前提。在社会救助服务供给网络中，政府是规划者、管理者和出资者，私人企业、社会组织是参与者、合作者、服务者。角色的差异性决定了责任的不平等，政府作为社会救助服务供给网络的主要责任人，需要明确供给网络的目标层次、社会救助服务的内容以及服务供给的标准，从而选择合适的供应商形成风险共享责任共担的运行机制。责任分担的量化需要明确的绩效考评标准，政府要减少对服务供给过程的干预，按照服务供给结果进行绩效考评，从而进行清晰的责任划定。

（四）搭建救助服务的信息网络平台

信息是网络机制运行的关键因素，及时、准确、畅通的信息交流使网络参与者能够及时调整自身的供给规划，从而保证网络目标的稳定性、运行机制的灵活化、

---

[1] 龙献忠，蒲文芳. 基于网络治理视角的社会管理创新[J]. 湖南社会科学，2013（6）：97-100.

[2] 朱立言，刘兰华. 网络化治理及其政府治理工具创新[J]. 江西社会科学，2010（5）：7-13.

[3] 田星亮. 论网络化治理的主体及其相互关系[J]. 学术界，2011（2）：61-69.

服务供给的长效化。信息网络平台，既要整合受助者的实时信息，又要整合人力、物力、资金等方面的信息，进行信息的动态管理和公开建设，使政府和多元供给主体能够及时了解网络的运行状态，相互协调作出整体规划。

社会救助的"救急难"特性，要求社会救助服务供给一定要精准，必须突出时效性。现有的信息平台建设存在资金和时间成本过高、信息不完善、数据更新不及时、保密程度不足等问题。信息的误差可能造成贫困者被漏出社会救助服务供给网络，或者救助服务供给与需求脱节，造成资源浪费。林闽钢（2015）指出："要实现社会救助服务信息化，建立全国社会救助服务信息数据库，形成纵向贯通、横向互联的社会救助服务信息共享机制。"[1]建立数据库似乎很简单，但在大国的国家级税收、社会保障、移民，或国家安全/情报体系的情景下，还有很长一段路要走，并且会有彻底的影响。[2]社会救助服务信息数据库的建设，为政府兼顾整体同时突出重点的救助服务购买规划提供了依据，纵横互联的救助服务信息网络，使网络各个环节的主体都能够查询到受助者的准确信息，并及时更新受助者信息，进行动态管理。

网络化治理的核心是"信任"和"合作"，信息的开放共享是多元主体相互信任、合作供给的重要保障。信息驱动是大数据驱动的核心，大数据给人类社会带来的最大隐患即公众无隐私、透明化[3]。受助者数据是紧贴个人隐私的信息，因此网络平台要提高管理能力，在不泄露贫困群体隐私的前提下进行透明度建设，畅通合作伙伴之间信息共享的渠道，使网络伙伴能共享受助者的基本信息以及服务反馈，从而调整自身规划，提供更贴合受助者需求的服务供给。

四、结语

政府通过向社会力量购买社会救助服务的方式破除了政府单一供给机制的弊端，有利于整合社会资源，协调多元主体为贫困者提供更为人性化、差异化、及时化的救助服务。网络化治理理论对多元主体、网络机制、协调整合、合作沟通、责任分担、信息共享等要素的强调正顺应政府向社会多元主体购买救助服务的现实需要。在网络化治理理论的指导下构建政府购买社会救助服务的网络治理模式，将社会资

---

[1] 林闽钢.关于政府购买社会救助服务的思考[J].行政管理改革，2015（8）：24-27.

[2] Patrick Dunleavy，Helen Margetts，Simon Bastow，et al. New Public Management is Dead-Long Live Digital-era Governance[J].Journal of Public Administration Research and Theory，2006（3）：467-494.

[3] 王勇，朱婉菁."大数据"驱动的"数据化国家治理"研究——"以人民为中心"视角[J].电子政务，2018（6）：32-42.

源、供需信息整合进政府、私人企业、社会组织等多元主体参与的供给网络中，通过提升政府的网络治理能力，进行以项目为基础的协同合作，构建常态化的网络治理机制和加快建设救助服务的信息网络平台来不断完善政府购买社会救助服务的网络治理模式，从而优化救助服务供给，提升受助者的发展能力，进一步推进现有社会救助制度的转型升级。

"互联网+"背景下智慧城市建设的路径*

2015年3月5日,国务院总理李克强在政府工作报告中提出"互联网+"行动计划,[1] 充分运用互联网平台,融合大数据、云计算、物联网等先进的信息技术,将传统行业与互联网结合,创造出一种生态的发展模式。"互联网+城市=智慧城市"已不是什么新鲜的事物,如今随着"互联网+"政策关注度的提高,政府网络化的管理和服务发展进入一个前所未有的新高度,发展基于互联网的医疗、社会保障等公共服务的呼声越来越高。但是,政府网络化的公共管理和公共服务运用到社会中需要一种高水平的城市形态加以支撑,而当前我国智慧城市发展进程远低于这种要求。因此,在"互联网+"背景下研究智慧城市发展战略,一方面能够推动我国新一轮智慧城市建设的热潮;另一方面,在中央政策指导下进行智慧城市建设能够矫正传统智慧城市战略制定的一些纰漏之处,促进智慧城市战略的正确制定与实施。

一、"互联网+"行动计划的提出

21世纪是信息技术日臻成熟的时代,大批以信息技术为核心发展起来的产业成为信息时代社会发展的新兴主流驱动力,它不断地改变和影响着我们赖以生存的传统社会环境。这其中,以互联网为基础,集成大数据技术、云计算处理方式和物联网平台的新技术与经济社会的融合成为信息社会中的重要发展形态,并逐步上升至国家战略发展高度。2015年3月政府报告中,国务院总理李克强首次提出"互联网+"行动计划,目的在于推动实体经济与网络经济的协同发展,带动新一轮产业革命的升级,实现以有限的自然与社会资源换取最大限度的产出,促进社会的均衡与长远发展。

国家对"互联网+"行动计划高度重视。国务院于2015年7月印发的《关于积极推进"互联网+"行动的指导意见》(以下简称《指导意见》),制定顶层设计使"互联网+"行动计划不再成为一句空喊的口号,《指导意见》提出"夯实发展基础、强化创新驱动、营造宽松环境、拓展海外合作、加强智力建设、加强引导支持、做好组织实施七个方面的保障措施,促进'互联网+'行动计划的进一步发展与落

---

* 与马文娟合作完成,并发表于《电子政务》2016年第6期,第89~96页,题目有变动。
[1] 李克强. 政府工作报告 [EB/OL]. (2015-3-13). http://www.farmer.com.cn/kd/201503/t201503_13_1018587_2.htm.

实"。[1] 2015 年 11 月，随着党的第十八届五中全会的召开以及审议通过的《中华人民共和国国民经济和社会发展第十三个五年规划纲要》，国家对发展互联网技术的重视程度上升到前所未有的高度。"互联网+"的本质是融合与创新，融合知识社会中一切能够发展的要素，创新发展形态，促使传统产业与新兴互联网产业结合，进而迸发出新的发展活力。"+"并不是简单的两两相加，而是化学式的成倍增加，通过实现"互联网+"各种产业的融合实现 1+1>2 的效果。

二、"互联网+"背景下智慧城市建设的必要性和可行性分析

（一）"互联网+"背景下智慧城市建设的必要性分析

第一，从治理视角看，缺乏治理理论的指导是智慧城市建设的一大疏漏之处。综观当前国内外智慧城市建设，"信息技术决定论"主导着当前智慧城市建设，盲目扩大信息基础设施建设，只会形成经济发展的短视效应，即发展短时内促进经济发展的物联网等新兴产业，而忽视公民诉求、公民参与等影响城市长远发展的主要因素。在这种背景下，"技术至上"的理念驱使企业追逐效率与利益，忽视建设智慧城市的初衷，被忽视的不仅有分权、公民参与、自下而上的参与路径，甚至对社会、伦理、人权等方面的基本关注也被忽视。[2] "互联网+"行动计划不仅仅是简单提供新一轮的信息技术产业发展，而是强调以客户为主导，以公民为核心，充满人文情怀。这与治理理论推崇的公共行政公共性的回归，以公民需求为导向，在效率与公平之间寻求平衡的观点殊途同归。因此，在"互联网+"背景下研究智慧城市建设路径很有必要。

第二，从实践领域看，智慧城市发展战略与互联网本身就是息息相关。传统的智慧城市发展模式是与网络产业巨头签订战略协议，由产业巨头占主导地位提供技术支持，这种情况下，城市建设的话语权不在城市管理者手中。这种旧模式短期内会实现经济效应的增长与城市建设的发展，但是会存在一些隐患，如技术支持一旦因为不确定因素的进入而终止，那么智慧城市的建设则会中断、受阻。而"互联网+"的政策则是基于客户为主导的发展理念，充分尊重客户的意愿，提供技术支持的企业为城市这个"客户"服务，在此基础上实现智慧城市新的发展理念与发展模式。因此，在"互联网+"背景下进行智慧城市建设，必然有一些与传统城市发展模式所不同之处，同时也会给智慧城市发展战略带来机遇与挑战。总的来说，在"互联网

---

[1] 国务院.关于积极推进"互联网+"行动的指导意见[EB/OL].（2015-7-4）. http：//www.gov.cn/xinwen/2015-07/04/content_2890205.htm.

[2] Galdon-Clavell G.（Not so）Smart Cities：The Drivers，Impact and Risks of Surveillance-enabled Smart Environments[J].Science and Public Policy，2013（6）：717-723.

+"政策背景下探讨智慧城市建设的新模式能够显著改善这种情况。

基于理论视角与现实视角的审视,不难发现,智慧城市的发展不能简单依靠信息技术决定论,更多地要考虑到城市发展的长远需求与发展目标的实现、公民需求与公民参与途径的构建等问题。"互联网+"行动计划为智慧城市建设打开了一个新的突破口,由网络产业巨头把握主动权的技术支持模式转向以客户为中心,为客户提供个性化的服务为主的新模式,充分发挥政策优势与理论指导作用。因此,"互联网+"背景下进行新一轮智慧城市建设,对于克服传统智慧城市发展的信息技术决定论模式的弊端具有一定的现实必要性。

(二)"互联网+"背景下智慧城市建设的可行性分析

第一,政策指导可行性。《指导意见》是"互联网+"的顶层设计,通过明确目标、落实任务、明确责任归属等几方面内容对进一步开展互联网与经济社会的融合作出规划与调整。《指导意见》提出在11个领域开展行动合作,分别为创业创新、协同制造、现代农业、智慧能源、普惠金融、益民服务、高效物流、电子商务、便捷交通、绿色生态和人工智能领域。这些领域大部分是现今城市发展过程中容易出现问题并亟待改进的地方。

在此背景下研究智慧城市又分为两种情况,一种是在国内较早开展智慧城市试点工作的城市如北京、上海等。这些城市已基本实现硬件设施的搭建工作,下一步的任务就是发展能源、交通、互联网金融等软件服务,并逐步转变智慧城市以技术为导向的陈旧理念,运用治理视角解决智慧城市发展过程中公民需求回应问题,公民参与途径的构建问题以及构建政府、企业、非政府组织与市民社会良性互动的机制,从软硬件出发落实智慧城市发展战略,实现可持续、高回应性的城市发展形态。另一种情况是尚未开展或即将开展智慧城市发展战略的地级市或县级市。这些城市首要的任务是角色的转换,由被动到主动的转变,积极寻求能为城市信息技术设施建设提供个性化、多样式服务的企业,签订协议,实现协同发展。在此基础上充分利用"互联网+"提供的机遇,政策指导带动城市创新发展。

第二,管理可行性。"互联网+"的本质是融合与创新。所谓融合,一方面是网络经济与实体经济的融合,即表象的产业间的合作,另一方面是深层次的管理协同、创新发展。"互联网+"的体系构建能够促进跨界融合,整合各部门利益因素,促进跨组织协同管理。城市是一个复杂的整体型系统,合理、高效的跨部门协同管理能够发挥城市管理部门的最大优势。智慧城市的创新发展需要先进的信息共享与知识的整合能力,而跨组织和应用的管理则是其关键因素。因此,"互联网+"行动计划的提出为智慧城市发展战略实现资源的自由共享与整合提供了进一步的可行性。

第三,技术可行性。信息基础设施建设是智慧城市建设的基础。"互联网+"各种产业的融合能够有效促进新兴信息产业的发展,通过积极搭建"互联网+"平台,为中小企业进入智慧城市领域创造新的发展平台,从而实现万众创新的局面。因此,在"互联网+"背景下,技术创新速度加快,公平竞争使技术成本降低,先进的信息技术能够促进尚未发展智慧城市战略的城市较快步入智慧领域,从而为后续满足公众需求与参与途径提供充足的发展时间,平衡"信息技术决定论"与盲目追求效率和利润之间的关系,促进实现社会公平。

第四,环境可行性。PPP(Public-Private-Partnerships,以下简称PPP)模式的大力推广与部分试点实施为智慧城市建设的融资体制带来机遇。PPP模式,又称公私部门伙伴关系,是一种推动政府与社会资本合作的新形式。[1] PPP模式不是单纯的政府融资工具,而是通过实现政府资本与社会资本的合作创造出新的服务提供方式,更好地提供公共服务和物品。"互联网+"行动计划必然带动新的社会融资模式的演变与发展,而智慧城市建设的重要一环就是融资问题,完全由政府出资,完全由企业出资都是不现实也是不可取的,那么寻求一种政府与企业共同出资构建智慧城市的融资模式显得尤为重要,而PPP模式则为这一融资模式的实现带来了契机。除此之外,社会公众普遍看好"互联网+"行动计划,这也为此背景下研究智慧城市建设提供了一个开放的空间和很高的社会认可度。

如上所述,智慧城市战略是一个常谈常新的话题,新体现在研究的角度上。政策指导、管理方式、技术以及环境的支持为研究"互联网+"背景下智慧城市建设的路径选择提供了必要的可行性。也正因此,在"互联网+"背景下探讨智慧城市建设的新路径赋予了智慧城市全新的研究价值。

三、"互联网+"背景下智慧城市建设的路径选择

(一)转换传统观念

传统惯性思维不仅影响着创新,也阻滞着变革。笔者认为,新常态新背景下智慧城市建设首要考虑的因素就是观念的转换。时至今日,我们处于一个开放的时代,但是我们的思想仍旧处于旧思想的禁锢中。[2] 对智慧城市发展战略的制定与实施正是在一个传统惯性思维下进行的,例如此前大肆宣扬的"信息技术决定论""效率至上"等盲目追求经济发展短视效应的行为,不仅不利于经济社会的长远发展,还会造成对社会公平取向的漠视。因此,有必要转换这种观念,借助"互联网+"的政策背景探索新模式。

第一,以网络产业巨头为主转向以客户为主导。IBM是第一个提出智慧城市发

---

[1] E S 萨瓦斯. 民营化与 PPP 模式 [M]. 周志忍,译. 北京:中国人民大学出版社,2015:237.
[2] 张康之. 论开放性对社会治理的挑战 [J]. 福建行政学院学报,2015,(5):1-9.

展战略的企业，IBM强调的是有信息技术支撑的大型网络产业巨头与城市政府管理者签订智慧城市发展战略协议，主要由有条件的互联网技术企业提供技术支持，搭建智慧城市发展的技术平台，为后续发展软性服务提供基础。但是，这种模式明显存在一些弊端，一方面体现在城市政府管理者的被动性。管理者只能被动地接受硬件合作，无法对一些专业知识提出异议。另一方面，一旦因为合作终止或是其他不可抗力的介入停止技术支持，智慧城市建设便会停滞不前，造成大量的资源浪费。

"互联网+"行动计划十分注重建立一种以客户为主导的消费模式。这种消费模式应用在智慧城市领域是基于互利共赢的价值基础。城市是一个巨大的"消费者"，而为智慧城市发展提供技术支持的企业为"生产者"。互联网包容性、汇聚性的特征促使消费者获得更多的个性化服务的同时提出更多个性化的需求，消费者的角色转换促使生产者感受到变革的压力。同时，"互联网+"行动计划鼓励中小企业参与，来自市场的竞争加剧生产者的压力。在此情境下，生产者与消费者的角色发生转变，消费者成为这种产销模式中的主导，主动寻求能够提供技术支持的企业签订协议。这种以客户为主导的商业模式既能有效促进智慧城市建设以最小的资源投入实现最大的产出，又可以为城市软件服务提供更多的时间与精力，完善公民参与途径，实现城市善治。

第二，引入治理视角，平衡信息技术决定论。引入治理理论视角平衡技术至上的传统导向，无论是从理论还是现实层面都显得尤为必要。缺乏专门的治理视角研究智慧城市战略是不科学的，单纯依靠信息技术、系统应用等技术举措很难实现回应公民诉求、城市人文情怀、社会伦理等目标。因此，引入治理理论回应公民诉求则成为智慧城市继信息基础设施平台搭建完毕之后的首要任务。当今方兴未艾的治理理论范式，如整体性治理或数字治理理论，它们与智慧城市在理论背景、核心目标与长期愿景方面有很好的契合性，[1]均能有效地指导智慧城市后期软件服务层面的建设。"互联网+"行动计划将会引出更多层面的融合与创新，在此背景下智慧城市的建设将会面临更多更复杂的利益协调困境，缺乏有效的措施回应公民需求，自然公民参与机制的实现也未能发挥出它本该有的作用。

具体来说，一方面可以通过引入数字治理理论完善城市电子化政府建设，利用搭建起来的互联网技术简化行政程序，促进政府信息系统的整合与互动，以求在"政府、社会和公民之间建立服务的汇集，逐步实现一体化政府和一站式服务"，[2]建立一种高度回应公民与企业需求的政务服务超市，充分实现信息的共享，克服智慧

---

[1] 董礼胜，崔群.整体性治理：一种研究智慧城市的新视角[J].福建行政学院学报，2015（3）：1-8，48.

[2] 韩兆柱，单婷婷.基于整体性治理的京津冀府际关系协调模式研究[J].行政论坛，2014（4）：32-37.

城市管理体制碎片化的局面。另一方面，完善智慧城市建设的数据系统，"互联网+"计划的出台与实施必然推动相关数据开放机制的完善，建立健全数据开放机制，促进城市信息资源的共享，能够显著减少暗箱操作现象发生的概率，充分发挥公民参与对智慧城市建设的作用，主要包括建言献策与有效监督智慧城市建设。

（二）培育知识型管理人才

智慧城市建设首要的基础是信息技术，信息技术对专业知识以及人员的掌握能力要求十分严格，企业在与城市签订协议并完成技术支持后，城市政府需要大批掌握维护运营能力的管理人员参与进来。与此同时，市民也应变得"智慧"起来，一个良好的智慧城市模型是双向互动、互联共通的形态，并由知识串联起来。这种知识型发展，已经超越经济领域并逐步向社会领域进发，成为城市战略规划与设计中不容忽视的时代背景。[1]

第一，智慧城市的发展需要培养知识型的管理工作人员，简称"智慧官员"。"智慧官员"在智慧城市的发展中扮演着十分重要的角色，不仅是城市建设的发起者，也是城市的管理者。"智慧官员"的培养首先需要对人员的编制、安置问题作出调整，解决他们的后顾之忧。其次就是培养一定的网络化管理能力，以胜任电子化政府以及管理智慧城市运行的工作。"新时期的网络管理者一定要拥有一定程度的谈判、调解、风险分析、信任建立、合作和项目管理的能力。同样，网络管理者必须具有并愿意跨部门界限和资源限制进行工作的能力，从而战胜网络管理者面对的棘手问题。"[2] 最后，培养"智慧官员"一种责任伦理意识，明确各自的权利与义务，避免个人角色与集体角色的冲突，走出责任困境，进一步为公众提供公共物品与服务。

第二，智慧民众的培养是智慧城市建设的重要环节。"互联网+"行动计划提出的是构建一种万众创新的景象，而万众创新的实现首先具备的要素就是全民素质的提高。在此背景下开展智慧城市建设，智慧民众的作用尤为重要，他们的素质培养也逐渐被提上日程。智慧民众是智慧城市建设的参与者，首先需要宣扬全民学习、终身学习、会学习的理念；其次，鼓励公众阅读场所的建立与完善，丰富各类书籍，营造学习氛围；再次，培育公民接纳新事物的心态，加强信息化教育和普及，充分适应城市发展所需要的信息与人文和谐发展的环境；最后，智慧民众的培养与民众参与的途径是分不开的，要积极完善自下而上的参与途径，鼓励民众通过听证制度、网上投票、随机采访、问卷调查、市长信箱等形式参与智慧城市建设，坚持

---

[1] 王明，汤书昆. 知识型城市：历史演化视角下主流城市形态比较研究[J]. 科技进步与对策，2013，30（24）：36-39.

[2] Goldsmith S，Eggers W D.Governing by Network：The New Shape of the Public Sector[M]. Washington：Brookings Institution Press，2005：6.

"智""慧"并行的发展体系，[1]强化民众与政府间的双向互动的沟通关系。

（三）推进 PPP 模式在智慧城市融资体制的应用

"互联网+"行动计划与 PPP 模式在基础设施领域的成功实施为智慧城市建设探索新的融资体制提供了一定的启示作用，PPP 模式的典型模式如表 1 所示。目前国内较早实施 PPP 模式的成功案例是北京地铁 4 号线的建设运营，该项目采用 LBO 形式，通过政府与社会资本签订特许权协议与租赁合同，双方共同出资共建完成。PPP 模式的典型优势是能够引入竞争机制，缓解建设资金不足等问题，从而调动社会资本的活力，政府资本与社会资本合作能够提升公共服务质量。

将 PPP 模式引入智慧城市建设的政策是 2014 年 11 月国务院颁布的《关于创新重点领域投融资机制鼓励社会投资的指导意见》，积极推动社会资本参与市政基础设施建设运营，鼓励通过特许经营、投资补助、政府购买服务等多种形式推动社会资本与政府资本的融合。[2] 随着 2015 年国家对"互联网+"计划的高度重视，这一行动计划带动大众创新必然吸引社会资本的大量引入。因此，智慧城市的融资体制由传统的以政府为主导的融资模式转为 PPP 模式是大势所趋。具体来说，将 PPP 模式引入智慧城市融资体制建设，主要涉及如下几个方面举措：

第一，政府开发多样化的公司合作伙伴形式。如表 1 所示，萨瓦斯提供的基础设施的民营化模式是站在理论高度所提出的认识，其适应性必然随着不同国家的情况而发生改变。与此同时，表 1 中提供的民营化模式运用到具体国家，具体模式的实施必然受到限制。因此，政府为吸引社会资本引入智慧城市的建设，有必要开发多种形式的民营化操作模式。具体来说，一方面政府鼓励采用公私合营形式进行智慧城市建设，积极创造多种条件促进公私合作，给予社会资本力量一定的政策倾斜，如已经公布的《关于创新重点领域投融资机制鼓励社会投资的指导意见》等文件的出台。另一方面，社会资本力量应不断完善自身的力量，积极响应"互联网+"计划，参与"互联网+实体经济"的融合，为多种形式的创新发展提供资金支持。

第二，辨别具体 PPP 模式的适用性。萨瓦斯提出的三种类型、八种模式的民营化途径为各国学者研究 PPP 融资模式提供了理论基础，相关民营化成功案例为各国政府推动实现 PPP 模式提供了现实指导。那么，一个主要问题是如何辨别每种模式的适用性或是如何才能最大限度地与该种模式匹配呢？针对这个问题，就智慧城市建设领域而言，有必要区分出每种模式适用的基础设施建设，在相匹配的基础上促进最大收益的实现。

---

[1] 宁家骏. 推进新时期智慧城市建设创新发展的思考 [J]. 电子政务，2015（1）：60-66.

[2] 国务院. 关于创新重点领域投融资机制鼓励社会投资的指导意见 [EB/OL].（2014-11-26）. http：//www.gov.cn/zhengce/content/2014-11/26/content_9260.htm.

表 1 基础设施民营化的模式[1]

基础设施类型	模式	描述
现有基础设施	出售	民营企业收购基础设施,在特许权下经营并向用户收取费用
	租赁	政府将基础设施出租给民营企业,民营企业在特许权下经营并向用户收取费用
	运营和维护（O&M）的合同承包	民营企业经营和维护政府拥有的基础设施,政府向该民营企业支付一定的费用
因扩建和改造需要资本投入的现有基础设施	租赁—建设—经营（LBO） 购买—建设—经营（BBO）	民营企业从政府手中租用或收购基础设施,在特许权下改造、扩建并经营该基础设施；它可以根据特许权向用户收取费用,同时向政府交纳一定的特许费
	外围建设	民营企业扩建政府拥有的基础设施,仅对扩建的部分享有所有权,但可以经营整个基础设施,并向用户收取费用
需要新建的基础设施	建设—转让—经营（BTO）	民营企业投资兴建新的基础设施,建成后把所有权移交给公共部门,然后可以经营该基础设施20~40年,在此期间向用户收取费用
需要新建的基础设施	建设—拥有—经营—转让（BOOT）或建设—经营—转让（BOT）	与BTO类似,不同的是,基础设施的所有权在民营部门经营20~40年后才转移给公共部门
	建设—拥有—经营（BOO）	民营部门在永久性的特许权下,投资兴建、拥有并经营基础设施

智慧城市现有基础设施中,出售与租赁模式的区别就在于所有权是否转移。所有权既已转移,那么风险自然转至民营企业。出售适用于智慧城市建设中对政府力量依存较小的基础设施,如城市垃圾智能分类系统,可以由民营企业接管；租赁则适用于智慧交通、智慧旅游等民营化项目；运营和维护的合同承包适用于城市道路的运营与维护。对于因改扩建需要投入的现有基础设施和新建的基础设施而言,智慧民生、智慧政务等电子化政府建设采用 LBO、BOOT、BOT 形式,这些电子基础设施涉及政府重要领域,所有权与风险不应当转至民营企业。对于智慧旅游、智慧出行等项目而言,可以采用 BOO 形式由民营企业接管。外围建设适用于民营企业扩建政府拥有的基础设施,且仅对扩建的部分享有所有权,但可以经营整个基础设施,并存在向用户收取费用的情况,如在互联网基础上融合的物联网建设。

第三,建立 PPP 模式的回流机制。回流机制,简要来说,是指政府与社会资本公司确定合作模式后,为防止社会资本公司获得超额收益后导致腐败现象滋生而建立起来的由政府回收一部分收益的机制。回流机制的建立对防止社会资本企业腐败现象发生、社会资本准入机制的完善发挥着至关重要的作用。智慧城市发展战略自

---

[1] E S 萨瓦斯. 民营化与 PPP 模式 [M]. 北京：中国人民大学出版社,2015.

提出伊始就热度很高，持续升温不可避免地造成参与企业头脑发热，容易做出不理性的行为。伴随着"互联网+"行动计划的制订与落实，PPP 模式在国内掀起新一轮热潮。这一民营化形式恰巧能够改善智慧城市建设的融资体制问题，这样二者的强强结合必然能够带动社会资本的流入，尽管预期收益短期内无法知晓，但是相关回流机制等保障措施的建立则是必不可少的。

（四）妥善处理融合与协同发展中的利益协调

智慧城市发展战略涉及城市各个领域，是一个复杂的整体性系统，在一定程度上说，"互联网+"背景加剧了智慧城市建设的融合与创新。融合的过程涉及诸多主体利益的协调机制问题、智慧城市建设议题的整合、城市资源的整合以及智慧城市战略发展各个阶段的融合与整合，利益协调问题贯穿在上述过程中。基于此，建立有效的利益协调机制成为"互联网+"背景下智慧城市建设的重要环节。

第一，完善智慧城市议题设置的利益协调机制。"议题"的说法通常用于公共政策领域，政策问题的提出需要充分考虑社会问题，进入政府视角的社会问题才有可能上升为政策议题。同样，在智慧城市建设领域，诸如智慧旅游、智慧民生、智慧交通、智慧政务等议题的提出是在社会问题突出的领域出现并且已经引起政府的关注才出现的。问题就在于智慧城市发展的社会问题上升为政策议题时的利益协调是否科学、得当。科学合理的政策议题能够促进城市问题的解决，而出于利益需要被人为操纵的议题不仅会阻碍城市的健康发展，还会对城市社会带来不良影响。

第二，完善城市资源整合的技术标准。"互联网+"行动计划的提出全面融合与创新的热潮，在融合的基础上实现创新。智慧城市建设融合的主要问题在于技术标准的统一与规范程度的设计。我国学者辜胜阻认为，"当前我国智慧城市建设中普遍缺乏统一的行业标准，这为城市资源的整合带来阻碍，不利于政府提供的公共服务与智慧城市的物理设施进行对接与融合"。[1] 针对行业标准规范缺失的问题，政府、企业要联手建立统一、规范的信息化架构标准，实现跨系统信息技术集成与信息资源共享，以达到减少信息孤岛现象，促进城市资源整合的目的。

第三，将智慧城市建设各阶段纳入完整的体系框架。完整的智慧城市框架是完整体现城市发展需求与技术创新的框架体系，有明确城市发展需求、明确城市发展主要推动者、正确评估实施环境、创建建设途径与多元化、共享化的服务产出阶段，[2] 这五个阶段交相辉映，共同促进传统城市向"智慧"发展。整合各个阶段的建设内容，能够有效促进产业间的融合，从而进一步提升创新发展的能力。

---

[1] 辜胜阻，杨建武，刘江日．当前我国智慧城市建设中的问题与对策[J]．中国软科学，2013（1）：6-12．

[2] Thorne C，Griffiths C.Smart，Smarter，Smartest：Redefining Our Cities[M].Cham：Springer International Publishing，2014：93．

第四，完善智慧城市建设主体间的利益协调机制。智慧城市建设是由政府、企业、非政府组织、社区、公众以及学者组成的多元化的治理结构，多主体治理结构具有多元化、异质化特征。在"互联网+"背景下，互联网与产业的结合催生出众多新的发展形态，对智慧城市建设而言，多种发展形态使得智慧主体间的利益协调机制的构建变得更加复杂。这种多主体治理结构利益协调机制的构建首先需要明确各个主体间的职责权限，明确各主体的权利与义务；其次就是主体成员之间自我意识的形成，保持个体伦理自主性；最后，就是利益协调机制制度的形成，用制度规范主体间的行为，避免社会伦理的失范。

四、结语

叔本华曾经说过："所有伟大的思想都要经历三个发展阶段：第一阶段被视为异端而受到嘲笑，第二阶段遭到激烈的反对，第三阶段成为不言自明的真理。"[1] 显然，智慧城市的发展处于第三阶段，经历过嘲笑、反对之后，智慧城市与"互联网+"计划的结合极大地促进了城市形态的进步和城市善治的实现。尽管如今智慧城市发展势头风生水起，但是很容易认识到其发展后劲明显不足。因此，在"互联网+"背景下的智慧城市建设必然要有全新的发展战略与之匹配，这其中，转换发展观念、培育知识型的管理人员与公众、促进智慧城市融资体制采用PPP模式以及妥善处理好融合与协同发展中的利益协调问题成为智慧城市建设的重要路径，对促进新一轮的智慧城市建设热潮而言发挥着重要的指导作用。

---

[1] E S 萨瓦斯. 民营化与 PPP 模式 [M]. 周志忍，译. 北京：中国人民大学出版社，2015：13.

智慧扬州发展模式研究
——基于数字治理理论的分析 *

城市在人类文明的进程中发挥着不可磨灭的作用，城市拥有的集聚效应为社会发展带来巨大的契机与价值。随着经济社会的发展，城市化已然成为大势所趋。2014年国务院印发的《国家新型城镇化规划（2014—2020年）》（以下简称《规划》）第十八章中提出，要加快推动新型城市建设，提高城市智能化水平，全面提升城市品质与底蕴。《规划》提出要大力推进智慧城市建设，"统筹城市发展的物质资源、信息资源和智力资源利用，推动物联网、云计算、大数据等新一代信息技术创新应用，实现与城市经济社会发展深度融合"。[1] 因此，构建新型城市治理体系与城市发展新形态的重要性可见一斑。

一、数字治理与智慧城市的概念梳理及关联性分析

（一）数字治理理论

数字治理（Digital Governance）理论是当今治理理论的典型范式之一，产生于20世纪90年代末期，代表人物是英国学者帕特里克·邓利维。从狭义的角度理解，"数字治理是指在政府与市民社会、政府与以企业为代表的经济社会的互动和政府内部的运行中运用信息技术，简化政府行政，简化公共事务的处理程序，并提高民主化程度的治理模式"。[2] 数字治理理论主要有三个基本主张：重新整合、以需求为基础的整体主义和数字化的广泛变革。

重新整合（Reintegration）。重新整合是指把从新公共管理理论所主张分离出去的职能进行重新整合，以实现减少资源的重复浪费，减轻公民的负担，使重新整合的公共服务变得更加易于获取。重新整合包含以下主张：机构化和碎片化的重新整合，协同治理，重新政府化，重建或重新巩固中央流程，从根本上挤压过程成本，重建后勤部门功能的服务提供链，采购的集中和专业化，"混合经济"基础上的共享服务

---

* 与马文娟合作完成。
[1] 中共中央国务院. 国家新型城镇化规划（2014—2020）[EB/OL].（2014-3-16）.http：//www.gov.cn/gongbao/content/2014/content_2644805.htm.
[2] 徐晓林，刘勇. 数字治理对城市政府善治的影响研究 [J]. 公共管理学报，2006，3（1）：13-20.

和网络简化。[1]

以需求为基础的整体主义（Needs-based Holism）。以需求为基础的整体主义是全面的调整，并向一个以公民、服务为基础的组织转变。以需求为基础的整体主义包含以下主张：互动式信息查询与供给，基于顾客或功能的机构重组，一站式服务，数据仓库，结果到结果的服务流程再造和灵活的政府过程。[2]

数字化变革（Digitization Changes）。电子化政府是信息时代与政府部门改革共同作用形成的政府管理新形态，目的在于建构一个有回应力、高效负责和更高服务品质的政府。数字化变革包含以下主张：电子服务交付，基于网络的效用处理，国家指导的集中信息技术采购，自动化流程新形式，彻底的非中介化，渠道分流和顾客细分，减少受控渠道，促进权力均等主义的行政事务管理和走向开放的管理。[3]

（二）智慧城市的内涵

"智慧城市"这一理念的提出源自 2008 年 11 月，IBM 公司董事长彭明盛在美国外交委员会的演讲中，首次提出智慧地球和智慧城市的理念。IBM 认为，"随着人类的信息技术发展步入一个新阶段，城市管理通过全面感知、充分整合、激励创新和协同运作可以迈向新的时代"[4]，实现城市更加高效和智能的发展，提升城市可持续发展能力，提高公共服务的回应性。

对"智慧城市"概念的理解，国内外学者纷纷表达自己的看法，如表 1 所示。智慧城市作为一个新兴的概念，至今尚未形成统一的定义与标准。纵观国内外学者对智慧城市的定义，笔者倾向于神州数码（中国）对智慧城市所下的定义：智慧城市是信息时代发展的产物，将信息技术应用到城市管理流程中，科学配置城市资源，并通过政府、企业、市民和第三方组织的积极互动，提高城市的可持续发展能力，实现高品质的市民生活。国内外学者对智慧城市的定义中均出现信息技术这一共同要素，体现出信息化与城市化的深度结合。同时，市民的诉求与满意度是城市发展的评价主体，体现出城市治理提倡的公共服务均等化的价值追求。

---

[1] Patrick Dunleavy, Helen Margetts, Simon Bastow, et al. Digital Era Governance：IT Corporations, the State and E-Government[M]. Oxford：Oxford University Press, 2006.

[2] 竺乾威. 从新公共管理到整体性治理 [J]. 中国行政管理，2008（10）：2-58.

[3] 陈水生. 新公共管理的终结与数字时代治理的兴起 [J]. 理论导刊，2009（4）：98-101.

[4] A Smarter Planet：The Next Leadership Agenda, Council on Foreign Relations, Sam Palmisano, IBM.

表 1　世界各国对智慧城市的不同定义 [1]

代表人物及单位	年份	智慧城市的定义
Harrison 等（IBM）	2010	通过物理基础设施、信息技术基础设施、社会基础设施和商业基础设施整合群体智慧（Collective Intelligence）的城市
毛光烈（中国浙江）	2012	建设智慧城市就是建设信息化与城市化、工业化、市场化深度融合的城市；就是智慧地利用云计算、互联网、物联网等新一代信息与网络技术，加快实现科学发展的城市；就是大力发展具有现代网络经济、现代网络社会、现代网络文化、现代网络生活、现代为民服务政府的城市
联合国国际电讯联盟	2013	智慧城市被定义为"知识化、数字化、虚拟化和生态化"的城市，根据城市规划者的不同目标，有不同的解释。我们认为，智慧城市是以信息和信息技术为基础设施，对当今城市功能和结构的一个改善
神州数码（中国）	2014	智慧城市是信息时代的城市新形态，是将信息技术广泛应用到城市的规划、服务和管理过程中，通过市民、企业、政府、第三方组织的积极互动，对城市各类资源进行科学配置，提升城市的竞争力、吸引力和可持续发展能力，实现创新低碳的产业经济、绿色友好的城市环境、高效科学的政府治理，最终实现高品质的市民生活

（三）数字治理理论与智慧城市的关联性

第一，手段趋同。数字治理强调服务的重新整合、以需求为基础的整体主义以及数字化的变革，"其核心是通过对组织进行优化重组，将电子化政府与网络化服务相结合，再造政府服务流程，为公民提供便捷的服务"。[2] 数字治理理论更多的是强调在技术层面对政府进行服务流程再造，通过电子服务交付和自动化流程新形式等技术措施，为构建电子化政府提供理论支持。当然，走向开放的政府则意味着政府信息公开的进一步发展。网络化服务将公民和政府的距离大大缩短，借助于大数据技术能够快捷地对各类政府信息进行归类与统计，为下一步的整合服务打下基础。智慧城市建设需要由政府、市民与技术支持共同构成，其中，城市居民是智慧城市的服务主体，政府是城市的管理者并执行顶层决策，而技术支持则成为整个城市运转的重要支撑。智慧城市的发展需要由互联网、物联网、大数据与云计算以及无线宽带网络等多种信息时代的技术联动，并且智慧技术高度集成。

第二，目标趋同。数字治理作为治理理论的一个分支，尽管在路径选择、理论承袭上与治理理论的其他分支理论有所区别，但最终的目标是一致的，即向社会提供优质的公共产品与公共服务，提高公共服务的回应性，实现善治。在当前信息化与大数据时代的背景下，公共部门进行机构改革重视信息系统的作用，通过网络把分散的部门整合到一个整体，有效改善了部门之间条块分割的管理模式。城市治理亦是如此，

---

[1] 涂子沛. 数据之巅：大数据革命，历史，现实与未来 [M]. 北京：中信出版社，2019.

[2] 韩兆柱，单婷婷. 网络化治理、整体性治理和数字治理理论的比较研究 [J]. 学习论坛，2015，31（7）：44-49.

城市管理部门的分散化造成了管理的重复与低效率，而数字治理强调的重新整合与数字化变革也与智慧城市建设强调的智能性与平台化发展如出一辙，目的在于为实现城市良好的管理绩效和向社会提供人性化的服务。"智慧城市强调通过政府、市场、社会各方力量的协同参与实现城市公共价值塑造，以建立以人为本、多主体、包容型的城镇公共治理体系"[3]，并实现城市智能、人性化的发展，推进城市治理体系现代化。

二、智慧扬州发展现状

（一）智慧扬州发展概况

扬州市地处江苏省中部，是长江三角洲地区重要的工商业港口城市。2011年7月，扬州获工信部批准为全国中小城市"智慧城市"建设试点示范城市，这为扬州由数字城市走向智慧城市提供了崭新的发展机遇。

1. 政策指导："智慧扬州"行动计划

扬州市政府于2011年制订了"智慧扬州"行动计划，围绕"智慧城市"建设实施的指导思想，以"统一规划、集中管控、共建共享、业务协同"为原则，构建包括应用与发展层、平台与资源层、网络与感知层的"智慧城市"目标体系架构。其中，应用与发展层是目标，是智慧城市建设成效的最终体现；平台与资源层是核心，是智慧城市集约建设、共建共享的关键环节；网络与感知层是支撑，是智慧城市业务运行、信息交互和信息采集的坚实基础。[4]"智慧扬州"行动计划的期限为2011—2015年，2015年是智慧扬州建设的节点与过渡期。智慧扬州在过去四年的发展过程中，按照"统一规划、集中管控、共建共享、业务协同"的原则，初步构建了智慧城市的体系架构，显著提升了城市资源的利用率和市民的满意程度。

2. 便民应用：智于管理惠及民生

智慧扬州门户网站是智慧扬州建设过程中联系城市管理者与市民最重要的纽带，也是构建应用与发展层的重要措施之一。智慧扬州首页分为新闻、智慧政务、智慧民生、智慧交通、智慧生活、智慧娱乐、智慧旅游与智慧教育几大板块，内容涉及市民生活的各个方面，有效改善民生，提升市民满意度，体现了智慧城市建设中以人为本的核心价值理念。与此同时，网站提供手机智慧应用软件，方便市民下载手机客户端，让市民生活充分享受智慧城市服务平台提供的全方位服务，有效提升了公共服务的回应性。

---

[3] 孟延春. 智慧城市推进城市治理体系和治理能力现代化 [J]. 中国建设信息，2015（5）：50-53.

[4] 扬州市政府关于印发《"智慧城市"行动计划》的通知 [EB/OL].（2011-9-17）. http://www.echinagov.com/news/dynamic/17183.html.

3. 成果显著：各项经济指标平稳增长

"智慧扬州"行动计划自2011年实施以来，扬州市的经济发展取得巨大进步。扬州市统计局在2015年6月19日公布的1—5月全省各市主要指标情况中，扬州市的经济社会发展现状令人瞩目。2015年1—5月份，受宏观环境和同期基数等因素的影响，扬州市主要经济指标仍保持一定幅度的增长，经济发展稳定。从指标走势上看，主要指标平稳增长，保持了较好的稳定性。1—5月份，全市规上工业增加值916.93亿元，增长9.3%；固定资产投资1317.11亿元，增长18.0%，全省排名和增幅排名均为第7名；进口42.55亿美元，增长7.4%；出口31.97亿元，增长3.8%；实现公共财政预算收入131.52亿元，增长12.2%；金融存、贷款分别增长11.2%、15.8%；城市居民消费价格指数为101.4，保持稳定。[1]

上述统计数据表明：尽管扬州作为国内中等城市，但其经济社会发展水平已经超越国内很多同等城市，且与省会的发展差距正逐步缩小，这与扬州实现智慧发展的战略是分不开的。扬州市在原有数字化城市管理的基础上，运用物联网技术将城市整合为各种感知技术的应用平台，实现城市发展的新形态——智慧城市阶段。同时，智慧扬州的发展模式对国内其他中等城市而言具有一定的传播价值与示范效应。

（二）智慧扬州建设存在的问题

智慧扬州的发展目前正处于起步与探索阶段，其发展过程难免会出现一些问题与偏差。在智慧扬州的建设过程中，很容易出现城市五化协同发展能力不足，"信息孤岛"现象突出，以政府投资为主的旧模式造成城市建设资金不足以及市民参与度不足等问题，必须引起关注。

1. 城市"五化协同"发展能力不足

第一，片面重视工业化发展。"未来城市发展的新模式便是从两化融合到五化协同，即从信息化、工业化相融合到工业化、信息化、城镇化、绿色化、服务化协同推进。"[2] 扬州市在2011年"智慧扬州"行动计划中提出加速经济结构转型升级，推动创新扬州建设的战略目标，但是扬州受地区经济社会发展水平的影响，实现五化协同发展还有一定差距。政府片面重视工业化发展，单纯追求GDP的增量而忽视绿色GDP的发展，这给环保型城市的构建带来挑战，不利于城市实现工业化、信息化、城镇化、绿色化、服务化的协同推进。

第二，信息应用与决策科学化未有效结合。十八大提出着力推进绿色发展、循环发展、低碳发展，其中重点强调生态文明的建设，这实质上是要求城市发展向"资源消耗低、环境污染少"方式转变，实现城市的可持续发展。而智慧城市建设以

---

[1] 数据来源：扬州市统计局。

[2] 张玉菁，姚虔之. 智慧扬州 智于管理慧及民生 [N]. 扬州日报，2012-09-29（A02）.

物联网和云计算为重要核心技术，它们的应用将不断催生新一代信息技术产业的发展，以创造新的经济增长点。在我国智慧城市的建设中，大部分城市会出现重技术而轻应用的现象，扬州市也面临这种问题，即政府大力投资信息基础设施建设，忽视方便市民进行决策与生活的应用开发与推广，从而未能有效实现信息应用与市民决策的科学化相结合与提升政府的公共服务能力。

2."信息孤岛"现象突出

第一，技术层面缺乏统一的行业标准。2008年，IBM公司在其年度论坛提出智慧地球的理念，正值全球金融危机的爆发和蔓延，这为智慧城市的发展带来契机。智慧城市建设的核心是运用先进的信息技术整合各种城市资源，实现城市可持续发展。然而在实际构建智慧城市的发展过程中，难免会出现信息孤岛现象。从技术层面角度看，"智慧城市建设覆盖诸多领域，目前缺乏统一的行业标准、建设标准和评估标准来指导智慧城市建设，不易实现系统互通和信息共享，从而导致"智能孤岛"现象的出现"。[1] 在智慧扬州的建设中，缺乏统一的行业标准为城市资源的整合带来一定的难度，造成过多的人、财、物的浪费。

第二，城市管理部门条块分割，协调困难。尽管数字扬州的发展有效缓解了传统城市管理部门各自为政的管理乱象，但是城市管理部门横向协同依然存在诸多困难，利益导向、条块分割、管理分治的现象普遍存在，阻碍了城市资源的有效整合。很多信息化应用在技术层面得到了解决，却由于条块分割的管理体制，很难最终得到落实。因此，为促进智慧扬州的健康发展，有必要改善这种管理弊端，实现管理部门的信息资源互通。

3.政府以投资为主的旧模式造成城市建设资金不足

第一，政府分管城市建设和运营造成管理效率低下。智慧城市是城市发展的高级形态，能够向市民提供均等化的公共服务，切实解决民生问题。同时，智慧城市的建设又是一项复杂的系统工程，需要政府、企业、市民各方协同参与、共同建设。也正如此，智慧城市的建设需要投入大量的资金与人力资本，而以政府投资为主导的管理机制与运行模式容易导致城市发展财政资金不足、管理效能低等各种问题，影响城市的可持续发展。

第二，参与智慧扬州建设的企业较少。扬州在智慧城市建设过程中以政府投资为主仍然是建设的主要力量。城市管理者既要立足于智慧城市的建设，又要参与城市智能平台的运营，易造成城市建设财政资金不足、管理效率低的问题。2012年，锐捷网络助力于智慧扬州的"云政务"建设，这是政府企业共建智慧扬州的一个体现，同时也表明扬州市政府对于智慧扬州建设过程中政企共建的决心。但是在智慧

---

[1] 蒋建科.智慧城市建设别陷入更大信息孤岛[N].人民日报，2012-05-21.

扬州的建设中，参与共建的企业数量和规模偏小，这主要是由企业缺乏政策支持，造成企业发展能力不足，从而影响企业参与智慧城市的建设。

4. 市民参与度有待提高

第一，市民参与智慧扬州建设的程度低。谢莉·安斯汀（Sherry Arnstein）根据公众的参与程度将市民参与分为八个级别三个层次。"最低层次为不是参与的参与，包含操控和治疗两个横档。前者是无实权参与并接受政府规划，后者则并不从根本上解决市民不满而是意图修正公民对政府决策的态度。中间层次是象征性地参与，包含三个横档。首先是通知：告知市民责任与权利，这是一种单向无反馈性的活动；其次是问询：通过问卷获取民众意见，却并不保证意见实施；最后是安抚：市民有权建议却无权裁决。最高层次是市民权利，包含三个横档。首先是伙伴：市民参与权利再分配，有一定的决策权责；其次是代理权：市民可占据决策主导地位；最后是市民控制：市民可以直接管理、支配和批准。"[1] 根据谢莉·安斯汀的市民参与观点，在智慧扬州的建设过程中，市民参与处于象征性参与的安抚阶段，即市民有权对智慧城市建设提出建议却无权裁决，导致市民参与程度降低，而众多的市民是城市的主体，智慧城市的建设离不开公众的广泛参与。

第二，"惰性"心理影响市民参与度。在智慧扬州建设阶段，智慧扬州门户网站内容设置翔实，为市民生活带来方便的同时也会形成市民的"惰性"心理，即受益于智慧城市发展带来的益处，对促进智慧城市更好发展则缺少一份责任。在智慧扬州门户网站中缺少公民参与板块，这也给公民参与智慧扬州建设带来了不便。智慧城市建设需要政府、企业、市民共同参与，而市民是城市中数量最多的群体，在智慧扬州的建设过程中理应发挥更多、更加重要的作用，因此，在智慧扬州的建设过程中要继续提高市民参与的积极性。

三、智慧扬州建设的外埠经验借鉴

智慧扬州的发展应积极借鉴国外发达国家的智慧城市建设经验，以促进其发展。笔者列举阿姆斯特丹、新加坡以及首尔智慧城市构建中出现的此类问题的解决经验，为智慧扬州解决发展问题提供经验支持。

（一）国外智慧城市建设经验

1. 阿姆斯特丹：提升城市可持续发展能力

阿姆斯特丹市政管理部门计划通过"智能城市计划"（Amsterdam Smart City）来

---

[1] 孙慧洁，陈可石. 城市规划中市民参与的经验与教训——以荷兰为例 [J]. 特区经济，2013（5）：87-88.

提高市民生活水平和城市可持续发展能力，"该计划主要以降低住宅、商业设施、公共建筑物与空间、交通设施等耗能为目标。具体分为四个领域，分别是可持续生活、可持续工作、可持续交通、可持续公共空间等主题"。[1] 主要途径是利用太阳能、水力、风力等可再生能源，推广节能环保产品，设置自行车专用车道，鼓励民众出行使用自行车，并提升路面电车等公共交通设备的便利性，逐步培养市民使用可再生能源的意识，实现城市的可持续发展。阿姆斯特丹智慧城市建设关注于提升城市的可持续发展能力，从市民身边的低碳、节能产品的使用出发，实现可持续生活的发展目标。智慧城市建设的焦点是城市的管理和服务，强调市民的参与和感知，实现城市运行的智慧状态。

2. 新加坡：提升电子政务建设水平

新加坡于 2006 年推出"智慧国 2015"城市发展规划以来，智慧城市的建设取得了巨大发展。新加坡一直致力于信息基础设施的建设，"截至 2012 年，新一代宽带网络已经实现 95% 的全覆盖，最高网速达 1G，用户超过 25 万，全岛部署了 7500 多个无线网络公共热点，相当于每平方公里覆盖 10 个公共热点，访问速度高达 1Mbps，目前用户超过 210 万"。[2] 得益于良好的信息基础，新加坡建立的以市民为中心，政府、企业、市民联动的电子政府体系发展迅速，企业和市民可以便利地参与政府在线服务，大大提升了市民的满意度与政府电子政务建设水平。"最新的电子政府调查显示，93% 的民众在办理政府业务的过程中采用过电子方式，比 2010 年提升了 9%。"智慧城市的建设是一个复杂的、相互作用的系统，需要政府、企业、市民协同共建，新加坡拥有完善的信息网络覆盖，能够显著提升电子政务建设水平，并促进智慧城市的发展。

3. 首尔：以人为本，强调市民参与的重要性

韩国于 2003 年推出"U-Korea"计划，目的在于加强现代信息技术在城市管理中的应用，使城市变得智能化，提高市民生活质量。例如首尔提出，"发放证明书、缴纳税金等现在由政府机关和网站负责的行政业务，从 2012 年起按阶段向使用手机的方式扩展。到 2014 年，市民可使用智能手机、平板电脑实现 81 项首尔市的行政服务"，[3] 这体现出首尔市在智慧城市建设中强调人与人的互动和参与的重要性，并促进行政业务的智能化发展。智慧城市建设的核心是人本主义，以满足市民需求为主旨，以实现城市可持续发展。因此，在智慧城市的建设过程中，应重点满足市民的需求，开发多项方便市民的应用系统并积极进行普及工作，逐步实现行政服务智能化和提

---

[1] 涂平，陈磊. 国外智慧城市建设对我们的启示 [J]. 科技智囊，2013（8）：64-69.
[2] 解析国外智慧城市建设经典案例 [J]. 信息系统工程，2014（11）：8-9.
[3] 李霁. 国外智慧城市对中国城市建设有益启示 [J]. 武汉建设，2014（3）：12-13.

高市民生活质量。

（二）国外智慧城市建设经验对智慧扬州建设的启示

1. 推广新型节能产品的使用，提升城市可持续发展能力

扬州应充分借鉴阿姆斯特丹市的智慧城市发展经验，从可持续交通主题入手，鼓励市民绿色出行，减少私家车的使用，进而强调可持续生活与可持续工作的开展；加大对低碳、节能、环保为核心的新能源产品的使用，从而为构建绿色、低碳的智慧扬州打下基础。2015年，中国首届智慧城市国际博览会的核心内容是促进智慧城市、互联网与公共服务的深度融合，提升城市可持续发展能力，而推广使用新型、低碳、环保的新能源产品则成为智慧城市建设的重点发展方向，这与阿姆斯特丹市的智慧城市发展目标是一致的，也是智慧扬州建设的方向。

2. 加大对信息技术应用的建设力度

扬州是国内中等城市，尽管信息化建设成效显著，但宽带网络以及公共热点覆盖率与新加坡相比还是有很大差距，而信息化是智慧城市建设的基础，因此在构建智慧扬州的过程中应加大对云平台、公共热点的建设，基本实现公共热点覆盖全城，从而提升扬州市政府电子政务建设水平。提倡市民采用电子方式实现政府业务的办理工作，有效提高公共服务的回应性。另外，在构建智慧扬州的过程中借助民间资本的力量，将市场机制和企业的经营管理理念引入到城市管理中，提高城市管理的质量。

3. 强调市民的互动和参与

智慧扬州的发展要推进信息技术在城市社会发展和社会保障等领域的应用，必须坚持以人为本，保障和改善民生。在智慧扬州门户网站中开发多项便民应用软件，方便市民生活，同时鼓励市民使用电子方式办理多项行政服务。"积极发展智慧教育、智慧医疗、智慧文化、智能社保、智能社区、智能家居等"，倡导智能和低碳环保的生活方式，促进人的全面发展，实现城市可持续发展。另外，在智慧城市的建设过程中充分调动起公民参与的积极性，有效整合各项力量，整合城市各项资源，促进智慧扬州更好发展。

四、智慧扬州发展的对策建议

（一）实现城市发展模式由"两化融合"到"五化协同"

1. 在数字扬州基础上融合信息技术新元素

实现创新扬州、五化协同发展的关键是在原有数字化城市管理的基础上融合云平台、大数据和4G等新元素。2014年是4G技术全面兴起的一年，4G技术具有速度快、稳定性强的优点，能为智慧城市建设奠定良好的基础；云计算与大数据技术在

数字扬州阶段就已得到应用，但由于受到技术条件的限制并未完全发挥出它们的技术优势。云平台建设作为智慧城市建设的基石，随着云计算和大数据技术发展的不断成熟，能够很大程度地提升数据中心的数据处理与数据支撑能力。

2. 促进公共 Wi-Fi 无线热点的全面覆盖

"逐步深化无线网络的基础设施建设，在商业区、交通枢纽、行政中心和公共活动中心等区域加快新建 Wi-Fi 无线热点，不断完善以 3G/4G+WLAN 为主的多层次、多热点、广覆盖的无线宽带网络，为物联网网络提供承载基础。围绕城市应急、交通、水利、环保等部门提升管理和响应处置能力的实际需求，在城市重点地区、重点领域部署智能传感器设备，形成物联网网络。"此外，工业化、信息化、城镇化、绿色化、服务化的协同发展也符合数字治理理论以需求为基础的整体主义的主张，通过整合与协调"五化"，提高扬州的可持续发展能力，促进智慧扬州的发展。

3. 推广新型节能产品的使用

在实现城市五化协同发展的过程中，构建绿色城市是其中重要的一环。因此，在智慧扬州的建设中应大力推广新型节能产品的使用，提高扬州的可持续发展能力。例如，鼓励市民使用绿色交通交通工具出行；乘坐公共交通工具，减少私家车使用；政府为新能源制造企业给予一定的政策倾斜，鼓励企业开发多种新能源产品，并积极做好宣传工作等一系列措施促进智慧扬州的发展。

（二）智慧整合各类城市资源

1. 技术上加快形成统一的行业标准

在我国智慧城市建设中普遍缺乏统一的行业标准，这为智慧城市强调的整合城市资源带来阻碍。针对行业标准规范的缺失问题，要建立统一规范的信息化架构标准，实现跨系统技术集成与信息资源共享，减少信息孤岛现象，促进城市资源的整合，同时这与数字治理理论强调的整合和以需求为基础的整体主义的目标是一致的。"发挥政府、企业和行业协会的积极作用，推进信息技术基础标准、信息资源标准、网络基础设施标准、信息安全标准、应用标准、管理标准等应用规范和技术标准体系建设"，[1] 加强国际合作，促进智慧扬州的健康发展。

2. 整合建设"12345"政府服务热线

在智慧扬州的建设中，不仅需要整合城市各类实物与信息技术资源，同样需要整合全市非紧急类呼叫热线资源，通过电子化手段对政府服务流程进行再造，有效实现一站式服务与后台跨部门协同联动与全程监控的管理体制。将政府服务热线与政府门户网站系统进行整合，实现全市政务信息资源在语音、互联网等服务渠道之

---

[1] 辜胜阻，杨建武，刘江日. 当前我国智慧城市建设中的问题与对策 [J]. 中国软科学，2013（1）：6-12.

间的共享与实时同步。推动"12345"热线与南京、镇江市政府服务热线的互动,将扬州"12345"政府服务热线打造成为跨部门、一体化的政务语音服务门户。[1]从而完善城市管理综合运行体系,实现各部门整合、协调的合作机制,促进智慧扬州健康发展。

(三)政府企业协同共建智慧扬州

1. 充分借助民间资本的力量

智慧城市是城市发展的高级形态,是高效、智能化的城市发展形态。也正因如此,智慧城市的建设需要投入大量的资金与人力资本,从而以政府为主导的管理与运营模式容易导致城市发展财政资金不足、管理效能低等各种问题,影响城市的可持续发展能力。为实现"精致扬州"的发展,扬州市政府可以借鉴国内其他城市的发展经验,借助民间资本的力量,在城市管理中引入市场机制和企业的经营理念,既能减少政府的工作量,又能各司其职,提高城市管理的质量。

2. 鼓励企业参与智慧扬州的建设

"2014年各地政府向企业陆续签订了一系列战略合作协议,徐州市人民政府与神州数码、海南国际旅游岛先行试验区管理委员会与阿里巴巴集团、南通市政府与大唐电信科技股份有限公司、武汉经济技术开发区与华胜天成等,均在智慧城市领域签订战略合作协议,为智慧城市有效推进奠定资金和专业运营基础。"[2]扬州市在原有数字化城市管理的基础上,引入民间资本共建智慧扬州,能够继续发挥其城市管理的优越性,有助于城市善治的实现。

(四)调动市民参与智慧城市建设的积极性

1. 提高市民参与智慧扬州建设的意识

长尾理论是在计算机网络技术高度发展的背景下产生的,是指在丰饶经济学时代,热门商品和众多冷门商品的市场份额可以相匹敌。[3]长尾理论的假设完全可以用来解释在智慧城市的构建中,市民参与智慧城市建设的重要作用。政府、企事业单位以及各类社会团体是智慧城市建设的主体部分,他们在智慧城市构建中发挥着重要的作用。但是,人数众多的市民这个"长尾"的重要作用在以往的智慧城市建设中却很容易被忽视。

2. 拓宽市民参与智慧扬州建设的途径

市民是城市的主体,城市建设的目标在于更好地向市民提供优质的公共产品与公

---

[1] 张玉菁,姚虔之. 智慧扬州 智于管理慧及民生[N]. 扬州日报,2012-09-29(A02).

[2] 物联网. 智慧城市已成国家战略 2015 呈现五大趋势[EB/OL].(2015-3-13). http://iot.ofweek.com/2015-03/ART-132216-8420-28939719.html.

[3] 吴青劼,洪涛,马骏. 长尾理论综述[J]. 周口师范学院学报,2010,27(1):124-129.

共服务，从而实现以人为本的价值追求。因此，笔者认为，实现"幸福扬州"的发展战略，要关注市民参与问题。在数字扬州阶段，市民主要通过拨打城市热线电话以及通过门户网站上"公民参与"板块参与城市管理，而在智慧扬州阶段应逐步拓宽公民参与的途径，充分调动起公民参与城市管理的积极性，助力智慧扬州的发展。

四、结语

智慧扬州的发展模式表明：在智慧城市建设中，应在其原有的城市治理形态中进行，实现城市发展模式由传统的两化融合到五化协同发展转变，鼓励企业参与智慧城市的建设，遵循以人为本理念，重视公民的参与，并拓宽国际视野，借鉴国外智慧城市建设的经验，提高城市管理绩效与公共服务的回应性，促进城市的可持续发展。从长远来看，随着十三五发展规划的编制与出台，智慧扬州的发展模式对促进我国中等城市的智慧化发展具有重要的理论指导与现实意义。

国外智慧城市建设经验：管理、政策和环境的协同发展[*]

根据中华人民共和国国家统计局提供的第六次全国人口普查结果显示，"在大陆31个省、自治区、直辖市和现役军人的人口中，居住在城镇的人口为665575306人，占49.68%；居住在乡村的人口为674149546人，占50.32%。同2000年第五次全国人口普查相比，城镇人口增加207137093人，乡村人口减少133237289人，城镇人口比重上升13.46个百分点"。[1]随着中国城市化进程的加快，越来越多的城市病现象也随之而来，例如城市资源短缺、城市垃圾管理难度加大、环境污染、交通拥堵和治安等问题都严重影响着城市的可持续发展和市民的生活，同时城市病现象也困扰着城市的管理者与建设者。为了寻求解决之道，越来越多的人把目光投向通过信息技术手段来实现对城市更加合理与高效的控制，缓解城市病现象。因此，由数字城市到"智慧城市"（Smart City）的战略构想应运而生。

一、智慧城市的产生

（一）智慧城市提出与兴起的背景

2007年，欧盟在《欧盟智慧城市报告》中首次提出智慧城市的构想。"智慧城市"这一理念的提出源自2008年11月，IBM公司为应对2008年全球金融危机，董事长彭明盛在美国外交委员会的演讲中，首次提出智慧地球和智慧城市的理念，将发展智能项目作为应对金融危机和振兴经济的重点领域。"智慧城市"的理念引入中国是在2009年2月在北京召开的IBM论坛上，IBM以"点亮智慧的地球，建设智慧的中国"为主题，逐步推广智慧地球的理念并优先建议建设智慧的电力、智慧的医疗、智慧的城市、智慧的交通、智慧的供应链、智慧的银行等六大行业，随后国内10余个省市相继与IBM签署智慧城市共建协议，[2]智慧城市在国内逐步发展起来，并成为未来几十年内城市发展与转型的有力支撑。

---

[*] 与马文娟合作完成。

[1] 中华人民共和国国家统计局. 2010年第六次全国人口普查主要数据公报（第1号）[EB/OL].（2011-04-28）. http://www.stats.gov.cn/tjsj/tjgb/rkpcgb/qgrkpcgb/201104/t20110428_30327.html.

[2] 肖易漪，孙春霞. 国内智慧城市研究进展述评[J]. 电子政务，2012（11）：100-104.

（二）智慧城市的概念与特征

对"智慧城市"概念的理解，国内外学者纷纷表达自己的看法。智慧城市作为一个新兴的概念，尚未形成统一的定义与标准。IBM 的 Harrison 等认为，智慧城市是"通过物理基础设施、信息技术基础设施、社会基础设施和商业基础设施整合群体智慧（Collective Intelligence）的城市"。[1] 欧盟委员会认为，"智慧城市被认为具有可持续发展、经济型发展和高质量生活等特点，这些可以通过物理性的基础设施、人力资本、社会资本和信息技术的基础设施获得"。[2] 神州数码（中国）认为，"智慧城市是信息时代的城市新形态，是将信息技术广泛应用到城市的规划、服务和管理过程中，通过市民、企业、政府、第三方组织的积极互动，对城市各类资源进行科学配置，提升城市的竞争力、吸引力和可持续发展能力，实现创新低碳的产业经济、绿色友好的城市环境、高效科学的政府治理，最终实现高品质的市民生活"。[3]

国内外学者对智慧城市的定义中均出现信息技术这一共同要素，体现出信息化与城市化的结合。同时，市民的诉求与满意度是城市发展的评价主体，体现出城市治理提倡的公共服务均等化的价值追求。笔者认同神州数码（中国）的观点，智慧城市是信息时代发展的产物，将信息技术应用到城市管理流程中，科学配置城市资源，并通过政府、企业、市民和第三方组织的积极互动，提高城市的可持续发展能力，实现高品质的市民生活。

IBM 在《智慧的城市在中国》白皮书中阐述的智慧城市的特征被国内大多数学者接受，即"全面感知、充分整合、激励创新和协同运作"。[4] 第一，全面感知。这是智慧城市最基本的特征，通过物联网技术将智能传感设备与城市公共基础设施相连，能够随时获取所需的数据和信息。实现全面的感知需要先进的传感技术和传感设备，这是智慧城市建设的基础。第二，充分整合。通过物联网技术将智能传感设备与城市公共基础设施相连，并与互联网系统进行充分整合。整合城市资源是智慧城市建设的重点，通过科学地配置资源，能够实现公共服务与城市物理设施的深度融合与对接。第三，激励创新。鼓励政府、企业、市民和第三方组织在智慧城市基础设施的基础之上进行创新生产与协同运作，实现城市运行的最佳状态。第四，协同运作。着重打破信息资源与实体资源的壁垒，克服"信息孤岛"现象。

---

[1] Foundations for Smart Cities.Harrison.，IBM Journal of Research and Development，2010，54（4）.

[2] http：//ec.europa.eu/digital-agenda/en/content/defining-smart-cities，European Commissions，retrieved on Feb 26，2014.

[3] 涂子沛.数据之巅：大数据革命，历史，现实与未来 [M].北京：中信出版社，2014.

[4] IBM.智慧的城市在中国白皮书 [EB/OL].http：//www.ibm.com/smarterplanet/cn/zh/smarter_cities/overview/.

二、国外智慧城市建设的现状

（一）首尔

首尔（Seoul）是韩国的首都，是韩国政治、经济、文化的交流中心，也是全球最繁华的现代化都市和世界著名旅游城市之一。首尔的智慧城市建设在全球智慧城市建设中居于前列，其发展经验值得我们思考。

1. 智慧首尔的四阶段规划

首尔的智慧城市建设大体分为四个阶段：一是 2008 年以前的物理融合阶段，通过信息基础设施的建设，实现物理资源的共享；二是 2008 年以后的公共服务融合阶段，随着智慧城市基础设施架构搭建完成，各个系统开始与公共服务对接，这一阶段需要制定共同的标准与规范，目的在于促进各类城市资源的整合，消除信息孤岛现象；三是 2013 年左右的政府公共服务与民间服务对接的阶段，在这一阶段，政府公共服务建设相对完善，民间服务的建设还处于趋于完善期，民间服务需要与政府公共服务进行对接与融合；四是 2015 年以后的智慧城市建设运营模式的探索阶段，即探索政府与企业协同共建智慧城市的新模式。在这一阶段，政府与企业分工合作，在城市管理中引入市场机制和企业的经营理念，既能减少政府的工作量，又能各司其职，提高城市管理的质量。

2. U-Korea 计划

韩国于 2003 年推出"U-Korea"计划，"U"是英文单词"Ubiquitous"（无处不在）的简写，目的在于加强信息通信技术在城市管理中的应用，使城市变得更加智能化，促进城市的可持续发展和提高市民生活质量。首尔市政府通过物联网技术将智能传感设备与城市物理设施相连，并借助互联网系统充分与政府公共服务融合，初步实现首尔市的智能化发展。

3. 智慧首尔 2015 计划

在建设"U-Korea"的基础上，首尔于 2011 年 6 月发布"智慧首尔 2015"计划，制订了未来几年智慧首尔的建设计划。例如，为缓解交通拥堵问题，该计划提出到 2020 年为止，将所有大众交通工具转变为绿色汽车，逐步扩大大众交通工具的使用率，修建自行车专用车道，促进绿色交通的信息化发展；为发挥首尔优势的 ICT 产业，创造基于公共信息的民、官合作新产业，该计划中特别提出，要发展全球化的创意经济，扶持安全保护企业，培养应用软件高级专门人才，开放和利用公共信息，建设"一次性综合窗口"，构建民、官电子文件绿色沟通体系，增加电子政府网络体验；[1] 为促进行政服务智能化的发展，首尔提出，到 2015 年将全面利用智能手机办公，

---

[1] 物联网在线. 解读韩国"智慧首尔 2015"[EB/OL].（2012-9-4）. http://miit.ccidnet.com/art/32559/20120904/4225841_1.html.

以解决市民的需要。"发放证明书、缴纳税金等现在由政府机关和网站提供的行政服务将从 2012 年开始按阶段向使用手机的方式扩展，2014 年可以使用智能手机、平板电脑实现 81 项首尔市行政服务。"[1]

4. 发展成果

首尔通过"U-Korea"计划和"智慧首尔 2015"计划正在从根本上改变市民生活的各个方面。在城市环境方面，应用信息化应对气候环境的变化正在成为首尔建设的重点领域，绿色交通工具的使用正成为市民出行的趋势；在城市生活方面，首尔不少街道和广场安装生态显示屏，有效降低了 LED 的能源消耗问题；在城市基础设施的管理方面，管理人员通过无线传感网络，能够方便地掌握道路、停车场、地下管网、城市垃圾管理设施等的运行状态，有效降低了城市故障发生的频率。首尔智慧城市的建设为市民提供了一个生态宜居的生活环境，显著提升了首尔的可持续发展能力。

（二）新加坡

新加坡（Singapore）位于马来西亚半岛南端，是新加坡共和国的首都，也是世界著名的花园城市。新加坡致力于塑造城市品牌，发展特色产业，显著提升了城市竞争力。新加坡自 2006 年推出"智慧国 2015"（IN2015）城市发展规划以来，智慧城市的建设取得了巨大发展。IN2015 发展规划为期十年，目的是通过发展信息通信技术提高城市发展关键领域的竞争力，将新加坡建设成以信息通信技术驱动的智能化国际大都市。

1. 信息基础设施建设

为实现"智慧国"的发展目标，新加坡一直致力于信息基础设施的建设，新加坡政府前期投入了 40 亿新币用于智慧城市的初期建设，主要包括建立运行速度快、覆盖范围广、安全可靠的信息基础设施，以满足个人和企业用户对高速宽带网络的需求，为经济增长和社会发展打好基础。"截至 2012 年，新一代宽带网络已经实现 95% 的全覆盖，最高网速达 1G，用户超过 25 万，全岛部署了 7500 多个无线网络公共热点，相当于每平方公里覆盖 10 个公共热点，访问速度高达 1Mbps，目前用户超过 210 万。"[2] 得益于完善的信息基础设施建设，新加坡建立的以市民为中心，政府、企业、市民联动的电子政府体系发展迅速，企业和市民可以方便地参与政府在线服务，极大地提升了市民的满意度与政府的电子政务建设水平。

2. 专门组织机构管理

在新加坡的智慧城市建设中进行专门的组织机构管理是新加坡有别于其他城市

---

[1] 李霁. 国外智慧城市对中国城市建设有益启示 [J]. 武汉建设，2014（3）：12-13.
[2] 解析国外智慧城市建设经典案例 [J]. 信息系统工程，2014（11）：8-9.

发展的特色。新加坡信息通信发展管理局（IDA）是新闻、通信与艺术部下属的一个法定机构，也是全国信息通信技术的主管部门。IDA 能够以满足企业和公民的需求为主进行智慧城市的建设与规划，协助政府高效运行，提高城市管理绩效。IDA 为政府制定统一的 IT 标准、共同的接口，能够有效促进各类城市资源的整合，提升城市资源的交互水平，克服信息孤岛现象。同样，IDA 也为政府提供政策和方针指导，并监督智慧城市的实施，为新加坡智慧城市的建设作出了巨大的贡献。

3. 社会参与

新加坡的"智慧国"发展规划中十分注重企业和公民的参与问题。在"智慧国 2015"规划时期就确定了由国家、企业和公民共同参与的模式，并建立了以市民为中心，政府、企业、市民联动的电子政府体系，提升了新加坡行政服务的智能化水平。在"智能国"规划的绘制期间，新加坡政府开展多项活动保证公民的社会参与，了解公民对于信息通信技术应用的想法，并发起产业内的讨论，邀请国际专家咨询委员会参与，对该规划提供诸多建议。此外，在建设"智慧国"的过程中，企业的参与也不可或缺，例如支撑"智慧国"的下一代全国信息通信技术基础设施，以新加坡电信公司为主建设，将使新加坡每个家庭、学校和企业享有每秒速度达 1G 的网络速度，并提供以兆为单位的无线网络速度。[1]

4. 发展成果

在"智慧国 2015"发展规划的作用下，新加坡智慧城市建设效果显著，距离全球化智能都市的进程又近了一步。新加坡的智慧城市建设注重发展自身特色，以此提升城市竞争力。凭借完善的信息基础设施建设，新加坡在构建电子政府、信息资源共享领域取得的成绩引人注目。近年来，新加坡多次获得各种奖项，"不仅连续多年蝉联世界经济论坛全球 IT 报告排名亚军，还获得了早稻田大学世界电子政府排名连续多年第一以及联合国电子政府调查特别奖等多个国际荣誉。凭借强势的政策推动及执行力，新加坡在智慧城市发展方面始终居于全球领先地位并成为世界各国城市争相模仿的对象"。

三、国外智慧城市建设的经验

首尔和新加坡智慧城市建设起步较早，经过十余年发展已取得一定的成果，很多建设经验值得我们学习。国外智慧城市在建设过程中，十分注重管理、政策和环境的协同发展，运用整体性思维进行城市建设，注重发展特色产业，塑造城市品牌，

---

[1] 中国发展门户网. 新加坡为何能成为智慧城市的典范 [EB/OL]. （2014-3-28）. http：//cn.chinagate.cn/experts/2014-03/28/content_31931258.html.

提升城市竞争力，这些发展经验值得我们借鉴。

（一）管理层面

第一，跨组织协同管理。协同管理在国外智慧城市建设中具有十分重要的作用。城市是一个复杂的整体型系统，合理、高效的跨部门协同管理能够发挥城市管理部门的最大优势。智慧城市的创新发展需要先进的信息共享与知识的整合能力，而跨组织和应用的管理则是其关键因素。例如，首尔政府为应对气候变化带来的环境危机，在"智慧首尔2015"计划中提出应用信息化应对气候环境变化的战略构想，通过协调城市管理各部门的职责，从运用智能电网、云计算以及提供智能交通信息、智能环境信息等方面联合制定政策减少温室气体的排放，促进二氧化碳减排信息化的发展。协同管理能够最大限度地发挥城市管理部门的优势，促进智慧城市的发展。

第二，指定专门的组织机构进行管理。在智慧城市的建设中由专门的组织机构进行管理具有较强的优势。在新加坡的智慧城市建设中进行专门的组织机构管理是新加坡有别于其他城市发展的特色。新加坡信息通信发展管理局（IDA）是全国信息通信技术的主管部门。IDA协助政府进行智慧城市的顶层设计与规划，为政府制定统一的IT行业标准，可以有效克服信息孤岛现象，促进城市资源的整合，为新加坡智慧城市的建设作出了巨大贡献。而我国的智慧城市建设则是由住建部和发改委竞标进行，并没有专门的组织机构管理。因此，我国在智慧城市的建设中应适当借鉴新加坡的管理经验。

第三，重视领导者的广泛作用。在智慧城市建设中高层管理者的重要作用也是不容忽视的，特别是城市的首席信息官（CIO）能够有效推动智慧城市的发展。在信息化的背景下，市领导在跨组织的协同管理中发挥着指挥与协调的作用，市领导不仅仅是作为一个单一的组织机构或者团队组织，更是扩展到互联网中组织的管理问题。新加坡信息通信发展管理局（IDA）即担任着这样的角色，协助政府进行智慧城市的规划并取得不错的实践效果。因此，拥有良好网络领导能力的市领导是智慧城市实施的重要条件，也是促进城市管理部门进行跨组织协调管理的有力保障。

（二）政策层面

第一，以满足市民需求为主进行城市建设。市民是城市生活的主体，智慧城市作为一种战略手段是为了提高城市管理运行的效率，从而提升市民的生活水平。因此，注重满足市民需求为主进行智慧城市建设则有利于提高城市建设的效率，使城市建设更具有针对性，避免一些不必要的损失。新加坡在"智慧国2015"发展规划的绘制期，通过广泛发起问卷调查、开展大规模的社会讨论活动等形式获取市民关于智慧城市建设的想法与需求，从而制订出一份适合新加坡智慧城市发展的规划文件，显著提升了城市建设的效果。

第二，注重塑造城市品牌。在世界经济一体化和全球化的大背景下，城市的品牌效应在智慧城市构建中的重要性日益凸显出来,已然成为一种城市发展的"软实力"。城市的品牌对一个城市的经济发展起着重要的推动作用,新加坡在智慧城市建设中十分注重打造具有自身特色的城市品牌与特色产业。在"智慧国2015"发展规划的推动下,凭借完善的信息基础设施建设,新加坡在构建电子政府、信息资源共享领域取得的成绩引人注目,并连续多次获得世界级奖项。因此,在我国智慧城市建设中注重塑造城市品牌的政策经验值得我们借鉴。

(三)环境层面

第一,智能联结城市资源改善信息孤岛现象。智慧城市建设的核心是运用信息通信技术整合各类城市资源,实现城市可持续发展和提升市民生活水平。然而在实际构建智慧城市的过程中,政府提供的公共服务与城市基础设施的融合往往会遇到很多困难,例如缺乏统一的行业标准、建设标准和评估标准,这为城市资源的整合带来一定的难度,会出现信息孤岛的现象。在首尔的智慧城市建设中,"合作企业三星SDS将城市划分为城市、社区和特定空间(如街道、广场等)三个维度,以对信息的整合和高效、合理利用为目标。它全面包含了整个城市所有的IT元素,市民可以在任何地点、任何时间,使用任意的终端获得各种服务,真正意义上做到了打破信息孤岛,综合管理"。[1] 同时为城市的管理者提供了一种全新、优秀的管理工具,也为生活在城市中的居民提供了便捷的服务。

第二,一体化背景下提高城市竞争力。随着世界经济一体化和全球化的发展,智慧城市的发展面临着来自国际和国内竞争的双重压力,因此在全球化的大背景下提高城市竞争力尤为重要。评价智慧城市发展成果的国际性评级是智慧城市建设的标杆,也是在一体化背景下提升城市竞争力的动力所在。

(四)国外智慧城市建设的经验分析

1. 国外智慧城市建设经验的优势

首尔和新加坡智慧城市建设起步较早,经过十余年发展已取得一定的成果,很多建设经验值得我们借鉴,这些经验具有一定的优势:

第一,协同管理有效提高了城市管理绩效。合理、高效的跨组织协同管理能够有效发挥城市管理部门的优势,智慧城市的发展需要先进的信息资源共享的整合能力,而跨组织和应用的管理则是其关键因素。协同管理能够整合城市管理各部门之间的职责与利益,有助于构建城市部门之间横向融合、纵向贯通的合作机制,打破智慧城市建设中行政单元条块分割的管理局面。

第二,城市品牌效应显著提升了市民的认同感和归属感。新加坡在智慧城市建

---

[1] IT专家网. 韩国智慧城市经验分享 [EB/OL].(2012-9-5). http://www.ctocio.com.cn/cloud/87/12420587.shtml.

设中根据新加坡自身城市发展情况作出规划,将新加坡打造成为以信息化见长的智能型国际大都市,并取得多项世界级的荣誉,不仅提升了城市形象,推动实现城市可持续发展的目标,还提高了市民的认同感与归属感。

第三,智能联结城市资源有效克服了"信息孤岛"现象。在智慧首尔的建设中,合作企业三星 SDS 通过将城市分为三大维度,全面包含城市所有的 IT 元素,方便市民在任何地点和时间使用任意的终端获得各种服务,有效克服了信息孤岛现象,同时为城市的管理者提供了一种全新、优秀的管理工具,也为生活在城市中的居民提供了便捷的服务。

2. 可能存在的问题

首尔和新加坡的智慧城市建设经验尽管有很大的优势,但是仍存在一些潜在的问题值得我们注意:

第一,忽视管理者决策失误问题。尽管在智慧城市建设中高层管理者的重要作用不容忽视,特别是城市的首席信息官(CIO)有效推动着智慧城市的发展。但是在当前信息化的背景下,市领导在跨组织的协同管理中制定的指挥与协调方面的措施并不都是正确的,领导者的网络管理水平参差不齐,一定程度上会出现决策失误的现象。

第二,市民需求多样性与城市整体建设兼顾问题。智慧城市是一种战略手段,是为了提高城市管理运行的效率,从而提升市民的生活水平。注重满足市民需求为主进行智慧城市建设能够使城市建设更具有针对性,避免一些不必要的损失。但是在实际建设智慧城市的过程中,过度关注市民需求往往会很难兼顾城市的整体性建设,从而影响智慧城市的长远发展。因此,在智慧城市的建设过程中,应做到合理满足市民需求,以城市整体性建设战略为主,将市民需求归类,找出主要诉求进行智慧城市建设。

第三,一体化背景下造成城市自身特色的缺失。在一体化的背景下,城市的发展面临来自国际和国内的双重压力。在这种情况下,城市管理者往往只顾如何在一体化背景下提高城市竞争力,盲目追求评价智慧城市发展成果的国际指标与评级,而忽视自身城市特色的塑造。因此,在一体化背景下进行智慧城市建设,应理性对待指标与名次,评级是智慧城市发展的标杆而不是城市发展的全部重心,应保持城市自身发展特色,促进智慧城市理性、健康发展。

四、对中国智慧城市建设的启示

罗伯特·达尔认为:"从某一个国家的行政环境归纳出来的概论,不能够立刻予以普遍化,或被应用到另一个不同环境的行政管理上去。一个理论是否适用于另一个不同的场合，必须先把那个特殊场合加以研究之后才可以判定。"[1]对于我国的智慧城市建设而言，要在分析国外智慧城市建设经验的优势与可能存在的问题基础之上适当借鉴其建设经验，并结合我国实际，形成适合我国智慧城市发展的中国化模式。

（一）探索智慧城市的建设运营新模式

第一，政府企业协同共建。随着智慧城市的发展，传统的以政府为主导的运营模式的弊端逐渐显现，例如政府同时监管管理和运营造成城市发展财政资金不足、实际管理效果差等，不利于城市可持续发展目标的实现。首尔政府在"智慧首尔2015"计划中提出探索智慧城市的建设运营新模式，即政府和企业协同共建的模式，在这一阶段，政府与企业分工合作，能够最大程度地发挥二者的优势，促进城市的可持续发展与提升市民生活质量。因此，在我国智慧城市的建设中，要积极引入民间资本的力量，在城市管理中引入市场机制和企业的管理经营理念，实现减少政府的工作量、提高城市管理质量的目标。

第二，鼓励企业参与建设。为实现智慧城市的建设运营新模式的转变，政府应提供一系列的政策与资金支持鼓励企业参与智慧城市的建设。2014年，各地政府与企业陆续签订了一系列战略合作协议，"徐州市人民政府与神州数码、海南国际旅游岛先行试验区管理委员会与阿里巴巴集团、南通市政府与大唐电信科技股份有限公司、武汉经济技术开发区与华胜天成等，均在智慧城市领域签订战略合作协议，为智慧城市有效推进奠定了资金和专业运营基础"。[2] 政府与企业协同共建比以政府投资为主的方式更有利于智慧城市建设实施，这种趋势在未来几年智慧城市的发展中仍将继续扩大。

（二）智慧整合各类城市资源

第一，制定技术标准促进公共服务融合。我国智慧城市建设中普遍缺乏统一的行业标准，这为城市资源的整合带来阻碍，不利于政府提供的公共服务与智慧城市的物理设施进行对接与融合。针对行业标准规范缺失的问题，政府、企业要联手建立统一、规范的信息化架构标准，实现跨系统信息技术集成与信息资源共享，以达到减少信息孤岛现象、促进城市资源整合的目的。与此同时，"充分发挥企业和相关行业协会的积极作用，推进信息技术基础标准、信息资源标准、网络基础设施标准、信息安全标准、应用标准、管理标准等应用规范和技术标准体系建设，并积极加强国际合作"，[3] 促进智慧城市的发展。

---

[1] Robert A.Dahl.The Science of Public Administration：Three Problem[J].Public Administration Review，1947（7）：1-11.

[2] 物联网．智慧城市已成国家战略 2015 呈现五大趋势[EB/OL]．（2015-3-13）．http：//iot.ofweek.com/2015-03/ART-132216-8420-28939719.html.

[3] 辜胜阻，杨建武，刘江日．当前我国智慧城市建设中的问题与对策[J]．中国软科学，2013（1）：6-12.

第二，进一步促进跨组织协同管理。在我国智慧城市的建设中，为进一步促进跨组织的协同管理，应适当借鉴首尔和新加坡的智慧城市管理经验，加强城市管理各部门间联系，逐步完善城市综合管理体系，"构建城市部门之间横向融合、纵向贯通的合作机制，即横向上与同等级的部门之间保持密切融合的业务合作关系，纵向上与政府其他级别的部门之间，甚至省市之间保持持续贯通的沟通合作关系"，"打破智慧城市建设中行政单元职能分割、政出多门、各自为政和孤岛现象。在信息化背景下，协同治理能够促进跨部门信息资源共享，克服信息交流障碍，提高城市管理部门之间的职能整合，提高协同治理能力。"[1]

（三）提高市民参与度

第一，增加市民参与智慧城市建设的意识。城市的主体是人，城市建设的目的在于向市民提供优质的公共产品与公共服务，促进城市的可持续发展。因此，广大的市民在智慧城市建设中发挥的作用是不容忽视的。新加坡在制订"智慧国 2015"发展规划初期就注重社会参与的重要性，通过学校组织竞赛活动、发起社会调查以及开展大规模的社会讨论活动，征集市民关于智慧新加坡建设的想法与意见。我国在智慧城市的建设中也应充分重视调动市民社会参与的意识，创造多种途径为市民参与智慧城市建设创造有利条件。根据长尾理论，政府、企事业单位以及各类社会团体是智慧城市建设的主体，他们在智慧城市的建设中发挥着重要的作用。但是，人数众多的市民这个"长尾"的重要作用在以往的智慧城市建设中却很容易被忽视。

第二，拓宽市民参与智慧城市建设的途径。智慧城市建设要突出以人为本的建设理念，避免出现"重建设、轻实效"的现象，推动城市管理方式创新和公共服务的融合，向市民提供差异化、高质量的公共服务。我国在智慧城市建设中要充分重视市民参与建设的重要作用，创造多种途径鼓励市民共建城市。具体途径有：鼓励市民拨打市政热线及时告知市政部门出现的城市故障，便于市政管理部门快速制订方案解决城市问题；在智慧城市门户网站开设意见专栏并及时作出反馈意见；定期举办讨论活动，获取市民对智慧城市建设的想法等多种形式，促进我国智慧城市的健康发展，让公众真正共享智慧城市建设的成果。

（四）积极塑造城市品牌提升市民认同感

第一，因地制宜塑造城市品牌。我国在智慧城市建设中应根据某一特定城市的发展基础与区位优势，按照因地制宜的原则，合理制定发展重点与发展目标，塑造城市品牌，提升市民认同感与归属感。目前国内外规划较好的城市基本是以发挥本地传统优势为原则，或是为解决某一特定城市发展弱项而制订相应的解决方案。例

---

[1] 韩兆柱，单婷婷. 网络化治理、整体性治理和数字治理理论的比较研究 [J]. 学习论坛，2015，31（7）：44-49.

如，新加坡信息化基础较好，智慧新加坡则继续发挥包括物联网在内的信息技术优势，目标是打造信息化国际大都市；沈阳位于东北老工业区内，智慧沈阳的发展重点则以打造生态城市、改善自身环境为主。因此，在塑造城市品牌上，应坚持从城市自身的发展背景、区位优势、历史文化特色出发，合理规划智慧城市的发展重点与发展目标，或是发展优势产业，抑或是为解决城市自身发展障碍，均坚持因地制宜的原则。

第二，引入企业营销理念。城市品牌的塑造是长时间的打造和积累的过程，不可一蹴而就。在城市品牌的塑造中，首先要做到盘点自己的城市资源并进行合理策划，适当引入企业的营销理念，将城市作为一个整体形象进行推广。通过多元的方式整合城市资源赋予城市一种全新的文化理念，运用适宜的方式对城市品牌进行包装与宣传。城市品牌在塑造过程中应注重不断开发与该品牌相配套的文化产业与现代化的城市观光资源。城市品牌最重要的是要不断地与时俱进，遵循动态的发展规律，坚持长期维护的原则，这样的城市品牌才能提升城市形象和市民的认同与归属感，推动城市可持续发展。

五、结论

国外智慧城市在建设过程中十分注重管理、政策和环境的协同发展，在管理上注重跨组织协同管理，指定专门的组织机构进行管理以及重视领导者的广泛作用；在政策上，以满足市民需求为主进行城市建设以及注重塑造城市品牌，发展特色产业；在环境上，智能联结城市资源以克服信息孤岛现象和在一体化的背景下注重提高城市竞争力等建设经验值得我们思考与借鉴。在我国智慧城市建设中，应合理借鉴外埠经验，因地制宜建设智慧城市，探索智慧城市的运营新模式，鼓励企业和公民的广泛参与，塑造城市品牌，提升城市竞争力。从长远看，随着十三五发展规划的编制与出台以及信息技术的快速发展，我国智慧城市将会有更好的发展前景。

中国城市社区治理云服务的发展与运用[*]

十八大报告提出："坚持走中国特色新型工业化、信息化、城镇化、农业现代化道路，推动信息化和工业化深度融合、工业化和城镇化良性互动、城镇化和农业现代化相互协调，促进工业化、信息化、城镇化、农业现代化同步发展。"温家宝同志在2013年3月5日两会报告中指出："城镇化是我国现代化建设的历史任务，与农业现代化相辅相成。要遵循城镇化的客观规律，积极稳妥推动城镇化健康发展。"随着中国城镇化进程的加快，社区治理过程中出现的问题日益复杂化，客观上要求传统社区治理方式的创新。另外，信息时代的到来，电子计算机的发展普及与广泛运用改变了人们的生活方式和工作方式。在信息技术领域，云计算与云服务、物联网、Web2.0等新兴信息技术的发展和应用，极大地提高了商业领域的运营方式和效率。因此，把云计算和云服务技术运用于社区治理过程中，利用先进信息技术建立社区治理云服务平台，是信息社会社区治理发展的必然趋势和客观要求。

一、相关概念界定：社区治理与社区治理云服务

（一）社区治理

自"治理"一词在1989年世界银行在《撒哈拉以南非洲：从危机到可持续增长》报告中首次使用以来，被广泛运用于政府改革与社会管理研究中。在治理的各种定义中，最具权威性和代表性的是全球治理委员会在1995年《我们的全球伙伴关系》报告中的界定："治理是各种公共的或私人的个人和机构管理其公共事务的诸多方式的总和。它是使相互冲突的或不同的利益得以调和并且采取联合行动的持续的过程。这既包括有权迫使人们服从的正式制度与规则，也包括各种人们同意或以为符合其利益的非正式的制度安排。"[1]

中国"治理"概念的引入，植根于改革开放以来，社会主义市场经济体制的建立和逐步完善对行政体制与社会管理模式改革创新的客观要求基础之上。陈振明教授指出，治理是一种合作网络的管理，从这一意义上讲，治理实质上是一种合作管理[2]。同时根据不同层面把治理分为三个不同类型：全球治理、民族国家的治理和社

---

[*] 与何雷合作完成，并发表于《学习论坛》2014年第5期，第65~69页，题目有变动。
[1] 俞可平. 治理与善治[M]. 北京：社会科学文献出版社，2000：4.
[2] 陈振明. 公共管理学[M]. 北京：中国人民大学出版社，2005：82.

区治理,"社区治理是对社区合作网络的管理。社区合作网络的兴起与公共服务的社区化进程是联系在一起的"。[1] 史柏年教授认为,"社区治理指的是一种由共同的目标支持的社区公共事务方面的活动或管理规制","它是一个由社区范围内的不同的公私行为主体(包括个人、组织、公私机构、权力机关、非权力机构、社会、市场等),依据正式的强制性的法规,以及非正式的、人们愿意遵从的规范约定,通过协商谈判、资源交换、协调互动,共同对涉及社区居民利益的公共事务进行有效管理,从而增强社区凝聚力,提高社区自治能力,增进社区成员福利,推进社区经济和社会进步的过程。"[2] 埃莉诺·奥斯特罗姆教授指出,"社区治理通过借助既不同于国家也不同于市场的制度安排,可以对某些公共资源系统成功地实现适度的开发与调适"。[3]

总而言之,社区治理是植根于社会经济进步与基层民主发展背景下的一个动态性概念,主要从主体、客体、途径、目标四个方面对其进行界定。社区治理的主体具有一定的地域性特点,泛指社区内相关利益群体,例如政府基层单位、社区组织、社区居民等参与主体,具有多元化的特点;社区治理的客体即社区治理的对象,泛指社区内的与公共利益相关的一切公共服务的提供与建设内容以及社区问题,具有多样化的特点;社区治理的途径即社区治理主体有效管理社区公共事务的方法,主要表现在两种途径:一是自上而下的依附于权力指令的行政模式,二是自下而上的多元利益主体表达与参与的互动模式;社区治理的目标是使社区居民公平有效地享有社区公共服务基础设施,协调社区居民及组织之间的利益关系,化解矛盾冲突,实现社区居民的全面发展和社会和谐。

(二)社区治理"云服务"

界定社区治理"云服务",首先要明确"云服务"的概念。云服务是属于信息技术领域云计算下的一种服务提供模式。2006年8月9日,Google首席执行官埃里克·施密特在搜索引擎大会上首次提出"云计算"的概念。根据美国国家标准与技术研究院(NIST)的定义,云计算是一种利用互联网实现随时随地、按需、便捷地访问共享资源池(如计算设施、存储设备、应用程序等)的计算模式。通过云计算,用户可以根据其业务负载快速申请或释放资源,并以按需支付的方式对所使用的资源付费,在提高服务质量的同时降低运维成本[4]。

云服务正是基于"云计算环境下,用户通过网络从云计算中心获得所需服务并

---

[1] 陈振明. 公共管理学 [M]. 北京:中国人民大学出版社. 2005.
[2] 史柏年. 社区治理 [M]. 北京:中央广播电视大学,2004.
[3] 埃莉诺·奥斯特罗姆. 公共事务的治理之道 [M]. 上海:上海三联出版社,2000.
[4] 罗军舟,金嘉晖,宋爱波,等. 云计算:体系架构与关键技术 [J]. 通信学报,2011,32(7):3-21.

支付相应的费用给云计算服务提供商，不需要再购买相应的基础设施和计算机软硬件资源，可以有效地减少管理及维护成本，使其更专注于自身的核心业务发展"。[1] 并且"云服务传递网络在 Internet 之上构建了一层分布式服务器网络，以就近和按需的方式向用户提供云传递服务"。[2] 因此，云服务是植根于信息时代云计算环境系下的一种以互联网应用为基础的多样化与个性化服务模式，它具有资源利用共享性、应用范围广泛性以及信息传输便捷性的特点。

社区治理"云服务"是一个合成概念，从整体层面上讲，它是社区治理一种现代化的公共服务提供方式，它是以信息时代互联网技术为依托，把云计算环境下的云服务技术运用于社区治理公共服务的提供模式之中。具体来说，社区治理"云服务"是指在社区治理过程中，通过建立"社区云服务平台"等网络服务终端，以期向社区居民提供更加便捷高效的服务，满足社区居民多样化的个性需求，并且密切与其他社区的联系，在一定程度上克服社区治理的"地域性"限制，把单个的社区"局域云"集聚为"共享云"，实现社区资源的合理配置，优化社区管理秩序，建构社区利益主体良性互动开放的公共服务提供模式。

二、信息时代城市社区治理"云服务"发展与运用可行性分析

（一）现实条件：信息时代互联网的普及与应用

马克思在《资本论》中论述，"经济基础决定上层建筑"。邓小平同志提出："科学技术是第一生产力。"信息技术作为现代科学技术的先进成果和重要载体，推动了生产力的发展，促使人类社会进入信息时代。"作为一种历史趋势，信息时代的支配性功能与过程日益以网络组织起来。网络建构了我们社会的新社会形态，而网络化逻辑的扩散实质性地改变了生产、经验、权力与文化过程中的操作和结果。"[3] 计算机的广泛应用与互联网发展不但成为组织办公的必需工具，而且也改变了居民的生活方式和工作方式。中国的互联网建设与发展呈现高速前进状态，网民规模与互联网普及率呈逐年上升趋势。

如图1所示，根据2013年1月《第31次中国互联网络发展状况统计报告》结果，截至2012年12月底，我国网民规模达5.64亿，全年共计新增网民5900万人。互联网普及率为42.1%，比2011年年底提升3.8个百分点。而中国互联网建设及普及率

---

[1] 杜瑞忠，田俊峰，张焕国.基于信任和个性偏好的云服务选择模型[J].浙江大学学报（工学版），2013，（1）：53-61.

[2] 史佩昌，王怀民，尹刚，等.云服务传递网络资源动态分配模型[J].计算机学报，2011，34（12）：2305-2318.

[3] 曼纽尔·卡斯特.网络社会的崛起[M].夏铸九，译.北京：社科文献出版社，2006：434.

的高低也与当地的社会经济发展状况相关。由于中国城乡社会经济发展的客观差距，决定了城乡网民规模及普及率出现"二元分化"态势。

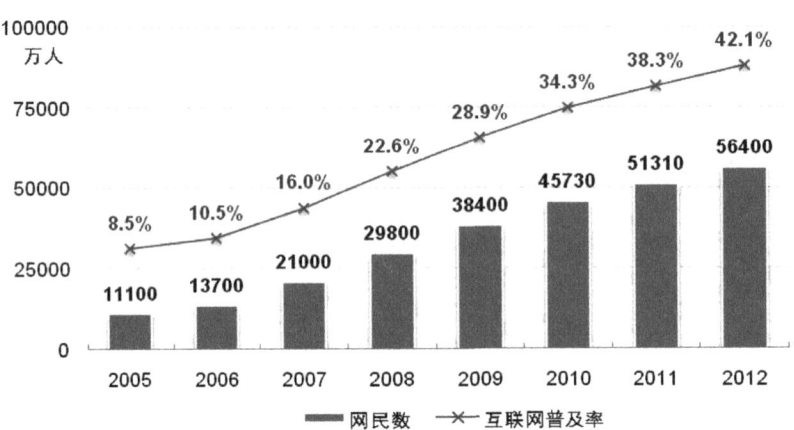

图1　中国网民规模和互联网普及率[1]

如图2所示，根据2013年1月《第31次中国互联网络发展状况统计报告》结果，到2012年年底，在城镇居民中，互联网普及率达到72.4%，而农村地区只占23.7%，但是从2011年开始，互联网在农村的普及速度开始小幅超过城镇，反映了政府对农村的互联网普及的重视和投入。通过以上分析，城镇居民社区72.4%的互联网普及率客观上为建设城市社区治理"云服务"提供了现实条件。

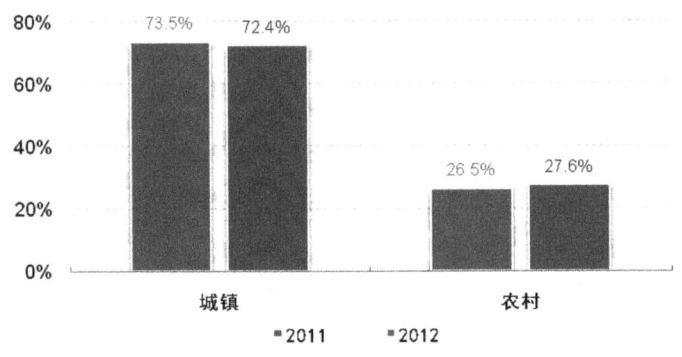

图2　中国网民城乡结构[2]

---

[1] 中国互联网络信息中心. 第31次中国互联网络发展状况统计报告 [R/OL].（2013-01-15）. http://www.cnnic.net.cn/.

[2] 中国互联网络信息中心. 第31次中国互联网络发展状况统计报告 [R/OL].（2013-01-15）. http://www.cnnic.net.cn/.

（二）客观需求：中国现行城市社区治理发展存在的问题

从1991年民政部提出"社区建设概念"开始，中国社区建设经历了20多年的发展历程，改革开放以来，中国社会经济飞速发展，社会人口流动加快，人们的生活方式出现多元化特点，客观上也加大了城市社区治理的难度。总的来说，现行城市社区治理发展存在的问题主要表现在两个方面：社区治理主体、社区服务客体。

1. 社区治理主体

（1）社区治理组织职能定位不明确、管理混乱。在社区治理过程中，主要有三种社区治理组织，李江新（2011）将其概括为：社区居委会、业主管理委员会和物业公司。社区居委会是我国的基层群众组织，但是现实中，社区居委会具有"双面性"的角色，一方面它被排除在国家正式行政建制之外，另一方面它却承担着大量行政性工作，具有很强的"行政性"，扮演着"基层政府行政组织"的角色，服务于全体社区居民；业主管理委员会是社区业主进行自我管理的一种自治组织，其服务对象是业主，"具有自治组织的性质，却没有自治组织的地位"。[1] 物业管理公司是市场经济条件下形成的社区治理组织之一，具有营利性质，为业主提供的大部分服务为付费服务。而现实中，社区居委会、业务管理委员会和物业公司没有统一的协调机制，"各自为政"，在职能定位上模糊、管理混乱，社区居民既受到社区居委会的管理，同时又作为业主受到业主管理委员会和物业公司的影响。

（2）传统社区治理方式单一、效率不高。在传统的社区治理过程中，社区治理方式主要体现在"自上而下"的治理模式，社区居民处在"被动性"的接受地位，缺少广泛参与的途径和渠道。在社区公共服务的提供过程中，一方面社区居民的多样化需求和日益增多和复杂的社区问题导致社区治理工作难度的加大；另一方面由于社区工作人员自身工作能力的欠缺，以及基础办公设施的分配不均，社区治理人员无法及时有效地进行社区治理和提供公共服务。

（3）"社区资源共享"受到地域性的限制。"社区"概念的一个重要特点是具有"地域性"，客观上把公共服务的享受权限定在一个特定的区域内。然而，社区作为现代城市的基本组成单位，社区之间的发展和社区资源的分配呈现不平衡状态，这在一定程度上，不仅降低了"社区优势资源"的利用效率，也造成了社区资源的浪费，进而不利于城市社会经济发展的协调发展。

2. 社区服务客体

（1）社区居民多样化和个性化需求与公共服务供给模式单一的矛盾。随着社会经济的快速发展，城市社区居民物质生活得到了极大的丰富，人们的需求不单单满

---

[1] 李江新. 社区管理三大参与主体分析——基于多元共治的视角 [J]. 学术界，2011（5）：79-86.

足于基本的物质需要，而是更多地趋向于更高层面的需求，根据马斯洛层次需求理论分析，人的需要是一个不断变化的动态过程；另外，社区居民也存在着职业、教育、收入等方面的差异，因此，决定了社区居民需求的多样化和个性化特征。然而，目前社区公共服务的供给仅限于基础的并涉及社区居民公共利益的基本服务内容，而无法满足社区居民多样化和个性化的服务需求，造成了社区服务提供的"缺位"。

（2）社区居民参与程度较低。社区治理直接面对的是基层社区居民，城市社区的发展不但需要社区治理主体工作能力的提高，同时还需要社区居民的积极广泛参与，社区居民参与是社区建设的内在需求和动力的"源泉"。然而现实中，社区居民在社区治理过程中的参与率较低，究其原因，一方面是由于"信息不对称"所致，社区居民无法有效和及时获取有关社区治理相关的决策和参与信息；另一方面，社区居民缺乏参与的有效途径和渠道，导致社区居民无法积极地参与到社区治理活动之中。

（3）社区问题日益复杂化。社区治理的内容主要是以解决"社区问题"为中心，协调和管理社区事务，为社区居民提供公共服务。然而，现今社区问题呈现出日益复杂化的特征，一方面是由于社会人口流动加快造成的社区问题超出地域性的限制，客观上要求社区问题的解决需要社区之间的密切配合；另一方面，由于城市人口密集聚集，在城镇化推进过程中产生的一些新的社区问题，例如社区养老服务问题，社区外来居住人口服务问题等。此外，社区问题在日益复杂化的同时，又具有临时性和突发性的特点。

通过以上分析，信息时代互联网的普及与应用为城市社区治理云服务的发展与运用提供了物质基础，即现实条件；中国现行城市社区治理发展存在的问题为城市社区治理云服务的发展与运用提供了客观需求。因此，在现代信息社会，城市社区治理的发展与运用具有现实的可行性。

三、城市社区治理"云服务"的发展和运用分析

针对中国现行城市社区治理发展存在的问题，客观上要求社区治理方式的改革，通过互联网技术云服务模式的发展和运用，能有效地解决社区治理过程中存在的问题，并且能够为社区居民提供更加便捷有效的公共服务，形成社区治理主体与社区服务客体的长期互动机制，具体通过城市社区治理云服务平台设计模型进行分析（见图3）。

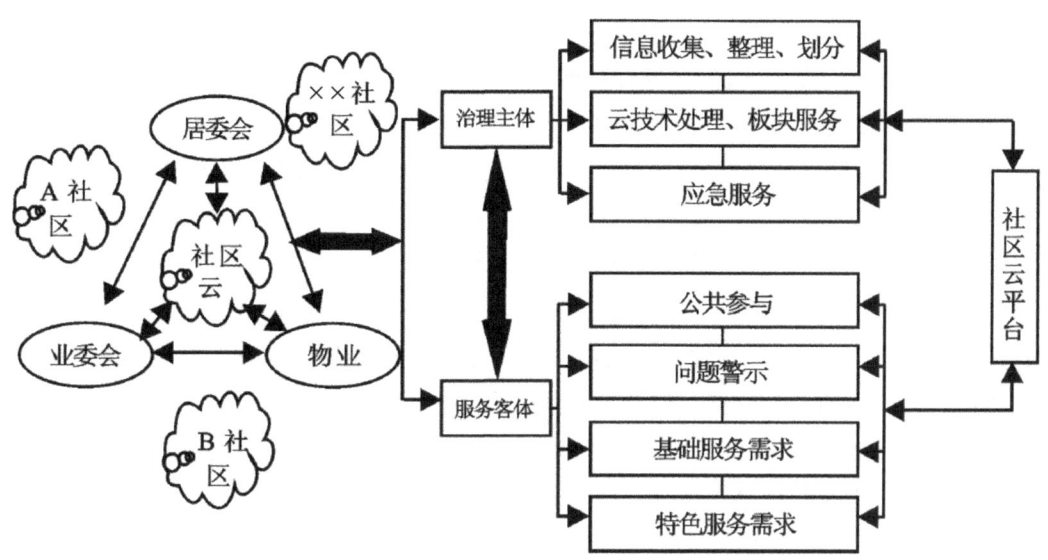

图3 城市社区治理云服务平台模型

（一）有效解决社区治理主体存在的痼疾

1.关于"职能定位不清、管理混乱"问题

根据图3所示，通过建立社区治理云服务平台，加强居委会、业主委员会与物业管理公司三者之间的联系，形成社区治理与服务的"社区云"。一方面，根据部门所属性质的不同，把居委会、业主委员会与物业管理公司的管理与服务进行有效整合并合理划分为不同的模块，以防职能重叠；另一方面，根据所提供服务性质的不同，把三大社区治理主体的管理职能进一步精细化，明确治理主体责任，对社区问题与居民服务需求进行更有针对性的回应。

2.关于"管理方式单一、效率不高"问题

城市社区治理云服务平台的建立，改变了传统社区治理"自上而下"的单一管理和服务模式，社区居民可以通过家用互联网络在社区云服务平台向社区治理主体献言进策，实现了社区治理主体与社区服务客体的双向互动。同时，"云服务平台"的应用进一步提高了工作效率。如图3模型，社区治理主体通过建立基于"云服务"系统的三大服务模块：信息收集、整理、划分模块，云技术处理、板块服务模块，应急服务模块，对社区居民进行信息化管理与服务，提高了工作的时效性。

3.关于"资源共享地域性限制"问题

社区作为城市的基本组成单位，客观上决定了社区并不是作为单独的个体存在，社区之间存在着密切的联系，并且，由于社区发展的不平衡性，在一定程度上也决定了社区资源的"互补性"。建立城市社区治理云服务平台，有利于打破社区地域性特征的限制。如图3模型所示，通过云服务与云服务技术，把城市各社区云平台进行整合，建立统一的"云服务共享平台"，实现由社区"局域云"服务到"共享云"服

务的转化。

（二）有效解决社区服务客体存在的症结

1. 关于"多元需求与服务供给单一矛盾"问题

城市社区云服务平台模型以"社区云平台"为媒介，打破了传统的"自上而下"单一的社区治理与服务供给模式。一方面，城市社区云服务整合了居委会、业主管理委员会与物业管理公司三大管理主体的管理职能与服务，根据不同需求对服务类型进行两个层级的划分，即基础服务与特色服务。基础服务旨在面向社区居民全体的基本服务，具有"公共物品"的性质；而特色服务是针对更高层次需求的社区居民提供的"付费补偿"性质的服务类型，但并不是以营利为目的的。另一方面，从整体上看，社区居民可以通过资源"共享云"而享受到其他社区部分优势资源的特色服务。

2. 关于"社区居民参与程度较低"问题

通过前述分析，社区居民参与程度较低问题产生的原因主要体现在两个方面：信息不对称，缺乏有效参与途径和渠道，而建立城市社区云服务平台，能有效地解决社区居民参与的阻力。根据图3模型分析，"社区云服务平台"搭建了社区治理主体与社区服务客体互动交流的桥梁，一方面，社区治理主体通过社区服务平台向社区居民发布有关社区治理与服务的信息，在技术操作层面，可以把居民手机与社区云服务平台绑定，实现网络平台与手机短信的同步发布，从而保障社区居民能及时地了解社区信息；另一方面，社区治理主体通过社区服务平台与社区居民进行在线咨询，及时了解社区问题和居民的服务需求。

3. 关于"社区问题复杂化"问题

通过前述分析，现今社区问题日益复杂化，主要表现在跨社区型社区问题和社区新问题，并具有突发性和临时性的特点。在图3模型中，社区治理主体通过社区资源"共享云"服务，加强与其他社区之间的交流与合作，来共同解决跨社区型的社区问题。另外，社区治理主体通过社区云服务平台，对社区信息进行收集、整理、划分并进行云技术处理分析，及时发现社区新问题，变"事后解决"为"事前预防"的社区问题新解决方式；同时，通过建立社区问题"应急服务"模块，从而保障对突发性和临时性的社区问题进行及时有效的应对。

因此，建立依附于信息时代云服务技术的"城市社区治理云服务平台"，有利于实现社区资源整合方式由"单一"到"多元"的转变，社区居民参与方式由"被动"到"主动"的转变，社区问题解决方法由"补救"到"预防"的转变。

四、城市社区治理云服务的构建

城市社区治理"云服务"既是区别于传统社区治理的一种高效互动的地社区治

理与服务方式，又是信息时代一项系统便民利民的基础工程。在构建过程中，政府充当关键性的主导角色。具体分析，政府在城社区云服务构建过程中发挥的作用主要体现在以下几个方面：

（一）加大对互联网基础设施和社区云服务平台的建设和投入

城市社区治理云服务的发展和运用，需要以电脑和互联网络的广泛覆盖作为依托。目前，我国不但存在着城乡之间互联网络覆盖面分布不均的差距，不同的社区之间也存在着差距。另外，城市社区治理云服务平台的建设是一项具有高科技含量的信息工程，"需要强大的软件技术作为支撑，特别是系统软件、平台软件和数据库管理系统。对云计算平台来说，其技术复杂度和管理要求非常高"[1]，并且前期的投入较大，因此，需要政府投入足够的物力和财力作为技术研发和维护支撑。

（二）提高社区工作人员业务素质和计算机水平

"社区治理云服务平台"的公共服务提供方式是依托于互联网和电子计算机的广泛运用，客观上需要社区工作人员具有一定的计算机水平和业务素质，而现实中，社区治理主体的工作人员业务素质水平不一，计算机水平普遍较低。"我国社会工作者队伍年龄结构偏大，平均年龄在40~50岁之间，有的乡镇政府（街道办）、村委会（居委会）工作者大多是离退休老干部，在管理理念和管理方式上带有浓厚的经验色彩，对现代化技术、新方法的接受能力和掌握能力欠强。"[2] 然而，"社区云服务"是一项与云计算和云服务技术相结合产生的现代化社区服务方式，云服务平台的正常管理操作和维护，对社区工作人员的计算机水平提出了更高的要求。因此，政府应为社区工作人员提供计算机教育和培训的专门场所，并且定期聘请信息技术领域的相关专家，为社区工作人员进行业务培训和技术指导。

（三）加强宣传和教育，向居民大众普及互联网知识

"社区治理云服务"是一个双向互动的平台，一方面要求社区治理工作人员具有一定的计算机水平，另一方面，社区居民需要通过互联网络登录云服务平台参与社区治理和表达服务需求决定社区居民要具有基本的互联网知识，即"网民身份"。虽然中国网民规模达到5.64亿，互联网普及率达到42.1%，并呈现逐年增高的趋势，但是，非网民规模仍然较大。影响互联网普及的阻力表现在许多方面，如图4所示。

---

[1] 邓仲华，李志芳，黎春兰. 云服务质量的挑战及保障研究 [J]. 图书与情报，2012（4）：6-11.
[2] 陈振明，刘祺，罗浩，等. 基层社会管理体制机制优化的策略——对于F省实践的分析 [J]. 电子科技大学学报（社科版），2012（2）：1-7.

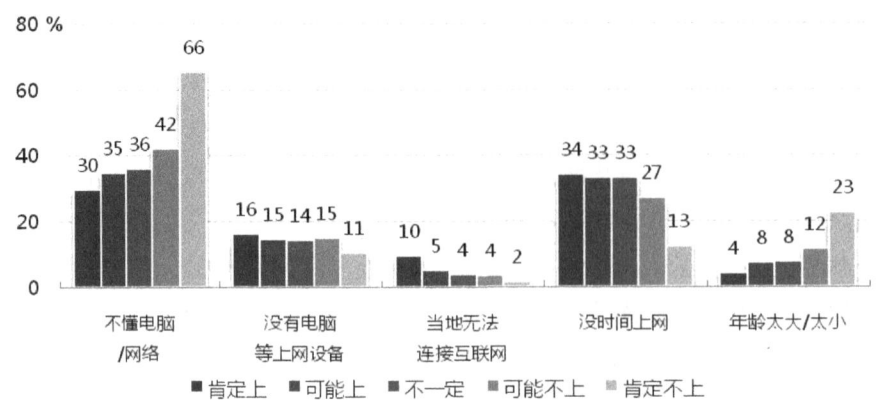

图 4　非网民上网意向与不使用互联网的原因 [1]

根据图 4 调查分析表，不懂电脑或网络表示可能不上和肯定不上网分别占 42% 和 66%，而因为当地无法连接网络表示可能不上和肯定不上网分别占 4% 和 2%，可以得出，中国非网民上网意向与不使用互联网的原因主要是因为不懂电脑和网络造成的。因此，政府加强宣传和教育，向居民大众普及互联网知识是社区治理云服务发展的必然要求。

（四）制定和颁布与云服务相关的法律、法规

"社区治理云服务"属于互联网应用技术领域的一种依靠网络空间云服务技术的治理和服务模式，现实中，我国互联网络相关法律、法规建设严重滞后于现实网络技术的发展，而网络是一种虚拟空间，网络信息存在着安全漏洞，具有一定的安全风险和道德风险。另外，"社区治理云服务平台"在应用过程中会涉及各种问题，例如国家机密问题、知识产权问题、个人隐私问题。因此，政府应及时制定和颁布相关法律法规来规避在社区管理云服务进程中出现的各种风险，做到有法可依、有章可循。

综上所述，社区治理"云服务"是一种依托于信息时代互联网络云服务技术，通过建立"社区治理云服务平台"向社区居民提供服务的新型社区治理模式，它区别于传统的社区治理单向度的管理和服务方式，具有一定的现实可行性。但是，"城市社区治理云服务平台"建立和维护需要互联网的广泛应用和信息软件技术作为支撑，具有一定的条件限制。另外，从目前来看，社区治理云服务的发展和运用，并不能完全替代现行的传统社区治理模式，而是为现行社区治理提供一种信息化的管理和服务手段，从而有效应对现代社区治理过程中不断产生的日益复杂的社

---

[1] 中国互联网络信息中心. 第 31 次中国互联网络发展状况统计报告 [R/OL]. (2013-01-15). http://www.cnnic.net.cn/.

区问题，满足社区居民多样化和个性化的需求。从长远来看，随着中国互联网络的全面普及以及云计算与云服务技术的不断完善，社区治理"云服务"的应用具有广阔发展前景。

公共价值管理理论及其在中国语境下的应用*

20世纪90年代后期，在全球化、后工业化、信息化等多种因素推动下，西方公共行政学进入理论的活跃期，这既是对现实问题的反映，也是与时代发展的紧密切合。从"钟摆"运动角度看，西方公共行政学理论中，从传统公共行政理论、新公共行政理论、民营化理论、民主行政理论、新公共管理理论到新公共服务理论、整体性治理理论的发展，体现出价值理性与工具理性的日趋融合的特点。从理论困境角度看，20世纪末，市场化、私有化的政府改革陷入困境，在理论上的体现就是新公共管理理论式微。政府改革的方向急需新的理论作为指导，学术中的理论研究需要开辟新的天地，我们逐步由新公共管理阶段转入到后新公共管理阶段，单一向多元转变、简单向复杂转变、竞争向合作转变、科层向网络转变是这一进程的特点；从时代发展角度看，统治时代、管理时代已然成为过去，我们正迎来治理的新时代，在治理时代背景下涌现出了较多的公共治理理论，如新公共服务理论、网络（化）治理理论、整体性治理理论、数字治理理论、公共价值管理理论。其中，公共价值管理理论实现了价值理性与工具理性的融合，为政府改革、社会治理探索了新的路径，在治理背景下实现了公共价值与公共管理的完美结合，它"逐渐成为近来西方公共行政学界探讨的热点，公共价值作为其核心的概念工具也已然成长为西方公共行政学的重要关键词"[1]，斯托克（Stoker）称之为"指导公共管理实践的大理论"[2]。笔者立足中西方学者研究的基础上，系统地介绍公共价值管理理论的兴起、发展与主要内容，并探索这一前沿理论在中国语景下的应用，为我国的公共管理提供理论指导。

一、公共价值管理理论兴起的背景

1995年，马克·穆尔（Mark Moore）的 *Creating Public Value: Strategic Management in Government* 一书在美国出版，标志着公共价值管理理论的初步形成。这一时期美国的学术理论研究与社会管理现状为公共价值管理理论提供了理论与现实背景，正是

---

* 与翟文康合作完成，并发表于《公共管理与政策评论》2016年第4期第75～84页，中国人民大学复印报刊资料《管理科学》2017年第2期全文转载，题目有变动。

[1] Iestyn Williams, Heather Sheareer. Appraising Public Value：Past，Present and Futures[J]. Public Administration，2011，89（4）：1367-1384.

[2] Gerry Stoker. Public Value Management：A New Narrative for Networked Governance？ [J]. The American Review of Public Administration，2006，36（1）：41-57.

这些背景催生着一种新的管理途径以应对时代新课题。穆尔指出，"新自由主义、公共服务情景的变更，对新范式的需求"[1]构成创造公共价值的大背景，新自由主义认为政府不但不能解决一些问题，它自身反而成为一种问题。政府的定位和目标应当重新思考，对效率、效益的追求应当转换到创造公共价值。另外，市场、政府、第三部门以及公民社会的失灵，所谓的不道德问题、不平等状况等现象加剧，"空心化"或被弱化的国家，下降的公民权，先进的信息和通信技术等社会现状促进了公共价值管理的产生。进入21世纪后，"对乔治·布什总统的争议、恐怖主义、'9·11'事件、伊拉克和阿富汗战争、卡特里娜飓风、因特网的冲击以及经济衰退"[2]导致美国社会混乱，传统的公共管理难以见效，需要一种新的范式、模式改善这种情况。在理论层面，民主理论、公共管理和非营利组织管理理论的发展，治理理论席卷全球，为公共管理学术研究和问题解决提供了新思想和新思路。

除此之外，笔者还认为，公共价值管理理论的产生与全球化、后工业化进程息息相关，全球化、后工业化是社会转型的一种趋势或进程，它是工业社会向后工业社会的一种过渡，这种过渡意味着社会结构的变迁和治理方案的转变。新型社会形态的到来需要一种新型的治理方案，公共价值管理理论的产生正是在这种社会转型的背景下应运而生的。关于社会形态及其变迁，丹尼尔·贝尔提出了前工业社会、工业社会、后工业社会三种形态，而笔者认为，目前我们正处于工业社会向后工业社会变迁的时代，即处于一种后工业化进程中。从管理方式上来看，是从统治向管理再向治理的转变过程，"导致人类政治生活从统治走向治理的因素无疑是多种多样的，经济全球化是其中最重要的因素之一"[3]，因此，从社会转型的角度观察，构成公共价值管理理论兴起的背景正是全球化与后工业化。全球化、后工业化导致了我们的社会多种元素的变化，对社会治理方案的创新带来了挑战，提出了新要求。从理论形态上看，标志着开放、复杂理论的到来，正如埃德加·莫兰讲道："对人类的一个封闭的、片段的和简化的理论的丧钟敲响了，而一个开放的、多方面的和复杂的理论时代开始了。"[4]由此可见，单一、封闭的理论已经不适应这个社会，传统公共行政理论、新公共行政理论、新公共管理理论只能在过去属于它们的那个时代起作用，

---

[1] John Benington, Mark H.Moore.Public Value：Theory and Practice[M].New York：Palgrave Macmillan，2011：7-14.

[2] Rosemary O'Leary, David M.Van Slyke, Soonhee Kim.The Future of Public Administration around the World：The Minnowbrook Perspective[M]. Washington，D.C：Georgetown University Press，2010：8.

[3] 俞可平.全球治理引论[J].马克思主义与现实，2002（2）：20-30.

[4] 埃德加·莫兰.迷失的范式：人性研究[M].陈一壮，译.北京：北京大学出版社，1999：173.

社会转型呼吁多元的、复杂的理论，即社会治理理论体系的构建是趋势。总之，在全球化、后工业化进程中，社会在转型，社会元素在变迁，是从单一到多元、简单到复杂、稳定到不确定性、秩序到无序、可预测性到不可预测性的变化，这种转变催生着新的社会治理方案的建构，所激荡出来的是公共价值理论与公共管理的融合，即公共价值管理理论的兴起。

二、公共价值管理理论的主要内容

（一）公共价值的创造过程

1. 认知公共价值

认知公共价值是创造公共价值的关键一步，在创造公共价值过程中，最显著的问题和困难就是给予一个明确的、客观的定义，是什么构成了公共价值，这就提出了一个关键性问题，如何定义和认知公共价值。公共价值应当如何被定义和认知涉及两个关键问题，一是特定社会行动者的程序性问题，即谁是公共价值的相应的仲裁者：政府是为顾客、公民还是纳税人服务？如果答案是公民和纳税人而不是顾客，那么如此之多的个人怎么清楚地表达他们关于价值和产出值得纳税的观点并调整他们的行为去追求一个善的、公平的社会？第二个是公共价值相应的仲裁者将会接受什么样的政府绩效的实质性问题，减少花费？增进组织产出的数量与质量？满足顾客？还是实现所期望的社会产出？总之，什么样的行动者（通过什么流程）能够使公共价值具有合法性的程序性问题和合法的公共价值仲裁者将会选择哪些特定价值的实质性问题构成了为创造政府绩效责任制的核心问题。无法解答这些问题，就不能构建创造公共价值的理论。

认知并识别出公共价值何时、如何被公共部门所创造，如果没有公共管理者所寻找的公共价值概念和他们在创造公共价值过程中所成功应用的工具，那么公共组织就不能理性地、有目的地运转，因此发展公共价值的概念并进行绩效测量是非常必要的。但是在公共价值测量中也遇到了哲学、技术和政治方面的阻碍：（1）出现哲学问题是因为什么构成了公共价值，其本质是一个规范性问题；（2）出现技术性问题是因为那些负责创建和测量公共价值的人必须能够构建一个可靠的桥梁使得哲学概念转换到一个实证上可观测的现实价值；（3）出现政治性问题是因为战略三角将公共价值与国家权威、支持与合法性结合在一起，这个框架创造了一个范围，可以提供新的公共价值观念来挑战旧的，这在政治过程上会导致一些重要的公共价值观和利益被忽视。

2. 创造公共价值

"创造公共价值"的口号在1995年马克·穆尔已经提出，他通过镇图书管理员应对新情况的案例告诉我们，组织的公共价值并不是一成不变的，某些外部事件往往能够引起他们对于组织的价值、作用和功能的重新定位，所以组织外部环境的变化并非坏事，公共管理者应当根据组织环境重新定义公共价值，并通过"战略三角"模型来生产公共价值。公共价值的创造是一个过程，公共管理者在新情况、新环境背景下，对组织的公共价值进行多维度的诠释，通过政治协商网络的构建探寻公众对政府的期望、公众的偏好，例如，穆尔所列举的镇图书馆案例中，喧闹孩子的大量融入，给图书馆带来了新的管理问题。从表面上看，他们干扰了图书馆的正常运行，然而，从另外一个角度看，他们的涌入又给图书馆带来了实现其公共价值的新机会：首先，图书馆可以借机申请增加经费以改善自己的服务条件，或开展专门针对这些学生的读书活动等。在创造公共价值的第一步中，公共管理者需要抓住新机会确定新的公共价值。其次，公共管理者应当积极争取外部的支持，使得组织的工作目标具有合法性。正如这个图书馆面临的情况，图书管理员可以争取地方政府的支持、优惠政策的支持、公共服务的支持以及媒体的支持，等等，充分利用外部条件与资源实现新目标。最后，公共管理者应当提高组织的能力以实现新目标，组织的运作能力强调的是公共管理者运用好组织的内部资源，这个图书管理员可以说服馆长开展新的读书活动以解决新问题，这是寻找内部的支持，提高组织运作能力实现公共价值。我们需要注意，"实现公共价值，既不依赖于政府垄断，也不依赖于市场竞争，而应该是在公共性规范的基础上通过政府与来自营利部门和非营利部门等的公平竞争以达成一种有关责任、创新和治理绩效之间最好的平衡"。[1]

3. 评估公共价值

穆尔指出在公共价值系统中的过程评估与结果评估应用的必要性，"过程评估是必要的，部分是因为：第一，除了创造期望结果方面的工具性价值，某些过程的特性在公共部门中是有价值的；第二，如果目标是随着时间的推移对绩效加以改进，那么，需要获取那些关于机构做了什么及其产出的结果的信息"。[2] 穆尔提出沿着价值链来测量并评估绩效（见图1）。所谓公共价值链，是指公共资产通过一系列的政策、项目或者活动转换为具有公共性的价值结果。沿着公共价值链进行测量的这个框架纠正了公共部门专注结果评估忽视过程评估的现象。如果没有过程评估，公共部门不能探索出产出方法得以了解通过创新能够增加什么工作并提高生产力。

---

[1] 马亭亭，唐兴霖. 公共价值管理：西方公共行政学理论的新发展 [J]. 行政论坛，2014（6）：100-106.

[2] Mark H.Moore.Recognizing Public Value[M].Cambridge，Massachusetts：Harvard University Press，2013：14.

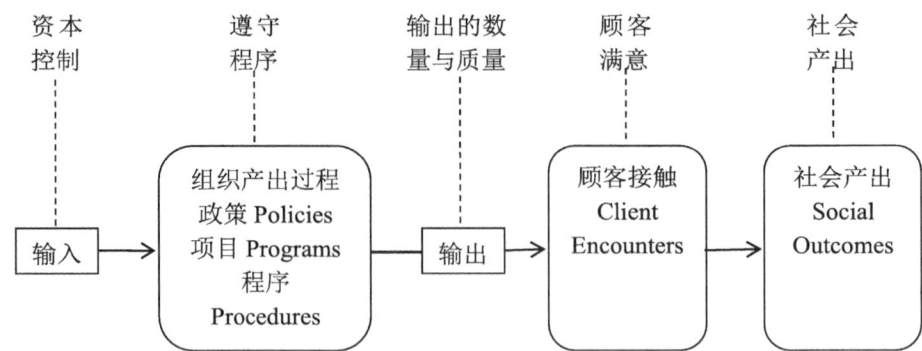

图 1　价值链的测量 [1]

（二）公共管理者职能创新

"公共管理者应该主动在同公众的互动中识别和发现公共价值，并在与上级公共部门的互动中主动争取政治支持，营造有利的授权环境，积极整合必要的资源，最终实现公共价值的创造。"[2] 因此，公共管理者在公共价值管理中起着中流砥柱的作用，从公共管理者角度探讨公共价值管理理论也不失为一大重点。

（1）公共管理者的角色。"公共管理者被视作一个探索者，即与其他人一起寻找发现、定义并创造公共价值。与仅仅是为完成要求的目的来设计手段不同，他们变成了帮助发现和定义什么将是有价值去做的重要部门。简而言之，公共管理者变成战略者而非技术人员。"[3] 在公共价值管理中，战略者、仲裁者、协调者往往是公共管理者的称谓。

（2）公共管理者的关注点。关注公众的集体偏好，应是公共管理者的重点职能，公共价值是公众对政府期望，是公众集体偏好的集合，因此，作为公共价值创造的主体，公共管理者应当关注公众集体偏好，从而更易识别出公共价值。

（3）平衡效率、公平和责任。公共价值管理理论实现了对传统公共行政和新公共管理的超越，不仅关注组织运作的效率等经济问题，还关注组织发展的公平等政治问题，并且更加强调组织在创造公共价值过程中对公民、纳税人、顾客、客户群体和利益相关者的负责的责任问题，构建创造公共价值的问责制。

（4）确立民主与效率的新型关系。公共管理者在创造公共价值过程中不只是纯粹地追求民主或效率问题，而是在民主的基础上实现高效率。民主是贯穿于公共价

---

[1] Mark H.Moore.Recognizing Public Value[M].Cambridge，Massachusetts：Harvard University Press，2013：198.

[2] 杨博，谢光远. 论"公共价值管理"：一种后新公共管理理论的超越与限度 [J]. 政治学研究，2014（6）：110-122.

[3] Kelly，Muers，Mulgan.Creating Public Value：An Analytical Framework for Public Service Reform[M].London：Cabinet Office，UK Government，2002：36.

值创造的全过程的,在公共价值创造过程中应用技术手段提高效率,在分配过程中注重公平性效率。

除此之外,穆尔还提出公共管理者在确定组织的公共价值之前必须要回答三个问题:"(1)组织的工作目标是否有价值;(2)这一目标能否得到政治和法律方面的支持;(3)从组织管理和运行的角度来看,这个目的能否实现。由此,公共管理者的工作主要包括三个方面内容:一是判断其设想的工作目的本身的价值;二是积极争取外部的支持,使自己的工作目的具有合法性;三是提高组织的能力,以真正实现这些目的。"[1]

(三)基于公共价值的公共管理理念

穆尔提出了有关公共价值的管理理念的六大要点:"(1)价值是植根于个人的期望和感知的;(2)有各种各样的期望得到满足,一些是通过市场生产和分配的物品或服务,其他是由公共组织提供或公民对政府机构期望的反思,这是公共管理者关注的核心;(3)公共部门管理者可以通过两种不同的活动来创造公共价值,一是把资金和权利委托给他们部署到生产的东西价值的特定客户和受益者,二是通过建立和运营一个满足公民期望的机构;(4)公共组织产品的生产和分配必须公平且有效,这些活动必须节约权利和资金的使用;(5)政策之对于公共部门管理者正如企业计划书对于私人企业家;(6)公共管理者管理的环境将会变化,公民的期望将会变化,完成旧任务的方法也会变化,组织的任务环境也会转变。"[2]基于公共价值的公共管理理念实际上是公共价值理念与公共管理实践活动的结合,由此,公共价值管理可以从四个维度进行解析,分别是以公共价值为基础的战略管理,以公共价值为基础的绩效管理,以公共价值失灵为标准来判断公共政策与公共服务的有效性,以公共价值为基础的网络化治理。

(1)以公共价值为基础的战略管理,即公共价值与战略管理结合。公共价值与战略管理的结合是由公共价值的特性决定的,公共价值是动态的,含义是多元的,是关注内外部环境变化的,是抽象的,因此,对公共价值的追寻、识别、创造就不能依靠传统的关注内部的管理理念或手段,而是依靠新型的具有战略眼光的、关注组织内外部环境变化的、顶层设计的战略管理。穆尔提出"战略三角"模型(见图2),用以创造公共价值。在战略三角中,公共管理者根据内外部环境变化定义公共价值,寻求外部支持,以确定工作目标的合法性,并在组织内部提升运作能力达到公共价值创造的要求,这种内外部环境的关注与运用是公共价值与战略管理的完美

---

[1] Mark H.Moore.Creating Public Value:Strategic Management In Government[M].Cambridge,Massachusetts:Harvard University Press,1995:71.

[2] 马克·穆尔.创造公共价值:政府战略管理[M].北京:清华大学出版社,2003.

结合，也是创造公共价值的必然要求。

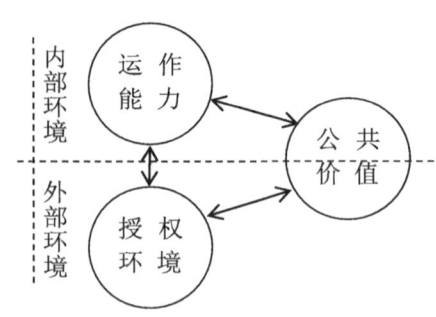

图 2　战略三角模型

（2）以公共价值为基础的绩效管理，即公共价值与绩效管理的结合。绩效管理是政府管理的一个重要方面，如果政府"想要维持对政策执行的控制，又要监督日常责任，那么，绩效管理就成为一个基本工具：必须集中了解绩效的主要方面，以便能够进行分权活动"[1]。但是新公共管理背景下的绩效管理具有更多的工具性特征，管理主义色彩浓厚。在绩效管理中，效率的重要性依然压倒公平，成为主要的绩效指标。这就"忽视了对于政府绩效合法性而言最为本质的公共价值基础"[2]，因此，我们需要构建以公共价值为基础的绩效管理体系，一是在绩效指标内容与体系构建中要充分体现出公共价值的因素；二是公共部门绩效管理要以创造公共价值为目标与方向；三是公共价值要贯穿绩效计划、实施、评估、反馈、改进的全过程，并在不同阶段体现出不同的公共价值，即公共价值内涵的多元性。关于公共价值与绩效管理的结合，穆尔在公共价值的评估中有所论述。

（3）以公共价值失灵为标准来判断公共政策与公共服务的有效性，即公共价值失灵与公共政策、公共服务结合。波兹曼强调公共政策与服务中所蕴含的公共价值，主张用公共价值失灵来判断公共政策与公共服务的质量与效果。他认为公共价值失灵发生在市场和公共部门都不能提供为实现核心公共价值所需的产品和服务，核心的公共价值不能在社会关系、市场和公共政策中体现出来。因此，他提出了"公共价值失灵模型"（Public Value Failure Model），用七个标准识别公共价值失灵。

---

[1] Carter，Neil，Klein，Rudolf，Day，Patricia.How Organizations Measure Success[M].London and New York：Routledge，1992：179.

[2] 包国宪，王学军. 以公共价值为基础的政府绩效治理——源起、架构与研究问题 [J]. 公共管理学报，2012，9（2）：89-97.

表1　公共价值失灵指标[1]

公共价值失灵	定义	案例
价值表述和集合的机制	政治进程和社会凝聚力不足以确保有效的沟通和处理公共价值观	美国国会年资体系与非竞争性区域的结合导致了几个在公民权和国家安全等问题持有激进价值观的委员会主席所强加的立法瓶颈
不完全垄断	尽管政府被认为垄断了公共利益，但也允许私人部门提供商品和服务	私营企业与外国私下达成的协议
利益囤积	公共商品和服务已被少数人所占据	限制公众使用指定的公共用地
公共价值的稀缺供给	尽管认知了公共价值并存在公共物品与服务的供给协议，但是由于供给者的缺乏，仍然不能提供服务	福利检验由于缺乏人员或电子检验技术的失灵而无法提供
短期行为威胁公共价值	当长期观察表明一系列行为反对公共价值，那么短期范围将被采用	考虑与娱乐和经济发展相关的重要问题的航道政策并没有考虑到环境变迁对野生动物的影响
资产的可替代性与公共资源保护的比较	即使没有令人满意的替代者，政策也集中在替代性（或赔偿）	在公共服务私有化方面，承包商必须发布债券确保赔偿，但为公众安全提供非充足的保证
人类生存与尊严的威胁	生存的核心价值遭侵犯	人为的饥荒、苦役、政治监禁

（4）以公共价值为基础的网络化治理，即公共价值与网络化治理结合。斯托克认为公共价值管理是网络化治理最合适的管理工具，同理，公共价值管理也通过网络化治理的手段实现公共价值。斯托克是第一位将公共价值理论转化为一种新型的治理途径的学者，网络化治理重点应用于公共价值的供给，即公共政策与公共服务的递送机制的构建，公共价值的输出以政策、服务为实体，通过治理主体之间的网络伙伴关系，在信息技术的支持下满足公民的偏好与期望，实现公共价值。

综上所述，这就解释了治理语境下的公共价值理论为什么被称为公共价值管理（国内学者较为认可这一称谓），一是因为首倡者马克·穆尔在初提"公共价值"这一概念时将创造公共价值与战略管理相结合；二是公共价值理论虽然置于治理的语境下，但是在公共管理领域中，学者们将公共价值与众多的公共管理理论、模型、工具相结合，用以创新公共部门的管理。公共价值管理是一个有关公共价值的管理理念，是一种基于公共价值的公共管理理论，是以公共价值为基础和目的的公共管理工具的创新，它是公共价值思潮的兴盛在公共管理领域的体现。

---

[1] Barry Bozeman.Public-Value Failure：When Efficient Markets May Not Do[J].Public Administration Review，2002，62（2）：145-161.

三、公共价值管理理论在中国语境下应用的可行性分析

"行政学研究只有面向本土经验，了解和解释我国的公共行政实践，才可能找到合适的分析中国公共行政实践的工具。"[1] 我们要想辨认出公共价值管理是否能够成为分析中国公共行政实践的有效、适当的工具，必须考查其在我国是否适用。

（1）价值评判或追求的多元化。国家"十三五"规划提出"创新、协调、绿色、开发、共享"的五大发展理念和24字社会主义核心价值观表明，我国发展所追求的不是单一价值，摒弃了唯GDP论，社会与个人的道德准则和价值取向也非一词可以概括。对于中国的公共管理而言，民主、法治、正义、公平、经济、效率、效益等多元价值因素是公共管理者所追求的，"以上价值因素只是不同价值类型的价值集的元素，而公共价值能够概括它们"。[2] 因此，公共价值管理的新思想对于中国公共管理领域来讲是急需的，也是契合的。

（2）社会结构网络化。全球化、后工业化进程中，社会结构走向网络化。我国正在这全球化与后工业化的浪潮中，"社会元素在变迁，是从单一到多元、简单到复杂、稳定到不确定性、秩序到无序、可预测性到不可预测性的变化"。[3] 社会结构逐步走向网络化，这就需要网络化治理方案的构建，而公共价值管理理论的倡导者斯托克将公共价值与网络化治理相结合，将公共价值转化为一种新型的治理途径，本身就蕴含着网络化治理的思想，这与我国网络化治理的走向是不谋而合的。

（3）治理时代的来临。党的十八届三中全会对于"推进国家治理体系和治理能力现代化"的提出，标志着我国进入治理时代。在治理时代中，我国政府治理需要的是新理念，作为西方公共治理理论前沿之一，公共价值管理理论中对创造公共价值的追求是与我国政府治理相契合的。政府改革理念从管理走向了治理，该理论倡导的创造公共价值的思想为我国政府治理的目标或使命指明了方向。

（4）政府改革的需要。服务型政府的建设以满足公民需求、提供优质公共服务为主旨，这正符合公共价值管理理论所倡导的理念，另外，公共价值管理还主张公共管理者对公共价值创造的追求。公务员不仅需要维持政府运作、满足公民服务诉求，还要努力在公共管理实践中为公民创造公共价值。公共价值管理理论不仅与服务型政府改革方向一致，而且其中的先进思想还能够运用到我国的服务型政府的建设中。在政府职能创新方面，吴春梅、翟军亮将公共价值管理理论中的理念创新、

---

[1] 何艳玲. 危机与重建：对我国行政学研究的进一步反思 [J]. 中国人民大学学报，2007（4）：1-15.

[2] 韩兆柱. 西方公共治理前沿理论的本土化研究 [J]. 人民论坛·学术前沿，2016（17）：72-90.

[3] 韩兆柱，翟文康. 西方公共治理理论体系的构建及对我国的启示 [J]. 河北大学学报（哲学社会科学版），2016（6）：105-114.

职能优化和路径拓展等思想很好地运用到我国政府职能转变中。[1]

总之，公共价值管理理论在中国语境下的应用，是与我国价值多元化、社会结构网络化、治理时代背景、服务型政府改革相适应的。中国公共管理理论与实践层面需要公共价值管理，这种新理论的应用也是可行的。但是我们所应用的必然不是全部，而是与中国实际相契合的部分，例如"公共价值集"、创造公共价值、以公共价值为基础的治理工具和以公共价值为基础的网络化治理。

四、公共价值管理理论在中国公共管理中的应用

（一）价值重构："公共价值集"的具体应用

创造公共价值的首要前提就是识别、认知公共价值，但是公共价值是一个抽象的概念，我们如何在公共管理活动中发现公共价值是一个亟待解决的问题，我们应回答在公共管理过程中什么是公共价值的问题，不同管理过程中所存在的公共价值是什么。波兹曼[2]（Bozeman，2007）承认公共价值内涵的多元性，从类型学的角度研究公共价值的构成。他的研究运用了基于公共行政或公共组织在哪些方面会影响公共价值的分类方法，将公共价值分为七类价值集：（1）与公共部门对社会贡献相关的价值；（2）与社会利益向公共决策转化相关的价值；（3）与公共管理者和政治家的关系相关的价值；（4）与公共行政与环境的关系相关的价值；（5）与公共行政内部组织相关的价值；（6）与公共管理者行为相关的价值；（7）与公共行政和公民的关系相关的价值。笔者以波兹曼等学者提出的"公共价值集"为基础，结合我国公共管理从管理环境、行政组织、决策、执行、管理对象到社会影响等公共管理流程，识别我国公共管理过程中所存在的公共价值。

公共组织应当关注外部环境，根据内外部环境变化作出决策，进行管理。公共管理者应当倾听公众意见，积极回应公民需求与偏好。管理者在面对公众的偏好与利益需求中应当保持中立态度，并成为利益协调者，协商与妥协，从而实现利益均衡，最大限度实现利益相关者的价值。因此，在与外部环境相关的价值中，倾听公众意见、回应性、利益均衡、妥协、中立应是具体的公共价值。公共组织是公共管理的主体。公共行政内部组织的构建也是关键，组织的稳健性、适应性、可靠性、创新性、效益、对风险的准备等是考查一个组织价值性的指标。基于公共组织内外部环境，公共管理者可以作出决策，实现社会利益、需求向决策的转变，决策过程

---

[1] 吴春梅，翟军亮.公共价值管理理论中的政府职能创新与启示[J].行政论坛，2014（1）：13-17.

[2] Jφrgensen，Bozeman.Public Values：An Inventory[J].Administration & Society，2007，39（3）：354-381.

中多数原则、民主、人民意志、共同选择、公民参与、保护个人权利应成为首要参考的公共价值。公共管理者执行政策过程中，管理者行为或个人素质对执行过程影响较大，责任、专业精神、诚实、道德、伦理、正直是需要考查的公共价值。公共管理者的公共管理全过程应当说是一直在处理与管理对象——公民的关系，公共行政与公民关系的相关价值是公共价值的重要组成部分，具体可以描述为公民导向、及时性、合理性、合法性、回应性、友好对话、公民参与、公平、公正、法治、正义。在我国的公共管理中，我们还经常关注社会影响或效益，公共组织所实施的管理活动对社会的影响或贡献也应当是重要的公共价值，公共利益、社会凝聚力、人的尊严、可持续性、对未来的关注、政权稳定性应当是这一过程中具体的公共价值。

总之，公共价值是抽象的，但是它可以具体到每一个管理过程，并与实际相结合产生相适应的具体的公共价值，我们可以用以上分析的价值作为指标考查公共管理过程的公共价值实现程度。

（二）流程设计：如何创造公共价值

公共价值管理理论提出创造公共价值的认知—创造—评估的三大过程，但是这三大过程实施起来较为模式化。我国公共管理应当借鉴这三个基本过程，重新设计新的创造公共价值的流程。在设计流程之前，我们应当探讨我们政府角色定位与公共管理者职能创新的问题。产生于西方的公共价值管理理论提出政府应当是公共价值的创造者与公共管理的战略家，公共管理者的使命是追求并创造公共价值，我们只有定位好政府角色与公共管理者职能，才能设计好相适应的创造公共价值的流程。我国如今正如火如荼地建设服务型政府，政府的角色是服务者，服务的供给是公共价值实现的一部分，所以我们的政府角色应当更完善些，既要提供服务，还要创造公共价值。政府需要更加注重与社会、市场合作关系的构建，求同存异，构建基于信任、合作的共同价值。在公共领域创造公共价值，实质上是将公共价值与某一具体领域相结合，通过上文可知，公共价值的概念是多元的、抽象的，所以认知公共价值是要弄清楚每一领域中公共价值的具体体现；公共价值的供给是需要公共政策与公共服务的递送网络构建，是否实现了价值，我们还需要进一步评估。因此，笔者结合我国公共管理实际，将创造公共价值大致分为以下五个步骤：（1）认知并辨析公共价值在某一具体公共领域（如经济管理、教育管理、社会保障）内的内涵；（2）探寻公共价值在这一公共领域中的具体表现；（3）围绕公共价值创建公共政策或公共服务目标；（4）通过公共政策与公共服务的供给在具体的公共管理实践中落实公共价值；（5）在政策执行、服务递送中不断评估公共价值是否得以实现。另外，公共价值从认知、供给、评估的过程对政府提出了特定的要求，"公共价值的定义和发现要求政府建立与公众互动的平台，尊重公众偏好；公共价值的供给要求政府引导公众参与，追求公共服务精神；公共价值的实现要求政府担当元治理的角色，成为公共价值的护卫者。"[1]

（三）工具创新：以公共价值为基础的政府管理工具探索

自从新公共管理运动以来，政府工具日益成为公共管理研究的焦点问题，20世纪80年代以后，中西方学者关于政府工具的研究成果如雨后春笋，如胡德的《政府工具》（1983）、彼得斯和尼斯潘的《公共政策工具》（1998）、戴维·奥斯本等的《政府改革手册：战略与工具》（2000）、莱斯特 M. 萨拉蒙等的《政府工具——新治理指南》（2002）、张璋的《政府治理工具的选择与创新》（2001）、毛寿龙等的《政府职能和管理方式研究》（2004）、陈振明的《政府工具导论》（2009）等。这些研究成果使得对政府工具的探索大跨步式地发展，但是新公共管理背景下的政府工具研究以公共选择理论为理论基础，更多地具有管理主义、市场化的色彩。21世纪以来，新公共管理陷入困境，新公共管理指导下的政府工具也会面临着失败的危险，所以在治理时代探索政府工具的创新问题，我们应当立足在公共价值理论背景下，构建以公共价值为基础的政府工具。马克·穆尔实现了公共价值与战略管理、绩效管理的结合，战略三角能够有效地实现公共价值，绩效评估是考察公共价值的实现程度的重要工具，战略管理与绩效管理全过程无不体现出公共价值。除此之外，我们还要构建以公共价值为基础的全面质量管理、目标管理、流程再造、标杆管理、合同承包、特许经营等新型工具，这些工具的应用过程体现出公共价值因素，工具的目标是创造公共价值，赋予了政府工具以新的生命，避免了工具失败。

（四）治理机制：网络化治理支持下的公共服务递送机制

公共价值管理理论主张建立开放、灵活的公共服务获取和递送机制，这是供给公共价值的具体策略。在这里，信息技术与合作、信任关系成为网络构建与公共服务供给的关键，信息技术是硬件支撑，治理主体之间的伙伴关系构成一个网络平台。这种网络关系是在相互尊重与共享学习的环境下形成的，人们会被这种网络与伙伴关系所驱动，而不是依靠制度控制与激励手段，所以公共价值管理的优势就在于对如何满足效率、责任和公平的挑战提出了新的见解。网络将政府、企业、社会组织、公民联结了起来。在网络中，各大行为主体地位平等、相互依赖，在目标追寻中，求同存异、协商妥协，通过合作的方式行动起来。霍纳和黑兹尔（Horner、Hazel，2005）认为，"公共价值可以通过经济繁荣、社会凝聚和文化发展等途径来创造，公共价值——如更好地服务、增强信任或社会资本、减少或避免社会问题——由公众决定。公众通过参与和协商等民主过程——而不仅仅是通过投票箱——来决定。"[2] 所

---

[1] 董礼胜. 西方公共行政学理论评析——工具理性与价值理性的分野与整合[M]. 北京：社会科学文献出版社，2015：270.

[2] Horner，Hazel.Adding Public Value[M].London：The Work Foundation，2005：34.

以，公共价值的创造需要公民的参与、协商，政府或公共管理者在其中扮演调控者的角色，公共管理者收集来自公众偏好、期望、需求方面的信息，通过整合确定公共部门的目标，根据各大治理主体的特性集结起来，构成网络，充分利用各主体的资源，实现公共政策或公共服务的供给。即遵循着"了解公共价值和公众期望，分析政府服务运行情况，确定最合适的合作伙伴，根据既定目标选择网络类型，设计网络，建立沟通渠道，协调信任、合作关系，建立绩效、责任、监控机制"[1]的程序，公共价值管理理论摆脱了官僚制或市场激励的方式来驱动人们递送服务的机制，而是基于网络与伙伴关系，整合资源递送服务，满足了效率、责任与公平。

五、评价：超越传统公共行政、新公共管理的公共价值管理理论

"一种新的超越传统公共行政和新公共管理的公共行政运动正在出现，这个运动是对网络化、跨部门的挑战和先前公共行政途径的缺陷的回应。在这个新途径中，超越效率与效益的价值，尤其是民主价值观占主导地位。"[2]这个新的公共行政运动就是公共价值管理的兴起，它超越了传统公共行政和新公共管理，因为它不仅关注经济效率和短期产出，而且还能引导和兼顾中长期结果和服务、合法性、责任、信任等。而且，有学者指出，公共价值管理是最适合网络化治理的管理模式，阿尔福德和休斯认为，公共价值范式将会是将来公共管理的新范式[3]。笔者在前人研究的基础上较为系统全面地梳理了传统公共行政、新公共管理与公共价值管理的差异之处，也即公共价值管理对传统公共行政、新公共管理的超越之处（见表2），公共价值管理在现实背景，理论背景与方法，人性假设，公共物品、公共价值与公共利益的定义，政治角色，公民角色，政府部门角色，公共管理者角色，关键目标，关键价值，对民主过程的贡献，民主的地位，公众偏好递送机制，实现政策目标的机制，公共服务伦理途径，主导责任模式，责任途径方面实现了超越。总之，公共价值管理作为一种正在出现的公共行政研究新途径必将改善公共行政的理论与实践状况，公共价值管理作为一种不同于传统公共行政、新公共管理的新范式必将成为未来公共管理的主导范式。公共价值管理作为一种超越传统公共行政、新公共管理的新理论，必将以其创新之处指导未来的公共管理改革实践。

---

[1] 吴春梅，翟军亮. 公共价值管理理论中的政府职能创新与启示 [J]. 行政论坛，2014（1）：13-17.

[2] John M.Bryson，Barbara C.Crosby，Laura Bloomberg.Public Value Governance：Moving Beyond Traditional Public Administration and the New Public Management[J].Public Administration Review，2014，74（4）：445-456.

[3] John Alford，Owen Hughes.Public Value Pragmatism as the Next Phase of Public Management [J]. American Review of Public Administration，2008，38（2）：130-148.

表 2　公共价值管理与传统公共行政、新公共管理的比较与超越

	传统公共行政	新公共管理	公共价值管理
现实背景	工业化、城市化、现代公司的崛起，专业化，相信科学，担忧主要市场失败，经历大萧条和第二次世界大战，对政府的信任	关注政府失灵，对"大政府"不信任，相信市场机制的有效性，相信理性行为，权力下放	关注市场、政府、第三部门以及公民社会的失灵，关注所谓的不道德问题，不平等状况加剧，"空心化"或被弱化的国家，下降的公民权，网络和合作治理，先进的信息和通信技术
理论背景与方法	政治理论，科学管理，实用主义	经济学理论，实证主义社会科学理论与方法	民主理论，公共管理和非营利组织管理理论，更多样化的研究方法
人性假设	全面理性，"行政人"	经济理性与工具理性，自利的"经济人"决策者	形式上的理性，受到多重因素（政治的、行政的、经济的、法律的、道德的）的考验，相信超越狭隘自利的公共精神，"合理的人"受到对话和审议过程的影响
公共物品、公共价值与公共利益的定义	由民选官员或技术专家决定	由民选官员或通过聚合个人偏好的证据支持消费者的选择	尽管政府有一个特殊的作为公共价值观担保人的角色，公众被视为会远远超出政府；共同利益由广泛的包容性对话和协商所决定，被民主和宪政价值所告知
政治角色	选举州长并由其确定政策目标	选举州长并由其确定政策目标，授权管理人，在使用特定工具周围的行政政治	包括确定政策目标通过对话和协商的"公共工程"，民主是"一种生活方式"
公民角色	投票人、客户、选民	顾客	被视为问题解决者和合作创造者的公民积极地参与到由公众所认定的价值并有助于公众
政府部门角色	划桨，被视为设计和执行政策与项目以应对政治性目标	掌舵，被视为通过工具选择和可能对市场、公司和非营利部门的依赖来决定目标，催化服务递送	政府作为召集人、催化剂、合作者；有时掌舵，有时划桨，有时合作，有时置身事外
公共管理者角色	遵守规则和适当的程序，回应民选官员，选民和顾客，有限的自由裁量权	帮助定义和达成绩效目标的实现，回应民选官员和顾客，宽泛的自由裁量权	公共价值的创造者和探索者，回应民选官员，公民和一系列利益相关者，自由裁量权是需要的但是在法律、宪法价值、责任的限制范围内
关键目标	提供政治性目标，通过公务员来管理，通过官僚监控和民选官员的监督	提供政治性目标，管理者以一定方式来管理收入与产出以确保经济和对顾客的回应	以公众最关心、有效解决并有利于公众的方式来创造公共价值
关键价值	效率	效率与效益	效率，效益和足够范围的民主与宪法价值
对民主过程的贡献	政治坚定的目标和责任，民选领导人的竞争提供了首要的责任	提供目标：限定于设定目标和考察绩效，让管理者自己管理	提供对话（机制）：一个反复的、持续的民主对话应该贯穿于治理的整个过程

（续表）

	传统公共行政	新公共管理	公共价值管理
民主的地位	民选政治官员提供了支配一切的责任模式	民主只有在决定最广泛的目标时才信任	效率的实现必须以贯彻民主原则为依据
公众偏好递送机制	官僚等级制	市场化机制主导	开放与平等的偏好递送网络
实现政策目标的机制	通过集中管理项目，分层次组织公共机构或自我调节的职业	创建机制和激励机制，以达到政策目标特别是通过使用市场机制	从菜单中选择替代基于务实的标准交付机制；这通常意味着帮助建立跨部门的合作和参与来实现达成目标
公共服务伦理途径	公共部门垄断供给	对私人供给的信任	没有任何一个组织可以垄断公共价值的创造
主导责任模式	通过组织机构向政治官员负责，并通过政治官员向议会负责	通过绩效合同向上级负责，通过市场机制向顾客负责	多维度的责任模式，责任是对行为持续不断的评估以达成实现公共价值的过程
责任途径	科层制，行政官员对民选的官员负责	市场导向，个人利益集合导致广泛地被视为顾客的公民团体的期望	多方面的，公务员必须参与到社会价值观、政治规范、专业标准和公民的利益中

中国语境下的西方公共治理前沿理论的本土化 *

  1887年,现代行政学鼻祖伍德罗·威尔逊(Woodrow Wilson)发表了行政学的开山之作《行政学之研究》,他将欧洲大陆发展起来的行政学与美国本土特色相结合,借鉴法国和德国行政学的长处,将欧洲大陆的行政学本土化,使之具有美国的观念、语言和思想。美国行政学家伍德罗·威尔逊在1887年就反思当时的美国行政学研究中的不足:"行政科学并不是我们的创造,它是一门外来的科学,很少使用英国或美国式的语言规则……如果要应用这种科学,我们必须使之美国化,不只是从形式上或仅仅从语言上加以美国化,而是必须在思想、原则和目标方面从根本上加以美国化。"[1] 后来经过学者们的不断努力,在20世纪初期创建了这门产生于欧洲却被美国本土化的新型学科。在这门学科创建之时,也正是西方国家工业革命完成之时,西方国家实现了农业社会向工业社会的成功转型。也正是在这场工业化的进程中,先觉的威尔逊借鉴欧洲大陆的行政学,促进行政学的本土化,得以使得美国行政学领先于世界。目前谈到的西方行政学,也即美国行政学。20世纪后期,世界掀起了全球化、后工业化的运动,在这场后工业化进程中,中国应把握住这次社会转型的机会,借鉴西方国家在工业社会中构建的公共行政理论,使之本土化,具有中国的观念、语言和思想,这也是我国行政学学者们应肩负的使命。夏书章于1982年指出:"要搞好现代化建设事业,就需要社会主义的行政学和行政法学。"[2] 张成福在分析中国行政学发展趋势的文章中指出:"本土化是中国公共行政未来发展的方向和最大的挑战。"[3] 中国应当把握住后工业化带来的机遇,本土化西方公共行政学前沿理论,使之既具有中国特色,又具有后工业社会的背景,而西方公共治理前沿理论则是本土化的首要任务。笔者所说的本土化既指理论的中国化,也指理论的应用化。理论的中国化与应用化是以我国实际为出发点,本土化西方公共治理前沿理论,因为"只有以我国实际为研究起点,提出具有主体性、原创性的理论观点,构建具有自身特质的学科体系、学术体系、话语体系,我国哲学社会科学才能形成自己的特色和优势"。[4]

---

* 与翟文康合作完成,并发表于《学术前沿》2016年第9期(上)第72~90页,题目有变动,内容有扩充。
[1] WOODROW WILSON.The Study of Administration[J].Political Science Quarterly,1887,2(2):201.
[2] 夏书章.把行政学的研究提上日程是时候了[N].人民日报,1982-01-29.
[3] 张成福.变革时代的中国公共行政学:发展与前景[J].中国行政管理,2008(9):8-13.
[4] 结合中国特色社会主义伟大实践 加快构建中国特色哲学社会科学[N].人民日报,2016-05-18(01).

一、西方公共治理前沿理论本土化研究现状

（一）新公共服务理论本土化研究现状

我国学者对新公共服务理论的研究大致经历了理论译介、反思批判、比较研究和指导实践的过程，其中理论应用于实践的过程就是新公共服务理论本土化的过程。在这一过程中，新公共服务理论的本土化研究呈现出两大特点：一是用新公共服务理论启示我国政府改革，并以服务型政府建设为主，借鉴新公共服务理论的创新之处；二是呈现出"新公共服务+"的研究景象，即新公共服务理论指导下的服务型政府建设、政府绩效评估、行政审批制度改革、行政伦理构建、和谐社会构建、政府角色定位、公务员角色及激励机制、医疗改革、公共卫生危机管理、图书馆事业改革、公共教育改革、基础教育改革、基层社会治理等方面。例如，侯玉兰（2005）认为："借鉴新公共服务理论的核心理念和思想，自觉构建和完善现代服务型政府，应当从以下几个方面着手：（1）更新行政观念；（2）转变政府职能；（3）精干政府机构；（4）建立政府与公众、社会的对话沟通机制；（5）加快构建和完善公共财政体制；（6）大力培育和发展公民社会组织；（7）进一步提高公务员的整体素质。"[1] 顾丽梅（2005）借鉴美国的新公共服务理论启示我国政府公共服务改革，"人本主义的服务理念；以公民为主导的思想；公共服务提供的竞争化与私营化；公共服务中的责任政府和服务意识"[2]，这些方面值得我国公共服务改革之借鉴。彭未名、王乐夫（2007）从新公共服务理论的新视角探讨和谐社会的构建，认为新公共服务理论中的"服务于公民、重视公民权和人的价值；追求公共利益；服务而不是掌舵；多中心的社会治理结构"[3] 等核心价值启示了和谐社会的构建。除此之外，还有许源源的《新公共服务理论视角中的行政服务中心建设》、王钟明的《新公共服务理论对改善税收服务的启示》、王艳的《新公共服务视野下我国公务员激励机制创新》等。之前学者们对新公共服务理论本土化的研究在理论指导实践方面着墨不少，是一种"新公共服务+"的研究模式，是单纯地用外域理论指导本土实践，而忽视了新公共服务理论在思想、原则和话语方面的本土化，这是笔者研究的切入点。

（二）网络（化）治理理论本土化研究现状

我国学者对网络（化）治理理论的研究大致经历了两个阶段：一是将它视为公共管理或公共治理的一种新理论或模式，即引介；二是本土化过程，从网络（化）

---

[1] 侯玉兰.新公共服务理论与建设服务型政府[J].国家行政学院学报，2005（4）：31-34.

[2] 顾丽梅.新公共服务理论及其对我国公共服务改革之启示[J].南京社会科学，2005（1）：38-45.

[3] 彭未名，王乐夫.新公共服务理论对构建和谐社会的启示[J].中国行政管理，2007（3）：42-43.

治理理论视角下研究我国的实际问题，涉及政府治理、社区治理、生态治理等方面，形成"网络（化）治理+"模式。陈剩勇（2012）等认为，网络（化）治理"对推进当下中国的行政管理体制改革和治理转型，以及促进社会管理的创新和协同治理的形成，都具有重要的借鉴作用和启示意义"。[1] 朱立言、刘兰华论述了网络化治理中政府工具创新的问题。夏玉珍、杨永伟（2014）从网络化治理的角度探讨了公共服务供给的新途径，他们认为，"网络治理模式的特质是强调不同行动者之间沟通与互动、深入的决策资讯以及市场和第三部门的参与，借此开启平等参与的决策空间，避免政府垄断决策权力，从而强化公共服务供给的正当性基础"。[2] 毛羽（2014）等用网络化治理的视角探析失独家庭养老模式。[3] 王艺玲（2014）"以网络化治理理论为视角，明晰政府职能转变与其他社会主体发展的关系，培育非营利组织，构建政府间网络以及公私合作伙伴网络是实现我国政府职能转变的主要路径选择"。[4] 就笔者的考察，我国学者对网络（化）治理理论的研究分为两大方面：一是对网络（化）治理理论的介绍与解读；二是将网络（化）治理理论与我国地方政府及其他具体问题结合，创新解决途径。但是对网络（化）治理理论的引介文章多发表在核心期刊的杂志上，影响较大，这说明对网络（化）治理理论的本土化研究还未得到我国学者的重视。

（三）整体性治理理论本土化研究现状

整体性治理理论本土化研究过程中也呈现出"整体性治理理论+"的模式，但是更突出的特点是整体性视角下研究我国政府间关系或跨区域问题成为本土化研究中的一大热点与重点。崔警（2012）认为，"运用整体性治理理论，推进都市圈内各个地方政府自身行政管理体系的整合，构建跨区域整体性合作组织以及在此基础上形成的整体性协作治理网络是区域地方政府跨界公共事务治理的一种有益尝试"。[5] 韩兆柱、单婷婷（2014）基于整体性治理理论，"从组织架构、制度建设、技术支撑三个角度构建京津冀整体性府际关系协调模式"。[6] 丰云（2015）从整体性治理视角中

---

[1] 陈剩勇，于兰兰. 网络化治理：一种新的公共治理模式 [J]. 政治学研究，2012（2）：108-109.

[2] 夏玉珍，杨永伟. 网络化治理：公共服务供给模式的新路径 [J]. 甘肃理论学刊，2014（3）：21-26.

[3] 毛羽，方彦晓. 用网络化治理的视角探析失独家庭养老模式 [J]. 社会科学论坛，2014（11）：210-215.

[4] 王艺玲. 网络化治理视角下我国政府职能转变的实现路径分析 [J]. 牡丹江大学学报，2014（1）：106-108.

[5] 崔晶. 区域地方政府跨界公共事务整体性治理模式研究：以京津冀都市圈为例 [J]. 政治学研究，2012（2）：91-97.

[6] 韩兆柱，单婷婷. 基于整体性治理的京津冀府际关系协调模式研究 [J]. 行政论坛，2014（4）：32-37.

探讨湘江流域地方政府合作治理中"碎片化"的解决之道,"需要积极借鉴整体性治理的核心思想,重塑整体协同的治理理念,搭建扁平网络的治理结构,建立垂直统一的治理体制,构建协调整合的治理机制,从而促进湘江流域合作治理从碎片化到走向整体性"。[1] 在研究政府组织层级关系中,曾凡军(2012)借鉴了整体性治理理论,他指出,"有必要对政府组织层级关系进行有机整合,加强政府组织层级间的协同与合作,形塑整体性政府组织层级关系和整体性服务型政府,实现政府组织整体性治理"。[2] 在政府协同运作机制的研究中,谭学良(2014)认为,"整体性治理对于健全我国政府协同运作机制有着重要的借鉴意义。不断探寻微观层面多层次多功能整合与适用式组织架构的创设规律,并重视整体合作的公共服务组织文化与精神特质的培育。"[3] 通过笔者的考察研究发现,自从整体性治理理论被引进我国以来,学术界对它的关注度一直很高,而且在本土化的研究中主要集中在府际关系以及政府协同方面,笔者也将基于此系统地研究整体性治理理论的本土化。

(四)数字治理理论本土化研究现状

徐晓林(2004)探讨了数字治理作为一种技术工具在城市政府善治中的体系构建问题,"城市政府在进行数字治理的过程中,政府、企业和市民社会三者之间通过电子政务、电子民主和政府电子商务形成一个综合的数字治理体系实现互动"。[4] 在后续的研究中进一步指出,"数字治理借助其强大的技术优势,能形成良好的网络治理结构,加固城市政府善治的合法性基础,增强城市政府的透明性与回应性,明确城市治理主体的责任性,从而能够构建有效的城市政府善治机制,成为数字时代城市善治的理想选择"。[5] 王文凯、肖伟(2007)论述到数字治理理论本土化应注意的问题:"(1)主导逻辑的转变;(2)客观地对待NPM理论;(3)创造性地发挥数字治理模式的潜力;(4)避免技术狭隘观的误区;(5)走出官僚主义的困境。"[6] 在论述数字治理的兴起时,陈水生(2009)强调,"作为一种新型的治理理论,它对提升政府治理能力、增强政府回应性、解决社会问题、提供公共服务具有重要指导意义"。[7] 徐顽强、庄杰(2012)对非政府组织参与数字政府治理的

---

[1] 丰云. 整体性治理视角下的湘江流域治理策略研究 [J]. 四川行政学院学报,2015(3):36-37.

[2] 曾凡军. 基于整体性治理的政府组织层级关系整合研究 [J]. 广西社会科学,2012(11):109-114.

[3] 谭学良. 整体性治理视角下的政府协同治理机制 [J]. 学习与实践,2014(4):76.-83

[4] 徐晓林,周立新. 数字治理在城市政府善治中的体系构建 [J]. 管理世界,2004(11):140-141.

[5] 徐晓林,刘勇. 数字治理对城市政府善治的影响研究 [J]. 公共管理学报,2006,3(1):13-20.

[6] 王文凯,肖伟. 论数字治理模式及在我国的应用 [J]. 成都行政学院学报,2007(6):26-28.

[7] 陈水生. 新公共管理的终结与数字时代治理的兴起 [J]. 理论导刊,2009(4):98-101.

必要性以及机制研究问题进行研究，并指出，"只有实现以非政府组织为代表的社会力量与政府在互动平台上的有机协同，数字政府治理才能成为一个全方位和全新的治理系统，通过运用网络与信息技术，共同处理公共事务，最大限度地增进公共利益的福祉"。[1] 他们主张通过转变传统治理观念，加强数字治理的理论研究以及拓展参与机制加以实现，逐渐克服非政府组织在数字政府治理中的参与困境问题。

（五）公共价值管理理论本土化研究现状

国内对公共价值管理研究最早的文献是 2006 年陈振明的《战略管理的实施与公共价值的创造——评穆尔的创造公共价值政府中的战略管理》一文。文章"对该书作出简要评述，并认为公共部门战略管理途径对于中国公共部门管理尤其是政府管理职能与方式的转变，对于我国公共管理的知识体系以及课程体系的更新，都具有重要的参考价值"。[2] 台湾学者曹碗凌从公共价值管理案例研究的角度证明公共价值管理的实践影响力，在访问 BBC 的基础上于 2005 年 4 月发表的一篇题为《创造公共价值，参访 BBC 改革经验》的文章，详细介绍了作为公共机构 BBC 如何建构公共价值的整个过程和内容，从实证角度为台湾媒体通过改革来创造公共价值提供借鉴。吴春梅、翟军亮（2014）指出，"借鉴公共价值管理理论中的政府职能创新思想，结合场域性和阶段性特征，中国需要创新政府理念，将政府职能拓展为公共价值创造；需要优化政府职能，提升政府的公共价值创造能力；需要拓展服务途径，构建协商网络和服务递送网络，以实现公共价值的最大化"。[3] 通过分析，我国学术界对公共价值管理理论的关注还停留在理论译介、反思批判等认知层面，对公共价值管理理论的本土化研究较少，还未成熟，需要我们进一步探讨。

综上所述，西方公共治理前沿理论本土化研究的现状表明，用西方公共治理前沿理论指导我国服务型政府建设、政府协同、数字政府建设较多，"西方公共治理前沿理论＋模式"研究较多，直接与我国公共管理改革实践结合较多，对于我国"服务型政府"或"服务型公共治理共同体"等具有中国特色的理论构建较少，理论应用较少，理论本土化的必要性、适用性和可行性分析较少。"国内学者对国外公共管理理论和实践的热衷一直未曾减弱，而对于理论构建的本土化研究却一直较

---

[1] 徐顽强，庄杰，李华君.数字政府治理中非政府组织参与机制研究[J].电子政务，2012（9）：9-13.

[2] 陈振明.战略管理的实施与公共价值的创造——评穆尔的《创造公共价值：政府中的战略管理》[J].东南学术，2006（2）：27-34.

[3] 吴春梅，翟军亮.公共价值管理理论中的政府职能创新与启示[J].行政论坛，2014（1）：13-17.

为薄弱。"[1] 因此，笔者针对以上研究不足之处，进行西方公共治理前沿理论本土化的必要性、可行性和策略研究，一是借鉴西方公共治理前沿理论在思想和实践两个层面的创新之处构建具有中国特色的治理理论；二是通过理论研究与中国化，实现理论应用实践。

二、西方公共治理前沿理论本土化的必要性分析

"行政学研究只有面向本土经验，了解和解释我国的公共行政实践，才可能找到合适的分析中国公共行政实践的工具。"[2] 行政学的本土化是为了借鉴先进理论指导我国政府改革并解决我国实际问题。那么作为其中的一部分，西方公共治理前沿理论的本土化也是很有必要的，是中西方理论的差异、我国行政学科构建、社会转型的大背景和我国改革实践的迫切要求。

（一）学术背景："他山之石"与中西差异

"他山之石"是指西方公共行政理论较我国发展历史悠久、理论体系健全；中西差异表现在西方行政学理论的他域与本域的区别与局限。丁煌指出，"综观西方公共行政管理学100多年来的发展历程，不仅涌现出了一大批公共行政管理学的经典著作，而且也形成了一系列对于西方公共行政管理学科体系的完善和公共行政管理实践的改进均具有重要价值的公共行政管理理论"。[3] 西方公共管理学科发展历史悠久，体系健全，理论积淀深厚，而我国公共管理学科起步较晚，实际上是一个"舶来品"，去指导我国公共管理改革还很"吃力"。在这种国外强、本国弱的情况下，最直接的方式就是借鉴西方先进的公共管理理论，指导我国的改革实践。但是这种借鉴并非直接"拿来"，中西方国情与理论具有一定差异性，外域理论并非完全适用本土：其一，西方公共行政理论有着自身局限性。罗伯特·达尔讲道："人们也许可以想象有美国公共行政科学、英国公共行政科学和法国公共行政科学，但是否会有一门基于一组普遍原理基础之上、不依赖各国特色背景的'公共行政科学'呢？"[4] 也就是说，西方公共行政理论并不具有普适性。其二，我国国情的特殊性，国外行政学理论并不完全适用于我国，不可照搬。"行政学众多书籍中，多是西方的行政理

---

[1] 黄新华，黄培茹.中国公共管理理论研究的进展——近10年研究的评述[J].东南学术，2009（5）：27-37.

[2] 何艳玲.危机与重建：对我国行政学研究的进一步反思[J].中国人民大学学报，2007，21（4）：12-15.

[3] 丁煌.西方公共行政管理理论精要[M].北京：中国人民大学出版社，2007：4.

[4] ROBERT A.DAHL.The Science of Public Administration：Three Problem[J].Public Administration Review，1947，7（1）：1-11.

论，国内理论界处于'失语'状态；而我国国情的特殊性则使西方行政学理论在我国的运用出现了背景倒置的问题。由此，行政学本土化或中国化问题开始进入学者的视野。"[1]总之，中国公共治理理论需要完善，需要借鉴西方公共治理前沿理论，这种借鉴不是引用，因为中西国情不同，理论有差异，这就要求我国公共管理学者们关注到西方公共治理前沿理论的本土化研究。

（二）学科背景：我国公共行政学科的反思与发展

公共行政正在消失吗？我们需要反思中国的公共行政学。黄达强等学者在早期的行政学教材中强调："必须根据我国的国情，从实际出发，借鉴别人的经验，探索中国特色行政管理理论和方法，以期实现中国行政管理科学化。"[2] 2016 年 3 月 18 — 22 日，美国 *Public Administration Review* 杂志主编詹姆斯·佩里（James Perry）在西雅图举行的美国公共行政学会 ASPA（The American Society for Public Administration）第 77 届年会上演讲了一个报告，并提出了一个重要且备受关注的问题："公共行政正在消失吗？"这篇报告发表在 PAR2016 年第二期中，这个问题是当前中西方公共行政或公共管理学科与领域需要认真反思的，并需要展开讨论。他敏锐地指出公共行政正在消失的三个关键原因："一是因政策执行的失败而消失；二是为高等教育所抛弃而消失；三是因理念、理论的不足而消失。"[3]结合我国公共行政学科研究现状，笔者认为我国政策执行呈现渐趋成熟之势，还不能造成公共行政的消失；高等教育已经成熟，高校的行政管理专业的本科、硕士、博士教育体系健全，且开设公共管理学科相关专业的高校较多，行政管理专业也是全国的热门专业，不能构成公共行政消失的原因。行政理论的不足是我国公共行政学科的现状，这种在理论或知识上的缺乏将影响我国公共行政学科的发展。学科的发展需要理论补充，需要借鉴前沿理论，西方公共治理前沿理论的本土化研究是促进公共行政学科发展的内在要求。詹姆斯·佩里之问需要引起我们的重视，我们要反思我国的公共行政学几十年来的发展情况。马骏反思我国公共行政学，提出"研究重心非中国化；规范理论的贫困；缺乏指导实践的能力"[4]等问题，他还指出："如果国家决定依赖中国的公共行政学家来获得政策咨询，我们能不能作出自己的贡献？如果我们的研究仍然不能运用现代社会科学的研究方法构建出本土化的中国公共行政理论，我们又如何能对中国的改

---

[1] 芮国强. 行政学本土化：内涵、意义及路径 [J]. 江海学刊，2008（6）：93-97.

[2] 黄达强，刘怡昌. 行政管理学 [M]. 北京：高等教育出版社，1990.

[3] JAMES L.PERRY.Is Public Administration Vanishing？ [J].Public Administration Review，2016，76（2）：211-212.

[4] 马骏，张成福，何艳玲. 反思中国公共行政学：危机与重建 [M]. 北京：中央编译出版社，2009.

革作出贡献呢？"[1] 由此而言，本土化西方公共治理前沿理论是反思我国公共行政学发展现状的结合，是促进我国公共行政学为中国改革作出更大贡献的迫切要求。

（三）社会转型：全球化与后工业化

20世纪后期，人类社会进入全球化、后工业化的运动进程。"生产力越发展，各民族的原始封闭状态由于日益完善的生产方式、交往以及因交往而自然形成的不同民族之间的分工消灭得越彻底，历史也就越是成为世界历史。"[2] 在生产力发展的动力下，掀起了全球化浪潮。全球化是人类由工业社会转向后工业社会，即后工业化发生的一场运动，席卷全球；后工业化通过全球化开辟道路。在实践方面，这场运动正在发生着，在理论建构方面，"对人类的一个封闭的、片段的和简化的理论的丧钟敲响了，而一个开放的、多方面的和复杂的理论时代开始了"[3]。在这场社会转型运动中，我们的时代呈现出了高度复杂性、高度不确定性的特征。这种高度复杂性既不像农业社会那样简单化、本域化，不具有流动性，也不像工业社会的秩序性、可预测性和稳定性，因为"市场的要素是秩序、可预测性、稳定性和可靠性"[4]，它的高度复杂性体现在社会的脱域化，人口的流动性增强，社会主体的多元化，社会结构的网络化，社会问题的复杂化。高度不确定性反映出这个时代危机事件的频发和高风险，"进入21世纪后，人类突然发现自己陷入危机事件频发的泥淖之中了，时时处处受到危机事件的困扰。其实，大致从20世纪70年代开始，人类就进入了一个高度风险的社会"[5]。除此之外，信息技术的发展带来了社会主体行为模式的变革，"各种机构将不再是在一个固定地点工作的人员的分散的集合体，而是联系从事大量经济和社会交往的人的不稳定的通信网络"[6]。在高度复杂性、高度不确定性的时代背景下，传统的控制－命令式、垂直管制型的治理方式已经不能再适应这个时代，需要一种新型的治理理论或模式应对社会转型带来的困境或挑战。这种新型的理论必须适应多元主体、网络结构、合作行动、工具多样的特征，而20世纪后期兴起的公共治理理论具有以上的特征，是一种前沿性的理论。我国在应对全球化、后工业化进程带来的挑战时需要将西方公共治理前沿理论本土化，构建中国特色的治理理论。

---

[1] 马骏. 中国公共行政学研究的反思：面对问题的勇气 [J]. 中山大学学报（社会科学版），2006，46（3）：73-76.

[2] 中共中央马克思恩格斯列宁斯大林著作编译局编译. 马克思恩格斯选集（第一卷）[M]. 北京：人民出版社，1995：88.

[3] 莫兰. 迷失的范式：人性研究 [M]. 陈一壮，译. 北京：北京大学出版社，1999：173.

[4] 丹尼尔 W 布罗姆利. 经济利益与经济制度——公共政策的理论基础 [M]. 陈郁，译. 上海：上海人民出版社，2006：59.

[5] 张康之. 论风险社会中的治理变革 [J]. 天津行政学院学报，2010，12（1）：49-56.

[6] W E 哈拉尔. 新资本主义 [M]. 冯韵文，黄育馥，译. 北京：社会科学文献出版社，1999：126.

（四）时代背景："四个全面"与治理时代

中国是一个特殊的国家，自从改革开放后，中国开始了工业化进程，中国综合实力发展迅速，社会形态不断升级。全球化的浪潮席卷到中国时，也促进了中国的后工业化进程。它的特殊性在于工业化与后工业化同步进行，后工业化与全球化同时进行。在这种社会大环境下，我国提出了"四个全面"，特别是全面深化改革，这种改革也面临着种种考验与各样挑战，我国需要一种新型的公共管理方式来回应考验，促进后工业化。在"十三五"新时期，我国经济上保持新常态，发展处于中高速、结构不断优化升级；政治方面，法治国家、法治政府、法治社会共同推进，法治化、民主化、制度化成为政治新常态；社会组织发展迅速，公民参与度提高，社会主体呈现多元化。在这种新的时代背景下，我们必须创新治理模式。党的十八届三中全会提出，"完善和发展中国特色社会主义制度，推进国家治理体系和治理能力现代化。"[1] 这宣示着治理时代的到来。

总之，西方公共行政学理论特别是公共治理前沿理论的本土化是中西方公共行政理论差异，特别是西方公共治理理论具有前沿性和可借鉴性的学术背景诱发的；是对中西方公共行政学的反思，特别是在我国公共行政学自身反思的学科发展背景下促使的；是人类社会转型，特别是在从工业社会向后工业社会转型，全球化、后工业化运动背景下催生的；是我国"四个全面"，特别是进入治理时代背景下的完善治理体系、提升治理能力的迫切要求。

三、西方公共治理前沿理论本土化的可行性分析

理论来源于实践，是对实践的反思与总结。西方公共治理五大前沿理论本土化可行，需要分析其适用领域并结合我国改革实际。一是要考察这些领域应用在哪些案例中，通过分析理论应用于实践的案例得到启示，即这些理论的适用范围；二是要结合我国现代化进程中政府改革或公共管理的实践，将这些理论与我国实际的改革战略或策略结合起来，考察二者是相克还是相生。

（一）西方公共治理前沿理论的适用范围分析

我们如果研究理论的本土化问题，就需要首先考察从西方产生的理论在实践中的应用，即考察适用范围的问题。笔者在此选取了西方国家应用五大前沿理论的案例（见表1），通过案例分析，笔者考察西方公共治理前沿理论应用策略及对我国的启示。关于新公共服务理论适用范围，笔者选取了美国"9·11"事件和"公民第

---

[1] 中国共产党第十八届中央委员会第三次全体会议公报 [EB/OL]．(2013-11-14)．http：//news.xinhuanet.com/house/tj/2013-11-14/c_118121513.htm．

一"运动，两个案例突出特点是强调公务员的公共服务精神和公民需求第一位的问题，表明在美国产生的新公共服务理论适用于处理政府与公民的关系问题。在政府职能转变与革新、公务员精神打造、民主治理、政府治理理念、公民权利等方面，新公共服务理论具有一定的借鉴意义，可用于指导我国的服务型政府建设、公共服务改革，为我国的治理输送了"服务"的理念。关于网络（化）治理理论的适用范围，笔者从网络（化）治理理论的代表作《网络化治理：公共部门的新形态》一书中选取了美国金门国家休闲娱乐区和曼哈顿项目两个案例。两个案例表明，在大型项目建设过程中，需要社会多元主体进行合作治理，形成政策网络或治理网络，主体间构成合作伙伴关系。由此表明，网络（化）治理理论适用于处理复杂问题、大型项目、多元主体参与背景下的治理问题，可用于指导我国处理政府与市场、社会的关系，推进合作治理，打造新型的政府未来治理模式——合作型政府，为我国治理结构输送了"网络"理念。关于整体性治理理论的适用范围，笔者选取了英国现代化政府战略和澳大利亚联合政府战略，英国打造整体政府，是针对撒切尔夫人时代的竞争性政府、分权化政府、"碎片化"政府所导致的问题而进行的一种改革。在政府机构协调、职能整合、提供服务整体性等方面具有一定的前沿性；澳大利亚政府横纵向的改革对我国"条块分割"问题、地方政府协同问题、府际关系问题都具有借鉴意义，为我国的协同战略输送了"整体性"理念。关于数字治理理论的适用范围，笔者引用了英国数字政府和美国电子政府战略，信息技术战略、云战略、政府数字化、信息平台等措施对于我国"互联网+"和数字政府的打造有一定借鉴意义，为我国政府现代化建设输送了"大数据"或"数字"理念。关于公共价值管理理论的适用范围，笔者从公共价值管理理论代表作马克·穆尔（Mark Moore）的 *Creating Public Value: Strategic Management in Government* 一书中选取了图书管理员应对图书馆新情况的问题，该案例系统地介绍了公共价值管理过程，公共管理者面对复杂的、动态的环境及新情况的出现，要具有战略者的思维，追求公共价值的创造，利用一切可利用的资源寻求公共价值。该案例表明公共价值管理理论适用于公共价值的寻求和公共部门战略管理等领域，为我国的改革输送了"公共价值"或"战略管理"等理念。

在此基础上，笔者认为，西方公共治理前沿理论的本土化不能停留在译介方面，需要结合我国全面深化改革实践并进行理论建构与实践应用，即理论的中国特色和理论指导实践。如新公共服务理论与服务型政府建设的结合，网络（化）治理理论与合作治理理论的结合，整体性治理理论与政府协同战略的结合，数字治理理论与智慧城市建设的结合，公共价值管理理论与公共部门战略管理改革的结合。总之，笔者认为，西方公共治理五大前沿理论能够适应我国目前正在进行的公共管理改革，并具有一定的前沿性，值得我国借鉴。

表 1　西方公共治理前沿理论国外实践应用的案例

理论	案例	内容	启示
新公共服务理论	美国"9·11"事件	"救火队员精神",公共服务的精神并不只限于公务员,还应拓展到公民,注重公民权与公共服务	公民权与公共服务
	美国"公民第一"运动	公民必须承担居民区和社区的责任;公务员必须乐意倾听公民的声音,把公民需求放在第一位	公民第一
网络(化)治理理论[1]	美国金门国家休闲娱乐区	该区依赖合作伙伴完成从维修历史性建筑到救助海洋哺乳动物的所有工作,而该区的服务雇员仅占18%	合作伙伴关系
	美国曼哈顿项目	在建造原子弹的过程中,美国政府建立了一个庞大的网络,由10多个大专院校、24个公司伙伴和成千上万个受雇于联邦洛杉矶实验室的科学家共同组成	合作政府
整体性治理理论	英国《现代化政府》[2]	1.政策制定小组;2.联合供给小组;3.建立联合预算;4.协调性地方机构;5.明确交叉职责;6.协调采购	整体政府
	澳大利亚联合政府[3]	1.横向上,澳大利亚队国家安全、科学、统计、环境、区域发展、就业等领域进行了革新,实现了组织间的跨部门合作;2.纵向上,澳大利亚强化了总理在行政领域的主导地位,实行统一的财政管理体制	协同政府
数字治理理论	英国政府数字化进程[4]	1.英国的默认数字化;2.英国政府信息通信技术战略;3.英国政府云战略;4.英国政府数字化战略	数字政府
	美国数字政府战略[5]	21世纪构建一个平台,更好地为美国人民服务,包括信息中心、共享平台、顾客为中心、安全性与隐私	电子政府
公共价值管理理论	美国镇图书管理员应对图书馆新情况[6]	1.公共管理者要以更开阔的视野和更包容的胸怀来定义新的需求者;2.关注外部环境;3.公共管理者是战略思考者;4.动员支持、合作的政治管理活动	创造公共价值

(二)我国公共管理实践为西方公共治理前沿理论本土化提供条件

美国学者莫·托达罗(Todaro)说"公共行政是发展中国家最稀缺的资源"[7],这是因为我国改革开放以来,特别是加入WTO以来,我国政府管理能力面临着巨大的挑战,而且发展中国家在向发达国家迈进的过程中,政府治理能力的提升是重要的因素。同样,西方公共治理前沿理论本土化是否有意义,本土化是否可行,取决于我国当前的公共管理实践是否需要先进的理论指导。毋庸置疑,我国目前正在进

---

[1] 斯蒂芬·戈德史密斯,威廉 D 埃格斯.网络化治理:公共部门的新形态[M].孙迎春,译.北京:北京大学出版社,2008.
[2] 曾维和."整体政府"论——西方政府改革的新趋向[J].国外社会科学,2009(2):106-112.
[3] 许可.国家主体功能区战略协同的绩效评价与整体性治理机制研究[M].北京:知识产权出版社,2015:59.
[4] 孙敏.英国数字时代治理理论研究与应用的新进展及其启示[D].武汉:华中师范大学,2015.
[5] WHITE HOUSE GOV.Digital Government:Building a 21st Century Platform to Better Serve the American People[EB/OL].(2016-05-07).https://www.whitehouse.gov/sites/default/files/omb/egov/digital-government/digital-government.html.
[6] MARK H.MOORE.Creating Public Value:Strategic Management in Government[M].Cambridge,Massachusetts:Harvard University Press,1995.
[7] M P 托达罗.第三世界的经济发展(下册)[M].北京:中国人民大学出版社,1988.

行的服务型政府建设与公共服务改革需要吸收美国新公共服务理论中前沿性的理念；随着全球化、后工业化，我国社会结构呈现网络状形态，在网络化的结构中探讨合作治理的问题需要借鉴西方网络（化）治理理论；区域协同发展战略需要借鉴英国整体性治理理论；"互联网＋"理念的提出及智慧城市建设的推进，为数字治理理论本土化提供了适应的土壤；我国公共部门战略管理的兴起需要公共价值管理理论作为指导。

1. 服务型政府建设与公共服务改革

在学术研究中，"服务型政府"这一概念是2001年由张康之在《限制政府规模的理念》一文中最早明确提出的，他在文中指出："要从根本上限制政府规模，就必须对政府存在的哲学理念作以重新整理。我们的看法是，需要建立起一种全新、完全不同于传统的统治型政府和近代的管理型政府的新型政府，我们把这种新型政府称作服务型政府。"[1] 在官方话语中，2004年2月21日，温家宝同志在省部级主要领导干部"树立和落实科学发展观"专题研究班结业式上正式提出"建设服务型政府"，并在2005年3月5日的《政府工作报告》中明确提出"努力建设服务型政府，创新政府管理方式，寓管理于服务之中，更好地为基层、企业和社会公众服务"。服务型政府的理论研究与实际建设已经有十余年之久，并也将是我国创新政府治理模式的一种路径选择，我国服务型政府的理念与美国的新公共服务理论有着异曲同工之妙，在我国大力建设服务型政府过程中也需要比较借鉴美国的新公共服务理论的先进之处。在服务型政府建设背景下，我国政府公共服务改革也是如火如荼地进行，其中突出的改革措施就是公共服务市场化、合同外包以及PPP模式。我国近年来大力进行的公共服务改革所借鉴的经验则是西方新公共管理时代的市场化、民营化经验，根据我国学者对新公共管理时代政府管理策略的研究，民营化措施很容易导致价值理性的忽视，所以针对我国正在进行的公共服务改革，必须借鉴批判新公共管理忽视价值理性而建构的新公共服务理论。张康之指出，"中国的行政学不能简单停留在对西方行政学的学习和借鉴上，需要根据中国的'服务行政'模型进行理论建构与学科建设"[2]。总之，服务型政府的建设与公共服务改革为新公共服务理论本土化提供了广阔的天地。

2. 社会结构网络化与合作治理

2012年，我国公共管理学界元老夏书章发表了一篇名为《加强合作治理研究是时候了》的文章并指出，"我所看好的公共管理未来十年前景，也正是在很大程度上寄厚望于能开创中国特色社会主义合作治理的新格局，从而走向伟大民族复兴的无

---

[1] 张康之. 限制政府规模的理念 [J]. 人文杂志，2001（3）：55-60.

[2] 张康之. 从行政学的历史中解读我国行政学的研究方向 [J]. 理论与改革，2002（3）：5-8.

比辉煌"。[1] 他明确指出，合作治理既是我国公共管理未来的新格局，也是促进国家富强、民族复兴的有效治理模式。张康之提出合作治理是社会治理变革的归宿，"从现实来看，后工业化已经造就了新的社会形态，在社会治理的意义上，已经呈现给我们多元治理主体并存的局面。从这一现实出发，我们需要建构的是一种合作治理模式"。[2] 在实践层面上，全球化、后工业化呼唤一种新型的治理模式，我国现代化建设也需要创新治理模式，改变传统的统治与管制，面对社会复杂化、主体多元化、结构网络化、利益关系紧密化现状，需要采取合作的方式整合社会资源，达到善治。在学术研究层面上，我国公共管理的未来研究热点与重点领域应当是治理理论的建构与模式的探索，构建合作治理理论与模式是大势所趋。在学术研究与实践两个层面推动着合作治理的进程，一是需要借鉴西方公共治理先进经验，加强西方公共治理前沿理论的研究；二是探索适合合作治理的网络化结构，这需要网络（化）治理理论作为支撑。由此可见，作为我国社会治理变革归宿的合作治理为西方公共治理前沿理论本土化提供了可行性的条件，特别是提供了相应的治理土壤。

3. 区域协同发展战略与"大部制"改革

区域协同发展战略是我国国家治理在跨区域、地方政府间合作或协同的一种体现，国家"十三五"规划纲要明确指出，"深入实施西部开发、东北振兴、中部崛起和东部率先的区域发展总体战略，创新区域发展政策，完善区域发展机制，促进区域协调、协同、共同发展，努力缩小区域发展差距"。[3] 笔者以"京津冀协同发展"为例，京津冀的协同发展涉及理念层面需要协同、整合的思维，空间层面需要交通一体化，服务层面需要基础设施协同，生态层面需要环境治理的合作。其中，地方政府的协作是协同战略实施的关键环节，府际关系、职能整合、机构协调、目标统一、行动整体，这就需要一定的理论指导。整体性治理理论所强调的协调、整合、整体主义等思想都能在此得到体现，而且通过上文分析，起源于英国的整体性治理理论适用于政府部门间的关系协调，机构整合，行动统一，对于我国区域协同发展战略具有巨大的促进作用。另外，政府为适应经济环境的变化，需要高效的运作，就需要对政府机构进行改革。"大部制"改革是我国政府机构改革的一个缩影，将政府内部机构进行合并，整合进一个跨域职能结构的大部门体制中，克服服务的"碎片化"，提高效率。我国目前正在进行的政府机构改革也为整体性治理理论本土化提供了相适应的土壤。

---

[1] 夏书章. 加强合作治理研究是时候了 [J]. 复旦公共行政评论，2012（2）：1-4.

[2] 张康之. 合作治理是社会治理变革的归宿 [J]. 社会科学研究，2012（3）：35-42.

[3] 中华人民共和国国民经济和社会发展第十三个五年规划纲要 [EB/OL].（2016-03-18）. http://sh.xinhuanet.com/2016-03/18/c_135200400_9.htm.

4. "互联网+"与智慧城市建设

国家"十三五"规划纲要提出"实施'互联网+'行动计划，促进互联网深度广泛应用，带动生产模式和组织方式变革，形成网络化、智能化、服务化、协同化的产业发展新形态"。"互联网+"或大数据战略是国家治理在网络空间和治理技术领域的体现，利用网络数据进行社会治理，是我国顺应信息时代来临这一社会背景作出的社会治理方式的创新。就公共管理方面，"互联网+"主要体现在电子政府或数字政府建设方面，英国政府在十年之前已经有所尝试，并在整体性治理理论基础上形成了数字治理理论，这为我国数字政府或电子政府的建设提供了丰富的经验。另外，国家"十三五"规划纲要也明确提出推进新型城镇化建设，而在信息化的基础上打造智慧城市是推进新型城镇化的一个重要推力。智慧城市的建设是在城市规划、城市基础设施、建设与居住、市政管理、城市安全与保障等方面运用互联网思维和大数据技术。起源于英国的数字治理理论在利用互联网和大数据进行社会或城市治理方面有着丰富的经验，数字治理理论对于指导我国智慧城市建设有着重要的意义，助力我国新型城镇化发展。

5. 创造公共价值与公共部门战略管理

国家"十三五"规划提出"创新、协调、绿色、开放、共享"的五大发展理念，其中，"绿色"是强调生态环境的保护与治理，"共享"强调的是发展成果由人民共享，政府由唯 GDP 论逐步转向经济、公平和生态共同关注。对于当下之中国而言，民主、法治、正义、公平、合法性、公民参与、效率、经济、效益等价值因素都无法成为唯一的价值标准，社会的多元化，也意味着价值评判或追求的标准的多元化，以上某个单一的因素已经无法概括整个社会。所以，首先，我们需要一个价值来综合它们，那就是公共价值。以上价值因素只是不同价值类型的价值集的元素，而公共价值能够概括它们。其次，我国政府逐步具有"顶层设计"思维，在"摸着石头过河"的基础上，发挥"顶层设计"思维的作用，进行宏观调控，战略管理。公共管理者具备战略管理思维是应对高度复杂化、高度不确定社会的必然要求。公共部门战略管理"将关注的焦点由内部转向外部，从注重日常管理转向组织未来的发展管理；它着重考察组织的内外环境，确定组织的目标和使命；它面向未来，给组织以正确的定位，以处理日益增长的不确定性"。[1] 如果说合作是面对未来高度复杂性和不确定性社会应采取的方式，那么战略管理应当是公共管理者应具备的思维。战略管理者追求的不是某一个目标，而是公众的期望，是公共价值，他的使命是创造公共价值。20 世纪 90 年代产生的公共价值管理理论对于我国来说具有前沿性、先进性的借鉴意义，本土化公共价值管理理论能为我国打造面向未来挑战的公共管理者

---

[1] 陈振明. 公共管理学 [M]. 北京：中国人民大学出版社，2005：464.

和公共部门。

综上所述，西方公共治理前沿理论的本土化对我国公共管理学术研究与实践应用来说，既适用又可行。但是，在审视西方公共治理前沿理论过程中，还应看到不适应性。西方的政体结构、政治制度、政治文化与我国不同，西方公共治理前沿理论产生于西方的现实社会背景，所以，在对西方公共治理前沿理论进行本土化研究时，我们要取其精华，结合我国国情，将西方公共治理理论的优秀元素与我国治理相结合，打造中国化的治理理论；用西方公共治理前沿理论指导我国公共管理实践，实现理论的应用化。

四、西方公共治理前沿理论的本土化策略

罗伯特·达尔（Robert Dahl）认为："从某一个国家的行政环境归纳出来的概论，不能够立刻予以普遍化，或被应用到另一个不同环境的行政管理上去。一个理论是否适用于另一个不同的场合，必须先把那个特殊场合加以研究之后才可以判定。"[1] 笔者认为，西方公共治理前沿理论的本土化策略可以分为理论的中国化和理论的应用化。理论的中国化是指吸收西方公共治理前沿理论的先进理念，与我国公共管理理论相结合，创造具有中国特色的治理理论；理论的应用化是指用西方公共治理前沿理论指导我国公共管理，助力我国现代化的改革实践。

（一）西方公共治理前沿理论的中国化

1. 创新治理理念：服务、网络、合作、大数据、公共价值

新公共服务理论、网络（化）治理理论、整体性治理理论、数字治理理论和公共价值管理理论分别为我国公共管理理论界贡献了服务、网络、合作、大数据和公共价值等理念。新公共服务理论所强调的"服务"理念渗透着民主治理、公民精神和公共利益的价值。民主治理强调基于价值观的共同领导，公民精神体现在公民权、公民参与治理、提供优质公共服务等方面，公共利益是"公共行政官员必须促进建立一种集体的、共同的公共利益观念。这个目标不是找到个人选择驱动的快速解决问题的方案，确切地说，它是要创立共同的利益和共同的责任"。[2] 因此，我国在构建服务型政府及进行公共服务改革的时候也应注重服务理念，强调公民价值、公民参与、民主治理以及优质公共服务。网络（化）治理理论所提倡的"网络"并不是互联网、因特网的虚拟网络，在公共管理学科体系中，"网络"是指人与人、人与组织、组织与组织

---

[1] ROBERT A.DAHL.The Science of Public Administration：Three Problem[J].Public Administration Review，1947，7（1）：1-11.

[2] 珍妮特 V 登哈特，罗伯特 B 登哈特.新公共服务：服务，而不是掌舵[M].丁煌，译.北京：中国人民大学出版社，2010：47.

等纵横交错的复杂的关系,这种关系呈现出网络状,多用来指治理主体之间的行动关系。它赋予了我国社会网络状结构的深刻内涵,为我国治理提供了适合的结构。这种治理结构的网络化有助于为我国提供政策网络、服务网络、管理网络以制定正确的公共政策,提供令公民满意的公共服务,优化社会管理。因此,在我国,国家治理、政府治理和社会治理都应该拥有"网络"结构的理念,利用这种息息相关且复杂的网络综合各种资源、借助各种力量,实现善治。网络(化)治理理论强调结构的网络化与治理主体的多元化,整体性治理理论强调协调、整合与整体性行动,二者结合催生了"合作"的理念。合作似乎已经成为公共管理学界的研究主题,在这种高度复杂化、高度不确定的背景下,社会结构网络化、治理主体多元化、治理机构的整合化、治理行动的一体化都呼唤着合作的产生,不论国外还是国内,在治理的活动中,公共治理者必须具备合作的理念。数字治理理论所提倡的公共治理数字化变革为我国治理提供了"大数据"理念的借鉴。公共治理主张政府与社会组织、公民的合作治理,在网络结构中共享信息、供给资源、分担风险,面对日新月异的世界及复杂且易变的问题,治理主体必须反应迅速。在治理活动中应用大数据技术可以进行数据分析、信息共享与治理预测,能够很好地应对后工业化带来的复杂性问题的挑战,大数据是公共治理中不可或缺的技术性理念。公共价值管理理论以提倡公共管理者以创造公共价值为使命而引起学术界的注意,对于我国而言,这是一个急需的治理理念。我国正处于"四个全面"和"十三五"规划阶段,改革发展需要一个明确的目标与方向,既不能按照传统的注重GDP为路线,也要改变牺牲环境、发展经济的老思路。我国的现代化建设及公共管理实践必须将经济(GDP)、社会公平和生态环境保护三者统一起来,这就需要我国的公共治理主体以创造公共价值为使命。

2. 构建治理结构:平台型、互动型、依赖型、合作型、网络型

我们通过对西方公共治理前沿理论的研究发现,对治理主体关系的处理是治理活动中最为关键的部分,治理主体关系所形成的相应治理格局或结构是一切治理活动的基础,我们所采取的一切治理方式或活动都依赖于既定的治理结构。因此,对于我国治理理论,特别是治理结构的构建与创新的启示就是创造与我国国情相契合的治理结构。笔者认为,这种治理结构应当是以平台型结构为基础,互动型结构为主要体现,依赖型结构为常态,合作型结构最有效,网络型结构为典型特征的治理格局。对于政府而言,这是由垂直结构向网络结构转变的体现;对于非政府组织而言,这是由边缘结构向平台型结构的转变;对于治理各方主体而言,这是由单一结构向互动型、依赖型、合作型结构的转变。构建中国特色的治理结构,首先是平台型结构,这是垂直结构向网络结构转化的第一步。在制定公共政策或社会治理过程中,政府由于精力或资源有限,对于一些事物采取"退居二线"的姿态,让社会组织和公民参与到治理体系中来,政府为其他主体的参与提供一个合适的平台。在这

个平台上，政府划定治理的范围，明确各大主体的角色与责任，指定治理目标，政府"旁观"监督。这种平台型结构是网络结构中的初级结构，政府具有一定的导航作用，起着搭建平台、提供治理所需条件或相应保障的作用。在平台型结构基础之上，需要构建互动型结构。互动型的结构是超越平台型结构的，在治理平台中，各大主体并非"各扫门前雪"，他们会在既定目标或总体目标基础上，通过结合自身状况分解目标，相互沟通、相互借鉴，通过协商或讨价还价的方式确定自己的角色与目标，政府也参与其中，而不是目标制定者。但是在这种互动型结构中容易使得治理主体的界限或责任模糊化，因此政府还要担任平台秩序的守护者，明确各大主体的权利与义务，强化责任意识。治理主体在互动型结构中形成了一种沟通、互动、协调的关系或模式，这种频繁的交流与沟通容易促使各大主体达到相互依赖的状态，从而构成依赖型结构。主体之间的依赖关系是这种治理结构中的常态，主体之间之所以相互依赖，是因为社会的复杂性与不确定性造成治理所要解决的问题棘手化或碎片化，某一个单一的主体无法完全依靠自身的力量完整解决，提供整体性的服务，信息、知识、时间等资源的限制使得治理主体间相互依赖。这种依赖关系是相互的，政府有失败的时候，市场也有失灵的时候，社会组织或公民也有自身的局限性，这就导致他们不得不利用其他主体的资源，形成一种依赖关系。这种依赖关系在治理平台之中会成为常态，一旦治理目标确定、机制形成，各大主体就会采取行动，这种行动就是建立在依赖关系基础上的合作。"行动者的相互依赖是网络关系最本质的特征，正因为相互依赖才能使行动者实现地位的平等，正因为相互依赖才需要采取合作的策略活动。"[1] 所以在治理活动过程中最典型的特征就是治理主体之间形成合作的关系，构成合作型结构。合作型结构主要体现在治理策略中，金钟燮指出，"随着公民社会能力、网络化和沟通结构的扩展，科层统治的观念已经逐渐转变成公共领域内多方面的互动，这种多方面的互动过程以话语体系为导向，具有非等级、水平型、合作型的特征"[2]。合作是治理的一种有效方式，"政府需要抛弃那种主要是提供社会秩序的思维定式，转而积极创建社会合作体系，通过公共政策以及各个方面的政府过程去引导社会合作行为，在合作行为中形塑出社会和谐的机制，从而获得一种合作的秩序。"[3] 这种平台型、互动型、依赖型、合作型的结构特征构成了网络化的治理结构，主体多元、沟通互动、相互依赖、合作策略成为网络的主要特征。在网络状治理结构中，政府发挥着"元治理"的作用，"在制度上，要提供各种机制，促使有关各方集体学会不同地点和行动领域之间的功能联系和物质上的相互依

---

[1] 陈振明. 公共管理学 [M]. 北京：中国人民大学出版社，2005：152.
[2] 金钟燮. 公共行政的社会建构 [M]. 孙柏英，等译. 北京：北京大学出版社，2008：165.
[3] 张康之. 走向合作的社会 [M]. 北京：中国人民大学出版社，2016：174.

存关系；在战略上，促进建立共同的愿景，从而鼓励新的制度安排和新的活动，以便补充和充实现有治理之不足"[1]。

3. 转变治理方式：协调、整合、共享、信任、合作、责任

治理结构的网络化最基本的特征就是治理主体多元化、职能分散化、资源有限性，在这种治理结构中，要想实现治理目标就必须将主体、职能、资源统一起来。所以，我们需要转变传统的治理方式，变统治为治理，变科层为网络，变控制为协调，变分散为整合，变权威－命令为信任－合作。"信任是合作的润滑剂，信任是合作的情感基础。与此相反，不信任破坏合作。如果完全不信任，在自由行动者之间的合作将会失败。"[2]信任代替了传统科层制中的权威，通过信任克服集体行动的困境。因此，在治理时代，治理方式应当是以协调、整合、共享、信任、合作、责任为主。正如佩里·希克斯（Perri 6）所言，"整体性治理并不是一个新的概念，它实际上就是指如何通过协调与合作来实现组织目标"[3]。治理需要机构的协调，整体性治理擅长解决跨部门的协同问题，以京津冀协同发展为例，京津冀三地的协同是以三地政府协同为支撑，但是由于地方政府以本地利益为导向，因此很难达成共识，所以在京津冀协同的这个平台或网络化结构中，需要成立一个凌驾于三地政府级别之上的京津冀协同发展联合体，促进三地政府机构的协调，达到行动统一，一体化发展。机构的协调是为了职能的整合，由于网络化结构的存在多元主体的职能有可能"碎片化"或重构，在这基础上合作会产生矛盾，降低效率，因此我们需要整合各大主体职能，将其系统化。职能的整合有利于资源的共享，所以治理效力的提高还在于资源的有效沟通与共享。各种治理主体或行动者通过对话与沟通，在集体行动或治理行为的平台中相互交流信息，共享资源，寻求共性，强化合作。"如果说价格竞争是市场的核心协调机制，行政命令是等级制的核心机制的话，那么信任与合作则是网络的核心机制。"[4]为什么说采取合作的策略活动是最有效的治理方式？因为从经济学"理性经济人"假设的角度来看，治理平台中的各大主体都有自利的一面，所以沟通、协商、互动的过程其实是讨价还价的过程，从经济学角度看，是一种博弈过程，"当博弈各方协调一致去寻找有利于共同盈利的战略时，就会出现协同性均衡状态了"[5]，合作策略是既最有利于自己，也最有利于集体的策略活动。单

---

[1] 俞可平. 全球化：全球治理[M]. 北京：社会科学文献出版社，2003：79.

[2] 彼得·什托姆普卡. 信任：一种社会学理论[M]. 程胜利，译. 北京：中华书局，2005：82.

[3] PERRI 6，DIANA LEAT，KIMBERLY SELTZER，et al. Towards Holistic Governance：The New Agenda[M]. New York：Palgreve，2002：9.

[4] 俞可平. 治理与善治[M]. 北京：社会科学文献出版社，2000：95.

[5] 保罗 A 萨缪尔森，威廉 D 诺德豪斯. 经济学（上册）[M]. 北京：北京经济学院出版社，1996.

独行动只能产生"零和",共同合作才会多赢。另外,治理中各大主体或行动者责任的模糊化是治理的一大问题,"由于合作网络建立在政府部门与非政府部门共享权力、分担责任的机制上,带来了公私界限的模糊、责任认定的困难,这为公共行动者互相推诿、转嫁责任提供了可能"。[1] 因此创新治理方式还必须注意明确责任的问题,加强公务员责任意识,完善行政问责制、责任追究、终身问责制等。

4. 优化治理工具:大数据技术、数据分析、信息共享

治理工具是治理主体执行国家意志、落实公共政策、管理公共事务、提供公共产品和公共服务、实现治理目标所能够使用的各种手段。在我国,传统的治理工具主要有行政手段、经济手段和法律手段,这些工具是在"管制"型理念指导下所使用的;随着服务型政府的建设,并借鉴新公共管理倡导的工具手段,我国治理工具逐步转向了市场化工具、工商管理技术和社会化手段,这是在"服务"理念指导下的工具选择。进入治理时代,我们需要认真聆听公共治理前沿理论中的箴言,改革并优化我国的治理工具。整体性治理理论、数字治理理论和公共价值管理理论关于治理工具的经验可以为我国治理工具的改善提供借鉴。竺乾威在评析数字治理理论时指出,"邓利维的一个比较新颖的角度在于强调以信息技术为基础的变革在管理系统以及与公民和服务使用者互动中的重要性……以强调信息技术和信息系统在像企业过程那样组织公共服务和向公民以及顾客提供服务中的重要性"。[2] 数字治理理论是在整体性治理理论基础上的延伸,整体性治理所主张的协调与整合在具体操作层面需要与数字治理理论强调的数字化变革手段相结合。西方公共治理前沿理论的本土化在治理工具层面体现在大数据技术和"互联网+"传统治理工具两个方面。大数据为网络化结构中的治理提供了技术支持,网络化结构为治理提供了结构性便利,但也有不足之处。在网络结构中,治理主体如何跨越时间和空间的限制进行时时沟通、互动?如何在复杂的问题中迅速分析出关键方面?如何快速地将各大行动主体的信息互通互联,实现共享?对于这些问题的解决,数字治理理论为我国治理提供了大数据技术在治理中应用的经验。信息技术的发展使得人们之间的联系跨越了时空限制,特别是在治理活动中,不同地域的主体可以进行信息沟通,不会受到时空的局限,打破壁垒,各行动主体因为大数据技术而联系在一起。大数据技术还能进行云计算,能够在纷繁复杂的事务中分析出问题的关键,能够迅速锁定治理对象,并能演示治理模型,预测治理活动的未来发展状况。此外,"大数据技术是基于信息技术发展起来的,在海量的信息方面,大数据技术不只停留于数据分析,还能提供

---

[1] 陈振明. 公共管理学 [M]. 北京:中国人民大学出版社,2005:99.
[2] 竺乾威. 公共行政理论 [M]. 上海:复旦大学出版社,2008:492.

海量的数据、信息服务"。[1] 信息共享是公共治理中的关键部分，通过应用大数据技术可以实现。因此，对治理工具的优化是增添大数据的因素，能够更加适应信息时代和治理时代的要求。

5. 明确治理使命：公共价值

在中国现有国情下，我们需要明确公共价值，以使政府保持正确的航向。穆尔认为："公共部门管理工作的目的是创造公共价值，就像私人部门管理工作的目标是创造私人价值一样。"[2] 因此，我国政府不应像私营部门那样以经济成果为重要目标，更应当关注发展质量的问题，将纯GDP追求转为绿色GDP。改革开放以来，我国政府的思维是"摸着石头过河"，使得我国在取得较大的经济成功同时，也付出了巨大的代价，遗留下了严重的问题，例如生态环境破坏、自然资源大量消耗、社会收入差距较大、腐败问题严重等。这些问题存在的原因之一是我国的治理并没有明确使命，政府没有"顶层设计""战略管理"的思维，从而使得在发展的过程中偏离了航向，对公共价值造成了一定的损害。为此，我们在全面深化改革的同时，必须明确追求公共价值是我国治理的使命。

（二）西方公共治理前沿理论的应用化

"理论是人类对某一事物或事物的某一方面提出的一个系统看法，目的是对事物的现象和因果关系作出系统合理的解释并指导未来的实践，是基于对过去的总结的基础上提出来的推断。"[3] 西方公共治理前沿理论的应用化是用中国化的公共治理理论指导我国的公共管理实践。

1. 建设服务型治理共同体

在治理的时代，治理主体是多元化的，正如格里·斯托克所说，"治理指公私机构和志愿社团的相互依存"。[4] 中国治理的未来也必然走向多元主体共同的合作治理，因此，结合当下我们正在建设的服务型政府，西方公共治理前沿理论应用化的体现之一就是建设服务型治理共同体。在社会治理中，政府只是其中的主要力量，"治理涉及中央政府、地方政府和其他公共权威，也涉及在公共领域内活动的准公共行动者、志愿部门、社区组织甚至是私营部门"。[5] 服务型政府的建设并不能满足未来治

---

[1] 韩兆柱，翟文康. 大数据时代背景下整体性治理理论应用研究 [J]. 行政论坛，2015（6）：24-29.

[2] MARK H.MOORE.Creating Public Value：Strategic Management in Government[M]. Cambridge，MA：Harvard University Press，1995.

[3] 蓝志勇，陈国权. 当代西方公共管理前沿理论述评 [J]. 公共管理学报，2007，4（3）：1-12.

[4] 格里·斯托克. 作为理论的治理：五个论点 [J]. 国际社会科学杂志（中文版），1999（1）：19-30.

[5] ROBERT LEACH，JANIE PERCY-SMITH.Local Governance in Britain[M].New York：Palgrave，2001：6.

理在主体方面的需求,所以服务型政府的范围应当拓展。分权化是公共管理改革的趋势,治理的实现必经之路就是政府要共享权力,政府的分权化改革是将政府部分职权授予参与治理的社会组织、社区等其他主体,实现合作。在这个过程中,政府与其他享有政府原先拥有的职权的主体就构成了治理的共同体。治理共同体秉承服务的理念,提供优质公共服务、实现公共利益是其工作的核心,在经济治理、社会管理、公共服务及自身共同体建设方面都应当体现服务性质。它是指在公民本位和社会本位的理念指导下,不同部门、不同领域的多元主体进行合作,以为公民服务为职能核心,通过运用多样的、综合性的治理方式提供优质公共服务并承担服务责任的治理共同体。这个共同体具备四个特征:一在治理主体与被服务对象方面,治理主体以被服务的公民为本位,根据公民需求提供服务,而且治理主体的执行人员要树立服务的理念;二在权利与义务方面,治理共同体拥有治理权力,同时也受到法律的规范,违反法律将受到问责,是一种法治型、责任型的共同体;三在行动方面,共同体的行动具有整体性;四在治理共同体的使命方面,治理共同体是战略者,关注外部环境,根据环境的变化而改变策略,行动者是为创造公共价值而行动的。

2. 推进合作治理

全球化、后工业化进程中赋予了我们这个社会高度复杂化、高度不确定性的新特征,社会转型背景下,我国工业化与后工业化同时进行的背景下,合作治理是未来社会治理方案建构的必然选择。"如果说社会的高度复杂性和高度不确定性向人们提出了合作的要求,那么,社会网络结构的生成,将为人们的合作提供客观性的和基础性的支持。"[1]在新的时代背景下,我们推进合作治理、建构合作治理模式需要借鉴前沿性的理论。(1)网络结构支撑。网络(化)治理具有多元主体参与、伙伴关系网络、共识性信任等特征,网络(化)治理理论的应用为合作治理供给了支持合作的网络结构。(2)合作关系塑造。在网络结构支撑的基础上,要塑造多种合作关系。多元主体参与是指除政府之外的其他社会主体共同参与,政府可以将自身无法承担的职能授权给其他参与主体,构成伙伴关系网络,其中最典型的是公私伙伴关系。"公私伙伴关系可界定为政府和私人部门之间的多样化的安排,其结果是部分或传统上由政府承担的公共活动由私人部门来承担"[2],这是在政府与非政府组织共同治理过程中形成的合作关系。其次,是政府机构内外部的合作关系,整体性治理为合作治理建构了政府内外部合作的基础,如政府内部机构的协调、政府间的联盟。整体性的结构、制度、人际关系协调机制的构建是进行合作的前提,技术层面的数字

---

[1] 张康之. 走向合作的社会 [M]. 北京:中国人民大学出版社,2016:45.

[2] E S 萨瓦斯. 民营化与公私部门的伙伴关系 [M]. 周志忍,等译. 北京:中国人民大学出版社,2002:4.

治理为合作提供了便利。(3) 合作文化培育。网络化的结构为合作提供了多元主体相互依赖、互动和协商的契机，培育了协商、互动、依赖的文化；整体性治理强调联盟、信任、责任理念，合作的前提是团队需要相互信任，信任是需要信息的共享与沟通的；数字治理理论为信息的沟通提供了技术与平台，提高了信息沟通的速度；公共价值管理理论为合作提供了共同愿景——追求公共价值。因此，西方公共治理前沿理论培育了协商、互动、依赖、信任、责任、团队、公共价值等文化元素。

3. 助力协同战略

区域协同发展战略是我国区域治理的发展趋势，城市群是经济发展格局中最具活力和潜力的核心地区，区域协同对于经济整体性发展、生态整体性治理来说是大有裨益。根据"十三五"规划纲要，中国内地城市群数量或将达到20个，包括京津冀、长三角、珠三角、山东半岛、海峡西岸、成渝地区等，因此，为了更好地促进区域协同发展，我们需要借鉴西方先进的公共治理理论，整体性治理理论和数字治理理论在助力区域协同发展战略方面具有一定的优势。基于整体性治理在政府组织层级、组织职能、政府间关系方面构建区域协同发展机制。在政府组织层级方面，一是行政层级的整合。压缩层级数，并在区域内构建多个城市群，以城市群作为辐射圈，实行省管城市圈。二是财政层级的整合。财政权关乎部门的行政权限，财政权下放是地方政府改革的一大趋势。在政府组织职能方面，建构整体性的政府部门联合体，克服职责同构、部门重合等"碎片化"问题，将涉及跨区域管理的问题，如经济协同治理、生态环境治理、交通管理、公共服务提供等职能部门整合在一起，实行逆部门化，将相似或相近职能进行统一设置，实行大部门式治理。在区域之上，设置跨区域综合管理部门，统一调度涉及跨区域问题。在处理政府间关系方面，根据"理性经济人"假设，地方政府会追求地方利益，地方政府在协同时也会有博弈，府际关系面临着信息不对称、地方政府博弈、职责不明确等问题。因此，在区域协同发展中，我们需要利用整体性治理理论，构建公共信息平台，建立信息互通、共享机制，克服信息不对称问题；加强沟通、对话、谈判，通过协商寻求共同利益，克服部门主义，实现协同；构建区域协同共同体，统一指挥，协调各方，整体行动；加强区域法律体系建设，用以处理跨区域问题，明确权利与责任，克服责任互相推诿和利益争夺现象，解决地方保护主义的问题。除此之外，整体性治理重视信任、责任感和制度化，数字治理重视信息技术。所以，为实现地方政府在组织层级、组织职能和府际关系等方面的协同，要重视信任体系建设、法律制度的完善、大数据技术应用，作以支撑。

4. 促进智慧城市

重新整合、以需求为基础的整体主义、数字化过程是数字治理理论的主要内容，信息技术是数字治理理论的技术支撑和典型特征，而智慧城市在主体关系、服务提供、信息共享等方面容易陷入困境，数字治理的内容与特征对于智慧城市的建设具有一定的指导意义。智慧城市的建设是为了便民，以公民需求为中心，提供便利的公共服务，这是与数字治理的目标相契合的，因此可以将二者结合起来。在主体关系方面，智慧城市建设涉及政府、企业、公民三大主体，政府是智慧城市的规划与建设者，企业是参与者，公民是使用者，三者的关系梳理至关重要。政府与企业在建设智慧城市过程中需要协调与合作，政府要集中购买公共服务，打造公私合作伙伴关系；政府与公民的关系是服务者与享用者的关系，为提供令公民满意的服务，政府机构之间需要重新整合。在整体性服务提供方面，智慧城市的建设涉及电子政府、基础设施、城市数据库、智慧产业、安全保障等方面，一是需要协同建设，二是基于需求的整体建设。数字治理以需求为基础的整体主义包括："（1）互动的信息搜寻和信息提供；（2）以顾客为基础和以功能为基础的组织重建；（3）一站式服务；（4）数据库；（5）重塑从结果到结果的服务；（6）灵活的政府过程；（7）可持续性。"[1] 因此，为保证智慧城市的协同推进、整体建设，需要应用数字治理，要做到：（1）建立智慧城市数据库，实现信息共享；（2）完善政府信息网站，利用大数据技术捕捉公民需求；（3）提供一站式服务，保障服务的整体性。

5. 优化战略管理

我国政府战略管理的未来趋势之一是走向以公共价值为基础的政府战略管理。穆尔提出了以"公共价值、授权环境和运作能力"[2]为主体的战略三角模型，他认为一个组织的战略需要同时满足以下三个要素：（1）覆盖了组织的所有的使命和目标；（2）提供法律方面支持的来源；（3）解释事业将怎样组织和运行来完成既定的目标。为了发展公共部门组织战略，管理者必须将以上三个因素与三个宽泛的检验相结合。第一，战略必须在这种意义上有可维持的价值，即组织生产的价值对于监督者、顾客和获益者来说，花费较低的金钱和权威；第二，必须得到法律和政治的支持；第三，必须是可运行和可管理的，因为权威的、有价值的行为能够真正通过现存组织和在其他组织的帮助下完成组织的目标。

五、结语

在西方公共治理前沿理论的学术研究中，本土化研究是西方公共治理前沿理论研究的未来趋势。到目前为止，我国学者在研究西方公共管理理论时，大都经历了

---

[1] 竺乾威. 公共行政理论 [M]. 上海：复旦大学出版社，2008：485-487.

[2] John Benington，Mark H.Moore.Public Value：Theory and Practice[M].New York：Palgrave Macmillan，2011：4-5.

理论引介、反思批判、理论比较和理论本土化的研究过程。作为西方公共管理的前沿理论，本土化研究将是未来学术研究的热点。在本土化研究过程中，我们需要把握以下三点：

（1）寻找契合点。中西方在政治制度、政治体制和政治文化等方面存在较大差异，所以在西方土壤上产生的理论并不一定适合我国现有国情。因此，我们需要立足中国公共管理实践引进西方公共管理前沿理论，需要寻找契合点。比如，服务型政府与新公共服务、合作治理与网络治理、区域协同与整体性治理、智慧城市与数字治理、战略管理与公共价值，根据我国公共管理改革的需要借鉴西方公共管理前沿理论，在理论与实践两个层面本土化。

（2）着眼前沿理论与未来实践。理论是总结过去经验，把握现象与本质、结果与原因的关系用以指导未来实践，所以我们要关注最前沿的公共管理理论，因为前沿理论都是在以往公共管理理论反思批判的基础上并结合现时代背景而创建的，具有一定的代表性。中国公共管理者还应具有战略眼光与未来视角，应该摒弃以前"摸着石头过河"的思维，提早发现问题，并有预见力。

（3）关注理论的中国化与理论的应用化。西方公共治理前沿理论的本土化分为中国化与应用化，"按照立足中国、借鉴国外、挖掘历史、把握当代、关怀人类、面向未来的思路，充分体现中国特色、中国风格、中国气派"[1]。笔者在梳理国内学者研究西方公共治理前沿理论本土化问题时发现，大多数学者关注西方理论应用的视角化或指导化，即从西方理论视角看我国某个公共管理问题，或者用西方理论指导我国政府改革的某个问题，这种本土化研究并不系统，我们在进行本土化研究时，既要吸收西方先进理念，创新我国治理理论，还要注重理论的应用。

---

[1] 结合中国特色社会主义伟大实践 加快构建中国特色哲学社会科学 [N]. 人民日报，2016-05-18（01）.

整体性治理视域下京津冀基本公共服务的均等化 *

近年来,京津冀协同发展越来越受到社会各界的广泛关注,2014年2月26日,习近平同志在主持听取京津冀协同发展座谈会时发表了《优势互补互利共赢扎实推进,努力实现京津冀一体化》的重要讲话,标志着京津冀协同发展上升为国家战略,京津冀协同发展的步伐加快;2015年4月,《京津冀协同发展规划纲要》审议通过,标志着京津冀协同发展开启了新篇章;2016年2月,《中华人民共和国国民经济和社会发展第十三个五年计划》(简称"十三五",下同)印发实施,使京津冀协同发展进入快车道。2017年1月,国务院印发《"十三五"推进基本公共服务均等化规划》的通知,要求各部门重视并继续推进基本公共服务均等化建设。经济的快速发展使得民众对公共服务质量的要求不断提高,为满足人民日益增长的公共服务需要,《国家基本公共服务体系"十二五"规划》中提出"完善覆盖城乡居民的基本公共服务体系,推进基本公共服务均等化",并提出"到2020年实现全面小康社会奋斗目标时,基本公共服务体系比较健全,城乡区域间基本公共服务差距明显缩小,争取实现基本公共服务均等化"的发展要求。可见,要推进京津冀协同发展,京津冀基本公共服务均等化必须先行。

整体性治理理论产生于20世纪90年代,是对传统科层制和新公共管理带来的碎片化的回应。整体性治理强调公众需求,结果导向,注重治理层级、治理功能和公私部门的整合,从法律制度、政府间关系、公私关系和区域经济四个维度来推动京津冀基本公共服务均等化。本文对京津冀基本公共服务均等化的概念、现状进行阐述,分析京津冀基本公共服务"非均等化"的原因,并以整体性治理为切入点提出促进京津冀基本公共服务均等化的对策、建议。

一、京津冀基本公共服务均等化及其研究视角

(一)基本公共服务及基本公共服务均等化的概念界定

1. 基本公共服务的概念

学术界对基本公共服务的阐释较多,胡祖才认为,基本公共服务是指建立在一定社会共识基础上,根据一国经济社会发展阶段和总体水平,为维持本国经济社会

---

* 与于均环合作完成,并发表于《学习论坛》2018年第1期,第58~64页,题目有变动。

的稳定、基本的社会正义和凝聚力，保护个人最基本的生存权和发展权，为实现人的全面发展所需要的基本社会条件，向全体社会成员提供的一种公共服务，不因社会成员地位、年龄和地域的不同而有所差别。[1] 基本公共服务是最基础、最核心的公共服务，是为了降低社会不正义程度而设置的保障社会公正的过程环节[2]。

基本公共服务是以保障公民基本权利为主要目的、以均等化为主要特征、以公共资源为主要支撑的公共服务，是诸多公共服务中最具保障性质和平等色彩的服务类型。[3] 基本公共服务大致包括三个层面：一是公民的生存服务，主要是指为满足公民的生存需要而提供的公共服务，包括社会就业、社会保障、社会福利等，维护了公民的生存权；二是公民的发展服务，主要是为促进公民的发展权而提供的服务，包括医疗卫生、义务教育、文化体育等，维护了公民的发展权；三是公民的生活环境服务，主要包括公共设施、交通服务、环境保护等。其中，社会保障、公共就业、医疗卫生、义务教育、环境保护是广大城乡居民最关心、最迫切的公共服务，与人们的生存和发展密切相关，是现阶段我国基本公共服务的主要内容。

2. 基本公共服务均等化的含义

基本公共服务均等化是指，"基于公平正义原则和经济社会发展水平，政府将城乡之间、区域之间和群体之间的非均衡控制在社会能够容忍的范围内，以保障全体国民不论民族、种族、性别、身份、贫富、职业等都能均衡地享有公共资源和发展成果，最大限度地满足公民的基本需求"。[4] 本文中的"均等化"是公民享受公共服务的机会均等，《国家基本公共服务体系"十二五"规划》同样强调基本公共服务均等化的核心是机会均等，指全体公民都能公平可及地获得大致均等的基本公共服务，而不是简单的平均化和无差异化[5]。

基本公共服务均等化在我国的发展脉络大致如下：2005 年《政府工作报告》中，"建设服务型政府"的执政理念被明确提出；2006 年《十一五规划纲要》（十届全国人大四次会议审议通过）和《中共中央关于构建社会主义和谐社会若干重大问题的决定》（中共十六届六中全会审议通过）更是将"基本公共服务均等化"纳入政府工作日程，标志着我国基本公共服务的价值理念发生了重大变化；2007 年，中共十七大报告突出强调以"加快推进以改善民生为重点的社会建设"为切入点，协调经济社会发展，保障和改善民生，促进社会公平正义；2010 年，中共中央关于制定国民经济和

---

[1] 胡祖才. 关于促进基本公共服务均等化的若干思考[J]. 宏观经济管理，2010（8）：16-19.

[2] 郁建兴，秦上人. 论基本公共服务的标准化[J]. 中国行政管理，2015（4）：47-51.

[3] 原珂，沈亚平，陈丽君. 城市社区基本公共服务质量评价指标体系建构[J]. 学习论坛，2017（6）：45-50.

[4] 曹静晖. 基本公共服务均等化的制度障碍及实现路径[J]. 华中科技大学学报，2011（1）：5-28.

[5] 刘磊，许志行. 基本公共服务"均等化"概念辨析[J]. 上海行政学院学报，2016（4）：55-61.

社会发展第十二个五年规划的建议》(中共十七届五中全会审议通过)再次重申"加强社会建设,建立健全基本公共服务体系"的重要性,要求着力保障和改善民生,逐步完善符合国情、比较完整、覆盖城乡、可持续的基本公共服务体系,推进基本公共服务均等化;2012年7月,国务院公布了《国家基本公共服务体系"十二五"规划》,第一次明确界定了基本公共服务的服务范围、服务对象、保障标准、支出责任和覆盖水平,使基本公共服务均等化从理念蓝图变成现实计划[1]。至此,基本公共服务均等化的"民生导向,公平为先"的价值观基本确立。

(二)整体性治理:京津冀基本公共服务均等化研究的新视角

近年来,对基本公共服务均等化研究的学者较多,研究视角也较为广泛,例如,贺小林、马西恒(2016)以经济新常态下浦东新区改革的实证分析为切入点来研究基本公共服务均等化的财政保障机制与模式,指出其存在的不足并制定促进基本公共服务均等化的政策目标与制度[2];王傅、翟秋阳(2016)指出基本公共服务"非均等化"的现状,分析其原因并以多中心视角来探讨实现基本公共服务均等化的路径[3];李清章等(2016)甚至以京津冀一体化为视角对基本公共服务均等化的内涵、目标追求及必要性进行了探讨,并论述了京津冀一体化背景下河北省基本公共服务均等化发展的必要性[4]。尽管学者们对基本公共服务均等化的研究采用了多种视角,但以整体性治理的视角来研究基本公共服务均等化的人却很少,对京津冀基本公共服务均等化研究的理论视角更是少之又少,故而笔者以整体性治理理论为切入点对京津冀基本公共服务均等化进行研究。

整体性治理(Holistic Governance)理论是在反思和弥补新公共管理导致的部门化、碎片化和裂解性的基础上逐渐形成的一种全新治理理论,其代表人物是英国学者佩里·希克斯(Perri 6)和帕特里克·邓利维(Patrick Dunleavy)[5]。希克斯(2002)指出:"整体性治理就是政府机构组织间通过充分沟通与合作,达成有效协调与整合,彼此的政策目标连续一致,政策执行手段相互强化,达到合作无间的目标的治

---

[1] 范逢春. 建国以来基本公共服务均等化政策的回顾与反思:基于文本分析的视角 [J]. 上海行政学院学报,2016(1):46-57.

[2] 贺小林,马西恒. 基本公共服务均等化的财政保障机制与模式探索——经济新常态下浦东改革的实证分析 [J]. 上海行政学院学报,2016(5):27-34.

[3] 王傅,翟秋阳. 多中心视角下基本公共服务均等化路径研究 [J]. 无锡商业职业技术学院学报,2016(1):32-38.

[4] 李清章,赵峰,张京. 基本公共服务均等化的内涵、目标追求及必要性研究——基于京津冀一体化视野下的角度视察 [J]. 河北工程大学学报(社会科学版),2016(1):18-21.

[5] 韩兆柱,张丹丹. 整体性治理理论研究综述——历程、现状及发展趋势 [J]. 燕山大学学报(哲学社会科学版),2017(1):39-48.

理行动。"[1] 整体性治理的理论建立在两个背景之上：一是盛极一时的新公共管理的衰微；二是信息技术的发展，即数字时代的来临[2]。整体性治理的理论框架为：第一，整体性治理强调预防、公民需求和结果导向。第二，整体性治理强调整体性整合，在整合过程中主要涵盖三个层面，一是在组织架构与形态上的整合包括治理层级、治理功能和公私部门三个方面；二是逆部门化和碎片化，实行大部门式治理；三是对采购过程进行整合，重新政府化。第三，整体性治理强调信息技术的整合，网络简化和一站式服务。第四，注重协调目标和手段的关系。第五，整体性治理还十分重视信任、责任感与制度化。[3] 台湾学者彭锦鹏指出，整体性治理的发生机制必须以政府整合运作为原则，将网络服务、人民需求、结果和授权、整合型预算结合起来，实现政府制度、民众需求和社会资源的全新整合。[4] 笔者认为在京津冀协同发展的背景下实现基本公共服务均等化的重点在于强调整体性治理的整合性，以满足公民需求为出发点，在实现基本公共服务均等化的过程中运用信息技术加强三地政府的沟通与联系，使得区域政府间能够互通有无、密切合作。同时，政府部门的领导人也要转变观念，逐渐淡化官本位、政府本位的思想，既要重视政府部门的"掌舵"作用，又要发挥社会组织（包括非政府组织、营利性组织和第三部门）的"划桨"作用，充分调动各方的积极性来实现京津冀三地的基本公共服务均等化，以公共服务均等化来推动三地协同发展的进程。

二、京津冀基本公共服务供给的现状

改革开放以来，我国经济建设取得了举世瞩目的成就，国家财政收入大幅度提高，为基本公共服务均等化打下了雄厚的物质基础，[5] 尤其是实施京津冀协同发展战略提出后，三地基本公共服务的供给有了显著的提高，但是随着经济的发展和社会结构的变化，三地基本公共服务"非均等化"的问题逐渐显现。基本公共服务包括就业、社会保障、医疗、义务教育等多个方面，笔者拟选取与居民联系密切的社会保障和就业、医疗卫生、义务教育、环境保护四个方面来对京津冀基本公共服务的供给现状进行阐述。

---

[1] 叶璇. 整体性治理国内外研究综述 [J]. 当代经济，2012（6）：110-112.

[2] 竺乾威. 从新公共管理到整体性治理 [J]. 中国行政管理，2008（10）：52-58.

[3] 曾凡军. 基于整体性治理的政府组织协调机制演技 [M]. 武汉：武汉大学出版社，2013.

[4] 彭锦鹏. 全观型治理：理论与制度化策略 [J]. 政治科学论丛（台湾），2005（23）：62-69.

[5] 唐晓阳，代凯. 共享发展视域下推进基本公共服务均等化研究 [J]. 岭南学刊，2017（3）：58-66.

(一)京津冀基本公共服务供给取得的成就

1. 就业和社会保障方面的财政支出不断增加

马斯洛的需求层次论指出人有五个层次的需要分别是:生存需要、发展需要、安全需要、尊重需要和自我实现的需要,五个层次的需要从低到高依次排列,只有较低层次的需要得到了满足才会产生更高层次的需要,因此,人要发展首先要满足其生存的需要,而就业和社会保障方面公共服务的供给就是为了满足居民生存的需要。笔者通过研究《中国统计年鉴》的资料发现,京津冀三地就业和社会保障方面的财政支出逐年增加(见图1)。

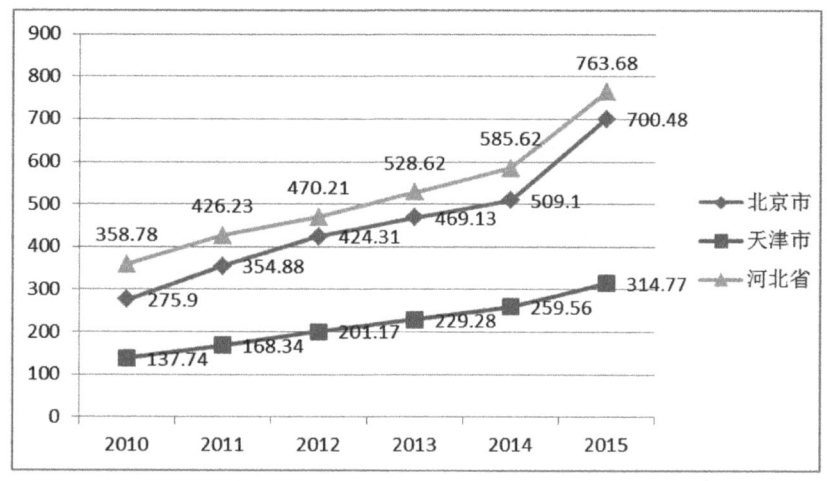

图1 京津冀2010—2015年就业和社会保障方面的财政支出(单位:亿元)

2. 医疗卫生的财政投入逐年增加

公共服务提供的普遍性原则告诉我们,每一位公民在任何条件下,都应该享有教育、医疗和社会保障方面被平等对待的"财政福利"。[1] 近年来随着经济的发展,人民生活水平的提高,京津冀三地对医疗卫生方面的财政投入不断增加,医疗卫生方面的基础设施建设不断完善(见表1)。

表1 京津冀2010—2015年医疗卫生的投入支出

单位:亿元

年份	北京市	天津市	河北省
2010	186.82	70.07	235.48
2011	225.49	90.53	302.75
2012	256.06	105.91	323.17
2013	276.13	128.94	380.75
2014	322.29	161.33	446.79
2015	370.52	195.02	535.09

---

[1] 官永彬. 我国区际基本公共服务差距评价指标体系构建及其实证分析 [J]. 经济体制改革, 2011(5): 13-17.

3. 义务教育体系逐渐完善

自 1986 年 7 月 1 日起施行的《中华人民共和国义务教育法》规定：义务教育是国家统一实施的所有适龄儿童、少年必须接受的教育，是国家必须予以保障的公益性事业。凡具有中华人民共和国国籍的适龄儿童、少年，不分性别、民族、种族、家庭财产状况、宗教信仰等，依法享有平等接受义务教育的权利，并履行接受义务教育的义务。为保障居民的受教育权，京津冀三地不断完善义务教育体系，加大对义务教育的经费投入，同时加强义务教育的基础设施建设，完善义务教育体系（见表 2）。

表 2　京津冀 2010 年与 2015 年义务教育发展情况

	北京市		天津市		河北省	
	2010 年	2015 年	2010 年	2015 年	2010 年	2015 年
教育经费（万元）	5289432	10937374	2381672	6326265	6145261	10861672
万人中学学校数（所）	11.13	12.00	12.14	12.59	11.97	10.07
千人中学专任教师数（人）	97.62	116.01	94.73	100.80	80.32	73.64
万人小学学校数（所）	16.90	11.71	18.90	14.10	26.51	20.34
千人小学专人教师数（人）	75.74	69.70	73.76	66.76	62.36	56.85

4. 环境保护日益受到重视

随着京津冀协同发展进程的加快，京津冀三地在发展经济的同时对环境保护工作也越来越重视，2015 年 12 月 3 日，京津冀三地环保部门正式签署《京津冀区域环境保护率先突破合作框架协议》（以下称《协议》），要求三地统一对大气、水、土统筹治理，标志着京津冀地区环保一体化在节奏上更进一步。《协议》中明确提出以大气、水、土壤污染防治为重点，以联合立法、统一规划、统一标准、统一监测、协同治污等十个方面为突破口，联防联控，共同改善区域生态环境质量。

（二）京津冀基本公共服务"非均等化"的表现

1. 社会保障和就业方面的财政支出差距悬殊

社会保障和就业是维持人民生存所必需的公共服务，包括就业、养老保险、失业保险等多个方面，笔者主要针对京津冀三地就业和社会保障支出总额和人均支出额进行对比。根据《中国统计年鉴（2016）》显示：在支出总额方面，北京市的就业和社会保障支出总额为 700.48 亿元，天津市的就业和社会保障支出总额为 314.77 亿元，河北省的就业和社会保障支出总额为 763.68 亿元；在人均支出额方面，北京市的就业和社会保障人均支出额为 3226.53 元，天津市的就业和社会保障人均支出额为 2034.71 元，河北省的就业和社会保障人均支出额为 1028.53 元。尽管在就业和社会保障支出总额方面河北省高于北京和天津两地，但在人均支出额方面，则远远低于京津两地，三地的人均社会保障和就业财政支出额差距悬殊。

2. 医疗卫生资源呈"断崖"式分布

医疗卫生是满足居民发展需要必不可少的资源之一，维护了公民的生命健康权，但京津冀三地的医疗卫生服务水平差距较大，河北省无论是在医疗卫生资源的占有上还是享有的服务质量上都远远落后于京津两地，医疗卫生资源供给的地区差异明显（见表3）。

表3　京津冀三地医疗卫生资源一览表

	北京市	天津市	河北省
医疗卫生机构总数（个）	9771	5223	78594
千人医疗机构床位数（张）	5.14	4.12	4.61
千人卫生技术人员数（人）	10.4	5.9	5.0
千人执业（助理）医师数（人）	3.9	2.3	2.2
千人注册护士数（人）	4.4	2.2	1.8

3. 义务教育资源供给"梯度"明显

义务教育是提高人口素质，为人的全面发展提供智力支持的服务，在人的成长与进步的过程中发挥着不可替代的作用。笔者通过表2中的统计数据发现，无论是在教育经费投入方面还是教育资源占有方面，京津两地义务教育的发展水平远远超过河北地区，三地的义务教育资源供给差异显著。

4. 环境保护水平参差不齐

人的生存和发展均离不开社会环境和自然环境，环境状况的好坏与人的生产、生活和发展关系密切，笔者将在生活垃圾无害化处理、固体废弃物处理、森林覆盖率以及空气质量等方面来说明京津冀三地环境保护的现状（见表4、表5）。

表4　京津冀三地环境保护情况

	北京市	天津市	河北省
生活垃圾无害化处理率（%）	78.8	92.7	96
固体废弃物处理率（%）	100	100	97.9
森林覆盖率（%）	95.84	9.87	23.41

表5　京津冀主要城市环境空气质量综合指数及主要污染物

序号	城市	综合指数	最大指数	主要污染物
1	张家口	4.50	1.19	PM_{10}
2	承德	5.17	1.16	PM_{10}
3	秦皇岛	5.87	1.31	$PM_{2.5}$
4	天津	6.65	1.97	$PM_{2.5}$
5	北京	6.81	2.09	$PM_{2.5}$
6	廊坊	7.11	1.89	$PM_{2.5}$
7	沧州	7.13	1.97	$PM_{2.5}$

(续表)

序号	城市	综合指数	最大指数	主要污染物
8	唐山	8.27	2.11	$PM_{2.5}$
9	邯郸	8.56	2.34	$PM_{2.5}$
10	邢台	8.85	2.49	$PM_{2.5}$
11	保定	9.05	2.66	$PM_{2.5}$
12	石家庄	9.30	2.83	$PM_{2.5}$
13	衡水	10.44	3.43	$PM_{2.5}$

通过上述图表可以直观地看出，在环境保护方面，京津两地除生活垃圾无害化处理率低于河北省外，其他方面服务的供给明显优于河北省，尤其是在空气质量方面，河北省主要城市的空气质量大多都比北京、天津两市差，京津冀三地在环境保护方面的公共服务存在着明显的"不均等"现象。

三、整体性治理视域下京津冀基本公共服务"非均等化"的原因

笔者通过对京津冀地区基本公共服务供给现状的描述发现三地公共服务的供给"非均等化"现象显著，京津冀基本公共服务均等化在短期内难以实现，笔者拟从法律制度、政府间关系、政府与社会组织关系以及经济发展四个方面来分析京津冀基本公共服务"非均等化"的原因。

（一）京津冀协同发展存在制度短板

京津冀一体化的概念最早在20世纪80年代提出，进入21世纪后，京津冀一体化的概念逐渐流行起来。尽管京津冀一体化概念提出至今已有30余年，京津冀一体化也已经推进了十余年，并且在京津冀协同发展战略提出后其一体化的进程愈加明显，但是促进京津冀协同发展的法律制度始终处于空白状态。虽然2014年京冀双方签署了包括《共同打造曹妃甸协同发展示范区框架协议》《共建北京新机场临空经济合作区协议》《共同推进中关村与河北科技园区合作协议》等七项协议，2015年中共中央政治局审议通过了《京津冀协同发展规划纲要》，但是并没有针对京津冀三地的发展实际制定具体的法律制度。

无论是服务型政府的建设还是基本公共服务均等化的实现都离不开法律制度的保障。西方发达国家尤其是英、法、德等国家的公共服务水平高是因为这些国家有完备的法律制度来保障基本公共服务的供给。我国在促进京津冀协同发展方面的制度短缺，推进京津冀基本公共服务均等化的法律制度更是匮乏，既没有实现京津冀区域基本公共服务均等化的法律制度，也没有推进区域基本公共服务均等化的体制机制，仅有少数的几部政策文件来勉强为区域基本公共服务均等化提供政策支持。京津冀地区公民平等地享有公共服务的权利既得不到法律制度的有效保障，区域基

本公共服务均等化的实现又受到现有制度的制约，如财政制度，中央和地方税收实行分税制、事权共担，"谁家的孩子谁家抱"的原则导致基本公共服务供给的分散化、碎片化，地区间基本公共服务水平拉大。[1]

（二）京津冀横向政府部门间形成横向分割

政府是提供公共服务的主体，在实现基本公共服务均等化的过程中发挥着至关重要的作用，京津冀基本公共服务均等化的实现离不开三地政府的合作与整合。公共选择理论假定，政治行动者个人都被自利的动机所引导而选择一项对其最有利的行动方案[2]，由此形成利益本位主义和部门本位主义。京津冀三地政府出于自利动机，为维护自身利益及其辖区内人民的利益而对基本公共服务及相关资源予以分割和封锁，区域内的基本公共服务仅限于本辖区内的公民享有，对辖区外的公民设置严格的界限。

国务院于2016年正式出台《国务院关于推进中央与地方财政事权和支出责任划分改革的指导意见》，提出要积极推进中央与地方财政事权和支出责任划分改革，形成中央领导、合理授权、依法规范、运转高效的财政事权和支出责任划分模式。[3]在财政事权划分上，要根据基本公共服务的受益范围，明确中央政府与地方政府的权限。其中，全国层面的基本公共服务（例如国防、外交等）由中央政府负责，区域层面的基本公共服务（例如城乡社区事务、社会治安等）由地方政府负责，跨区域层面的基本公共服务（例如教育、医疗卫生、社会保障、跨区域基础设施建设等）则由中央政府与地方政府共同负责。[4]各政府部门均希望能够获得较多的财政转移支付以提高本地区公共服务的水平，由此推出，三地政府在公共服务的国家财政转移支付方面也存在着竞争，政府部门为保持竞争优势减少彼此间的横向沟通，造成三地政府间联系的断裂和部门间的横向分割。

（三）政府与社会组织关系呈现碎片化

整体性治理的主体不仅包括政府，还有企业、公共组织、社区和个人[5]，笔者将这些统称为社会组织。政府提供的公共服务涵盖衣、食、住、行、教育、医疗卫生等多个方面，仅靠政府自身根本无法提供面面俱到的服务，例如，适龄儿童享受的

---

[1] 崔治文，韩清.基本公共服务均等化水平与城镇化互动关系研究[J].华中农业大学学报（社会科学版），2016（2）：118-125.

[2] 陈振明.公共管理学[M].北京：中国人民大学出版社，2003：25.

[3] 财政事权划分动态调整[N].人民日报，2016-08-25.

[4] 唐晓阳，代凯.共享发展视域下推进基本公共服务均等化研究[J].岭南学刊，2017（3）：58-66.

[5] 韩兆柱，翟文康.大数据时代背景下整体性治理理论应用研究[J].行政论坛，2015（6）：24-29.

义务教育是由学校这类事业单位直接提供的，公民享受的医疗卫生服务是由医院这类事业单位直接提供的，公民享受的住房服务是由房地产开发商这些营利性组织直接提供的。由此可见，社会公众享受的公共服务大部分是由社会组织而不是政府提供的，社会组织在提供高质量、高效率的公共服务过程中发挥着重要作用。

尽管社会组织在公共服务的供给过程中发挥着重要作用，但是我国的社会组织却始终处于缓慢发展阶段，国家对社会组织的重视程度低，公共部门和公民对社会组织的信任度和认可度低。2015年7月，中共中央办公厅、国务院办公室印发了《行业协会商会与行政机关脱钩总体方案》，使大部分依靠财政拨款的社会组织失去了政府的资金支持，举步维艰。此外，政府部门为提高公共服务的效率引入竞争机制并允许职能部门参与政府采购的投标，使得政府部门与社会组织之间形成零和博弈，加剧了政府部门与社会组织之间关系的碎片化。不只是京津冀地区的社会组织甚至全国的社会组织由于失去国家财政的支持，加之政府职能部门与其争夺资源使得其公共服务的技术、设备更新换代的步伐减缓，提供公共服务的质量下降，有的社会组织甚至无力提供政府购买的高水平的公共服务导致基本公共服务的"非均等化"。

（四）区域经济发展水平表现为"非均衡化"

公共部门肩负着公共服务有效供给的职能，而公共服务的有效供给的前提条件是具备充足的资源，财政资源是其最重要的资源。随着公民需求的增加，公共部门需要持续投入更多的资金。公共部门提供基本公共服务的经费来源分为两个部分：一部分来源于国家的财政转移支付，这仅占公共服务支出的很少一部分；另一部分则来源于地方政府的财政支出，这是地方公共服务经费的主要来源。地方政府的财政支出与其财政收入水平关系密切，因此京津冀基本公共服务的供给与区域经济的发展状况息息相关。

京津冀三地经济发展水平差距较大，北京市利用其得天独厚的政治、经济、科技、文化和人力资源条件大力发展高新科技产业、文化创意产业和现代服务业；天津作为京津冀地区另一个核心，利用其自身优越的港口经济和深厚的高端装备制造的基础，大力发展新兴产业，建立科技成果的研发和转化基地及相应的配套加工基地，实现与北京高端产业的衔接与联动；[1]河北作为环京津地区，是京津两地产业发展的原料和资源供应地，承接京津两地的一些高耗能产业，主要发展资源密集型和劳动密集型产业、现代农业和旅游业等。三地的产业结构如图2所示。

---

[1] 孙蕊，温孝卿. 京津冀一体化背景下产业转移和人才集聚系统动态演进机制 [J]. 社会科学家，2015（8）：64-68.

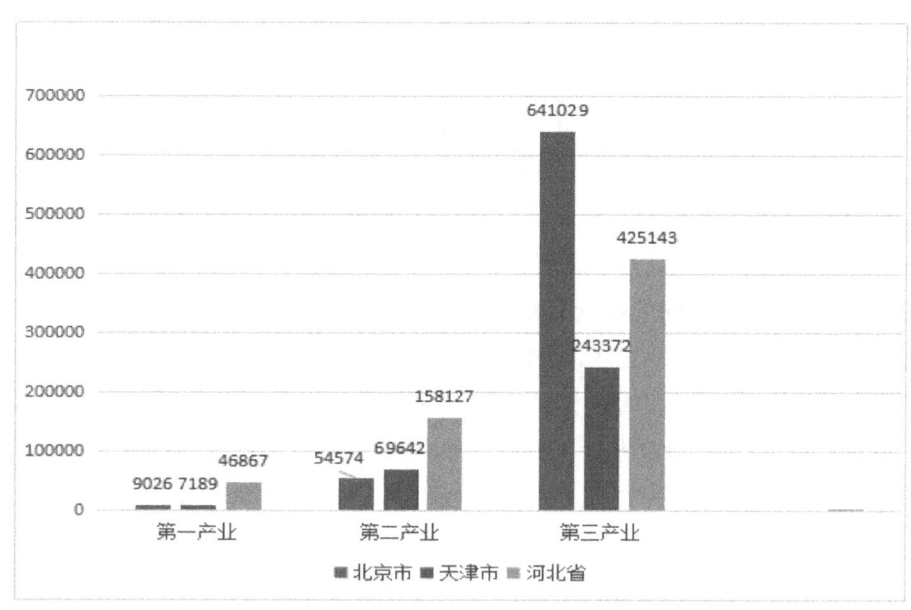

图 2　京津冀三次产业法人单位数（2016 年）

三地的产业结构存在较大差异，由此导致三地的经济发展水平和财政收入差距较大，造成京津冀三地基本公共服务的"非均等化"。

四、整体性治理视域下京津冀实现基本公共服务均等化的路径

鉴于上述对京津冀基本公共服务"非均等化"原因的分析，笔者认为要实现基本公共服务均等化，京津冀三地政府不能"各自为战"，而要在整体性治理的视域下充分发挥各政府的积极性以实现京津冀基本公共服务均等化。

（一）以公众需求为导向，建立实现基本公共服务均等化的法律制度

京津冀协同发展战略是习近平总书记于 2014 年提出的，作为新生事物的京津冀协同发展战略若想持续推进，京津冀基本公共服务均等化若想早日实现则必须有完善的法律制度来保驾护航。但就目前来看，促进京津冀协同发展的制度仅有三地政府签署的协议以及《京津冀协同发展规划纲要》，并没有上升到法律的高度，推进京津冀协同发展的法律制度短缺，实现京津冀基本公共服务均等化的法律体系更是处于空白状态，制定实现基本公共服务均等化的法律制度迫在眉睫。

"满足公众需求是政府提升基本公共服务质量的关键，更是政府提升治理能力的有效途径。"[1]京津冀三地政府应树立公众导向理念，使政府治理由政府组织导向转移到公众导向，以解决人民的生活问题作为政府组织运作的核心，以公众需求和公众

---

[1] 姜晓萍. 基本公共服务应满足公众需求 [N]. 人民日报，2015-08-30（07）.

需求最大化满足为旨归[1]，建立健全基本公共服务均等化的法律制度。例如，针对京津冀三地义务教育不平等现象，三地政府可以在沟通与合作的基础上制订京津冀义务教育教师流动和培养计划，促进三地教师间的沟通和交流以提高教学水平，通力合作加快培养高水平义务教育教师的步伐并上升到制度的高度；同时也要建立三地义务教育资源的共享制度，为河北落后地区更新教学设施提供制度保障，提高落后地区的教育信息化水平以促进京津冀义务教育的均等化。

（二）打破政府部门间的横向分割，密切京津冀三地政府间的联系

谢庆奎教授认为，"跨省区间的府际关系，应当以共同发展为宗旨，以公平竞争、互相支援的方式互通有无、协调合作，而且要以自觉自愿为原则"。[2] 整体性治理理论也对政府间关系问题进行了阐析，认为整体性政府组织的目标就是以满足公民需求为主导理念，以政府组织间信任为基础，以信息技术为手段，以协调、整合和责任为策略，使政府组织间关系由竞争走向合作，由冲突走向协调，由分散化走向整合化，从而实现区域的合作和跨界治理的目标，打破政府组织间竞争的非正和博弈，实现共赢[3]。

若想打破京津冀三地政府间块块关系的横向分割，首先，三地政府要转变发展理念。京津冀三地是一个共同体，京津冀的协同发展离不开三地政府间的沟通与合作，要彻底摒弃利己主义和地区本位主义的思想，树立京津冀协同发展的理念，密切三地政府间的联系。其次，有必要在京津冀整体性政府组织机构的基础上，构建一种政治上相对平等、经济上和产业上优势互补的整体性网络状相结合的府际关系新模式，促进三地政府多边交流与协作[4]。最后，京津冀三地政府应积极实现治理功能的高度整合，对三地公共服务部门进行整合，在此基础上建立一个高于省级行政单位基础之上的京津冀公共服务供给部门，负责三地公共服务的供给工作，统筹规划，协调各方。例如，搭建区域信息管理平台并实现透明化管理，以化解行政区域内因信息不对称带来的无序竞争；建立京津冀基本公共服务竞争的良性机制，通过竞争带动三地公共服务水平的提高以达到"双赢博弈"；建立京津冀医疗保险联动机制，逐步实现京津冀三地医疗保险相互认可，以缓解京津冀三地医疗资源分配不均等问题。

（三）充分发挥社会组织的作用，实现公私部门的功能整合

社会组织既是公共服务的供给主体，同时也是政府购买公共服务的提供者，在基本公共服务均等化中的作用举足轻重。由于我国对社会组织作用的重视程度不够，

---

[1] 曾凡军. 府际协调低效率与整体性治理策略研究 [J]. 学术论坛，2013（1）：39-43.

[2] 谢庆奎. 中国政府的府际关系研究 [J]. 北京大学报（哲学社会科学版），2000，37（1）：26-34.

[3] 曾凡军. 基于整体性治理的政府组织协调机制研究 [M]. 武汉：武汉大学出版社，2013：36.

[4] 韩兆柱，单婷婷. 基于整体性治理的京津冀府际关系协调模式研究 [J]. 行政论坛，2014（4）：32-37.

加之社会组织的自身问题使得政府与社会组织之间关系碎片化现象较为严重，公共部门与社会组织之间的关系紧张。

信任和责任感是整体性治理过程中最关键的因素，组织间信任的基础是委托和代理关系，而责任感则表现为诚实、效率和有效性。[1]要发挥社会组织的作用，就要加强政府对社会组织的信任并增强社会组织的责任感，笔者认为可以从社会组织自身建设和公私部门间的关系建设两方面入手来实现。就社会组织自身建设来说：首先，社会组织应该以国家宪法为依托建立健全组织管理条例，加强对组织成员的指导和约束。其次，社会组织要重视科学技术知识，不断更新组织的技术设备并提高自身的创新能力，以提供优质、高效的公共服务。就公私关系即政府与社会组织间的关系来说：首先，政府部门要认识到社会组织是提供公共服务的主体，是公共服务的主要"供给方"，政府提供的公共服务主要是由社会组织来承担的，政府部门在大多数情况下只起监督作用，因此政府部门要重视社会组织的作用，并在政策上对社会组织（包括营利性组织、非政府组织和第三部门）给予一定的支持，建立社会组织与政府部门间的友好合作关系。其次，政府部门也要增强服务意识和效率意识，提高公共服务的质量和水平，同时与社会组织建立良好的合作关系，形成社会组织负责提供高质量低价格的公共服务，政府负责监督和管理的"双赢格局"，以实现京津冀乃至全国的基本公共服务均等化。

（四）构建合理的产业格局，实现经济的均衡发展

地方公共服务所需费用主要由地方财政支付，而地方经济的发展水平直接影响地方的财政收入，故只有京津冀经济均衡发展才能为基本公共服务均等化的实现提供坚实的财政支持。

由于京津冀三地产业格局分布不合理导致三地的发展水平和发展速度存在较大的差异，使得三地的财政收入差距逐渐加大，三地政府提供公共服务的水平和质量之间的差距也就不断加大。尽管河北省近年来有意加大对公共服务的投资，奈何河北财政收入少、人口基数大，使得河北省的公共服务水平在三地间仍旧处于末端。实现京津冀三地基本公共服务均等化，提高河北省公共服务的水平，笔者认为可以从两方面着手：第一，根据区域发展的实际情况及其功能定位来合理调整京津冀三地的产业结构，如有学者提出，"将北京周边的河北省秦皇岛市建成'世界超大级城市'，并称之为'北京首都飞地'"[2]，这体现了河北省尤其是秦皇岛市在承接京津冀

---

[1] 韩兆柱，杨洋.新公共管理、无缝隙政府和整体性治理的范式比较[J].学习论坛，2012（12）：57-60.

[2] 付宝华.关于建设"北京首都飞地"彻底解决北京城市治理问题加速建设河北省秦皇岛市"世界超大级城市"的战略构想[EB/OL].（2014-03-01）.http：//bbs.bato，cn/thread-2636550-1-.html.

功能转移方面的重要作用，秦皇岛市更应该把握时机根据自身优势大力发展旅游业和服务业，形成产业集聚效应，河北省也要做好承接京津两地产业转移的工作，并合理规划产业格局形成产业链，实现经济的稳定发展与三地间资金的合理流动。第二，构建区域统一市场，习近平曾在"京津冀协同发展七点要求"中的第七点提出："要着力加快推进市场一体化进程，下决心破除限制资本、技术、产权、人才、劳动力等生产要素自由流动和优化配置的各种体制机制限制障碍，推动各种要素按照市场规律在区域内自由流动和优化配置。"[1]这需要京津冀三地政府间加强协调与整合，在制定本地区的财政政策时逐步消除行政壁垒，以实现京津冀三地经济的均衡发展，为基本公共服务均等化的实现奠定物质基础。

五、结语

区域发展问题历来受到党中央和国务院的高度重视，随着京津冀协同发展战略的提出和雄安新区的建立，党中央对京津冀区域发展的关注更是达到了前所未有的高度，与此同时，基本公共服务均等化成为近年来社会热议的一个话题。京津冀基本公共服务均等化的实现关键在于区域间政府的协调与整合。整体性治理理论以公民需求、预测和结果导向为其治理理念，实现治理层级、治理功能和公私部门的整合，为京津冀基本公共服务均等化的实现提供了理论依据。因此，从法律制度、政府间关系、公私关系和区域经济四个方面促进京津冀基本公共服务均等化的实现必定会推动京津冀协同发展的步伐。

---

[1] 李志勇，周云波，崔芳军.基于政府适应市场化的京津冀一体化研究[J].商业研究，2010（3）：42-46.

基于整体性治理的京津冀交通一体化 *

京津冀一体化发展思路由来已久，最早可追溯到1982年《北京城市建设总体规划方案》中提出的双重"首都圈"设想[1]。1984年编制完成的《京津唐地区国土规划纲要研究》是该地区最早的区域规划研究[2]。20世纪90年代，国家计划委员会（现国家发展和改革委员会）首次提出建设环渤海经济圈，覆盖京津冀等多区域。2006年，京津冀区域发展被写入了国家"十一五"规划。2011年，"十二五"规划明确提出打造"首都经济圈"，推动建设"京津冀一体化"。2014年2月，习近平总书记在听取京津冀协同发展工作汇报时强调，要将京津冀协同发展上升为国家战略，努力实现京津冀一体化发展。2014年6月，国务院成立高规格的"京津冀协同发展领导小组"及相应办公室，由国务院副总理张高丽担任组长，京津冀一体化获得了强有力的组织保障。2015年4月，《京津冀协同发展规划纲要》的审议通过，标志着京津冀协同发展的顶层设计基本完成，明确了推动实施这一战略的总体方针。2016年2月，《中华人民共和国国民经济和社会发展第十三个五年规划纲要》的实施再次为京津冀一体化的快速推进注入了活力。2017年4月1日，雄安新区正式成立，标志着京津冀协同发展已经进入了更高水平的发展阶段。"京津冀协同发展是重要国家战略，是顶层设计的长远举措，是推进新型城镇化的全新探索，也是深化改革开放的重大举措。"[3]

从京津冀协同发展及一体化角度出发，推进交通一体化是加速京津冀地区要素资源配置、实现一体化发展的重要战略举措。2014年2月，习近平总书记就京津冀协同发展提出"要自觉打破自家'一亩三分地'的思维定式，抱成团朝着顶层设计的目标一起做，从总体规划、产业对接、城市布局、生态环境等方面着手推进工作，尤其要着力构建现代化交通网络系统，把交通一体化作为先行领域，加快构建快速、便捷、高效、安全、大容量、低成本的互联互通综合交通网络"[4]。京津冀交通一体化

---

* 与董震合作完成，并发表于《河北大学学报》（哲学社会科学版）2019年第1期第90～96页，题目有变动，内容有扩充。
[1] 王哲.基于分形理论的京津冀城市规模合理分析[C].曹保刚.京津冀协同发展研究——第七届河北省社会科学博士论坛论文集.北京：经济科学出版社，2015.
[2] 纪良纲，许永兵.京津冀协同发展：现实与路径[M].北京：人民出版社，2016.
[3] 田向利.在秦皇岛市推动京津冀协同发展工作会议上的讲话摘要[N].秦皇岛日报，2014-04-02（01）.
[4] 习近平.京津冀要打破"一亩三分地"思维[EB/OL].（2014-02-28）.http：//leaders.people.com.cn/n/2014/0228/c58278-24490961.html.

成为习近平总书记关注的重要工程,驶入了京津冀一体化建设的先行车道。整体性治理理论产生于20世纪90年代,是对传统科层制及新公共管理碎片化与分散化的批判回应,主张整合、协调和网络化的治理,该理论在顶层设计、经济水平结构、府际关系、投融资模式、交通布局结构等方面推动京津冀交通一体化的发展。本文旨在通过论述京津冀交通一体化的概念界定、发展现状,以整体性治理理论为研究视角分析京津冀交通一体化发展中的不足,并对促进京津冀交通一体化的发展与建设提出可行性建议。

一、京津冀交通一体化概念界定与研究视角

(一)京津冀交通一体化概念界定

经济的发展、社会现实的需要,使交通对于人们的生产、生活产生的影响越来越显著。交通运输快速发展在给人们提供便利的同时也带来了交通拥挤、环境污染等一系列衍生问题。20世纪80年代以来,欧美许多国家认识到交通问题的严重性,相继提出建立一体化交通体系的战略思想,采取了相应的政策措施,取得了良好效果[1]。京津冀三地的协同发展,首先必须构建现代化交通网络体系,实现京津冀交通一体化率先突破。

"交通一体化是通过协调各级管理部门、基础设施、管理措施、价格调整及土地利用等因素来发展交通,从而提高运输体系整体效益的一项交通政策。"[2]交通一体化是现代交通发展到一定阶段的必然产物,是通过交通基础设施建设,缩短城市之间、城乡之间、乡村之间的时空距离,从而形成多种交通方式互联互通的交通网络格局[3]。笔者认为,京津冀交通一体化即以打造"轨道上的京津冀"为核心,协调京津冀区域各级行政部门、政策措施、土地资源、金融资本、基础设施等众因素,推动京津冀区域协调统一、互联互通交通网络体系构建的一项战略。未来,国家干线铁路、城际铁路、市郊铁路、城市地铁,将构成京津冀之间四个层次的轨道交通网络。以北京为中心,50到70公里半径圆周范围内在京津冀核心区建立1小时的交通圈。以发展轨道交通为重点,形成以京津为核心,辐射周边区域的三小时高铁交通圈。

---

[1] 毛保华,何天健.欧洲交通一体化政策及其对社会发展的影响[J].科技导报,2001(2):13-15.

[2] A D MAY.Intergrated transport strategies:a new approach to urban transport policy formulation in the UK[J].Transport Reviews,1991,2(3):233-247.

[3] 庞世辉.京津冀交通一体化发展现状与面临的主要问题[J].城市管理与科技,2015,17(6):12-15.

(二)整体性治理理论：京津冀交通一体化的研究视角

党和政府对京津冀区域交通一体化建设高度重视，我国随之也出现了一批对京津冀区域交通一体化进行研究的学者，并且研究的视角也较为丰富多样。其中，余柳（2015）等从国际视角出发，对日本、美国和欧洲三个不同区域的城市群进行研究，总结其交通一体化发展的特点及经验，分析了我国城市群交通存在的问题并对此提出了改进设想[1]；王中和（2015）在京津冀经济圈的发展现状中与珠三角、长三角比较后论述了京津冀区域的优势及劣势、交通一体化在推进京津冀协同发展中的必要性及存在问题，并提出了解决路径[2]；邱奇（2016）从战略目标、战略重点、战略依托、战略保障四个方面对京津冀协同发展中京津冀交通一体化的建设进行了论述与分析，并对这些方面所遇到的问题提出了自己的思考及对策[3]；孙明正（2016）等从战略区位、社会经济格局以及城镇化发展水平等方面总结京津冀城市群的区域特征，并分析京津冀城市群在运输结构、交通设施网络空间布局以及体制机制等方面的主要问题，最后从客运、货运及体制机制三个层面提出京津冀交通一体化的发展思路和对策[4]；郑翔（2017）从协同立法的角度切入，对京津冀交通一体化进行了研究，并从区域间交通规则、交管协调机构、交通设施和区域行政壁垒等角度分析了立法的现实意义[5]；王耀飞（2017）通过对京津冀一体化建设中采用PPP融资可能会出现的法律问题进行了预估和分析，并对此提出了解决对策[6]；李昊（2018）等通过对京津冀协同发展的背景和交通一体化对区域经济发展的影响进行了分析，并结合此对未来京津冀交通一体化的建设提出了一些建议[7]；贾姝敏（2018）通过对京津冀协同发展的历史原因及京津冀交通一体化发展现状的研究，分析了发展中的问题和挑战，并从硬件设施和软环境两个角度提出解决当前问题的长效对策[8]；杜彦良、高阳、孙宝臣（2018）通过对东京、伦敦、纽约三大综合交通系统的现状研究，归纳出都市圈交通一体化的基本特征，并对推进京津冀交通一体化的建设提出了几点

---

[1] 余柳，孙明正，王婷，等．城市群交通一体化发展国际经验借鉴与中国路径探讨 [J]．道路交通与安全，2015，15（4）：1-7，14.

[2] 王中和．以交通一体化推进京津冀协同发展 [J]．宏观经济管理，2015（7）：44-47.

[3] 邱奇．京津冀交通一体化的战略选择 [J]．前线，2016（3）：16-17.

[4] 孙明正，余柳，郭继孚，等．京津冀交通一体化发展问题与对策研究 [J]．城市交通，2016，14（3）：61-66.

[5] 郑翔．京津冀交通一体化之协同立法 [J]．中国经济报告，2017（4）：101-102.

[6] 王耀飞．京津冀地区交通一体化法律问题研究 [D]．北京：北京交通大学，2017.

[7] 李昊，张田祥，李春晓，等．京津冀协同发展背景下交通一体化对区域经济发展的影响 [J]．山西农经，2018（1）：17.

[8] 贾姝敏．京津冀交通一体化发展的现状与存在问题及对策 [J]．山西建筑，2018，44（1）：40-41.

思考[1]。此外，还有一些社会传播媒介等对京津冀交通一体化建设的相关报道。学界对于京津冀交通一体化大多是以纯粹的交通建设作为研究切入点，虽然研究的视角与方法多样，但是以整体性治理理论为视角对京津冀交通一体化进行研究的人却很少，因此笔者以整体性治理理论为视角对京津冀交通一体化进行研究。

整体性治理（Holistic Governance）理论产生于20世纪90年代的西方国家，其代表人物是英国学者佩里·希克斯（Perri 6）和帕特里克·邓利维（Patrick Dunleavy），它的提出"主要用以解决20世纪80年代世界范围内新公共管理运动带来的政府治理碎片化、条块分割、信息不对称、目标冲突、效率低下等问题"[2]，是为了摆脱碎片化的困境，解决碎片化带来的社会问题复杂化的难题，从而提供更加完善、更低成本、更高效率的公共服务和公共产品，以期达到善治的效果[3]。整体性治理理论产生的背景是新公共管理的衰微和信息技术的发展，即数字时代的来临。希克斯认为，"21世纪的政府应该克服政府各部门放任状态和部门行动的独立状态，应该采取整体性治理的方式，通过制度化落实政府部门的协调合作"。[4]"整体性治理的目标是如何使政府的功能进行整合，以便更有效地处理公众最关心的一些问题，而不是在部门和机构之间疲于奔命。"[5]该理论是在反思和弥补新公共管理导致的部门化、碎片化和裂解性的基础上逐渐形成的一种全新的治理理论[6]。其核心主张就是"强调机构间的协调、政府功能的整合、行动的紧密化和提供整体性的公共服务"[7]。整体性治理的主要思想是重新整合，包括逆部门化和碎片化、协同政府、重新政府化、恢复和重新加强中央过程、极力压缩行政成本、以重塑功能为支撑的服务提供链、集中采购和专业化的采购、以"混合经济"为基础的服务共享、网络简化和"小组织"[8]。"整体性治理的理论框架为：第一，整体性治理强调预防、公民需求和结果导向。第二，整体性治理强调整体性整合，主要表现为：其一，在组织架构与形态上的整合包括治理

---

[1] 杜彦良，高阳，孙宝臣.关于京津冀交通一体化建设的几点思考[J].北京交通大学学报（自然科学版），2018（1）：1-6.

[2] 韩兆柱，单婷婷.网络化治理、整体性治理和数字治理理论的比较研究[J].学习论坛，2015，31（7）：44-49.

[3] 韩兆柱，杨洋.新公共管理、无缝隙政府和整体性治理的范式比较[J].学习论坛，2012，28（12）：57-60.

[4] 韩兆柱，翟文康.西方公共治理前沿理论的比较研究[J].教学与研究，2018（2）：86-96.

[5] 尹文嘉.整体治理的现实困境与路径选择[J].华东经济管理，2010（1）：129-132.

[6] 韩兆柱，张丹丹.整体性治理理论研究——历程、现状及发展趋势[J].燕山大学学报（哲学社会科学版），2017（1）：39-48.

[7] 韩兆柱，翟文康.西方公共治理前沿理论述评[J].甘肃行政学院学报，2016（4）：23-39.

[8] P DUNLEAVY.Digital Era Governance：IT Corporations，the State and E-Government[M]. Oxford University Press，2006.

层级、治理功能和公私部门间的整合；其二，提倡逆部门化和碎片化，实行大部门式治理；其三，对采购和中央过程进行整合，重新政府化；其四，整合预算。第三，整体性治理强调信息技术的整合、网络简化和一站式服务。第四，整体性治理注重协调目标和手段的关系。第五，整体性治理还十分重视信任、责任感与制度化。"[1] 国内最早进行整体性治理理论研究的台湾学者彭锦鹏在《全观型治理：理论与制度化策略》一文中指出制度化建设的三个策略：基础设施建设、整合组织的建立及新型文官体系[2]。"社会的高度复杂性使得合作成为主导的社会治理方式，问题的棘手化、治理主体的资源有限性迫使通过合作共享资源，实现治理最优化。"[3] 笔者认为当前在京津冀一体化及区域交通一体化建设过程中出现的权力与功能碎片化、地方主义、缺少高层次区域协调领导机构、信息沟通欠缺等问题亟待解决，而整体性治理所强调的"整合""协调""网络简化"和"信任与责任"等恰好为这些问题的解决提供了一个科学合理的治理思路。

二、京津冀交通一体化发展现状及问题

《京津冀协同发展交通一体化规划》（2015）的出台，明确指出京津冀地区将以现有道路格局为基础，着眼于打造区域城镇发展主轴，促进城市间互联互通，推进"单中心放射状"通道格局向"四纵四横一环"网络化格局转变[4]。这一规划为京津冀交通一体化的建设指明了方向。

（一）京津冀交通一体化发展现状

目前，京津冀区域已经基本形成了以公路、铁路、民航、水运等多种运输方式为一体，海陆空综合协调发展的立体交通网络。同时，以京、津、石为综合交通枢纽的交通网络已经成型，2020年京津冀交通一体化将会实现交通设施网络、交通运输枢纽、交通运输服务和交通管理平台的四个一体化。截至2016年年底，京津冀三地运输线路长度及总里程情况统计如表1所示。

---

[1] 曾凡军. 基于整体性治理的政府组织协调机制研究 [M]. 武汉：武汉大学出版社，2013.

[2] 彭锦鹏. 全观型治理：理论与制度化策略 [J]. 政治科学论丛，2005（23）：62-69.

[3] 韩兆柱，翟文康. 西方公共治理理论体系的构建及对我国的启示 [J]. 河北大学学报（哲学社会科学版），2016（6）：96-104.

[4]《京津冀协同发展交通一体化规划》发布 [EB/OL].（2015-12-09）. http：//www.mot.gov.cn/jiaotongyaowen/201512/t20151230_1968470.html.

表1 京津冀分地区运输线路长度及总里程

单位：公里

地区	铁路里程	内河航道里程	公路里程
北京	1264.3	0	22026
天津	1060.9	88	16764
河北	6956.0	0	188431
共计	9281.2	88	227221

京津冀三地在运输线路里程建设不断推进的同时在其他方面也作出了较好成效。公路方面，"瓶颈路""断头路"等问题得到了较为明显的改善。京台、京昆、京港澳和首都地区环线等高速及干线公路共1400余公里已经打通或扩容；铁路方面，京津冀地区的铁路建设以京津、京保石、京唐秦三条道路为主轴，铁路建设的网络化格局已经基本形成，城际铁路成为重点发展对象；民航机场方面，京津冀区域机场群初具规模。随着北京新机场建设的迅速推进，未来京津冀地区将形成以首都机场、北京新机场、天津滨海国际机场、石家庄正定机场四大机场为核心的区域机场群。同时，北京新机场陆侧交通系统也日渐完善，未来将形成一个以北京新机场为核心的世界级航空枢纽中心；水运港口方面，沿海港口物流货运能力不断提高，以天津港、秦皇岛港、唐山港、黄骅港所组成的区域沿海港口群已成为我国最重要的能源输出及货物集散基地，同时为京津冀区域的经济持续发展发挥着越来越显著的作用[1]。

除此之外，京津冀区域在建将建的高速铁路有：京雄城际（北京—雄安新区）、京沈高铁（北京—沈阳）、石济客专线（石家庄—济南客运专线）、京滨城际高铁（北京—天津城际铁路）、京唐城际铁路（北京—唐山）、京石城际（北京—石家庄）、环北京城际、津承铁路（天津—承德）、京张城际铁路（北京—张家口）、廊涿城际（廊坊—涿州）等。到2020年，京津冀区域城际线总里程将超过1000公里，京津石、京津保将基本实现0.5至1小时城际通勤圈。京津冀区域的远期规划将基本形成以"四纵四横一环"为骨架的城际铁路网络。

京津冀在建将建高速公路：京安高速（北京—雄安新区）、首都环线高速（大兴—通州）、新机场高速北线、京秦高速（通州—秦皇岛）、延崇高速（延庆新城—张北地区）、兴延高速（北京城区—延庆）等。

协议文件方面，自2014年以来，京津冀三地在交通领域推进京津冀协同发展所签署的有关主要协议如表2所示。

---

[1] 祝合良，叶堂林，张贵祥.京津冀发展报告（2017）——协同发展的新形势与新进展 [M]. 北京：社会科学文献出版社，2017.

表2　2014—2017年推进京津冀交通领域协同发展的协议

时间	机构部门及协议名称
2014.07	京津冀三省市政府—《京津冀交通一体化备忘录》
2014.12	京津冀三地政府、中铁总公司—《共同成立京津冀城际铁路投资公司合作协议》
2015.01	京津冀三省市船检部门—《京津冀船检机构协作发展合作备忘录》
2015.05	交通运输部—《〈京津冀协同发展规划纲要〉交通一体化实施方案》
2015.05	冀国资委、首都机场集团公司—《河北机场管理集团有限公司委托首都机场集团公司管理协议书》
2015.08	河北省交通运输厅—《推进京津冀交通一体化率先突破的实施方案》
2016.11	国家发改委—《京津冀地区城际铁路网规划修编方案》
2017.03	京津冀三地口岸主管部门—《京津冀口岸深化合作框架协议》
2017.11	国家发改委、民航局—《推进京津冀民航协同发展实施意见》

（二）京津冀交通一体化发展存在的问题

京津冀区域交通一体化的发展虽然取得了一些显著成就，但是从"加快构建快速、便捷、高效、安全、大容量、低成本的互联互通综合交通网络"和打造具有世界级影响力城市群的目标来看，京津冀交通一体化还有不少问题亟待解决。

1. 缺乏协调统一的管理机构，交通建设的顶层设计不足

京津冀交通一体化的建设和管理"缺乏一个统一的跨界治理的合作组织为京津冀交通一体化制定发展的长远目标和长效机制"[1]。虽然已经成立了一个京津冀交通一体化领导小组，但是该领导小组并非一个常态化、专门性并且具有高层次行政权威性的机构；同时，京津冀交通一体化建设在顶层设计方面还有待加强，尤其是在有关基础设施的规划、运营、资金投入和监督等多方面缺乏相关明确的法律法规及政策支持，这些缺口将会严重制约京津冀三地在涉及核心利益时的协调合作。

2. 城际市郊交通衔接不畅，轨道交通发展水平较低

京津冀区域目前长距离的客运、高铁等领域建设程度和密度较高，但城际、市郊间尤其是京津两地与河北省的地级市间的短途客运基础设施建设严重滞后。当前仅建成京津、津保两条城际线路，其他节点城市间缺乏良好的城际互通。同时，京津等大城市与近邻城市间也缺乏市郊铁路设施。相较于北京，津冀地区城市轨道交通发展更为缓慢，严重影响着与周边海港空港交通系统的对接。

3. 海港空港枢纽间协调性差，交通资源浪费严重

京津冀地区集中了由天津港、秦皇岛港、唐山港（京唐港区和曹妃甸港区）、黄骅港所组成的大型港口集群，还有由首都机场、北京新机场（在建）、天津滨海国际机场、石家庄正定机场、邯郸机场、秦皇岛山海关机场、唐山三女河机场、张家口

---

[1] 韩兆柱，单婷婷. 基于整体性治理的京津冀府际关系协调模式研究 [J]. 行政论坛，2014（4）：32-37.

宁远机场所组成的京津冀区域机场群。这些枢纽间协调性差,缺乏必要的信息沟通与交流,都处于"各扫门前雪"的状态。空港间大型国际机场集中了大量的客货流而其他地区机场处于闲置状态;水运海港枢纽间信息沟通差,出现了竞争大于合作、交通资源浪费严重等问题。

4. 中心城市压力大,交通拥挤严重

京津冀地区核心城市及大城市存有大量的常驻及外来流动人口,城市交通运输流量巨大,上下班及重大节假日交通拥挤早已呈常态化,严重影响着城市的生产运作及人民的正常生活。例如,京津冀区域铁路运输的功能过度集中于北京,而天津、石家庄、保定等枢纽的交通运输功能反而没有得到有力发挥,这不仅大大加剧了北京的铁路运输交通压力,同时也加重了北京地铁、公路交通等配套交通基础设施的负担。

5. 基础设施建设资金紧张、缺口较大

交通设施投资具有公益性、规模大、周期长、回报低等特点,难以吸引社会及私人资本投资,是现代交通发展的突出瓶颈,为政府进行交通基础设施建设带来很大的资金困境。"以河北省为例,2015年河北省交通基础设施投资达到1020亿元,河北交通运输厅2014年的负债规模已超过3000亿元。"[1] 同时,2017年6月,河北省政府办公厅印发的《河北省综合交通运输体系发展"十三五"规划》提出"十三五"期间河北省将预计完成投资6000亿元,其中轨道投资1600亿元、公路投资3450亿元、港口投资400亿元、民航投资350亿元、枢纽站场投资200亿元。对于河北省来讲,这又是一笔巨额的交通基础设施投资,资金压力巨大[2]。

三、基于整体性治理的京津冀交通一体化发展存在问题的原因

通过对京津冀交通一体化建设现状的观察与分析,自京津冀交通一体化提出以来,取得显著成果的同时也出现了很多问题。基于整体性治理,笔者拟从顶层设计、经济水平结构、府际关系、投融资模式、交通布局结构等多角度探析京津冀交通一体化所存有问题的原因。

(一)交通一体化建设顶层设计不健全

1. 缺乏高权威性及法律效力的法律支持与保障

京津冀一体化及区域交通一体化战略提出以来,党和政府各级部门制定、研究、发布了很多与之相关的文件、协议,这些文件、协议等的行政权威性和法律效力相

---

[1] 河北全省交通设施预计投资6000亿 [EB/OL].(2017-06-21). http://www.gov.cn/xinwen/2017-06/21/content_5204155.htm.

[2] 河北全省交通设施预计投资6000亿 [EB/OL].(2017-06-21). http://www.gov.cn/xinwen/2017-06/21/content_5204155.htm.

对较低，难以引起一些地方部门的重视，甚至与部分地方已有规定等产生利益冲突，更增加了其落实的难度。同时，三地在一体化建设有关政策的制定与立法方面也缺乏一定的交流沟通。

2. 统一性的建设配套政策措施滞后

已出台的众多文件、协议等主要偏向于宏观的规划与蓝图展示，为京津冀交通一体化建设提供了一个方向指引，而与之相配套、统一适用于京津冀三地的诸如土地规划、建设资金落实、产业转移、公共基础设施等后续政策措施却相对滞后，这对于京津冀交通一体化工作的具体高效开展产生了一定的阻碍。

3. 缺乏高层常态化的专门协调机构

京津冀地区由北京、天津和河北省构成，北京和天津相较于河北省作为直辖市，在政治、经济和文化等多方面具备一定的相对优势。并且北京作为首都，使这样一个首善之区的综合地位更加突出。从顶层设计中组织机构这一角度出发，国务院虽然已经成立了京津冀协同发展领导小组来管理京津冀区域一体化建设的相关工作，但是该领导小组并非一个常设机构，在事务协商上实行"一事一议"制，从实际执行力到成员时间分配上都较为有限，这就需要建立一个更加行之有效、具有执行力的常态化、专门的区域管理机构来促进京津冀区域的持续建设与管理。

（二）区域间经济水平差异大，产业分工体系不明确

1. 三地间发展水平不均衡，河北经济发展严重滞后

京津冀区域内，由于产业结构、资源储备、区域设施、人口数量、政策导向等多种因素的影响，导致三地间存在一定的发展差异，尤其是河北相对于京津两地发展严重滞后。

以2016年京津冀三地间主要经济指标为例（见表3），河北整体GDP高于京津两地；人均GDP方面，京津两地悬差较小，但河北明显低于京津两地且差距较大。而经济发展所带来的相关地方财政收入会对交通基础设施投资、建设、运营等多环节产生直接影响，导致区域间交通基础设施建设水平存在差距。

表3 2016年京津冀三地主要经济指标数据

地区	GDP（亿元）	GDP增长率（%）	人均GDP（元）
北京	25669	11.5	118198
天津	17885	8.1	115053
河北	32070	7.6	43062

2. 产业结构梯度落差大，产业间协同进展慢

根据库兹涅茨的产业分工理论和相关数据（见图1），北京第三产业比重超过70%，远大于第二产业比重，已进入后工业化阶段；天津第三产业较为发达但仍低于第二产业比重，处于工业化后期阶段；河北第二产业高于第三产业，第一产业比重

大于10%，处于工业化中期阶段[1]。北京产业机构已呈"三二一"型，津冀产业结构仍处"二三一"型阶段。北京地区科技研发和技术服务型行业实力雄厚，以服务业为代表的第三产业整体发展水平较高；天津地区制造业发展基础较好，第三产业有待提升；河北地区批发零售及农林牧副渔业为主的第一产业相对发达，但科研及技术服务业发展滞后严重。

区域内产业结构不合理，产业发展不平衡。在产业转移过程中，河北承接的来自京津地区的主要是资源消耗型、技术含量低、高能低产型产业，这并不利于优化区域内产业结构、提升河北产业水平，而且加重了河北省的资源消耗与环境污染。河北更多扮演的是京津两地"菜篮子""米袋子"的初级角色。同时，京津冀区域内部存在着产业同构现象，尤其是津冀两地在加工制造业方面较为明显，河北内部各地级市间产业同构更为突出，这种产业同质化导致区域内竞争大于合作，不利于区域内产业协同发展。

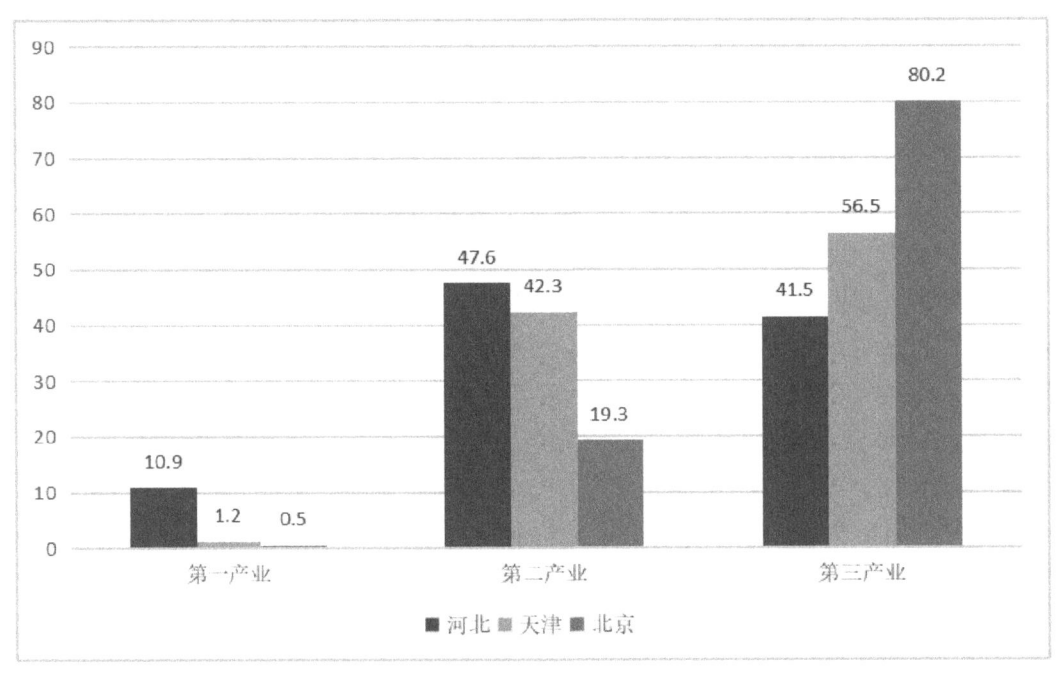

图1　2016年京津冀三地地区生产总值构成占比（单位：%）

3. 区域间经济发展行政干预较多

京津冀区域相较于"珠三角""长三角"区域，集中了大量的党政机关等行政资源，同时大批央企国企的集聚也提高了国有经济在该区域生产总值中的占比，导致区域市场活力相对较低。经济产业的布局和构成多是地方政府及行政长官的行政指令与措施，经济活动的开展受到行政部门的主导或干预，出现了"'行政区经济'（以行政

---

[1] 纪良纲，许永兵. 京津冀协同发展：现实与路径[M]. 北京：人民出版社，2016.

区划作为经济活动组织与布局的基础地域单元的经济,以及以行政性手段和运行机制为主来组织与布局的经济)"[1],较少从区域整体角度进行经济产业活动的规划和开展。

(三)府际关系碎片化,信息壁垒较多

由于受府际间条块行政分割的影响,跨区域性的交通设施没有达到完全的无缝对接,区域内尤其是行政区交界地带出现大量的"断头路""瓶颈路"和"最后一公里"等交通断接现象,严重影响区域交通的互联互通性。在本位主义、地方主义等"自保意识"的影响下,三地各自为政,在综合运输系统的规划和建设等方面缺乏有效的信息共享与沟通,多是"以我为主、分灶吃饭",难以打破本位利益中守好自身"一亩三分地"的惯性思维。同时,信息壁垒导致在区域实时交通信息共享方面缺乏权威性的官方信息发布平台,公民多是利用具备道路显示、路线导航等功能的地图软件以及电台广播来获取道路交通实时信息,区域道路交通实时信息一体化建设滞后。

(四)交通设施建设投资模式单一,政府投资建设压力大

京津冀交通一体化耗资巨大。交通设施建设对社会资本的吸引力较差,面临着很大的资金缺口压力,而交通建设又是关系国计民生的重要公共服务项目,这种情况下,政府不可避免地成了建设工程的主要投资者。

通过2012—2016年京津冀三地的交通支出(见图2)可以获知,三地大体上在这5年中的交通支出是呈上升趋势的,在支出费用方面整体上,河北>北京>天津,而河北的财政收入有限,交通基础设施负债规模较大,资金压力大。在投融资模式上,吸引和利用社会资本、私人资本的程度低;在区域交通设施建设上,缺乏一个具有统筹性的跨区域投融资平台对资金进行整体性管理和分配。虽然已成立由京津冀三方政府、中国铁路总公司所组建的京津冀城际铁路投资公司,但其涉及交通领域范围有限,且在实际运作层面还面临多地协调等诸多问题。

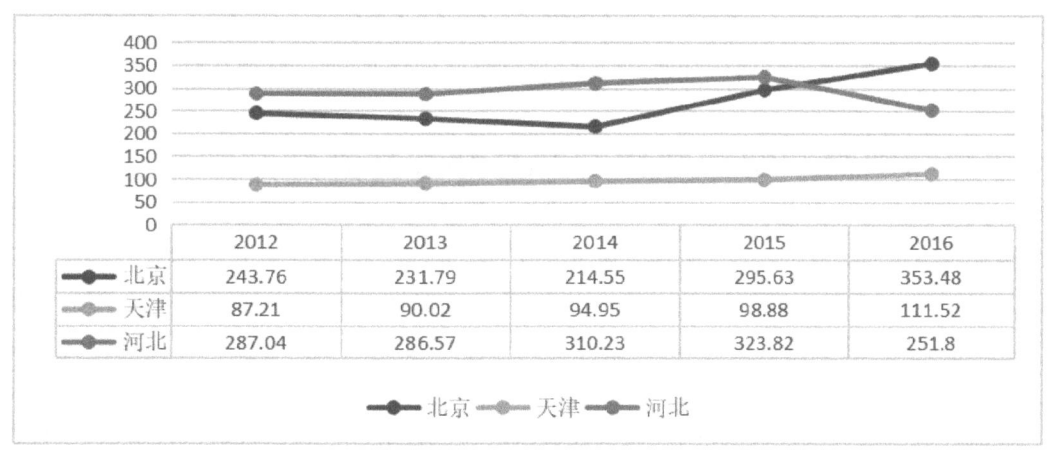

图2 2012—2016年京津冀三地交通支出(单位:亿元)

---

[1] 连玉明.面向未来的京津冀世界级城市群[M].北京:当代中国出版社,2016.

（五）交通布局结构不合理，枢纽间结构功能失衡

京津冀地区交通现状整体上公路、铁路等均以北京为中心呈单中心、放射状、不均衡、摊大饼式的交通布局结构，并且核心城市也多形成环形放射状的城市空间布局，再加上虹吸效应的影响吸引着大量优质资源，这些因素决定了大宗人流、商品货物必须在北京实现中转后方可到达目的地，在增加运输环节与流通成本的同时也大大加重了北京内部城市交通的负担。同时，大量交通基础设施和建设工程主要集中于京津冀北部地区，对冀南地区的交通设施建设辐射有限，形成了"南北差异"。

空港方面虽然集中了大量的空运机场，但由于在运营机制、经济发展水平、航线设置、信息集约、配套交通便捷度等方面的差距，使得首都机场首位度突出、常处于超负荷运营状态，而附近的天津机场、石家庄正定机场则运量不足，两极分化严重。此外，港运方面，各海港间缺乏职能分工，功能单一、结构同质化，都以各自营利为首要目标，独自经营，导致无序竞争大于合作，浪费交通资源。

四、基于整体性治理促进京津冀交通一体化发展的路径

京津冀协同发展不仅在于促进京津冀区域的经济、交通、生态等多方面一体化综合推进，更对未来我国其他区域的协同发展提供了路径探索，也有助于京津冀世界级城市群和首都圈的建设。通过对纽约都市圈、日本首都圈、伦敦都市圈和巴黎都市圈发展历程的研究，得出国外都市圈的发展具有以下成功之处："制定明确系统的首都圈发展规划；设立跨行政区的管理机构；形成具有辐射作用的主导产业；构建合理的区域职能分工；重视交通实施建设。"[1] 整体性治理追求部门间"信任与责任"、建立整合协调型组织机构、提倡网络简化和结果导向等，这对于我国京津冀一体化及世界级都市圈的建设提供了重要启示。

结合京津冀交通一体化建设的现状及存有问题的原因，笔者从整体性治理理论视角提出几点改进建议。

（一）加强交通一体化顶层设计，完善相关配套法律政策

"加强相关顶层设计，构建科学合理的制度框架，是高水平落实京津冀协同发展战略的基本前提。"[2] 首先要加强区域立法工作，制定具有高权威和法律效力的法律法规。目前对京津冀协同发展及交通一体化建设具有较高层面指导意义的文件主要是《京津冀协同发展规划纲要》和《〈京津冀协同发展规划纲要〉交通一体化实施方案》，

---

[1] 文魁，祝尔娟. 首席专家论京津冀协同发展的战略重点 [M]. 北京：首都经济贸易大学出版社，2015.

[2] 祝合良，叶堂林，张贵祥. 京津冀发展报告（2017）——协同发展的新形势与新进展 [M]. 北京：社会科学文献出版社，2017.

这两者均没有上升到专门性法律的高度，这种有限的法律效力在具体实施层面会与一些地方性法律法规产生矛盾，因此制定区域高权威效力的专有法律法规迫在眉睫。

其次，建立、完善京津冀区域协同发展配套制度体系与政策。如加快制定与交通一体化建设相配套的土地规划、资金落实、交通设施建设等政策，有效推动交通一体化建设；建立区域法规协同机制，推动三地地方人大在法规、政策制定方面实现有效沟通和协调，加强法规政策间整体性和执行的协同性，提高资源利用率，节约建设成本；对相关落后地区进行政策倾斜和支持等。

建立基于"京津冀协同发展领导小组"基础上的、京津冀三方政府均参与的常态化、可持续性的交通一体化协同发展委员会等办公领导机构和配套组织，运用权力清单明确职能权力，加强对其的监督和考核，通过平等、公开、公平协商的方式召开经常性会议，集约三方资源和利益诉求，协调各方矛盾，促进交通一体化战略的有效执行。

（二）增强京津冀产业协同性，优化三地产业结构

经济的发展为京津冀交通一体化建设提供了物质基础和资金支持，同时交通运输又促进经济的持续性发展，进行反哺性回报，两者相辅相成，因此促进三地经济协调发展尤为重要。

构建明确的产业分工体系，避免开发雷同和产业同质。京津冀三地要立足于认清自身具备的自有优势，因地制宜，充分发挥比较优势，从京津冀整体大局出发进行产业沟通与规划，优化"产业同构"现象。要积极利用好北京的技术、资金、人才优势，天津的装备制造业及港口优势，河北的矿产、能源、土地和空间优势，在京津冀范围内统筹资源，并依托国家相关战略工程与周边区域加强协同，保障京津冀区域产业的协同性发展[1]。深化供给侧结构性改革，提升京津冀区域协同发展效益。在产业机构与分工方面，北京应该依托自身的技术、资金、人才和资源集约等优势，打造成科技创新中心、创业人才孵化中心及创新策源地；天津应立足眼前、着眼国际、借势京冀，提升自身创新能力，打造成先进制造业研发转化基地，并逐渐提升自身技术服务业的发展水平；河北应该利用好国家重大战略决策，立足现有优势，承接京津部分产业及功能，逐步提升第三产业发展水平，打造休闲旅游生态观光的现代农业，包装自身成为京津两地"后花园"，提高创新研发能力和产品科技含量，推动产业转型升级，由资源消耗型向创新服务型发展。

减少政府对经济活动的过度干预。党的十八届三中全会公报指出，"经济体制改革是全面深化改革的重点，核心问题是处理好政府和市场的关系，使市场在资源配

---

[1] 张立鹏. 京津冀一体化的"三线"建设 [M]. 北京：中国书籍出版社，2015.

置中起决定性作用和更好地发挥政府作用"[1]。"市场经济的内在逻辑要求改变政府控制一切的状况,这也是发扬民主与提高社会活力的必由之路,否则将出现'用政治手段解决经济问题的恶性循环'。"[2]京津冀地区产业协作与发展必须要降低政府对市场活动的过度干预,转变政府在经济发展中的角色与错误定位,厘清政府与市场间的关系,做到"不缺位、不错位、不越位",促进政府与市场协调发展。

(三)打破区域间条块分割,加强京津冀三地沟通交流

打破"各自为政"分割模式及行政壁垒,构建京津冀利益共同体。京津冀三地由于多方面的长期差异及现行财政体制和单一性的政绩考评制度,使三方政府更多地追求自身区域的经济发展与社会建设,导致了政府部门间严重的"碎片化",形成了守好自家"一亩三分地"的行政思维。因此,首先要建立和利用好区域利益协调机制,建立健康长期的资金投入体系和成本分摊机制,根据三地实际经济发展情况进行公平合理的利益规划,"明确三方在政策协同中的权利、责任和利益"[3],实现相对平衡性的投入与分摊,降低劣势区域的压力,使三地在直接利益上"拧成一股绳"。其次,优化现有政绩考核方式。除了将所在省市的政绩与地方政府的考核结果挂钩外,还要将京津冀整个区域的发展状况与三地各自的政府及行政首长考核结果相挂钩,从而实现政绩考核结果与所代表地方和京津冀区域整体状况"双挂钩",使三地成为政绩考核共同体,形成"一荣俱荣,一损俱损"的政绩考核模式。利用好相关协同平台,加强区域间信息沟通与联系,打通京津冀地区"断头路"和"瓶颈路",推进京津冀客运联网售票、交通"一卡通"互联互通和高速公路电子不停车收费(ETC)系统全覆盖。

(四)创新投融资模式,构建跨区域平台

长期依靠政府单一核心投资进行交通建设的模式,使政府面临着巨大的经济压力和资金缺口,因此改变这种单一的投融资模式对于交通一体化的长期健康发展具有重要意义。

创新现有投融资模式。建立与交通设施沿线土地开发相结合的投融资模式,把交通设施建设与沿线土地开发结合起来,将土地开发的收益投入到交通基础设施的建设和运营,实现交通基础设施的良性运转。这种运营模式不仅可以为交通基础设施建设提供较为稳定的资金投入,而且有利于在交通设施沿线形成交通网线商业区,促进沿线人文和经济发展。

---

[1] 中国共产党第十八届中央委员会第三次全体会议公报 [EB/OL].(2013-11-12). http://www.xinhuanet.com/politics/2013-11/12/c_118113455.htm.

[2] 萨托利.民主新论[M].冯克利,等译.北京:东方出版社,1993.

[3] 杨宏山,石晋昕.从一体化走向协同治理:京津冀区域发展的政策变迁[J].上海行政学院学报,2018,19(1):65-71.

构建跨区域投融资平台。建立横跨京津冀三省市的统筹性融资平台（如京津冀区域交通一体化建设基金），实现投融资主体由单一化向多元化转变。建立以政府投资为先导，积极鼓励和引导社会资本、私人资本的参与，利用好市场力量，可运用PPP模式促进市场、社会对公共服务设施建设的关注及参与力度，促进政府基础设施建设功能与市场力量结合的良性协作。同时，中央应该加强对于经济水平和财政能力相对较弱区域（河北）的投融资帮扶与资金支持。

完善金融及市场相关规则。习近平总书记在2018年4月10日博鳌论坛的主旨演讲中宣布了中国扩大开放的重大举措。其中，"大幅放宽市场准入、创造更有吸引力的投资环境"[1]这两项举措对促进京津冀交通基础设施投融资模式的改进与完善同样适用，建立积极灵活宽松的市场准入机制，适度降低市场准入门槛，吸引更多的资本主体参与，提升交通基础设施建设投资市场活力。

（五）优化交通布局及结构，整合区域信息和交通资源

促进多中心交通模式发展，分担核心城市运输压力。通过科学规划，打破北京单中心交通布局结构，充分发挥好周边天津、保定、石家庄等城市的交通运输潜力，形成多中心的交通布局结构，分担北京的交通功能和运输压力。

加强空港海港间的信息交流，建立实时交通信息发布平台。通过建立京津冀海港协同发展委员会及京津冀航空协同发展委员会等平台，加强区域内海港空港间的信息沟通。统一进行区域内海港空港交通的规划，结合各枢纽实际情况对各港口的功能定位、航道开发、业务开展和各机场的航线设置、配套交通、职能业务等进行统一规划，实现海港空港间功能结构错位发展，加强枢纽间协作与突发状况合作，按照互利共赢原则推动空港海港间深度融合。

世界知名临空经济专家约翰·卡萨达（John Kasarda）于1992年提出"五波理论"，认为"21世纪空运将成为继海运、水运、铁路和公路后第五个推动经济发展的冲击波，机场带动下的空港将成为一个国家和城市经济增长的发动机，进而提出航空大都市的理论模型"[2]。要利用好现有机场及在建北京新机场的契机，加强机场间协作开发和资源整合，建立京津冀区域临空经济区，以机场群带动经济区发展。

完善天津港同周边港口的集疏运协同体系。建立京津冀港口统一调度指挥中心，对各航道进行统一规划和调度。加快完善京津冀区域内各港口周围配套运输设施，提升港口对京津冀区域的交通辐射作用。积极争取国家政策与资金支持，利用好"一带一路"战略优势，规划建设天津指向新疆等西北内陆深地的快捷铁路，加强京

---

[1] 习近平. 博鳌亚洲论坛2018年年会主旨演讲[EB/OL]. (2018-04-10). http://www.xinhuanet.com/world/2018-04/10/c_1122660064.htm.

[2] 张立鹏. 京津冀一体化的"三线"建设[M]. 北京：中国书籍出版社，2015.

津冀区域港口对西北内陆经济发展和运输产业的推动作用。

建立京津冀交通信息发布官方平台。利用互联网络、"云"技术和大数据系统，结合各相关软件平台，对三地实时交通信息进行搜集、整合、发布，为区域人民的生产生活提供便利，缓解交通拥堵状况。

补齐交通基础设施短板，加强对冀南地区的交通辐射。积极利用好京津冀协同发展及交通一体化建设战略机遇，把握好雄安新区、北京—张家口 2022 年冬季奥运会重大契机，加快区域内交通基础设施短板建设，形成全方位、无死角、综合立体的交通网络。加强对冀南地区（邯郸）的政策及交通辐射。冀南地区位于河北最南端，处于晋冀鲁豫四省交衢之地，具有天然的地理位置优势，人口众多且装备制造业发达。邯郸设有河北省政府批准设立的第三个战略发展新区——冀南新区，区域内有邯郸机场及京广、邯济邯长、邯黄、石武 4 条铁路，京珠、青兰 2 条高速，以及邯郸物流中心、规划建设中北方最大的邯郸南铁路物流基地[1]。通过对冀南地区的交通设施辐射及政策支持，加强邯郸等城市与周边省市的交流合作，促进产业转型和升级，推动其打造成全国重要的先进装备制造业基地、四省交界区域现代大型物流枢纽、现代山水田园生态区、冀南经济增长极，建设好京津冀区域的南大门。

五、结语

京津冀交通一体化是推动京津冀协同发展的排头兵，对于京津冀三地间多领域的有效沟通协作、促进区域协同发展具有重要影响力。交通一体化发展要打破"一亩三分地"的惯性思维，立足于京津冀区域整体性的高度，协调各方各领域利益，增强彼此间的信任与责任感，利用好网络信息技术，顶层设计与扎实落实相结合，推动京津冀协同发展与交通一体化建设。整体性治理理论为京津冀交通一体化发展中问题的解决提供了理论基础、指导思路和治理路径。从顶层设计、经济水平结构、府际关系、投融资模式、交通布局结构等多角度推动交通一体化发展必然能促进京津冀协同发展的前进步伐。

---

[1] 杨凤杰.邯郸市冀南新区经济发展战略研究[D].乌鲁木齐：新疆师范大学，2012.

京津冀雾霾治理中的府际合作机制
——以整体性治理为视角 *

　　大气作为环境的一个重要组成部分，是维系生命的必需品，因此空气质量与人们的幸福指数息息相关，成为国家和人民共同关心的话题。2017年3月4日，第十二届全国人民代表大会第五次会议发言人傅莹在回答记者提问时指出，治理雾霾是我国面临的一个长期挑战，要不断完善环境保护方面的法律制度，并监督其有效执行。党的十八大报告高度重视环境问题，首次将生态文明建设置于独立一章，并指出要加大环境保护力度，建设社会主义生态文明。十八届五中全会提出五大发展理念，其中包含绿色发展，同时指出要坚持保护环境的基本国策，可见生态文明已经上升为我国经济社会发展基本国策的战略和核心理念。[1]随着工业化水平的提高，污染气体排放不断增多，京津冀地区的雾霾问题愈演愈烈。据中国气象局《2016年中国气候公报》统计，2016年全年出现8次大范围、持续性中到重度霾天气过程，比2015年减少3次，但仍十分严峻。[2]而2017年1月中国人民大学发布的《京津冀雾霾治理政策评估报告》则表明，2016年$PM_{2.5}$浓度有所下降的短暂成效更多依靠风速偏大的"天帮忙"，而在相同的气象条件下，其浓度无明显变化，因此未来的治霾之路还是要靠"人努力"。[3]目前，京津冀地区已成为全国雾霾最严重的地区。除本地污染外，区域传输也是一个重要因素。[4]而现有的属地治理模式收效甚微，未来的雾霾治理工作任重而道远。2015年4月中共中央政治局审议通过的《京津冀协同发展规划纲要》指出，推动京津冀协同发展，要破除体制机制障碍，构建京津冀协同发展的体制机制。世界各国的经验已表明，政府在环境治理中发挥着主导作用，政府间的有效合作机制则是环境保护的重要基础。[5]因此，在京津冀跨行政区域的合作

---

* 与卢冰合作完成，并发表于《天津行政学院学报》2017年第4期第73～81页，中国人民大学报刊复印资料《公共行政》2017年第10期全文转载，题目有变动。

[1] 张孝德. 2016中国生态主义思潮新趋势 [J]. 人民论坛，2017（1）：53-54.

[2] 中国气象局新闻发布会 [EB/OL].（2017-01-10）. http：//www.cma.gov.cn/2011wmhd/ 2011wzbft/2011wzxzb/ztfbh/index.html.

[3] 报告：京津冀雾霾治理"人努力"效果尚不显著 [EB/OL].（2017-01-14）. http：//news.youth.cn/gn/201701/t20170114_9037577.htm.

[4] 纪良纲，许永兵. 京津冀协同发展：现实与路径 [M]. 北京：人民出版社，2016：260.

[5] 王洛忠，丁颖. 京津冀雾霾合作治理困境及其解决途径 [J]. 中共中央党校学报. 2016（3）：74-77.

中，府际之间的关系不容忽视。本文以整体性治理为视角，探索京津冀雾霾治理的府际合作机制。

一、基于整体性治理完善京津冀雾霾治理的府际合作机制的意义

机制（Mechanism），原指机器构造和动作的原理，后来泛指一个工作系统组织或部分之间相互作用的过程和方式。[1] 府际合作机制是指地方政府通过搭建主体间信息沟通平台，出台相关政策，以实现共同利益的一系列规则和制度的总称，其内涵包括目标、主体、途径、内容等方面。[2] 从府际关系的角度看，合作机制包括纵向和横向两个维度，纵向指中央政府和省级政府之间的关系，横向指各地方政府间的关系。[3] 目前，我国的区域合作在中央政府的主导下，地方政府自主性不断增强的趋势越加明显。[4] 京津冀一体化在中央政府的主导下，加强了顶层设计，明确了不同地区的功能定位，并将协同发展上升到国家战略，而地方政府合作的运作机制仍有待完善。因此，笔者认为，探讨京津冀政府间的横向合作，即完善京津冀治理雾霾的府际合作机制具有重要的理论和实践意义。

（一）基于整体性治理完善京津冀雾霾治理府际合作机制的理论意义

整体性治理（Holistic Governance）是在新公共管理理论式微和数字时代来临的背景下，发端于英国并随后扩展到美国、加拿大、澳大利亚、新西兰等国家的全新的治理模式。[5] 整体性治理理论主张政府组织机构间通过充分沟通与合作，达成有效协调与整合，彼此的政策目标连续一致，政策执行手段相互强化，达到合作无间的目标的治理行动。[6] 其理论框架为强调预防和结果导向，强调整体性协调和整合，强调信息技术的整合、网络简化和一站式服务，注重协调目标和手段的关系，重视信任、责任感和制度化。[7] 该理论产生于20世纪90年代，代表性人物是英国的佩里·希克斯（Perri 6）和帕特里克·邓利维（Patrick Dunleavy）。希克斯等人吸收了新涂尔干主义中关于整合的思想，提出了以结果为导向的协调和整合措施，发动多

---

[1] 孔伟艳.制度、体制、机制辨析[J].重庆社会科学，2010（2）：96-98.

[2] 于军.中国—中东欧国家合作机制现状与完善路径[J].国际问题研究，2015（2）：112-126.

[3] 王玉明.地方环境治理中政府合作的实践探索[J].广东行政学院学报，2010，22（3）：11-15，27.

[4] 邢华.我国区域合作治理困境与纵向嵌入式治理机制选择[J].政治学研究，2014（5）：37-50.

[5] 竺乾威.从新公共管理到整体性治理[J].中国行政管理，2008（10）：52-58.

[6] 叶璇.整体性治理国内外研究综述[J].当代经济，2012（6）：110-112.

[7] 韩兆柱，单婷婷.基于整体性治理的京津冀府际关系协调模式研究[J].行政论坛，2014（4）：2-37.

主体参与合作治理，从而更加注重政府组织的整体利益。[1] 根据希克斯的《整体性政府》（1997）、《圆桌中的治理：整体性政府的策略》（1999）和《迈向整体性治理：新的改革议程》（2002）三部著作，可以将整体性治理理论划分为理论初倡（1990—1997）、理论发展（1998—2001）和理论深化（2002年至今）三个发展阶段。[2] 邓利维主张，在希克斯思想的基础上增加信息技术和网络技术等数字变革的内容，以重新整合逆部门化和碎片化等问题。[3] 在英国，整体性治理理论已有近30年的历史。在整体性治理理论的支撑下，1997年英国布莱尔政府颁布了《现代化政府白皮书》，正式启动了协同政府改革。我国对整体性治理理论的引介最早可追溯到2005年。台湾学者彭锦鹏在《全观型治理：理论与制度化策略》一文中提出了制度化建设的三个策略：基础设施建设、整合组织的建立和新型文官体系，并指出，整体性治理理论有望成为"21世纪有关政府治理的大型理论"。[4] 后来，周志忍、竺乾威等人对整体性治理进行了更为详细的介绍，曾凡军、韩兆柱等人将整体性治理理论与实际问题结合起来并加以分析。自整体性治理理论引入我国之后，学术界对其关注度一直很高。[5] 目前，我国学者对该理论的研究已从最初的理论译介阶段逐步转向将它作为分析工具来解析实际问题的应用性研究阶段。[6]

我国公共管理学科起步较晚，相应的理论体系尚不健全，包括整体性治理在内的诸多理论都是西方的舶来品，用于指导我国公共管理改革还很"吃力"。[5] 习近平总书记曾指出："这是一个需要理论而且一定能够产生理论的时代；这是一个需要思想而且一定能够产生思想的时代。"[7] 整体性治理理论在本土化的过程中，与我国国情和具体问题相结合，在政府协同工作中发挥了很大的作用，为京津冀地区面临的跨区域整合以实现共同利益、提升整体竞争力提供理论支撑，有利于整体性治理理论的本土化继续发展，也有助于构建中国特色的公共治理理论。[5] 此外，当今社会的复杂性和不确定性给国家治理工作带来了极大挑战。2013年11月，党的十八届三中全会通过的《中共中央关于全面深化改革若干重大问题的决定》指出："全面深化改革

---

[1] Perri 6，Diana Leat，Kinbery Selter，et al. Towards Holistic Governance：The New Reform Agenda[M].New York：Palgrave，2002：184.

[2] 曾凡军. 基于整体性治理的政府组织协调机制研究 [M]. 武汉：武汉大学出版社，2013：22-23.

[3] Patrick Dunleavy.Digital Era Governance：IT Corporations，the State and E-Government[M]. Oxford University Press，2006：227.

[4] 彭锦鹏. 全观型治理：理论与制度化策略 [J]. 政治科学论丛，2005（23）：62-69.

[5] 韩兆柱. 西方公共治理前沿理论的本土化研究 [J]. 人民论坛·学术前沿，2016（17）：72-79.

[6] 韩兆柱，张丹丹. 整体性治理理论研究——历程、现状及发展趋势 [J]. 燕山大学学报（哲学社会科学版），2017（1）：39-48.

[7] 在解决"两不愁三保障"突出问题座谈会上的讲话 [EB/OL].（2016-09-29）. http：//www.wxyjs.org.cn/xsxx_555/201609/t20160929_218305.htm.

的总目标是完善和发展中国特色社会主义制度，推进国家治理体系和治理能力现代化。"[1] 目前，京津冀地区以属地管理、政府部门为主要参与力量开展的治理雾霾工作收效甚微。因此，本文在整体性治理理论视角下探索京津冀雾霾治理的府际合作机制，提倡多元主体参与治理，将企业、非政府组织和个人等力量纳入治理的框架内，有利于推进我国国家治理能力和治理体系现代化向前发展。

（二）基于整体性治理完善京津冀雾霾治理府际合作机制的实践意义

大气作为生态环境的一个重要组成部分，近年因频发的雾霾天气而备受关注。2013年环保部发布的《公众防护$PM_{2.5}$科普宣传册》指出，目前我们关注的雾霾主要是湿度在80%～90%之间，空气中悬浮的直径小于2.5微米的烟尘、粉尘及硫酸盐、硝酸盐、有机物等和水滴叠加而导致的气象灾害。随着工业化水平的不断提高，雾霾引发了大气环境的恶性循环，阻滞了社会发展的步伐，也增加了交通事故发生的频率。[2] 另外，人体长期暴露在雾霾天气下，也容易诱发心血管疾病、呼吸系统疾病，严重的甚至导致癌症。雾霾危害如此之大，而频繁发生的京津冀地区，更是不容忽视。因此，探索京津冀合作治理雾霾的举措刻不容缓。它有利于提升京津冀的整体竞争力，也有利于增强区域合作改善环境状况的示范作用。

此外，2014年2月，京津冀协同发展工作座谈会正式将京津冀协同发展上升为重要的国家战略，并指出要推进京津冀协同发展战略，就要在交通、生态环保等领域率先取得突破。在此背景下，完善京津冀雾霾治理的府际合作机制，有利于在生态环境保护领域率先取得突破，促进区域合作治理雾霾工作长期、高效的运行，有助于协调京津冀的行动，推进京津冀协同发展的步伐。

二、京津冀雾霾治理的府际合作机制存在的问题

2013年8月，国务院出台的《大气污染防治行动计划》（简称"大气十条"）指出，推动生态文明建设，推进区域协作与属地管理相协调，形成政府统领、企业施治、市场驱动、公众参与的大气污染防治新机制。[3] 同年9月，按照国务院的要求，等部门印发《京津冀及周边地区落实大气污染防治行动计划实施细则》，共同建立京津冀及周边地区大气污染防治协作机制，区域间实施综合治理、统筹管理、调

---

[1] 俞可平：推进国家治理体系和治理能力现代化 [EB/OL].（2014-02-27）. http：//theory.people.com.cn/n/2014/0227/c83859-24485027.html.

[2] 曹伟华，梁旭东，李青春. 北京一次持续性雾霾过程的阶段性特征及影响因子分析 [J]. 气象学报，2013（5）：940-951.

[3] 环境保护部要求贯彻落实《大气污染防治行动计划》[EB/OL].（2013-09-16）. http：//www.gov.cn/gzdt/2013-09/16/content_2489162.htm.

整结构、优化布局、利用清洁能源、健全监测预警和应急体系、强化监督考核等措施，加强区域大气污染防治协作力度，共同推进京津冀地区大气污染的治理工作。[1] 2015年11月，三省市环保部门成立了京津冀环境执法联动工作机制，表示未来将设立环保工作领导小组，由领导小组统一组织开展三省市环境执法联动工作。由于技术、资源等方面存在巨大的差异，京津冀地区存在增强合作以实现共赢的相互需要，属于典型的互补性区域合作[2]。目前京津冀雾霾治理的府际合作机制仍存在许多问题，主要有以下几方面：

（一）合作机制的参与主体单一

京津冀合作治理雾霾的参与主体单一，更多依靠政府部门的力量，而忽视了企业、非政府组织、公民个人等行为主体的参与。国务院2013年印发的《大气污染防治行动计划》（简称"大气十条"）指出，到2017年，全国各地级及以上城市可吸入颗粒物浓度比2012年下降10%以上，京津冀地区细颗粒物浓度下降25%。[3] 为了实现该目标，京津冀三省市政府部门虽然采取了积极行动，但却忽视了企业、非政府组织和公民等行为主体的重要作用。北京市2013年出台的《北京市2013—2017年清洁空气行动计划》提倡企业自律治污行动、公众自觉减污行动、社会监督的防污行动。从公共部门经济学的角度看，空气属于纯粹的公共物品，其自身具有非排他性和非竞争性，这使得倡导自主参与节能减排沦为一句空话。[4]2014年通过的《北京市大气污染防治条例》提倡建立健全政府主导、区域联动、单位施治、全民参与、社会监督的工作机制；天津市2015年出台的《天津市大气污染防治条例》规定，市政府对本市的大气环境质量负责，各区县政府对辖区内的大气环境质量负责，乡镇政府、街道办事处应当履行监管的职责；河北省2016年出台的《河北省大气污染防治条例》规定，本省内各级人民政府环保主管部门对本辖区的大气污染进行统一的监督和管理，公民应当自觉履行保护环境的责任。总的来说，三省市治理雾霾的府际合作机制，北京已经走在了前端，提倡各非政府主体的广泛参与，而天津与河北仍停留在政府主导的层次，没有提及企业、非政府组织和公民的参与。2015年，京津冀及周边地区大气污染防治协作小组会议通过了《京津冀及周边地区大气污染联防联控2015年重点工作》，明确京、津、冀、晋、鲁、内蒙古六省区市联手继续深化

---

[1] 中华人民共和国环境保护部 [EB/OL]．（2013-09-17）．http：//www.zhb.gov.cn/gkml/hbb/bwj/201309/t20130918_260414.htm．

[2] 邢华．我国区域合作治理困境与纵向嵌入式治理机制选择 [J]．政治学研究，2014（5）：37-50．

[3] 国务院关于印发大气污染防治行动计划的通知 [EB/OL]．（2013-09-10）．http：//www.gov.cn/zwgk/2013-09/12/content_2486773.htm．

[4] Paul A.Samuelson.The Pure Theory of Public Expenditure[M].Review of Economics and Statistics.The MIT Press，1954.

协调联动机制,全面落实国家"大气十条"等一系列推进区域大气污染治理的政策、规划。[1]可见,在属地治理模式的主导下,雾霾治理工作更多依靠政府部门单方面的推进。在自然环境面前,人类是关系紧密的利益攸关方,都会受益于优质空气的正外部性,而在提供清洁空气的行动上,却依靠单方面的政府努力,尚未将重要组成部分的企业、非政府组织和公民纳入合作机制的框架之内,实属一个重要缺陷。

(二)三省市首要目标不一致

京津冀三省市间的经济发展水平、功能定位等差异很大,致使在区域合作治理雾霾的过程中存在首要目标不一致的现象。据统计,河北省经济发展严重滞后于京津二市,2008—2015年,河北的人均地区GDP不及北京或天津的50%(见图1),有学者用"吃不下""不够吃""没饭吃"来比喻京津冀三地之间的经济失衡。[2]在这种情况下三地合作治理雾霾,京津二市具有一定的经济基础,首要目标是提升发展质量,拥有清洁空气;而河北省远远落后,其首要目标则是提高发展水平、解决生存大计。此外,在京津冀协同发展战略下,不同地区城市功能定位不同,注定了三省市地位的不平等。京津冀协同发展战略核心是有序疏解北京非首都功能,而非发展天津与河北的经济。河北省定位之一是京津冀生态环境的支撑区,主要承担北京一些高能耗的产业转移,而北京市主要集中了一些科技创新型企业,天津是全国先进制造研发基地。在实际合作中,跨区域性公共物品供给的"外部性"和"搭便车"现象的存在也是导致地方政府间不合作的重要原因。[3]清洁空气属于纯粹的公共物品,当不付出成本同样可以享受公共产品正外部性时,欠发达地区更愿意采取"搭便车"方式。因此,若较发达的京津二市不对发展水平欠佳的河北进行利益补贴或者补贴数额小于环保成本,那么河北省便更愿意采取"先污染、后治理"的惯性做法,以牺牲环境为代价大力发展经济,京津冀合作治霾更容易导致"三个和尚没水喝"的局面。

---

[1] 京津冀六省区市2015年大气治理重点工作出台目标锁定六大污染领域[EB/OL].(2015-05-26). http://www.bjepb.gov.cn/bjhrb/xxgk/jgzn/jgsz/jjgjgszjzz/xcjyc/xwfb/607467/index.html.

[2] 王洛忠,丁颖.京津冀雾霾合作治理困境及其解决途径[J].中共中央党校学报,2016,20(3):74-79.

[3] 张紧跟.当代中国地方政府间横向关系协调研究[M].北京:中国社会科学出版社,2006:74-75.

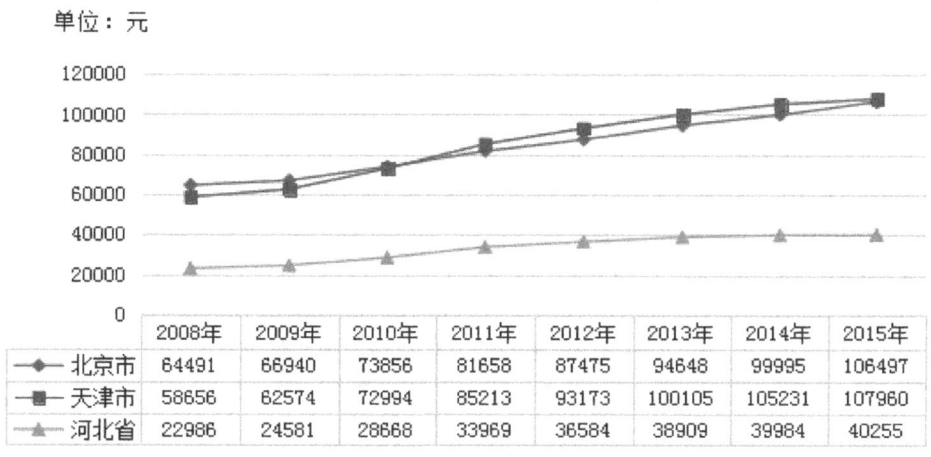

图 1　京津冀 2008—2015 年地区人均 GDP 统计状况

（三）合作机制的水平低

目前京津冀治理雾霾的合作机制水平较低，尚以应急合作为主，尚未形成长期规范化的运行机制。继京津冀协同发展上升为重要的国家战略之后，2014 年 8 月，我国又成立了京津冀协同发展领导小组和专家咨询委员会，专门负责京津冀协同发展的相关事宜。同年，北京市举办 APEC 会议时期，京津冀地区采取单双号限行、停产、限产、停工等史上最严措施来保证北京市的空气质量。如表 1 所示，2014 年 12 月 APEC 会议刚刚过后，京津冀 13 个城市平均优良天数、北京市空气质量优良天数的比远高于 2013/2015/2016 年同时期优良天数的比例，被称为"APEC 蓝"。2015 年 9 月，北京市举行了纪念抗战胜利 70 周年的大阅兵，在此期间为保障北京地区的空气质量，市政府制定了《中国人民抗日战争暨世界反法西斯战争胜利 70 周年纪念活动北京市空气质量保障方案》，通过工业停产、临时交通管制、空气督查等措施争取到了"阅兵蓝"。如表 2 所示，2015 年 9 月北京市的空气质量优良天数所占比例远远高于往年同期的达标比例。此外，2017 年"两会"召开前夕，环保部会同有关省份赴京津冀及周边 18 个城市开展 2017 年第一季度空气质量专项督查，此次督查采取部长巡查、走访问询、现场抽查等方式，以督政为主导、督政与督企相结合，分阶段推进，不断传导督查压力，切实督促地方落实大气污染防治责任，在京津冀环保督查工作的保障下，我国迎来了最美"两会蓝"。[1]"APEC 蓝""阅兵蓝"以及"两会蓝"，都是广大群众对我国采取应急措施治理雾霾所获成效的戏称，包含了更多的戏谑成分，在这"昙花一现"之后，京津冀地区又回到阴霾的笼罩之下。这短暂的

---

[1] "两会蓝"或再度重现 苯酐市场蓝天何时现 [EB/OL].（2017-03-04）. http：//www.31zj.com/news/detail-20170304-44775.html.

美好是政府采用严格措施治理出来的，一些暂时性的、强制性的措施并不能常态化。

表 1　城市空气质量平均优良天数比例统计

时间	京津冀 13 个城市平均比（%）	北京市（%）	全国 74 个城市平均比（%）
2013.12	34.3	65.7	29.1
2014.12	46.8	73.3	58.9
2015.12	34.9	35.5	55.6
2016.11	36.9	43.3	68.3

表 2　城市空气质量月平均优良天数比例统计

时间	京津冀 13 个城市平均比（%）	北京市（%）	全国 74 个城市平均比（%）
2013.09	40.9	46.4	67.2
2014.09	65.7	46.7	83.9
2015.09	53.3～100	73.3	43.3～100
2016.09	65.0	65.5	78.3

（四）地方政府的执行力不足

地方政府执行力不足是目前京津冀合作治理雾霾面临的又一重大问题。威尔逊指出，"行政是政府的执行，是政府的操作，是政府工作中最耀眼的部分"[1]。可见，执行力在政府角色中的作用至关重要。如果说我国公共政策的制定存在协同失灵，那么政策执行和项目管理中的协同失灵更为严重。[2] 京津冀地方政府为落实中央政府治理雾霾的指令，出台相关条例，由环境主管部门统一管理，辖区内各行政机关进行落实。这种政策运作模式看起来十分合理，而在执行过程中却隐含着许多问题。为实现国务院要求到 2017 年京津冀地区细颗粒物浓度下降 25% 的指标，三省市均制定了《大气污染防治条例》，对于禁止燃放烟花爆竹、关停限产重污染企业、使用清洁能源等行为作了详细的规定，然而各地方政府在执行的过程中偷工减料、睁一只眼闭一只眼、僵硬执行、敷衍懒惰、缺乏责任意识、上有政策、下有对策等，执行力不足或执行力扭曲的现象广泛存在，致使京津冀地区的雾霾仍在肆虐。马克思曾说"一步实际行动比一打纲领更重要"[3]，提升京津冀地区各地方政府的执行力已变得日趋重要。

---

[1] Thomas Woodrow Wilson.The Study of Administration[J]. Political Science Quarterly，1887（2）：198．

[2] 周志忍，蒋敏娟. 中国政府跨部门协同机制探析——一个叙事与诊断框架 [J]. 公共行政评论，2013（1）：91-117.

[3] 中央编译局．马克思恩格斯选集（第三卷）[M]．北京：人民出版社，1995：296．

三、京津冀雾霾治理的府际合作机制的问题成因

对于以上京津冀雾霾治理的府际合作机制问题，笔者认为其成因有以下几个：

（一）社会治理模式转型缓慢导致合作渠道单一

随着社会日趋复杂多样，学术界要求建立多元主体参与治理的呼声日益强烈，而我国社会治理模式的滞后，导致在应对京津冀合作治理雾霾问题上死板僵化。基于公私部门都有自身难以克服的局限性，因此在当代公共管理理论中，逐渐衍生出通过构建跨部门伙伴关系，同时利用公共部门、私人部门和第三部门的优点而避免其缺点的理念。[1]公共管理史上已经历了传统公共行政和新公共管理两个阶段，与之相对应的是马克斯·韦伯的官僚制政府和戴维·奥斯本、特德·盖布勒的企业家政府两大模式，而目前呼声日益高涨的第三阶段便是兴起于20世纪末由詹姆斯·罗西瑙提出的治理理论。官僚行政理论主张实行专业化的等级体系，政府部门在社会管理中发挥绝对作用，不可避免带来体制僵硬死板的缺陷；而新公共管理理论主张用企业家精神塑造政府，将企业和私人部门的管理方法引入公共部门，以效率、质量等精神克服官僚主义的弊病，但却导致了政府部门本质属性"公共性"的丧失；治理理论则是各种公共的或私人的，个人和机构管理其共同事务的诸多方式的总和。[2]在治理理论的倡导下，公共行政理论扩充了公共事务管理的主体、职能与行为模式，开创了多元主体参与公共事务管理的新局面。[3]我国是单一制的国家，依然延续着传统公共行政时期的官僚制社会治理模式，政府部门在社会管理过程中发挥着绝对作用，演进速度远远滞后于国际社会，而企业家政府理论衍生于西方发达国家政治环境之下，并不适合指导我国政治体制改革的实践。相较之下，我国学者对治理理论寄予厚望，将治理与我国的现代国家构建、政治和行政体制改革演进紧密地联系在一起。[4]在理论呼声日益强烈的背景下，构建适合我国国情的政府、市场、社会三维框架下的多中心治理模式，实现社会治理从单向行政向合作行政的转变成为必然选择。[5]

（二）"条块关系"体制导致地方政府的各自为政

条块关系是我国行政组织体系中基本的结构性关系，它在各个不同层面和各个

---

[1] 吴晓林，许源源，李晓飞. 中国公共行政学研究跟踪报告（2000—2015）[M]. 北京：经济管理出版社，2014：311.

[2] 俞可平. 治理与善治 [M]. 北京：社会科学文献出版社，2000：4.

[3] 谭功荣. 西方公共行政学思想与流派 [M]. 北京：北京大学出版社，2008：283-284.

[4] 王诗宗. 治理理论及其中国适用性 [M]. 杭州：浙江大学出版社，2009：133.

[5] 朱进芳. 社会治理模式创新及实现条件 [J]. 人民论坛（中旬刊），2014（4）：39-41.

不同领域影响和制约着整个政府的行政管理。[1] 京津冀三地政府是平行的"块块"关系，彼此之间相互独立、互不负责，而日益复杂的京津冀雾霾问题使得政府各组织机构、内部人员、不同政府之间的分化明显，加之由于部门利益驱动在客观上造成治理体系的碎片化，这势必导致组织部门不协调和成员自利化甚至产生破坏整合的反作用力。[2] 谢庆奎曾指出，地方政府均具有明显的"利己性"和"利他性"，其中"利己性"是政府的本质属性之一，政府间关系的内涵首先是利益关系。[3] 由于京津冀三省市只对中央政府负责，彼此之间相互平行，出于"利己"和"利他"的双重动机，他们或利益竞争、或合作共赢、或以邻为壑。京津冀协同发展战略的核心目的是解决北京"大城市病"问题、促进产业转型升级，而带动天津、河北发展只是这一目标的副产品。虽然区域功能定位不同，但北京仍有明显的"甩包袱"之嫌，三地之间并不能实现真正的协同。在利益面前，北京、天津、河北是独立的个体，都有自己的"一亩三分地"，地方保护主义色彩浓厚；而在大气环境面前，三地却是一个整体，是"一荣俱荣、一损俱损"的关系。因此，如果没有合理的利益协调机制，在解决北京"大城市病"问题的同时，给予天津、河北足够的好处带动其发展，京津冀协同发展的步伐将会十分缓慢。京津冀地区雾霾问题已迫在眉睫，严重威胁广大人民群众的生命安全，若因利益协调不均致使合作治理雾霾工作的停滞，未免有些因小失大。

（三）配套机制多、归属地治理增加协作的复杂性

京津冀合作治理雾霾除环保部门外，还需相应的配套机制来保证成效，而配套机制涉及的部门繁多，再加上污染的跨域性和治理的属地模式，增加了合作的难度，致使合作的水平较低。从形成角度看，雾霾的形成原因十分复杂，主要包括汽车尾气、工业废气、供暖排放、垃圾扬尘等，这就涉及交通管理、工商管理、城市综合管理等多部门的共同努力。而我国政府职能部门设置的特色在于双重领导。[4] 即绝大多数地方政府职能部门不仅接受本级政府的直接领导，还要接受上级对口部门的间接指导，在合作治理雾霾的过程中还要增加与区域间同级部门的协商，大大增加了协作的复杂性。[3] 在每一起执法不协同或监管有冲突的背后，都可能看到部门利益在作祟。[5] 就治理而言，我国现行的环境管理模式的主要特征是属地管理，即各地方政府的环境主管部门负责本辖区环境保护工作的监督管理，这也是世界各国最早普遍

---

[1] 马力宏.论政府管理中的条块关系 [J].政治学研究，1998（4）：71-77.

[2] 王余生，陈越.碎片化与整体性：综合行政执法改革路径创新研究 [J].天津行政学院学报，2016（6）：22-29.

[3] 谢庆奎.中国政府的府际关系研究 [J].北京大学学报（哲学社会科学版），2000（1）：26-34.

[4] 周振超.当代中国政府"条块关系"研究 [M].天津：天津人民出版社，2009：41.

[5] 宋世明.论从"部门行政"向"公共行政"的转型 [J].上海行政学院学报，2002（4）：37-46.

采用的政府环境管理模式。[1] 蒋敏娟曾提及，一位借调到规划处的工作人员谈道："协同部门的难度太大了，因为责任不是很明确，各层级承担的责任到底有多少，并不是很清晰，这直接影响了横向协作的有效性。"[2] 国家领导人也十分重视雾霾治理的长效问题，习近平总书记在 APEC 欢迎宴上曾表示："我希望并相信，通过不懈的努力，APEC 蓝能够保持下去。"因此，要长效合作治理雾霾必然涉及三省市的合作立法、联合执法、共同监督。区域内的污染物排放标准不一致，致使标准宽松地区的污染源仍然合法存在，进而跨界传输。因此，合作治理雾霾还需要三地的立法部门合作立法，协商制定区域内的共同标准。除此之外，还需要执法部门的联合执法、监督部门的合作监督等。总而言之，京津冀合作治理雾霾除环境部门的协作外，还会涉及许多配套机制，这就涉及三省市立法部门、执法部门、监督部门等多个部门的合作。涉及部门越多，利益协调就越复杂，信息共享就越困难，三方合作也就变得更加艰难。因此，目前我国京津冀地区合作治理雾霾仍停留在初级阶段，以应急合作为主，缺乏长期性、规范化的运行机制约束。

（四）监督不到位、惩罚不严格助长懈怠行为

京津冀三省市为治理雾霾都制定了详细的行动条例，但是由于监督不到位、惩罚不严格，导致以污染促发展的代价较低，一定程度上助长了污染环境的行为。就监管而言，三省市政府要求的环境主管部门统一负责相关工作，并依法将监测数据向社会公开，接受行政监察机关、人民群众的监督。事实上，公众接触到的污染数据大多为二手数据，以 2016 年 12 月份京津冀一次重度雾霾过程为例，民众日常使用的墨迹天气、网络空气质量实时查询等来源于气象局的数据显示石家庄 $PM_{2.5}$ 指数为 500，而许多网友均称实地测量值高达 1000 以上、能见度不足 5 米，处于"爆表"状态。环境保护部西南环保督查中心一处处长但家文也曾表明，"面对短期内无法完成、又必须完成的重大任务，环保部门的部分数据就容易出问题，地方政府也可能采取一些'非常措施'达到理想数据"。公民的知情权已被剥夺，更无从谈及监督权。而行政监察机关的监督检查工作可在电影《驴得水》中略见缩影，一方瞒报、谎报、应付检查，另一方睁一只眼闭一只眼等现象广泛存在，对环保的监督效力大打折扣。就惩罚而言，对于未造成事故的污染处以罚款，数百至数万不等；对于造成酿成重大事故的，依法追究刑事责任。以 2015 年天津滨海新区特大爆炸案为例，监管部门监督不到位助长了违规屯放高危化学物品的投机行为，酿成后果之后只追究相关人员的责任草草了事，若没有严格的监督惩罚机制作为支撑，这种行径只会变相助长歪风邪气。因此，提高政府执行力，关键在于加强对权力运行过程和结果

---

[1] 纪良纲，许永兵. 京津冀协同发展：现实与路径 [M]. 北京：人民出版社，2016：260.
[2] 蒋敏娟. 中国政府跨部门协同机制研究 [M]. 北京：北京大学出版社，2016：185.

的监督与问责。[1]

四、基于整体性治理理论完善京津冀雾霾治理中的府际合作机制

2017年3月9日，环保部部长陈吉宁就"加强生态环境保护"答记者问时表示，2017年，环保部要坚决打好蓝天保卫战，重点解决冬季大气污染问题，撸起袖子把工作抓实、抓细、抓好。笔者认为，在京津冀协同发展领导小组下，应尽早成立京津冀协同发展环保专项工作领导小组，统一负责包含雾霾问题在内的环境保护工作。在该小组的领导下，成立专家咨询组，为协同发展的环保工作提供政策建议和理论指导；设立办公室，负责领导小组的日常行政工作。在组织运行上，建立健全多元主体参与机制、京津冀利益协调机制、区域协作长效机制、合作成效保障机制，以更好地推动京津冀三省市政府之间的合作（见图2）。

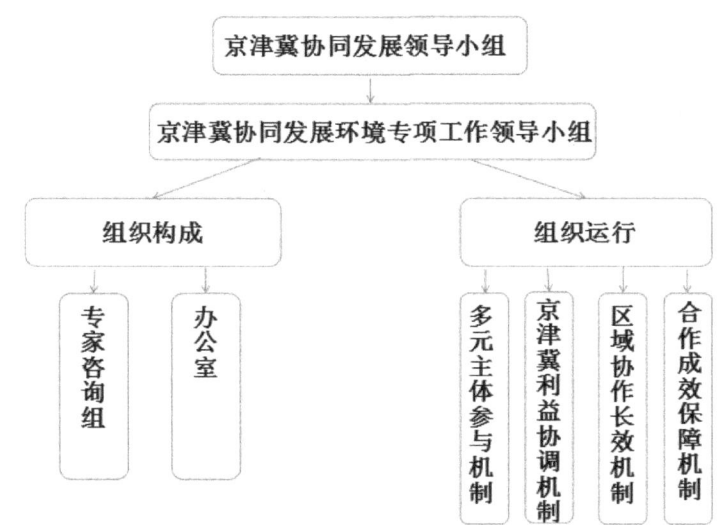

图2　京津冀雾霾治理中的府际合作机制

（一）建立多元主体参与机制

单一政府主体在处理公共事务时越来越力不从心，而企业、非政府组织以及公民个人等非政府主体则扮演着日益重要的角色。事实上，我们正处在全球化、后工业化的进程中，在高度复杂性和高度不确定性的情境下，将拥有一个合作的社会。[2] 整体性治理理论主张发挥政府部门的主导作用，以满足公众需求为导向，对部门层级、功能和公私伙伴关系进行整合，使政府组织实现整体性协调，实行跨部门跨边

---

[1] 高小平. 深入研究行政问责制切实提高政府执行力 [J]. 中国行政管理，2007（8）：6-8.
[2] 张康之. 走向合作的社会 [M]. 北京：中国人民大学出版社，2015：53.

界的管理。[1] 作为一个配套措施，2015 年，环保部出台了《环境保护公众参与办法》，并对各地的落实情况进行指导检查，在全国也建立了一些公众参与的示范试点。[2] 笔者认为，基于整体性治理理论，在京津冀合作治理雾霾的府际合作机制下，建立以政府部门为主导，囊括企业、非政府组织、公民个人在内的多元主体参与机制，促进区域信息与技术共享，积极发挥各主体在雾霾共治中的作用。环保民间组织等一些非政府组织要加大宣传力度，努力提升公民的环境保护意识；企业、环境污染第三方治理机构等相关企业要切实履行社会责任，运用专业技能为治理雾霾作出贡献；公民个人也要积极行动起来，培养自己的主人翁意识，竭尽全力绿色出行，不要露天焚烧垃圾。[3]

（二）健全京津冀利益协调机制

在区域一体化进程中，为实现整体发展，政府间的协调十分重要。[4] 京津冀跨地区合作治理雾霾面临的最大阻碍就是利益协调。所谓协调，是指"在管理过程中引导组织之间、人员之间建立相互协作和主动配合的良好关系，有效利用各种资源，以实现共同预期目标的活动"。[5] 整体性治理理论认为，协调是政府活动的核心，是治理的重要策略之一。与西方国家市场化的价格杠杆调节不同，中国生态环境问题的治理从根本上讲要走政府主导的环境治理新模式。[6] 像我国这样实行官僚制的单一制国家，很难在地方政府的合作中自觉形成"地方政府→区域公共管理共同体←地方政府"的谈判协调制度，因此，必须依靠中央政府的推动力量。[7] 京津冀共治雾霾，须在京津冀协同发展环保专项工作领导小组之下，由中央政府推动三省市建立利益协调机制。中央政府担任协调者的角色，给予京津冀地区一定的财政支持和政策建议，三省市政府为平等的被协调者角色，加强彼此的信任，共同为促进京津冀协同发展出谋划策。罗伯特·帕特南曾指出："在处理区域性事务的过程中，行为体间的

---

[1] 韩兆柱，单婷婷. 基于整体性治理的京津冀府际关系协调模式研究 [J]. 行政论坛，2014（4）：32-37.

[2] 环保部部长陈吉宁就"加强生态环境保护"答问 [EB/OL].（2017-03-09）. http：//www.gov.cn/zhuanti/2017lh/live/0309e.htm.

[3] 韩志明，刘璎. 京津冀地区公民参与雾霾治理的现状与对策 [J]. 天津行政学院学报. 2016（5）：33-36.

[4] 赵新峰，袁宗威. 京津冀区域政府间大气污染治理政策协调问题研究 [J]. 中国行政管理，2014（11）：18-23.

[5] 张康之. 公共行政学 [M]. 北京：经济科学出版社，2002：191.

[6] 万希平. 我国生态环境危机的难题成因与破解之道——论走向政府主导的环境治理 [J]. 天津行政学院学报，2016（4）：34-39.

[7] 杨爱平，陈瑞莲. 从"行政区行政"到"区域公共管理"——政府治理形态嬗变的一种比较分析 [J]. 江西社会科学，2004（11）：23-31.

信任水平越高，合作的可能性就越大。"[1] 因此，京津冀合作治理雾霾，需定期召开合作协商会议，增强信息的交流与沟通，增进彼此的信任，促进合作以实现共赢，解决北京"大城市病"，带动天津与河北的经济发展，努力破除集体行动的逻辑困境。

（三）加强区域协作长效机制

开展区域合作是处理区域公共事务的高效路径。按照 L. E. 戴维斯和 D.C. 诺斯的理解，制度环境是一系列用来建立生产、交换与分配基础的政治、社会和法律基础规则。[2] 英美等发达国家治理大气的经验表明，在制度层面上建立共同遵守的合作规则，可以促使地方政府间合作走向常态化、规范化、法制化。[3] 法律法规体系的完善是防治大气污染的首要一步，除了宪法、大气污染治理的专门性法规、部门规章外，还要有环保规划纲要、国际防治空气污染公约、公民环保行为调控等一系列法律体系共同构成。[4] 京津冀区域合作的制度化建设，不可避免要推动全国人民代表大会加快关于区域合作立法的步伐，从国家层面完善相关法律法规的建设。此外，要推动联防联控长效机制的建立，还应设立跨区域大气环境的常设机构，成为履行全区域大气环境保护职能的主要机构。[5] 因此，我们要尽快成立京津冀协同发展环境专项工作领导小组，负责京津冀地区的环境保护工作；在组织运行上要加强协作长效的维持机制，努力推动将目前的区域性临时合作上升为制度规范下的长期合作层次，这是京津冀合作治理雾霾的最佳选择。

（四）完善合作成效保障机制

在京津冀合作治理雾霾的过程中，必须完善成效保障机制，以应对各地方政府执行力不足的问题。完备的监督和奖惩机制是保证政策成效的有力措施，在京津冀合作治理雾霾的过程中，必须完善成效保障机制。一方面，必须完善环境保护的监督机制。一般来说，政府组织、企业、非政府组织和公民个人等主体都依法享有监督权，而互联网的发展更是便利了其监督权的实现。[3] 在治理雾霾的过程中，除了发挥传统的电话、邮件、匿名信等方式进行监督之外，还要发挥互联网的作用，设立监督机制的网络参与平台，拓宽各主体的监督途径。另一方面，还要完善相应的奖惩机制。中央政府要强化对地方政府的激励，解决地方政府在大气污染治理中动

---

[1] 罗伯特 D 帕特. 使民主运转起来 [M]. 王列，等译. 南昌：江西人民出版社，2001：200.

[2] 陈剩勇，马斌. 区域间政府合作：区域经济一体化的路径选择 [J]. 政治学研究，2004（1）：24-34.

[3] 王洛忠，丁颖. 京津冀雾霾合作治理困境及其解决途径 [J]. 中共中央党校学报，2016（3）：74-79.

[4] 贺璇，王冰. 京津冀大气污染治理模式演进：构建一种可持续合作机制 [J]. 东北大学学报（社会科学版），2016（1）：56-62.

[5] 纪良纲，许永兵. 京津冀协同发展：现实与路径 [M]. 北京：人民出版社，2016：303.

力不足的难题。[1] 地方政府要加强对企业、非政府组织、个人的激励，对举报非法经营企业的组织或人员，其相关信息要严格保密，并对其给予适当的奖励，以示鼓励。最新修订的，号称史上"最严"的《中华人民共和国环境保护法》已于 2015 年 1 月 1 日起正式实行，其中对信息公开和公众参与监督、保护环境有着详细规定，对于违反相关规定有着严格的惩罚措施。[2] 因此，中央政府要加强对地方政府执行力度的监督，地方政府要加强对辖区内企业、非政府组织、个人进行严格监管，对接到举报的相关违法案件，一经核实必当严厉惩罚，进行通报批评，彰显决心。尽管京津冀地区目前的雾霾问题十分严峻，但是只要各级政府下定决心，逐步调整区域产业结构，加大治污力度，再加上老百姓的响应配合，美丽的"APEC 蓝"一定会在中国成为"新常态"。

五、结语

府际关系是政府行为的一个重要组成部分，本文以京津冀雾霾治理为题，并赋予其新的理论视角——整体性治理理论，旨在完善京津冀雾霾治理的府际合作机制。在京津冀协同发展上升为国家战略的背景下，本文倡导建立京津冀协同发展环境专项工作领导小组，设立专家咨询组、办公室两个日常机构，从多元主体参与机制、京津冀利益协调机制、区域协作长效机制、合作成效保障机制方面完善组织运行机制，加强京津冀三省市政府在治理雾霾过程中的合作，以推动整体性治理理论发展，推进京津冀雾霾治理的实践工作，提升整体竞争力。然而，在厘清京津冀治理雾霾府际合作关系的同时，不得不承认我国关于区域合作的立法仍是一大短板，可能导致区域合作遭遇种种困难，这要求我们必须加强关于区域合作立法的理论研究，从理论层面推动实际合作的发展。

---

[1] 贺璇，王冰．京津冀大气污染治理模式演进：构建一种可持续合作机制 [J]. 东北大学学报（社会科学版），2016（1）：56-62.

[2] 中华人民共和国环境保护法（主席令第九号）[EB/OL]．（2014-04-25）．http：//www.gov.cn/zhengce/2014-04-25/content_2666434.htm.

京津冀跨界河流污染治理的府际合作模式 *
——以整体性治理为视角

一、问题的提出

《京津冀协同发展规划纲要》指出，京津冀协同发展要率先在生态环境保护等重点领域突破。水资源是生态环境的重要组成部分，也是京津冀协同发展的基础。水环境问题已成为影响和制约国民经济可持续发展的重要因素[1]。京津冀三地基本都处于海河流域的中下游，据中国生态环境部发布的《2017年中国环境状况公报》显示，海河流域已达中度污染，在我国七大流域中污染最严重[2]，推动三地河流污染跨界治理已刻不容缓。河流的公共性使得跨界河流污染的治理需要三地政府通力合作，跨界河流污染治理的府际合作模式值得被关注与研究。然而，由于河流污染治理的溢出效应以及长期以来的属地管理模式引发了跨界河流污染治理集体行动的困境，治理碎片化问题严重，阻碍三地跨界河流污染的治理进程。

京津冀跨界河流污染治理属于具体问题的区域性治理研究，目前学界专门针对京津冀三地河流污染治理进行的研究非常之少，宏观的跨界水污染治理层面存在少数研究成果，学界对其为数不多的研究如下：一部分学者认为跨界水污染治理的关键在于进行合作治理，流域水环境的外部性需要地区之间的合作治理，当前跨界水污染治理问题产生的根源在于个体理性与集体理性的冲突[3]，现存地方干部绩效考核方式、行政分割体制、地方本位主义都在一定程度上阻碍了跨界水污染的合作治理[4]。传统的属地治理方式已经陷入困境[5]，需要通过府际合作模式进行跨界治理[6]。另

---

* 与任亮、王竞杰合作完成，并发表于《河北学刊》2020年第4期，第58~65页，题目有变动。
[1] 任静，李新. 水环境管理中现有水功能区划的研究进展 [J]. 环境科技，2012，25（1）：75-78.
[2] 2017年中国环境状况公报 [EB/OL]. （2018-05-31）. 中华人民共和国生态环境部，http://www.mee.gov.cn/hjzl/zghjzkgb/lnzghjzkgb/.
[3] 易志斌，马晓明. 论流域跨界水污染的府际合作治理机制 [J]. 社会科学，2009（3）：20-25.
[4] 杨新春，程静. 跨界环境污染治理中的地方政府合作分析——以太湖蓝藻危机为例 [J]. 改革与开放，2007（9）：16-18.
[5] 杨新春，姚东. 跨界水污染的地方政府合作治理研究——基于区域公共管理视角的考量 [J]. 江南社会学院学报，2008，10（1）：68-70，74.
[6] 刘超，虢清伟，王劲松，等. 珠三角地区跨界河流水污染治理模式探讨——以惠州市新圩镇"三河"治理为例 [J]. 环境科技，2013，26（3）：35-38.

外，充分调动市场与社会的力量协同政府形成多中心的跨界水污染治理模式也是合作治理的应有之义[1]。据部分学者观察，《中华人民共和国水法》规定，中国流域水环境治理实行流域管理与行政区管理相结合的管理体制，但在实际管理过程中还是以各省（市、自治区）到地方的各级管理机构为主导，流域统一管理机制并没有发挥真正的作用[2]。他们认为体制、机制建设不足是导致现阶段我国跨界水污染治理低绩效的主要原因，跨界治理中的矛盾主要体现在行政分割体制[3]、法律体系不健全、法律法规可操作性差[4]、生态补偿机制缺失[5]等方面，因此应采取加快推进跨界水污染体制、机制建设，如构建并完善法律制度、排污权交易机制[6]、生态补偿机制、长效协作机制[7]、信息沟通与反馈机制[8]等举措为跨界水污染治理提供保障，进而促进跨界水污染治理顺利进行。还有一部分学者从实际问题出发，针对跨界水污染问题严重区域，如长江三角洲[9-11]、京津冀[12]、太湖流域[13-15]等地具体水污染情况进行分析并

---

[1] 吴坚. 跨界水污染多中心治理模式探索——以长三角地区为例[J]. 开发研究，2010（2）：90-93.

[2] 赵定涛，洪进，魏玖长，等. 我国流域环境政策与管理体制变革研究[J]. 公共管理学报，2004，1（3）：67-70.

[3] 胡若隐. 地方行政分割与流域水污染治理悖论分析[J]. 环境保护，2006（6）：65-68.

[4] 周海炜，张阳. 长江三角洲区域跨界水污染治理的多层协商策略[J]. 水利水电科技进展，2006，26（5）：64-68.

[5] 黄德春，郭弘翔. 长三角地区跨界水污染生态补偿机制构建研究[J]. 科技进步与对策，2010，27（18）：108-110.

[6] 黄德春，郭弘翔. 长三角跨界水污染排污权交易机制构建研究[J]. 华东经济管理，2010，24（5）：52-54.

[7] 何玮，喻凯，曾晓彬. 粤港澳大湾区水污染治理中政府跨界协作机制研究[J]. 知与行，2018（4）：44-49.

[8] 赵冬生. 政府治理跨界水污染的合作协调治理模式研究[J]. 水利规划与设计，2016（12）：28-29，120.

[9] 陈雯，王珏，孙伟. 基于成本—收益的长三角地方政府的区域合作行为机制案例分析[J]. 地理学报，2019，74（2）：312-322.

[10] 李婷. 长江流域水污染治理模式之构建[J]. 法制博览，2019（8）：76-77.

[11] 周海炜，张阳. 长江三角洲区域跨界水污染治理的多层协商策略[J]. 水利水电科技进展，2006（5）：64-68.

[12] 杨志，牛桂敏. 流域视角下京津冀水污染协同治理路径探析[J]. 人民长江，2019，50（9）：6-12.

[13] 赵星. 整体性治理：破解跨界水污染治理碎片化的有效路径——以太湖流域为例[J]. 江西农业学报，2017，29（8）：119-123，128.

[14] 胡兴球，汪群. 太湖流域水污染治理的流域层面协商机制[J]. 水利水电科技进展，2009，29（3）：73-77.

[15] 潘孝斌，潘纯纯. 跨界水污染治理研究——以太湖水污染治理为例[J]. 改革与开放，2008（12）：43-45.

试图提出解决对策，认为跨界水污染治理应结合实地情况明确具体治理目标，加强地方政府间联防联治。

由此可见，跨界水污染治理问题已经引起了学界的关注，并取得了一定的研究成果。但是，已有的研究成果存在以下问题：研究范围过于宽泛，实践性不强；主要集中在对水污染治理的政策建议方面，理论深度不够；重视宏观研究层面，对具体地区、流域关注度不够，且相关研究集中在长江流域，鲜有对京津冀跨界河流污染治理的探讨。因此，本文聚焦京津冀跨界河流污染治理，探索三地跨界河流污染进程中出现的碎片化问题及其成因，试图分析京津冀跨界河流污染治理现状如何，现阶段治理进程中存在哪些问题，问题的成因有哪些，并结合整体性治理理论提出建议，构建起京津冀跨界河流污染治理的府际合作模式，推动京津冀协同发展。

二、京津冀跨界河流污染治理中整体性治理理论的适用性分析

（一）整体性治理理论

整体性治理（Holistic Governance）概念由安德鲁·邓西尔（Andrew Duncil）于1990年提出，佩里·希克斯（Perri 6）对其进行了较为系统的界定，是在顺应新公共管理的逻辑基础上产生的一种具有革新性的大型公共治理范式。整体性治理注重预防，以满足公众需求为核心理念，倡导组织层级地整合、职能地整合以及公私部门之间的整合，主张政府机构间通过充分沟通与合作，达到有效协调、目标一致、执行手段相互强化的目标。整体性治理强调整合组织结构、多元主体共治，注重信息技术的应用以提高行政效率，从而更快、更好、成本更低地为公众提供满足其需求的无缝隙的公共产品和服务。

（二）整体性治理理论与京津冀跨界河流污染治理的契合性

整体性治理强调的府际关系即政府之间的关系，它包括中央政府与地方政府之间、地方政府之间、政府部门之间、各地区政府之间的关系，核心是利益关系[1]。河流污染的跨界性使得京津冀三地政府需要合作治污，协调三地利益关系、整合三地治理结构是跨界河流污染治理的应有之义。但在京津冀跨界治理河流污染进程中，由于我国条块分割的行政体制，各地之间不存在隶属关系甚至存在一定的竞争关系，且跨行政区河流污染治理具有外部性，各地政府出于维护自身利益最大化的考量，府际间合作意愿低甚至不合作，出现"一个和尚挑水吃，两个和尚抬水吃，三个和尚没水吃"的现象，碎片化治理问题严重。整体性治理提倡加强政府间沟通与合作

---

[1] 谢庆奎. 中国政府的府际关系研究 [J]. 北京大学学报（哲学社会科学版），2000，37（1）：26-34.

以消除信息孤岛，倡导充分利用信息技术提高治理科学性，强调通过整合纵向与横向组织结构实现逆碎片化治理。这与解决京津冀跨界河流污染府际合作治理中的治理碎片化问题具有契合性，对解决组织结构松散，治理制度、机制不完善，数字化治理平台缺失等困境具有指导意义。

三、京津冀跨界河流污染府际合作治理的困境及其成因

南水北调工程在极大程度上缓解了京津冀三地的水资源短缺。在此基础上，京津冀三地河流污染治理效果差强人意的主要原因在于三地府际合作治理缺失。本章对京津冀跨界河流污染治理存在的问题及其成因进行分析，为下文构建京津冀跨界河流污染治理府际合作模式提供依据。

（一）京津冀跨界河流污染治理存在的困境

京津冀三地同处海河流域，据中国生态环境部发布的《2018年中国环境状况公报》显示，2018年海河流域污染程度为中度污染，在我国七大流域中污染最为严重，其中整体流域劣Ⅴ类水占总评价河长的20.0%，省界断面流域劣Ⅴ类水质断面占21.3%，省界水质污染情况更为严重[1]，并且污染较重的省界断面为京-冀潮白河吴村断面，冀-津潮白新河大套桥、大清河台头、子牙新河阎辛庄和沧浪渠翟庄子断面[2]。由此可见，京津冀三地省界断面河流污染形势严峻，三地跨界河流污染治理现状不容乐观。现阶段，京津冀跨界河流污染府际合作治理存在以下四方面问题。

1. 治理主体单一

目前，我国河流污染治理还没有充分利用市场、民众等资源。政府行政手段过度干预造成治理效率与质量的降低。我国《水污染防治行动计划》（简称"水十条"）第五条指出，水污染治理要充分发挥市场机制作用；第十条指出，要强化公众参与和社会监督[3]，三地也均据此制定水污染防治条例并倡导市场与公民参与水污染治理。可见，中央与三地政府都有倡导多元主体参与跨界水污染治理的意向，但大多集中在公众参与方面，对借助市场力量协助政府治理还不够重视，并且大多只局限于书面上的倡导，实际情况却不尽如人意，美好倡议最终沦为一纸空谈。因而把治理的重要组成部分市场、民众等力量纳入京津冀跨界河流污染治理府际合作模

---

[1] 2018年中国环境状况公报 [EB/OL]．（2019-06-04）．中华人民共和国生态环境部，http://www.mee.gov.cn/hjzl/zghjzkgb/lnzghjzkgb/201905/P020190619587632630618.pdf.

[2] 2019年10月中国水质月报 [EB/OL]．（2019-11-28）．中华人民共和国生态环境部，http://www.mee.gov.cn/hjzl/shj/dbsszyb/201911/P020191128324983034986.pdf.

[3] 水污染防治条例 [EB/OL]．（2015-04-16）．中华人民共和国中央人民政府，http://www.gov.cn/zhengce/content/2015-04-16/content_9613.html.

式中极为必要。

2. 孤岛现象凸显

孤岛现象，指由于组织、机构、部门间缺乏有效的沟通协调所导致政策制定、信息系统建设等方面因信息不对称造成制度、体制、信息系统等层面产生较为明显的二元结构。京津冀三地跨界河流污染治理需要各地政府间密切、全面的信息沟通，尽可能确保三地之间对彼此与整体治理效果的准确把握，促进三地跨界河流污染治理的有效协调。现阶段京津冀三地在河流污染跨界治理进程中，三地政府仅通过联席会议沟通三地河流污染治理情况，合作渠道单一，阻碍三地进行及时、全面的信息沟通，存在信息透明程度低、举报途径模糊、建言献策渠道缺乏等现象，信息孤岛问题凸显。孤岛现象导致三地间彼此治理信息不对称，均只能根据自身河流情况进行污染治理，并且由信息孤岛现象引发三地间的信任危机，导致三地沟通意愿低下，形成沟通低效率的恶性循环。

3. 地区间治理标准不统一

2015年4月16日，国务院发布《水污染防治行动计划》，对水环境保护的总体要求、工作目标、主要指标作出了部署，京津冀三地均据此为各自的河流污染治理制定了详细的行动条例。但在实际运作过程中，三地均根据各自的标准进行治理，导致联合执法的较大困难。污水综合排放标准方面，河北省执行的是较为宽松的国家标准（GB89781996），京、津两市则分别执行更为严格的北京市标准（DB11/3072005）和天津市标准（DB12/3562008）[1]，跨界治理缺乏统一的治理标准，三地跨界河流污染治理还处于自我管理、自我防治的阶段。这种治理标准不一致将区域内完整的河流污染治理分割，严重影响三地跨界河流污染治理的统一监管，导致三地跨界河流污染治理监管碎片化。并且在河流污染事件发生时，由于三地法律规范存在差异，给三地之间进行有效、顺畅的协作治理造成困难。

4. 三地治理动力存在差异

河流污染与治理的矛盾，主要体现在政府与排污企业之间的博弈。假设污染企业（A）利润为 w，治污成本为 C，环境污染税为 m，政府环境保护执行部门（B）对排污企业罚款为 C_1，政府监督成本为 n，企业生产的社会效益为 v，排污造成的社会损失为 r，假设罚款 C_1 大于监督成本 n（约束企业排污行为，消除监督的集体行动困境，形成 Nash 均衡），则博弈方 A、B 之间的支付矩阵如表1所示。

---

[1] 韩兆柱，单婷婷. 基于整体性治理的京津冀府际关系协调模式研究 [J]. 行政论坛，2014（4）：32-37.

表 1　博弈双方支付矩阵

		博弈方 B	
		监督	不监督
博弈方 A	排污	$(w-C_1-C-m,\ v+C_1+m-n-r)$	$(w,\ v-r)$
	不排污	$(w-C,\ v-n)$	$(w-C,\ v)$

假设企业排污概率为 p，不排污概率为 $1-p$；政府监督概率为 q，不监督概率为 $1-q$。排污企业期望盈利函数为：

$$Up(\delta 1,\delta 2) = p\{q(w-C_1-C-m)+(1-q)w\}+(1-p)\{q(w-C)+(1-q)(w-C)\}$$

对上式求导得：$du/dp = C - q(C_1+C+m)$

令其得零得：$q = C/(C_1+C+m)$

政府期望盈利函数为：

$$Ug(\delta 1,\delta 2) = q\{p(v+C_1+m-n-r)+(1-p)(v-n)\}+(1-q)\{p(v-r)+(1-p)v\}$$

对上式求导得：$du/dg = pC_1 - n + pm$

令其得零得：$p = n/(C_1+m)$

则有：$\begin{cases} q = C/(C_1+C+m) \\ p = n/(C_1+m) \end{cases}$

对上式进行分析可知，企业的排污概率与政府的监督成本成正比，也就是说，政府监督成本越高，企业排污的可能性越大；企业的排污概率与政府的处罚 C_1 成反比，政府的处罚力度越大，企业排污的可能性越小。由博弈分析可知，政府处罚力度与企业排污行为呈负相关，且处罚力度的大小与政府治理的动力呈正相关。依据三地的河流污染治理条例可得，三地在污染排放量等违法行为的处罚方面存在差异，天津市对"未依法取得排污许可证排放水污染物"的处罚金额较河北省高了 200 倍，可见三地政府对河流污染治理采取的惩罚力度存在较大差异，三地在跨界治理河流污染进程中治理动力存在差异，河北省治理动力较京津二地弱。

（二）整体性治理视角下京津冀跨界河流污染治理困境的成因

1. 传统治理理念下的路径依赖忽视市场和社会力量

整体性治理强调网络化的治理方式，主张各社会主体参与到政策的制定、执行、监督中来，实现自上而下与自下而上治理的完美融合。与此相反，传统治理理念倡导建设统治型政府，政府的管理权限渗透到社会生活中的方方面面，社会管理权力相对集中在政府手中，社会与市场较少参与社会管理。传统的治理理念随着时代的转变、我国综合国力的增强、社会事务的越发繁多，已经不适用于现在的治理环境。并且，公民已经不再仅仅满足于物质生活的富足，转而提出了对美好生活的多样性需求，生态、社会、文化等方面的需求均需得到满足，以及公民维权意识的日益觉醒等社会现实都要求政府摒弃以往的治理理念，转变政府职能，建设公共服务型政府，倡导多元主体共同参与跨界河流污染治理。但长期形成的全能型政府治理理念导致政府在治理过程中出于惯性以及对新治理方式的本能抗拒还是习惯遵循以前的治理路径,从而忽视市场与社会的力量,阻碍多元治理主体参与跨界河流污染治理。

2. 数字化平台缺失致使三地政府间缺乏沟通

整体性治理强调信息技术的整合,整体的、协同的决策方式以及行政运作的数字化。当前数字时代背景下,京津冀三地未能积极顺应时代潮流,运用数字技术建立多样、智能、便捷的府际沟通平台,促进府际间沟通、协商;未建立统一的水环境数据库以实现河流污染治理信息的整体化管理;未充分利用大数据技术,借助其强大的分析、计算、预测能力辅助三地跨界河流污染治理的决策制定。数字化平台的缺失阻碍了三地进行跨界河流污染治理的信息互通,导致三地跨界河流污染治理"信息孤岛"问题凸显,府际间信任程度低,沟通意愿薄弱,治理科学性低,阻碍三地府际合作的有序开展。

3. 法律规章不统一导致难以实现统一监管

整体性治理倡导"求同",统一的治理标准是实现京津冀跨界河流污染府际合作治理的前提保障,京津冀三地在跨界河流污染治理过程中之所以矛盾重重,是因为三地之间缺少共同的治理标准。三地跨界河流污染治理由于没有统一的法律约束,容易导致各地方从理性经济人角度出发,在制定法规时偏重于维护自身利益,使得三地河流污染治理的法规不尽一致,难以规范三地制定统一的治理标准,导致跨界河流污染治理的监管碎片化,产生政府间跨界河流污染治理的博弈行为。法无明文规定即可为,三地跨界治理河流污染缺乏制度保障,统一法律规章的缺失还导致跨界治理中联合执法与联合监管的困难。

4. 协调机制缺失导致治理主体动机存在差异

协调作为整体性治理的重要手段,其重要的功能之一就是消除各治理主体之间的思想分歧和利益纠纷,创造和谐共赢的行政生态。2014年,北京市环保局、天津市环保局、河北省环保厅联合签署了《京津冀水污染突发事件联防联控机制合作协议》,建立了京津冀水污染突发事件联防联控机制,并成立了京津冀联防联控工作协调小组,为快速应对跨界水污染事件、加强三地突发事件应急处理能力提供组织、机制保障。跨界河流污染治理具有持续性与长久性,常规态势下的协调机制建设同样具有重要意义。河北在自身水资源严重不足的情况下还要优先为京津供水,理应得到相应补偿,但京津冀三地目前尚未建立生态补偿机制导致了河北省在跨界河流污染治理方面较京津二地存在较弱的动力,不利于三地协同治污。

四、京津冀跨界河流污染治理府际合作模式构建

河流污染的跨域性需要三地合作治理,形成京津冀跨界河流污染治理的"集体

行动"势在必行,府际合作模式是实现京津冀三地合作治理的理想选择。

(一)整合京津冀跨界河流污染治理组织结构

河流污染的复杂性和跨域性已成为超出单个地方政府治理意愿和能力的"脱域化"生态危机,整合政府间及政府内部组织结构,是京津冀跨界河流污染治理的当务之急。首先,可在京津冀协同发展领导小组下设立环境治理专项小组(见图1),向上直接受京津冀协同发展领导小组领导,向下直接与三地环保局沟通合作。治理专项小组领导人员由京津冀三地环保局抽取相同人数组成,这既兼顾了三方利益又体现了公平、公正的价值导向。治理专项小组每季度召开一次京津冀跨界河流污染治理环保局局长联席会议,回顾上一季度治理情况,制订下一季度治理计划。其次,完善治理资金来源,治理资金由地方政府与专项资金拨付两种形式构成。专项治理小组审定河流治理状况与资金使用情况,并上报中央全面深化改革委员会,在综合考虑人口、经济状况、生态效益外溢程度等因素的情况下,提出治理资金分配方案,拨付资金须专款专用。再次,中央政府应重视平衡三地关系,整合三地资源。对河北应给予政策倾斜,摆脱京津"虹吸"资源却少有补偿的困境。最后,各地政府作为治理的责任主体,应积极作为,合并职能相近的部门。将对流域水质、水量进行管理的职能整合到环保局,打破"九龙治水"的局面,形成以环保局为主导的多部门协同治理格局。

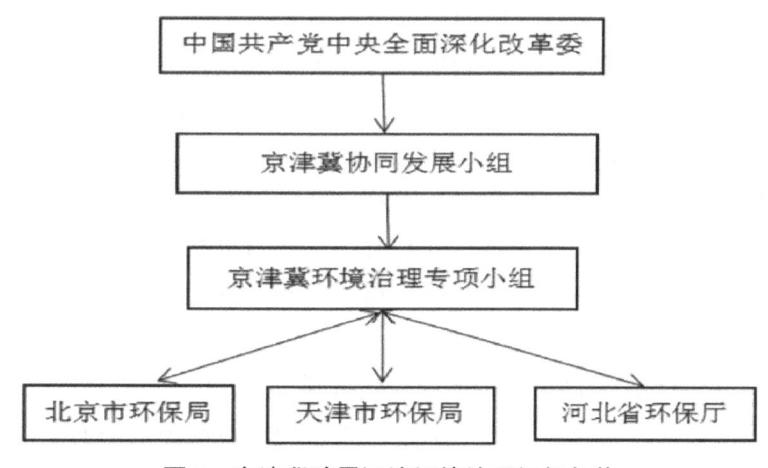

图1 京津冀跨界河流污染治理组织架构

资料来源:作者自制

(二)完善京津冀跨界河流污染治理的总体框架

针对京津冀跨界河流污染治理中存在的法律法规、标准不统一问题,需要从建立健全三地统一的法律制度入手,完善京津冀跨界河流污染治理的总体框架,为跨界河流污染府际合作治理提供坚实的保障。首先,建立京津冀跨界河流污染治理的区域性法律,如《京津冀跨界河湖保护和治理纲要》,使其相对三地各自的河流污染治理条例而言具有上位法的法律效力,规范三地条例的制定与修改。纲要可由环境治理专项小组会同三省、市的环保局形成初稿,并经过广泛的社会讨论修改确定。其次,在京津冀河流污染治理区域性治理纲要的基础上,三地分别修改各自的河湖保护条例,使其遵循上位法的规定与要求,统一京津冀跨界河流污染治理法规。此外,还应建立京津冀跨界联合执法与联合检查制度,可根据治理计划要求与实际治理进展,由治理专项小组协调、组织三地环保局部门统一人员调配、执法与检查时间以及执法与检查重点并开展联合执法与检查[1],确保三地跨界河流污染治理进程中法律的协同执行得到落实。

(三)加强京津冀跨界河流污染治理信息平台建设

整体性治理重视数字化变革,强调数字治理,主张充分运用现代化信息技术进行整体性治理。因此,应将信息技术和网络技术作为整体性治理的手段,将不同的信息技术进行整合,加快建设京津冀跨界河流污染治理信息平台。首先,构建京津冀整体性跨界河流污染治理信息数据库,整合三地河流基本情况,实现河流污染治理情况共享,进而在综合分析的基础上制定整体性治理标准,实现治理标准的统一。通过整体性信息数据库分析三地河流污染治理进展,在全面了解实际情况的基础上确定生态补偿力度,提高生态补偿机制的科学性。其次,构建三地政府间沟通的电子平台,通过电子沟通平台实现高效率、高质量、信息共享、程序简化的一站式治理,方便三地政府沟通与协作。可通过电子沟通平台公布生态补偿资金标准及资金使用情况,公示河流污染治理预算制定及网上听证情况,便于公民参与跨界河流污染治理的政策制定、监督、举报与投诉;还可借助电子沟通8台进行河流污染治理项目的公开招标,吸引企业加入到河流污染治理当中来。最后,构建基于大数据的河流污染治理数字化决策平台。大数据技术是提高政府治理能力的重要手段,将大数据技术应用于京津冀跨界河流污染治理是时代发展的必然要求。应充分利用大数据的分析、预测功能,通过专业化的分析与预测在备选方案中进行对比、评定,最终选出最佳方案,提高决策的科学性。

(四)建立京津冀跨界河流污染治理长效机制

跨界河流污染治理的长效机制是保证污染治理取得理想效果的基础。京津冀跨界河流污染治理能否持续的关键:一是政府划拨的治理资金要有保障,跨界河流污染治理是一场持久战,需要持续不断的资金投入。在财政分权大背景下,经济建设向来是地方政府治理的中心环节,河流污染治理要以损害一定经济发展为代价势必招来一定阻力。三地跨界河流污染的长效治理,需克服地方政府治理意愿低的阻力,

---

[1] 锁利铭,阚艳秋.大气污染政府间协同治理组织的结构要素与网络特征[J].北京行政学院学报,2019(4):9-19.

将河流污染治理成效加入官员晋升指标体系当中，增强地方政府河流污染治理的主观能动性，保障地方河流污染治理资金的合理分配。二是在坚持水资源国家所有的基础上对水资源的产权进行界定。产生跨界河流污染治理"公地悲剧"现象的主要原因在于没有对水资源的产权进行清晰的界定，导致三地产生搭便车的心理，形成集体行动的困境。应运用法律界定三地水资源产权，使其具有排他性与可转让性[1]，并由法律保障其权利的稳定性，消除初始权利不稳定所带来的外部性，避免公权对水权的不正当干预。同时，水资源的交易价格完全由市场决定，充分利用市场机制提高水资源的利用率，规范三地用水行为，从根本上解决三地水资源匮乏问题。三是建立污染排放交易市场，利用价格调控方式对污水的排放份额进行调配[2]，结合水权交易市场，充分利用市场机制，实现水量与污染排放份额的自动调控，保障其高效、持续的运转。四是完善生态补偿机制。实施技术扶贫政策，鼓励京津清洁技术和生态型产业向河北省转移扩散，同时加速河北省发展方式的转型，转"输血型"生态补偿为"造血型"生态补偿，在以资金补偿为主要补偿方式的同时加强政策扶持、产业扶持、技术指导等补偿方式，鼓励人才在三地流动，形成更加优质、长效的生态补偿机制。同时，应做好生态补偿的监督问责工作，努力做到补偿标准制定公开透明化，完善标准制定公开听证环节，及时在政府网站公布生态补偿资金具体流向，做好阶段性对补偿效果的评估工作以便为下阶段的补偿工作提供经验教训并及时进行改正。

五、结 语

本文以整体性治理为理论视角，分析探求了京津冀跨界河流污染治理府际合作模式。构建京津冀跨界河流污染治理府际合作模式重点在于整合并完善三地政府河流污染治理的组织结构、统一三地治理标准、构建信息化治理平台、建立并完善跨界河流污染治理制度与长效协作机制，促进京津冀跨界河流污染合作治理，推动京津冀协同发展

---

[1] 马晓强. 水权与水权的界定——水资源利用的产权经济学分析 [J]. 北京行政学院学报，2002（1）：37-41.

[2] 王家庭，曹清峰. 京津冀区域生态协同治理：由政府行为与市场机制引申 [J]. 改革，2014（5）：116-123.

基于整体性治理的京津冀养老服务协同发展路径 *

2015年4月30日,《京津冀协同发展规划纲要》的发布正式拉开了京津冀协同发展的大幕。2018年,京津冀协同发展将进入深水区,不仅要在经济层面,更应在关乎人民切身利益的民生层面实现协同发展,使该地区人民共享发展成果。京津冀地区人口老龄化日益加深,养老服务供需失衡问题的深化促使该地区养老服务协同发展进入快车道。基于整体性治理理论,加快京津冀地区养老服务协同发展的步伐,打破政策性壁垒、破除地区本位主义、促进公私合作、实现资源共享是破解京津冀养老服务协同困境的必然选择。

民生连着民心,民心凝聚民力。京津冀要实现协同发展的首要前提和重要保障就是民生问题的解决。养老问题是民生问题的重要一环,人口老龄化是机遇也是挑战,养老问题的解决既能缓解京津的养老压力,又为河北省的经济发展提供新的增长点。养老问题不仅仅是民生问题,还是重要的经济问题、政治问题、社会问题、文化问题,需要政府和相关社会主体统筹应对,以更加积极科学的态度应对人口老龄化。京津冀养老服务必须基于一个整体框架下协同发展,从缓解大城市养老压力和为公民提供更优质的养老服务两方面考虑,协同优化三地养老服务供给。京津冀地区应基于高效的养老服务协同发展机制,整合资源,共同发力,在养老服务问题上形成一个双向的供需链条,织密京津冀养老服务协同网。

一、推进京津冀养老服务协同发展的背景及其必要性

整体性治理的核心问题就是协调和整合,根本目的是促使政府更有效率地向公众提供公共服务,满足人民的生活需求。京津冀养老服务的协同发展必须做到以公民为本,以服务为基础,以养老需求为导向,三地协力朝着满足公民养老服务需求、提高京津冀养老服务质量的共同目标努力。

(一)推进京津冀养老服务协同发展的理论背景

整体性治理的理论建立在两个背景上:一是盛极一时的新公共管理的衰微;二是信息技术的发展,即数字时代的来临。[1] 整体性治理理论是顺应理论发展和实践需

---

* 与邢蕊合作完成,并发表于《中共天津市委党校学报》2019年第1期第71~78页,题目有变动。
[1] 竺乾威. 从新公共管理到整体性治理 [J]. 中国行政管理,2008(10):52-58.

要的新治理范式，有针对性地应对新公共管理运动所导致的部门化、碎片化和复杂化的难题，"以公民需求为导向，以协调、整合和责任为机制，运用信息技术对碎片化的治理层级、治理功能、公私部门关系及信息系统等进行有机整合，为公民提供无缝隙而非分离的整体性服务的政府治理图式"[1]。

整体性治理（Holistic Government）的概念最早由英国约克大学的安德鲁·邓西尔（Andrew Dunsire）提出，该理论的主要代表人物是佩里·希克斯（Perry6），他对整体性治理理论进行了详细论述。希克斯指出，整体性治理就是政府机构组织通过充分的沟通与合作，达成有效协调和整合，彼此的政策目标连续一致，政策执行手段相互强化，达到合作无间的目标的治理行动。[2] 希克斯认为协调是克服棘手问题与碎片化治理及整体性治理成功与否的关键所在，协调主要运用"求同"和"化异"两个手段。在组织关系层面，协调强调部门间的沟通和交流，减少无序竞争；在组织运行过程方面，协调强调行为和目标的一致性。整合是指要求各组织从全局出发，在行动上达成一致，强调不同部门之间，同一部门的不同层级之间以及公私部门之间进行组织框架与形态层面以及技术路线与制度层面的整合。

罗伯特·达尔（Robert Dahl）认为："从某一个国家的行政环境归纳出来的概念，不能够立刻予以普遍化，或被应用到另一个不同环境的行政管理上去。一个理论是否适用于另一个不同的场合，必须先把那个特殊场合加以研究之后才可以判定。"[3] 京津冀养老服务协同发展是在缩小养老服务供需缝隙的同一目标下，力图使三地提供整体的而非分散的养老服务，使养老服务供给最优化。整体性治理理论的价值取向和指导措施正契合了三地养老服务协同发展的目标导向和实践要求，指导京津冀地区在人口老龄化深化、资源分配不均、养老服务水平参差不齐的困境中，通过协同合作、利益共享，激发新的发展活力。

（二）推进京津冀养老服务协同发展的政策背景

京津冀养老服务协同发展是中央倡导的京津冀协同发展国家战略在民生领域的重要体现，此举既能提高三地的养老服务水平，又能缓解京津的养老压力和拉动河北的经济发展，更为其他地区协同提高养老服务水平提供重要范例。2013年9月，国务院颁布了《关于加快发展养老服务业的若干意见》（国发〔2013〕35号），从顶层设计上将养老服务业的发展纳入国家战略。2015年4月30日，中共中央政治局审议通过的《京津冀协同发展规划纲要》标志着京津冀协同发展正式拉开帷幕。同年

---

[1] 曾凡军. 论整体性治理的深层内核与碎片化问题的解决之道[J]. 学术论坛，2010（10）：32-36.

[2] 叶璇. 整体性治理[J]. 当代经济，2013（3）：110-112.

[3] Robert A.Dahl.The science of Public Administration：Three Problem[J].Public Administration Review，1947（7）：1-11.

11月6日,三地签署《京津冀民政事业协同发展合作框架协议》,旨在疏解北京的非首都功能,推动基本公共服务均等化,为京津冀养老服务协同发展提供了政策前提。协议确定了包括河北燕郊燕达国际健康城、河北高碑店养老项目和天津武清养老护理中心在内的三家"京津冀养老协同发展试点单位"。2016年6月,北京、天津、河北三地民政部门共同签署了《京津冀养老工作协同发展合作协议(2016—2020年)》,提出要重点加强由基本养老功能衍生出的养老产业协同和相互输出,引导京津社会资本向河北养老服务领域流动。同时,构建环京津健康养老产业圈,重点打造一批环首都大健康产业聚集区,推动北京市养老政策外延。[1]2017年11月,京津冀民政部门联合印发《关于增设京津冀养老服务协同发展试点机构的通知》,决定增设张家口春雷老年公寓、沧州青县康泰养老护理中心、廊坊三河市五福托老院等6家养老机构作为新的协同发展试点机构。至此,共形成9家京津冀养老服务协同发展试点机构。政策的推行和试点的开展为京津冀养老服务协同发展提供了首要保障,后期京津冀全范围的养老服务协同发展还面临着重重考验。

(三)推进京津冀养老服务协同发展的必要性

1.释放京津两地人口养老压力

据《北京市老龄事业和养老发展报告(2016—2017年)》统计(见图1),截至2016年年底,全市60岁及以上户籍老年人口约329.2万人,占总人口的24.1%,老年抚养系数持续攀升,2016年年底高达38.1%,意味着每百名劳动年龄(15~59岁)人口至少需抚养38位老人[2]。北京市人口老龄化、高龄化趋势加快,老年人口失能率攀升,户籍人口老龄化程度已居全国第二位。沉重的养老负担势必会减慢北京市疏

图1 北京市2012—2016年老年抚养系数对比

---

[1] 贾楠.京津冀养老服务协同发展提速[N].河北日报,2017-11-13(1-2).
[2] 北京市人民政府.北京市老龄事业和养老服务发展报告(2016—2017年)[EB/OL].(2017-10-31). http://zhengwu.beijing.gov.cn/sy/bmdt/t1497329.htm.

散非首都功能的步伐，合理整合利用天津市、河北省的养老资源，是解决北京市养老难题的必由之路。

天津市作为环渤海地区经济中心，随着经济的高速发展，人口流动性加强，家庭规模逐渐缩小，造成人口老龄化、高龄化、空巢化和家庭小型化并存的养老困境。截至2016年年底，天津市60岁以上户籍老年人口243.9万，占全市户籍人口的23.35%，预计到2020年，全市户籍老年人口将超过290万，占总人口比例26%。[1]天津市的人口老龄化水平与北京市基本持平，进入人口老龄化加速期的京津，同时面临着养老服务业发展不充分、养老服务供不应求的现实难题。

2. 缩小京津冀三地养老服务差距

北京市社会养老服务体系建设较为完善，截至2016年年底，北京市共有老龄事业单位13个，老年法律援助中心278个，老年维权协调组织3024个，老年学校2203个，各类老年活动室6613个。[2]2017年，全市养老床位数增加到12.6万张，扶持照料中心建设项目252个，支持建设350家社区养老服务驿站[3]。北京市注重老年人养老、文化、体育、法制事业同步发展，老年优待和补贴项目丰富，在物质和精神两个层面提高老年人的幸福感和获得感。

天津市在老年养老方面形成了较为完备的制度体系和养老服务体系，在社区养老方面做出了突出成绩。在养老制度和法律法规方面，天津在全国率先出台了《天津市养老服务促进条例》等地方性法规，养老服务迈入法治化轨道。在养老服务体系方面，以居家为基础、社区为依托、机构为补充的养老服务体系基本建立，打造了具有天津特色的"973"养老服务格局，全市累计建设老年日间照料服务中心（站）1100个，实现了社区养老服务全覆盖；建设社区食堂、配餐中心386个，中心城区实现了社区老年助餐服务全覆盖；建设养老机构428家，全市养老床位达68616张，平均千名老人拥有床位32张。[4]

河北省在环境、土地和人力资源等方面优势明显，截至2017年年底，全省各类提供住宿的收留抚养类机构1169个，床位16.9万张，其中农村养老服务机构494个，

---

[1] 天津市人民政府. 天津市人民政府办公厅关于印发天津市"十三五"老龄事业发展和养老体系建设规划的通知 [EB/OL]. (2017-12-08). http：//gk.tj.gov.cn/gkml/000125022/201711/t20171108_75012.shtml.

[2] 北京市民政局. 2016年北京市民政事业发展统计公报 [EB/OL]. (2017-08-25). http：//www.bjmzj.gov.cn/news/root/tjnb/2017-08/124655.shtml.

[3] 北京市人民政府. 北京市老龄事业和养老服务发展报告（2016—2017年）[EB/OL]. (2017-10-31). http：//zhengwu.beijing.gov.cn/sy/bmdt/t1497329.htm.

[4] 天津政务网. 天津市人民政府办公厅关于印发天津市"十三五"老龄事业发展和养老体系建设规划的通知 [EB/OL]. (2017-11-13). http：//www-main.tjftz.gov.cn/zmq/system/2017/11/13/010082515.shtml.

床位7.7万张[1]，具有承接京津养老人口的一定基础。但是河北的养老服务业发展不完善，社会参与度低，养老资金不足，基础设施薄弱，护理和管理人员缺乏，服务种类单一，重数量轻质量现象并存，总体水平落后于京津地区。

3. 激发河北地区的经济发展潜能

京津冀协同发展是国家重大发展战略，三地要坚持目标一致、资源互补、互利共赢，实现齐头并进之势。经济是京津冀协同发展的重要一环，三地经济发展差距明显，产业结构参差不齐，河北省经济结构和发展实力处于弱势地位。虽然2017年河北的生产总值为35964亿元，高于北京市的28000.4亿元和天津市的17885.39亿元，但河北的人均GDP为4.78万元，仅占北京的37%和天津的42%，河北的经济发展水平和居民消费水平明显低于京津地区。在过去的2017年，北京市的产业结构呈现出"三二一"型，第一产业占比0.5%，第二产业占比19.3%，第三产业占比80.2%，高新技术产业和服务业发展完备，养老服务业结构完善。天津市第一产业占比1.2%，二、三产业占比较重，第三产业54%的比重大于第二产业的44.8%，社会养老服务体系建设完善。反之，河北省的产业结构呈现出"二三一"模式，一、二、三产业分别占比9.8%、48.4%、41.8%，第三产业占比低于第二产业，服务业发展态势疲软（见表1）。

表1 京津冀产业经济发展情况对比

	北京市	天津市	河北省
地区生产总值（亿元）	28000.40	17885.39	35964.00
人均GDP（万元）	12.90	11.45	4.78
第一产业生产总值（亿元）	112.00	214.63	3524.47
第二产业生产总值（亿元）	5404.08	8012.65	17406.58
第三产业生产总值（亿元）	22456.32	9658.11	15032.95

京津地区要推动产业结构优化，北京市要"瘦身提质"，逐步构建"高精尖"经济结构；天津市要"强身聚核"，实现先进制造业和现代服务业快速发展。河北省要着力推动产业结构转型升级，"健身增效"，加快产业结构调整步伐[2]。京津冀养老服务协同发展是推动三地经济结构升级的共赢选择，京津地区通过向河北地区转移养老压力，进而优化年龄结构，集中力量进行经济建设。河北省通过承接北京市和天津市的养老需求，大力发展养老服务业，通过"银发经济"热潮，巩固第二产业发展的同时激发第三产业发展潜能，追赶京津地区的发展步伐。

---

[1] 河北统计局. 河北省2017年国民经济和社会发展统计公报[EB/OL].（2018-03-01）. http：//www.hetj.gov.cn/hetj/tjgbtg/101517369076973.html.

[2] 安蓓，孔祥鑫. 擘画大战略，打造新格局——京津冀协同发展战略实施四年进展综述[N]. 新华社，2018-02-25.

二、京津冀养老服务协同发展的困境

一项措施的推行必然会遇到层层阻力,理论只有经过困境的碰撞才能顺应现实的发展需要。在京津冀养老服务协同发展的进程中,养老服务体系建设碎片化、潜存的地区本位主义、偏低的社会主体参与率和三地资源整合利用率,拖慢了京津冀养老服务协同发展的步伐。

(一)养老服务体系建设碎片化

整体性治理以解决人民生活问题为核心,旨在为社会公众提供满足其需求的无缝隙的公共服务,而非碎片化的服务供给。京津冀养老服务体系的建设是一项整体性工程,需要根据三地人民实时实地的养老需求,通过相互沟通合作的渠道,各部门共同发力,整合利用相关养老资源,建立完善的体制机制和有效的法规体系,为京津冀老年人口提供高质量、有保障的养老服务。但是现行养老服务体系存在部门设置分散化和法律法规不完善的弊端。

从部门设置方面看,养老服务体系的建设存在多元管理主体,政府在建设养老服务体系问题上缺乏整体性。养老服务系统涉及多个政府职能部门,包括民政、卫生、残联、发改委、财政、住房建设等多个部门。养老服务体系建设的相关部门缺乏行之有效的沟通和协调机制,造成整个养老服务体系的割裂和整体目标的碎片化。在部门利益的驱使下,各部门从自身职能角度出发,力争使自身的利益最大化,造成养老服务体系建设面临难以协调的机制障碍,产生资源浪费、养老项目建设重数量轻质量等后果。

从法律法规方面看,为缓解京津养老压力,三地联合出台了相关规章政策来推动京津冀养老服务的协同发展。2015年11月,京津冀三地签约了《北京市民政局、天津市民政局、河北省民政厅共同推动京津冀民政事业协同发展合作框架协议(2015—2020年)》;2016年6月,三地民政局共同签署了《京津冀养老工作协同发展合作协议》,同年9月联合印发了《京津冀养老服务协同发展试点方案》。京津冀养老服务协同发展已具备一定的政策支持,但政策的落实仍缺乏法律的监督和保障。

(二)实际运行存在地区本位主义

京津冀三地属于不同的行政区划,有各自的政策目标和发展导向,不同的利益诉求导致三地在顶层政策设定以及项目实际运行中存在矛盾与冲突。京津冀三地长期以来处于森严的条块分割的行政体制下,这种纵向层级的裂解和横向部门的分割滋生了利益地区化、部门化,部门权力碎片化,服务的裂解性、各自为政等现象。[1]

---

[1] 韩兆柱,单婷婷.基于整体性治理的京津冀府际关系协调模式研究[J].行政论坛,2014(4):32-37.

三地作为京津冀养老服务协同发展的主体,在竞争中合作,在合作中竞争。在整体发展态势中,河北省较北京和天津地区处于弱势地位。

我国的养老制度运行方式是地区分割、属地管理,地区养老制度安排的差异性造成养老保险制度的碎片化。在养老保险制度地区分割的大格局下,三地养老形成政策壁垒,分属于不同行政区划的京津冀三地,社保基金的缴纳机制、运行机制、管理机制和报销机制存在差别,受经济发展水平和人均收入水平影响,京津冀的社保给付水平也存在较大差距。

京津冀养老服务协同发展的重要环节就是要实现异地养老,保障异地养老可行性的关键就在于养老保险和医疗保险的转移接续,重点是要实现基本养老金的异地收取,相关补贴随人转移以及医保的异地报销问题。在京津冀养老服务协同发展的大趋势下,跨区域养老的福利补贴、异地医保报销已经进入试点阶段。2017年12月初,京津冀三地民政机构发表《京津冀区域养老工作协同发展实施方案》,方案强调在养老协同区,养老补贴跟着老人走。接收京津老人的养老机构,享受本地民政部门和老人户籍所在地的双重床位补贴资金。在医养结合方面,方案强调相关部门做好业务指导及异地医保报销政策对接。京津冀养老协同发展政策先行,在现有政策下,仍存在三地养老服务机构质量和服务水平参差不齐、相关扶持政策差距过大等问题。

(三)协同机制中社会主体参与率低

整体性治理理论中公私关系协调整合发展的诉求对引入市场机制,扩大社会主体参与,提高社会养老服务水平具有重要意义。在传统观念中,"老有所养、老有所依"不仅是对家庭伦理的硬性要求,更是对政府责任感的深度考验。政府从制定政策、投入资金、建设运营、监督管理等方面全方位干涉养老机构建设,社会力量在建立完善社会养老体系和提供养老服务过程中势头较弱。在老年人口数量激增、家庭养老功能弱化、养老服务需求多样化以及政府职能转变的大背景下,政府主体和营利、非营利机构以及社会组织共建养老机构是提高养老服务供给数量和质量的必然选择。

现存的养老机构中,公办养老机构价格较低,保障完善,但是名额紧张,一床难求。社会资本参与的养老机构两极分化,集中在高端消费群体的养老机构,因收费高昂只能满足小部分人的养老需求,并不能很好地解决京津冀养老服务协同发展的需要。京津冀养老服务协同发展中流动的老年人口,主体是依靠基本养老金的工薪阶层,养老服务消费的承受能力受经济条件限制。而定价接近普通消费者的养老机构,却面临收不抵支、运营艰难的困境。近几年,政府在养老服务体系建设中出台了很多优惠扶持政策,但是在实际运行中,监督体系不完善,补贴缺乏针对性,优惠政策落实不到位。社会资本参与的养老机构面临前期投入过高,补贴不足,营运成本难以负担等多重困境。此外，三地养老机构对协同提供养老服务认识不一，尚未形成开放合作的发展机制。

（四）三地养老资源整合利用率低

京津冀协同发展养老服务业是实现资源共享、市场共建、提高三地养老服务水平的创举。实现京津冀养老服务协同的重要的一环就是资源的互补和共享。养老服务行业是一个整体，需要多方资源的整合提升，但是京津冀的养老资源互补和利益协调机制尚未形成，三地养老资源分配不均，资源差距不仅体现在数量上，更加体现在质量上。河北省在医疗资源、养老人才队伍和养老配套设施等方面与北京、天津两地有较大差距，三地资源分布松散，综合利用率不高。

京津地区的城市化水平和老龄化程度远高于河北省，较早形成了应对老龄化危机的意识，积攒了丰富的养老服务经验。在医养协同发展的大环境下，医疗服务水平是决定养老群体服务取向的重要因素，三地就医呈现出河北医患涌向京津两地的单向态势。从显性层面来说，河北省与北京、天津在高水平医院和医师团队数量上存在一定的差距；从隐形因素方面分析，河北省医院的技术水平、医师的从业能力和医疗器材的先进性都明显低于京津两地，医疗资源分配不均成为京津冀养老服务协同发展的掣肘。另一方面，北京、天津地区的服务业较河北发达，人才集聚效应明显，养老服务的从业人群分工明确，更为专业化。养老服务专业护理人员不足是大环境，各地都面临缺乏专业人才的问题，京津冀三地养老服务的技能交流和人才输送机制尚未形成。其次，养老服务水平的提升需要养老产业的扶持，北京是重要的技术开发区和人才引进区，拥有先进的医疗器材、康复辅具等相关养老设备。天津市的养老服务行业发展成熟，积累了丰富的养老服务经验，形成了较为完备的养老服务产业链。相比京津地区，河北的养老服务业较为粗放，养老服务层次低，养老设备落后，养老产业整合程度低。

三、实现京津冀养老服务协同发展的路径

京津冀养老服务协同发展是同路同力的长期合作过程，通过打破三地行政区划，跨地区合作实现部门协调，政策整合，为养老服务协同发展提供制度平台。通过公私合作为养老服务协同发展注入新鲜血液，加强信息平台建设，三地资源整合，为养老服务水平协同发展提供完善的硬件设施。

（一）整合养老服务体系建设

养老服务体系建设需要从顶层设计上加强协调和整合，相关部门协同发力，形成完善的养老制度体系和稳定的法制保障，科学从容地应对京津冀人口老龄化的趋势，发展养老服务产业，形成新的经济增长点。

养老服务的提供是一项系统工程，需要多个部门共同发力，以满足养老群体的需求为基础，将分散的服务功能集中起来，建设一体化服务系统。碎片化的部门设计造成养老制度设计、相关政策和规划不够协调，也影响了基层养老管理体制的运行。在部门分割的情况下，"地方政府和基层单位经常要为同一个项目与多个上级部门和机构打交道，这导致严重的浪费并使服务的使用者感到沮丧"[1]。部门之间的分割形成信息孤岛，造成不必要的制度成本，增加老年群体获得养老服务的难度。因此，建设养老服务体系的有关部门必须在多快好省建设京津冀养老服务体系的整体目标下，推进不同部门间信息的沟通和职能的整合，整体推进养老服务体系建设。

完善的法律体系是养老服务落实到位的重要保障，需要将老龄工作纳入依法治国的战略中，从法律层面为京津冀养老服务协同发展保驾护航。一方面，要贯彻落实《老年权益保护法》，保证老年群体能够享受基本的养老服务，同时杜绝虐老事件的发生，为老年人维护自己的基本权益提供法律武器。另一方面，通过建立完善的法律法规，为京津冀养老服务机构的建设运营提供全方位的监督和管理，保证养老服务供给的数量和质量。

（二）加快地区养老服务整合步伐

京津冀现有养老服务体系在传统体制的局限下呈现出碎片化状态，老年群体被制度割裂，养老金制度受地区分割，三地养老服务供需脱节。为实现三地老年人口平等地享有养老资源，共同提高养老生活质量，京津冀地区需要以合作共享为前提，打造线下线上双向整合机制，突破地区限制，实现社保关系的转移接续，同时打破三地信息壁垒，实现养老信息资源共建共享。

线下做好养老保险关系的转移接续和异地医疗费用报销工作。首先，三地应从筹资、管理、发放等多方面着手规范运营，降低实现京津冀养老保险统筹的难度，从而打破三地的利益保护机制，实现养老保险制度的有效衔接。其次，做好三地养老保险的转移接续工作，为异地养老人员领取养老金提供便利。2017年11月12日，首家京冀跨省社保中心在唐山市曹妃甸区挂牌成立，外迁企业办理相关医保报销、退休手续等社保业务不再北京河北两头跑。应在现有试点的基础上做好推广工作，提高经办机构的服务能力和效率，减轻京津冀异地养老的制度障碍。最后，落实跨省就医直接结算工作，减轻异地就医患者的负担。三地有关部门要在《京津冀区域养老工作协同发展实施方案》的指导下，配合好异地医保报销工作，为异地养老老人就医提供便利。

线上打破信息壁垒，建立京津冀老年人口和养老资源的信息库，做到合理统筹

---

[1] 胡象明，唐波勇.整体性治理：公共管理的新范式[J].华中师范大学学报，2010（1）：11-15.

三地养老需求，同时实现养老、医疗资源的互助共享。竺乾威指出："通常的行政状况是不同的信息掌握在各不相关的层次、互不适应的行政系统中，使得信息要么常常很难得到运用，要么只能用于具体的研究需要。数据库使得有关福利、税收和保障领域里每一个案的数据都可以得到，使政府机构能预测公民的需要和政策的主要风险。"[1] 京津冀三地通过信息整合减少冲突和分割，进行沟通协调以及共享资源，从而对京津冀老年人口的养老需求以及偏好形成更为整体的认识。同时，利用信息支持系统发展智慧养老，实现养老服务资源开放共享，为周边居家养老老年人口提供及时多样的服务，使当地老年人口也能从京津冀养老服务协同发展中获益。

（三）公私融合完善养老市场

政府与各社会主体平等参与养老服务供给体系是整体利益最大化的必要措施。通过协商机制运作，"各主体之间的资源和要素相互匹配，信息得以共享，从而实现政府有效运作并高效解决普通民众的生活问题，最终达到整体功能大于局部之和的效果"[2]。加强公私合作有利于建立差异性和多层次的养老服务供给体系，满足京津冀养老群体的不同养老需求。

在京津冀地区要营造平等公开的养老市场环境，首先，以政府为主体规划三地养老服务协同发展的蓝图，整合三地现有的养老市场，通过透明协同的制度环境，开放统一的市场建设，以及有力的扶持政策，最大限度地激发养老市场活力。同时简化审批流程，减少不必要的审批手续，清理不合理的审批事项，缩短审批时间，提高行政效率，为参与养老服务提供的社会主体提供一站式服务。其次，鼓励社会资本兴办养老服务机构，吸引京津地区高水平的养老机构到河北省提供养老服务，允许养老机构连锁经营。对民办养老机构给予政策优惠，允许年度运营有结余的养老服务机构按照一定比例自留收益，从而激发社会资本进入京津冀养老服务体系的积极性。

整体性治理强调政府在合作组织中的主导作用，不仅需要政府提供市场和社会的参与空间，确认公共服务供给主体的机构，还要进行过程管理和结果控制。[3] 在养老服务机构建设、运营和管理方面，京津冀地区需要制定具有实际操作性和灵活性的标准，从而进行统一的规范和管理，形成供需适度、结构合理的标准化养老服务体系。建立合理的价格调整机制，形成多层次的价格体系，既要满足异地养老人员的需求，又能兼顾当地老年人口的养老需求。建立健全养老服务的准入、退出机制，保证政府对养老服务结果的控制，同时引入第三方监督机制，加强养老机构实际运

---

[1] 竺乾威. 从新公共管理到整体性治理 [J]. 中国行政管理，2008（10）：52-58.

[2] 董礼胜. 西方公共行政学理论评析：工具理性和价值理性的分野和整合 [M]. 北京：社会科学文献出版社，2015.

[3] 胡佳. 整体性治理：地方公共服务改革的新趋向 [J]. 国家行政学院学报，2009（3）：106-109.

营中的过程管理和监督。

（四）整合养老资源推进异地养老

促进京津冀养老服务协同发展是一项长期工程，需要加满油，把稳舵，鼓足劲，从多方面资源整合入手，为打造京津冀养老服务完整产业链作好准备。按照京津冀协同发展规划，北京将不再建设大型养老院，津冀地区承接北京的养老需求已是必然趋势。要依托三地资源创新养老服务模式，形成养老服务新的宣传点和发展方向。引进北京、天津先进的医疗经验和技术，开发使用康复器具，推进医疗资源和养老服务的深度融合。依托河北省优越的自然环境和土地优势，推进休闲度假养老模式发展，鼓励"旅游式养老"和"候鸟式养老"。同时，推进以房养老、互助养老等新型养老模式的运行。

首先，从交通通信方面搭建好三地养老资源和人口流动的桥梁，京津冀要加快交通一体化进程，通过高速、轨道、航空等多角度规划建设，打造通行快车道，加速京津冀一小时交通圈建设，缩短养老院到家的时间。同时，运用信息手段缩短老人与家人的距离，鼓励各通信企业下调通信价格，推出针对异地养老人群的优惠套餐服务。其次，培养新型养老人才，提高养老服务的质量，既要从人才源头入手，鼓励在京津冀三地高校开设养老护理专业，强化学科建设，又要提升现有护理队伍的质量，加强对护理人员的培训和监督，提高养老行业从业人员的薪资待遇水平，推进养老护理队伍的低龄化建设，并畅通三地养老人才交流的渠道。最后，加快康复器材开发生产，形成多元竞争优势，依托河北省第二产业发展优势，围绕老年人日常生活需要，加快保健品、服装鞋类、康复器具、电子用品等老年服务产品的开发和生产。在医养结合和老人失能率不断上升的大趋势下，重点开发人性化、智能化的医疗康复器具，推进养老机构康复护理职能的发展。

四、结语

京津冀三地协同，不仅要在经济领域实现协同发展，更应在民生领域缩小三地人民生活水平差距。京津冀协同发展能否顺利推进，取得成果是否令人民满意，最重要的参考指标是人民能否从中获利。推进京津冀养老服务协同发展是解决三地养老难题、减轻家庭负担、实现老年人口有尊严养老的创举。整体性治理的根本目的是通过不同地区、政府部门以及公私部门之间的协调整合，实现资源优势互补，从而提供满足公民生活需求的高效公共服务。整体性治理理论的价值取向和理念内涵与京津冀养老服务协同发展的进程与需求相契合。三地应在整体性治理理论的指导下，打破地域和政策壁垒，整合养老机制，引入社会资本的力量，通过三地资源共享，建立协同发展的养老服务体系。

京津冀生态治理的府际合作路径
——以网络化治理为视角 *

工业化、城市化进程的加快，一方面有利于全球的经济发展，另一方面也带来了全球性的生态危机。生态环境与人们的生活息息相关，同时，更影响到国家的绿色、协调发展。党的十九大针对当下的生态问题作出了重要指示，要着力解决突出的环境问题，在共建共享共治的社会治理格局下，构建以政府为主导、企业为主体、社会组织和公众共同参与的环境治理体系，坚持全民共治。[1] 随着工业化水平的提高，污染气体的大量排放、污染物的处理方式不当等问题使得京津冀地区生态环境承载力下降，亟须加强生态治理的力度。2015 年 12 月，国家发改委、环境保护部发布《京津冀协同发展生态环境保护规划》（以下简称《规划》），其中，《规划》提出了在生态环境保护领域率先突破的政策措施，并且指出在进行生态治理过程中，三地要共同合作、统一规划，担负起各自责任。[2] 2016 年 2 月，河北省人民政府印发《河北省建设京津冀生态环境支撑区规划》，分析了河北省生态发展面临的困境并且提出建设京津冀生态环境支撑区的建议；[3] 2016 年 12 月，北京市政府印发《北京市"十三五"时期环境保护和生态建设规划》，聚焦大气、水、土壤污染防治三个重点，提出要全面推进环境污染防治工作；[4] 2017 年 6 月，天津市政府制定出台《天津市环境保护工作责任规定（试行）》，进一步明确了政府及相关部门的环境保护责任，加大改善生态环境的力度。三地政府都根据《京津冀协同发展生态环境保护规划》对本地区生态环境保护提出了重要的政策性指导意见，[5] 但更要看到的是，京津冀三地需要全方位、多途径、纵深性的合作，来破解制约生态环境质量改善的深层

---

* 与曹美晴合作完成，并发表于《学术前沿》2018 年第 18 期，第 75～85 页，题目有变动。
[1] 中国网．中共十九大开幕，习近平代表十八届中央委员会作报告 [EB/OL]．（2017-10-18）．http：//www.china.com.cn.
[2] 参见北极星环保网．解读《京津冀协同发展生态环境保护规划》[EB/OL]．（2016-01-04）．huanbao.bjx.com.cn.
[3] 河北省政府网．河北省人民政府关于印发河北省建设京津冀生态环境支撑区规划（2016—2020 年）的通知 [EB/OL]．（2016-2-29）．http：//info.hebei.gov.cn.
[4] 北京政府网．北京市"十三五"时期环境保护和生态建设规划解读 [EB/OL]．（2017-8-31）．http：//renshi.beijing.gov.cn.
[5] 天津政府网．天津市环境保护工作责任规定政策解读 [EB/OL]．（2017-6-30）．http：//www.tj.gov.cn.

次矛盾和问题。因此，本文以网络化治理为视角，探索京津冀在生态治理过程中府际合作的有效路径。

一、基于网络化治理探寻京津冀生态治理府际合作路径的意义

"20世纪后期，人类社会迎来了全球化、后工业化的伟大历史运动，其显著标志就是，我们已经进入了一个高度复杂性和高度不确定性的时代。"[1]在这一时代，社会治理过程中各主体之间呈现出一种互动关系，体现出动态性、不确定性、多样性和复杂性等特征。这种互动关系呈现的基本动态性、复杂性和多样性特征应该是政府管理和治理的起点，而不是解决问题或创造机会过程结束时的"关闭的入口"。[2]目前，在进行区域合作时，地方政府在中央的指导下其自主性更加增强，京津冀地区在中央政府的领导下，不断提升生态合作治理能力，加强顶层设计，明确不同地区的功能定位，并将区域的协同发展上升为国家的一项重要战略。[3]但面对后工业社会中的高度不确定性和高度复杂性，地方政府之间、地方政府和中央、地方政府与其他非政府组织还应进一步加强创新性合作，共同解决京津冀生态治理难题。因此，笔者认为，通过网络化治理的视角，探索京津冀生态治理的府际合作路径，具有重要的理论和实践意义。

（一）理论意义

"网络治理"的概念最先应用于经济学和工商管理学领域中，是与"网络""网络组织"以及"网络社会"等概念联系在一起的，网络可被界定为一组人、物或事件之间相互作用、相互联系的特殊的组织形式，在这种特殊的组织形式中的一个人、事物或事件，都可以被称为行动者或节点。[4]网络化治理（Network Governance）是20世纪后期欧美国家为解决新公共管理运动带来的公共部门"碎片化"、市场失灵和政府失败等问题而逐步产生的一种新的治理模式。[5]国外学者卡特（Kettle）最早开始对网络化治理进行研究，他在 *Sharing Power: Public Government and Private Markets*（1993）一书中对治理进行了定义，他认为"治理就是政府与社会力量通过

---

[1] 张康之. 走向合作的社会[M]. 北京：中国人民大学出版社，2015：1.

[2] 俞可平. 治理与善治[M]. 北京：社会科学文献出版社，2000：230.

[3] 韩兆柱，卢冰. 京津冀雾霾治理中的府际合作机制研究——以整体性治理为视角[J]. 天津行政学院学报，2017，19（4）：73-81.

[4] 张康之，程倩. 网络治理理论及其实践[J]. 公共管理科学，2010（6）：36-39.

[5] 斯蒂芬·戈德史密斯，威廉 D 埃格斯. 网络化治理：公共部门的新形态[M]. 北京：北京大学出版社，2008.

面对面的合作方式组成的网状管理系统"[1]，某种层面上承认了社会治理结构的网络化意义。随之，瓦尔特（Walter）等指出，"作为治理的公共管理，遇到的主要挑战是处理网络状问题，即相互依存的环境，公共管理因而是一种网络管理"。[2] 我国学者陈振明认为治理就是网络化治理，提出只有网络化治理的结构才是符合现代社会管理意义上的治理模式，并且明确提出可以通过政府、公民及其他组织之间构建合作网络来进行社会治理。[3] 朱立言等则将网络化治理当作政府用于治理的一种新工具，他认为在网络治理模式下，一方面，网络作为现代治理的模式，其本身属于治理的制度性工具，是治理工具的选择对象；另一方面，网络作为包括政府在内的治理行动者之间的制度化关系，其特性决定着治理工具的特性。[4] 因此可以看出，网络已经远远超出了它本身具有的技术价值性意义。张康之认为，"网络对于社会变革的意义在于：促成了社会的网络化，让人类社会在它的启发下重新以网络的形式来加以建构，使各主体之间构成网络关系，相互作用、相互影响"。[5] "网络（化）治理适用于处理复杂问题、大型项目、多元主体参与背景下的治理问题，可用于指导我国处理政府与市场、社会的关系，推进合作治理，打造新型的政府未来治理模式——合作型政府，为我国治理结构输送了'网络'理念。"[6] 可见，网络治理在处理社会问题中发挥着独特的作用。因而，京津冀地区在进行生态治理的合作过程中，因地制宜地利用网络治理模式，搭建一个完善的网络结构体系，有利于灵活高效地处理产生的生态难题，除此之外，利用网络结构来进行资源的合理性分配，可以促进京津冀生态治理的有效合作，推动国家治理体系和治理能力的现代化。

（二）实践意义

近年来，京津冀地区工业化、城镇化进程加快，社会、经济、文化等领域均取得长足发展，但同时也面临着愈发严峻的生态环境形势，人们对于加强生态环境治理的呼声日益高涨。[7] 当下，频繁性的雾霾天气、水源短缺、水污染等环境问题已严重影响京津冀生态环境系统的整体性、协调性发展，同时，生态环境的破坏极大威

---

[1] D. Kettle. Sharing Power：Public Government and Private Markets[M]. Washington：BrookIngs Institution，1993.

[2] Dr Walter J M Kickert，Erik-Hans Klijn，Dr Joop F M Koppenjan. Managing Complex Networks：Strate-gies for the Public Sector[M]. London：Sage PublicationsItd，1997.

[3] 陈振明. 公共管理学原理[M]. 北京：中国人民大学出版社，2013：75.

[4] 朱立言，刘兰华. 网络化治理及其政府治理工具创新[J]. 江西社会科学，2010（5）：7-13.

[5] 张康之. 走向合作的社会[M]. 北京：中国人民大学出版社，2015：42.

[6] 韩兆柱，卢冰. 京津冀雾霾治理中的府际合作机制研究——以整体性治理为视角[J]. 天津行政学院学报，2017（4）：73-81.

[7] 王喆，周凌一. 京津冀生态环境协同治理研究——基于体制机制视角探讨[J]. 经济与管理研究，2015（7）：68-75.

胁着人类的身体健康状况以及社会其他领域的系统优化。因此，探寻京津冀生态治理的府际合作路径，已然成为环渤海经济圈绿色、高效、和谐发展的必由之路。

2015年4月，中共中央政治局审议通过的《京津冀协同规划纲要》中明确提出，京津冀地区要形成以"一核、双城、三轴、四区、多节点"为骨架，以交通干线、生态廊道为纽带的网络型空间格局。[8]在这一战略指导下，京津冀三地之间必然要形成一个彼此依赖、互相合作的网络关系结构，这一结构不仅有利于灵活解决复杂的生态问题，更有利于促进京津冀三地的协调发展。

二、京津冀生态治理府际合作路径存在的问题

2015年12月，国家发改委、环境保护部发布《京津冀协同发展生态环境保护规划》，明确未来几年京津冀生态环境保护方面的目标任务、实现路径和体制机制保障。[9]但由于三地的经济发展水平、目标、具体管理方式等的不一致，导致京津冀三地在进行合作路径探索过程中仍然存在诸多问题。

（一）合作主体呈现单一化

"与统治不同，治理指的是一种由共同的目标支持的活动，这些管理活动的主体未必是政府，也无须依靠国家的强制力量来实现。"[10]京津冀地区在进行生态治理的过程中，主体并非仅仅只有政府，而是要依靠多元主体的力量，进行合作治理。政府在市场经济的过程中是以弥补市场缺陷的角色出现的，正如奥普尔斯所言："由于存在着公地悲剧，环境问题很难通过合作解决，所以具有强制性权力的政府的合理性，是得到普遍认可的。"[11]但这并不意味着，政府的一切政策方案都是有效的，在对于一些污染企业的污染行为进行治理的过程中，政府有时并不能根据实际情况作出恰当的决策和安排，政府的过度干预可能会加剧生态治理的难度，甚至产生其他社会问题。因此，在京津冀生态治理合作过程中，需要企业、第三方机构、公众对污染企业、污染行为进行管控和监督。然而，一方面，在现有的社会治理模式中，相关方面的主体之间缺少长期有效的合作；另一方面，从政府经济学角度来说，环境作为一种公共物品，具有非竞争性和非排他性的特点，而且，对于流动性的资源，例如

---

[8] 河北省秦皇岛市政府网.京津冀协同规划纲要（全文）[EB/OL].（2015-11-25）. http://www.hebqhdsgt.gov.cn.

[9] 参见中国环保在线.《京津冀协同发展生态环境保护规划》全面解读 [EB/OL].（2016-01-04）. http://www.hbzhan.com.

[10] 俞可平.治理与善治 [M].北京：社会科学文献出版社，2000：2.

[11] 马晓明，易志斌.网络治理：区域环境污染治理的路径选择 [J].南京社会科学，2009（7）：69-72.

水，在建立私有产权时面临产权界限不清晰的难题，[1] 因此，公共物品并不能像私有产品一样可以界定产权，但是人们却可以享受公共物品带来的好处，并且不需要支付成本或是为造成的环境污染而承担责任。综上所述，可以看出，治理污染的主体、排污的监管者在生态治理过程中都没有很好地履行自己的社会责任，维护社会整体利益。同时，依靠单方面主体的努力，未将企业、公众等其他主体纳入一个稳定的合作网络之中，相关的监督机制不完善等问题，亦使得生态治理的效果降低。

（二）合作起点不平等

整体来讲，生态治理应是政府、市场和社会在一个体系中共同合作的过程，应当建立跨区域生态治理机构以协同地方政府行为，利用市场机制实现生态资源的合理配置，并鼓励公众参与和社会监督，以最终形成京津冀地区政府、市场和社会有效合作的网络。[2] 但在实际合作过程中，京津冀三地的政治地位不对等，经济发展水平、发展方向、实现目标也存在巨大差异。据统计，2011—2015 年京津冀地区人均 GDP 呈现明显的差距，北京和天津的经济发展水平明显优于河北（见图 1），有学者用"吃不下""不够吃""没饭吃"来比喻京津冀三地之间的发展严重失衡现象。[3] 除此之外，京津冀三地在进行生态治理过程中，投入的治理费用也有差距，据调查，2014—2016 年三年来，京津冀三地在工业污染投资比重中，河北省的投资总额最多，然而，河北省在生态治理过程中所作出的巨大牺牲却并未得到应有的补偿，这在生

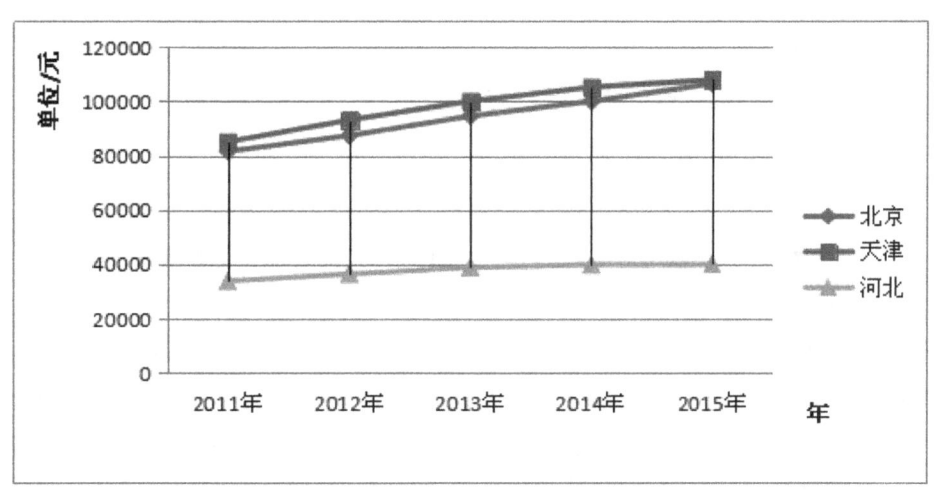

图 1　京津冀 2011—2015 年地区人均 GDP 统计情况

---

[1] Welch，W P. The political Feasibility of Full Ownership Property Rights : The Cases of Pollution and Fisheries[M]. Policy Science，1983.

[2] 王家庭，曹清丰 . 京津冀区域生态协同治理：由政府行为与市场机制引申 [J]. 改革，2014（5）：116-123.

[3] 王洛忠，丁颖 . 京津冀雾霾合作治理困境及其解决途径 [J]. 中共中央党校学报，2016（3）：74-79.

态治理过程中严重打击了河北省治理主体参与治理的积极性（见图2）。另外，京津冀三地的发展方向和目标不一致也极大地影响三地进行合作的效果。京津将更多的资金投入到服务业的转型升级中，河北省在承接京津产业中，京津外迁的大多是高投入、高能耗、高污染、低效益的企业。这种企业的大量外迁，实则也转移了京津两地的部分污染源，造成"污染一体化"。[1] 京津两地在发展过程中，更加注重绿色经济的发展，提倡创新技术，引进创新型人才，但河北省由于经济基础薄弱，因此很长一段时间内都不得不将发展的重心放在对河北省经济总量的提高上。三地的合作起点不在同一水平线上，使得合作治理生态难度加大，造成合作的链条节点与节点之间易出现裂痕。

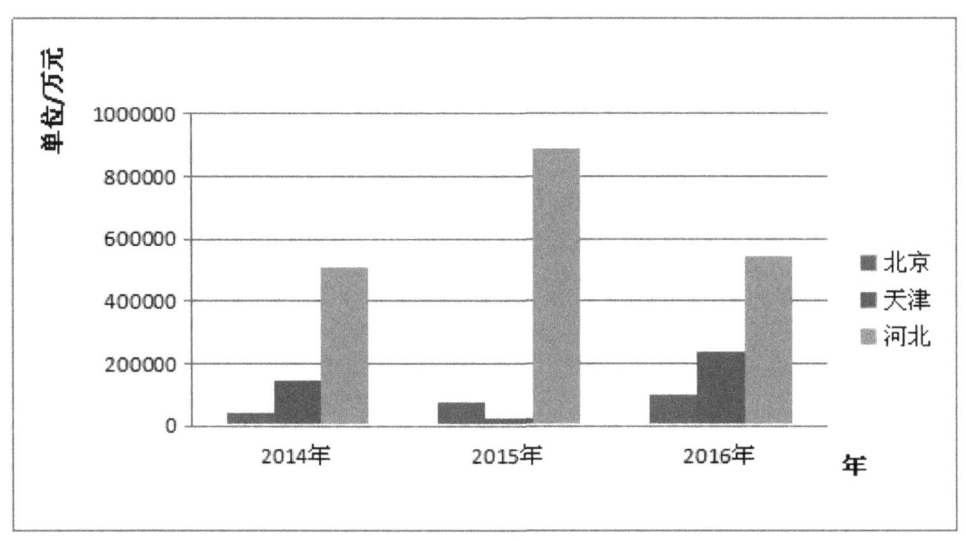

图2　京津冀地区2014—2016年工业污染治理投资完成情况

（三）治理主体"各自为政"

水、空气本身的特质决定了它具有整体性、流动性、外溢性的特征，所以不同地区间的生态环境具有很高的依存度，尤其是毗邻区域间的生态将产生较强的相互影响，在某种程度上，是"一荣俱荣、一损俱损"的。[2] 京津冀三地的生态资源都容纳在一个系统之中，但京津冀在进行生态治理的合作过程中并没有形成一个完善的合作网络，北京、天津和河北省三地仅根据本地区生态状况进行治理，个体利益与整体利益发生冲突时，并没有及时从整体生态发展要求进行考虑，寻求与其他两地的合作。除此之外，北京、天津与河北省之间的合作水平较低，往往是在紧急情况

---

[1] 孙久文. 京津冀合作难点与陷阱[J]. 人民论坛，2014（13）：34-37.
[2] 陈伍香. 治理雾霾，切忌各自为政[J]. 人民论坛，2016（31）：100-101.

下才搭建起一个暂时性的合作网络。京津冀在进行发展过程中，没有将三地的整体效益放在首位，也没有从长远角度考虑生态对于三地共同发展的重要意义。另一方面，京津冀三地往往只考虑区域内部的发展效益，过度攫取生态资源，进行自身的发展，但在生态治理中，不仅不承担应有的责任，甚至间接地将区域内的污染物排放到其他地区，造成"公地悲剧"现象出现，并且各个地方政府都希望不投入或少投入精力进行生态治理来提高地方内部的整体效益，而不希望承担社会责任，造成防治的集体行动困境。[1]地方政府长期从各自利益出发考虑问题，政府之间很难形成合力，常态化的合作在三地之间很难实现，京津冀府际合作过程中"各地为政"的现象日益明显。

（四）合作渠道单一

2014年以来，中央及京津冀三地政府和各有关部门就生态环境治理已出台并发布了多项文件，颁布了《中华人民共和国环境保护法》《中华人民共和国水污染防治法》《中华人民共和国大气污染防治法》等多项法律、法规，从制度上规范相关主体的行为。[2]不难看出，中央及地方政府从制度、法律上都对环境污染进行了严格的规范，但顶层设计并不能代替实际的经验交流。"当流动的人群日益反对用简单统一的方式处理复杂问题的时候，一方治百病的模式就必须让位给那些个性化的特制模式。"[3]合作治理是要依靠多元主体、多样化渠道的，主体之间在处理问题时，越来越需要从各个方面来展开合作，寻找解决问题的新方式，因此，需要多种的合作渠道作支撑。从实际角度考虑，地方政府缺乏与企业的沟通、缺失征询民意的渠道、召开合作治理经验交流会次数少，这些合作方式的缺失都使得生态治理效果较差。民革北京市委人口资源环境委员会副主任、北京市水利规划设计研究院副院长张彤在北京市政协十二届五次会议（2017年1月12日）中提到，就水环境保护方面，京津冀地区都采取了一系列的措施，出台了相关政策、法规，关停了一批污染企业，水环境保护工作较之前得到了加强，但是水环境质量下降的情况并没有从根本上得到遏制。[4]究其原因，是由于三地之间缺少深度的、创造性的合作渠道。因此，环境问题的有效解决，不能单纯依靠传统的治理模式，在进行生态治理过程中，京津冀三地应该进一步创新和拓展三地的合作渠道，广泛征询公众、专家等的意见，寻找合适的治理渠道。

---

[1] 陈伍香. 治理雾霾，切忌各自为政[J]. 人民论坛，2016（31）：100-101.
[2] 郑秀杰，王冬寒. 京津冀生态环境治理策略[J]. 合作科技与经济，2016（8）：36-37.
[3] 斯蒂芬·戈德史密斯，威廉 D 埃格斯. 网络化治理：公共部门的新形态[M]. 北京：北京大学出版社，2008：6.
[4] 网易新闻. 制定京津冀协同治理水污染方案[EB/OL]. （2017-01-15）. http://news.163.com.

三、京津冀生态治理府际合作路径问题的成因

（一）治理模式与中国社会的发展脱轨

中国的国家治理体系正在进行变革，旧的治理模式已无法适应中国社会的高速发展，但适合中国土壤的治理模式的探索需要一个过程，因而，出现了新的治理模式与中国社会发展相脱轨的现象。在京津冀地区合作治理生态上，缺少良好的治理网络的搭建，治理模式的滞后产生了合作主体单一、解决问题方式僵化等问题。韦伯的官僚制理论和泰勒的科学管理被称为公共行政的"灵丹妙药"，被认为是提高行政效率的唯一手段和最优途径，可以帮助解决人类社会所面临的一切公共难题，[1]因此，在政府进行社会事务的管理中，常常具有习惯性思维，将任何问题的根源都归结为行政权力不够集中，而很少从事件本身出发，因势利导地采取更有效、更恰当的方式。"与统治思维不同的是，治理的实质在于建立基于市场原则、公共利益和认同之上的地区合作。它所拥有的管理机制主要不是依靠政府的权威，而是合作网络的权威。"[2]治理理论的权力向度是多元的、相互的，而不像统治的权力运行方式一样，是单一的、自上而下的。新的治理模式的引进，推进了我国行政的改革，促进了国家治理体系的进一步健全和完善。治理模式中所具有的治理主体多元化、主体间权力相互依赖性和互动性等特征都为京津冀生态治理合作提供了更加坚实的基础。因此，搭建一个政府、社会、公众之间多元主体参与的生态治理模式，形成共建共享共商的互动性的社会关系，是更好地推进京津冀三地合作治理的必由之路。

（二）资源的吸附作用造成京津冀发展的差异

京津冀地区存在"环北京贫困带"，北京和天津目前都处在一个对资源进行吸附的阶段，把周边人才、自然资源往本地吸纳，周边地区发展水平过低，只有中间地方很发达，从而造成中间与周边地区发展差异巨大，难以合作发展。[3]从地理角度看三地，河北省将北京和天津包括在内，但就其政治和经济角度考虑，河北省的资源、人才是被囊括在北京和天津两地的。北京和天津两中心自带的吸附作用，将会为两地经济发展带来源源不断的资源和机遇，但河北省往往会成为资源剥夺和消耗的一方，资源的严重分配不均造成了河北省经济落后、三地的经济发展差距过大等问题。资源和人才的流动，使得京津冀三地的发展趋向有所不同，长此以往，三地合作起点无法均衡，使得合作治理难度加大、治理效果降低。网络化治理为京津冀生态治理提供了一定的支撑，没有任何的组织主体可以在所有资源中占据绝对的优势地位，

---

[1] 李文钊. 理解治理多样性：一种国家治理的新科学[J]. 北京行政学院学报，2016（6）：47-57.

[2] 俞可平. 治理与善治[M]. 北京：社会科学文献出版社，2000：6.

[3] 孙久文. 京津冀合作难点与陷阱[J]. 人民论坛，2014（13）：34-37.

即便是同一类资源在不同组织主体中也有着很强的异质性。资源的这种差异性为三地资源流动提供了契机，更为三地均衡发展带来机遇。[1]因此，在京津冀生态治理过程中，亟须拓展资源的共享空间，使得资源得以体系化地流动，这样不仅发挥了资源的最大效用，而且有利于均衡三地合作的起点，提供合作机会，完善合作治理能力。

（三）府际关系的条块状导致治理主体"各自为政"

"府际关系"在纵向上表现为府际权限层级关系，横向上是府际分工协作关系，纵向上是府际网络沟通关系。[2]谢庆奎认为，"'条条'是指相对应的部门之间形成的纵向层级关系，上下一条线；'块块'是指各级政府。因为条条的性质和功能的不同，与块块结合，形成复杂的条块关系"。[3]中国的政府体制机构在纵向上过于关注中央对地方的管控，过于关注"条条"关系，而使得其他治理主体丧失自主性、积极性；京津冀三地在横向上突显的是"块块"关系，三地由于多种因素的作用，合作和沟通交流较少，导致信息鸿沟的出现。京津冀三地在面对复杂性和不确定性的生态问题时，往往独树一帜，合作的意识和观念较弱。然而从"理性经济人"角度考虑，追求地方利益最大化往往是各地政府处理问题的出发点。当整体利益与地方利益存在差异时，地方政府作为理性经济人会因自身利益的追求导致整体利益中的非理性结果，出现生态治理中的"囚徒困境"。[4]除此之外，京津冀三地的资源分配严重不足，过多的资源严重倾向于京津两地，河北省自身的经济发展水平较低，因此，通过产业承接来提高河北省的经济总量。但由于自身的发展限度和京津两地出于本地利益的考虑，转移的产业大多是第一、二产业。政府之间的条块关系、京津冀三地发展方向的差异以及三地协同体制的缺失均使得三地治理主体"各自为政"现象的发生。但是，日益复杂化、不确定性的区域内公共问题已无法通过一个国家或地方政府有效应对，因此，需要双边或多边的区域政府开始寻求合作行政或联合治理的有效途径。[4]因而，京津冀府际之间生态治理的合作迫在眉睫，参与主体的生态治理理念亟待转变。

（四）网络体系搭建缓慢造成合作渠道单一

京津冀三地在进行合作治理过程中，并未搭建起合作的网络体系，让资源、权

---

[1] 刘波，李娜. 网络化治理——面向中国地方政府的理论与实践[M]. 北京：清华大学出版社，2014：20.

[2] 张自谦. 府际关系中的条块关系研究综述[J]. 上海商学院学报，2010，11（3）：25-28.

[3] 谢庆奎. 中国政府的府际关系研究[J]. 北京大学学报（哲学社会科学版），2000，37（1）：26.

[4] 王喆，周凌一. 京津冀生态环境协同治理研究——基于体制机制视角探讨[J]. 经济与管理研究，2015（7）：68-75.

力、信息在整个网络中流动起来。资源的稀缺性使得组织需要依靠自身的资源去换取那些难以以一己之力得到的有效资源，于是，社会关系便会为组织获取需要的资源提供相应的平台。[1]京津冀三地在生态治理中都具有其特殊的资源优势，同时，非政府组织、公民、企业等也均具有大量的资源储备，但由于各个治理主体之间的网络体系构建缓慢，导致在进行合作过程中，合作渠道单一，资源无法得到充分的利用。因此，资源、信息的充分开发和应用，需要相互依赖的治理主体拓宽合作渠道，发挥各自的优势。"行动者的相互依赖是网络关系的本质特征，正因为相互依赖才能使行动者实现地位的平等，正因为相互依赖才需要采取合作的策略活动。"[2]依赖性理论（Interdependence Theory）也指出，治理网络是一种相互依赖者之间进行利益协调和资源分配的组织形式。[3]治理网络的构建增强了各主体之间的相互依赖性，使得资源、信息在网络结构中得到重新整合，为各参与主体平等地进行生态合作治理提供了平台。同时，网络体系呈现出的社会结构网络化、多主体多中心以及行动者之间相互依赖性的特征，为合作渠道的拓宽、合作手段的创新提供了基础。因此，各参与主体需要把握时机，探索多样的创新性合作渠道，进行全方位的生态治理合作。

四、网络化治理视角下京津冀生态治理府际合作路径选择

2015年1月1日起，新《环保法》正式实施，在实施过程中，明确规定"一切单位和个人都有保护环境的义务"，强调了多主体参与生态环境治理的重要性。笔者认为，京津冀生态治理应该构筑多向度的府际网络合作关系，同时，搭建起京津冀生态治理结构，不仅要在府际关系间形成网络，而且要在政府与其他参与主体之间形成治理网络（见图3）。

---

[1] 刘波，李娜. 网络化治理——面向中国地方政府的理论与实践 [M]. 北京：清华大学出版社，2014：25.

[2] 陈振明. 公共管理学原理 [M]. 北京：中国人民大学出版社，2013：152.

[3] 韩兆柱，李亚鹏. 网络化治理理论研究综述 [J]. 上海行政学院学报，2016（4）：103-111.

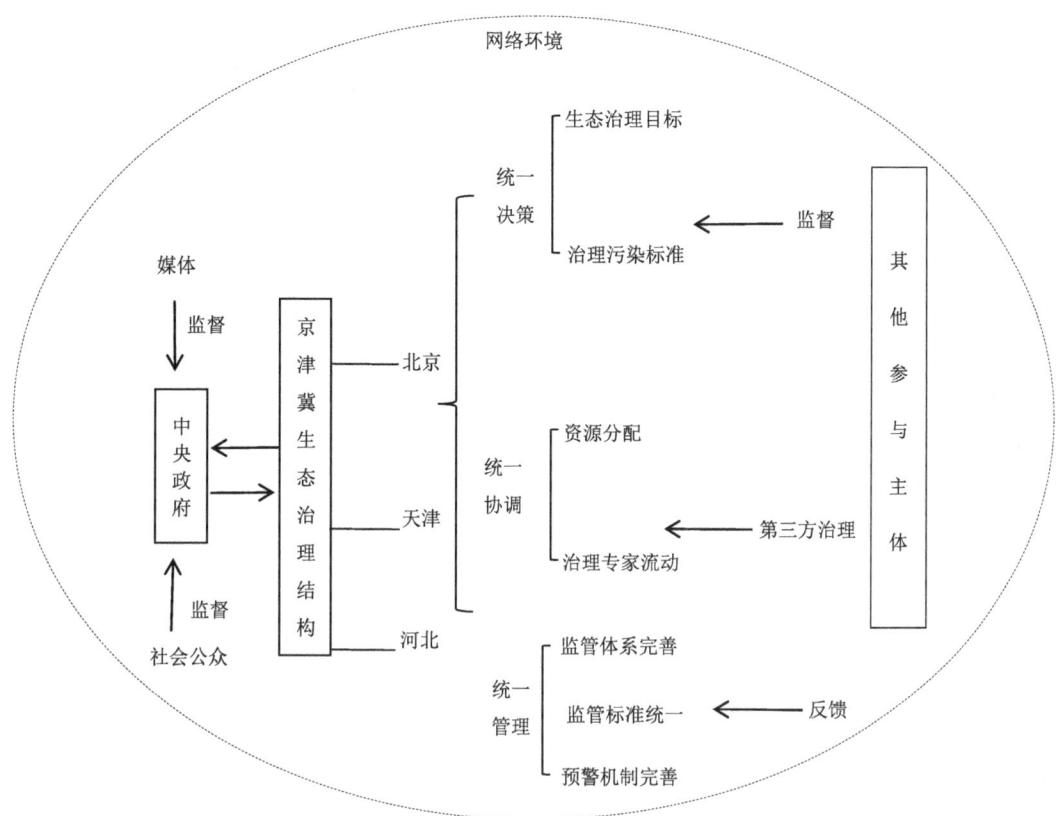

图 3　京津冀生态治理中府际合作网络 [1]

（一）多元主体参与生态治理

新公共管理运动带来的市场失灵以及市民社会的兴起为多元主体共治的治理环境提供了契机，传统科层制结构下政府对于其他组织的统治关系已无法适应高度复杂化、高度不确定性的社会环境，更无法有效解决灵活多样的社会问题。[2] 现代社会中，政府在管理公共事务过程中不再居于主导地位，而是通过建立一个政府参与的生态治理网络，来进行社会事务的管理。在政府参与的网络中，政府仅仅是作为治理网络的一般主体参与到网络治理中来，政府仅发挥辅助、协调作用，来和其他参与主体共同实现治理网络的目标。[3] 2015 年，环保部出台了《环境保护公众参与办法》，并对各地的落实情况进行指导检查，在全国也建立了一些公众参与示范

---

[1] 王喆，周凌一.京津冀生态环境协同治理研究——基于体制机制视角探讨 [J].经济与管理研究，2015（7）：68-75.

[2] 韩兆柱，单婷婷.网络化治理、整体性治理和数字治理理论的比较研究 [J].学习论坛，2015（7）：44-49.

[3] 刘波，李娜.网络化治理——面向中国地方政府的理论与实践 [M].北京：清华大学出版社，2014：102.

点。[1] 国家通过政策的出台,保障了公众参与生态治理的权利,同时为更多主体参与生态治理提供了机会。网络治理与传统的行政控制不同,它是由政府部门和非政府部门——私营部门、第三部门或公民个人等众多行动主体构成合作网络,彼此相互作用,共同进行治理的过程,众多参与治理的行动者在相互依存的环境中分享公共权力,共同管理公共事务。[2] 网络化治理将多元主体纳入一个网络体系中,在这个体系中,非政府组织和公众可以有针对性地解决生态环境问题,提出更有效的建议,使得生态治理更加高效。因而,在网络治理过程中,政府需要担负政策引导、政策宣传的责任,非政府组织和企业亦需参与到污染第三方的治理中来,同时,公众应该完善自身、树立正确的生态观念,政府系统外的各主体之间加强监督,共同建设京津冀府际生态合作治理网络体系。

(二) 拓展资源共享空间

"任何单个的治理主体都不拥有充足的能力和资源来独立解决一切问题,导致主体间存在权力和资源相互依赖的关系,从而使治理过程成为一个相互协调的过程,于是治理主体间便建立了各种各样的合作伙伴关系,通过这种主体间的依赖和互动整合来共同实现治理目标。"[3] 因而,京津冀府际之间在进行生态合作治理的过程中,需要注重横向政府关系的资源流动。2017 年 10 月,中共十九大提出,未来的社会是要打造共建共治共享的社会治理格局,资源共享空间的拓展需要在京津冀生态治理合作中进行。[4] "网络化治理的核心思想在于没有任何国家或者社会一方的行动者能够单方面决定公共政策过程和治理过程,这些行动者需要形成合作关系,实现资源组合的优化,最终达成社会善治。"[5] 京津冀生态合作治理的资源共享空间,应该是一个以信息资源为核心,人才资源、技术资源为支撑的相互流动的资源网络体系。北京作为三省的核心,应该加强信息资源的共享,及时将权威的污染监测数据进行公开;天津作为改革的先锋,要对生态治理的技术进行创新,并与其他两地进行经验交流;河北作为环境的支撑区,要发挥试点示范区的作用,挖掘相关方面的人才,同时要及时与两地进行沟通。通过资源共享空间的健全,可以将"碎片化"的资源

---

[1] 中国政府网:环保部部长陈吉宁就"加强生态环境保护"答问 [EB/OL].(2017-3-9). http://www.gov.cn.

[2] 中国政府网.环保部部长陈吉宁就"加强生态环境保护"答问 [EB/OL].(2017-03-09). http://www.gov.cn.

[3] 刘波,李娜.网络化治理——面向中国地方政府的理论与实践 [M].北京:清华大学出版社,2014:20.

[4] 中国网.中共十九大开幕,习近平代表十八届中央委员会作报 [EB/OL].(2017-10-18). http://www.china.com.cn.

[5] 鄞益奋.网络治理:公共管理的新框架 [J].公共管理学报,2007,4(1):89-96.

进行整合，改善北京、天津对河北资源的"虹吸效应"的情形，使得资源在三地可以有效地流动，有利于三地协同发展。

（三）转变生态治理理念

京津冀在进行生态治理中，首先要具备长期合作的生态观念，这种合作理念需要思想、战略和战术上的支持，即在价值观念上，强调尊重自然、顺应自然、保护自然；在实现路径上，着力推进绿色发展、循环发展、低碳发展；在时间跨度上，需要长期艰巨的建设过程。[1] 生态治理是一个长期合作的过程，需要加强区域合作的长效机制，而这种长期合作的基础是信任，吉登斯认为，"信任是'信念'的一种形式，在其中对可能出现的结果所持有的信心表现为对某事物的信奉，而不只是认知意义上的理解"。[2] 信任与合作之间相互作用，信任是合作的前提和基础，而合作反过来又促进信任。[3] 从网络治理来看，信任作为一种凝聚力量的关键性要素，它的作用等同于科层制的合法权威。在网络关系中，行动者之间除了通过制度性的因素约束外，最重要的是凭借成员之间坚实的信任基础来摆脱集体行动的困境而达成组织间的合作。[4] 可见，在京津冀地区参与治理的主体应该具备基于信任基础上的长期合作的理念，这在高度复杂、高度不确定性的生态问题的解决中发挥重要作用。其次，京津冀生态治理主体要转变生态行政理念。京津冀地区各个治理主体要以生态行政理念引领区域的整体协调性发展，要努力实现区域经济、社会、文化生态与生态的"五位一体"和谐发展，转变传统的以 GDP 为区域发展衡量指标的考核理念，打破各自为政的生态行政观念，不断推进合作关系的构建，进行长期合作。[5] 京津冀地区在府际合作过程中，要考虑长期的效应，转变一味发展区域经济的观念，树立全面发展、合作治理的生态行政观念，这样才能打破各地政府"各自为政"的陋习，才能尽可能地减少"府际不合作"现象的发生。

（四）完善区域生态合作治理的保障制度

区域的生态合作治理需要坚实的制度保障，而京津冀地区生态合作治理保障制度仍不健全。笔者认为，我国的生态治理的保障制度需要在生态补偿机制、生态治理法律规范以及生态治理监管上得到完善。首先，京津冀地区生态补偿机制不完善。生态补偿主要是将生态治理外部性进行内部化的过程，即通过对生态治理和生态保

---

[1] 郑秀杰，王冬寒.京津冀生态环境治理策略[J].合作科技与经济，2016（8）：36-37.

[2] 安东尼·吉登斯.现代性的后果[M].南京：译林出版社，2000：69.

[3] 张康之.走向合作的社会[M].北京：中国人民大学出版社，2015：175.

[4] 鄞益奋.网络治理：公共管理的新框架[J].公共管理学报，2007，4（1）：89-96.

[5] 张彦波，佟林杰，孟卫东.政府协同视角下京津冀区域生态治理问题研究[J].经济与管理，2015（3）：23-26.

护的受益者收取一定的费用来支撑生态治理模式的延续。[1] 目前，我国缺少专业性、系统化的生态补偿法律法规，现有的相关法律也仅以法条的形式出现在各部法律和相关政策中，法律本身的体系化、权威性和约束性不强。生态补偿是一项复杂而漫长的工程，中国生态补偿制度的标准、范围以及期限都需要明确界定，并且生态补偿的相关法律、法规在制定前亦需要咨询相关专家。除此之外，生态补偿的方式应该有所创新，不能简单地局限在以政府为主导的政策、资金、技术等补偿方式上，还应该发挥市场的作用，引导鼓励生态环境保护者和受益者之间通过合作、协商等方式实现合理的生态补偿。为了进一步完善生态补偿制度，应将治理专家以及相关资源向治理污染任务重、治理力度大的地区输入，并且，京津冀府际之间需要完善横向的生态补偿体系，进一步落实绿色发展的理念。其次，京津冀生态治理的相关法律法规不健全。在区域立法上，京津冀地区要完善生态治理的相关法规，统筹污染物排放的标准，统一制定污染物排放的收费标准。确保各地政府在进行生态治理过程中，按照统一的标准依法行政，有利于提高政府行政执法的科学性。除此之外，要对环境合作治理的内容和规则进行明确的规定，明确各地政府在合作治理过程中的责任和职权。最后，生态治理的监管制度还要进一步推进。推进污染的第三方治理，加强公众、媒体等政府之外的参与主体的监督，排污的数据、污染物治理的环节需要及时公开。因而，可以看出，区域生态合作治理的保障制度作为京津冀地区环境保护的支柱，具有很大的影响，并且该制度的完善为京津冀地区搭建合作网络奠定了基础。

五、结语

本文以京津冀生态治理为主题，基于网络化治理视域，旨在探索京津冀生态治理的府际合作路径，并在京津冀协同发展上升为国家战略以及全面推进国家治理现代化的背景下，倡导构建京津冀生态治理应该实现多向度的府际网络合作关系。同时，搭建起京津冀生态治理网络结构，不仅在府际关系间形成网络，而且在政府与其他参与主体之间形成治理网络，主要通过提出多元主体参与生态治理、拓展资源共享空间、转变生态治理理念、区域生态合作治理的保障制度，来寻找京津冀生态治理的府际合作路径，从而推进京津冀生态合作治理，推动网络治理进一步本土化，创新社会治理方式。然而，在推进京津冀生态合作治理过程中，京津冀三地的合作还应进一步规范化、体系化，因而我们还应加强区域合作的制度规范，完善合作网络。

---

[1] 余敏江. 论生态治理中的中央与地方政府间利益协调 [J]. 社会科学，2011（9）：23-32.

基于整体性治理的京津冀府际关系协调模式 *

自 20 世纪 90 年代，我国就提出京津冀一体化战略，20 多年来，河北省也一直努力对接京津，但始终没有实质性的进展。2014 年 2 月 26 日，中共中央总书记、国家主席、中央军委主席习近平就京津冀一体化问题发表了题为《优势互补互利共赢扎实推进，努力实现京津冀一体化》的重要讲话，在这次讲话中，习近平总书记强调："实现京津冀协同发展，是面向未来打造新的首都经济圈、推进区域发展体制机制创新的需要，是探索完善城市群布局和形态、为优化开发区域发展提供示范和样板的需要，是探索生态文明建设有效路径、促进人口经济资源环境相协调的需要，是实现京津冀优势互补、促进环渤海经济区发展、带动北方腹地发展的需要，是一个重大国家战略，要坚持优势互补、互利共赢、扎实推进，加快走出一条科学持续的协同发展路子来。"[1] 此外，他还提出了京津冀协同发展的七点要求，为京津冀协同发展树立了方向，指明了道路。"京津冀协同发展是重要国家战略，是顶层设计的长远举措，是推进新型城镇化的全新探索，也是深化改革开放的重大举措。"[2]

鉴于京津冀一体化的重要战略地位，研究京津冀的重要发展模式也就具有了长远的现实意义。而毫无疑问，实现京津冀三地协同发展，京津冀三地的地方政府应在合作中起主导作用，协调、整合府际关系，从而将京津冀三地合作从政府合作到企业合作，从政治层面的府际关系整合到经济层面的产业结构整合升级的纵深合作层次。整体性治理理论是公共管理的新范式，整体性治理理论以协调、整合和网络化的治理思路较好地回应了传统官僚制和新公共管理理论带来的政府治理碎片化，对公共管理的跨界治理和府际关系协调和整合有着重大的借鉴意义，构建一个合作、共赢的京津冀府际关系协调模式也是构建京津冀政府合作长效机制的重要步骤。

---

* 与单婷婷合作完成，并发表于《行政论坛》2014 年第 4 期第 32～37 页，中国人民大学复印报刊资料《公共行政》2014 年第 11 期全文转载，题目有变动。
[1] 习近平. 优势互补互利共赢扎实推进 努力实现京津冀一体化发展 [EB/OL].（2014-02-28）. http：//paper.people.com.cn/rmrb/html/2014-02/28/nw.D110000renmrb_20140228_2-01.htm.
[2] 田向利. 在秦皇岛市推动京津冀协同发展工作会议上的讲话摘要 [N]. 秦皇岛日报，2014-04-02（01）.

一、基于整体性治理的京津冀府际关系协调模式构建的意义

（一）理论意义

整体性治理理论产生于20世纪90年代，是继新公共管理理论之后西方公共管理学界兴起的政府治理的新理论，它的提出是为了解决20世纪90年代西方政府治理过程中由于新公共管理理论造成的政府治理碎片化、信息不对称、职责同构和政府效率低下等问题，其代表人物为英国学者佩里·希克斯。这一概念在不同的国家也有着不同的概念解释，相关词汇有整体性治理（Holistic Governance）、整体政府（Whole of Government）、协同政府（Joined up Government）、网络化治理（Governing by Network）、水平化管理（Horizontal Management），等等[1]。尽管其表达方式不同，但这均为整体性治理理论在适应当地政府治理实际后的本土化阐释。

整体性治理针对的是碎片化治理带来的一系列问题，整体主义的对立面是碎片化而不是专业化[2]。"整体性治理是对后新公共管理时期管理挑战的回应和治理思路的创新。新公共管理面临分权、竞争和激励的挑战，它们带来的负面非直接的作用增加了制度和政策的复杂性，影响了公民解决社会问题的能力，形成了后新公共管理体制。因此，后新公共管理时期的关注焦点集中在三个方面：重新整合、需求基础的整体治理、数字化变革。整体性政府即将向数字化时代政府转变，涉及政府范围的重新整合、整体性和需求导向结构的采用及数字化的行政处理过程。"[3] 整体性治理的理论框架为：第一，整体性治理强调预防和结果导向。第二，整体性治理理论强调整体性协调和整合，在整合过程中主要包含三个层面，其一，在组织架构和形态上的整合包括治理层级、治理功能和公私部门之间的整合；其二，整体性治理提倡逆部门化和碎片化，实行大部门式治理；其三，整体性整合也包括对采购过程进行整合。其整合概念则是对新公共管理理论强调市场化、分权化、竞争意识所造成的政府治理分散化、碎片化现象的回应。第三，整体性治理强调信息技术的整合、网络简化和一站式服务。邓利维认为，数字时代的治理核心在于强调服务的重新整合，整体的、协同的决策方式以及电子行政运作广泛的数据化[4]。第四，整体性治理注重

---

[1] 胡象明，唐波勇.整体性治理：公共管理的新范式 [J].华中师范大学学报（人文社会科学版），2010，49（1）：11-15.

[2] Perri 6. Towards Holistic Government：The New Reform Agenda[M].New York：Palgrave，2002：37.

[3] 韩兆柱，杨洋.新公共管理、无缝隙政府和整体性治理的范式比较 [J].学习论坛，2012，28（12）：57-60.

[4] Patrick Dunleavy. Digital Era Governance：IT Corporations，the State and E-Government[M]. Oxford University Press，2006：223.

协调目标和手段的关系，即整体性政府、协同性政府的治理应为目标和手段相互增强型，这有望使政府通过整体性整合上升到整体性政府的高度。第五，整体性治理还十分重视信任、责任感与制度化[1]。简而言之，"整体性治理的主要思想是重新整合，这包括逆部门化和碎片化、大部门式治理、重新政府化、恢复或重新加强中央过程、极力压缩行政成本、重塑服务提供链、集中采购和专业化、以'混合经济模式'为基础的共享服务以及网络简化。信任和责任感是整体性治理过程中最关键的因素，组织间信任的基础是委托和代理关系，而责任感一般表现为诚实、效率和有效性"。[2]

在漫长的发展过程中，整体性治理理论不仅对我国大部制改革有着重要的启示意义，它所提倡的协调、整合和网络化的治理理念对我国行政区内横向政府组织跨界治理、区域经济一体化尤其是京津冀区域经济一体化问题也有着重要的启发和应用价值。

（二）现实意义

我国20世纪90年代曾提出京津冀经济一体化战略，目标为将京津冀区域打造成与长三角、珠三角并驾齐驱的中国经济增长第三极。但经过了20多年到现在，京津冀一体化的进展仍然相对缓慢。2014年2月26日，习近平总书记就京津冀一体化问题发表题为《优势互补互利共赢扎实推进，努力实现京津冀一体化》的重要讲话，再次将京津冀一体化提上日程，京津冀一体化上升为一个重大国家战略。协同发展、优势互补、互利共赢成为实现京津冀一体化发展的重要路径，京津冀协同发展的长效机制的建立成为目前京津冀一体化迫切需要解决的重大问题。

笔者认为，在京津冀一体化进程中遇到的权力碎片化、市场分割化、缺乏统一的行政领导体系、条块分割主义严重等问题中，地方政府在化解这些问题，构建完善的治理体系方面担任着主要角色。地方政府间关系的重塑和优化是解决外部化、无界化的区域公共问题，促进京津冀区域协调、平衡发展的重要着眼点。整体性治理理论中"协调""整合"和"网络化"的治理理念为京津冀一体化提供了一个完整的治理机制和治理思路。

二、京津冀整体性府际关系协调模式的构建

环渤海经济圈于20世纪90年代提出，北京作为全国的政治和文化中心，天津和河北作为环渤海经济圈的经济中心，这三个省级行政单位共同构成了环渤海经济圈

---

[1] 曾凡军. 基于整体性治理的政府组织协调机制研究 [M]. 武汉：武汉大学出版社，2013：26.
[2] 韩兆柱，杨洋. 整体性治理理论研究及应用 [J]. 教学与研究，2013（6）：80-86..

的核心。因此，京津冀一体化也是振兴环渤海经济圈，打造中国经济增长第三极的战略重点。京津冀一体化过程中，政府间合作以及政府间关系的协调和整合是实现京津冀经济、文化等全方位协同发展的基础。因此，笔者从组织结构、制度、技术三个方面对京津冀整体性府际关系协调模式进行构建（见图1），从而打造一个高度协调、整合和网络化的京津冀整体性府际关系协调模式。

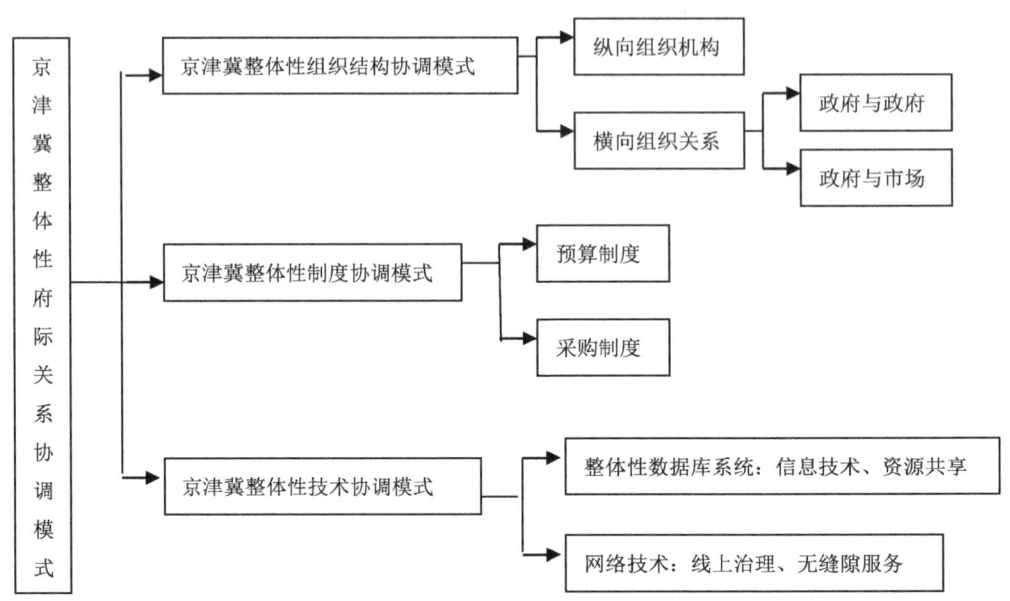

图1　京津冀整体性府际关系协调模式

（一）京津冀整体性组织结构协调模式

1. 纵向组织机构

在整体性治理理论的基础上，政府的组织模式即构建整体性组织。从来源上看，整体性组织主要是针对实行严格等级制、利用权力和权威进行管理的科层组织以及新公共管理的分权化改革所导致的部门主义、权力碎片化、功能碎片化等不良后果而提出来的，旨在进行层级整合、功能整合和公私合作伙伴关系的整合，使政府组织达到整体性协调，实行跨部门、跨边界的管理。

"跨界公共事务的整体性治理模式还需要地方政府之间打破区域壁垒，建构跨区域的整体性合作组织。这对于目前我国大都市区地方政府来说，无疑具有一定的挑战。但是，随着当今数字化时代网络信息科技的不断发展，政府管理也越来越走向整体化和网络化，而整体性治理模式也越来越成为我国大都市区地方政府跨界公共事务治理的一个发展趋势。"[1]

---

[1] 崔晶.整体性治理视角下的京津冀大都市区地方政府协作模式研究[J].北京社会科学，2011（2）：34-37.

当前，京津冀成为我国继长三角、珠三角的第三大都市圈，虽然其具备较大的区位优势，但其无论是发展水平还是发展速度都较大滞后于长三角和珠三角，究其原因，首先，京津冀三地长期以来处于森严的条块分割的行政体制之下，这种纵向层级的裂解和横向部门的分割滋生了利益地区化、部门化，部门权力碎片化，服务的裂解性、各自为政等现象，使得京津冀三地在公共政策制定过程中缺乏对区域整体利益的协调和整合，只注重本辖区当前利益。其次，京津冀行政体制和行政区划的森严增加了三地跨界治理的难度，即缺乏一个统一的跨界治理的合作组织为京津冀一体化制定发展的长远目标和长效机制。最后，现有的京津冀地方政府行政首长之间对于本辖区发展规划缺乏沟通使得京津冀三地无法形成长效的合作机制。

如上所述，在条块分割的行政体制之下，加快京津冀一体化必须打破行政壁垒，由中央主导构建一个纵向的整体性跨界治理的行政机构，即京津冀整体性政府组织机构（见图2）。在整体性治理理论的基础上，协调京津冀政府，实现跨界的层级和职能整合，建立京津冀政府行政首长联合会，作为京津冀一体化的最高决策机构。行政首长联合会的成员由国务委员和京津冀最高行政首长组成。京津冀政府行政首长联合会下设咨询、协调机构和执行机构两类机构，依据权力结构扁平化和职能分工原则对该机构进行层级和功能整合，分别设立各个委员会，负责京津冀区域各项具体事宜。其中，京津冀政府行政首长联合会每年分别于四个季度定期召开会

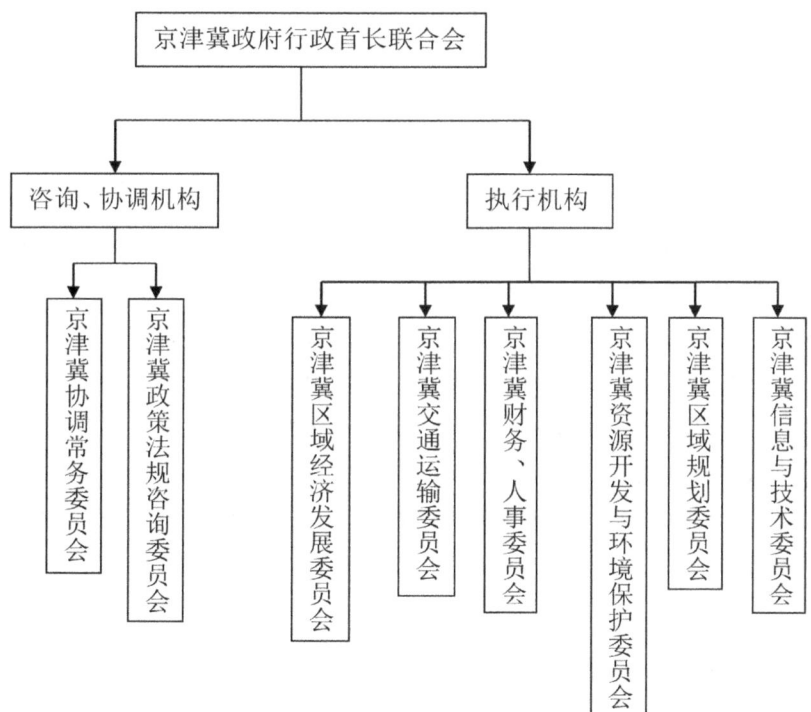

图2　京津冀整体性政府机构组织结构图

议，负责制定区域内各项重大决策。联合会下设咨询、协调机构，分别为京津冀协调委员会和京津冀政策法规咨询委员会，作为京津冀行政首长联合会的常设机构。协调委员会负责协调各个执行机构与京津冀地方政府之间的关系以及各个执行机构之间的关系。政策法规咨询委员会由专家和学者团组成，负责区域内发展的重大政策法规的分析、论证，从而为执行机构提供具体的政策法规的理论依据。

2. 横向组织关系

（1）政府与政府

一直以来，我国学者在研究政府间关系问题上，大多从中央政府和地方政府角度，以财政为主线进行研究，而谢庆奎教授在2001年的专题论文《中国政府的府际关系研究》中，主要以府际关系中各地区政府间横向联系为剖析对象，指出"各地区政府之间的府际关系由冷变热，由单一性向多样性的变迁，由垂直联系为主向横向联系为主的转变，反映了中国的改革、开放和发展"。[1]他认为，"跨省区间的府际关系应当以共同发展为宗旨，以公平竞争、互相支援的方式互通有无、协调合作，而且要以自觉自愿为原则"。[2]整体性治理理论也对政府间关系问题进行了阐析，其认为，整体性政府组织的目标就是以满足公民需求为主导理念，以政府组织间信任为基础，以信息技术为手段，以协调、整合和责任为策略，使政府组织间关系由竞争走向合作，由冲突走向协调，由分散化走向整合化，从而实现区域的合作和跨界治理的目标，打破政府组织间竞争的非正和博弈，实现共赢[3]。在京津冀一体化发展进程中，我们提到的横向组织关系主要指京津冀地方政府间的关系。

当前在京津冀都市圈内，三个省级行政单位和河北省各市级行政单位的"3+X"的模式之下，地方政府间存在着上下级隶属关系、同级政府间关系、斜交横向关系等多种关系，呈现出一种复杂的网络状关系组合。行政级别不对等、信息不对称、地方保护主义、产业同构等现象都阻碍了地方政府间合作关系的建立。而若想真正实现区域内政府间的横向交流与合作，就必须跳出这种严格的行政区思想，尤其是北京，作为我国的首都，是全国唯一的集政治、经济、文化等多项职能于一体的城市，其无论是行政区划和行政级别都有着其他城市无可比拟的优势。天津作为我国的直辖市之一，也有着河北无法比拟的政治、经济优势，这造就了北京、天津地区严格的行政区划思想。鉴于此，中共中央政治局委员、北京市委书记郭金龙在向习近平总书记作汇报时提出，"总书记关于京津冀协同发展的重要指示，使北京的同志豁然开朗，北京要克服行政辖区惯性思维的束缚，自觉把工作放在京津冀协同发展

---

[1] 谢庆奎. 中国政府的府际关系研究 [J]. 北京大学学报（哲学社会科学版），2001，37（1）：26.

[2] 张宁. 区域经济一体化过程中的地方政府间关系研究 [D]. 陕西：陕西师范大学，2010.

[3] 曾凡军. 基于整体性治理的政府组织协调机制研究 [M]. 武汉：武汉大学出版社，2013：36.

的大局中去谋划和推进。"[1]

因此，笔者认为有必要在京津冀整体性政府组织机构的基础上，构建一种政治上相对平等、经济上和产业上优势互补的新形式的、整体性与网络状相结合的府际关系新型模式，促进三地政府多边交流与协作。其中整体性治理指层级高度整合，构建行政区域内部的交流、沟通、谈判以及信息共享机制，搭建透明的信息管理平台，化解行政区内信息不对称带来的无序竞争。网络状府际关系指地方政府能够实现跨区域间的分权与合作，构建京津冀区域联合体，对京津冀区域重大问题进行协调，如对海河流域进行共同开发；对京津冀各独立行政区域进行城市功能定位，实现产业优势互补。在这个问题上，省委领导讲话中也曾提到："京津出门是河北，河北抬腿进京津。河北作为首都功能疏解和产业转移的首选地，一定要营造一个法治化的发展环境，确保疏得顺畅、转得愉快，河北省也需借势发展自己，改变首都'周边塌陷'的局面，为树立中国特色城市群的样板作出应有贡献。"[2] 有学者提出，"将北京周边的河北省秦皇岛市建成'世界超大级城市'，并称之为'北京首都飞地'"[3]，这不仅体现了河北省尤其是秦皇岛市在承接京津冀功能转移方面的重要作用，也是缓解京津地区城市病的重要手段。因此，河北省要做好承接京津产业转移和京津部分行政功能迁移部署工作，使各地方政府间关系由单向依赖转变为双向依赖，从而实现区域间地方政府关系的协调和整合，走向合作共赢。

（2）政府与市场

所谓政府和市场的关系，实际上就是在资源配置中是市场起决定性作用，还是政府起决定性作用的问题。党的十八届三中全会通过了《中共中央关于全面深化改革若干重大问题的决定》，强调经济体制改革是全面深化改革的重点，要紧紧围绕市场在资源配置中起决定性作用来深化经济体制改革。正如习近平总书记所讲："市场决定资源配置是市场经济的一般规律，市场经济的本质就是市场决定资源配置的经济"。在京津冀一体化过程中，不仅需要协调好地方政府间关系，也需要协调好政府与市场的关系。所谓协调好政府与市场的关系包含着两个层面的含义：第一，政府适应市场，减少政府宏观经济政策对市场的人为干预，促进区域内部生产要素的自由流动。由于适应市场化程度反映了地方政府行政权力对市场机制的制约程度，不

---

[1] 习近平. 优势互补互利共赢扎实推进 努力实现京津冀一体化发展 [EB/OL].（2014-02-28）. http：//paper.people.com.cn/rmrb/html/2014-02/28/nw.D110000renmrb_20140228_2-01.htm.

[2] 习近平. 优势互补互利共赢扎实推进 努力实现京津冀一体化发展 [EB/OL].（2014-02-28）. http：//paper.people.com.cn/rmrb/html/2014-02/28/nw.D110000renmrb_20140228_2-01.htm.

[3] 付宝华. 关于建设"北京首都飞地"彻底解决北京城市治理问题加速建设河北省秦皇岛市"世界超大级城市"的战略构想 [EB/OL].（2014-03-04）. http：//bbs.bato.cn/thread-5636550-1-1.html.

同水平的政府行为适应市场化程度决定了行政区域内市场开放水平，目前相对较大的差异使得京津冀市场仍然处于行政区分割下的不统一状态。因此，在整体性治理视角下，京津冀政府在深化财政体制改革、缩减政府预算的同时，还应加强公私部门的整合，建立公私部门合作关系，如将京津冀重大项目的建设采用公开招标、竞标的方式承包出去，从而强化公共部门和私营部门的利益共享和风险共担机制，促进区域生产要素的自由流动。第二，构建区域统一市场。在关于构建区域统一市场的问题时，习近平曾在"京津冀协同发展七点要求"中的第七点提出，"要着力加快推进市场一体化进程，下决心破除限制资本、技术、产权、人才、劳动力等生产要素自由流动和优化配置的各种体制机制障碍，推动各种要素按照市场规律在区域内自由流动和优化配置"。[1] 这需要京津冀区域各地方政府间加强协调与整合的强度，在本地区财政政策制定过程中取消行政壁垒，如贸易活动中的税收、补贴等政策的人为限制。由于京津冀内部三地发展水平和发展速度本身存在较大差异，因此在区域内部政策制定过程中，加强京津冀区域内部政策的协同性与互补性，加强引导，以克服区域经济增长的极化效应，强化京津发展的涓滴效应，逐渐形成区域统一市场，带动河北经济的发展。

（二）京津冀整体性制度协调模式

制度是政府组织成立的前提条件，也是政府组织内部一切机制得以运作的基础。在京津冀区域一体化过程中也应从制度层面对京津冀府际关系协调模式予以构建。笔者从预算、采购制度两个角度构建了京津冀整体性制度协调模式，用制度约束京津冀政府减少有意的碎片化，促使三地政府从预算、采购制度两个层面进行政府间关系的协调和整合，实现合作和共赢。

1. 预算制度

作为公共财政制度的核心制度，预算制度代表了政府组织在面对众多支出目标的权衡和选择，是政府组织对稀缺资源的分配过程。京津冀一体化要求通过区域合作实现经济和产业的优化布局，实现共赢。但当前我国处于分税制的财政体制下，地方政府将控制财政利益流出、增加当地财政收入作为自己的重要任务。这种中央和地方事权和财权高度分化的财政体制，给我国当前的预算体制带来了很多问题，诸如多头领导和双轨制预算体制下带来的预算权力的碎片化，条块分割的行政体制下预算过程的信息不对称形成的预算信息的孤岛现象，纳税人和决策者分离使得在预算制订的过程中不能做到以公民需求为导向，未将所有财政支出全部纳入预算范

---

[1] 李志勇，周云波，崔芳君. 基于政府适应市场化的京津冀一体化研究[J]. 商业研究，2010（3）：42-46.

围内,造成预算透明度低下等[1]。这些问题不仅是我国当前预算体制存在的问题,也在区域发展中很大程度上限制了京津冀一体化的发展进程。

因此,应在京津冀区域间构建整体性预算合作机制,以公民需求为导向,以信息技术为支撑,协调京津冀政府间关系,整合京津冀预算权力,形成一种高透明度、高协同性的开放式京津冀整体性预算制度。首先,应成立京津冀专门的预算编制部门,整合京津冀预算权力,结合京津冀三地共同的发展规划与目标负责京津冀预算的协调与整合;其次,将京津冀全部财政支出纳入预算编制体系,提高京津冀预算合法性,使其走出"审计怪圈";第三,加强对京津冀预算编制机构的监督,提高京津冀预算的透明度,搭建京津冀三地预算公开的信息平台,形成公民审计预算环节,从而逐步完善京津冀三地的预算体系,更加合理地引导资金分配。

2. 采购制度

整体性治理强调"极力压缩行政成本、重塑服务提供链、集中采购和专业化",由于政府采购对一国经济结构调整、拉动消费都起着重要作用,因此,需构建一个更加协调和高度整合、以结果和公民需求为导向、流程简化、高度责任感的高效率的整体性政府采购制度。目前,政府采购制度存在的问题主要有采购流程烦琐、文书程序复杂,同时缺乏专业的政府采购人才等。而在京津冀区域内构建跨区域的整体性政府采购制度需要在整体性治理理念下规避我国采购制度的问题,主要从以下三个方面着手:第一,成立京津冀集中采购的专业化机构,培训政府采购的专业化人才;第二,对于京津冀跨界治理的重大项目进行集中公开招标,并且对供应商设置严格的、规范化的准入资格标准,并对政府采购信息进行透明化网上公开,政府需要对采购的过程和结果负责;第三,对京津冀集中采购项目在采购过程标准化、规范化的基础上进行流程简化,从而达到增加采购信息的透明度,提高采购效率,减小采购成本的目的。

(三)京津冀整体性技术协调模式

整体性治理强调信息技术的整合、网络简化和一站式服务。在整体性治理理论视角下,京津冀区域一体化过程也应将信息技术和网络技术作为治理手段,将不同的信息技术进行整合,建立一套单一的后备资源数据库,整合京津冀三地的自然资源和人力资源;同时,应简化京津冀整体性组织机构的基础性网络程序和步骤,实行"在线治理"模式,从而实现京津冀政府行政流程和业务透明化、协调化,通过政府流程再造,实现一站式、无缝隙服务。

---

[1] 曾凡军,欧阳昌永.基于整体性治理的我国政府预算研究[J].经济研究参考,2010(53):37-39.

1. 京津冀整体性数据库系统

数据库技术作为电子化政府的重要技术支撑，不仅是电子化政府的重要基础，也是政府部门实现信息资源共享和无缝隙服务的重要手段。京津冀一体化过程中各项资源的优化和整合也需要整体性数据库系统提供技术支持，主要需要构建京津冀整体性自然资源储备数据库和京津冀整体性人力资源储备数据库。

（1）整体性自然资源数据库

构建京津冀整体性自然资源数据库，整合京津冀区域内自然资源，做好京津冀区域内自然资源存量和地区的匹配和储备工作。通过加强对京津冀区域内自然资源的协调与整合、定位与分析，充分依据京津冀城市功能定位和要素禀赋优势，从而促进京津冀区域内资源依托型产业结构的优化升级，努力实现京津冀经济发展方式由粗放型向集约型转变[1]。如在京津冀区域中，唐山地区资源存量优势体现在资源数据库分布上为矿产资源，尤其是铁矿，对应唐山市的发展思路应该以第一产业为主导型经济。再如秦皇岛市资源优势体现在资源数据库分布上为海洋资源，相对应其经济发展主要以第三产业，尤其是旅游服务业为支撑。此外，整合区域内的自然资源，建立整体性资源数据库能够统筹京津冀地区资源开采和资源保护，合理配置区域内资源，提高资源利用率和经济增长效益。

（2）整体性人力资源数据库

京津冀一体化的发展离不开人力资源的共享和合作机制，这为区域一体化提供了重要的人才支撑。当前，京津冀区域间人力资源的区域分布和产业分布都呈现一种不平衡的状态。京津冀三地发展水平存在较大差异，区域经济增长的极化效应使得区域间较发达地区对人力资源的吸引力度增强，这在一定程度上阻碍了外溢效应向周边欠发达地区的扩散；缺乏统一的人才市场，当前京津冀区域人才的合作仅停留在协议基础上的人才招聘、人事代理、人才派遣、人才服务等方面，没有一个区域人才合作平台和固定的人才交流与合作的模式，不能够实现区域人力资源交流、合作的信息共享，如2011年4月，京津冀三地曾就人才合作签署的《京津冀人才框架协议书》就提到，要构建京津冀人才交流与合作的信息共享机制；此外，京津冀三地人力资源发展的限制还来源于户籍附带的"福利"，即京津地区优厚的受教育、医疗、就业、社会保障的权利，这也聚集了大量的人力资源，阻碍了人力资源在京津冀区域的流动。

如上所述，应构建京津冀区域整体性人力资源数据库，协调和整合京津冀三地人力资源，形成京津冀人力资源合作与信息共享机制，实现人力资源优化配置。整体性人力资源数据库包括三个部分：第一部分与整体性自然资源数据库整合，结合

---

[1] 郝兴国. 京津冀区域经济合作的政府协调机制研究 [J]. 环渤海经济瞭望，2011（7）：21-25.

人才数据备案作出人才与地域相匹配的人力资源流动方向；第二部分是人力资源信息共享平台，提供京津冀区域内人才招聘、流动、人事代理、相关政策的信息，形成京津冀统一的人才市场；第三部分，建立高层次人才数据库，放宽对这部分人，尤其是河北地区高层次人才享受京津地区户籍附带福利的准入限制，抑制河北地区高层次人才外流。整体性人力资源数据库从三个维度，立体性、全方位地为京津冀人才的自由流动提供了技术支撑，而整体性自然资源数据库也使得京津冀三地的发展从资源地域分布互补，形成产业互补，再形成人力资源分布互补，充分提高了自然资源和人力资源的利用效率。

2.京津冀整体性电子化政府

整体性治理理论"非常推崇网络技术作为治理手段，主张利用网络技术简化网络程序，加强信息系统的整合和互动信息的搜寻，在政府、社会和公民之间建立有机服务系统的集合，逐步实现网络环境下'一体化政府'和'一站式'服务，为公民提供优质的整体性服务，建构一个开放和整体的电子化政府"。[1] 所谓电子化政府的一站式无缝隙服务是指，"公民只需一次性提交必要信息与服务请求，然后由政务网络在较短的时间内对政府内部进行相关处理工作并提供明确的令人满意的服务结果。一站式无缝隙服务的建立是克服电子政务碎片化和实现电子化政府的核心所在"。[2] 传统的官僚制和新公共管理两种公共管理的范式在提供公共服务时大多以政府需求为导向，忽视了结果和政府部门的工作绩效，而整体性治理在提供公共服务时重视以结果和公民需求为导向，以网络技术为依托，建构整体性电子化政府，从而简化政务工作流程，实现"在线治理"、政务公开和透明化。

京津冀地区协同治理也同样需要构建跨区域的电子化政府，实现电子化政府的整体性整合。构建京津冀区域整体性电子化政府，从一站式无缝隙服务模式的构建来看，一方面需要京津冀区域内实现资源和信息共享，构建区域内的数据库系统，进一步协调和整合京津冀三地信息和技术资源，对于京津冀区域内重大项目、政策进行文件公开，如对京津冀整体性政府预算、采购的公开，网上听证，实现"在线治理"，打造一个公开化和透明化的政府；另一方面，需要构建整体性窗口式网上办公平台，这一平台集中了京津冀三地的行政审批部门，对于部分跨界行政审批事项进行集中网上审批，简化了京津冀整体性政府的政务工作流程，打造京津冀三地整体性电子化"政务超市"。

---

[1] 曾凡军.基于整体性治理的政府组织协调机制研究 [M].武汉：武汉大学出版社，2013：147.

[2] 韦彬.电子政务碎片化与整体性治理研究 [J].理论月刊，2013（5）：163-167.

三、结论

区域发展问题历来受到党中央国务院高度重视,随着区域发展总体战略和主体功能区战略的实施,对区域的关注更是达到了前所未有的高度。我国区域间政府合作的关键在于跨界整体性政府合作组织的构建。而整体性治理理论主张重新整合、逆部门化和碎片化、重新政府化以及以公民需求和结果导向为其治理理念、以网络为技术支撑的一整套理论体系为我国京津冀整体性政府的构建提供了理论基础。正因如此,从组织架构、制度和技术支撑三个方面对京津冀整体性政府进行构建也必将在探索中更进一步促进京津冀政府的合作,从而打造与长三角、珠三角并驾齐驱的中国经济增长第三极。

新时代合同治理的创新

——基于新公共治理的观点 *

合同治理是公共管理领域的一项重要的治理工具,在我国也应用广泛,政府职能的市场化改革,政府购买公共服务、PPP、合同外包等都是合同治理的体现。进入新时代,我国社会主要矛盾发生变化,合同治理依然重要,孙祁祥教授认为PPP是化解当前社会主要矛盾的重要机制。[1]但在"加强政府自身建设,深入推进政府职能转变,为人民提供优质高效服务"[2]的进程中,我们不能静态地审视合同治理这一工具,而要根据时代背景的变迁,结合公共管理的新理论对合同治理进行创新,使之在新时代以新面貌对我国的政府职能转变发挥出更大的作用。20世纪70年代末80年代初,英国、美国等国家率先掀了以市场化、民营化为特征的政府改革运动,而后辐射到其他国家并进行了相应的改革,克里斯托弗·胡德(Christopher Hood)将这一时期的政府改革称为"新公共管理"[3]。新公共管理打着私有化、民营化、市场化[4]的旗号不断冲击着传统公共行政的堡垒,重塑着公共部门。在这场改革运动中衍生出了许多新颖的政府治理工具,合同治理就是其中代表之一。有学者将西方政府改革运动的时期称为新公共管理时代,在这一时代背景下产生的合同治理流淌着新公共管理的血液,有着深深的时代烙印,它是为解决政府财政、信任和自身管理危机应运而生的[5]。随着时代的变迁,进入新世纪,公共事务领域发生着深刻的变化,公共管理主体的多元化、公共服务供给的复杂化、公共政策制定过程的不确定性以及互联网、大数据的发展无不标识着时代的新特征。新公共管理时代的旧问题已经

---

* 与翟文康合作完成,并发表于《行政论坛》2020年第5期第31~38页,中国人民大学复印报刊资料《公共行政》2020年第12期全文转载,中国人民大学书报资料中心《政治学文摘》2021年第1期转摘。
[1] 孙祁祥.PPP:化解当前社会主要矛盾的重要机制[EB/OL].(2018-03-14)[2018-03-23]. http://finance.huanqiu.com/cjrd/2018-03/11658471.html.
[2] 李克强.政府工作报告——2018年3月5日在第十三届全国人民大会第一次会议上[EB/OL].(2018-03-05)[2018-03-23]. http://www.gov.cn/zhuanti/2018lh/2018zfgzbg/zfgzbg.htm.
[3] CHRISTOPHER HOOD. A public management for all seasons?[J]. Public Administration, 1991, 69(1): 3-19.
[4] 韩兆柱,杨洋.新公共管理、无缝隙政府和整体性治理的范式比较[J].学习论坛,2012, 28(12): 57-60.
[5] 韩兆柱,汪毅霖.新公共管理中的自由主义与转型中的善治[J].理论与改革, 2006(1): 20-23.

相形见绌，随之而来的新问题亟待解决。对于一个敏锐的公共管理者而言，我们已经不能用新公共管理时代的传统思维，而要用新的视角、新的理论来解释、解决新问题。在此背景下，英国学者史蒂芬·奥斯本（Stephen P. Osborne）提出了"新公共治理"的理念，来应对21世纪公共服务提供主体日益多元和政策制定过程日益复杂的环境。时代背景的变迁，意味着理念的更新，理念的更新也提醒着我们政府治理工具不能原地踏步，在新公共管理时代发挥着重要作用的合同治理，如今也显现出许多问题，陷入治理困境，因此，我们需要抛弃合同治理中新公共管理时代的嫁衣，向其注入新公共治理的精神，用新的理念去重塑合同治理工具，以有效解决新时代的公共管理问题，助力政府职能转变。

一、新公共管理时代合同治理的特点与困境

文森特·琼斯（Vincent Jones）认为新公共管理改革运动，实际上是一场新公共合同运动，其主要特征就是通过合同安排，明确管理人员的权限和责任，确保政府能够监督干预[1]。新公共管理与合同治理是紧密相连的，合同治理的特点都带有新公共管理的印记。

（一）新公共管理时代合同治理的特点

20世纪70年代，美国政府财政出现危机，需要减少政府职能。政府机构面临各种问题的时候发现私人企业正如日中天，私人企业的管理方法对于企业的发展起到了良好的示范效果，所以私人企业的合同管理方式为政府改革提供了参考。政府的财政危机、自身管理危机和全球化、信息技术的发展从实践层面上呼吁一种新的管理技术与工具，传统官僚制的低效从理论层面上促进了政府体制改革，新公共管理在这种背景下应运而生。在新公共管理理念指导下的合同治理，作为一种全新工具正是为解决这些问题被提出。新公共管理经常被学者们认为是为了实现"三E"（Economy，Efficiency and Effectiveness）目标的运动，主张契约竞争、放松规制[2]、注重绩效、顾客导向。新公共管理的特征或精髓也注入了合同治理中，使得合同治理成为在新公共管理理念指导下而应用的治理工具，它为解决20世纪70年代以来的问题提供了新方法。在新公共管理理念的指导下，合同治理呈现出了以下特征：第一，合同治理的主体多元化，权力分散化。政府为解决自身庞杂的公共事务和过重的财政负担，利用合同外包工具，将一部分公共服务外包出去，借用社会的力量，如第三部门

---

[1] VINCENT-JONES P. The new public contracting: regulation, responsiveness, relationality[J]. General Information，2007，14（2）：513-515.

[2] 韩兆柱，汪毅霖. 新公共管理中的自由主义与转型中的善治[J]. 理论与改革，2006（1）：20-23.

等来分担公共事务。第二，合同双方的关系是委托与代理的关系。第三，合同治理处于市场竞争的环境中。第四，关注组织效果。第五，关注生产而非服务。总之，合同治理是在新公共管理理念指导下衍生出来的较为有效的治理工具，但是随着时代背景的变迁以及合同治理应用过程中暴露出的缺陷，使得合同治理在新时代陷入困境。

（二）新时代合同治理面临的困境

21世纪初的全球化、后工业化进程是其典型特征，并产生了广泛的影响。"在全球化、后工业化进程中，我们的社会呈现出了高度的复杂性和高度的不确定性，正是这种高度复杂性和高度不确定性与人类既有的社会治理模式和行为模式间的矛盾和冲突，把人类带入了风险社会之中，让我们面临着危机事件频发的遭遇。"[1] 社会背景的高度复杂与不确定性使得我们需要重新审视既有的社会治理方案，合同治理需要赋予新的精神。"单一的行动主体，无论是公共的还是私人的，都不具备解决复杂、动态及多样性问题所需的全部知识和信息；没有一个行动主体能够有足够的前瞻性来有效运用所需的工具；没有一个行动主体能在一个特定的治理模式中拥有足够的、单方面支配一切的行动潜能。"[2] 这表明，我们不仅需要合同，更需要合作。由于公共服务是复杂性系统，诸如由不同类型的组织来提供服务、自组织行动、不稳定的边界、非线性、公民的多样性需求、公众较高的服务期望、复杂的人际关系等，公共服务是一个系统而非孤立的，这些新的变化都使得合同治理在复杂环境面前力有不逮，面临着些许困境。

第一，合同治理的主体是多元的，权力是分散的。在合同签订、履行的过程中，合同双方由于自身组织性质、目标的不同出现差异。政府与企业之所以会签订合同是因为双方有利益共同取向，但是由于企业是以营利为目的的，政府是以满足公民需求、实现公共利益为目标的，合同双方会在合同履行中出现分歧。例如在建设道路监控项目中，政府兴建基础设施，利用企业的资金与技术并在建设完成后企业作为回报可以经营一段时间，在企业经营过程中就可能出现收费高、乱收费、乱罚款等现象，使得合同治理失效，这就出现了由于合同双方身份差异而导致的困境。第二，合同双方的关系是委托与代理的关系，会带来逆向选择、道德风险、寻租风险[3]。在信息方面，委托方无法了解代理方的全部信息，代理方也有可能会隐藏一些谈判的真实信息，或者双方在交易过程中由于沟通不畅造成信息失真、信息不对称，将会导致逆向选择问题，甚至出现"劣币驱逐良币"现象，而且还会产生大量交易

---

[1] 张康之. 为了人的共生共在 [M]. 北京：人民出版社，2016：1.

[2] J.KOOIMAN . Modern Governance[M].London：Sage，1993：4.

[3] 吕志奎. 政府合同治理的风险分析：委托－代理理论视角 [J]. 武汉大学学报（哲学社会科学版），2008（5）：70-74.

成本。合同治理的双方由于有限理性或信息的不完全可能会产生道德风险。在合同治理中，政府的公共服务供给或经营权部分地转让到私人或其他组织手中，这种权力的转让容易带来寻租。政府公共服务外包过程中，需要寻找合同伙伴，政府在选择合适的签约者中可能会产生游说、行贿、"回扣"等寻租行为。第三，合同治理处于市场竞争的环境中。合同治理是公共部门引入市场机制的结果，在市场化、竞争化的环境中，政府一直保有的公共性、价值性追求就可能会缺失，带来政治风险。第四，关注组织效果。合同治理其实还处于关注组织内部的过程，注重的是组织产出管理，关注合同双方契约的效果，但是随着时代变迁，主体多元、过程复杂，外部关系管理更加重要，合同治理所关注的组织内部逐渐不适应公共服务系统，应该转向关系经营。第五，关注生产而非服务。合同双方从生产者的角度出发，政府作为委托方确定供给的公共物品，代理方则负责执行，二者都没有从服务者的角度思考问题，只是将公共服务当作生产过程而不是服务过程。

综上所述，合同治理在面对时代背景变迁、治理理念变革、治理工具困境的情况下，需要借助新的理念进行变革，注入新的治理精神来创新合同治理。而英国学者史蒂芬·奥斯本（Stephen P. Osborne）所倡导的新公共治理正是公共服务供给中的一套新理念。

二、新公共治理的理念与内容

"新公共治理"（New Public Governance）一词最早出现在 *Networks, Management and Institutions: Public Administration As "Normal Science"* 一文中，但在文章中并没有实质含义，只是提到"它正在欧洲出现"。[1] 其后，由英国爱丁堡大学奥斯本于 2006 年正式提出[2]，并赋予"新公共治理"更新颖的含义，如服务主导、伙伴关系、合作生产等，用来描述一种新的治理结构或模式。史蒂芬·奥斯本将（传统）公共行政、新公共管理和新公共治理视为公共政策实施与公共服务提供的三种不同"体制（Regimes）"。新公共治理是一种面向 21 世纪的新体制，它建立在公共服务提供主体日益多元和政策制定过程日益复杂的现实之上，并在此情景下探索和理解公共政策的发展与实施。[3] 所以，新公共治理产生的原因就是进入 21 世纪社会背景发生了变

---

[1] TOONEN T A J. Networks, management and institutions: public administration as 'normal science'[J]. Public Administration, 1998, 76（2）: 229–252.

[2] 敬乂嘉, 李丹瑶. 访爱丁堡大学史蒂芬·奥斯本（Stephen P Osborne）教授[J]. 复旦公共行政评论, 2014（1）: 236-245.

[3] STEPHEN P. OSBORNE. The new public governance? [J]. Public Management Review, 2006, 8（8）: 377-387.

化，原有的理论无法适应现有的背景，需要寻找一种新的体制，新公共治理应运而生，它是面向21世纪的一种治理方案。新公共治理运动呈现出国际化趋势，它已经扩散到英国、美国、中国、荷兰、丹麦、加拿大等国家，正如新公共管理是对20世纪七八十年代西方政府改革运动的一次概括，新公共治理也是对21世纪以来发生在各国公共服务领域改革运动的综合性的概括，是对公共服务供给主体、结构、方式、流程的创新，它的特征主要体现为服务主导逻辑、战略导向、运作管理、合作生产。随着研究的深入，新公共治理也会在国际上被视为21世纪公共服务管理的卓越理论指南。新公共治理研究呈现出多样化、多角度[1]，形成了"服务主导逻辑"视角[2]、"制度中心"视角[3]、"政治－行政"系统模型分析视角[4]、"合作生产"视角[5]和"公共价值"视角[6]，这表明新公共治理正在被学者们热烈讨论，它正在成为一种新的研究浪潮与发展趋势。

在服务主导逻辑指导下，公共服务组织与服务使用者所构成的公共服务系统需要一些方法来提供优质的公共服务（见图1），这些方法分别是战略导向、公共服务市场化、合作生产、运作管理。第一，战略导向强调外部环境信息和公民接触、使用者参与，在服务主导逻辑下，公民和使用者在公共政策执行和公共服务递送过程中处于重要的利益相关者的位置，他们参与这些过程能够增加双方的价值。第二，公共服务市场化，强调公共服务组织的合作关系，特别是私人部门的关系经营，强调"服务承诺"。它将公共服务的战略目标转化为具体的"服务承诺"，有助于使用者对服务期望的形成，也能够在公共服务组织和使用者之间的公共服务供给中发展一个信任的框架。第三，合作生产，强调公共服务组织与使用者在服务提供环节中的互动，合作生产成为公共服务递送过程中不可分割的一部分，并将服务使用者的经历和知识置于有效公共服务设计和递送的中心。第四，运作管理，如果没有服务

---

[1] 翟文康，韩兆柱.多维视角下的新公共治理[J].学习论坛，2017，33（7）：52-58.

[2] STEPHEN P OSBORNE. The New Public Governance？：Emerging Perspectives on the Theory and Practice of Public Governance[M].London：Routledge，2010：6-7.

[3] DOUGLAS F MORGAN，BRIAN J COOK. New public governance：a regime-centered perspective[M].New York：Routledge，2015：5-6.

[4] JACOB TORFING，PETER TRIANTAFILLOU. What's in a name？ grasping new public governance as a political-administrative system[J]. International Review of Public Administration，2013，18（2）：9-25.

[5] VICTOR PESTOFF，TACO BRANDSEN，BRAM VERSCHUERE. New public governance，the third sector and co-production[M].New York：Routledge，2012：8-9.

[6] GUOXIAN BAO，XUEJUN WANG，GARY L LARSEN，et al. Beyond new public governance：a value-based global framework for performance management，governance，and leadership[J]. Administration & Society，2013，45（4）：443-467.

主导的方法，运作管理只会导致更有效率而非更有效益的公共服务，然而，如果没有运作管理，公共服务主导方法将仅仅是一个未实现的"公共服务承诺"。

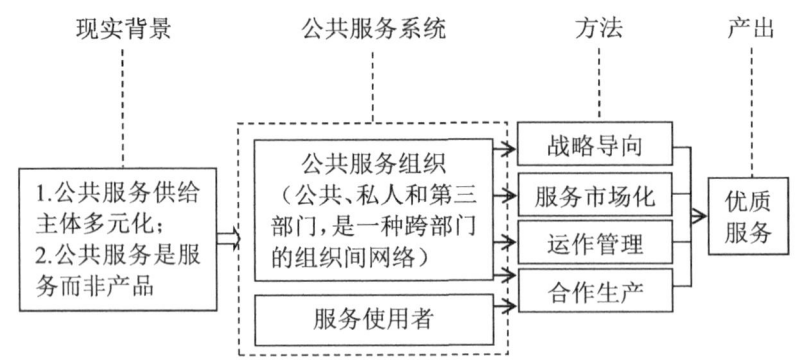

图 1　奥斯本的"服务主导逻辑"及方法运作图

所以，公共服务系统、服务主导逻辑及其方法是新公共治理的创新观点，那么新公共治理"新"在何处呢？奥斯本将传统公共行政、新公共管理和新公共治理视为公共政策实施和公共服务提供所经历的三种体制：一是从19世纪后期到20世纪70年代末80年代初持续较长时间的公共行政；二是从20世纪70年代末80年代初发展到21世纪初的新公共管理；三是自那以后出现的新公共治理。事实上，新公共管理时期是具有集权主义、官僚主义传统的公共行政和处于萌芽状态、具有多元主义特征的新公共治理之间的一个相对短暂的过渡阶段。奥斯本对新公共管理的批判主要集中在两个方面：一是新公共管理关注生产的经验，理念来自生产方管理的经验，将公共服务视为产品而非服务，奉行的是"产品主导的逻辑"，在这种逻辑指导下新公共管理无法对公共服务系统及其复杂性作出快速的回应，因此我们需要将"产品主导的逻辑"转向"服务主导的逻辑"。二是新公共管理将公共服务生产过程塑造成一个在相互协调合作的环境条件下变投入为产出（服务）的组织内部过程，并强调公共服务生产过程的经济与效率。资源配置采取竞争机制，造成管理的碎片化，面对跨部门合作生产公共服务的现实，它对组织内部过程与效率的关注已然失效，新公共管理所产出的是短期有效率但长久下去终将失败的组织，我们所需要的是关注外部效益和关系管理。

相对于传统公共行政与新公共管理，奥斯本的新公共治理是全新的，新公共治理在理论基础、国家背景特点、关注焦点、强调重点、资源分配机制、服务系统、价值基础等方面体现了它的"新"。在理论基础方面，公共行政建立在政治科学和公共政策理论之上，新公共管理建立在公共选择理论上，而新公共治理建立在制度、网络理论基础上；在国家背景特点方面，相对于公共行政和新公共管理，新公共治理所处背景更为多元化和复杂化，是在公共服务提供主体多元化和公共政策制定过程复杂化背景下产生的；在关注焦点方面，公共行政关注政治系统，新公共管理关注组织内部,而新公共治理关注组织及其所处环境;在强调重点上,公共行政强调政策的制定和执行,新公共管理强调组织资源管理和绩效管理,而新公共治理强调价值、意义和关系的协商;在资源分配机制上,相对于公共行政的等级制、新公共管理的契约制,新公共治理采取网络和关系合作机制;从系统的观点来看,公共行政以封闭系统为特点,新公共管理以开放理性的系统为特点,而新公共治理则以开放自然的系统为特点;从价值基础上看,相较于公共行政和新公共管理,由于新公共治理主体的多元化,多元价值共存成为新公共治理新的特点。为了更深入地研究新公共治理的本质,奥斯本在2010年出版的《新公共治理?——公共治理理论和实践方面的新观点》一书集中关注伙伴关系、合同关系、组织间网络、政策网络等领域,力图从实践角度对公共治理的问题、效果和运作机制进行深入的探讨。

综上所述,史蒂芬·奥斯本所提出的新公共治理之所以"新",不同于新公共管理,在于他将公共服务视为一个系统,将政府与其他相关组织纳入公共服务组织中;在于他提出的新口号——公共服务是服务而非产品——所延伸的服务主导逻辑及方法;在于他关注伙伴关系、合同关系、网络关系,从对组织内部的关注跳跃了出来,更加关注组织间关系。我们要用他这种新的理念与思想来重新塑造或创造一个新的合同治理。

三、新公共治理理念下的合同治理创新

作为有效的公共管理工具,合同治理需要对时代背景、社会环境作出迅速的适应,工具的变革当然需要新理念的指导,笔者在下文应用面向21世纪的公共管理最新理念——新公共治理的思想来指导合同治理多层次、整体性的创新。

(一)新公共治理理念下合同治理的纵向多层次变革

1. 宏观方向:战略导向

战略导向是指组织成员间通过共享关于外部环境的知识和信息来创造共同价值和塑造行为的组织能力。[1]对于公共服务组织而言,战略导向强调服务供给者理解公民、服务使用者当下和未来的诉求和期望。这就要求公共服务组织应当吸纳公民、使用者参与到公共服务过程的每个环节,实现与公民的接触、互动。对于我国而言,这种战略导向思想可以体现为公共治理或公共服务供给的规划性、包容性、互动性和共享性。在新公共管理时代,政府作为委托者与作为代理者的社会组织或企业签订合同为公民提供服务,这种服务是即时性的,是解决当前的问题而进行的合同治理。而新

---

[1] STEPHEN P OSBORNE, ZOE RADNOR, GRETA NASI. A New Theory for Public Service Management?: Toward a (Public) Service-Dominant Approach[J]. American Review of Public Administration, 2013, 43 (2): 135-158.

公共治理倡导的战略导向包含一种对公民未来服务需求的把握，所以，聚焦社会存在的主要矛盾，了解公民需求的发展，规划公共服务供给方案是必然选择。为了更好地提高服务质量，打造包容性的合同治理也是宏观方向之一。政府作为合同委托方，应当更有包容性，以更好地提高服务质量为目标和标准，吸纳其他主体进入公共服务系统，让渡更多的服务提供机会，共享知识与信息来应对复杂多变的外部环境。在我国包容性的体制与公共管理背景下，打造包容性的合同治理模式是适宜的。从国家与社会的关系角度，政府是以包容的态度吸引社会组织进入体制内，参政议政、协商治理；从公共管理角度看，民主决策、公开征求意见、集思广益地制定政策等都为合同治理的包容性奠定了基础。在包容性框架下，实现合同相关主体的资源共享、服务供给主体与使用者的互动更是应有之义了。这种互动所涉及的不只是与决策相关的利益群体，利益相关者思维应当转化为服务使用者导向思维，因为合同治理所涉及的公共服务所面向的群体是公民，一定程度上讲，公民及其需求构成了公共服务合同治理的外部环境，利用外部环境的信息来指导治理实践，是战略导向的内在要求。总之，合同治理是在公共服务日益复杂化的背景下应用的，战略导向的作用是促进治理能应对环境变化，利用外部环境信息提升治理能力。在合同治理中注入战略思维，是应对新时代高度复杂化、高度不确定性环境的必然趋势。

2. 中观管理：关系治理

奥斯本非常注重关系治理，他在《新公共治理》一书中设置了"治理与组织间伙伴关系"和"合同关系治理"两大板块讨论新公共治理时代中的伙伴关系与合同关系的治理问题。在合同治理的角度，政府与签约方是委托与代理的关系，代理方是为了完成政府外包的项目或工程，政府视代理方是治理工具，代理方视政府为盈利的平台，二者在合作过程中会出现目标偏离影响服务质量的情况。在新公共管理理论指导下的合同治理，政府重视的是合同结果而忽视了合同过程中的关系治理，那么在新公共治理时代，关系治理成为合同治理中观层面的关注焦点。关系治理的核心是关系资本，关系资本是预防伙伴关系失败的有效手段，卡莱（Kale）认为关系资本是指联盟的合作伙伴之间由于个体层面的密切交流而形成的相互信任、相互尊重和相互间友谊的水平。[1]对于我国政府而言，在具体的合同关系中，不能只构造竞争性的契约关系、存在道德风险的委托－代理关系，而要打造公共服务组织之间的关系资本，政府要学会对组织间信任和不信任间的平衡及组织间冲突的管理，营造信任氛围，信任是关系资本的重要元素。在我国，政府在公共服务供给中起着引导性作用，所以对待非政府公共服务供给组织应当加以包容、支持与引导，积极帮

---

[1] KALE P, SINGH H, PERLMUTTER H. Learning and protection of proprietary assets in strategic alliances: building relational capital[J]. Strategic Management Journal, 2000, 21（3）: 217-237.

助公共服务组织解决实际问题，积极互动，打造彼此之间的"亲近"关系。合同关系不再是委托－代理关系，而是有着共同目标，并为实现目标制定战略、共担风险、共享资源与技能、互利互惠、彼此协同的公私伙伴关系。

3. 微观操作：政府众包

政府众包（Government Crowdsourcing）是新时代政府合同治理具体操作工具中的另一选择，在合同治理的微观操作层面可以开展政府与公民合作生产服务或政府众包。在不同的时代背景下，政府具体使用的政府工具也是不同的：公共行政时代下，政府可以依靠科层制采取行政发包的方式进行服务供给；新公共管理时代下，政府可以依靠市场化机制采取合同外包的方式进行服务供给；在新公共治理时代下，政府可以对合同外包进行革新，在适合的领域选择政府众包的方式提供服务。豪（Howe）首次提出众包（Crowdsourcing）概念，他认为，众包是一个组织的行为，它是由组织内部成员完成并通过网络公开的方式将其外包给组织以外的人（人群）。[1] 杜蒂尔（Dutil）研究表明，政府可以使用众包的方式以更小的成本生产出更好的公共服务，产出政策创新并吸引更多的公民参与。[2]Estellésarolas 通过对众包概念的文献综述提出了一个综合性的概念，即众包是一种参与性的在线活动，其中个人、机构、非营利组织或公司向一群具有不同知识、异质性和数量的个体，通过灵活的开放调用，自愿承担一项任务。人们应该带着他们的资金、知识和经验参与到任务中。用户将得到给定类型需要的满足，如经济、社会认可、自尊，或个人能力的发展，而众包者将使用他们自己的何种优势，取决于用户带来的是什么风险，执行的是什么类型的活动。[3] 政府众包主要有获得公民信息（以提升公共服务）、合作生产公共服务、方案创新和政策制定等功能。[4] 政府众包既不同于行政发包的层层下包服务项目，也不同于合同外包的政府作为委托人需要代理人来提供服务而与公民不接触。众包是直接面向公民的，通过众包平台直接获取公民的服务需求信息来精准提供服务。此外，政府众包注重发挥公民的作用，让公民与公共服务提供人员一道生产或供给服务，这适用于公民有积极意愿和资源能力的服务类型。众包也有集思广益之用，对于政府公共服务供给方案或政策制定的方案，公民可以直接提出建议有助于政策制定的民主化。所以，新公共治理时代的合同治理具体操作层面是不

---

[1] HOWE JEFF. The rise of crowdsourcing[J].Wired Magazine, 2006（14）：1-4.

[2] DUTIL P. Crowdsourcing as a new instrument in the government's arsenal: Explorations and considerations[J]. Canadian Public Administration, 2015, 58（3）：363-383.

[3] ESTELLESAROLAS E. Towards an integrated crowdsourcing definition[J]. Journal of Information Science, 2012, 38（2）：189-200.

[4] NAM T. Suggesting frameworks of citizen-sourcing via Government 2.0[J]. Government Information Quarterly, 2012, 29（1）：12-20.

同于新公共管理时代合同治理委托-代理模式的，它给予了政府另一种选择，在适合众包的服务领域就可以采取合作生产或服务众包。在我国，合同治理作为公共服务供给的工具，其具体操作形式由政府选择。政府在整个服务过程的角色是引导者，政府来决定何时何领域采用众包。众包并不体现外包的雇佣关系，而是体现联合用户共同生产服务的理念，在公共服务需求日益个性化、差异化和多样化的背景下，政府需要集中智慧、群策群力，为公众参与搭建平台，形成政府搭台、多方参与模式，一般形式是政府组织分包、大众参与、网络平台支撑，政府众包实际上是走上了政府与公民合作的道路，基于移动互联网的平台发布任务并奖励完成任务的民众。政府众包的服务是与公民密切相关且公民能发挥作用的服务，政府发挥着引导和监管职能，权责明确，公民接包是在网络平台上公开进行，众包的服务难以被权力和资本俘获。当然，政府众包还属新型的服务供给方式，存在着一定的风险，具体运作模式还需要深入论证与实践试验。

（二）新公共治理理念下合同治理的横向体系创新

1. 理念：奉行公共服务是服务而非产品理念

服务主导逻辑认为产品是具体的，服务是无形的。公共服务供给的过程是统一的，服务的生产、提供和消费可以由政府和公民共同承担，称为合作生产者。我们应该抛弃新公共管理时代的思维，不能只关注公共物品的生产、组织效果的实现、代理方任务的完成，这样就不能实现公共服务全过程一体化。新公共管理理念下的合同治理奉行的是产品导向，只关注所提供的产品本身如何，没有看到服务的需求方。而新公共治理所倡导的是服务导向理念，提出的口号是公共服务是服务而非产品，在公共服务供给过程中，生产者、提供者、消费者没有严格的区分，都是合作生产者。新公共治理在理念上的创新是，抓住公共服务的服务本质，强调服务的无形化、体验感和满意度，的确，任何有形的服务实体都是为了满足使用者个体的整体感知和主观效用；服务的过程是统一的，生产和消费有时同时发生，生产过程就是消费过程，消费者也是生产者，在某些服务领域中，消费者甚至起着关键作用，比如在城市垃圾分类中，作为服务对象的居民也是此项服务过程的重要提供者，只有居民进行了垃圾分类，这项公共服务才能完成。服务体验与合作生产的理念也将影响着合同治理。在新公共治理理念的影响下，合同治理也应转变理念：一是合同双方应当不仅注重公共服务供给者身份，还应更加重视公共服务的需求方，特别是代理方应将其起点设定在服务而非产品；二是代理方应突破委托方直接与公共服务的需求者联系起来，实现三者的联盟；三是合同双方在供给服务中不能只生产产品，更要注重需求方的满意度。

2. 主体：打造公共服务组织系统而非委托-代理组织

公共服务的生产由公共、私人以及第三部门的多元化的公共服务组织（Public

Service Organizations，PSOs）通过多元化的过程来完成。也就是说，在公共服务供给主体方面，没有政府、企业，委托方、代理方之分，他们都是公共服务组织，这规避了委托－代理所带来的风险。由于在新公共管理理念指导下的合同治理主体多元、组织性质不同、目标差异，所以在合同治理过程中就出现了行动冲突、碎片化等问题。而新公共治理所倡导的公共服务系统和公共服务组织理念能够很好地解决这一问题。史蒂芬·奥斯本将公共服务的全部过程和参与者视为一个系统，在这个系统中，服务从产生到消费整个过程都是一体的。公共服务系统的概念帮助合同治理塑造一个整体性的外部环境，在合同治理应用过程中，不再是竞争的、市场的环境，而是合作的、服务的环境。其中，公共服务组织起着关键作用，作为治理主体，公共服务组织有着实现公共利益、满足公民需求的目标，不易出现目标冲突的问题，实现了合同委托、代理双方的整合，不仅提高效率，而且实现合同的一致性。公共服务系统与公共服务组织的概念在合同治理中应当得到借鉴与应用，构造了伙伴关系而非委托－代理关系，在治理主体合作及其关系上实现了一大创新。委托－代理关系是服务提供方与生产方两大体系之间的关系，公共服务组织是将其存在的风险内部化，服务提供与生产都在公共服务组织内部完成，原先的代理方也成了公共服务组织的一分子，成为整个公共服务供给过程中的主体力量。在中国，公共服务组织体系的打造要基于中国实际，政府依然成为公共服务组织体系中的主导力量，发挥着监管、协商等作用，是仲裁者、整合者。承担着提供公共服务的组织要作出服务承诺，是其作为公共服务组织的第二使命，虽不以权力为其驱使力量，但关系着与政府的信任额度，信用额度将是未来公共服务组织体系中重要的资本要素。总之，在缺少强制规定的情况下要保证服务得到提供，在公共服务组织体系中需要依靠政府监管、组织承诺和组织的第二使命。

3. 结构：构建网络型结构而非交叉型结构

新公共管理时代的合同治理是双向维度的，一是纵向的权威结构，二是横向的协商或契约结构，这种交叉型结构是科层治理与网络治理的中和，双向维度的交叉型结构容易产生信息问题，合同双方在合同谈判、实施、解除等各个环节，任何一方都有可能歪曲信息以实现其自身利益。因此，为避免这种新公共管理时代合同治理面临的信息歪曲问题，我们需要用新公共治理强调的网络关系来破解这一难题，即创设网络以畅通信息。罗茨（Rhodes）认为，"网络是由于资源的相互依赖性而联系在一起的一群组织或若干组织的联合体，他识别了影响网络变化的四个要素，即利益、成员关系、相互依赖性和资源"。[1] 在公共服务组织基础之上，合同治理主体

---

[1] 转引自史蒂芬·奥斯本. 新公共治理？——公共治理理论和实践方面的新观点 [M]. 包国宪，赵晓军，译. 北京：科学出版社，2016：375.

只需要搭建公共对话的平台,通过一种平等的方式交换资源、沟通信息,在公共平台上实现信息互通有无。在中国,需要构建的网络结构不完全等同于新公共治理所倡导的平行网络,因为新公共治理是在西方国家背景下总结提出的。基于中国政府的特点,我们所构建的网络应当是政府引导型网络,政府在网络结构中是重要的枢纽角色,中国政府的能量较为强大,这在网络构建中是一种优势,能够利用政府资源、信息引导网络朝着既定方向发展,而不至于因为主体的多中心走向网络的分散化。基于网络结构的合同治理,必将借助信息平台规避信息歪曲问题,保障公共服务组织系统中的各个主体发挥出相应的作用,实现服务提供中主体协作效用最大化。

4. 焦点:关注组织间治理而非组织内部效果

新公共治理关注的焦点是组织间治理,特别是组织间关系、运作管理和强调服务的有效性、结果。[1] 新公共管理关注公共服务的产出如何、效果如何,但是到了新世纪,合同治理的效果虽好,却也可能满足不了服务使用者的偏好,而且随着主体增多,如何通过改善组织运作实现合同治理质量提高成为一个更加重要的议题。新公共治理提出的第二个口号就是关注组织间关系而非组织内部效率,所以用新公共治理的新理念可以革新合同治理的重心与焦点。新公共治理认为伙伴关系具有灵活性和回应性的政策解决方案、促进创新与评估、共享知识和资源、资源集中和协同效应、发展协调一致的服务,在合同治理中构建良好的伙伴关系对于困境的解决是大有裨益的。除了处理好关系之外,组织的运作管理关系着服务承诺的实现,运作管理是关于组织如何设计、计划、控制、管理和改进他们的产品和服务的提供。这意味着为了保证服务提供的质量,治理主体更加注重通过组织间治理,如关系管理、运作管理来保证服务结果的有效性。组织间关系的处理是为了提升关系资本,关系资本的提升有助于组织间信任的建立,组织间互信互通,服务承诺才更加有效可靠,从而促使优质服务的提供。除组织自身属性不同外,合同治理最关键的是关系治理,组织间关系牵动着服务提供的效果,因此,与其关注合同治理的服务效果和组织内部效率,还不如舍末逐本,聚焦到组织间关系的治理上,提升组织间的关系资本。

四、结语

合同治理深受新公共管理理念的影响,成为一个有效的公共管理工具,在新公共管理时代发挥了巨大的作用,对于解决政府财政负担、自身管理危机等问题非常有效。但是随着时代的变迁,社会环境发生了变化,现今公共管理所面对的问题已

---

[1] STEPHEN P. OSBORNE. Debate: Delivering public services: Are we asking the right questions? [J]. Public Money & Management,2009,29(1):5-7.

经不再是三四十年前的问题，旧问题已经过去，新问题显现出来，公共服务提供与公共政策执行的环境变得日益复杂化，合同治理不能再像以前那样故步自封，也无法解决新问题，实现公共管理新的进步。所以，我们要针对新时代背景与特点，吸收面向 21 世纪的公共管理最新理念——新公共治理的思想来改革合同治理，指导合同治理的转型。本文按照背景变迁—理念变革—工具创新的思路探讨了新时代合同治理的困境与革新。通过文章研究，笔者结合合同治理面临的困境与新公共治理的新观点，探索出在纵向上，通过宏观层面的战略导向、中观层面的关系治理和微观层面的政府众包来创新合同治理思维、管理和执行；在横向上，通过在理念、主体、结构、焦点等方面的创新来推动合同治理体系的整体性变革，重塑合同治理成为可能，使得这一工具顺应时代特点，继续发挥有效的作用。

参 考 文 献

1. 英文专著：

[1] Jan Kooiman. Modern governance：New Government-Society Interactions [M]. London：Sage Press，1993.

[2] Moore M H.Creating public value：Strategic Management in Government[M]. Cambridge：Harvard university Press，1995.

[3] Peters G，Savoie D J. Governance in the Twenty-First Century：Revitalizing the Public Service[M]. London：McGill-Queen's University Press，2000.

[4] Kettl D F. The Transformation of Governance：Public Administration for the Twenty-First Century[M].Maryland：Johns Hopkins University Press，2015.

[5] Perri 6. Towards Holistic Governance：The New Reform Agenda[M]. New York：Palgrave，2002.

[6] Bevir M. Key Concepts in Governance[M]. London：Sage Press，2008.

[7] Davies A. Best Practice in Corporate Governance：Building Reputation and Sustainable Success[M]. London：Routledge Press，2006.

[8] William G Tierney. Governance and the Public Good[M]. New York：State University of New Yorks Press，2006.

[9] Dunleavy P，Margetts H，Tinkler J，et al. Digital Era Governance：IT Corporations，the State，and E-Government[M]. New York：Oxford University Press，2006.

[10] Stephen Bainbridge. The New Corporate Governance in Theory and Practice[M]. New York：Oxford University Press，2008.

[11] Osborne Stephen P. The New Public Governance：Emerging Prospectives on the Theory and Practice of Public Governance[M]. New York：Routledge Press，2010.

[12] Thomas Risse. Governance Without a State：Policies and Politics in Areas of Limited Statehood[M]. New York：Columbia University Press，2011.

[13] David Levi-Faur. The Oxford Handbook of Governance[M]. New York：Oxford University Press，2012.

[14] Kapucu N，Hu Q. Network Governance：Concepts，Theories，and Applications[M]. New York：Routledge Press，2020.

2. 英文期刊：

[1] Robert D Shriner. Governance Problems in the World of the Future[J]. Public Administration Review，1973，33（5）：449-455.

[2] Stephen K Bailey. Improving Federal Governance[J]. Public Administration Review，1980，40（6）：548-552.

[3] B Guy，Peters，John Pierre. Governance without Government? Rethinking Public Administration[J]. Public Administration Research and Theory，1998，8（2）：223-243.

[4] Daniel Wolfish，Gordon Smith.Governance and Policy in a Multicentric World[J]. Canadian Public Policy/Analyse de Politiques，2000，26（8）：S51-S72.

[5] Donald F Kettl.The Transformation of Governance：Globalization，Devolution，and the Role of Government[J]. Public Administration Review，2000，60（6）488-497.

[6] Richard Rose.A Global Diffusion Model of E-Governance[J]. Journal of Public Policy，2005，25（1）：5-27.

[7] Matthias Benz，Bruno S Frey. Corporate Governance：What Can We Learn from Public Governance?[J]. Academy of Management Review，2007，32（1）：92-104.

[8] Richard Callahan. Governance：The Collision of Politics and Cooperation[J]. Public Administration Review，2007，67（2）：290-301.

[9] Chris Ansell，Alison Gash.Collaborative Governance in Theory and Practice[J]. Journal of Pubic Administration Research and Theory，2008，18（4）：543-571.

[10] Suzanne Young，Vijaya Thyil.A Holistic Model of Corporate Governance：A New Research Framework[J].Corporate Governance，2008，8（1）：94-108.

[11] James L Perry.Is Public Administration Vanishing?[J].Public Administration Review，2016，76（2）：211-212.

3. 中文专著：

[1] 汉密尔顿，等.联邦党人文集[M].程逢如，等译.北京：商务印书馆，1982.

[2] 查尔斯·林德布洛姆.决策过程[M].竺乾威，等译.上海：上海译文出版社，1988.

[3] 文森特·奥斯特罗姆.复合共和制政治理论[M].毛寿龙，译.上海：上海三联书店，1999.

[4] 迈克尔·麦金尼斯.多中心体制与地方公共经济[M].毛寿龙，译.上海：上海三联书店，2000.

[5] 詹姆斯 M 布坎南，戈登·塔洛克. 同意的计算——立宪民主的逻辑基础 [M]. 陈光金，译. 北京：中国社会科学出版社，2000.

[6] 哈耶克. 法律、立法与自由（第一卷）[M]. 邓正来，等译. 北京：中国大百科全书出版社，2000.

[7] 詹姆斯 N 罗西瑙. 主编没有政府的治理——世界政治中的秩序与变革 [M]. 张胜军，等译. 江西：江西人民出版社，2001.

[8] B 盖伊·彼得斯. 政府未来的治理模式 [M]. 吴爱明，等译. 北京：中国人民大学出版社，2001.

[9] 青木昌彦. 比较制度分析 [M]. 周黎安，译. 上海：上海远东出版社，2001.

[10] 斯科特·戈登. 控制国家：西方宪政的历史 [M]. 应奇，等译. 江苏：江苏人民出版社，2001.

[11] 克里斯托弗·波利特. 公共管理改革：比较分析 [M]. 夏镇平，译. 上海：上海译文出版社，2003.

[12] 约瑟夫 S 奈，约翰·唐纳胡. 全球化世界的治理 [M]. 王勇，等译. 北京：世界知识出版社，2003.

[13] 奥斯本，普拉斯特里克. 政府改革手册：战略与工具 [M]. 谭功荣，等译. 北京：中国人民大学出版社，2004.

[14] 保罗 A 萨巴蒂尔. 政策过程理论 [M]. 彭宗超，等译. 上海：三联书店，2004.

[15] 托马斯 R 戴伊. 理解公共政策 [M].10 版. 彭勃，等译. 北京：华夏出版社，2004.

[16] 贝亚特·科勒，科赫. 欧洲一体化与欧盟治理 [M]. 顾俊礼，等译. 北京：中国社会科学出版社，2004.

[17] 博克斯. 公民治理：引领 21 世纪的美国社区 [M]. 孙柏瑛，等译. 北京：中国人民大学出版社，2005.

[18] 皮埃尔·卡蓝默. 破碎的民主：试论治理的革命 [M]. 高凌瀚，译. 上海：三联书店，2005.

[19] 斯蒂芬斯. 政府治理指标 [M]. 杨永恒，译. 北京：清华大学出版社，2007.

[20] 菲利普·库珀. 合同制治理——公共管理者面临的挑战与机遇 [M]. 竺乾威，卢毅，陈卓霞，译. 上海：复旦大学出版社，2007.

[21] 莱斯特 M 萨拉蒙. 全球公民社会：非营利部门视界 [M]. 贾西津，等译. 北京：社会科学文献出版社，2007.

[22] 法国更新治理研究院编治理年鉴 2007[M]. 金俊华，译. 北京：新星出版社，2007.

[23] 莱斯特 M 萨拉蒙. 公共服务中的伙伴——现代福利国家中政府与非营利组织的

关系 [M]．田凯，译．北京：商务印书馆，2008．

[24] 戈德史密斯，埃格斯．网络化治理．公共部门的新形态 [M]．孙迎春，译．北京：北京大学出版社，2008．

[25] 多莱里．重塑澳大利亚地方政府：财政、治理与改革 [M]．刘杰，等译．北京：北京大学出版社，2008．

[26] 丽莎·乔丹．非政府组织问责：政治、原则与创新 [M]．康晓光，等译．北京：中国人民大学出版社，2008．

[27] 安瓦·沙．公共服务提供 [M]．孟华，译．北京：清华大学出版社，2009．

[28] 马肖．贪婪、混沌和治理 [M]．宋功德，译．北京：商务印书馆，2009．

[29] 法国更新治理研究院编治理年鉴2008[M]．金俊华，林晓轩，王忠菊，译．北京：新星出版社，2009．

[30] 凯特尔．权力共享：公共治理与私人市场 [M]．孙迎春，译．北京：北京大学出版社，2009．

[31] 安瓦·沙．发展中国家的地方治理 [M]．刘亚平，周翠霞，译．北京：清华大学出版社，2010．

[32] 安瓦·沙．工业国家的地方治理 [M]．周映华，张建林，译．北京：清华大学出版社，2010．

[33] 莱斯特 M 萨拉蒙，王浦劬．政府向社会组织购买公共服务研究 [M]．北京：北京大学出版社，2010．

[34] 李侃如．治理中国——从革命到改革 [M]．胡国成，等译．北京：中国社会科学出版社，2010．

[35] 梁文松，曾玉凤．动态治理：新加坡政府的经验 [M]．陈晔，等译．北京：中信出版社，2010．

[36] 皮埃尔·戈丹．何谓治理 [M]．钟震宇，译．北京：社会科学文献出版社，2010．

[37] 法国更新治理研究院编治理年鉴2009—2010[M]．金俊华，译．吉林：吉林出版集团有限责任公司，2011．

[38] 菲沃克．大都市治理：冲突、竞争与合作 [M]．许源源，等译．重庆：重庆大学出版社，2012．

[39] 罗伯特 A 达尔．现代政治分析 [M]．6版．吴勇，译．北京：中国人民大学出版社，2012．

[40] 珍妮特 V 登哈特，罗伯特 B 登哈特．新公共服务：服务，而不是掌舵 [M]．（3版）．北京：中国人民大学出版社，2016．

[41] 斯蒂芬·奥斯本．新公共治理——公共治理理论和实践方面的新观点 [M]．包国宪，等译．北京：科学出版社，2016．

[42] 马克 H 穆尔. 创造公共价值——政府战略管理 [M]. 伍满桂，译. 北京：商务印书馆，2016.

[43] 俞可平. 治理与善治 [M]. 北京：社会科学文献出版社，2000.

[44] 柯武刚，史漫飞. 制度经济学 [M]. 北京：商务印书馆，2000.

[45] 邓小平. 邓小平文选 [M]. 北京：人民出版社，2002.

[46] 俞可平. 中国公民社会的兴起与治理的变迁 [M]. 北京：社会科学文献出版社，2002.

[47] 邹谠. 二十世纪中国政治 [M]. 香港：牛津大学出版社，2002.

[48] 吴志成. 治理创新——欧洲治理的历史理论与实践 [M]. 天津：天津人民出版社，2003.

[49] 孙柏瑛. 当代地方治理 [M]. 北京：中国人民大学出版社，2004.

[50] 董克用. 公共治理与制度创新 [M]. 北京：中国人民大学出版社，2004.

[51] 刘熙瑞. 中国公共管理 [M]. 北京：中共中央党校出版社，2004.

[52] 蔡拓. 全球治理与中国公共事务管理的变革 [M]. 天津：天津人民出版社，2005.

[53] 丁元竹. 问责性、绩效与治理. 中国非政府公共部门治理状况研究 [M]. 北京：中国经济出版社，2005.

[54] 汪新生. 中国——东亚区域合作与公共治理 [M]. 北京：中国社会科学出版社，2005.

[55] 俞可平. 增量民主与善治 [M]. 北京：社会科学文献出版社，2005.

[56] 顾丽梅. 公共政策与政府治理 [M]. 上海：上海人民出版社，2006.

[57] 顾丽梅. 治理与自治——城市政府比较研究 [M]. 上海：上海三联书店，2006.

[58] 沈荣华，金海龙. 地方政府治理 [M]. 北京：社会科学文献出版社，2006.

[59] 尹冬华. 从管理到治理：中国地方治理现状 [M]. 北京：中央编译出版社，2006.

[60] 张康之. 社会治理的历史叙事 [M]. 北京：北京大学出版社，2006.

[61] 高新军. 美国地方政府治理：案例调查与制度研究 [M]. 陕西：西北大学出版社，2007.

[62] 马运瑞. 中国政府治理模式研究 [M]. 郑州：郑州大学出版社，2007.

[63] 孙兵. 区域协调组织与区域治理 [M]. 上海：上海人民出版社，2007.

[64] 孙荣，徐红，邹珊珊. 城市治理：中国的理解与实践 [M]. 上海：复旦大学出版社，2007.

[65] 唐铁汉，袁曙宏. 社会治理创新 [M]. 北京：国家行政学院出版社，2007.

[66] 张昕. 转型中国的治理与发展 [M]. 北京：中国人民大学出版社，2007.

[67] 周弘. 欧盟治理模式 [M]. 北京：社会科学文献出版社，2008.

[68] 孔繁斌. 公共性的再生产——多中心治理的合作机制建构 [M]. 江苏：江苏人民

出版社，2008.

[69] 李建华. 公共治理与公共伦理 [M]. 湖南：湖南大学出版社，2008.

[70] 严强. 国家治理与政策变迁 [M]. 北京：中央编译出版社，2008.

[71] 陈国申. 从传统到现代：英国地方治理变迁 [M]. 北京：中国社会科学出版社，2009.

[72] 丁茂战. 我国政府社会治理制度改革研究 [M]. 北京：中国经济出版社，2009.

[73] 丁卫. 复杂社会的简约治理 [M]. 山东：山东人民出版社，2009.

[74] 甘峰. 内发式发展与公共治理 [M]. 北京：人民出版社，2009.

[75] 敬乂嘉. 合作治理——再造公共服务的逻辑 [M]. 天津：天津人民出版社，2009.

[76] 王诗宗. 治理理论及其中国适用性 [M]. 浙江：浙江大学出版社，2009.

[77] 王巍. 社区治理结构变迁中的国家与社会 [M]. 北京：中国社会科学出版社，2009.

[78] 余逊达，赵永茂. 参与式地方治理研究 [M]. 浙江：浙江大学出版社，2009.

[79] 俞可平. 国家治理评估——中国与世界 [M]. 北京：中央编译出版社，2009.

[80] 朱贵昌. 多层治理理论与欧洲一体化 [M]. 山东：山东大学出版社，2009.

[81] 冯钢. 转型社会及其治理问题 [M]. 北京：社会科学文献出版社，2010.

[82] 李明强，贺艳芳. 地方政府治理新论 [M]. 湖北：武汉大学出版社，2010.

[83] 上海社会科学院世界经济与政治研究院. 全球治理与中国的选择 [M]. 北京：时事出版社，2010.

[84] 邵鹏. 全球治理：理论与实践 [M]. 吉林：吉林出版集团有限责任公司，2010.

[85] 史云贵. 中国现代国家构建进程中的社会治理研究 [M]. 上海：上海人民出版社，2010.

[86] 唐丽萍. 中国地方政府竞争中的地方治理研究 [M]. 上海：上海人民出版社，2010.

[87] 王强. 政府治理的现代视野 [M]. 北京：中国时代经济出版社，2010.

[88] 王勇. 政府间横向协调机制研究——跨省流域治理的公共管理视界 [M]. 北京：中国社会科学出版社，2010.

[89] 叶江. 全球治理与中国的大国战略转型 [M]. 北京：时事出版社，2010.

[90] 张康之，张乾友. 公共生活的发生 [M]. 北京：高等教育出版社，2010.

[91] 何增科. 公民社会与治理 [M]. 北京：社会科学文献出版社，2011.

[92] 上海财经大学公共政策与治理研究院. 公共治理评论 [M]. 上海：上海财经大学出版社，2011—2021.

[93] 黄晓东. 社会资本与政府治理 [M]. 北京：社会科学文献出版社，2011.

[94] 郎友兴. 区域治理与绩效 [M]. 浙江：浙江大学出版社，2011.

[95] 徐湘林. 转型期的政治建设与政府治理 [M]. 北京：社会科学文献出版社，2011.

[96] 杨冠琼，蔡芸. 公共治理创新研究 [M]. 北京：经济管理出版社，2011.

[97] 张康之，张乾友. 共同体的进化 [M]. 北京：中国社会科学出版社，2012.

[98] 李瑞昌. 政府间网络治理：垂直管理部门与地方政府间关系研究 [M]. 上海：复旦大学出版社，2012.

[99] 麻宝斌. 社会正义与政府治理：在理想与现实之间 [M]. 北京：社会科学文献出版社，2012.

[100] 庞中英. 全球治理与世界秩序 [M]. 北京：北京大学出版社，2012.

[101] 杨宏山. 合作治理与社会服务管理创新——"朝阳模式"研究 [M]. 北京：中国经济出版社，2012.

[102] 俞可平. 敬畏民意——中国的民主治理与政治改革 [M]. 北京：中央编译出版社，2012.

[103] 张康之. 寻找公共行政的伦理视角（修订版）[M]. 北京：中国人民大学出版社，2012.

[104] 张康之，张乾友. 公共行政的概念 [M]. 北京：中国社会科学出版社，2013.

[105] 张康之. 合作的社会及其治理 [M]. 上海：上海人民出版社，2014.

[106] 张康之. 走向合作的社会 [M]. 北京：中国人民大学出版社，2015.

[107] 张康之，张铜. 世界的中心——边缘结构 [M]. 北京：中国社会科学出版社，2016.

[108] 张康之. 为了人的共生共在 [M]. 北京：人民出版社，2016.

[109] 张康之. 论伦理精神 [M]. 江苏：江苏人民出版社，2016

[110] 刘熙瑞，马德普. 中国政府职能论——基于现代化与社会主义国家治理的战略思考 [M]. 北京：学习出版社，2017.

[111] 张康之. 行政伦理的观念与视野 [M]. 南京：江苏人民出版社，2018.

[112] 王印红. 数字治理与政府改革创新 [M]. 北京：新华出版社，2019.

[113] 张康之. 社会治理的经络 [M]. 北京：社会科学文献出版社，2020.

[114] 张康之. 社会治理的伦理重构 [M]. 北京：中国社会科学出版社，2020.

[115] 张康之. 启蒙，再启蒙 [M]. 江苏：江苏人民出版社，2020.

[116] 马克思，恩格斯. 马克思恩格斯选集（第1—4卷）[M]. 北京：人民出版社，2020.

[117] 习近平. 习近平谈治国理政（第1—3卷）[M]. 北京：外文出版社，2020.

[118] 张建锋. 数字治理：数字时代的治理现代化 [M]. 北京：电子工业出版社，2021.

4. 中文期刊：

[1] 张康之. 限制政府规模的理念 [J]. 行政论坛，2000（4）：7-13.

[2] 刘熙瑞. 服务型政府——经济全球化背景下中国政府改革的目标选择 [J]. 中国行政管理，2002（7）：5-7.

[3] 韩兆柱. 生态社会主义与中国特色社会主义 [J]. 长春市委党校学报，2003（5）：7-8.

[4] 韩兆柱. 论邓小平政治发展思想的特点 [J]. 教学与研究，2004（2）：77-81.

[5] 韩兆柱. 论市场机制在政府权力运行机制中的作用 [J]. 燕山大学学报（哲学社会科学，2004（3）：6-9，15.

[6] 韩兆柱，王子余. 对政府权力的监督及其意义 [J]. 河北学刊，2004（4）：143.

[7] 韩兆柱. 生态社会主义理论评析 [J]. 学术研究，2004（8）：38-42.

[8] 韩兆柱，颜廷旭，付治国. 电子政务的发展障碍及其对策 [J]. 电子政务，2005（12）：52-56.

[9] 韩兆柱，汪毅霖. 新公共管理中的自由主义与转型中的善治 [J]. 理论与改革，2006（1）：20-23.

[10] 汪毅霖，韩兆柱. 新公共管理的影响与发展中国家的善治 [J]. 广东行政学院学报 2006（2）：10-13.

[11] 韩兆柱，汪毅霖. 论我国地方政府改革的服务型趋向 [J]. 成都行政学院学报（哲学社会科学版，2006（3）：3-6.

[12] 韩兆柱，张显锋. 服务型政府建设的渐进性——基于渐进模型上的分析 [J]. 中共福建省委党校学报，2006（8）：24-26.

[13] 韩兆柱，黄钦. "政府失败说"及对我国政府管理的启示 [J]. 成都行政学院学报，2007（1）：3-5.

[14] 韩兆柱. 责任政府与政府问责制 [J]. 中国行政管理，2007（2）：18-21.

[15] 韩兆柱，司林波. 论转型期地方政府职能转变与重新定位 [J]. 学习论坛，2007（3）：38-40.

[16] 韩兆柱，黄钦，韩娜. 街头官僚理论视角下的服务型政府建设刍议 [J]. 学习论坛 2007（9）：42-44.

[17] 韩兆柱. 我国政府执行力理论研究述评 [J]. 燕山大学学报（哲学社会科学版）2009（4）：78-82.

[18] 韩兆柱，李双军. 提升我国政府执行力的障碍因素和对策 [J]. 学习论坛，2010（2）：43-46.

[19] 韩兆柱. 中国行政学的产生和发展 [J]. 日本明治学院大学法学部共同研究，2011.

[20] 韩兆柱，张春颜. "行政"（administration）义考 [J]. 燕山大学学报（哲学社会科

学版）2011（3）：32-39.

[21] 韩兆柱.公共领导发展与公共冲突管理的双向互动分析[J].行政论坛2012，19(6)：22-25.

[22] 韩兆柱，杨洋.新公共管理、无缝隙政府和整体性治理的范式比较[J].学习论坛2012（12）：57-60.

[23] 韩兆柱，杨洋.整体性治理理论研究及应用[J].教学与研究，2013（6）：80-86.

[24] 韩兆柱，何雷.政府执行力"渐进执行模式"探究[J].行政论坛，2013（4）：8-12.

[25] 韩兆柱，单婷婷.基于整体性治理的京津冀府际关系协调模式研究[J].行政论坛2014，21（4）：32-37.

[26] 韩兆柱，何雷.中国城市社区治理云服务发展与运用研究[J].学习论坛，2014(5)：65-69.

[27] 韩兆柱，单婷婷.网络化治理、整体性治理和数字治理理论的比较研究[J].学习论坛，2015（7）：44-49.

[28] 韩兆柱，翟文康.大数据时代背景下整体性治理理论应用研究[J].行政论坛，2015（6）：24-29.

[29] 韩兆柱，马文娟.数字治理理论研究综述[J].甘肃行政学院学报，2016（6）：23-35.

[30] 韩兆柱，马文娟.数字治理理论及其应用的探索[J].公共管理评论，2016（1）：92-109.

[31] 韩兆柱，翟文康.西方公共治理前沿理论述评[J].甘肃行政学院学报，2016（4）：23-39，126-127.

[32] 韩兆柱，李亚鹏.网络化治理理论研究综述[J].上海行政学院学报，2016（4）：103-111.

[33] 韩兆柱，翟文康.公共价值管理理论及其在中国语境下的应用研究[J].公共管理与政策评论，2016（4）：75-84.

[34] 韩兆柱.服务型政府、公共服务型政府、新公共服务的比较研究[J].天津行政学院学报，2016（6）：81-89.

[35] 韩兆柱，翟文康.西方公共治理理论体系的构建及对我国的启示[J].河北大学学报（哲社版），2016（6）：96-104.

[36] 韩兆柱，马文娟."互联网＋"背景下智慧城市建设路径探析[J].电子政务，2016（6）：89-96.

[37] 韩兆柱，何雷.中国地方政府信任资源再生：影响因子、作用机理与策略启示[J].中国行政管理，2016（7）：96-100，139.

[38] 韩兆柱.西方公共治理前沿理论的本土化研究[J].学术前沿，2016（9）：72-90.

[39] 何雷，韩兆柱．基于交易成本分析的行政审批制度改革研究 [J]．行政论坛，2017（1）：58-63．

[40] 韩兆柱，于均环．数字化治理、网络化治理与网格化管理理论的比较研究 [J]．学习论坛，2017（3）：41-46．

[41] 韩兆柱，张丹丹．整体性治理理论研究——历程、现状及发展趋势 [J]．燕山大学学报（哲社版），2017（1）：39-48．

[42] 韩兆柱，翟文康．"新公共服务"研究综述 [J]．燕山大学学报（哲社版），2017（2）：24-34．

[43] 韩兆柱．京津冀雾霾治理中的府际合作机制研究——以整体性治理为视角 [J]．天津行政学院学报，2017（4）：73-81．

[44] 翟文康，韩兆柱．多维视角下的新公共治理 [J]．学习论坛，2017（7）：52-58．

[45] 韩兆柱，郭红霞．公共价值管理理论的研究进展与前瞻 [J]．河北大学学报（哲社版），2017（6）：118-127．

[46] 韩兆柱．京津冀生态治理的府际合作路径研究——以网络化治理为视角 [J]．人民论坛·学术前沿，2018（18）：75-85．

[47] 韩兆柱，于均环．整体性治理视域下京津冀基本公共服务均等化研究 [J]．学习论坛 2018（1）：58-64．

[48] 韩兆柱，翟文康．西方公共治理前沿理论的比较研究 [J]．教学与研究，2018（2）：86-96．

[49] 韩兆柱．京津冀生态治理的府际合作路径研究——以网络化治理为视角 [J]．人民论坛·学术前沿，2018（9）：75-85．

[50] 韩兆柱，于均环．整体性治理、合作治理与合同制治理理论比较研究 [J]．天津行政学院学报，2018（5）：45-52．

[51] 韩兆柱，程艺萌．整体性治理视角下政务微信应用问题研究 [J]．燕山大学学报（哲社版），2018（5）：58-66．

[52] 韩兆柱，董震．基于整体性治理的京津冀交通一体化研究 [J]．河北大学学报（哲社版），2019（1）：90-96．

[53] 韩兆柱，邢蕊．基于整体性治理的京津冀养老服务协同发展路径研究 [J]．中共天津市委党校学报，2019（1）：71-78．

[54] 韩兆柱，邢蕊．政府购买社会救助服务的网络治理模式研究 [J]．电子政务，2019（7）：110-119．

[55] 韩兆柱，于均环．政府信息公开政策文本量化研究——以中华人民共和国政府信息公开条例实施十年间的政策文本为例 [J]．学习论坛，2019（7）：41-49．

[56] 韩兆柱，曹美晴．整体性治理视角下共享单车治理路径探究——以整体性治理为

视角 [J]. 燕山大学学报（哲社版），2019（4）：66-74.

[57] 韩兆柱，任亮. 京津冀跨界河流污染治理府际合作模式研究——以整体性治理为视角 [J]. 河北学刊，2020（4）：155-161.

[58] 韩兆柱，翟文康. 新时代合同治理创新的创新——基于新公共治理的观点 [J]. 行政论坛，2020，27（5）：31-38.

[59] 韩兆柱，赵洁. 新冠肺炎疫情应对中慈善组织公信力缺失的网络化治理研究 [J]. 学习论坛，2020（10）：75-83.

[60] 韩兆柱. 社会转型中的政府模式及其行政精神 [J]. 燕山大学学报（社科版），2021（1）：97.

[61] 韩兆柱，杜佳昌. 从引介到创新：中国语境下的网络化治理研究 [J]. 学习论坛，2021（4）：58-65.

后　记

本书主要是笔者主持的河北省社科基金项目"公共治理前沿理论比较研究"（HB15GL010）和国家哲学社会科学基金项目"京津冀生态治理中的府际关系研究：基于整体性治理的分析框架"（16BZZ076）的研究成果，研究是由笔者及其科研团队完成的，主要参与人有翟文康、何雷、马文娟、李亚鹏、于均环、邢蕊、杨洋、单婷婷、张丹丹、卢冰、郭红霞、董震、曹美晴、程艺萌等。科研团队由教师和学生组成，指导教师选择英语基础较好的学生，学生从入校就确定研究方向，指导教师要求学生学术研究以及毕业论文和学位论文尽量做到与研究方向一致。这样，学生较早进团队，较早定方向，较早立课题，较早出成果。近六年，笔者指导的研究生多数参加了科研课题，都发表核心期刊以上的论文，多数考取名校博士研究生。

感谢每一个科研团队成员对科学研究的高度认同，积极参与和辛勤付出。每一项科研成果的取得都是缜密思考、严格训练、不厌修改、不断完善的结果。笔者非常相信青年人的热情和创造力，并不断鼓励他们进步。当然，师生科研团队有利也有弊，主要表现在稳定性与流动性的矛盾。俗话说："铁打的营盘，流水的兵。"学生总是要毕业的，如何保持科研团队以及研究的连续性，是一个至关重要的问题。基本的做法，一是不断补充新鲜力量，二是稳定毕业生的研究热情和研究方向。如何保持对学科理论前沿的长期关注，也是另一个至关重要的问题。因为公共管理是一个"舶来"的学科，英文的兴趣和基础是了解和研究西方公共管理学理论前沿不可或缺的。中国内地的学生，到大学阶段，已学习英语十多年，已经有了很好的基础，而引导学生关注西方公共管理理论前沿，正是一个提高学习英文的兴趣、学以致用、加强科研能力的行之有效的途径。

感谢刘熙瑞老师和张康之老师拨冗为本书作序。两位老师不但是我的学术导师，也是我的人生导师。两位老师是中国公共管理学科的开创者和引路人，学生深知两位导师的学术造诣和学术地位，学生只能望其项背、高山景行，学生深知"吾文终其身企慕而不能及万一者"。两位老师经常叮嘱学生做学问需要"坐冷板凳"，需要淡泊名利；需要学会独处，享受孤独；需要"大独"，"大独"才能"必群"；需要"博观约取"；需要"厚积"，"厚积"才能"薄发"；需要处理好"积淀"与"守望"的关系。老师的耳提面命、箴言警句，令学生受益终身。感谢两位导师领我入门，助我成长，师恩难忘，难忘师恩。

感谢燕山大学出版社为本书出版提供的平台和机会,感谢编辑的辛勤付出!

韩兆柱

2021 年 5 月 23 日

于燕山大学公共治理研究所